ROBERT MUTH

EINFÜHRUNG IN DIE GRIECHISCHE
UND RÖMISCHE RELIGION

ROBERT MUTH

EINFÜHRUNG IN DIE GRIECHISCHE UND RÖMISCHE RELIGION

WISSENSCHAFTLICHE BUCHGESELLSCHAFT
DARMSTADT

Das Werk ist in allen seinen Teilen urheberrechtlich geschützt.
Jede Verwertung ist ohne Zustimmung des Verlages unzulässig.
Das gilt insbesondere für Vervielfältigungen,
Übersetzungen, Mikroverfilmungen und die Einspeicherung in
und Verarbeitung durch elektronische Systeme.

2., durchgesehene und erweiterte Auflage
© 1998 by Wissenschaftliche Buchgesellschaft, Darmstadt
Gedruckt auf säurefreiem und alterungsbeständigem Offsetpapier
Satz: Fotosatz Janß GmbH, Pfungstadt
Druck und Einband: Frotscher Druck GmbH, Darmstadt
Printed in Germany
Schrift: Linotype Times, 9.5/11

Sonderausgabe 2010
gedruckt von BoD, Books on Demand

INHALT

Vorwort zur 1. Auflage VII

Vorwort zur 2. Auflage X

Verzeichnis der Abkürzungen XI

I. Die Erforschung der griechischen und römischen Religion und ihre Methoden 1

II. Die Religion der Griechen 24
   1. Vom Wesen der griechischen Religion 24
   2. Der Beginn der Geschichte der Religion der Griechen. Das Problem der Einwanderung 28
   3. Die Religion der Griechen der Linear B-Texte . . . 38
   4. Die „dunklen Jahrhunderte" und die „Homerische Religion" 53
   5. Die griechischen Götter der archaischen und klassischen Zeit 72
   6. Die Eschatologie in archaischer und klassischer Zeit . 138
   7. Der Kult in archaischer und klassischer Zeit 143
   8. Die Religion der Dichter und Philosophen 154
   9. Die Religion der Griechen im Zeitalter des Hellenismus und in der römischen Kaiserzeit 181

III. Die Religion der Römer 202
   1. Vom Wesen der römischen Religion 202
   2. Überfremdung oder Selbstbehauptung der römischen Religion im Laufe ihrer Geschichte? 226
   3. Die römische Frühzeit. Die Quellensituation . . . 234
   4. Die Götter der Römer 238
   5. Die Eschatologie 287
   6. Der Kult 289
   7. Die Religion in der römischen Literatur 309

IV. Der Aufstieg des Christentums und das Ende der heidnischen Kulte 323

Nachträge
   I. Die Erforschung der griechischen und römischen Religion und ihre Methoden 331

Inhalt

- II. Die Religion der Griechen ... 337
  1. Vom Wesen der griechischen Religion ... 337
  2. Der Beginn der Geschichte der Religion der Griechen. Das Problem der Einwanderung ... 338
  3. Die Religion der Griechen der Linear B-Texte . 338
  4. Die „dunklen Jahrhunderte" und die „Homerische Religion" ... 340
  5. Die griechischen Götter der archaischen und klassischen Zeit ... 342
  6. Die Eschatologie in archaischer und klassischer Zeit ... 348
  7. Der Kult in archaischer und klassischer Zeit . . 348
  8. Die Religion der Dichter und Philosophen . . . 353
  9. Die Religion der Griechen im Zeitalter des Hellenismus und in der römischen Kaiserzeit ... 353
- III. Die Religion der Römer ... 354
  1. Vom Wesen der römischen Religion ... 354
  2. Überfremdung oder Selbstbehauptung der römischen Religion im Laufe ihrer Geschichte? ... 361
  3. Die römische Frühzeit. Die Quellensituation . . 365
  4. Die Götter der Römer ... 365
  5. Die Eschatologie ... 382
  6. Der Kult ... 382
  7. Die Religion in der römischen Literatur ... 388

Quellen zur Geschichte der antiken Religion ... 389

Auswahlbibliographie zur antiken Religion ... 391
- Literatur zur Religion der Griechen und Römer ... 392
  - Allgemeine Literatur ... 392
  - Literatur zur Mythologie ... 393
  - Literatur zum griechischen und römischen Kult . . 396
  - Kunsthistorisch-archäologische Literatur ... 396
- Literatur zur Religion der Griechen ... 397
  - Allgemeine Literatur ... 397
  - Literatur zum griechischen Kult ... 401
  - Spezialliteratur zum Orakelwesen ... 402
- Literatur zur Religion der Römer ... 402
  - Allgemeine Literatur ... 402
  - Literatur zum römischen Kult ... 405

Nachträge zur Auswahlbibliographie ... 406

Namen- und Sachregister ... 411

VORWORT ZUR 1. AUFLAGE

Dieses Buch bietet mit Rücksicht auf den Charakter der Reihe, für welche es ursprünglich geplant war und deren Bände auch für Studenten und an der Forschung nicht unmittelbar Interessierte bestimmt sind, aber auch wegen des vom Verlag anfänglich allzu knapp zugestandenen Umfangs nur eine Einführung in die griechische und römische Religion. Es mußte sich auf einen Überblick über ihr Wesen und ihre Geschichte und über die wichtigsten Forschungsprobleme beschränken. Ich danke dem Verlag für seine Zustimmung zu einer Umfangserweiterung, obwohl das Buch dadurch den Rahmen der „Einführungen" sprengte. Trotzdem wurde der Titel beibehalten, denn selbst eine wesentlich längere Darstellung könnte das Thema nicht annähernd erschöpfen, sowohl wegen seiner Weite als auch wegen der Lage der Forschung infolge der Diversität der Quellen und der dadurch bedingten methodischen Vielfalt, aber auch wegen der unüberblickbaren Fülle an Fachliteratur und der Uneinheitlichkeit einzelner Forschungsergebnisse. Ein Gelehrter kann dem Thema nicht gerecht werden, es bedürfte, um es angemessen behandeln zu können, des planmäßigen Zusammenwirkens mehrerer Fachleute.

Zum Umfang der Thematik: Eine genauere Kenntnis der Religion der Griechen besitzen wir erst für die Zeit ab etwa 800 v. Chr. Der Sieg des Christentums im vierten Jahrhundert n. Chr. löste die Religionsphänomene des griechisch-römischen Kulturkreises ab. Diese müssen demnach für fast 12 Jahrhunderte dargestellt werden. Da aber auch die Religion der im zweiten Jahrtausend v. Chr. zugewanderten Griechen, von der wir seit wenigen Jahrzehnten durch neue schriftliche Quellen genauere Kenntnis besitzen, einbezogen werden muß, erweitert sich der zu beschreibende Zeitraum um wenigstens ein halbes Jahrtausend. Trotz vielfacher Entsprechungen und weitgehender Abhängigkeit der römischen Religion von der griechischen bestehen zwischen beiden große Unterschiede. Aber auch das Bild der griechischen Religion für sich ist bunt, besonders wenn man lokale Kulte und die für die Religion wichtigen Aussagen von Philosophie und Dichtung, sowie den Einfluß orientalischer Kulte, vor allem von der hellenistischen Zeit an, berücksichtigt. Die Vielfalt der römischen Religion ergibt sich u. a. aus der Bedeutung, welche fremde, auch orientalische Kulte für sie im Zuge der Erweiterung des Imperium Romanum gewonnen haben. Die Religionen anderer Völker, auch wenn diese durch die Expansion des Römischen Reiches innerhalb dessen Grenzen siedelten, können hier nicht speziell behandelt werden, obwohl eine Untersuchung der Religion etwa der Germanen, Kelten oder Iberer interessant wäre und ein Desiderat der Forschung ist.

Zur Lage der Forschung: Die wichtigsten Zeugnisse für die griechische und römische Religion entstammen der Literatur. Nicht nur der religiösen Literatur im engeren Sinn und der Kultschriftstellerei, wovon wir nicht viele Texte besitzen, sondern auch und vor allem den Werken von Historikern, Geographen, Perihegeten, Philosophen und Dichtern. Daher muß der Religionsforscher die philologische Textinterpretation beherrschen. Zu den literarischen Belegen treten Aufzeichnungen auf Papyri und Inschriften über Regelungen der Kulte, so über Statuten von Kultvereinigungen, über das Opferwesen, den Festkalender, über Tempelinventare, Abrechnungen usf., sowie Weihe- und Grabinschriften. Dadurch wird das Verständnis der literarischen Nachrichten über Namen und Beinamen der Götter, über die Kultterminologie, die Priesterschaften, Feste und Riten erleichtert und ergänzt. Die Darstellung der frühesten Geschichte der griechischen Religion stützt sich wesentlich auf die Linear B-Texte. Papyrologischen und epigraphischen Forschungen sind jedoch spezielle Methoden zu eigen. Die Linear B-Forschung (Mykenologie) ist ein Gebiet für sich. Der Religionsforscher muß überdies die wichtigsten Religionen anderer Völker überblicken – nicht nur der Randvölker der griechischen und römischen Ökumene –, weil die vergleichende Religionswissenschaft wertvolle zusätzliche Erkenntnisse erschließt. Mit Rücksicht auf das Einwirken gesellschaftlicher Verhältnisse und profaner Ereignisse tritt die Notwendigkeit einer möglichst genauen Kenntnis der griechischen und römischen Geschichte und der Mittel ihrer Erforschung hinzu. Weiter muß der Religionsforscher mit Erkenntnissen und Methoden der Sprachwissenschaft vertraut sein. Die Unterscheidung nichtindogermanischer und indogermanischer Götternamen und der Vergleich der Götternamen indogermanischer Völker sind für die Erforschung der antiken Religionen sehr wichtig. Für die griechische Religion sind überdies die „theophoren" Personennamen von Bedeutung, durch die deren Träger bestimmten Gottheiten zugeordnet erscheinen, für die römische Religion die sprachliche Struktur von Götternamen und die Etymologie wichtiger Religionsbegriffe. Überdies müssen archäologische und numismatische Quellen erschlossen werden: Baudenkmäler, insbesondere Tempel, Kultbilder, Götterstatuen, vielfach allerdings nicht im Original erhalten, sondern in Form von Kopien, Votivstatuen oder Abbildungen auf Keramik und Münzen, sonstige bildliche Darstellungen, besonders Vasenbilder, vor allem, wenn sie unsere Kenntnisse von den Göttermythen erweitern bzw. ihre vorliterarische Ausformung wiedergeben oder Kultriten anschaulich darstellen, Weihegaben, Grabbeigaben usf. Schließlich haben sich volkskundliche und ethnologische Aspekte als förderlich erwiesen, nicht minder sind soziologische und psychologische Gegebenheiten zu berücksichtigen. Die Darstellung der Forschungsgeschichte der griechischen und römischen Religion wird darauf genauer hinweisen. Wer wäre in der Lage, alle Quellenbereiche und ihre Methoden wissenschaftlich zu beherrschen?

Der Philologe darf daher, auf sich allein gestellt, nur einführende Hinweise geben, Hauptprobleme aufzeigen und eine historische Darstellung in groben Umrissen bieten. Manche der erwähnten Gesichtspunkte müssen zurücktreten, weshalb auch auf Literaturangaben zu Einzelproblemen weitgehend verzichtet wird. Die Auswahl entspricht subjektivem Ermessen und entzieht sich nicht der Kritik. Der Interessierte findet die nötigen Hinweise auf weitere Untersuchungen in den zitierten Werken von allgemeiner Bedeutung.

Trotz aller Beschränkungen bereitete die Abfassung des Buches große Mühe. In Anbetracht der Fülle des Stoffes sind Fehler unvermeidlich. Auch entbehrt die Darstellung, da sich die Arbeit daran infolge meiner vielfältigen Verpflichtungen und Verhinderungen durch Jahre hinzog, der vollen Einheitlichkeit und Ausgewogenheit. Dafür wird um Verständnis gebeten. Literatur konnte nur berücksichtigt werden, soweit sie mir bis zum Herbst 1986 zugänglich wurde.

Ich danke allen, die mich unterstützt haben: In früheren Jahren Frau Eva Pyrker für ihre unermüdliche und immer verläßliche Hilfe bei der Lösung manchmal schwieriger bibliographischer Probleme und der Beschaffung der nötigen Literatur; meinen wissenschaftlichen Mitarbeitern am Institut für Klassische Philologie der Universität Innsbruck, den Herren Universitätsdozenten Dr. Sebastian Posch und Dr. Karlheinz Töchterle, den Schreibkräften des Instituts, besonders Frau Anna Fröller und in den letzten Jahren Frau Erika Reininger; vor allem und besonders herzlich aber auch meiner Frau, die nicht müde wird, meine Manuskripte zu straffen und klarer zu gestalten und Korrekturfahnen zu lesen. Schließlich danke ich dem Verlag für sein Vertrauen, seine Geduld und seine Mühewaltung.

Innsbruck, Anfang 1987   Robert Muth

VORWORT ZUR 2. AUFLAGE

Die Wissenschaftliche Buchgesellschaft teilte mir im Herbst 1995 kurz vor Vollendung meines 80. Lebensjahres mit, daß die Erstauflage des Buches vergriffen und ein Neudruck vorgesehen sei. Zugleich schlug man mir vor, Berichtigungen und Ergänzungen, vor allem neue Literaturhinweise nachzutragen. Die Beschaffung der seit 1986 erschienenen einschlägigen Bücher und Aufsätze bereitete dem Emeritus, der nicht mehr auf Assistentenhilfe zählen konnte, Schwierigkeiten. Um so mehr danke ich den Kollegen der drei altertumswissenschaftlichen Institute der Leopold-Franzens-Universität in Innsbruck für willkommene Hilfe, vor allem aber Herrn Oberrat Dr. Emmerich Beneder und Herrn Amtsrat Franz Fiereder der Universitätsbibliothek. Der Charakter der ›Einführung‹ erlaubte mir, nur wichtigere Werke und Aufsätze zu berücksichtigen, die vom Verlag gewünschte Frist zwang mich dazu. Die Probleme der Anfänge der hellenischen Religionsgeschichte, der griechischen Einwanderung und der minoischen Religion, sowie jener, welche die Linear B-Texte erschließen lassen, genauer zu revidieren, sah ich mich nicht in der Lage. Anderseits habe ich ein kurzes Kapitel über den Aufstieg des Christentums und das Ende der heidnischen Kulte hinzugefügt. Auf nach 1995 zugänglich gewordene Werke und Aufsätze konnte ich nur mehr ausnahmsweise Bezug nehmen. Selbstverständlich wurden – leider nicht wenige – Druckfehler der Erstauflage beseitigt.

Das Buch hat, soweit mir bekannt ist, eine einzige ausführlichere Rezension durch Herrn Kollegen Marek Winiarczyk (Breslau) erfahren (Eos 80, 1992, erschienen 1994, 369–372). Ich danke dem Rezensenten für seine Mühe und Frau O. Univ.-Prof. Dr. Ingeborg Ohnheiser, Vorstand des Instituts für Slawistik der Universität Innsbruck, für die Übersetzung der Besprechung.

Dankbar bin ich auch meiner Frau für ihre Ermunterung und Mithilfe.

Innsbruck, Juni 1996   Robert Muth

VERZEICHNIS DER ABKÜRZUNGEN

AAW	Anzeiger für die Altertumswissenschaft, Innsbruck, 1, 1948 ff.
ANRW	Aufstieg und Niedergang der römischen Welt. Geschichte und Kultur Roms im Spiegel der neueren Forschung. Hrsg. von Hildegard Temporini und Wolfgang Haase, Berlin–New York 1972 ff.
ARW	Archiv für Religionswissenschaft, Leipzig 1, 1898, – 37, 1941/42.
Athen. Mitt.	Mitteilung des (1886–1918: Kaiserl.; dann:) Deutschen Archäologischen Instituts (– 1885: des Deutschen Reiches), Athenische Abteilung, Stuttgart 1, 1867, – 67, 1942 (1951).
HdA	Handbuch der (klassischen) Altertumswissenschaft, (Nördlingen) München 1885 ff., Neuaufl. 1955 ff.
LAW	Lexikon der alten Welt, Zürich–Stuttgart (Artemis-Verlag) 1965.
Mus. Helv.	Museum Helveticum, Basel 1, 1944 ff.
PP	La Parola del Passato, Neapel 1, 1946 ff.
Der Kleine Pauly	Der Kleine Pauly, Lexikon der Antike auf der Grundlage der RE, 5 Bde., (Stuttgart) München 1964–75.
RAC	Reallexikon für Antike und Christentum, Stuttgart, Bd. I, 1950 ff.
RE	Paulys Real-Encyclopädie der classischen Altertumswissenschaft, Neue Bearbeitung, (Stuttgart) München 1894–1978.
Rhein. Mus.	Rheinisches Museum für Philologie, Bonn 1, 1833, – 6, 1839, dann als Neue Folge (N. F.) Bonn 1, 1842 ff.
RVV	Religionsgeschichtliche Versuche und Vorarbeiten, (Gießen) Berlin 1, 1903 ff.
WJA	Würzburger Jahrbücher für die Altertumswissenschaft, Würzburg 1, 1946 ff.

I. DIE ERFORSCHUNG DER GRIECHISCHEN UND RÖMISCHEN RELIGION UND IHRE METHODEN

Die streng wissenschaftliche Erforschung der griechischen Religion[1] setzte erst im 19. Jh. mit historischer Analyse der religionsgeschichtlichen Quellen, vor allem mit kritischer Untersuchung der mythologischen Texte ein, in welchen man durch lange Zeit schlechthin die Wesenselemente der griechischen Religion fassen zu können vermeinte. Bis dahin, vereinzelt auch noch von Gelehrten des 19. und 20. Jh., wurden die Göttermythen vielfach allegorisch oder symbolisch interpretiert,[2] häufig in der Tendenz, einen Ausgleich zwischen

---

[1] Zur Geschichte der religionsgeschichtlichen Forschung in Altertum, Mittelalter und Neuzeit siehe Otto Kern, Die Religion der Griechen, 3. Bd., Berlin 1938, 280–319 (›Von Aristoteles zu Wilamowitz‹) und Otto Gruppe, Geschichte der klassischen Mythologie und Religionsgeschichte während des Mittelalters im Abendland und während der Neuzeit, Leipzig 1921 (Suppl. zum ›Ausführlichen Lexikon der griechischen und römischen Mythologie‹, hrsg. von Wilhelm Heinrich Roscher). Siehe auch Edwin Sandys, A History of Classical Scholarship, 3 Bde., Cambridge 1903, ³1921 (ND New York 1958, 1964), bes. Bd. III; Ulrich von Wilamowitz-Moellendorff, Geschichte der Philologie, in: Einleitung in die Altertumswissenschaft, hrsg. von Alfred Gercke und Eduard Norden, 1. Bd., Leipzig–Berlin ³1927, 1–80 (ND Leipzig 1959); Ludwig Radermacher, Mythos und Sage bei den Griechen, Brünn–München–Wien 1938, ²1943, 11–26; Rudolf Pfeiffer, History of Classical Scholarship from the Beginning to the End of the Hellenistic Age, Oxford 1968, dt.: Geschichte der Klassischen Philologie von den Anfängen bis zum Hellenismus, Hamburg 1970; und: History of Classical Scholarship from 1300 to 1850, Oxford 1976; Albert Henrichs, Die Götter Griechenlands. Ihr Bild im Wandel der Religionswissenschaft, Bamberg 1987 (Thyssen-Vorträge, Auseinandersetzung mit der Antike, 5). – Zur Methodologie der religionsgeschichtlichen Forschung s. u. a. Ugo Bianchi, Saggi di metodologia della storia delle religioni, Rom 1979.

[2] Herbert Jennings Rose gibt in der die Geschichte der Mythologie behandelnden Einleitung seines Werkes ›Griechische Mythologie. Ein Handbuch‹ (München 1955, ⁴1974; engl. Originalausgabe: A Handbook of Greek Mythology Including its Extension to Rome, London 1928, ⁵1953), 1–12 (der 3. Aufl. 1969 der deutschen Edition), eine systematische Übersicht über die Theorien der Mytheninterpretation von der allegorischen und symbolischen über die

dem Griechentum, dessen tiefsinnige Lehren man letztlich auf orientalische Priesterweisheit zurückführte, und dem Christentum zu suchen³ oder diesem ein in irrationaler Gläubigkeit und emotionaler Hingabe geschautes Heidentum gegenüberzustellen.⁴ Dennoch sei nicht verkannt, daß schon in dieser Periode der Forschung, angefan-

Naturmythentheorien bis zur Psychoanalyse. Ausführlicher ist die ›Forschungsgeschichte der Mythologie‹ von Jan De Vries, Freiburg–München 1961 (Orbis Academicus I, 7); sie führt von der Antike bis zum 20. Jh. Interessant ist auch der Vortrag von Walter Burkert, Griechische Mythologie und die Geistesgeschichte der Moderne, in: Les Études Classiques aux XIXᵉ et XXᵉ Siècles: Leur Place dans l'Histoire des Idées, Fondation Hardt pour l'Étude de l'Antiquité Classique, Entretiens, Tome XXVI, Vandoeuvres-Genf 1980, 159–199, mit Diskussion 200–207.

³ So im Rahmen einer symbolistischen Interpretation der Mythen Georg Friedrich Creuzer, Symbolik und Mythologie der alten Völker, besonders der Griechen, 4 Bde., Leipzig 1810–1812, ³1836–1842. Dieser seinerzeit viel beachtete, jedoch schon von zeitgenössischen Gelehrten, so von Karl Otfried Müller, mit Widerspruch aufgenommene unkritische und schwer verständliche Versuch ist mißlungen. Vgl. Ernst Howald, Der Kampf um Creuzers Symbolik. Eine Auswahl von Dokumenten, eingeleitet und hrsg., Tübingen 1926.

⁴ So noch in Werken viel späterer Zeit, vor allem bei Walter F. Otto, Die Götter Griechenlands. Das Bild des Göttlichen im Spiegel des griechischen Geistes, Bonn 1929, Frankfurt a. M. ⁶1970, und: Dionysos. Mythos und Kultus, Frankfurt a. M. 1933, Darmstadt ⁴1980. Besonders im Buch über Dionysos ist der Einfluß Friedrich Nietzsches spürbar. Siehe auch Walter F. Otto, Der Geist der Antike und die christliche Welt, Frankfurt a. M. 1933, und: Theophaneia. Der Geist der altgriechischen Religion, Hamburg 1956 (rowohlts deutsche enzyklopädie, 15). Sicher hat sich der Vf. trotz aller Einseitigkeit bleibende Verdienste um die Erforschung der griechischen Religion erworben. Kurt von Fritz stellte in: Walter F. Otto, Das Wort der Antike, hrsg. von K. v. Fritz, Darmstadt 1962, 383–386, eine Bibliographie seiner zahlreichen Schriften zusammen. Auf folgende Würdigungen Walter F. Ottos durch seine zwei hervorragendsten Schüler sei verwiesen: Karl Reinhardt, Vermächtnis der Antike. Gesammelte Essays zur Philosophie und Geschichtsschreibung, hrsg. von Carl Becker, Göttingen ²1966, 377–379 (vgl. dazu Viktor Pöschl, Annali della Scuola Normale Superiore di Pisa, Cl. di Lettere e Filosofia, Ser. III, Vol. V, 3, 1975, 955–983) und Karl Kerényi, Walter F. Otto, Erinnerung und Rechenschaft, Paideuma VII (1959), 1, 1–10. In einer Rede Karl Kerényis in Tübingen am 22. Juni 1954 zum 80. Geburtstag Walter F. Ottos, veröffentlicht in Paideuma VI (1954), 1, 1–5, wird auf S. 2 u. a. zum Ausdruck gebracht, daß die Metabasis (Walter F. Ottos) in den Bereich des Göttlichen mit der gleichen Entschiedenheit und E n t s c h e i d u n g

gen vom 16. Jh., viel Material zusammengetragen wurde, welches später der Wissenschaft sehr dienlich war.

Die kritische Mythenforschung nahm mit Karl Otfried Müllers ›Geschichte hellenischer Stämme und Städte‹ (Bd. I, Breslau 1820, ²1844, Bd. II und III, Breslau 1824, ²1844) und seinen ›Prolegomena zu einer wissenschaftlichen Mythologie‹ (Göttingen 1825, ND mit Vorwort von Karl Kerényi, Darmstadt 1970), ihren Anfang. Im Zuge seiner umfassenden historischen Forschungen wurde Müller die Bin-

für das Göttliche vollzogen werden mußte, wie die Metabasis Winckelmanns eine Entscheidung war für das Künstlerische, und zwar vom genuinen Standpunkt der Religionswissenschaft aus, wo das Göttliche die Grundgegebenheit sei, und nicht auflösbar. Das eigentlich religiöse Phänomen sei erst gegeben in der Rückwirkung einer gleichviel wie entstandenen Gottheit auf den an sie glaubenden Menschen. Die Paradoxie dieses Phänomens bestehe darin, daß Objekt und Subjekt, das sich offenbarende Göttliche und der schon durch die bloße Aufnahme daran mitschaffende Mensch, dabei mitwirken. Eine späte Deutung fand Ottos Sicht der hellenischen Götterwelt durch Hubert Cancik, Die Götter Griechenlands 1929. Walter F. Otto als Religionswissenschaftler und Theologe am Ende der Weimarer Republik, Der altsprachliche Unterricht XXVII, 4 (1984), 71–89. Indessen hatte sich Karl Kerényi in mehreren mythologischen Werken mit vielfach eigenwilligen Kombinationen und Interpretationen weitgehend an Otto angeschlossen. Die Götter und die Riten erhielten bei Kerényi eine in sich sinnvolle Bedeutsamkeit, die keiner rationalen Begründung und Erklärung bedarf. Vielfach findet sich dabei eine Verbindung mit der Archetypenlehre Carl Gustav Jungs. Kerényi sieht im Göttermythos die in der menschlichen Psyche zum Ur-Bild gewordene und in dieser zeitlosen Form objektivierte Wirklichkeit der Welt des Menschen. Von den Werken Kerényis seien folgende genannt: Apollon. Studien über antike Religion und Humanität, Wien–Amsterdam–Leipzig 1937, ²1941 (Neubearbeitung Düsseldorf ³1953). Die antike Religion. Eine Grundlegung, Amsterdam–Leipzig 1940 (unv. ND 1942; völlige Neubearbeitungen: Die Religion der Griechen und Römer, München–Zürich 1963. Antike Religion, München–Wien 1971 = Bd. VII der ›Werke in Einzelausgaben‹). Die Mythologie der Griechen, Die Götter- und Menschheitsgeschichten, Zürich 1951. Zeus und Hera. Urbild des Vaters, des Gatten und der Frau, Leiden 1972. Gemeinsam mit Jung veröffentlichte Kerényi folgende Werke: Das göttliche Kind, Amsterdam–Leipzig 1940 (Albae Vigiliae 6/7); Das göttliche Mädchen, Amsterdam–Leipzig 1941 (Albae Vigiliae 8/9). Diese zwei Werke wurden auch herausgegeben unter dem Titel: Einführung in das Wesen der Mythologie. Das göttliche Kind. Das göttliche Mädchen. Amsterdam–Leipzig 1941, Zürich ²1951. Jung, der amerikanische Ethnologe Paul Radin und Kerényi publizierten gemeinsam folgende Untersuchung: Der göttliche Schelm. Ein indianischer Mythenzyklus, Zürich 1954.

dung der griechischen Mythen an Stämme, Landschaften und Orte bewußt. Als bedeutendster Schüler August Boeckhs, eines der führenden Altphilologen jener Zeit, der die Bedeutung des Geschichtlichen erkannt und sein Fach in eine umgreifende Altertumswissenschaft eingeordnet hatte, bemühte er sich, jede Allegorese in der Erklärung der Mythen ablehnend, um deren methodisch unanfechtbare Analyse.[5] Außer literarischen Quellen zog er dabei Inschriften und Kunstdenkmäler heran. Diese Forschungsrichtung ging von der Überzeugung aus, die Mythen seien Ausdruck des Glaubens der Griechen an die Götter und damit die bevorzugte Quelle für die Erkenntnis ihrer Religion, sie wurde vor allem von Philologen durch im allgemeinen solide Interpretation mythologischer Texte fortgeführt[6] und behielt, teilweise modifiziert, mehr als ein Jahrhundert lang neben anderen Richtungen – von diesen allerdings vielfach beeinflußt – Geltung, bis zum letzten unvollendet gebliebenen Werk eines der hervorragendsten Vertreter historistisch orientierter Philologie, Ulrich von Wilamowitz-Moellendorffs Buch ›Der Glaube der Hellenen‹ (2 Bde., Berlin 1931/32, ³1959). Es ist eine Synthese einer lebenslangen und immer intensiver werdenden Beschäftigung des gelehrten Verfassers mit der griechischen Religion. Wilamowitz stellte sich damit allerdings bewußt außerhalb der sich indessen stürmisch vollziehenden Entwicklung der religionsgeschichtlichen Forschung. Seine Auffassung von der griechischen Religion war daher schon beim Erscheinen dieses abschließenden Werkes ein Anachronismus.[7] Beson-

---

[5] Siehe dazu Arnaldo Momigliano, K. O. Müller's ›Prolegomena zu einer wissenschaftlichen Mythologie and the Meaning of "Myth"‹, Annali della Scuola Normale Superiore di Pisa, Cl. di Lettere e Filosofia, Ser. III, Vol. XIII, 3, 1983, 672–689.

[6] Nur anmerkungsweise sei auf das stark kritisierte Alterswerk Friedrich Gottfried Welckers, des Vorgängers Karl Otfried Müllers in Göttingen, verwiesen, dessen Arbeiten etwa gleichzeitig mit den Untersuchungen seines dortigen Nachfolgers erschienen sind, auf seine ›Griechische Götterlehre‹ (3 Bde., Elberfeld 1857–1863), die mit der Annahme eines Zeusmonotheismus als Urgrund der griechischen Religion zweifellos zu weit ging, damit aber dennoch erstmals auf einen sehr wichtigen Aspekt des Glaubens der Hellenen aufmerksam machte. Von Karl Otfried Müller und Friedrich Gottfried Welcker ist das Werk Heinrich Dieter Müllers ›Mythologie der griechischen Stämme‹ (2 Bde., Göttingen 1857/61) beeinflußt. Zur Hypothese von der Stammesgebundenheit der Göttermythologie und vom Urmonotheismus fügte er die überaus wichtige Erkenntnis der Bedeutung des Glaubens an chthonische Mächte für die griechische Religion hinzu.

[7] Wilamowitz' religionswissenschaftliche Leistung würdigen Kern, a. O.,

dere Beachtung fand und findet das 1829 in Königsberg (ND Darmstadt 1961) erschienene Werk von Christian August Lobeck ›Aglaophamus sive de theologiae mysticae Graecorum causis libri tres‹ (2 Bde.), welches die wichtigsten griechischen Mysterienkulte untersuchte und vor allem die Grundlage unserer Kenntnis orphischer Theogonien und Kosmogonien schuf. Selbst Wilamowitz setzte sich noch mit ihm auseinander. Der Hinweis auf den wissenschaftlichen Rang dieses Buches [8] ist nötig, weil sein Verfasser der Schule eines anderen bedeutenden Philologen jener Epoche, Gottfried Hermanns, zugehörte, der bei profunder Kenntnis der griechischen Dichtung im Gegensatz zu August Boeckh die griechischen Göttergestalten und Mythen bar jeden geschichtlichen Verständnisses allegorisch interpretiert hatte.

Einen Schritt zurück machte Ludwig Preller. Seine ›Griechische Mythologie‹ (2 Bde., Leipzig 1854), wovon der erste ›Theogonien und Götter‹ religionsgeschichtlich viel wichtiger ist als der zweite über ›Die Heroen‹, in der Jahrzehnte später erschienenen erweiterten Bearbeitung durch Carl Robert [9] auch heute noch benützt, krankt daran, daß der Verfasser die Götter vielfach für Naturkräfte hielt und die Göttermythologie daher weithin in Natursymbolik auflöste. Derselben Gefahr erlagen führende Vertreter der ungefähr zur gleichen Zeit aufblühenden vergleichenden Religionsforschung. [10] Sie unter-

---

3, 307–319, und Albert Henrichs, „Der Glaube der Hellenen": Religionsgeschichte als Glaubensbekenntnis und Kulturkritik, in: Wilamowitz nach 50 Jahren, hrsg. von William M. Calder III, Hellmut Flashar, Theodor Lindken, Darmstadt 1985, 263–305.

[8] Lobeck war einer der schärfsten Kritiker der Methode Georg Friedrich Creuzers.

[9] Die 4. Aufl. erschien in 2 Bänden (2. Bd. in 3 Büchern, davon das dritte in 2 Abt.) in Berlin 1894 (1. Bd.) bzw. 1920–1926 (2. Bd.). Ein als 5. Aufl. bezeichneter unveränderter Nachdruck wurde in Berlin–Zürich 1964 (1. Bd.) bzw. Berlin–Zürich–Dublin 1966–1967 (2. Bd.) herausgegeben. Robert hatte den 2. Bd. unter dem Titel ›Die griechische Heldensage‹ zu einem selbständigen Werk ausgestaltet, das nur durch den Haupttitel mit dem 1. Bd., in dem Robert an Prellers Darstellung wesentlich weniger Änderungen vorgenommen hatte, verbunden blieb.

[10] Diese war durch die von Franz Bopp (1791–1867) begründete vergleichende indogermanische Sprachwissenschaft angeregt worden. – Ein Titelzitat aus der Reihe einschlägiger Werke: Wilhelm F. L. Schwartz, Die poetischen Naturanschauungen der Griechen, Römer und Deutschen in ihrer Beziehung zur Mythologie, Berlin 1879. – Siehe Günther Lorenz, Vergleichende

nahmen den mißlungenen Versuch, durch Vergleich von Mythen und mythologischen Namen, was späteren etymologischen Forschungen fast nie standhielt, eine indogermanische Religion zu erschließen. Besondere Beachtung fanden die Arbeiten des trotz allem verdienstvollen Begründers der ›Zeitschrift für vergleichende Sprachforschung‹, Adalbert Kuhn, vor allem sein Buch ›Die Herabkunft des Feuers und des Göttertranks‹ (Gütersloh 1859, ²1886, ND Darmstadt 1968). Wie schon angedeutet, bezogen auch die Vertreter dieser Forschungsrichtung die Mythen vorwiegend auf die Natur. Leider sind auch die mythologischen Arbeiten Wilhelm Heinrich Roschers und manche Artikel des von ihm ins Leben gerufenen Werkes ›Ausführliches Lexikon der griechischen und römischen Mythologie‹ (6 Bde., Leipzig 1884 bis 1937, ND Hildesheim 1965) von der Naturmythologie beeinflußt.[11] Auch die vergleichende Religionsforschung wurde trotz ihrer fragwürdigen Ergebnisse vor allem von linguistisch orientierten Gelehrten bis tief in unser Jahrhundert hinein vertreten, z. B. vom Indogermanisten und Religionsforscher Georges Dumézil.[12] In ihren Werken

Religionsforschung, in: Vergleichende Geschichtswissenschaft, hrsg. von Franz Hampl und Ingomar Weiler, Darmstadt 1978 (Erträge der Forschung, 88), 88–131.

[11] Die „Naturmythologie" fand durch die wissenschaftlich verfehlten, jedoch allgemein verständlichen und in besonders gefälliger Sprache verfaßten Werke des aus Dessau stammenden Oxforder Professors Friedrich Max Müller (1820–1900), des berühmtesten Vertreters dieser Theorie, weite Verbreitung. Einige seiner englisch verfaßten Bücher wurden ins Deutsche übersetzt, so seine ›Einleitung in die vergleichende Religionswissenschaft‹ (Straßburg 1874, ²1876), und seine ›Vorlesungen über den Ursprung und die Entwicklung der Religion mit besonderer Rücksicht auf die Religion des alten Indiens‹ (Straßburg 1880, ²1881).

[12] U. a. Ouranos – Veruna. Étude de mythologie comparée indoeuropéenne, Paris 1935. Mitra – Veruna. Essai sur deux représentations indo-européens de la souveraineté, Paris 1940. Les dieux des Indo-Européens, Paris 1952. L'idéologie tripartite des Indo-Européens, Brüssel 1958 (Coll. Latomus, 31). Mythe et épopée. L'idéologie des trois fonctions dans les épopées de peuples Indo-Européens, Paris 1968. Les dieux souverains des Indo-Européens, Paris 1977. Siehe F. Desbords, Le comparatisme de Georges Dumézil. Une introduction, in: Georges Dumézil, Paris 1981, 45–71. – Georges Dumézil, 1978 zum Mitglied der ›Académie Française‹ gewählt und dadurch in den illustren Kreis der „Unsterblichen" aufgenommen und von manchen als Begründer einer neuen Ära der vergleichenden Mythologie (und Religionsgeschichte) gefeiert, stieß dennoch vor allem bei Iranisten auf Widerspruch. In der deutschsprachigen Wissenschaft äußern Bernfried Schlerath,

ist von der Naturmythologie kaum mehr die Rede, dafür finden sich oft Vergleiche von Volksbräuchen. Trotz grundsätzlicher methodischer Seriosität waren manche Ergebnisse auch dieser reformierten Richtung der vergleichenden Religionsforschung nicht zu halten. Sie verlor zunehmend an Bedeutung, als sich neue ebenso auf die Untersuchung von Volksbräuchen stützende Forschungsrichtungen durchsetzten und Zweifel aufgekommen waren, ob der Mythos, wenngleich ursprünglich sicherlich der einzige Ausdruck geistiger Erfassung des Seienden, so tiefsinnige Wahrheiten, sozusagen Offenbarungen enthält, wie manche Gelehrte geglaubt hatten.

Auch der Germanist Wilhelm Mannhardt distanzierte sich später von der Annahme einer indogermanischen Urreligion. Beeindruckt von Jacob und Wilhelm Grimms ›Kinder- und Hausmärchen‹, suchte er besonders in den bäuerlichen Volksbräuchen verschiedener Völker nach Hinweisen auf urtümliche religiöse, häufig um Fruchtbarkeit und Wachstum kreisende Vorstellungen. Er sprach dabei auch die Altertumswissenschaft an, besonders im zweiten Band seines 1875/77, ^{2}1904/05 (ND Darmstadt 1963) in Berlin erschienenen Hauptwerkes ›Wald- und Feldkulte‹ mit dem Titel ›Antike Wald- und Feldkulte aus

Die Indogermanen. Das Problem der Expansion eines Volkes im Lichte seiner sozialen Struktur, Innsbruck 1973 (Innsbrucker Beiträge zur Sprachwissenschaft, Vorträge 8), 26–28, und Andreas Alföldi, Die Struktur des voretruskischen Römerstaates, Heidelberg 1974, 54, Bedenken gegen die Zuschreibung der dreiklassigen Gesellschaft schon an die Protoindogermanen bzw. die Gültigkeit dieser für Dumézil grundlegenden Vorstellung in der von ihm formulierten Fassung für die Geschichte Roms. Grundsätzlich wichtiger sind Einwände, die Franz Hampl, Vergleichende Sagenforschung, in: Vergleichende Geschichtswissenschaft, hrsg. von Franz Hampl und Ingomar Weiler, Darmstadt 1978 (Erträge der Forschung, 88), 140–143, vom methodischen Ansatz her äußert. Siehe auch 141, Anm. 5. – Hier darf auch der Linguist Hermann Güntert genannt werden, dessen bedeutungsorientierte Sprachforschung die Religionswissenschaft stark befruchtet hat. U. a.: Kalypso. Bedeutungsgeschichtliche Untersuchungen auf dem Gebiet der indogermanischen Sprache, Halle 1919. Von der Sprache der Götter und Geister. Bedeutungsgeschichtliche Untersuchungen zur homerischen und eddischen Göttersprache, Halle 1921. Vgl. Wolfgang Meid, Antiquitates Indogermanicae. Gedenkschrift für Hermann Güntert, Innsbruck 1974 (Innsbrucker Beiträge zur Kulturwissenschaft, 12), 517–520. Gesamtverzeichnis der Veröffentlichungen Günterts, ebd., 523–528. – Daß die vergleichende Methode der Religionswissenschaft auch in neuerer Zeit überzeugte Anhänger fand, beweist das Werk von Ugo Bianchi, Saggi di metodologia della storia delle religioni, Rom 1979 (Nuovi saggi, 75).

nordeuropäischer Überlieferung erläutert‹ und in seinen ›Mythologischen Forschungen‹ (Straßburg 1884). Mannhardt stellte die Theorien der Naturmythologie grundsätzlich in Frage. Er bediente sich allerdings wie diese der Methode des Vergleichs, jedoch nicht der Mythen, sondern der Bräuche. Ob der festgestellte Zusammenhang bis in die indogermanische Zeit zurückreicht oder durch gleichartige allgemein menschliche Veranlagung bedingt ist, blieb offen. Der angesehene Philologe Hermann Usener, zunächst Anhänger der Natursymbolik und der vergleichenden Mythologie, griff das Konzept Mannhardts auf und berücksichtigte in seinen Forschungen die antiken Volksbräuche. Dadurch brachte er der Altertumskunde den Wert von Untersuchungen und Vergleich dieser Bräuche nahe.[13] Trotz des Unverständnisses, das der Usener-Schüler Wilamowitz und andere Gelehrte dieser Methode entgegenbrachten, setzte sie sich weithin durch. Besonders drei Schüler Useners, nämlich Hermann Diels, Albrecht Dieterich und Ludwig Radermacher,[14] aber auch andere

---

[13] Von Useners Untersuchungen hatte nur sein Hauptwerk Bestand: Götternamen. Versuch einer Lehre von der religiösen Begriffsbildung, Bonn 1896, Frankfurt a. M. ³1948. Es legt mythologische und onomastische Überlegungen vor. Usener wollte die Entstehung des Polytheismus erhellen. Die in diesem Werk eingeführten Termini „Augenblicksgötter" und „Sondergötter" haben sich besonders für die Religion der Römer bewährt. Daß Eduard Norden zur 2. Aufl. (1929) und Martin P. Nilsson zur 3. Aufl. (1948) Geleitworte geschrieben haben, ist ein Beweis für die Wertschätzung, welche diesem Buch trotz seiner oft betonten Schwächen entgegengebracht wurde. Die Zeugnisse, die der Vf. beibrachte, sind vielfach nicht stichhaltig, können aber durch andere ersetzt werden. Siehe dazu u. a. G. van der Leeuw, Augenblicksgötter, RAC I (1950), 969–972.

[14] Eine (nicht vollständige) Bibliographie Hermann Diels' in: Kleine Schriften, Darmstadt 1969, XIV-XXVI. Über seine religionsgeschichtlichen Forschungen unterrichtet Ernst Samter in der bei der Gedächtnisfeier der Religionswissenschaftlichen Vereinigung in Berlin gehaltenen Rede ›Zum Gedächtnis von Hermann Diels‹ (Berlin 1923). Vgl. Kern, a. O., 3, 302–304. Diels' erste Veröffentlichung im Sinne dieser Forschungsmethode waren seine ›Sibyllinischen Blätter‹ (Berlin 1890). Außer Untersuchungen über die Orphik wurden besonders berühmt seine Rektoratsrede ›Die Scepter der Universität‹ (Berlin 1905), in der er die von Zeus verliehenen Szepter der griechischen Könige auf einen uralten Baumkult zurückführt, sowie sein posthum erschienener Aufsatz ›Zeus‹, ARW 22 (1924), 1–15. – Eine Bibliographie der Werke Albrecht Dieterichs, in: Kleine Schriften, Leipzig–Berlin 1911, 11–42. Von seinen Werken ist besonders wichtig: Mutter Erde. Ein Versuch über Volksreligion, Leipzig 1905 (spätere ND mit Nachträgen der Herausgeber, 3. erw.

Philologen, so Erwin Rohde, ein Freund Friedrich Nietzsches,[15] widmeten sich derartigen Forschungen. Neben der besonderen Berücksichtigung der Volksreligion und ihrer Bräuche war ein tragender Gesichtspunkt dieser Forschungsrichtung das Herausarbeiten einer historischen Entwicklung der griechischen Religion. Die mit der von manchen Gelehrten vertretenen Auffassung vom Urmonotheismus oft verbundene Überzeugung, die Mythen der frühen Zeit – wie auch jene der rezenten primitiven Völker – seien grundsätzlich besonders bedeutsam und erhaben, wurde so überwunden. Albrecht Dieterich begründete 1903 die Reihe ›Religionsgeschichtliche Versuche und Vorarbeiten‹ und übernahm 1904 die Redaktion des ›Archivs für Religionswissenschaft‹, das er in den Dienst solcher Forschungen stellte. So erhielt die Religionswissenschaft gerade durch die klassische Philologie entscheidende Impulse. „Der Umschwung war vollendet: statt der Mythen waren die Riten in den Vordergrund

Aufl., 1925, besorgt von Eugen Fehrle, davon ND Darmstadt 1967). – Unter den Werken Ludwig Radermachers sei hervorgehoben ›Beiträge zur Volkskunde aus dem Gebiete der Antike‹, Wien 1918 (Akad. d. Wiss. in Wien, phil.-hist. Kl., Sitz.-Ber. 183, 3), bes. 52–135 und 138f., sowie ›Mythos und Sage bei den Griechen‹, Brünn–München–Wien 1938, ^{2}1943, bes. 11–153.

[15] Von Erwin Rohde verdient besonders Beachtung: Psyche, Seelencult und Unsterblichkeitsglaube der Griechen, 2 Bde., Freiburg i. Br. 1890/93, Tübingen $^{9/10}$1925 (ND Darmstadt 1961 u. 1974). Die 2. 1897/98 erschienene Aufl. wurde noch vom Vf. selbst besorgt. Ab der 3. Aufl. (Freiburg i. Br. 1902/03) handelt es sich um von verschiedenen Herausgebern maßvoll überarbeitete und mit Zusätzen versehene ND. Für die 9./10. Aufl. verfaßte Otto Weinreich das Vorwort. Zwar zählt Rohde zu den in traditioneller Weise interpretierenden Philologen von K. O. Müller bis Wilamowitz, doch trat, weil hier die griechische Literatur von ihren Anfängen bis zur Spätzeit unter dem Gesichtspunkt des Themas untersucht wird, in seinem Meisterwerk die Mythenerklärung stark hinter Untersuchungen von Kultritualen zurück. Auch zog der Vf. außer literarischen nicht nur epigraphische und archäologische Quellen heran, sondern auch vergleichendes Material aus Volkskunde und Ethnologie, so daß er an dieser Stelle genannt werden muß. – Wegen der starken Berücksichtigung der Rituale ist auch das etwas weitschweifige Werk von Otto Kern, Die Religion der Griechen, 3 Bde., Berlin 1926–1938, am ehesten hier zu erwähnen. Kern verbindet philologische Exegese mit epigraphischer und archäologischer Forschung und öffnet sich verschiedenen methodischen Ansätzen. Volkskunde und Ethnologie treten bei ihm allerdings zurück. – Friedrich Pfister gab in seinem Werk: Die Religion der Griechen und Römer, Leipzig 1930 (Bursians Jahresberichte, Suppl.-Bd. 229) eine Einführung in die vergleichende Religionswissenschaft.

getreten", bemerkt Martin P. Nilsson, der sich entschieden dieser Forschungsrichtung anschloß, in seiner ›Geschichte der griechischen Religion‹ (2 Bde., München 1941/50, I ³1967, II ²1961; HdA V, 2, 1/2). Er zog, „um die Festbräuche zu erläutern und aufgrund dessen die eigentliche Geltung der Götter zu charakterisieren", „ohne Zögern primitive Religionswissenschaft und Volkskunde" heran. Auf diese Weise kam die Volksreligion, sozusagen die Religion des Durchschnittsgriechen, mehr zur Darstellung als jene der Angehörigen der führenden Gesellschaftsschicht. „Seitdem ist keine durchgreifende und grundsätzliche Änderung der Methode und der Richtung der Forschung eingetreten."[16] Von Nilsson stammen grundlegende Werke, auf welche sich die Wissenschaft heute stützt.[17] Die Mythen werden in den Forschungen dieser Richtung nicht etwa als für die Religionswissenschaft irrelevant angesehen, jedoch auf das Kultritual zurückgeführt. Sie werden also nur mehr als e i n e der Quellen für die Erkenntnis der griechischen Religion angesehen, nicht mehr, wie zu Beginn ihrer wissenschaftlichen Erforschung, als d i e Quelle schlechthin.[18] Bis heute werden Werke von zum Teil großem sachlichen Gewicht vorgelegt, welche dieses Forschungsanliegen im einzelnen zu erfüllen streben.[19]

[16] Zitate aus Nilsson, a. O., 10 (in allen 3 Auflagen).
[17] Außer auf das erwähnte Handbuch, das alle Probleme der griechischen Religion sachkundig und eingehend behandelt (in der 3. Aufl. des 1. Bandes finden sich von Christian Callmer besorgte Nachträge), sei auf ›Griechische Feste von religiöser Bedeutung mit Ausschluß der attischen‹ (Berlin 1906, ND Stuttgart 1957, Darmstadt 1957, Leipzig 1959 mit einem Vorwort von Fritz Graf), verwiesen, an deren Seite Ludwig Deubners Werk ›Attische Feste‹ (Berlin 1932, Wien ²1966, ND d. 1. Aufl. Berlin 1956, Hildesheim 1959 und Darmstadt 1966, d. 2. Aufl. Hildesheim–New York 1969), trat (s. jetzt H. W. Parke, Festivals of the Athenians, London 1977), sowie auf folgende Werke: The Minoan-Mycenaean Religion and its Survival in Greek Religion, Lund 1927, ²1950. Opuscula selecta ad historiam religionis Graecae, 3 Bde., Lund 1951–1960. Siehe zu Nilsson: Classical Approaches to the Study of Religion. Aims, Methods and Theories of Research, 1: Introduction and Anthology, von Jacques Wardenberg, Paris–Den Haag 1973, 606–618.
[18] Den Wandel in der Methodik der religionsgeschichtlichen Forschung kennzeichnet der Umstand, daß Martin P. Nilssons ›Geschichte der griechischen Religion‹ im Rahmen des Handbuchs der (klassischen) Altertumswissenschaft an die Stelle des Werkes von Otto Gruppe, Mythologie und Religionsgeschichte, 2 Bde., München 1906 (ebenso: HdA V, 2, 1/2) getreten ist.
[19] Clyde K. M. Kluckhohn, Myth and Rituals: A General Theory, in: The Harvard Theological Review 35 (1942), 45–79. Theodor H. Gaster, Thespis.

Die entscheidenden Impulse für die von vielen der eben genannten Gelehrten vertretene volkskundliche und ethnologische Methode der Religionswissenschaft, auch bei der Erforschung der griechischen Religion und der Übernahme entwicklungsgeschichtlicher Aspekte, waren aber von englischen Gelehrten ausgegangen, zunächst vom Werk Edward Burnett Tylor's ›Primitive Culture. Researches into the Development of Mythology, Philosophy, Religion, Art, and Custom‹ (2 Bde., London 1871, ⁴1903).[20] Tylor prägte den Begriff „Animismus", worunter er einen Glauben an Geister und Seelen verstand, welcher

Ritual, Myth and Drama in the Ancient Near East, New York 1950,²1961. S. H. Hooke, Myth, Ritual and Kingship. Essays on the Theory and Practice of Kingship in the Ancient Near East and in Israel, Oxford 1958. E. O. James, Myth and Ritual in the Ancient Near East, London 1958. Ileana Chirassi Colombo, Elementi di culture precereali nei miti e riti Greci, Rom 1969 (Incunabula Graeca, 30). Kritik findet diese Forschungsrichtung bei J. Fontenrose, The Ritual Theory of Myth, Berkeley 1966, und bei G. S. Kirk, Myth. Its Meaning and Functions in Ancient and Other Cultures, Cambridge, Mass. 1970 (Sather Classical Lectures, 40), 12–29. – Philologen wie Gilbert Murray und Francis MacDonald Cornford entwickelten Theorien vom rituellen Ursprung der griechischen Tragödie bzw. von einem kosmogonischen Ritual, das zur Entstehung der griechischen Naturphilosophie geführt habe. – Auch für Walter Burkert, Griechische Religion der archaischen und klassischen Epoche, Stuttgart–Berlin–Köln–Mainz 1977 (Die Religionen der Menschheit, 15) präsentiert sich die griechische Religion in der Doppelgestalt von Ritual und Mythos und erhält der Göttermythos seine Relevanz durch die Verbindung mit den Ritualen, denen er häufig eine „Aitiologie" liefert. Vgl. auch den Abschnitt ›Ritus und Mythos‹ bei Walter Burkert, Homo Necans. Interpretationen altgriechischer Opferriten und Mythen, Berlin–New York 1972 (RVV, 32), 35–41, und seine Besprechung des erwähnten Werkes von G. S. Kirk im Gnomon 44 (1972), 225–230. – Ein grundlegendes Werk über den griechischen Kult: L. R. Farnell, The Cults of the Greek States, 5 Bde., Oxford 1896–1909. Weitere beachtenswerte Untersuchungen: H. Jeanmaire, Couroi et Courètes. Essai sur l'éducation spartiate et sur les rites d'adolescence dans l'antiquité hellénique, Lille 1939 (Trav. et Mem. de l'Univ. de Lille, Section Droit-Lettres, XXI). Angelo Brelich, Paides e Parthenoi, Rom 1969 (Incunabula Graeca, 37). Ileana Chirassi Colombo, Paides e Gynaikes: Note per una tassonomia del comportamento rituale nella cultura attica, Quaderni Urbinati di Cultura Classica 30, N. S. 1 (1979), 26–58.

[20] Deutsche Übersetzung: Die Anfänge der Cultur: Untersuchungen über die Entwicklung der Mythologie, Philosophie, Religion, Kunst und Sitte, 2 Bde., Leipzig 1873. Zu Ed. B. Tylor und der im Anschluß an ihn vertretenen Evolutionstheorie siehe Peter Haider, Vergleichende Volkskunde, in: Vergleichende Geschichtswissenschaft, hrsg. von Franz Hampl und Ingomar Weiler,

dem Gottes- und Götterglauben vorausliegt. Spätere Forschungen entwickelten die Theorie vom „Präanimismus", womit der Glaube an ein unpersönliches „Mana" als urtümliche Form der Religion bezeichnet wurde, und vom „Totemismus". Analogie und Entsprechungen in Bräuchen und Riten sind nach den Erkenntnissen dieser Gelehrten nicht auf gemeinsame Abstammung der Menschen, sondern auf deren gleiche Naturanlage und psychische Struktur zurückzuführen. Während Tylor die griechische Religion in seine Forschungen nur am Rande einbezog, gingen andere englische Gelehrte, vor allem jene der „Schule von Cambridge", auf die Antike ein.[21] Die nachhaltigste Wirkung ging von James George Frazer aus,[22] besonders von seinem Hauptwerk, ›The Golden Bough. A Study in Comparative Religion‹ (2 Bde., London und New York 1890), dessen Material von Auflage zu Auflage bedeutend anwuchs: 2. Aufl. 1900 in 3 Bänden (mit dem Untertitel ›Study in Magic and Religion‹), 3. Aufl. in 12 Bänden 1911–1915, dazu 1936 ein Supplement (13. Band), 9. Aufl. 1949.[23] Selbstverständlich waren auch die Forschungsergebnisse Wilhelm Mannhardts und seiner Nachfolger von den englischen Ge-

Darmstadt 1978 (Erträge der Forschung, 88), 170–203, und zwar 176–179, sowie Günther Lorenz, Vergleichende Religionsgeschichte, ebd., 92 f.

[21] Die in Anm. 19 zitierten Werke über das Verhältnis von Mythos und Ritual stehen in dieser Forschungstradition, ebenso die eindrucksvolle Monographie von A. B. Cook, Zeus. A Study in Ancient Religion, 3 Bde., Cambridge 1914–1940 (ND New York 1964/65). Einen besonderen Hinweis verdienen auch die Forschungen von Jane E. Harrison, u. a. Prolegomena to the Study of Greek Religion, Cambridge 1903, ³1922 (ND New York 1955 u. London 1961); The Religion of Ancient Greece, London 1905; Themis. A Study in the Social Origins of Greek Religion, Cambridge 1912, ²1927 (ND New York 1957 u. London 1963); Epilegomena to the Study of Greek Religion, Cambridge 1921 (ND New York 1962), und das gewichtige Werk von Gilbert Murray, Five Stages of Greek Religion, Oxford 1925, Boston ³1952 (zu beachten ist auch die Einleitung zur 3. Aufl.).

[22] James G. Frazer verfaßte auch sehr bedeutende, im engeren Sinn philologische Werke, so einen grundlegenden Pausaniaskommentar, 6 Bde., London–New York 1898, ²1913, und eine Ausgabe der Bibliothek des Apollodor, 2 Bde., London–New York 1921.

[23] Dt. Übersetzung (Kurzausgabe): Der goldene Zweig. Das Geheimnis von Glauben und Sitten der Völker, Leipzig 1928, Nachdruck: Der goldene Zweig. Eine Studie über Magie und Religion, Köln–Berlin 1968, Frankfurt a. M. 1977. – 1922 erschien in London eine "abridged edition" dieses Werkes. Vgl. auch Theodor H. Gaster, The New Golden Bough. A New Abridgement of the Classic Work, ed. with Notes and Foreword, New York 1959.

lehrten, insbesondere von Frazer, zur Kenntnis genommen worden, wie ebenso die englischen von den deutschsprachigen. Allerdings waren diese im Vergleich mit ihren englischen Kollegen beim Heranziehen ethnologischer Quellen zur Deutung von Festbräuchen und Kulten zurückhaltender. Aber, wie erwähnt, kam auch bei ihnen diese Methode zum Durchbruch. In letzter Zeit begegneten jedoch zu sehr verallgemeinernde Hypothesen der ethnologisch orientierten Religionswissenschaft in der deutschsprachigen Forschung stärkerer Zurückhaltung.[24] Zweifellos ist erhöhtes Methodenbewußtsein von Nutzen und soll nicht völlig gesichertes Erkenntnisgut neu überdacht werden.

Ungefähr seit der Jahrhundertwende liegt ein zweifacher Neuansatz religionsgeschichtlicher Forschung vor.[25] Émile Durkheim, ein maßgeblicher Vertreter der französischen Soziologenschule, inaugurierte in seinem vielbeachteten umfangreichen Lebenswerk[26] eine konsequente soziologische Betrachtungsweise,[27] Sigmund Freud und

[24] Zu den Kritikern dieser Forschungsmethode zählt aber auch Herbert Jennings Rose, Primitive Culture in Greece, London 1925. – Neuerlich wendet sich Nicholas J. Richardson, Innovazione poetica e mutamenti religiosi nell'antica Grecia, Studi Classici e Orientali (Pisa) 33 (1983), 13–27 nachdrücklich dagegen, daß im Zuge des Vordringens anthropologischer und komparativer Betrachtungsweisen der griechischen Religion die Forschung vor allem die fremden Ursprünge gewisser Kulte und deren primitiven Charakter der Untersuchung für wert erachtet habe, weniger jedoch, was diese für die Griechen selbst im Laufe der Jahrhunderte bedeutet hätten. Diesem Aspekt und besonders den Veränderungen, welche die religiösen Auffassungen durch literarische Einflüsse erfahren haben, komme jedoch größere Bedeutung zu. Frühere Forschung ging, wie dargestellt wurde, solchen Fragen mit großem Interesse nach.
[25] Siehe dazu Burkert, Griechische Religion, 25f.
[26] Comprehensive Bibliography of Émile Durkheim (1858–1917), in: Harry Alpert, Émile Durkheim and His Sociology, New York–London 1939, 217–224. Vgl. Lorenz, a. O., 102–105.
[27] Allerdings finden sich starke religionssoziologische Ansätze schon in den Werken von Auguste Comte, Friedrich Schleiermacher, Georg Wilhelm Friedrich Hegel, Karl Marx, Friedrich Engels, Herbert Spencer, Ernst Troeltsch und anderer Gelehrter (und Ideologen). Auch sie bemühten sich um eine Bestimmung des allgemeinen Verhältnisses zwischen Gesellschaft und Religion. Zu beachten ist, daß nicht nur ein sozialer Wandel auch jenen des religiösen Systems nach sich zieht, sondern auch die Religion die soziologische Entwicklung zu beeinflussen pflegt. – Neben dem Franzosen Émile Durkheim steht in Deutschland der Soziologe Max Weber (bes.: Gesammelte Aufsätze zur Reli-

Carl Gustav Jung[28] wiesen die Religionswissenschaft auf die Psychoanalyse hin. Beide Richtungen verneinen die volle Autonomie und Unabhängigkeit des Geistigen – also auch der Religion –, weil es durch überindividuelle gesellschaftliche Gegebenheiten und Entwicklungen[29] bzw. unbewußte seelische Kräfte beeinflußt sei. Sie fügen sich grundsätzlich in den Rahmen der vorher betriebenen For-

gionssoziologie, 3 Bde., Tübingen 1920/21). – Einen knappen Überblick über die Entwicklung und den Stand der religionssoziologischen Forschung mit ausführlicher Bibliographie bietet das Werk von Ingo Mörth, Die gesellschaftliche Wirklichkeit von Religion. Grundlegung einer allgemeinen Religionstheorie, Stuttgart–Berlin–Köln–Mainz 1978. Ein allerdings nicht in regelmäßiger Jahresfolge seit 1965 in Köln und Opladen erscheinendes ›Internationales Jahrbuch für Religionssoziologie‹ enthält wichtige Einzeluntersuchungen. Ab Bd. 9, 1975 (herausgegeben nunmehr in Opladen), nennt es sich ›Internationales Jahrbuch für Wissens- und Religionssoziologie‹ und dokumentiert damit das Bestreben, die den religionssoziologischen Forschungen zugrundeliegende theoretische Fragestellung in die Problematik einer übergreifenden Wissenssoziologie einzubeziehen, wodurch jedoch noch kein annehmbares Ergebnis erzielt worden ist. Siehe dazu Wolfram Fischer und Wolfgang Marhold (Hrsg.), Religionssoziologie als Wissenssoziologie, Stuttgart–Berlin–Köln–Mainz 1978 (Urban Tb. 636: T-Reihe). – Eine wichtige Arbeit zur antiken Religionssoziologie: Franz Bömer, Untersuchungen über die Religion der Sklaven in Griechenland und Rom, 4 Bde., Wiesbaden 1958–1964 (Abh. d. geistes- u. sozialwiss. Kl. d. Akad. d. Wiss. u. d. Lit. in Mainz 1957, 7; 1960, 1; 1961, 4; 1963, 10, später Neudrucke).

[28] Titelregister von Freuds Werken in: Sigmund Freud, Gesammelte Werke, Bd. 18, Frankfurt a. M. 1968, 1075–1099. – Verzeichnis der Schriften von Jung in: Jolande Jacobi, Die Psychologie von C. G. Jung. Einführung in das Gesamtwerk, Zürich–Stuttgart ^{5}1967, 267–292.

[29] Diese Bedingtheit der Autonomie des Geistigen durch überindividuelle gesellschaftliche Kräfte, konkret durch die wirtschaftlichen Gegebenheiten, wird auch von der marxistisch bestimmten Wissenschaft behauptet. Die religionswissenschaftlichen Forschungen dieser Richtung sind durch die politisch bestimmte Orthodoxie festgelegt. Gerade in diesem Bereich der Wissenschaft selbst erweist sich tatsächlich die Einschränkung geistiger Autonomie durch gesellschaftliche Zwänge. Als naiv bezeichnet Burkert, Griechische Religion, 25, Anm. 23, mit Recht ›Die Untersuchungen zur Religionsgeschichte‹ von Imre Trencsényi-Waldapfel, Amsterdam 1966, 11–33. Eine Verbindung von Marxismus und Cambridge-Schule liegt im Werk von George Thomson vor: Studies in Ancient Greek Society, I: The Prehistoric Aegean, London 1949, II: The First Philosophers, London 1955, dt.: Forschungen zur altgriechischen Gesellschaft, 2 Bde., Berlin 1960/61. Zu beachten ist auch Thomsons Buch: Aeschylos and Athens. A Study in the Social Origins of Greek Tragedy, Lon-

schung, so daß in deren Situation dadurch kein Bruch eintrat: Die Soziologie steht der Volkskunde und Ethnologie sachlich und methodisch nahe und die Psychologie ist zu befragen, wenn es sich um die Untersuchung von Phänomenen handelt, deren Übereinstimmung durch eine allen Menschen gemeinsame Grundveranlagung bedingt ist. Religiöse Vorstellungen werden nach den Konzepten beider Schulen nur aus einem umfassenden Funktionszusammenhang verständlich. Beide Aspekte fanden in der volkskundlich-ethnologisch bestimmten Religionswissenschaft Beachtung: der soziologische besonders bei Jane E. Harrison und Louis Gernet sowie in der Pariser Schule seines Schülers Jean-Pierre Vernant,[30] der psychologisch-analytische im volkskundlich ausgerichteten Werk Karl Meulis, bei Eric Robertson Dodds, P. Diel, abermals Jean-Pierre Vernant

don 1941, dt.: Aischylos und Athen. Eine Untersuchung der gesellschaftlichen Ursprünge des Dramas, Berlin 1957.

[30] Zu Jane E. Harrison s. Anm. 21. – Louis Gernet, Anthropologie de la Grèce antique, Paris 1968. – Jean-Pierre Vernant, Mythe et société en Grèce ancienne, Paris 1974. Übersetzung in das Engl. durch Janet Lloyd: Myth and Society in Ancient Greece, Brighton 1980, London 1982. Auswahlbibliographie Vernants in: Quaderni di Storia 7 (1978), 132 (1); nicht angeführt sind dessen Antrittsvorlesung am Collège de France: Religion grecque, religions antiques, Paris 1976, und seine Untersuchungen: Sacrifice et alimentation humaine à propos du ›Prométhée‹ d'Hésiode, Annali della Scuola Normale Superiore di Pisa, Cl. di Lettere e Filos., Ser. III, Vol. VII, 3, Pisa 1977, 905–940, À la table des hommes. Mythe de fondation du sacrifice chez Hésiode, sowie: Manger aux pays du Soleil, in: Marcel Detienne–Jean-Pierre Vernant, La cuisine du sacrifice en pays grec, Paris 1979, 37–132, bzw. 239–249, und: Théorie générale du sacrifice et mise à mort dans la θυσία grecque, in: Le sacrifice dans l'antiquité. Huit exposés suivis de discussions. Entretiens préparés et présidés par Jean Rudhardt et Olivier Reverdin, Vandoeuvres–Genève 25–30 Août 1980, Vandoeuvres–Genf 1981 (Fondation Hardt, Entretiens sur l'antiquité classique, XXVII), 1–21 (mit Diskussion 22–39). Eine Artikelserie: J.-P. Vernant, Religions, histoire, raisons, Paris 1979 (Petite Collection Maspero, 233). Einen Hinweis verdient das von Gherardo Gnoli und Jean-Pierre Vernant herausgegebene Werk: La mort, les morts dans la société ancienne, Cambridge–Paris 1982. Zu Vernant vgl. Francesca Calabi, Jean-Pierre Vernant e il pensiero antico, Quaderni di Storia 7 (1978), 97–136, und Franco Ferrari, Prometeo, Esiodo e la ›Lecture du Mythe‹ di Jean-Pierre Vernant, ebd., 137–145. Über weitere Untersuchungen zu Vernant und Auseinandersetzungen mit seiner Theorie unterrichtet die erwähnte Auswahlbibliographie. Siehe auch Anm. 31 u. 33. – Texts and Contexts: American Classical Studies in Honor of Jean-Pierre Vernant, Buffalo, Department of Classics, State University of New York, 1982 (Arethusa, XV).

und Marie Delcourt.[31] Der soziologische und psychologische Aspekt lassen sich in historischer Sicht durch die Annahme vereinen, die Entwicklung gesellschaftlicher Phänomene – einschließlich der Kultriten – und der Seelenfunktionen erfolge in steter Wechselwirkung, so daß von der Tradition her das eine auf das andere abgestimmt sei.[32]

In den Vordergrund tritt in neuester Zeit vielfach, in Analogie zur modernen Methode der Sprach- und Literaturwissenschaft, ein an formalen Modellen orientierter Strukturalismus, der sich in einseitiger Fortentwicklung gewisser Aspekte der vergleichenden Religionsforschung darauf beschränkt, die je immanenten gegenseitigen Beziehungen der Mythen und Rituale in ihrer Komplexität darzustellen. Dabei wird vorausgesetzt, daß diese Strukturen in allen Kulturen identisch sind und historischer Veränderung nicht unterliegen. Dieser sicher förderliche Ansatz birgt die Gefahr, daß um des Systems und seiner postulierten logischen Geschlossenheit willen die geschichtliche Wirklichkeit vergewaltigt wird.[33]

---

[31] Karl Meuli, Bettelumzüge im Totenkult. Opferritual und Volksbrauch, Schweizerisches Archiv für Volkskunde 28 (1927/28), 1–38. Griechische Opferbräuche, in: Phyllobolia, Festschrift für Peter Von der Mühll, Basel 1946, 185–288. Gesammelte Schriften, 2 Bde., hrsg. von Thomas Gelzer, Basel–Stuttgart 1975 (dazu Fritz Graf, Gnomon 51 [1979], 209–216). – E. R. Dodds, The Greeks and the Irrational, Berkeley 1951, ^{5}1966 (Sather Classical Lectures, 25), dt.: Die Griechen und das Irrationale, Darmstadt 1970. – P. Diel, Le symbolisme dans la mythologie grecque. Étude psychoanalytique, Paris 1952. – Jean-Pierre Vernant, Mythe et pensée chez les Grecs. Étude de psychologie historique, Paris 1965, ^{2}1985 und in anderen Werken. Siehe die in Anm. 30 erwähnte Auswahlbibliographie. – Zu E. R. Dodds vgl. Giorgio Mangani, Sul metodo di Eric Dodds e sulla sua nozione del «irrazionale», Quaderni di Storia 6 (1980), 173–205. – In die Richtung solcher Forschungen und den Grenzbereich zwischen mythenkundlichen und religionsgeschichtlichen Untersuchungen führen auch die Werke von Marie Delcourt. Genannt seien: Légendes et cultes de héros en Grèce, Paris 1943; Oedipe ou la légende du conquerant, Liège 1944, Paris ^{2}1981 (mit einem Vorwort von Conrad Stern, ›Oedipe roi selon Freud‹); Hephaistos ou la légende du magicien, Paris 1957, ^{2}1982 (mit einer Einleitung von André Green, ›La magie d'Hephaistos‹). – Zahlreiche an Freuds Tiefenpsychologie orientierte Untersuchungen sind nicht frei von Übertreibungen und haben dem Ansehen dieser Forschungsrichtung geschadet. Zu Carl Gustav Jung vgl. Anm. 4.

[32] Siehe Burkert, Griechische Religion, 26.

[33] Siehe Burkert, Griechische Religion, 26 und 333: Vorbild eines derartigen Konzepts sei Claude Lévi-Strauss, Anthropologie structurale, Paris 1958 (dt.: Strukturale Anthropologie, Frankfurt a. M. 1967 u. 1969). Mythologi-

Eine Sonderstellung nimmt die Erforschung der griechischen Religion in Hellenismus und Spätantike ein. Gewiß waren und sind dazu auch die erwähnten Methoden dienlich, doch werfen die vermehrte Aufnahme orientalischer Kulte, der Götter- und Kultsynkretismus und vor allem die Auseinandersetzung des Heidentums mit dem Christentum besondere Probleme auf. So ist oft eine Grenzüberschreitung in die Gebiete der Orientalistik, der frühchristlichen Geistesgeschichte und der Patristik nötig. Die Religion dieser Epoche

ques, 4 Bde., Paris 1964–71 (dt.: Mythologica, Frankfurt a. M. 1971–75). Schon Georges Dumézil (s. Anm. 12) habe den Versuch unternommen, die indogermanische Götterwelt von einem System der „drei Funktionen" her zu verstehen, vor allem in seinem Werk ›L'idéologie tripartite des Indo-Européens‹, Brüssel 1958 (dazu kritisch: Franz Hampl, siehe Anm. 12). Hierher gehören auch die Werke von Marcel Detienne, Les jardins d'Adonis, Paris 1972; ders., Dionysos mis à mort, Paris 1977, und Jean-Pierre Vernant, Mythe et société en Grèce ancienne, Paris 1974, bes. 177–194. Vernant, der es meisterhaft verstehe, allen modernen Methoden, der soziologischen, der psychologisch-analytischen und der strukturalistischen Betrachtungsweise, gerecht zu werden, habe, a. O., 106, grundsätzlich betont, das Pantheon sei als organisiertes System aufzufassen, das definierte Beziehungen zwischen den Göttern als eine Art von „Sprache" impliziere, in der die einzelnen Götter so wenig für sich ständen, wie die einzelnen Wörter einer Sprache isoliert seien. Hier sei noch besonders hervorgehoben, daß Vernant u. a. den Weltaltermythos bei Hesiod strukturalanalytisch zu interpretieren versuchte: Le mythe hésiodique des races. Essai d'analyse structurale, Revue de la histoire des religions 57 (1960), 24–54 (= Mythe et pensée chez les Grecs, I, Paris 1965, 13–41) und: Le mythe hésiodique des races. Sur un essai de mise au point, Revue de Philologie 40 (1966), 247–276 (= Mythe et pensée, I, 42–79); dazu Kjeld Matthiessen, Form und Funktion des Weltaltermythos bei Hesiod, in: Arktouros. Hellenic Studies Presented to Bernard M. W. Knox, Berlin–New York 1979, 25–32. Detienne und Vernant gaben 1979 in Paris gemeinsam ein strukturalistisch orientiertes Werk heraus: ›La cuisine du sacrifice en pays grec‹. Detiennes Beiträge führen die Titel ›Pratiques culinaires et esprit de sacrifice‹ (7–35) und ›Violentes ‹eugénies›. En pleines Thesmophories des femmes couvertes de sang‹ (183–214), jener von Vernant wurde in Anm. 30 erwähnt. Weitere Aufsätze verfaßten in diesem Werk Jean-Louis Durand, François Hartog und Jesper Svenbro. R.-L. Gordon edierte in Cambridge und Paris 1981 folgende gesammelten Aufsätze: Myth, Religion and Society. Structuralistic Essays by M. Detienne, L. Gernet, J.-P. Vernant and P. Vidal-Naquet. Detienne antwortete in einem Aufsatz ›Le chasseur malheureux‹, Quaderni Urbinati di Cultura Classica 24 (1977), 7–26, auf die vielfache Kritik, der sein Werk über Adonis und sein methodischer Ansatz überhaupt begegnet waren. Interesse verdienen auch seine Aufsätze ›Le territoire de la mythologie‹, Classical Phi-

erforschten u. a. Franz Cumont, Richard Reitzenstein, André-Jean Festugière, Karl Prümm, Carl Schneider und Martin P. Nilsson.[34] Die Geschichte der Erforschung der griechischen Religion macht deutlich, welche Fülle methodischer Prinzipien zu beachten ist, zugleich jedoch, daß jede Einseitigkeit in ihrer Handhabung Schaden bringt.[35]

Die Forschungsgeschichte der Religion der Römer[36] weist große

lology 75 (1980), 97–111, und ›L'Apollon meurtrier et les crimes de sang‹, Quaderni Urbinati di Cultura Classica 51, N.S. 22 (1986), 7–17. Mit dem Strukturalismus setzt sich Walter Burkert auch im Gnomon 44 (1972), 225f. auseinander. In seinem Werk ›Homo necans‹ bemüht sich Burkert allerdings selbst, „Zusammenhänge aufzuzeigen und zu verstehen, Strukturen, die als Verbindung gewisser Elemente in mannigfacher Ausprägung identisch wiederkehren", doch erfolgte diese Analyse zunächst unabhängig von Claude Lévi-Strauss (s. S. 6). Siehe auch das Buch Walter Burkerts ›Structure and History in Greek Mythology and Ritual‹, Berkeley–Los Angeles–London 1979 (Sather Classical Lectures, 47) und seinen Vortrag ›Anthropologie des religiösen Opfers. Die Sakralisierung der Gewalt‹ (München 1984, Carl Friedrich von Siemens Stiftung, Themen XL), mit einem Vorwort von Christine Meier, einer Würdigung des Werkes und der Forschungsrichtung des Vortragenden (S. 7–14) und einer Bio-Bibliographie Burkerts (S. 50–52). Burkerts Forschungen erfahren wertvolle Anregungen auch durch die vergleichende ethnologische und volkskundliche Methode, so durch Karl Meuli und durch die Ethologie von Konrad Lorenz. Zum Strukturalismus vgl. weiter Ingomar Weiler, Griechische Geschichte. Einführung und Quellenkunde, Bibliographie, Darmstadt 1976, 115f.

[34] Nilsson gibt im 2. Band seiner Geschichte der griechischen Religion, S. 5–10, einen Überblick über die einschlägige Forschung mit Zitat der wichtigsten Werke der genannten Gelehrten und anderer.

[35] Park McGinty, Interpretation and Dionysos. Method in the Study of a God, The Hague–Paris–New York 1978 (Religion and Reason, 16), stellt am Beispiel ("case study") der Erforschung der Dionysosreligion durch Erwin Rohde, Jane E. Harrison, Martin P. Nilsson, Walter F. Otto, E. R. Dodds und W. K. Guthrie – auch unter Bezugnahme auf Untersuchungen anderer in dieser Darstellung genannter Gelehrter – Einfluß und Bedeutung philosophisch-ethischer Grundpositionen der Verfasser auf die sehr divergierenden Methoden und Ergebnisse der Forschung dar. Die Gefährlichkeit methodischer Einseitigkeit tritt dabei klar hervor. Immerhin zeigt sich schließlich erfreulicherweise eine gewisse Konvergenz: "Scholarship on Dionysiac religion, as on religion in general, has developed in the direction of moderation and synthesis" (S. 196).

[36] Siehe dazu Kurt Latte, Römische Religionsgeschichte, München 1960 (HdA V, 4), 9–17.

Ähnlichkeit mit jener der Griechen auf und kann daher viel knapper behandelt werden. Die streng wissenschaftliche Bearbeitung setzte ebenso erst im 19. Jh. ein. Ansätze in früherer Zeit, als sich das Interesse der Wissenschaft besonders der Auseinandersetzung des frühen Christentums mit dem römischen Heidentum zuwandte, waren zwar vorhanden, verdienen aber nur mehr insofern Beachtung, als wichtige Texte gesammelt wurden. Auch bei der Erforschung der römischen Religion ging es zunächst um die Probleme der Mythologie. Mit Selbstverständlichkeit nahm man eine der griechischen gleichartige römische Mythologie an. Erst viel später wurde diese Annahme in Frage gestellt und überprüft. Überdies wurden griechische und römische Mythologie als Einheit gesehen und diese nicht primär untersucht, um Phänomene der römischen Religion, sondern um Literatur zu interpretieren. Bei der wissenschaftlichen Analyse der römischen Mythologie verfiel man zunächst wieder in dieselben Fehler: sie wurde allegorisch-natursymbolisch erklärt. Auch hier ist vorzüglich der Name Ludwig Prellers zu nennen, der außer seiner ›Griechischen Mythologie‹ auch eine ›Römische Mythologie‹ (Berlin 1858) verfaßte.[37] Von der naturmythologischen Auffassung sind auch viele die römische Mythologie betreffende Artikel in den frühen Bänden des oben erwähnten ›Ausführlichen Lexikons der griechischen und römischen Mythologie‹, hrsg. von Wilhelm Roscher (6 Bde., Leipzig 1884–1937, ND Hildesheim 1965), bestimmt. Dann nützte man auch bei der Erforschung der römischen Religion die Methode der von der Indogermanistik entwickelten Sprachvergleichung sowie der vergleichenden Religionswissenschaft und wollte eine indogermanische Urreligion durch Rückschlüsse auch aus der römischen Religion rekonstruieren. Trotz aller offensichtlichen Schwächen dieser Methode wurde sie bis in die jüngste Vergangenheit gehandhabt. Auch hier ist vor allem Georges Dumézil zu nennen.[38] Indessen hatte man auch

---

[37] 3. Aufl. von H. Jordan, 2 Bde., Berlin 1881/83. In dieser Bearbeitung wurde das Werk, abgesehen von seinem problematischen Titel, ein sehr brauchbares Instrument der Forschung.

[38] Siehe Anm. 12. Auf dem Gebiet der römischen Religion sind folgende Werke zu nennen: Juppiter, Mars, Quirinus. I: Essai sur la conception indoeuropéenne de la société et les origines de Rome, II: Naissance de Rome, III: Naissance d'archanges, Paris 1941–1945. Les mythes romaines. I: Horace et les Curiaces, II: Servius et la Fortune. Essai sur la fonction sociale de louage et de blâme et sur les élémentes indo-européens du cens romain, III: Tarpeia. Essais de philologie comparative indo-européenne, Paris 1942–1947. L'héritage indo-européenne à Rome, Paris 1949. La religion Romaine archaique,

die römische Religion ohne methodische Einseitigkeit vorurteilslos, kritisch, historisch und philologisch zu erforschen begonnen und die Notwendigkeit erkannt, die römische Religion von der griechischen exakt zu trennen. Bahnbrechend waren dabei die Arbeiten Theodor Mommsens. Durch das von ihm in einem 1847 veröffentlichten Aufsatz angeregte und ab 1863, betreut von der Berliner Akademie der Wissenschaften, herausgegebene ›Corpus Inscriptionum Latinarum‹, dessen Erscheinen er durch längere Zeit selbst energisch vorantrieb, schuf er eine wichtige Quellensammlung und Arbeitsgrundlage auch für die römische Religionsforschung. Durch Inschriften konnte die Glaubwürdigkeit vieler literarisch überlieferter Nachrichten überprüft werden. Vor allem aber wurde nun die Rekonstruktion des römischen Festkalenders möglich. Mommsen selbst behandelte ihn in seiner 1858, ^{2}1859 in Berlin erschienenen ›Römischen Chronologie bis auf Caesar‹ in vorbildlicher Weise. Im Rahmen seiner staatsrechtlichen Forschungen stellte er überdies die Funktion der römischen Priesterschaft im römischen Staat, in seinen strafrechtlichen Arbeiten die sakrale Grundlage der römischen Rechtspflege dar. Damit wurde nach manchen Irrwegen der Wissenschaft nicht nur endlich der entscheidende Durchbruch zu solider kritischer Erforschung der römischen Religion erzielt, sondern zugleich beispielhaft aufgezeigt, wie sie vorzugehen habe. In gleicher Weise wirkte Georg Wissowa, der in den späteren Bänden von Roschers mythologischem Lexikon und in der ›Real-Encyclopädie der classischen Altertumswissenschaft‹, welche in Stuttgart und später in München von 1894–1978 erschien und deren erster Herausgeber er war,[39] zahlreiche wichtige Artikel zu Fragen der römischen Religion verfaßte. Besonders wichtig wurde sein Werk ›Religion und Kultus der Römer‹ (München 1902, ^{2}1912 [HdA V, 4], ND München 1971), in dem er sich dem System der römischen Religion zuwandte. Es ist heute noch ein unentbehrliches Hilfsmittel aller Forscher. Doch war die Sicht der römischen Religion durch Mommsen und Wissowa zu eng: ihrer Auffassung nach prägten

---

Paris 1966. Idées romaines, Paris 1969. Mariages indo-européens, suivi de XV questions romaines, Paris 1979. – Vgl. Friedrich Pfisters Einführung in die vergleichende Religionswissenschaft, 1930 (s. Anm. 15).

[39] Es handelt sich um eine Neubearbeitung der ab 1839 in Stuttgart von August Pauly herausgegebenen Real-Encyclopädie der classischen Altertumswissenschaft, die nur mehr historische Bedeutung hat. Immerhin verweist die Neubearbeitung auf das von Pauly betreute Werk und wird statt RE oft als PW (Pauly-Wissowa) zitiert.

Rechtsdenken und Streben nach juristischer Systematik viele Bereiche des römischen Lebens. Deshalb stellten sie auch das Verhältnis der Römer zu ihren Göttern zu einseitig in den Rahmen solcher Vorstellungen. In dieser Sicht kam überdies das Geschichtliche der römischen Religion zu wenig zur Geltung. Die römische Religion der verschiedenen Epochen kann nicht in ein geschlossenes System gefaßt werden. Es war daher wichtig, daß indessen, noch in der zweiten Hälfte des 19. Jh., in der Religionsforschung die oben dargestellten Entwicklungen eingesetzt hatten, die auch auf die wissenschaftliche Bearbeitung der römischen Religion Einfluß ausübten. Auch hier ist auf das Werk von Wilhelm Mannhardt zu verweisen und damit auf jene Richtung vergleichender Religionsforschung, welche sich vor allem mit bäuerlichen Bräuchen und religiös-festlichen Riten befaßte, und auf Hermann Useners Untersuchungen zur religiösen Begriffsbildung, die sich weithin auf Zeugnisse aus der römischen Religion stützen. Die von Edward Burnett Tylor bestimmte Richtung volkskundlicher und ethnologischer Forschung war ebenso von entscheidendem Einfluß, und das von James George Frazer verfaßte Werk ›The Golden Bough‹ vermittelte auch der römischen Religionsforschung wertvolle Erkenntnisse. Der Titel nimmt auf jenen goldenen Zweig Bezug, den sich Aeneas in Vergils Aeneis VI 136–148 bricht, um seinen *descensus ad inferos* antreten zu können. Allerdings ist Frazers Versuch mißlungen, für das frühe Rom ein magisches Königtum nachzuweisen. Soweit sie nützlich waren, berücksichtigte die neuere Forschung die modernen Methoden der Wissenschaft. Franz Altheim, dem wir mehrere Werke über die Religion der Römer verdanken,[40] versuchte durch eine Kombination prähistorischer, historischer und linguistisch-philologischer Forschung die besondere Eigenart der römischen Religion herauszuarbeiten. Andere Gelehrte wandten sich der soziologischen und psychologischen Methode zu.[41] Kurt Lattes

---

[40] U. a. Griechische Götter im alten Rom, Gießen 1930 (RVV 22, 1). Terra Mater. Untersuchungen zur altitalischen Religionsgeschichte, Gießen 1931 (RVV 22, 2). Römische Religionsgeschichte, 3 Bde., Berlin und Leipzig 1931–1933 (Sammlung Göschen, 2. umgearbeitete Aufl. in 2 Bden., Berlin 1956). Römische Religionsgeschichte, 2 Bde., Baden-Baden 1951/53 (mit dem vorher genannten Werk nicht identisch).

[41] Religionssoziologische Werke u. a.: Franz Bömers Untersuchungen über die Religion der Sklaven in Griechenland und Rom (1958–1964), s. Anm. 27. Jean Beaujeu, La religion de la classe sénatoriale à l' époque des Antonins, in: Hommage à Jean Bayet, Brüssel–Berchem 1964 (Coll. Latomus, 70), 54–75. Beiträge von John Helgeland, Eric Birley, Michael P. Spei-

›Römische Religionsgeschichte‹ (München 1960; HdA V, 4), welche das erwähnte Werk von Georg Wissowa, das dennoch 1971 nachgedruckt wurde, durch stärkere Betonung der historischen Dimension ersetzen sollte,[42] trägt ebenfalls soziologischen, aber auch phänomenologischen Aspekten Rechnung. Als bedeutende wissenschaftliche Leistung verrät es die völlige Vertrautheit des Verfassers mit den antiken Zeugnissen, der Eigenart der Quellen und der philologisch-kritischen Methode. Ebenso imponierend ist die Leistung Gerhard Radkes in seinem Buch ›Die Götter Altitaliens‹ (Münster o. J. [1965], Fontes et Commentationes, 3), einem wahren Meisterwerk, welches die von den Griechen noch unbeeinflußten Namen der echt italischen Götter sprachwissenschaftlich untersucht, um die eigentliche Funktion der Gottheiten und damit das Wesentliche der römischen Religion zu erfassen. Radke kennt auch alle übrigen Quellen der Religionsforschung, doch sagen diese für seine Fragestellung zu wenig aus. Die in Büchern und Aufsätzen der letzten Jahrzehnte hervortretenden Probleme galten wieder der römischen Mythologie, nämlich der Bedeutung (bzw. Bedeutungslosigkeit) der wenigen echt römischen Mythologeme für das Kultritual[43]; weiter der Abgrenzung des

---

del gemeinsam mit Alexandra Dimitrova-Milčeva, David G. Orr und Daniel P. Harmon über die Religion anderer sozialer Gruppen (Heer, Familie) erschienen in Bd. II, 16, 2, von ANRW, Berlin–New York 1978, 1470–1603. Rainer Wiegels, Die Rezeption orientalischer Kulte in Rom. Umriß eines Forschungsfeldes zum Thema: Religion und Gesellschaft in römischer Zeit, in: Freiburger Universitätsblätter 65, Oktober 1979, 37–61. – Religionspsychologische Werke u. a.: Jean Bayet, Histoire politique et psychologique de la religion romaine, Paris 1957, ²1969. – Ein Musterbeispiel einer Darstellung der römischen Religion auf der Grundlage komparatistisch-ethnographischer Forschung stellt jene von Franz Hampl dar: Römische Religion, in: Propyläen-Geschichte der Literatur. Literatur und Gesellschaft der westlichen Welt, I. Bd.: Die Welt der Antike: 1200 v. Chr.–600 n. Chr., Berlin 1981, 321–342 (Literaturverzeichnis S. 551).

[42] Die Fortschritte der Forschungsmethoden von Georg Wissowa bis Kurt Latte, den Zuwachs vor allem an archäologischem Material und besondere Aufgaben, die Latte daraus erwachsen sind, skizziert instruktiv J. H. Waszink in seiner Rezension des Werkes von Latte im Gnomon 34 (1962), 434–437.

[43] Siehe etwa Carl Koch, Der römische Juppiter. Frankfurt a. M. 1937 (Frankfurter Studien, 14), Darmstadt ²1968. Ein nachdrücklicher Vertreter der Mythenlosigkeit ist Latte in seiner ›Römischen Religionsgeschichte‹. Er fand neben Zustimmung auch Kritik, so durch Walter Pötscher in seiner Besprechung in: Kairos 2 (1962), 142 ff. Auf der anderen Seite der Front steht u. a. Angelo Brelich mit mehreren Abhandlungen, so mit seinem bemerkens-

Umfanges der etruskisch-italischen, der griechischen, vor allem hellenistischen, später der orientalischen Einflüsse auf die römische Religion; der Frage, ob die römische *religio* durch diese zunehmend überfremdet wurde oder ob sie, wenn auch nicht bis zum Sieg des Christentums, so doch durch viele Jahrhunderte, ihre Eigenart zu behaupten verstanden hat; damit wiederum stehen Versuche ihrer Wesensbestimmung in Verbindung[44]; schließlich ging es um die Problemkomplexe ihrer Auseinandersetzung mit dem erstarkenden Christentum bzw. der Christenverfolgungen und um deren soziologisch-psychologische und formaljuristische Begründung. Um diese Fragen mühen sich Philologen, Historiker, Religionswissenschaftler. Vieles harrt noch der Lösung, bei vielem ist ein weitgehender oder voller Konsens erzielt. Es ist zu hoffen, daß das Bild der Idee der römischen Religion und ihrer Geschichte, wie es heute im großen gesehen wird, und die Zielsetzung der weiteren Forschung richtig sind.

---

werten Werk ›Tre variazioni romane sul tema delle origini‹, Rom 1955. Zur Frage nun Radke, a. O., 7–9. Rose schließt sein Handbuch ›Griechische Mythologie‹ mit einem XI. Kapitel ›Italische Pseudomythologie‹ (S. 307–337 der deutschen Ausgabe).

[44] Darüber u. a. M. Kobbert, religio, RE I A (1914), 565–575. Walter F. Otto, Religio und Superstitio, ARW 12 (1909), 533–554; 14 (1911), 406–422; ders., Aufsätze zur römischen Religionsgeschichte, Meisenheim a. Glan 1975 (Beiträge zur Klassischen Philologie, 71), 72–130. W. W. Fowler, Roman Ideas of Deity in the Last Century before the Christian Era, London 1914. Wolfgang Aly, Das Wesen der römischen Religiosität, ARW 33 (1936), 57–74. Rudolf Hanslik, Römische Religiosität, in: Christentum und moderne Geisteshaltung. Versuche, Studien und Übersichten, Wien–München 1954, 117–143. Franz Altheim, Römische Religion als Idee, Palaeologia 2 (1953), 271–287, auch in Gymnasium 61 (1954), 72–86. Gerhard Radke, Das Wirken der römischen Götter, Gymnasium 77 (1970), 32–46. Antonie Wlosok, Römischer Religions- und Gottesbegriff in heidnischer und christlicher Zeit, in: Antike und Abendland 16 (1970), 39–53. Hendrik Wagenvoort, Wesenszüge altrömischer Religion, in: ANRW I, 2, Berlin–New York 1972, 348–362 (= 2. Fassung von: Ders., Die Wesenszüge altrömischer Religion, in: Historia Mundi, Bd. III, Bern 1954, 485–500). Robert Muth, Vom Wesen römischer „religio", in: ANRW II, 16, 1, Berlin–New York 1978, 290–354.

II. DIE RELIGION DER GRIECHEN

1. Vom Wesen der griechischen Religion

Die griechische Religion entwickelte sich stetig. Zwischen den nur sehr lückenhaft bezeugten religiösen Auffassungen der Griechen der Linear B-Texte und der Hellenen der römischen Kaiserzeit, die sich schließlich mit dem Christentum auseinanderzusetzen hatten, bestehen gewaltige Unterschiede. Die Zahl der Götter[45] wurde größer,

---

[45] Zu den Bezeichnungen der Götter im Griechischen siehe Wilhelm Krause, Die Griechen von Mykene bis Byzanz. Eine Einführung in die griechische Altertumskunde, Wien 1969, 156: ὁ (ἡ) θεός, ὁ δαίμων, τὸ θεῖον, τὸ δαιμόνιον, ἡ θειότης. Das indogermanische Wort, welches dem lateinischen Wort „deus" entspricht (δεῖϝος) wurde von den Griechen aus uns unbekannten Gründen aufgegeben. Die Etymologie von θεός ist trotz tiefsinniger Vermutungen der Forscher unsicher. Siehe dazu Burkert, Griechische Religion, 406–408, mit Anm. 32. Eine auch in moderner Forschung vertretene Etymologie kann sich auf die Griechen selbst berufen: Seit Herodot II 52 wurde das neue Wort θεός (θεσ-ος) von den Griechen wiederholt mit τίθημι verbunden, weil die Götter in alle πράγματα Ordnung gebracht hätten und ihnen auch das Recht des Verteilens (der νομαί) zugekommen sei. θεός ist dem Gebrauch des Wortes nach vor allem ein Prädikatsbegriff und bezeichnet eher göttliches Geschehen und Handeln als eine göttliche Macht. Deshalb gibt es von diesem Wort keinen Vokativ und ist die Verwendung des Nominativs als Anruf spät. Dies geht überdies darauf zurück, daß die Götter im Kult grundsätzlich mit ihren besonderen Namen (womöglich mit allen ihren Namen) angerufen wurden. Aus diesem Grund kam dem Wort θεός im Kult der Griechen keine größere Bedeutung zu. Δαίμων wird von den meisten als „Zuteiler" zu δαίομαι gestellt, doch ist dies nicht unbestritten. Siehe dazu Burkert, Griechische Religion, 279, Anm. 3. Von der Etymologie her ist es also weder möglich, die ursprüngliche Bedeutung dieser Wörter mit Sicherheit zu erheben noch ihre wahrscheinliche anfängliche Bedeutungsverschiedenheit. In historischer Zeit findet sich zunächst eine solche nicht (mehr). Philosophen differenzierten allerdings. In hellenistischer Zeit wurde δαίμων vorwiegend für „Dämon", also zur Bezeichnung einer schädlichen Macht, gebraucht. Siehe dazu S. 129. Beide Wörter werden sowohl im Singular oder Plural der mask. (fem.) Form (ὁ, ἡ θεός – ὁ δαίμων) als auch als Neutr. des substantivierten Adj. gebraucht: τὸ θεῖον, τὸ δαιμόνιον. Über den (fehlenden) Got-

vor allem durch Übernahme von Gottheiten und Kulten anderer Völker, wovon manche ausgestaltet wurden, andere an Bedeutung einbüßten. Die religiöse Vorstellungswelt wurde rationalisiert, vergeistigt, vertieft.[46] Aber nicht nur in diachronischer Sicht weist die griechische Religion eine starke Dynamik auf, sondern sie war auch synchron uneinheitlich, da weithin politisch gebunden, und weil die Griechen, solange sie frei waren, in Stämme und Staaten zersplittert, nie zu einer politischen und damit kultischen Einheit gelangten. Dennoch soll hier, um eine erste Vorstellung von der Religion der Griechen zu vermitteln, annäherungsweise eine Wesensbestimmung versucht werden. Sie orientiert sich vor allem an religiösen Vorstellungen und Ritualen der Klassik, berücksichtigt aber auch Entwicklung und Vielfalt der religiösen Phänomene. Die Gefahr einer gewissen Einseitigkeit und damit der Unrichtigkeit der Darstellung muß dennoch in Kauf genommen werden.

Die Hellenen waren von der Existenz für die Menschen bedeutsamer anthropomorpher Gottheiten überzeugt, sowie von für das menschliche Leben ebenso wichtigen Mächten wie Liebe und Haß, Recht und Zwietracht, Sieg und Frieden, auch von solchen der Natur, in denen sie göttliche Kräfte wirksam sahen und die sie später entweder bestimmten Göttern zuordneten oder welchen sie nach deren Vorbild Gestalt verliehen. Wegen des Götteranthropomorphismus kam in der griechischen Religion dem Mythos größte Bedeutung zu. Er wurde in literarischen und bildlichen Darstellungen festgehalten und ausgestaltet. Die Götter der Hellenen hatten Anspruch auf kultische Verehrung. Religion, griechisch εὐσέβεια, wird daher durch die Worte θεῶν τιμαί, „Ehren der Götter", treffender gekennzeich-

---

tesbegriff der Griechen und die Frage nach dem Wesen der Gottheit unterrichtet Heinrich Dörrie, Gottesbegriff, RAC 11 (1981), 944–951; sowie ders., Gottesvorstellung, RAC 12 (1983), 81–154.

[46] Die Annahme einer Entwicklung der griechischen Religion ist allerdings nicht unbestritten. So glaubt z. B. Walter F. Otto, die Götter von Hellas seien in ihren Grundzügen stets das geblieben, was sie schon bei Homer gewesen seien. Die Forschung hat diese und ähnliche Auffassungen eindeutig widerlegt. Siehe dazu Ingomar Weiler, Griechische Geschichte. Einführung, Quellenkunde, Bibliographie, Darmstadt 1976, 116f. In unserer Zeit besteht die Gefahr, daß der Strukturalismus in der Religionswissenschaft, der sehr konstruktiv ein logisches geschlossenes System in der Religion entdecken will, deshalb ein zu statisches Bild der griechischen Religion entwirft. Dadurch würde die geschichtliche Wirklichkeit vergewaltigt. Zu Walter F. Otto und zum Strukturalismus s. Anm. 4 und S. 16.

net.⁴⁷ Eine innere Anteilnahme an den kultischen Ereignissen in andächtiger Stimmung war für die Hellenen möglich, aber nicht nötig. Auch für den Kult war der Mythos wichtig, weil die Rituale vielfach durch aitiologische Sagen erklärt wurden. Da die griechische Religion an die Gesellschaft gebunden war, an Familie und Geschlecht, vor allem aber an den Staat, war der Kultdienst in erster Linie verpflichtende Aufgabe der politischen Gemeinschaften. In ihn wurden viele Bereiche des öffentlichen Lebens wie Feste, Dichtung und Theater, Kunst überhaupt, Spiel, Wettkampf und Sport, zum Teil auch die Bildung und Erziehung, zumindest formal einbezogen. Die Weltsicht der Hellenen war stark im Diesseits verhaftet. Jene Griechen jedoch, die vom Gedanken bedrückt waren, daß die nach dem Tode des Körpers fortlebende Seele in einer düsteren Unterwelt ein unbefriedigendes Schattendasein erwarte, befreiten sich davon durch Teilnahme an Mysterien. Magie und Zauber gewannen erst in hellenisti-

⁴⁷ Zu den griechischen Bezeichnungen für „Religion" s. Krause, a. O., 155f., sowie Karl Kerényi, Die antike Religion. Eine Grundlegung, Amsterdam–Leipzig 1940, 74–99. (Dieses Werk erschien später in Neubearbeitungen, die im Literaturverzeichnis angegeben sind. Zitiert wird jedoch nach der ersten Auflage.) Beachtenswert ist auch der Aufsatz von Heinrich Dörrie, Überlegungen zum Wesen antiker Frömmigkeit, in: Pietas. Festschrift für Bernhard Kötting, hrsg. von Ernst Dassmann und K. Suso Frank, Münster 1980 (Jahrbuch für Antike und Christentum, Ergänzungsband 8), 3–14.Die Frömmigkeit der Griechen im Spiegel ihrer Sprache behandelt Burkert, Griechische Religion, 402–412. Einige Ergebnisse dieser Untersuchung: ἱερός „heilig", etymologische Grundbedeutung wahrscheinlich „stark", bedeutet „das, was einem Gott oder Heiligtum in verbindlicher Weise gehört" (zu der bei Burkert, S. 402, genannten Literatur tritt nun die sehr zurückhaltend zu beurteilende Untersuchung von J. T. Hooker, Ἱερός in Early Greek, Innsbruck 1980 [Innsbrucker Beiträge zur Kulturwissenschaft, Vorträge und Kleinere Schriften, 22]). ὅσιος ist im Kontrast und als genaues Komplement zu ἱερός zu begreifen: Es bedeutet die Desakralisierung nach der Sakralisation und besagt, das „Heilige" hinter sich zu haben und damit zugleich fromm und frei zu sein. ἅγιος steht ἱερός nahe, doch liegt der Unterschied darin, daß dieses Wort nicht auf sachliche Abgrenzung weist, sondern auf Haltung und seelische Bewegung des Menschen. ἁγνός ist die Bezeichnung des Heilig-Reinen; das Wort wird für Sachen und Personen, für Götter und Menschen gebraucht, in Beziehung zu Kult und Heiligtum und unabhängig davon. σέβας (dazu σεμνός, σέβομαι) heißt „Scheu vor den Göttern" (σεμνός „ehrwürdig"). εὐσέβεια ist die an νόμος und θέμις orientierte Haltung, die an jenem, was die Vorfahren hinterlassen haben, nichts verändern will, eine interessierte, nicht gleichgültige Zurückhaltung. θεῶν τιμαί „Ehren der Götter" zielt auf den Kult.

scher Zeit Bedeutung. Im Götterglauben und Kult bestanden lokale Verschiedenheiten, auch verschoben sich im Laufe der Jahrhunderte, vielfach durch gesellschaftliche Veränderungen bedingt, die Akzente. Religiöse Vorstellungen, Kulte, Rituale änderten sich. Priester traten kaum in Erscheinung, abgesehen von jenen der Heil- und Orakelkulte. Die Priesterschaft des Apollonorakels zu Delphi übte allerdings während der älteren Zeit einen beherschenden Einfluß auf religiöse (und auch weltliche) Angelegenheiten aus. Sie sanktionierte Kulte und Kultordnungen, bemühte sich um eine Regelung des Kultkalenders, stellte Forderungen bezüglich Reinheit und Reinigung auf und fügte moralische Gebote hinzu. Eine Theologie gab es bei den Griechen jedoch nur ansatzweise, vor allem, wie gerade erwähnt, in den Lehren der Orakelpriester, besonders in Delphi, in den Mysterien und in aitiologischen Kultmythen. Die griechische Philosophie[48] gab den traditionellen religiösen Anschauungen durch neue Deutungen einen vertieften Sinn oder löste sich in autonomer Spekulation weitgehend oder völlig von ihnen. So ersetzte sie teilweise die theologische Reflexion. Dies gilt besonders für die späte Phase des Neuplatonismus, vor allem für Proklos. Die philosophische Aufklärung jedoch stellte die Grundlagen der Religion in Frage. Auch Dichtung und Literatur überhaupt, obzwar die wichtigsten Vermittler des Göttermythos und der aitiologischen Sagen, lösten sich vielfach von den überkommenen Auffassungen und widmeten sich selbständig, aber in Wechselwirkung mit philosophischer Spekulation, religiösen Problemen, besonders der Frage der Theodizee. Hauptsächlich durch das Verdienst von Philosophie und Literatur setzten sich in der Religion der Hellenen auch ethische Aspekte durch.[49] Denn weder aus dem gängigen Bild, das sie sich von den Göttern machten, noch aus ihren Jenseitsvorstellungen waren ethische Normen ableitbar. Eine Ausnahme machten diesbezüglich wiederum nur die „delphische Theologie" und die Mysterienkulte, die jedoch nur einen Teil des griechischen Volkes ansprachen. In der bunten Palette der griechischen Religion finden sich neben dem traditionellen Polytheismus pantheistische Vorstellungen und deutliche Ansätze zu einem monotheistischen Konzept, aber auch zu partiellem oder umfassendem Skeptizismus. Durch die Einwirkung gesellschaftlicher Erscheinungen, vor allem aber auch infolge der Einflüsse von Philosophie und Dichtung – von

---

[48] Siehe Anm. 429, S. 165 ff. und 196 ff.

[49] Literatur zum Problem der Ethisierung der griechischen Religion bei Weiler, a. O., 126.

Literatur überhaupt –, entging die hellenische Religion der Gefahr der Erstarrung. Sie bietet ein Bild dynamischen Lebens.

2. Der Beginn der Geschichte der Religion der Griechen. Das Problem der Einwanderung

Zunächst sind zwei Vorfragen zu klären. So jene, wann die Geschichte der griechischen Religion beginnt. Sinnvoll, wenn auch (vielleicht) willkürlich, soll dafür die Zeit der Einwanderung der Träger jener indogermanischen Sprache in ihre historischen Wohnsitze festgelegt werden, welche wir als die griechische bezeichnen. Dieses Volk brachte seine Kultur und religiösen Vorstellungen mit und hielt, soweit es die neue Umwelt zuließ, daran fest. Dieses Gut stellt den Grundbestand der griechischen Religion dar. Rückschlüsse aus Götternamen indogermanischer Herkunft und vergleichende Religionsforschung ermöglichen die Rekonstruktion der Religion der griechischen Stämme vor der Zeit ihrer Einwanderung nur in groben Umrissen, zumal methodologische Erwägungen größte Zurückhaltung gebieten. Darauf braucht jedoch hier nicht eingegangen zu werden. In einer umfangmäßig beschränkten Darstellung der hellenischen Religion genügt es, in ihr selbst die wichtigsten Phänomene mit eindeutig indogermanischer Tradition aufzuzeigen. Von vornherein ist aber anzunehmen, daß auch Vorstellungen und Rituale der autochthonen Bevölkerung des späteren Hellas bzw. allenfalls vor den Griechen dort eingewanderter Völker die griechische Religion beeinflußt haben. Als die ersten Griechen ihre historischen Wohnsitze zu besiedeln begannen, fanden sie dort schon voll ausgebildete Gottesvorstellungen und Kulte vor, mit denen sie sich um so mehr auseinandersetzen mußten, als sie dieses Gebiet durch längere Zeit nicht vollständig beherrschten und sich vor allem in kultureller Hinsicht zunächst nicht durchzusetzen vermochten. So enthält denn die Religion der Griechen, nach dem Ausweis ungriechischer Gottesnamen, einzelner alter, den Griechen fremder Rituale und nach dem archäologischen Befund, von Anfang an ungriechische Elemente neben indogermanischgriechischen. Auch in anderen Kultur- und Lebensbereichen wirkten vorgriechische Traditionen durch Jahrhunderte weiter. In der Begegnung und Durchdringung der beiden Traditionsströme ist das Entscheidende jenes Vorganges zu erkennen, welcher mit dem Werden des griechischen Volkes die Voraussetzungen für die Kultur des Abendlandes schuf. Von hier aus verstehen wir auch die Fülle antinomischer Spannungen, die das geistige Leben der Griechen bestimmten.[50] Dennoch kann auch die Religion der Bewohner des vorgriechischen Hellas nicht für sich behandelt, auf ihre Relikte wird jedoch hingewiesen werden. Eine ausführliche Darstellung stieße übrigens auf große Schwierigkeiten, weil die dafür wichtige Deutung ungriechischer Gottesnamen trotz des gesicherten Gesamtbildes schwierig und die Interpretation der spärlichen für diese Frage relevanten archäologischen Funde aus der Zeit bis zur Mitte des zweiten Jahrtausends v. Chr. vielfach strittig ist. Denn wenn auch trotz wiederholter Unterbrechung der Traditionsströme gerade im Bereich der Religion, in Kultstätten und Ritualen, eine gewisse Kontinuität gesichert ist, kann man für das Neolithikum und die frühe Bronzezeit nur mit Hilfe unsicherer Vermutungen konkrete Bezüge in der griechischen Religion feststellen.[51] Noch weiter zurückzugreifen ist unmöglich, ob-

[50] So Albin Lesky, Geschichte der griechischen Literatur, Bern und München ³1971, 22. Auch Burkert, Griechische Religion, 46, erklärt, nach einer seit langem vertretenen Leitidee der Historie sei das Griechische, auch die griechische Religion, als eine Synthese aus einem bodenständigen Substrat und indogermanischer Überlagerung zu begreifen. Er fragt jedoch, ob man diesen Ansatz konkret verifizieren könne. Eine solche Synthese ist nicht zu bezweifeln, schwierig ist jedoch die Trennung einzelner Elemente und daher die Konkretisierung der Synthese in bestimmten Einzelfällen.

[51] Siehe dazu Burkert, Griechische Religion, 34–48 (Indogermanisches, 42–48; Neolithikum und frühe Bronzezeit, 34–41), mit ausreichenden Literaturangaben. – Auf einige Aspekte sei hingewiesen: In der indogermanischen patriarchalisch bestimmten Gesellschaftsordnung kam auch in der Götterwelt dem „Himmel-Vater", der bei den Griechen als Zeus, bei den Römern als Juppiter und Diespiter verehrt wurde, der erste Rang zu. Außer Zeus ist keiner der griechischen Götter, auch nicht jene, deren Namen sicher indogermanischem Sprachgut entnommen sind, wie Poseidon und Ares, in vorgriechischer Zeit konkret faßbar. Bei den Göttern der indogermanischen Völker hatte der Aspekt der Jungfräulichkeit eine ebensolche Rolle gespielt wie bei Athene und Artemis. Der indogermanische Kult der Sonne und Morgenröte ist auch bei den Griechen bezeugt, tritt dort jedoch in den Hintergrund. Wahrscheinlich ist auch die Verehrung des Rosses als eines numinosen Wesens, welches bei den Griechen im Gott Poseidon Gestalt gewonnen hat. Kaum je ist jedoch bei den Griechen eine indogermanische Gottesvorstellung klar erhalten. Die Lichtgestalt des „Himmel-Vaters" Zeus konnte sich zwar als höchster Gott behaupten, nahm aber schon früh Züge des mediterranen Wetter- und Berggottes in sich auf, wie auch der Name „Olympios" ungriechisch ist. In der Gestalt des Poseidon verband sich die indogermanische Verehrung des göttlichen Rosses mit der bei der autochthonen Bevölkerung verbreiteten Vorstellung der Gattenschaft zwischen ihm und der altmediterranen Erdmutter. Der

wohl Griechenland schon im Paläolithikum bewohnt und seit dem frühen Neolithikum im 7. Jahrtausend ohne Unterbrechung besiedelt war. Erst für die zweite Hälfte des zweiten Jahrtausends liegen reichere archäologische Zeugnisse vor, mit deren Hilfe auch Ergebnisse der Sprachforschung und der vergleichenden Religionsgeschichte zuversichtlich in ein Gesamtbild eingeordnet werden können. Es handelt sich um Ton- und Metallplastiken, die Götter oder deren Verehrer darstellen, um Ritualgefäße, auch solche mit Reliefdarstellungen kultischer Bauten und Szenen, um bemalte Sarkophage, Wandgemälde (gewöhnlich nur in dürftigen Resten erhalten), Ringe, Gemmen, Siegel und Siegelabdrücke. Viele Forscher nehmen jedoch an, daß zu dieser Zeit die Hellenen die meisten Gebiete Griechenlands schon besiedelt hatten, diese Funde also nicht mehr vorgriechischer Bevölkerung zugehören.

Name der jungfräulichen Athene ist vorgriechisch, im Kult der Artemis, deren Name etymologisch nicht geklärt ist, sind auch vorgriechische Vorstellungen realisiert, sie konnte etwa in Ephesos mit der asiatischen Vegetationsgottheit identifiziert werden. – Im Neolithikum und der frühen Bronzezeit, also vor der mykenischen Periode, war der Raum des späteren Griechenland kulturell offenbar starken Einflüssen aus dem Osten, unmittelbar aus der Inselwelt des östlichen Mittelmeers und von Kleinasien her, mittelbar aus dem Vorderen Orient, insbesondere Mesopotamien, aber auch vom Niltal her ausgesetzt (wie auch noch in der zweiten Hälfte des 2. Jahrtausends der Kulturaustausch mit diesem Gebiet sehr rege war). Dadurch wurde das Bild der religiösen Vorstellungen und Rituale der einwandernden Griechen wesentlich mitbestimmt, obwohl diese Gedankenwelt sich von ihrer eigenen wesentlich unterschied. Das hohe Ansehen von Fruchtbarkeitskulten spiegeln die zahlreichen weiblichen Gottheiten, Vegetations- und Muttergottheiten als Inbegriff der Fruchtbarkeit von Mensch, Tier und Erde wider. Entsprechend scheint die Gesellschaftsordnung matriarchalische Züge getragen zu haben. Daß die für die Linear B-Griechen, wie zu zeigen sein wird, sehr wichtigen Kulte weiblicher Gottheiten, die in der griechischen Religion bis in die archaische Zeit hinein eine sehr beachtenswerte Rolle spielten, auf diesen Umstand zurückzuführen sind und nicht etwa auf die von den Griechen mitgebrachte Verehrung jungfräulicher Göttinnen, kann vermutet, aber keineswegs bewiesen werden. An der Seite der Fruchtbarkeitsgottheit stand anscheinend ein männlich-jugendlicher Kultpartner, sozusagen der Gott des sterbenden Frühlings, der uns auch sonst in der mediterranen Welt begegnet und dessen Verehrung später auch die Griechen pflegten. In Verbindung damit waren Vorstellungen von der Unterwelt und dem Fortleben des Menschen nach dem Tode vorhanden und wurden daher chthonische Kulte und Totenkult gepflegt. Totenkulte hatten allerdings auch die einwandernden Griechen gekannt.

Der Beginn der Geschichte der Religion der Griechen

Die zweite Vorfrage, ob diese Annahme zu Recht besteht, wann – sicher im Laufe der Bronzezeit – die Einwanderung der Griechen in ihre historischen Wohnsitze erfolgt ist und wie es in der dafür in Betracht kommenden Periode mit dem Verhältnis zwischen dem griechischen Festland und Kreta stand, kann jedoch noch nicht eindeutig beantwortet werden. Wie gerade angedeutet, hatten nach Ansicht der meisten Forscher [52] die Griechen, wann immer, ob zu Beginn (um ca. 2000 oder eher 1950), im Laufe oder erst am Ende des Mittelhelladikums (bis 1600 v. Chr.), die wahrscheinlich in zwei Schüben erfolgte Einwanderung der ersten Hellenen nach einander widersprechenden Ansichten vor sich gegangen sein mag, zu Beginn des Späthelladikums (ab etwa 1600 bis nach 1200 v. Chr.) schon große Teile Griechenlands besiedelt und waren daher die Träger der nach einem der bedeutendsten Fundorte auf der Peloponnes benannten mykenischen Kultur, deren erste Blüte schon gegen Ende des 16. Jh. feststellbar ist. Da für die mykenische Zeit außer dem erwähnten reichlicheren auswertbaren archäologischen Material erste schriftliche Aufzeichnungen (von allerdings sehr beschränktem Informationswert) zur Verfügung stehen, kann ein Bild der Religion dieser Epoche in groben Umrissen gezeichnet werden. Wenn die eben skizzierte Auffassung von der Einwanderung der Griechen zu Recht bestehen sollte, wären alle diese Zeugnisse religiösen Lebens in der mykenischen Zeit solche einer frühen griechischen Religion. Bei den schriftlichen Aufzeichnungen handelt es sich um Texte der vielleicht schon seit den letzten Jahrzehnten des 16. Jh. v. Chr., wahrscheinlich aber erst ab

---

[52] Nachweis der wichtigsten Literatur und Quellen bei Weiler, a. O., 16–40. Mit weitem Umblick auf die mediterrane Welt und in besonders umfassender Systematik vertritt unter Berücksichtigung auch der einschlägigen archäologischen und linguistischen Forschung diese Auffassung der Althistoriker Fritz Schachermeyr in zahlreichen Büchern, Aufsätzen, Vorträgen und Forschungsberichten. Siehe u. a. sein primär archäologisch orientiertes Werk: Die ägäische Frühzeit, 5 Bde., Wien 1976, 1976, 1979, 1980, 1982 (Österr. Akad. d. Wiss., phil.-hist. Kl., Sitz.-Ber. 303, 309, 355, 372, 387 = Mykenische Studien 3, 4, 7, 8, 9). Diesem Werk für Fachleute ließ Schachermeyr eine für weitere Kreise bestimmte zusammenfassende Darstellung folgen: Griechische Frühgeschichte. Ein Versuch, frühe Geschichte wenigstens in Umrissen verständlich zu machen, Wien 1984 (Österr. Akad. d. Wiss., phil.-hist. Kl., Sitz.-Ber. 425). – Von sprachwissenschaftlicher Seite leistete vor allem Paul Kretschmer Pionierarbeit. Auf seinen Forschungen gründen entscheidend die traditionellen Vorstellungen von der Einwanderung der Griechen in ihre historischen Wohnsitze; er schuf die sog. „Dreiwellentheorie".

dem späten 15. Jh. bis zum Ende dieser Periode in Gebrauch gestandenen Linear B-Schrift. Diese ist zwar kretischen Ursprungs, entstand aus einer Fortentwicklung der sog. kretischen Linear A-Schrift bei gleichzeitigem Rückgriff auf das parallel dazu weiter verwendete altkretische hieroglyphische Schreibsystem, stand aber auch an mykenischen Herrschersitzen Griechenlands in Gebrauch. Mit an Sicherheit grenzender Wahrscheinlichkeit ist nachgewiesen worden, daß diese Texte griechisch sind. Ein großer Teil konnte entziffert werden.[53] Die

[53] Im ganzen besitzen wir Tausende solcher Texte. Die meisten (vielleicht alle) gehören der letzten Phase der mykenischen Zeit an. Sie befinden sich auf beim Vernichtungsbrand gehärteten Tontafeln der Archive der am Ende dieser Periode zerstörten Paläste in Pylos, Mykene, Theben und (in geringerer Zahl) Tiryns, in besonders großer Zahl jedoch in Knossos auf Kreta. Aufschriften auf Keramik, gefunden außer in Mykene, Tiryns und Theben auch in Orchomenos, Eleusis und Boiotien und auf Kreta in Knossos und an anderen Fundstätten, treten hinzu. Zum Problem der Linear B-Texte und deren Entzifferung s. das von Stefan Hiller und Oswald Panagl herausgegebene Sammelwerk ›Die frühgriechischen Texte aus mykenischer Zeit‹ (Darmstadt 1976), bes. die Beiträge von Fritz Schachermeyr, Mykene und Linear B-Schrift im Rahmen der Altertumsforschung, 1–18 (übernommen aus Saeculum 22 [1971], 114–122); Stefan Hiller, Historische Einführung, 19–28; Oswald Panagl, Entzifferungsgegner, Ausblick, 329–337; und Stefan Hiller, Bibliographische Einführung, 338–348; sowie Alfred Heubeck, Schrift, Göttingen 1979 (Archaeologia Homerica, III, X), 23–54, mit Bibliographie S. 190–194; zur Bibliographie auch Weiler, a. O., 23. Einen instruktiven Überblick über die Problematik des Alters der Linear B-Schrift (und das damit zusammenhängende Knossos-Problem) gibt nach dem damaligen Stand der Forschung Stefan Hiller in seinem Aufsatz ›Linear B: Fortschritte und Forschungsstand‹, Saeculum 22 (1971), 128–135. – Unsicher ist, in welchem Umfang überdies von der homerischen Dichtung aus Rückschlüsse auf die griechische oder gar vorgriechische Religion dieser Zeit möglich sind. Früher war die Forschung diesbezüglich sehr zuversichtlich. Als Standardwerk galt Martin P. Nilssons Buch ›The Minoan-Mycenaean Religion and its Survival in Greek Religion‹ (Lund 1927, ²1950). Siehe auch W. K. C. Guthrie, The Religion and Mythology of the Greeks, Cambridge 1961 (The Cambridge Ancient History, Rev. ed. II 40). Heute ist man jedoch vorsichtiger. Seit die Linear B-Texte genaueren Einblick in die mykenische Zeit erlauben, wird deutlich, daß diese der homerischen gegenüber mannigfache Unterschiede aufweist. Das Ende der mykenischen Welt mit der Zerstörung der großen Paläste unterbrach zwar nicht alle Überlieferungsströme, bedeutete jedoch eine derartige Störung, daß mit einem ungebrochenen kulturellen Kontinuum nicht zu rechnen ist. Doch wenn irgendwo, so erhielten sich auf dem Gebiet der Religion Traditionen. Man darf allerdings von der homerischen Religion auf die grie-

1952 bekannt gewordene (partielle) Entzifferung, welche zunächst die Formel „mykenisch = griechisch" zu bestätigen schien, und weitere archäologische Funde zwangen jedoch zu neuem Überdenken der Besiedlungsgeschichte Griechenlands im zweiten Jahrtausend. Die Anschauungen über die Einwanderung der Hellenen befinden sich seither wieder in Fluß. Kritischen Untersuchungen von Franz Hampl kommt dabei das Hauptverdienst zu.[54] Der Einwanderungs-

chische in mykenischer Zeit nur soweit zurückschließen, als dafür ausdrücklich Bestätigungen durch archäologische Funde oder Linear B-Texte vorliegen. Die Bereicherung unserer Kenntnis der Religion dieser Zeit durch die homerische Dichtung ist deshalb sehr gering.

[54] Franz Hampl, Die Chronologie der Einwanderung der griechischen Stämme und das Problem der Nationalität der Träger der mykenischen Kultur, Mus. Helv. 17 (1960), 57–86. Klärend ist die Auseinandersetzung Hampls mit Fritz Schachermeyr, AAW 15 (1962), 11–16. Der Vf. kann in seinem Aufsatz darauf verweisen, daß die Gleichsetzung von „mykenisch" und „griechisch (achäisch)" schon vor fast 100 Jahren von angesehenen Gelehrten mit guten Gründen in Frage gestellt wurde. So hielt Ulrich Koehler, Über die Zeit und den Ursprung der Grabanlagen in Mykene und Sparta, Athen. Mitt. 3 (1878), 1–13, die Mykenäer für (wohl nicht indogermanische) Karer. Ferdinand Dümmler und Franz Studniczka, Zur Herkunft der mykenischen Cultur, Athen. Mitt. 12 (1887), 1–24, brachten ebenfalls schwere Bedenken gegen den „achäischen" Ursprung der mykenischen Kultur zum Ausdruck. Nach Hampl liegt die Last des Beweises, daß die Mykenäer Griechen („Achäer") gewesen seien, bei jenen Forschern, welche diese Auffassung vertreten. Dieser Beweis sei jedoch nicht gelungen. Hampls Aufsatz ist mit kleinen Änderungen und umfangreichen Nachträgen im Sammelband: Geschichte als kritische Wissenschaft, Bd. II, Darmstadt 1975, 100–198, abgedruckt. In den Nachträgen setzt sich der Vf. u. a. mit den von Fritz Schachermeyr in einem Vortrag auf dem Mykenologenkongreß in Rom 1967 gegen seine Auffassung erhobenen und in den Atti e Memorie del 1^0 Congresso Internazionale di Micenologia, Roma 1967, Vol. I, Rom 1968, 297–312, veröffentlichten Einwänden auseinander; s. weiter Franz Hampl, Geschichte als kritische Wissenschaft, Bd. III, Darmstadt 1979, 351 u. 357f. (im Rahmen des ›Rückblicks und Ausblicks‹). Hampls Theorie besprechen auch Franz Georg Maier, AAW 30 (1977), 190f., und Jürgen Deininger, Historische Zeitschrift 225 (1977), 401. – Wie vorsichtig archäologische Funde beurteilt werden müssen, belehrt eine Durchsicht des Forschungsberichtes von Stefan Hiller, Das minoische Kreta nach den Ausgrabungen der letzten Jahrzehnte, Wien 1977 (Österr. Akad. d. Wiss., phil.-hist. Kl., Sitz.-Ber. 330 = Mykenische Studien 5). Siehe z. B. die nach wie vor kontroverse Literatur zum Knossos-Problem (S. 25–27) und die zurückhaltenden Formulierungen in der Zusammenfassung (S. 214–218). – Sprachwissenschaftliche Forschungen haben indessen ergeben, daß die tradi-

vorgang war ein viel differenzierterer Prozeß, als bisher angenommen. Die absolute Gleichsetzung „mykenisch = griechisch" ist ernsthaft in Frage gestellt und gilt jedenfalls nicht mehr als erwiesen [55]: Die mykenische Kultur trägt nach Hampl in wesentlichen Bereichen, wie jenen der Kunst und Architektur, einen ausgesprochen ungriechischen Charakter. Die Einwanderung der ersten Griechen schon bald nach der Wende vom dritten zum zweiten Jahrtausend wird zwar nach wie vor für möglich („Vorfahren der Linear B-Griechen"), aber eher unwahrscheinlich gehalten; sie kann sich auch erst im Laufe des Späthelladikums vollzogen haben. Die Bewohner Griechenlands auch noch zu Beginn der mykenischen Zeit wären demnach Vorgriechen gewesen, entweder Nichtindogermanen (etwa Karer) oder eher ein anderes indogermanisches Volk (etwa Luwier, ein den Hethitern verwandtes kleinasiatisches Volk), oder hätten beiden Gruppen (örtlich geschieden) zugehört. Erst während dieser Periode – eher früher als später im Laufe dieser Jahrhunderte – hätten die ersten sicher als Griechen identifizierbaren Einwanderer, jene der Linear B-Texte (!), einzelne Herrschaftssitze in Griechenland übernommen. Sie seien aber nur kleinere Vortrupps ihres Volkes gewesen. Denn es habe sich dabei nur um eine sehr schmale Oberschicht gehandelt, die sich weder ethnisch noch kulturell gegenüber der breiten Schicht der alteingesessenen Bevölkerung und dem ungriechischen Adel in anderen Burgen durchsetzen konnte. Im ausgehenden 13. und im 12. Jh. hätten die

tionelle „Dreiwellentheorie" der Einwanderung der Griechen nicht mehr zu halten ist. Die Differenzierung des (einheitlichen) Urgriechischen in die einzelnen Dialekte hat sich eher erst nach der Einwanderung der Hellenen, also auf griechischem Boden selbst, vollzogen. Siehe dazu Rüdiger Schmitt, Einführung in die griechischen Dialekte, Darmstadt 1977, bes. S. 133.

[55] Diese Gleichsetzung findet sich dennoch nicht nur in fast allen kürzeren Untersuchungen auch jüngeren Datums, sondern selbst im neuesten größeren Werk über die griechische Religion, nämlich jenem Burkerts. Zwar betont der Vf. S. 31, daß er den Begriff „griechisch" im Kontrast zum „Mykenischen" nur für die nach den Katastrophen und Wanderungen um und nach 1200 v. Chr. beginnende Kultur verwende, doch sieht er die Einwanderung erster Griechenstämme bald nach Beginn des Mittelhelladikums, noch vor 1900, als möglich an (s. Zeittafel S. 19) und hält daher an den üblichen Auffassungen der Forscher über die mykenische Zeit fest. „Daß die Herren von Mykene schon vorher (scil. vor dem 14. Jh. und dem Auftreten von Linear B-Texten), mindestens seit der Schachtgräber-Periode (scil. seit dem 16. Jh.), die gleiche Sprache (scil. die griechische Sprache) sprachen, wird nicht bezweifelt" (S. 43). Siehe weiter seinen ›Historischen Überblick‹, S. 48–51.

aus dem Norden einbrechenden großen Griechenstämme der arkadisch-kyprischen, ionischen und (nord)äolischen Dialektgruppen diesen ungriechischen Herrschaften, zugleich aber jenen der Linear B-Griechen, ein Ende bereitet, doch hätten sich auch diese Griechenstämme nur in einem Teil der von ihnen eroberten Gebiete gegenüber den im Rahmen weitausgreifender Wanderungsbewegungen von sog. „Nord- und Seevölkern" vielleicht bald, vielleicht aber erst um ca. 1000 v. Chr. nachstoßenden Doriern und Nordwestgriechen behaupten können. Der Einwanderungsprozeß könnte sich sogar bis zum Beginn der Eisenzeit fortgesetzt haben. Erst damals, etwa im 8. Jh., sei Hellas schlechthin griechisch geworden.

Wenn diese revolutionäre Ansicht zutrifft, dürfen nur jene archäologischen Zeugnisse der Religion der mykenischen Epoche mit Sicherheit als solche der griechischen Religion angesehen werden, die mit den erst im Laufe dieser Jahrhunderte einwandernden und das Land erst spät ganz beherrschenden Hellenen nachweislich in Beziehung zu setzen sind. Nicht aber wäre die mykenische schlechthin als griechische Religion zu betrachten.

Die Uneinigkeit der Forscher über die Besiedlungsgeschichte Griechenlands zwingt dazu, als früheste genügend gesicherte Dokumente der griechischen Religion die Linear B-Texte heranzuziehen und archäologisches Fundmaterial nur insofern zu berücksichtigen, als es mit den über diese Schrift verfügenden Griechen in Verbindung steht. Dabei ist mit einem bedeutenden Einfluß der Religion der kulturell zweifellos sehr entwickelten, vor und neben den frühen Griechen siedelnden Bewohner der südlichen Balkanhalbinsel auf die Religion jener zu rechnen.

Kultur und Religion dieser Zeit werden üblicherweise nicht als „mykenisch", sondern als „minoisch-mykenisch" bezeichnet. Im Späthelladikum bestanden nämlich zwischen der Kultur und Zivilisation der Einwohner Griechenlands und jener der politisch und kulturell besonders hochstehenden und dynamischen Insel Kreta (dort wird diese Periode Spätminoikum genannt) enge Wechselbeziehungen, die sich gegen Ende dieses Zeitabschnittes besonders intensivierten.[56] Trotz gewisser Unterschiede entsprach auf Kreta der histo-

---

[56] Vgl. das in Anm. 53 erwähnte Werk von Nilsson. Der Vf. betrachtet hier die minoisch-mykenische Religion als Einheit. Im 1941 (^{2}1967) erschienenen 1. Bd. seiner ›Geschichte der griechischen Religion‹ bemüht er sich jedoch, mehr zu differenzieren. Doch ist die Frage nach der Möglichkeit einer solchen Differenzierung noch nicht entschieden. Ich melde Zweifel an. Siehe dazu Burkert, Griechische Religion, 50f., sowie mehrere Beiträge im folgenden

rische Ablauf gerade auf kulturellem Gebiet im wesentlichen weitgehend jenem in Griechenland. Ob die (nichtgriechischen) Minoer Indogermanen waren (allenfalls ebenso Luwier wie vielleicht die zeitgenössischen Bewohner des Festlandes), steht nicht fest. Bis vor kurzem hielt man die Minoer mit Sicherheit für Nichtindogermanen. Vieles spricht für diese Ansicht. Sollte die Entzifferung der Linear A-Schrift gelingen, wird auf die heute umstrittene Frage neues Licht fallen. Sichere Spuren des Griechentums finden sich auch auf Kreta erst im Spätminoikum mit dem Auftreten der Linear B-Texte, vor allem in Knossos, aber auch an anderen Fundstätten der Insel.[57] Die

Tagungsbericht: Sanctuaries and Cults in the Aegean Bronze Age. Proceedings of the First International Symposium at the Swedish Institute in Athens, 12–13 May 1980, hrsg. von Robin Hägg und Nanno Marinatos, Acta Instituti Atheniensis Regni Sueciae, Ser. in 4^0, XXVIII, Stockholm 1981. Die kretische Kultur dieser Zeit wird nach der Sagengestalt des Königs Minos als „minoisch" bezeichnet. – Die kretisch-mykenische Kultur strahlte auch auf die Inselwelt zwischen Griechenland und Kleinasien, auf die Küste Kleinasiens selbst und darüber hinaus auf weite Gebiete des Mittelmeerraumes, sowie in den Bereich des Schwarzen Meeres aus. Die Bewohner dieser Gebiete waren den Griechen nicht durchweg ethnisch, aber sehr bald weitgehend durch Sprache und Kultur verbunden. Die religiösen Phänomene dieser Grenzbereiche der griechischen Ökumene weichen dennoch von jenen Griechenlands vielfach ab. Doch kann bei einer bloß einführenden und notwendig vereinfachenden Behandlung der griechischen Religion darauf nicht Rücksicht genommen werden.

[57] Da die Linear B-Schrift kretisch-minoisch ist, liegt die Annahme nahe, die Linear B-Griechen hätten zuerst in Kreta und dann erst, wenn auch in geringem Zeitabstand, in Griechenland selbst Fuß gefaßt. Hampl nimmt in seinem in Anm. 54 erwähnten Aufsatz (1960) an, die Linear B-Griechen hätten sich im frühen 15. Jh. in Kreta festgesetzt, seien aber um 1400 den sich gegen sie erhebenden Kretern oder einem auswärtigen Feind erlegen (Zerstörung des Palastes von Knossos). Denkbar sei, daß sie sich, zur Räumung Kretas gezwungen, an einzelnen Plätzen des Festlandes eingenistet und von dort aus weiträumige Herrschaften errichtet hätten. In den Nachträgen zu diesem Aufsatz (1975) rückt Hampl mit Rücksicht auf die vor allem durch die verdienstvollen, nun auch von archäologischer Seite bestätigten Forschungsergebnisse des Linguisten und Philologen Leonard R. Palmer indessen möglich oder sogar wahrscheinlich gewordene Spätdatierung der Zerstörung des Palastes von Knossos, wonach es noch im Spätminoikum die durch die Linear B-Texte bezeugte palatiale Verwaltung gegeben habe, von dieser Annahme ab, ohne sich indessen klar darüber zu äußern, wie er sich die zeitliche Relation der Einwanderung der Griechen nach Griechenland und nach Kreta nunmehr vorstellt. Zu Palmers Spätdatierung s. u. a. Erik Hallager, The Mycenaean

Griechen dieser Texte konnten also damals auch in Knossos und vielleicht in anderen Herrschaftssitzen Kretas die Macht übernehmen, ohne sich indes ethnisch und kulturell voll durchzusetzen – ja sie übernahmen, mit den nötigsten Anpassungen, die ortsübliche Schrift –, wurden aber auch dort von der nachströmenden starken Einwanderungswelle der Griechen überlagert oder verdrängt. Auch für Kreta gilt, daß religionsgeschichtlich wichtige archäologische Funde aus dem Spätminoikum teils auf vorgriechisch-minoische Religion, teils auf griechische Religion hinweisen.

Palace at Knossos, Evidence for Final Destruction in the III B Period, Stockholm 1977 (Medelhavsmuseet, Memoir, 1), dem eine uneingeschränkte Zustimmung durch Doro Levi in den ›Studi micenei ed egeo-anatolici‹ 19 (1978), 256–259, und eine zwar vorsichtig formulierte, aber nicht minder deutliche durch Stefan Hiller (Gnomon 51 [1979], 768–773), Sinclair Hood (The Classical Review, N.S. 29 [1979], 283f.) und Clelia Mora (Athenaeum, N.S. 57 [1979], 164f.) zuteil wurde; letzte Stellungnahmen zum Problem von Fritz Schachermeyr, Die ägäische Frühzeit, III: Kreta zur Zeit der Wanderungen vom Ausgang der minoischen Ära bis zur Dorisierung der Insel, Wien 1979 (Österr. Akad. d. Wiss., phil.-hist. Kl., Sitz.-Ber. 355 = Mykenische Studien 7), passim, bes. 43f., 53–56, 61–63 u. 286–290, und wieder von Stefan Hiller, Mykenische Archäologie, Studi micenei ed egeo-anatolici 20 (1979), 183–205, 188–190. In dieser Frage ist die zuerst erwähnte sozusagen klassische Einwanderungstheorie in sich schlüssiger, ohne deshalb jedoch den sicheren Anspruch auf Richtigkeit erheben zu können. Gibt man ihr den Vorzug, könnte man in Betracht ziehen, daß im Zusammenhang mit dem Vulkanausbruch auf Thera um etwa 1450 v. Chr. Schreiber – ähnlich wie Kunsthandwerker – aus Kreta auf die Peloponnes verschlagen worden seien und dort die (unzulängliche) Adaptierung der minoischen Linear A-Schrift an die griechische Sprache vorgenommen und so die Linear B-Schrift geschaffen hätten. Sie müßten dann bald mit den mykenischen Griechen nach Kreta zurückgekehrt sein. Schwer erklärlich ist allerdings, wenn man dieser Annahme zustimmt, warum die minoischen Schreiber auf der Peloponnes in frühgriechischer Umwelt beim Umbau des Schriftsystems auch auf die altkretische Hieroglyphenschrift zurückgriffen. Der Fragenkomplex ist, wie man sieht, äußerst diffizil und komplex und erlaubt nur Vermutungen. Stefan Hiller, Die Linear B-Texte und ihre historische Auswertung, erschienen im Anm. 53 erwähnten Sammelband, S. 315–328, stellt zwar auf S. 320 im Anschluß an Fritz Schachermeyr kategorisch fest, auch dann, wenn die knossischen Linear B-Tafeln erst auf die Zeit um 1200 (und nicht um 1400, wie man früher durchweg geglaubt hatte und wie von vielen, so noch jetzt von Burkert, angenommen wird) zu datieren seien, könne über die Anwesenheit von Griechen auf Kreta schon seit der Mitte des 15. Jh. kein Zweifel bestehen. Zu beweisen ist diese These jedoch nicht. Daß damals schon enge kulturelle Beziehungen zwischen Kreta und dem griechi-

3. Die Religion der Griechen der Linear B-Texte

Darf aus den eben dargelegten Gründen auf eine Darstellung der Religion der vorgriechischen und, um diesen ungebräuchlichen Ausdruck zu verwenden, „nebengriechischen" mykenischen und minoischen Welt verzichtet werden, muß eine Skizze der Religion gezeichnet werden, welche wir aus den Linear B-Texten, vor allem jenen von Knossos und Pylos, also für Kreta und für die Peloponnes, gewinnen können;[58] eine Skizze bloß, da diese, wie schon angedeutet, über die

schen Festland bestanden, wer immer dort siedelte, scheint allerdings sicher. – Zu der hier erwähnten Auffassung von L. R. Palmer über die Einwanderung der Griechen s. auch dessen Werk ›The Greek Language‹ (London 1980), das nun auch in deutscher Sprache vorliegt: Leonard R. Palmer, Die griechische Sprache. Aus dem Englischen mit Verbesserungen übertragen von Wolfgang Meid, Innsbruck 1986 (Innsbrucker Beiträge zur Kulturwissenschaft, 50).

[58] Siehe dazu Stefan Hiller ›Religion und Kult‹, in dem in Anm. 53 erwähnten Sammelwerk, S. 289–314, mit der dort angegebenen Literatur. Unsere Ausführungen stützen sich vor allem auf diese Darstellung. Literaturergänzungen in dem ebenso in Anm. 53 erwähnten Forschungsbericht von Stefan Panagl, S. 37 f. Gleichzeitig erschien das Werk von John Chadwick, The Mycenaean World, Cambridge 1976, mit dem Kapitel ›Religion‹, 84–101. Emily Townsend Vermeule, Götterkult, Göttingen 1974 (Archaeologia Homerica, III, V) behandelt S. 27–59 den mykenischen Kult aufgrund der archäologischen Zeugnisse (für die Vf. sind die Mykenäer schlechthin Griechen!) und S. 59–73 aufgrund der Linear B-Dokumente. In dem von Gianfranco Maddoli 1977 in Rom–Bari in der Reihe ›Universale Laterza‹ als Nr. 387 herausgegebenen Band ›La civiltà Micenea. Guida storica e critica‹ findet sich von S. 115–139 (mit Nota bibliografica S. 139f.) ein Beitrag von Francisco R. Adrados ›Le istituzioni religiose‹, der jedoch nur eine gekürzte Übersetzung eines vom Vf. 1970 bei einem Kongreß in Salamanca in französischer Sprache gehaltenen und im Minos XI-XII (1972), 170–202, veröffentlichten Vortrages darstellt. Die dürftigen Nachrichten über Heiligtümer und Kultstätten sowie über deren Verwaltung erörtert Stefan Hiller, Mykenische Heiligtümer: Das Zeugnis der Linear B-Texte, Acta Instituti Athaniensis Regni Sueciae, Ser. in 4^0, XXVIII, Stockholm 1981, 95–126. Methodische Probleme der religionsgeschichtlichen Erforschung der Linear B-Texte behandelt Leonard R. Palmer, Mycenaean Religion. Methodological Choices, in: Res Mycenaeae, Akten des VII. Internationalen Mykenologischen Colloquiums in Nürnberg vom 6.–10. April 1981, hrsg. von Alfred Heubeck und Günter Neumann, Göttingen 1983, 338–366. – Burkert, Griechische Religion, bespricht die minoisch-mykenische Epoche (S. 48–88) als Einheit, die minoischen Gottheiten und die Götter der Linear B-Texte (hier als „mykenische Götternamen" bezeichnet) jedoch getrennt S. 76–82 bzw. 82–88.

Religion nur wenig aussagen. Sie vermerken wirtschaftliche Maßnahmen der Palastverwaltungen zur Durchführung des Kultes, verzeichnen Opfergaben, Inventare und Personal. Nur in Verbindung damit finden sich Angaben zum Kultkalender und werden Heiligtümer und Götternamen genannt. Der geringe Informationswert für die Erforschung dieses frühgriechischen Polytheismus ist auch dadurch bedingt, daß die dem Griechischen schlecht angepaßte Orthographie der Linear B-Schrift vielfach mehrere Lesungen zuläßt und, da der Kontext überaus knapp ist, manche Aufzeichnungen unverständlich bleiben. Trotzdem ist der Beitrag, den diese Texte zur Erkenntnis der Religion der Griechen dieser frühen Zeit leisten, von relativ großem Gewicht. War sie doch bis zu ihrer Entzifferung, da sich ihre Erforschung allein auf die Erkenntnisse der Archäologie stützen konnte, um ein wiederholt gebrauchtes Wort zu zitieren, „ein Bilderbuch ohne Text"[59].

Vor allem wurden Opfer an Getreide dargebracht, vereinzelt auch an Mehl, gelegentlich durch Gaben von Öl, Wein, Honig, Feigen, Salben oder aromatischen Essenzen erweitert. Ein Text und ein Fund tönerner Kleidervotive im sog. „Kultdepot" des knossischen Palastes erlauben den Schluß, daß dort eine weibliche Gottheit als Weihegeschenke Kleidungsstücke erhielt, die möglicherweise von im Kultdienst stehenden Näherinnen angefertigt wurden. Dies erinnert an die Widmung des Peplos an Athena Polias bei den Panathenaeen in Athen und an eine gleichartige Votivgabe an Hera in Elis sowie an den Brauch, daß man im attischen Ort Brauron der Artemis „Chitonia" und der kultisch verehrten Iphigeneia die Kleider der im Wochenbett verstorbenen Frauen darbrachte.[60] Diese Weihegabe an eine weib-

---

[59] Zum Zitat „ein Bilderbuch ohne Text" s. Nilsson, Geschichte der griechischen Religion, Bd. I, 258f., dort für die „minoische" Religion gebraucht. Nilsson schreibt dazu: „Darin liegt die große, nicht immer recht erfaßte Schwierigkeit. Denn was die Denkmäler und Bildwerke unmittelbar aussagen, ist im allgemeinen nicht sehr viel; um nutzbar gemacht zu werden, müssen sie mit Text versehen, d. h. gedeutet werden. In der Deutung ist immer das Risiko eines subjektiven Einschlages beschlossen. Das einzige Hilfsmittel der Interpretation besteht, abgesehen von allgemeinen Wahrscheinlichkeiten, in Analogien."

[60] Eurip., Iph. Taur. 1462–1467. – Auch die in Brauron verehrte Iphigeneia war eine Sonderform der mediterranen „großen Göttin", die dann als Epiklese oder Priesterin der Artemis fortlebte und schließlich eine Gestalt der Heldensage wurde. Das Grabheiligtum lag nahe dem Tempel der Artemis Brauronia. In der Gegend des antiken Brauron wurden Reste einer bedeuten-

liche Gottheit in Knossos dürfte das Relikt eines vorgriechischen altkretischen Brauches sein. Die bedeutende Rolle der Frau im Gesellschaftsleben des frühen Kreta hatte sich zweifellos auch im Götterkult niedergeschlagen. Neben den erwähnten unblutigen Opfern gab es (offenbar in geringerer Zahl) solche von Rindern, Schafen und Schweinen. Die Aufzeichnungen über unblutige und Tieropfer stimmen mit dem archäologischen Befund überein. Auf Grund der Texte nicht gesichert, aber möglich ist, daß sogar Menschenopfer dargebracht wurden, Opfer von Männern an Götter und von Frauen an Göttinnen. Die darauf bezüglichen Täfelchen erlauben allerdings auch die Erklärung, daß man Männer bzw. Frauen den Göttern als Kultsklaven bzw. Kultsklavinnen überantwortet habe. Falls die Textinterpretation als Menschenopfer stimmt, handelt es sich um die Fortführung eines vorgriechischen Opferkultes. Daß es auf Kreta vor 1700 v. Chr. Menschenopfer gab, wurde nämlich nun im Zuge von Ausgrabungen des durch ein Erdbeben um 1700 v. Chr. zerstörten Tempels von Archanes erwiesen. Man fand dort Skelette von Menschen, die während des Vollzugs der Opferung eines jungen Mannes durch diese Naturkatastrophe bzw. den dadurch erfolgten Einsturz und Brand des Heiligtums der Tod ereilt hatte, Skelette sowohl des Opferpriesters als auch des auf einer altarähnlichen Erhebung liegenden Opfers, neben dem sich der Kultdolch befand.[61]

den mittelhelladischen und mykenischen Siedlung mit Siedlungsspuren bereits seit neolithischer Zeit gefunden. Zum Artemiskult in Brauron siehe Athanasios Antoniou, Minoische Nachwirkungen im Kult der Artemis der historischen Zeit, Platon 32/33 (1981), 226–231, sowie ders.: Minoische Elemente im Kult der Artemis von Brauron, Philologus 125 (1981), 291–296, zu den Kleideropfern s. Stefan Hiller, RE S 15 (1978), 1004, 48–1005, 8.

[61] Die Ausgrabung des auf einer Terrasse des Berges Jouchtas gelegenen Tempelheiligtums erfolgte seit 1979 durch das Archäologenehepaar Yannis A. Sakellarakis, den Ephoros der Altertümer von Zentralkreta und Direktor des Museums von Heraklion, und Evi Sapouna-Sakellarakis. Nach mehreren kürzeren Vorberichten liegt eine erste umfangreichere Veröffentlichung vor unter dem Titel ›Drama of Death in a Minoan Temple‹, in: National Geographic, dem Organ der National Geographic Society in Washington, D.C., 159/2 (1981), 205–222. In einer Untersuchung von S. M. Wall, J. H. Musgrave und P. M. Warren, Human Bones from a Late Minoan Ib House at Knossos, The Annual of the British School at Athens 81 (1986), 333–388, werden aufgrund einer exakten Analyse von Knochenfunden Kinderopfer in Knossos noch nach 1500 v. Chr. für möglich erachtet. – Menschenopfer gab es in Griechenland noch in historischer Zeit. Sie wurden zwar als barbarisch verurteilt, ein

(Fortsetzung Fußnote 61)
formelles Verbot erfolgte nach Plinius, n. h. XXX 12 aber erst in römischer Zeit 97 v. Chr. Menschenopfer sind bezeugt im Kult des Zeus Laphistios in Halos in Thessalien, des Zeus Lykaios auf dem Hauptgipfel des Lykaiongebirges in Arkadien (angeblich mit ritueller Anthropophagie verbunden) und für Artemis Aristobule beim Fest der Kronien auf Rhodos. Siehe dazu Nilsson, Geschichte der griechischen Religion, Bd. I, 396–401. Von solchen Opfern im Kult der Artemis Triklaria in Patrai weiß Pausanias VII 19, 1–5 zu berichten. Auch an Menschenopfer für Poseidon erinnerte man sich, so an jenes einer Tochter des Smintheus (Plut., Mor. 163 B). Weiteres s. bei E. A. M. E. O'Connor-Visser, Aspects of Human Sacrifice in the Tragedies of Euripides, Amsterdam 1987, 219–222. Ein ursprüngliches Menschenopfer war auch die Tötung des Sündenbockes (Pharmakos), s. Nilsson, a. O., 107–110, sowie O'Connor-Visser, a. O., 216–219. Herodot IV 103 berichtet von Menschenopfern an die Parthenios (die taurische Artemis) im Kolcherland. An Menschenopfer erinnert auch ein wohl in Verbindung mit Initiationsriten geübter Brauch im Kult der Artemis Tauropolos in Halai Araphenides in Attika, worauf Eurip., Iph. Taur. 1458–1461 anspielt: ein Mann mußte durch einen Einschnitt am Hals dieser Gottheit einige Blutstropfen darbringen. Irrtümlicherweise wurde dieser Kult durch die Sage mit jenem für die taurische Artemis in Verbindung gesetzt, deren Bild nach Halai Araphenides verbracht worden sei. Einen ähnlichen Sinn wie das Ritzen des Halses hatte vielleicht die Geißelung der Epheben im Kult der Orthia in Sparta (Burkert, Die Griechische Religion, 106 u. 237). Auch die Tieropfer, die in historischer Zeit den Windgottheiten und dem Poseidon dargebracht wurden, sind Ersatzhandlungen für ursprüngliche Menschenopfer. Die Menschenopfer an weibliche Gottheiten lassen an den Kult der vorgriechischen Potnia und Göttermutter denken. Auch im Totenkult vorgriechischer Zeit dürfte es Menschenopfer gegeben haben. So stellten die zahlreich in Gräbern der mykenischen Zeit gefundenen Frauenfiguren wahrscheinlich Konkubinen oder Sklaven dar, in Erinnerung daran, daß in noch früherer Epoche Menschen dem Toten in das Grab folgen mußten. Siehe Nilsson, a. O., 178, 287 u. 376. Daran erinnert auch das Opfer von zwölf edlen jungen Troern, das nach Homer, Il. XXIII 22f., 175f. und 181f. Achill anläßlich der Leichenfeier für Patroklos darbrachte. Nach Porph., de abst. II 54 mußte in Salamis auf Kypros alljährlich im Monat Aphrodisios ein Mann, angeleitet durch einen jungen Burschen, um den Altar des Diomedes laufen, wurde dann von einem Priester mit einer Lanze getötet und sein Leichnam verbrannt. Nach Plut., Themist. 13, 2f. (p 119), Arist. 9, 1f. (p. 323) und Pelop. 21, 3 (p. 289) soll noch Themistokles vor der Schlacht bei Salamis auf Verlangen des Volkes drei gefangene Perser geopfert haben. Plut., Pelop. 21f. (p. 288f.) berichtet, daß auch vor der Entscheidung in der Schlacht bei Leuktra ein solches Opfer erwogen worden sei. Reich an Erinnerungen an Menschenopfer ist die Heldensage. Nur einige davon seien erwähnt. So das Opfer der Iphigeneia durch Agamemnon in Aulis (in der Version der Entrückung der Iphigeneia in Verbindung gesetzt mit den Menschenopfern an die

Am wenigsten erfährt man über die Heiligtümer. Wahrscheinlich wurde der Kult, wie in vorgriechischer Zeit besonders auf Kreta, bevorzugt in der freien Natur, in Höhlen, auf Hügeln und Bergen,[62] oder in Wäldern (Baumheiligtümer!) vollzogen. Nach archäologischem Befund gab es auch Heiligtümer in Häusern und regelrechte Tempel, die wahrscheinlich als ἱερά (vielleicht auch als ναοί oder οἶκοι) bezeichnet wurden bzw. einen dem besonderen Kult entsprechenden Namen erhielten wie „Diwijon" oder Ποσειδαῖον. Ob sie sich an den Herrschaftssitzen bzw. in den Städten oder in deren Umgebung befanden und über ihr Aussehen sagen die Texte nichts aus.

taurische Artemis), die Schlachtung von Kindern durch Menelaos in Ägypten (beide Sagen verweisen auf aitiologisch umgedeuteten alten Wetterzauber), die Selbstaufopferung heldenmütiger junger Männer wie Menoikeus und Maratheus oder unschuldiger Mädchen wie der Tochter des Erechtheus, die Sage, wonach Euadne in den Scheiterhaufen des Kapaneus gesprungen sei, Laodameia sich erstochen habe, um dem Protesilaos nahe zu sein, Achill nach seinem Tod die Opferung der Polyxena gefordert habe u. a. m. (Nilsson, a. O., 400f.). Zur Frage der Menschenopfer s. vor allem auch Schwenn, Stengel, Kultusaltertümer, 128–133, und Stengel, Opferbräuche, passim, sowie Albert Henrichs, Human Sacrifice in Greek Religion: Three Case Studies, in: Le sacrifice dans l'antiquité. Huit exposés suivis de discussions. Entretiens préparés et présidés par Jean Rudhardt et Olivier Reverdin, Vandoeuvres–Genève 25–30 Août 1980, Vandoeuvres–Genf 1981 (Fondation Hardt, Entretiens sur l'antiquité classique, XXVII), 195–235 (mit Diskussion S. 236–242); weiter Hugh Lloyd Jones, Artemis and Iphigeneia, The Journal of Hellenic Studies 103 (1983), 87–102, sowie die Appendix im erwähnten Werk von E. A. M. E. O'Connor-Visser (1987): The Evidence for Greek Human Sacrifice, 211–232.

[62] Besonders berühmt ist das archäologisch nachweisbare Höhlenheiligtum des Zeus am Abhang des kretischen Idagebirges, wo nach mythischer Tradition der junge Gott von den Kureten beschützt und aufgezogen wurde. Nach anderen Berichten spielen Höhlen im Berg Aigaion und im Diktegebirge auf Kreta in den Geburts- und Kindheitserlebnissen dieses Gottes eine Rolle. Die Sage, Zeus sei in einer Höhle des Diktegebirges geboren worden, dürfte allerdings auf einer Verwechslung mit der Grotte auf dem Ida beruhen, so daß der auch auf einer knossischen Linear B-Tafel bezeugte Kult für den diktäischen Zeus wahrscheinlich auf einen Kult in einem Bergheiligtum verweist. Siehe dazu Stefan Hiller, RE S 15 (1978), 1007, 12–22. Auch Eleuthyia wurde nach dem Ausweis einer Linear B-Tafel in einem Höhlenheiligtum in Amnisos verehrt (s. u.). Vor allem auf den Bergen wurde u. a. die kretische weibliche Natur- und Berggottheit verehrt. Zu den Heiligtümern auf den Bergen Kretas s. Doro Levi, Caratteri e continuità del culto Cretese sulle vette montane, PP 181 (1978), 294–313; dort weitere Literaturverweise.

Nur Heiligtümer für Zeus auf dem kretischen Diktegebirge, wo dieser offenbar mit einer alten vorgriechischen Berggottheit identifiziert wurde,[63] und für Eleuthyia im kretischen Ort Amnisos, am Meer nahe Knossos gelegen, sind erwähnt. Dieses auch archäologisch nachgewiesene Höhlenheiligtum nennt auch Homer, Od. XIX 188.[64] Der Name einer Kultstätte „Daidale(i)on" auf Kreta ist wohl mit der mythischen Gestalt des Daidalos zu verbinden.[65]

Im Kultkalender waren Abfolge und Durchführung der vielfach auf bestimmte Monate festgelegten Feste geregelt. Einige Monate sind nach Göttern benannt, so einer nach Zeus (Gen. διϜίοιο μηνός).[66]

[63] Auf dieses Heiligtum verweist auch die Tradition des Göttermythos; s. Anm. 62. An der Ostküste Kretas fand sich an der Stelle der großen minoischen Stadt Palaeokastro ein berühmtes Heiligtum des diktäischen Zeus mit Resten aus dem 7./6. Jh. v. Chr. und einem Kult bis in die Kaiserzeit. Siehe Ernst Meyer, Der Kleine Pauly 2 (1967), 26, 50–54.

[64] Als Odysseus nach Amnisos verschlagen wird, ist ihm bekannt, daß Eileithyia (so der Name dieser Gottheit in der Odyssee) dort in einem Höhlenheiligtum verehrt wird.

[65] Daidalos, im griechischen Mythos Ahnherr und Schutzpatron der athenischen Handwerker, stammte demnach vom athenischen König Erechtheus ab. Wegen einer Untat durch den Areopag verurteilt, sei er zu König Minos nach Kreta geflohen und habe dort das Labyrinth für den Minotauros erbaut. Er sei dann jedoch bei Minos aus verschiedenen Gründen in Ungnade gefallen, u. a. weil er Ariadne im Interesse des athenischen Königssohnes Theseus den Hinweis gegeben habe, wie man aus dem Labyrinth wieder herausfinden könne (Faden der Ariadne), und selbst in das Labyrinth eingesperrt worden, habe sich aber befreien können und sei mit seinem Sohn Ikaros mit aus Federn, Fäden und Wachs kunstvoll gefertigten Flügeln geflohen. Sein Sohn sei dabei ins Meer gestürzt und ertrunken, er selbst habe sich jedoch zu König Kokalos nach Sizilien retten können, wo er dann, wie auch in Sardinien, ebenso großartige Bauten errichtet habe. Wurde bisher schon vermutet, die Athener hätten, wenn sie den Daidalos als einen der Ihrigen ansahen, die künstlerische Leistung Kretas, wo eindeutig der Schwerpunkt der Wirksamkeit dieses kunstfertigen Mannes lag, für Attika in Anspruch nehmen wollen (s. Hans von Geisau, Der kleine Pauly 1 [1964], 1361, 9–13), so ist nunmehr sichergestellt, daß Daidalos ursprünglich weder in Athen noch in Sizilien (oder Sardinien), sondern in Kreta lokalisiert war.

[66] Stefan Hiller, RE S 15 (1978), 1006, 56–1007, 6, weist darauf hin, daß in historischer Zeit „Zeusmonate" in Makedonien, Aitolien und Thessalien bezeugt seien. Er hält es für möglich, daß in der Übernahme dieses Monatsnamens ein Hinweis auf die unbekannte (mittelgriechische?) Herkunft der achäischen Eroberer des minoischen Kreta gefunden werden könnte. Besonders bedauerlich sei, daß wir nichts Näheres darüber wissen, welches festländi-

Aus späterer griechischer Zeit bekannte Namen von Festen finden sich in den Linear B-Texten nicht, doch erinnert die Wortbildung einiger Bezeichnungen an sie. Man glaubt, die Namen von Festen der „Gürtung", der „Götterspeisung", der „Spenden am Thron" lesen zu können; eine Bezeichnung weist auf eine Prozession hin, bei der ein Kultmal oder Götterbild mitgeführt wurde.[67]

Bessere Informationen besitzen wir über das Kultpersonal, das genauen Vorschriften und einer aufmerksamen Zentralverwaltung untergeordnet war. Darauf weist die sorgfältige Buchführung über Opfergaben und Opfertermine hin. Höhere kultische Würdenträger und Funktionäre hatten, wie es scheint, auch profane Ämter inne. Diese Überschneidung von sakralen und profanen Kompetenzen, von kultischem und staatlichem Bereich, macht die Durchführung der Kulte in erster Linie von seiten staatlicher Behörden schon für die damalige Zeit wahrscheinlich. Der „wanaks" (ἄναξ) war offenbar zugleich oberster Priester. Ἱερεῖς bzw. ἱερεῖαι, auch ἱερουργοί genannte Priester und Priesterinnen dürften jedoch ausschließlich zum Kultdienst bestimmt gewesen sein, möglicherweise differenziert für die verschiedenen Gottheiten bzw. Kulte, also Priester etwa für Zeus oder Poseidon, Priesterinnen für Dia oder für die (weiblichen) Windgottheiten. Priestern und Priesterinnen dürfte in dieser Zeit größere Bedeutung zugekommen sein als später. Auffällig ist, daß auf Tafeln in Knossos nur Priesterinnen und nicht Priester verzeichnet sind. Das kann Zufall sein, Lücke der Überlieferung, kann aber auch auf ein Nachwirken des Vorranges des weiblichen Elements in vorgriechischer Zeit zurückgehen. Allem Anschein nach waren der eigentliche Kultvollzug durch die staatlichen Funktionäre und Priester bzw. Priesterinnen bestimmter Gottheiten und die Verwaltung des Kultes einschließlich technischer Aufgaben getrennt. Diese waren sogenannten „Sklaven" der Götter bzw. „Sklavinnen" der Göttinnen übertragen, eine Institu-

sche Fürstentum um die Mitte des 15. Jh. die Okkupation Kretas durchgeführt habe, weil auf demselben Wege zweifellos auch der Zeuskult aus der festländischen Heimat nach Kreta übertragen worden sei. In offenkundig kurzer Zeit hätten die festländischen Eroberer den griechischen Gott mit einer einheimischen, am Diktegebirge verehrten Gottheit verbunden. Diese Überlegungen gründen auf der von Hiller als selbstverständlich angenommenen, obwohl heute zweifelhaft gewordenen Gleichsetzung „mykenisch = griechisch (achäisch)".

[67] Prozessionen von kostbar gekleideten Frauen sind in der Freskomalerei dieser Zeit wiederholt erkennbar. Auch können Darstellungen auf Goldringen so gedeutet werden.

tion, die in der späteren griechischen Religion keine Entsprechung hat, aber an orientalische Gepflogenheiten erinnert. Manche dieser Sklaven und Sklavinnen waren allem Anschein nach zugleich Eigentum der zuständigen Priester. Da ihre Namen genannt sind, müssen sie jedoch trotz ihres rein technischen Dienstes eine gesellschaftlich gehobene Position innegehabt haben. Im Gegensatz zu den gewöhnlichen Sklaven durften sie Ländereien pachten, was jenen nur ausnahmsweise erlaubt war. Vielleicht waren diese Gottessklaven, sofern sie nicht zugleich Sklaven der Priester waren, trotz ihrer Bezeichnung freie Menschen und wurden sie lediglich mit Rücksicht auf ihre kultische Funktion als Sklaven bezeichnet. Unklar ist die Aufgabe gewisser Kultfunktionäre mit den vermutlichen Titeln „Schlüsselträgerinnen", „Fellträgerinnen" u. ä.[68]

In den Namen mancher Gottheiten, gelegentlich schon als θεοί bezeichnet, sind homerische Götter erkennbar. Daneben finden sich später nicht mehr faßbare Gottheiten von vielfach offensichtlich sehr urtümlicher Art. In Knossos wurden auch häufig Opfer an die πάντες θεοί dargebracht.[69] Von den aus späterer Zeit bekannten Göttern

---

[68] Es begegnet allerdings Zweifeln, ob die zuletzt genannten Funktionäre überhaupt zum Kultpersonal gehörten und nicht zum profanen Dienst der Palastverwaltungen. Daß die „Schlüsselträgerinnen", κλαϝιφόροι, kultische Aufgaben zu erfüllen hatten, ist mit Rücksicht auf die priesterliche Funktion der κλειδοῦχοι (κληδοῦχοι) in klassischer Zeit wahrscheinlich. Bei Hom., Il. VI 298 schließt die Priesterin Theano der Helena das Tor des Athenatempels in Troia auf. Die in den Texten erwähnten κήρυκες (Herolde), ἐπιθύραιοι (Türhüter) und ἀκέστριαι (Heilerinnen) könnten auch zum Kultpersonal gehören, hatten jedoch eher profane Dienste zu leisten.

[69] In frühen Epochen der griechischen Geschichte folgt die Anrufung „aller Götter" nur vereinzelt jener namentlich genannter Gottheiten anläßlich großer Feste, bei denen allen Gottheiten Verehrung und Opfer dargebracht wurden, und gelegentlich bei wichtigen Orakelbefragungen, aus der religiösen Sorge, keine Gottheit zu vergessen und sich so ihren Zorn zuzuziehen. Solche Anrufungen finden sich schon in der homerischen Dichtung, besonders bei Eiden. Einen Kult der ganzen Göttergemeinschaft neben dem einzelner Götter gab es jedoch weder bei Homer noch überhaupt in der frühen Zeit griechischer Geschichte, auch nicht in klassischer Zeit. Daher ist der nur für Knossos erwiesene Kult überraschend. Erstmals begegnet bei Aristophanes, Thesm. 332ff. (ähnlich Av. 865ff.) eine Formel, die auf eine verstärkte religiöse Aufmerksamkeit in diesem Sinne schließen läßt. Von da an mehren sich die Hinweise darauf, doch ist ein offizieller Kult „aller Götter" erst in hellenistischer und in der Kaiserzeit bezeugt. Damals gab es Heiligtümer und Kultfeiern für alle Götter („Pantheia"). Siehe Konrat Ziegler, Der

sind Zeus, Poseidon,[70] Dionysos, Ares, indirekt Hephaistos, wahrscheinlich auch Hermes, von den Göttinnen Hera, wahrscheinlich Artemis und möglicherweise Athena faßbar. Zeus nahm in Knossos den ersten Rang ein. Einmal wird er ausdrücklich als diktaeischer Zeus bezeichnet (nach dem oben erwähnten Zeusheiligtum auf dem Diktegebirge), was zu mythischen Überlieferungen der Griechen paßt, welche Zeus mit diesem Gebirge in Verbindung bringen.[71] Auf Kreta überlagerte der griechische (indogermanische) Zeus vorgriechische (vielleicht nichtindogermanische) Gottheiten.[72] Der Name der Göttin Hera ist einmal, allerdings nicht in Knossos, sondern in Pylos, auf derselben Tafel eingetragen wie jener des Zeus. Dies beweist nicht zwingend deren immerhin wahrscheinliche mythologische und/oder (vielleicht enge) kultische Verbindung. Wahrscheinlich wurde der Kult der Hera im Diwijon vollzogen. Die sowohl in Pylos als auch in Knossos bezeugte Göttin „Diwija" (Δῖα), deren Name die weibliche Gegenform zu jenem des Zeus ist, läßt darauf schließen, daß Zeus in früherer Zeit eine weibliche Kultpartnerin hatte, deren Name dem des Gottes entsprach (wie in Dodona bekanntlich Dione), die jedoch gegen Ende der mykenischen Periode durch die zukünftige Zeusgemahlin Hera verdrängt worden ist. Die uns erhaltenen mykenischen Texte lassen keine Beziehung zwischen Zeus und Dia mehr erkennen. In Pylos nahm offenbar Poseidon einen besonderen, wahrscheinlich den ersten Rang unter den Gottheiten ein, obwohl dort auch der Zeuskult hochrangig war. Manches spricht dafür, daß in dieser frühen Zeit zwischen Zeus und Poseidon eine für Zeus siegreiche Konkurrenz um die erste Stellung unter den Göttern ausgetragen wurde. Poseidon besaß in Pylos ein Fest, ein Heiligtum und Priester. Man

Kleine Pauly 4 (1972), 468, 58–471, 18, mit der 474, 42–45 angegebenen Literatur.

[70] Siehe Anm. 74. – ›The Mycenaean Poseidon‹ bespricht Leonard R. Palmer in seinem in Anm. 58 zitierten Aufsatz S. 352–360.

[71] Siehe Anm. 62 und 63.

[72] Zu Zeus in den Linear B-Texten (Pylos und Knossos) s. Stefan Hiller, RE S 15 (1978), 1001, 61–1009, 40, und Dieter Wachsmuth, Zeus, Der Kleine Pauly 5 (1975), 1519, 33–1521, 3. Das Fehlen von Zeugnissen auf Tafeln von Mykene und Theben erlaubt mit Rücksicht auf die geringe Zahl der dort aufgefundenen Schrifttafeln keine negativen Folgerungen hinsichtlich der Verbreitung des Zeus-Kultes in dieser Zeit. Nach allem, was wir den pylischen und knossischen Texten über ihn entnehmen können, war Zeus schon in dieser frühen Zeit sozusagen ein gemeingriechischer Nationalgott von besonderer Bedeutung.

beachte, daß nach Hom., Od. III 5–9 Telemachos bei seiner Erkundungsfahrt nach Pylos dort den mythischen König Nestor bei einem Opfer von neun schwarzen Stieren für Poseidon antraf. Hier lebt alte Tradition, wohl einst durch Kolonisten aus Pylos nach Kleinasien übertragen, noch in der ›Odyssee‹ fort. Vielleicht hatte sich der griechische Poseidon in Pylos, wie Zeus auf Kreta, mit der (höchsten?) vorgriechischen Ortsgottheit vereinigt. Daß auf einer Tafel in Pylos auch der Name des Dionysos verzeichnet ist, überrascht.[73] Dionysos wurde also nicht, wie man früher annahm, erst spät ein Mitglied der griechischen Götterwelt, vielmehr neigt die Forschung immer mehr der Auffassung zu, der mit deutlichen Merkmalen mediterraner Religion versehene Dionysoskult sei schon in dieser frühen Zeit außer auf der Peloponnes auch in Kreta – allerdings ohne daß bisher ein Hinweis darauf in Linear B-Texten gefunden worden wäre – angesiedelt gewesen. Dies würde gut zu seiner Verbindung mit der altkretischen, später zur Sagengestalt abgesunkenen Vegetationsgottheit „Ari(h)agne" (= Ariadne) passen. Demnach wäre der Dionysoskult aus dem vorgriechischen Substrat übernommen worden. Auch scheint Dionysos schon damals der Gott des Weines gewesen zu sein, für die Forschung nicht minder unerwartet, weil man in der Verehrung dieses Gottes den Weinkult eher für ein sekundäres Element hielt. Jedoch muß mit Nachdruck betont werden, daß über Charakter und Funktion der Gottheiten der späteren griechischen Religion in dieser Frühzeit grundsätzlich nichts mit Sicherheit ausgesagt werden kann und darf. Aus der bloßen Erwähnung ihrer Namen und Kulte kann ihr Wesen für diese Epoche nicht erschlossen werden, auch sind Rückschlüsse auf dieses aus ihrem Kult und Wesen in späterer Zeit nicht erlaubt, wenngleich solchen Vermutungen wegen der konservativen Einstellung der Völker in religiösen Belangen in manchen Fällen eine gewisse Wahrscheinlichkeit zukommt.

Auf den Linear B-Tafeln sind auch Namen von Gottheiten erwähnt, die später ihre Selbständigkeit verloren haben. So der des „Paieon", der zwar bei Homer noch als Götterarzt agiert, später aber mit den Zügen eines Heilgottes mit dem in den Linear B-Texten nicht

---

[73] Die Berichte über die Anwesenheit des mythischen dionysischen Priestersehers Melampus in Pylos, der nach Hdt. II 48 f. der Begründer des Dionysoskultes in Hellas und insbesondere der damit verbundenen Phallophorien gewesen sein soll, hätten offenbar ernstgenommen werden sollen: Hom., Od. XV 226, s. auch XI 291 f., Apoll., Bibl. I 96 f. Schol. Hom., Od. XI 287; vgl. Eustath., comm. ad Hom. Il. et Od. 1684, 63–1685, 48 (zu Od. XI 290 ff.).

genannten Apollon vereint wurde. Da bei den Griechen auch ein Lied und Tanz im Apollonkult mit Sühne- und Heilwirkung „Paian" und ebenso der in diesem Lied und Tanz wirkende Gott, welchen man später eben dem Apoll gleichsetzte, „Paian" genannt wurden, mag auch in dieser frühen Zeit Paieon der Gott eines solchen kultischen Tanzes gewesen sein, zumal sich in bildlichen Darstellungen der mykenischen Zeit häufig Tanzszenen von offenbar religiöser Bedeutung finden. Auch für Paieon liegt wie für Dionysos die Annahme vorgriechischer Herkunft nahe. Ähnliches gilt für „Enyalios", der, hier noch ein selbständiger Gott, bei Homer mit Ares verschmolzen, dann für diesen synonym stehen kann oder zu seinem Epitheton wurde, später zu einer Epiklese dieses Gottes. Auch „Eileithyia" (so die Bezeichnung bei Homer, in Kreta „Eleuthyia") ist auf mehreren Tafeln in Knossos, in Verbindung mit dem Namen des Ortes und Flusses Amnisos, verzeichnet. Daß dieser Name richtig gelesen wird, ist durch die oben erwähnte Bemerkung Hom., Od. XIX 188 gesichert. Wahrscheinlich verweist auch ihr Name auf vorgriechische Herkunft. Später wurde Eileithyia zur Geburtsgöttin bzw. mit Artemis oder Demeter identifiziert. Nicht durchaus gesichert ist der Name eines Gottes „Enesidaon", der an bekannte Epitheta für Poseidon erinnert: ἐννοσίγαιος und ἐνοσίχθων bei Homer, Ἐννοσίδας bei Pindar.[74] Enesidaon ist jedoch nicht, wie man erwarten möchte, für Pylos bezeugt, in dessen Kult Poseidon, wie erwähnt, eine hervorragende Rolle spielte, sondern für Knossos. In Pylos, wo der Zeuskult hinter jenem des Poseidon zurücktrat, ist dennoch ein Zeussohn namens „Drimios" erwähnt. Dafür gibt es in der griechischen Religion keine Entsprechung. Dieser Zeussohn wird jedoch von einigen Forschern mit dem pylischen Dionysos, der den Griechen auch als Sohn des Zeus galt, identifiziert. Zeus, Hera und Drimios wurden in Pylos gemeinsam im Diwijon verehrt. Ebenso ist dort ein „Trisheros" bezeugt, vielleicht eine Gottheit, möglicherweise aber bloß ein Heros. Diesfalls wäre damit, wie durch den oben erwähnten Hinweis auf einen Daidaloskult, ein Blick in die Entstehung des griechischen Heroenkultes eröffnet.

[74] Bei Homer ist Poseidon bekanntlich schlechthin der Gott des Meeres. Was über diesen Bereich hinausführt, sind allein jene Epitheta, die ihn als Erderschütterer und Erderhalter bezeichnen, nämlich ἐννοσίγαιος und ἐνοσίχθων, offenbar Relikte einer alten Funktion dieses Gottes, wie immer man sie deuten mag. Siehe dazu Nilsson, Geschichte der griechischen Religion, Bd. I, 446, und Fritz Schachermeyr, Poseidon und die Entstehung des griechischen Götterglaubens, Salzburg 1950, passim. Ἐννοσίδας bei Pindar, Pyth. IV 33. 173, und Paean IV 37.

Trisheros könnte der heroisierte Ahne der Herrscherfamilie von Pylos sein.

Eminente Bedeutung hatte die Verehrung einer Muttergottheit, deren Kult zweifellos aus vorgriechischer Zeit stammt. Für Kreta, in dessen Gesellschaft, wie mehrmals betont, die Frauen eine hervorragende Rolle spielten, ist die Verehrung einer mächtigen weiblichen Natur- und Berggottheit gesichert. Es gab jedoch auch Kulte zahlreicher anderer weiblicher Gottheiten, sog. Πότνιαι,[75] die überall dort, wo Linear B-Texte gefunden wurden, bezeugt sind. So in Knossos jener der „Herrin des Labyrinths", ohne daß geklärt wäre, was unter „Labyrinth" zu verstehen ist. Wahrscheinlich war sie eine nach einem für sie gebauten Heiligtum benannte wichtige Göttin. Ob der Herrscherpalast zu Knossos schon damals als „Haus der Labrys" („Haus der Doppelaxt") bezeichnet und ebenso, ob der von den Kretern gepflegte Kult der Doppelaxt von den Griechen übernommen wurde, ist unsicher.[76] Weibliche Gottheiten auf Pylostafeln dürften von bloß lokaler Bedeutung gewesen sein und wahrscheinlich vorgriechische Kulte fortgeführt haben.[77] Verständnisschwierigkeiten begegnet der

---

[75] Jon C. van Leuven, Mycenaean Goddess Called "Potnia", Kadmos 18 (1979), 112–129. Der Name Πότνια ist vergleichbar etwa mit dem Ehrentitel der Mutter Jesu „Unsere hohe Frau".

[76] Zu „Labyrinth" s. Stefan Hiller, Amnisos und das Labyrinth, Živa Antika 31 (1981), 63–72, und Mykenische Heiligtümer: Das Zeugnis der Linear B-Texte (s. Anm. 58), 114. Daß mit „Labyrinth" das von Daidalos errichtete Gefängnis des Minotauros gemeint ist, ist unwahrscheinlich und wohl Teil eines sekundären Mythologems. – Im vorgriechischen Kreta war die Doppelaxt eines der wichtigsten religiösen Symbole. Es findet sich nur in Verbindung mit weiblichen Gottheiten. Vielleicht ist es also ein Symbol matriarchalischer Gesellschaftsstruktur oder ein Hinweis auf den männlichen Kultpartner der großen Göttin und Attribut des Priesterkönigs. – Unter den auf Linear B-Tafeln in Knossos verzeichneten Potniai findet sich auch die „Atanapotnija". Daß man sie auf die Göttin Athene beziehen kann, ist zwar nicht ausgeschlossen, aber unwahrscheinlich. Da „-ene" ein Ortsnamensuffix ist, ist sie die „Herrin von At(h)ana". Dabei dürfte es sich jedoch kaum um die attische Stadt Athen handeln, sondern um einen uns unbekannten kretischen Ort. Denn Athen kam damals noch keine größere Bedeutung zu. Außerdem ist der Name Ἀθῆναι ein Pluralwort. Gegen die Identifizierung der „Atanapotnija" mit Athene spricht überdies, daß im Griechischen eher die Wortstellung πότνια Ἀθήνης zu erwarten wäre.

[77] Wie erwähnt, ist auf den Linear B-Tafeln in Pylos wahrscheinlich der Name der Göttin Artemis vermerkt. Die Lesung wurde wohl zu Unrecht bezweifelt. Obwohl bei Homer ihre Gestalt und ihr Wirkungsfeld schon einge-

sowohl in Knossos als auch in Pylos überliefert Name einer Göttin „Diwija" (Δῖα) mit offensichtlich sehr bedeutendem Kult. Dem Namen nach ist sie, wie bereits erwähnt, Kultpartnerin des Zeus, obwohl auf einer Tafel in Pylos dessen Name neben jenem der Hera, nicht aber der Diwija steht. Das Wesen der Diwija ist also (noch) ungeklärt. Die schriftlich oft belegte Verehrung weiblicher Gottheiten wird durch archäologische Funde bestätigt.

Schließlich seien einige weitere Besonderheiten dargestellt: An mehreren Orten Kretas wurden von eigenen Priesterinnen Windgottheiten Opfer dargebracht. Solche Kulte sind in historischer Zeit für Kreta und Athen, aber auch andere Orte Griechenlands bezeugt.[78] – Hinweise auf pferdegestaltige Gottheiten lassen einen Zusammenhang mit dem Poseidonkult vermuten, der ursprünglich einer solchen Gottheit galt.[79] Allerdings ist es nicht sicher, ob die Gestalt Poseidons regelrecht aus der eines theriomorphen Gottes hervorgegangen ist. In diesem Zusammenhang verdient Beachtung, daß eine der in Pylos bezeugten weiblichen Gottheiten als „Potnia Hippeia" verehrt worden sein dürfte. War diese eine Herrin der Pferde? Unter bronzezeitlichen Darstellungen finden wir das Bild einer reitenden Göttin. Da

engt sind, ist aus dem Kultbestand eine weitaus umfassendere Wesenheit zu erschließen, deren Hauptmerkmale das Bild einer großen prähellenischen Potnia vermitteln. Es ist denkbar, daß manche der auf Pylostafeln ohne Namensnennung bezeugten Kulte weiblicher Gottheiten dieser machtvollen Potnia galten. Siehe Wolfgang Fauth, Der Kleine Pauly 1 (1964), 618, 26–45. – Interessant ist in diesem Zusammenhang ein Nachweis von Leonard R. Palmer, Some New Minoan-Mycenaean Gods, Innsbruck 1981 (Innsbrucker Beiträge zur Sprachwissenschaft, Vorträge und kleine Schriften, 26), 10–14, daß wahrscheinlich der Name Ἀφήτρια eine Göttin des Bogenschießens – Gegenstück zu Ἀπόλλων Ἀφήτωρ, Il. IX 404 – bezeugt, eine Sondergottheit, deren Kultstätte von Artemis, der Schwester des Apollon, übernommen wurde. – Die Überlegungen der Forschung gingen auch in andere Richtung: Sofern nämlich der kultisch verehrte „wanaks" der Herrscher sein sollte, dem göttliche Ehren zuteil wurden (s. dazu S. 52), könnte – gerade in den pylischen Texten – in der Potnia die Königin vermutet werden, der ebenfalls eine sakrale Funktion zukam. Doch läßt der Kontext diese Deutung nicht in allen Fällen zu. Die Potnia ist auch auf Tafeln genannt, auf welchen ausschließlich Gottheiten angeführt sind (s. Stefan Hiller, Religion und Kult, 303f.).

[78] Roland Hampe, Kult der Winde in Athen und Kreta, Heidelberg 1967 (Heidelb. Akad. d. Wiss., phil.-hist. Kl., Sitz.-Ber. 1967, 1). Siehe u. a. auch Burkert, Griechische Religion, 272 u. 398f.

[79] Dies war schon vor dem Bekanntwerden der Texte festgestellt worden. Siehe Schachermeyr, a. O. (s. Anm. 74).

bronzezeitliche Bildschemata in späterer Zeit fortlebten und in historischer Zeit dieser Bildtypus die Göttin Selene bezeichnete, könnte es sich bei der Potnia Hippeia um eine Gestirngottheit handeln. Sie konnte aber auch eine Göttin der Streitwagenkämpfer sein oder eine regelrecht pferdegestaltige Gottheit und in diesem Fall das Gegenbild des Pferdegottes. Dann wäre an ihre kultische Verbindung mit Poseidon zu denken, womit um so eher zu rechnen ist, als auch an einem eigenen Kultort, der nicht identifiziert werden kann, eine Göttin „Posidaeja", also das weibliche Gegenbild zu Poseidon, verehrt wurde und die Nachricht darüber gerade einer Pylostafel zu entnehmen ist; vor allem aber weil dort eine Zeremonie der „Zubereitung des Bettes" (wahrscheinlich „Lechestroterion") angeordnet wird, bei der man u. a. Öl als Libationsopfer spendete. Die Vermutung der Feier eines ἱερὸς γάμος liegt nahe. Vielleicht ist Posidaeja mit der Potnia Hippeia zu identifizieren. Der Pferdekult stammt sicherlich aus vorgriechischer Zeit, mag er indogermanischer (was wahrscheinlich ist) oder mediterraner Herkunft gewesen sein. – Möglicherweise finden sich auf den Tafeln auch schon die Namen der (wohl mediterranen) „Erinys" und der (eher indogermanischen) „Themis".[80] – Auch der Kult von Sondergöttern wurde durch etymologische Untersuchungen wahrscheinlich gemacht, so eines Gottes der Köche oder Schlächter, eines Gottes, der mit den Textilien, und eines solchen, der mit der Erzeugung von Parfüm zu tun hatte. Auffallend ist, daß es sich hier um Bereiche handelt, die den kleinen Mann interessierten.[81] – Die Ver-

---

[80] Die Erinys wurde später an einzelnen Orten, bes. in Arkadien und Boiotien, mit der bisher in den Linear B-Texten nicht bezeugten Göttin Demeter als Demeter Erinys vereinigt. Siehe Wolfgang Fauth, Der Kleine Pauly 2 (1967), 358, 48–53. – Gestalt und Wirkungsbereich der Themis in der Homerischen Dichtung und ihr Kult in Delphi, Olympia und an anderen bedeutenden Kultstätten beweisen das Alter der Verehrung dieser Gottheit.

[81] Die Existenz der erwähnten Sondergötter erschließt Palmer, a. O., 7–10. Der später nicht mehr verehrte Gott der Köche oder Schlächter würde griechisch μαγιρῶν heißen (ὁ μάγειρος Bäcker, Schlächter), der Textilgott μαλλινεύς (ὁ μαλλός Flocke von Wolle, Vlies), der Gott der Parfümerzeuger θυινῶν (τὰ θύινα Parfüm). Der Begriff „Sondergott" wurde von Hermann Usener, Götternamen. Versuch einer Lehre von der religiösen Begriffsbildung, 3. unveränderte Aufl. mit Geleitworten von Eduard Norden und Martin P. Nilsson, Frankfurt a. M. 1948 (1. Aufl. 1896, 2. Aufl. 1929) geprägt. Nilsson, Geschichte der griechischen Religion, Bd. I, 388f. betont, in der natürlich gewachsenen griechischen Religion seien Sondergötter, welche er als Erzeugnisse priesterlicher Spekulation oder eines ängstlichen Formalismus betrachtet, sehr selten (z. B. Taraxippos und Myiagros) und vor allem

ehrung von Götterpaaren und die Kultverbindung dreier Gottheiten, nämlich Zeus, Hera und Drimios, sind, wie schon dargelegt, wahrscheinlich. Darauf verweist auch der archäologische Befund. – Nach dem Ausweis einer Pylos-Tafel wurde dem „wanaks" eine Ölgabe dargebracht. Handelte es sich um ein Opfer an den Herrscher, der göttliche Ehren genoß? In diesem Fall läge ein Hinweis auf ein sakrales Königtum mediterraner Provenienz auch bei den Linear B-Griechen in Pylos vor, was mit Rücksicht auf zeitgenössische orientalische Herrscherverehrung denkbar ist; dann könnte in manchen Fällen, wo vom Kult einer „Potnia" ohne nähere Spezifizierung die Rede ist, ein Opferdienst für die Königin vermutet werden. Wahrscheinlicher ist jedoch, daß für den „wanaks" als Nachfahren eines Heros – man denke an die Verehrung des „Trisheros" gerade in Pylos – ein Opferkult eingerichtet war oder dem Herrscher in seiner staatlichen profanen Funktion eine Ölspende zugewendet wurde. – Mit Sicherheit haben die großen griechischen Götter in späterer Zeit den Kult von uns nicht faßbaren kleinen Gottheiten früherer Epochen übernommen, deren Zahl also größer war, als bezeugt ist. Die Fortführung der Paieon-, Enyalios-, Eileithyia- und Erinysverehrung im Apollon-, Ares-, Artemis- und Demeterkult sind zweifellos nur einige Beispiele dieser Art.

Daß die Namen bestimmter Gottheiten, wie der des Apollon, der Aphrodite, der Demeter, des Hades, auf Linear B-Tafeln fehlen, erlaubt keineswegs den Schluß, daß es Kulte dieser Gottheiten damals nicht gegeben habe; dafür ist die Überlieferung zu lückenhaft und die Lesung der Texte zu unsicher.[82] Aus demselben Grunde darf ebensowenig daraus, daß einzelne Götternamen nur für Knossos, andere nur für Pylos bezeugt sind, auf eine Verehrung dieser Gottheiten nur hier oder dort geschlossen werden. Dies gilt auch dafür, daß Kulte chthonischer Gottheiten und für Verstorbene in den Texten nicht erwähnt werden.[83] Solche Kulte wohl vorgriechischer Herkunft gehör-

---

nicht systematisch entwickelt. Für die Epoche der Linear B-Griechen wird man diese Auffassung wohl korrigieren müssen.

[82] Vielleicht ist der spätere Beiname des Apollon „Smintheus" auf einer Tontafel belegt. Diesfalls könnte er stellvertretend für jenen des Apollon stehen. – Es ist möglich, daß in der bestens bezeugten Muttergottheit oder in anderen „Potniai" nicht nur Artemis (s. Anm. 77), sondern auch andere weibliche Gottheiten verehrt wurden, deren Namen durch Zufall nicht genannt sind.

[83] Auch der nicht gesicherte Gottesname Enesidaon (auf einer Knossos-

ten ohne Zweifel der ältesten Schicht der Glaubenswelt der Griechen zu.[84] Der archäologische Befund ist eindeutig: Grabanlagen von oft bedeutender Größe und Altäre beweisen den Totenkult, auch fanden sich Reste von Opfergaben an die Verstorbenen.

4. Die „dunklen Jahrhunderte" und die „Homerische Religion"

Der oben erwähnte Ansturm der „Nord- und Seevölker" hatte um und nach 1200 v. Chr. die meisten mykenischen Siedlungen in Griechenland und auf Kreta und damit auch die wichtigsten Zentren des griechischen Lebens vernichtet.[85] Für die folgenden „dunklen Jahr-

tafel), der, wie oben erwähnt, an homerische Epitheta des Poseidon als Erderschütterer und Erderhalter erinnert, darf nicht in diesem Sinn gedeutet werden. Als Gott nicht nur des Meeres, sondern auch des Süßwassers war Poseidon auch Befruchter der Erde.

[84] Daß der Kult chthonischer Mächte dem ältesten Gut der griechischen Religion und, wie der archäologische Befund erweist, schon der vorgriechischen zugehört, hat vor allem Rohde nachgewiesen. Siehe dazu auch Guthrie, a. O., 294–304. Hier werden in einer Auseinandersetzung mit Rohde und Nilsson Rohdes grundsätzlich richtige Thesen modifiziert.

[85] Die Gründe für die Wanderungsbewegung um und nach 1200 v. Chr. sind ebenso unklar wie die ethnische Zugehörigkeit der sog. „Nord- und Seevölker". Vermutlich waren illyrische und phrygische Volkselemente maßgeblich beteiligt. Auch ist nicht geklärt, welche Umstände die Wanderungsbewegung auslösten, die sich bis weit in das östliche Mittelmeergebiet erstreckte, bis an die Grenzen Mesopotamiens und Ägyptens, und der auch das Hethiterreich erlag. Sicher kamen dabei die Dorier, vielleicht erst am Ende der Wanderungsperiode, nach Griechenland, bis in die Peloponnes, und dann weiter nach Kreta. Von der Katastrophe wurden nicht alle Teile der damaligen griechischen Ökumene gleich betroffen. Einzelne politisch weniger bedeutende Gebiete der Peloponnes und Attikas (auch Athen) sowie die Inselwelt außer Kreta wurden davon nur gestreift oder nicht berührt. In manchen Gebieten konnte sich daher die spätmykenisch-griechische Kultur und Zivilisation halten. In anderen suchte die vertriebene Bevölkerung Zuflucht, so vor allem auf Zypern, wo damals eine bis gegen das Ende des zweiten Jahrtausends v. Chr. währende Blütezeit begann. In Verbindung damit steht auch eine Wanderung früher nach Griechenland gelangter hellenischer Stämme zur kleinasiatischen Küste, wo sich schon vorher kleine Gruppen niedergelassen hatten, z. B. in Milet. Teile der erst spät nach Griechenland gelangten Dorier schlossen sich diesen kolonisatorischen Bemühungen in Kleinasien konkurrierend an.

hunderte" ("Dark Ages") hellenischer Geschichte ist unser Wissen sehr dürftig, die materiellen Überreste sind spärlich.[86] Nach dem Abklingen der Zerstörungswelle setzte von Athen aus, das zwar auch Sitz eines (minder bedeutenden) Palastes gewesen war, von der Katastrophe jedoch weniger oder nicht betroffen gewesen zu sein scheint, ein neuer, archäologisch im sog. „protogeometrischen Stil" der Keramik faßbarer Aufschwung ein. Aber erst im 8. Jh. v. Chr., als nach Franz Hampl die griechische Einwanderung ihr Ende fand,[87] erneuerte sich die griechische Kultur umfassend, wofür die Vollendung des „geometrischen Stils" als Hauptmerkmal gilt. Damals ging die orale Poesie in die geschriebene über. Die Epik erreichte mit der homerischen Dichtung sofort ihre in der griechischen Literatur nie übertroffene Höhe. Das „Dunkel" der vorhergehenden Jahrhunderte ist, was die Religion betrifft, jedoch nicht nur durch die Dürftigkeit archäologischer Funde bedingt, sondern gerade auch durch das Fehlen der Schrift. Mit der Zerstörung der großen Zentren der Linear B-Griechen war auch ihre Schrift verlorengegangen, da diese, wie wir zu wissen vermeinen, den Bedürfnissen der Palastverwaltung angepaßt gewesen und ausschließlich von dieser verwendet worden war.[88]

[86] Siehe Burkert, Griechische Religion, 88 f. – Nach Hampl (s. ›Das Problem der Einwanderung‹ mit Anm. 54) ist der eingebürgerte Begriff "Dark Ages" diesen Jahrhunderten allerdings nicht adäquat, da seiner gut begründeten Auffassung nach der historisch verfolgbare Einwanderungsvorgang der Griechen bis in das 8. Jh. v. Chr. währte, für welches ein kraftvoller Kulturaufschwung zu beobachten ist. Hampl betrachtet es als einen Vorteil seiner Theorie, „daß wir mit diesem nicht nur völlig dunklen, sondern ebenso leeren 'dark age' ... nicht mehr rechnen müssen" (Mus. Helv. 17 [1960], 86). Über die religiösen Phänomene dieser Jahrhunderte vom Untergang der Linear B-Schrift bis Homer sind allerdings trotzdem keine konkreten Aussagen möglich. In dieser „Einführung" bin ich daher gezwungen, an ihrem „Dunkel" festzuhalten.
[87] Vgl. Anm. 86.
[88] Diese Annahme ist m. E. allerdings anfechtbar. Da die Schrift keinen Keilschriftcharakter besitzt, ist sie primär wohl kaum für Eintragungen auf Tontafeln geschaffen worden, sondern eher für das Beschreiben eines papierähnlichen Beschreibstoffes. Aufschreibungen von bloß ephemerer Bedeutung, auf wohlfeile Tontafeln eingeritzt, sind uns, durch die Brandkatastrophen der Paläste gehärtet, zufällig erhalten, während die auf teurerem papierartigem Beschreibstoff übertragenen „Bilanzen" beim Untergang der Paläste verbrannten. Ebenso können m. E. literarische Texte aufgezeichnet worden und zugrunde gegangen sein. Ungeklärt ist auch, warum z. B. auch in Athen, das von der Vernichtungswelle anscheinend nur berührt worden war, die auch

Jedenfalls ist aus der Zeit nach der großen Katastrophe kein einziges Zeugnis der Linear B-Schrift erhalten, wenn auch einzelne Reflexe davon in historischer Zeit vorliegen mögen.[89] Erst nach Jahrhunderten, frühestens gegen Ende des 10. oder sogar erst im 9. Jh., gelangten die Griechen in den Besitz ihrer Buchstabenschrift, der ersten reinen Lautschrift in der Geschichte der menschlichen Zivilisation, dank dem genialen Einfall einer nicht faßbaren Persönlichkeit, der nordsemitischen Konsonantenschrift Zeichen für Vokale beizufügen. Obwohl diese Schrift leicht erlernbar war, dauerte es (viele?) Jahrzehnte, bis sie geläufiger verwendet und zur Niederschrift literarischer Dokumente auf papierartigem Material brauchbar wurde.[90]

dort – wenngleich nur spärlich – bezeugte Linear B-Schrift verlorenging. Aus diesem und anderen Gründen glauben A. J. B. Wace und M. Andronikos, die Linear B-Schrift habe, wenn auch aus uns unbekannten Gründen nicht mehr faßbar, über 1200 hinaus weiter bestanden, vielleicht sogar bis zur Entstehung des neuen Alphabets der Griechen. Siehe dazu Stefan Hiller, Linear B: Fortschritte und Forschungsstand. Ein Forschungsbericht, Saeculum 22 (1971), 123–194, 130f.

[89] Vgl. H. Bisantz, Mykenische Schriftzeichen einer boiotischen Schale des 5. Jh. v. Chr., in: Minoica. Festschrift zum 80. Geburtstag von Johannes Sundwall, hrsg. von E. Grumach, Berlin 1958 (Deutsche Akademie der Wissenschaften zu Berlin, Schriften der Sektion für Altertumswissenschaft, 12), 50–60.

[90] Wann die Schrift der Phoiniker, die am Mittelmeer damals die stärkste Macht waren und mit welchen die Griechen enge Beziehungen verbanden, von diesen übernommen worden ist und ab wann sie zur Niederschrift von Literatur zur Verfügung stand, ist umstritten. In der Einleitung des von Gerhard Pfohl herausgegebenen Werkes ›Das Alphabet. Entstehung und Entwicklung der griechischen Schrift‹ (Darmstadt 1968, Wege der Forschung, 88) findet sich S. XV–XVII eine vom Herausgeber zusammengestellte Liste der verschiedenen Zeitansätze der Einführung der dem Griechischen angepaßten phoinikischen Buchstabenschrift durch die Griechen, ebenso bei Heubeck, a. O., 75f.: von ca. 1500 (!) bis ca. 700 v. Chr. Von H. T. Wade-Gery, The Poet of the Iliad, Cambridge 1952, 11–14, wird erwogen, erst Homer habe die Schrift geschaffen, was m. E. unhaltbar ist; s. allerdings A. E. Raubitschek, Gnomon 26 (1954), 122. Die ältesten Zeugnisse der neuen griechischen Schrift sind die Inschrift auf dem „Nestor-Skyphos" aus Ischia (Ischia-Museum) und auf der „Dipylonvase" (Nationalmuseum zu Athen), die in das späte 9. oder das 8. Jh. zu datieren sind. Siehe dazu Pfohl, a. O., XXVI bis XXVIII, und Heubeck, a. O., 109–118. Da es sich hier schon um eine differenzierte und geläufige Schrift handelt, darf man die Erfindung der griechischen Buchstabenschrift auf etwa ein Jahrhundert früher ansetzen, also auf knapp vor 900 v. Chr. oder jedenfalls in das 9. Jh. Weder die radikale Früh-

Dann allerdings stand sie bald einer breiten Schicht des hellenischen Volkes zur Verfügung. Daher konnten die ältesten in ihr geschriebenen poetischen Dokumente, die erwähnten homerischen Großepen,[91] in welche alte dichterische Tradition fahrender Sänger in reicher Fülle aufgenommen wurde, sozusagen zur Bibel der Griechen werden und ihre Religion maßgeblich beeinflussen.[92] Inwiefern die homerische Epik, deren religionsgeschichtliche Bedeutung durch die Forschung sehr uneinheitlich beurteilt wird, die Religion der Griechen prägte, bedarf jedoch genauerer (einschränkender) Klärung.[93] Damit treten wir in die (leider allzu knappe) Darstellung der hellenischen Religion in historisch heller Zeit ein, die wesentlich wichtiger ist als die Behandlung der dürftigen und fragwürdigen Zeugnisse für die Religion der Linear B-Griechen, zumal sie bei Homer erstmals als geschlossene Ganzheit faßbar wird.[94]

datierung auf die Zeit um 1500 und andere Frühdatierungen, mögen sie auch von so bedeutenden Forschern wie Wilhelm Larfeld und Eduard Schwyzer vertreten worden sein, sind haltbar, noch radikale Spätdatierungen auf 750 bis 700 v. Chr., die Rhys Carpenter und andere verteidigen. Zum griechischen Alphabet s. außer dem von Pfohl herausgegebenen Sammelwerk Heubeck, a. O., 73–126 (mit Bibliographie S. 196–199), sowie Burkert, Die orientalisierende Epoche, 29–35.

[91] Mit Rücksicht auf die in Anm. 90 vorgelegten chronologischen Erwägungen darf damit gerechnet werden, daß die griechische Schrift um die Mitte des 8. Jh. v. Chr. zur Niederschrift der ›Ilias‹, des älteren der erhaltenen homerischen Epen, verfügbar war. Die ›Ilias‹ dürfte also frühestens um 750, vielleicht aber erst im Laufe der zweiten Hälfte des 8. Jh.v. Chr. verfaßt worden sein. Das hohe dichterische Niveau der homerischen Großepen macht eine schriftliche Konzeption zumindest höchst wahrscheinlich. Siehe dazu Albin Lesky, RE S 11 (1968), 693 und 703–709 (= Sonderdruck ›Homeros‹, Stuttgart 1967, 7 und 17–23). Über „Homer und die Schrift" auch Heubeck, a. O., 126–184, mit Bibliographie S. 201–204.

[92] Daß die homerische Epik die Religion der Griechen entscheidend geprägt hat, ist trotz der von Paul Mazon, Introduction à l'Iliade, Paris 1948, 294–296, und von anderen geäußerten Überzeugung, diese sei jeden religiösen Gehalts bar, nicht zu bezweifeln. Der starke Einfluß einer Dichtung mag überraschen. Doch verfügten die Griechen im Gegensatz zu anderen Völkern über kein heiliges Buch mit verbindlicher göttlicher Offenbarung.

[93] Ebenso wie man der in Anm. 92 erwähnten Auffassung nicht zustimmen kann, darf man nicht in das andere Extrem verfallen, die griechische Religion der homerischen gleichzusetzen, einer Ansicht, welcher z. B. Walter F. Otto nahekommt (s. Anm. 4).

[94] Auswahlbibliographie zur homerischen Religion: Carl Friedrich von

Die homerische Religion repräsentiert jedoch nicht schlechthin die Religion der zeitgenössischen Griechen (und noch weniger jene des späten Hellenismus). Den Griechen gelang es während der Zeit ihrer völkischen Freiheit nie, sich zu einer politischen Einheit zusammenzuschließen.[95] Deshalb bewahrten die Kulte der hellenischen Stämme und Städte während dieser langen Epoche trotz einheitlicher Grundaspekte der griechischen Religion, die gerade auch bei Homer in Erscheinung treten, eine weitgehende Selbständigkeit. Erst in den letzten vorchristlichen Jahrhunderten wurde diese unter dem Zwang der politischen Ereignisse und durch mächtige von außen eindringende religiöse Phänomene eingeschränkt. In der homerischen Epik konnte naturgemäß die bunte Vielfalt der Kulte und religiösen Vorstellungen nicht hervortreten. Manche ältere, die später für die Hellenen Allgemeingut wurden, fehlen sogar. Die vielschichtige und sehr voraussetzungsreiche homerische Religion war nämlich das Ergebnis eines bewußten Ausleseprozesses aus der Fülle der dem Dichter vorliegenden religiösen Phänomene. Die ›Ilias‹, das ältere der zwei bedeutendsten homerischen Großepen, übte auf die religiöse Vorstellungswelt der Griechen stärkere Prägekraft aus als die etwas jüngere ›Odyssee‹. In ihr tritt ja auch die Götterwelt viel klarer profiliert in Erscheinung als in dieser. Nun mußte aber der Iliasdichter auf sein adeliges Hörerpublikum (die ›Odyssee‹ war eher für niedere Gesellschaftsgruppen bestimmt) auch hinsichtlich der Zeichnung des Götter-

---

Nägelsbach, Homerische Theologie, 3. Aufl. bearb. v. Georg Autenrieth, Nürnberg 1884. Walter F. Otto, Die Götter Griechenlands (1929, [6]1970). E. Ehnmark, The Idea of God in Homer, Diss. Uppsala 1935. E. R. Dodds (1951, [5]1966, deutsche Übersetzung 1970; dort bes. 1–16). Hubert Schrade, Götter und Menschen Homers, Stuttgart 1952. Pierre Chantraine, Le divin et les dieux chez Homère, in: La notion du divin depuis Homère jusqu' à Platon (1954), 47–79. Wolfgang Kullmann, Das Wirken der Götter in der Ilias, Berlin 1956. Albin Lesky, Homeros, RE S 11 (1968), 725–740 (Sonderdruck: Stuttgart 1967, 39–54). Manolis Andronikos, Totenkult, Göttingen 1968 (Archaeologia Homerica, III, W). Emily Townsend Vermeule, Götterkult, Göttingen 1974 (Archaeologia Homerica, III, V). Walter Bröcker, Theologie der Ilias, Frankfurt a. M. 1975 (Wissenschaft und Gegenwart, Geisteswiss. Reihe, LV bis LVI). Odysseus Tsagarakis, Nature and Background of Major Concepts of Divine Power in Homer, Amsterdam 1977. Hartmut Erbse, Untersuchungen zur Funktion der Götter im homerischen Epos, Berlin–New York 1986 (Untersuchungen zur antiken Literatur und Geschichte, 24). – Umfassendere Bibliographien: Vermeule, 176–179, und Andronikos, 136–140.

[95] Siehe S. 25.

bildes und der Kultgebräuche Rücksicht nehmen. Für ihn und die Hörer der ›Ilias‹ waren jene Götter, Kulte und religiösen Vorstellungen und Erwartungen weniger interessant, die den Auffassungen der Adelswelt nicht entsprachen. Manches, was dem einfachen Volk vertraut und wertvoll war, wurde so an den Rand gerückt oder unterdrückt. Auch Kulte, die in Gegenden der griechischen Ökumene gepflegt wurden, welche dem kleinasiatischen Ursprungsland der Epik ferner lagen, interessierten nur ausnahmsweise. Ähnliches gilt für den Mythos. In die homerische Dichtung hat keinesfalls die reiche Fülle alter hellenischer Göttergeschichten, aitiologischer Sagen usf. Eingang gefunden. So gesehen darf man sie nicht als die Bibel der Hellenen bezeichnen.

Wichtiger ist jedoch die Feststellung, inwieweit die homerische Epik dennoch entscheidende Bedeutung für die Struktur der griechischen Religion gewann. Den chaotischen Wirrwarr der hellenischen polytheistischen Götterwelt [96] ordneten erst Homer und Hesiod [97]. Die in diesen Dichtungen, besonders bei Homer, agierenden

[96] Eindrucksvoll dazu Burkert, Griechische Religion, 191–193.
[97] Hdt. II 53, 2: Hesiod und Homer schufen den Hellenen die „Theogonie" (das Wissen über Entstehung und Genealogie der Götter), sie gaben den Göttern ihre Namen, unterschieden deren Zuständigkeiten, Ämter und Fähigkeiten, sie machten ihre Gestalten (εἴδεα) deutlich. Der von Herodot vor Homer genannnte Hesiod ist zweifellos jünger als der Dichter der ›Ilias‹ und schrieb um etwa 700 v. Chr. Sein zeitliches Verhältnis zur ›Odyssee‹ ist nicht eindeutig geklärt. Die Mehrheit der Forscher hält an der Priorität der ›Odyssee‹ fest. Zuletzt erörterte die Frage in diesem Sinn Heinz Neitzel, Homer-Rezeption bei Hesiod. Interpretation ausgewählter Passagen, Bonn 1975 (Abh. z. Kunst-, Musik- und Literaturwiss., 189). Doch nahmen erstrangige Gelehrte die umgekehrte Reihenfolge an, so zuletzt wiederholt und mit Nachdruck Martin L. West, Hesiod, Theogony, ed. with Proleg. and Comm., Oxford 1966, 46f.; ders., Early Greek Philosophy and the Orient, Oxford 1971, 205; ders., Hesiod, Works and Days, ed. with Proleg. and Comm., Oxford 1978, VI; und Walter Burkert, Wiener Studien, N. F. 10, 89 (1976), 19f., im Rahmen seiner Untersuchung über ›Das hunderttorige Theben‹, ebd., 5–21. West hält nicht nur die ›Odyssee‹, sondern sogar die ›Ilias‹, wenigstens in der uns erhaltenen Form, für jünger als die Dichtungen Hesiods. Herodot stellt Hesiod wohl deshalb vor Homer, weil jener die von ihm erwähnten Aspekte in seiner ›Theogonie‹ viel umfassender und systematischer berücksichtigt. Hesiod schuf ein geschlossenes Lehrsystem über Entstehung und Genealogie der Götter, einerseits aufgrund alter und zum Teil bei Homer nicht greifbarer, darunter auch ungriechischer, ja orientalischer Überlieferung, andererseits auch aufgrund eigener theologisch-philosophischer Spekulationen.

Götter blieben die großen Mächte der griechischen Religion. Zwar fehlt bei Homer noch jenes „klassische Maß", das nicht nur für die Dichtung und Kunst der Hellenen späterer Zeit, eben der sog. klassischen Epoche, kennzeichnend ist, sondern auch für deren Religion. Demgegenüber erscheint die homerische Religion urtümlicher, elementarer. Trotzdem wurde die Eigenart der Götter Homers und ihr Verhalten zueinander und den Menschen gegenüber für die Sicht der Götterwelt durch die Hellenen späterer Zeit grundlegend, auch für das Bild solcher Götter und Kulte, die bei Homer nicht erwähnt sind. Wichtigstes Element bei Homer ist der konsequent durchgezeichnete Anthropomorphismus der Götter.[98] Diese sind demnach glückliche Idealmenschen. Sie essen, trinken und lieben wie diese, haben Bedürfnisse und Wünsche, sind ebenso auf ihre Ehre bedacht und Stimmungen unterworfen. Sie werden sogar geboren, sind jedoch unsterblich, worin ihr entscheidender Vorzug vor den Menschen besteht. Auch schön sind sie und altern nicht. Sie sind allerdings verwundbar, können hintergangen werden, sie streiten, hassen und betrügen einander bisweilen.[99] Aber auf die Dauer beeinträchtigt dies alles nicht ihr im Grunde glückliches Sein und ihr – auch den Menschen gegenüber – erfolgreiches Wirken. Obwohl nicht allmächtig – nicht einmal der Göttervater Zeus ist es –, sind sie viel machtvoller als die Menschen. Sie leben in Götterfamilien und unter der Herrschaft des Zeus in einem Götterstaat, wo sie bestimmte Zuständigkeiten und Funktionen ausüben. Modell dafür war die Hofhaltung an den Machtzentren der spätmykenischen Kultur, wie sie auch in den Linear B-Texten erkennbar ist. Doch sind überdies Einflüsse religiöser Dichtungen vorderasiatischer Völker anzunehmen, worin, etwa im Hethitischen und Ugaritischen, also in den Griechen relativ nahe gelegenen Bereichen, überraschende Parallelen zum „Homerischen" entdeckt worden sind.[100] Dieser Götterstaat ist sicher keine Erfin-

---

[98] Siehe Olof Gigon, Anthropomorphismus, LAW 171. Burkert, Griechische Religion, 282–292.

[99] So hatte Zeus seinen Vater Kronos gestürzt, dieser seinen Vater Uranos.

[100] Umfassend schildert Burkert, Die orientalisierende Epoche, die Einflüsse aus dem Vorderen Orient auf die griechische Literatur und Religion, besonders auf rituelle Techniken, etwa die Leberschau und in der Kathartik. In den ›Forschungsgeschichtlichen Perspektiven‹ (S. 7–14) bedauert der Vf., daß diese Erkenntnisse erst in jüngster Zeit voll anerkannt worden seien. Nach Burkert vermittelten „Handwerker des Sakralen", ein mobiler Stand von Sehern und Reinigungspriestern, den Hellenen religiöse Vorstellungen und sakrale Techniken aus dem Vorderen Orient.

dung des Iliasdichters, sondern wie viele andere Elemente des Götteranthropomorphismus Erbe vorhomerischen mündlichen Heldensanges. Den Menschen sind die Götter im allgemeinen wohlgesinnt, doch setzen sie auch manchmal haßerfüllt und rücksichtslos ihre persönlichen Interessen durch, sogar schuldlose, götterfürchtige Menschen, ihrer Opfer nicht achtend, ins Verderben stürzend. Die Götter sind deshalb nur sehr bedingt Garanten des Guten und des Rechten. Albin Lesky[101] charakterisiert das Verhältnis der homerischen Götter zu den Menschen treffend in drei Gegensatzpaaren: Nähe und Distanz, Huld und Grausamkeit, Recht und Willkür. Das erste Gegensatzpaar bietet dem Hörer und Leser der Dichtung kaum Probleme. Um ihre Schicksale zu lenken, pflegen die Götter oft geradezu vertrauten Umgang mit den Menschen. Diese sind jedoch daran gehalten, Abstand zu wahren. Oft genug werden sie von den erhabenen Göttern in unüberbrückbare Distanz verwiesen. Die Beweggründe für Huld und Grausamkeit der Götter zu klären, ist den Menschen allerdings rational unmöglich: Denn Huld gewähren die Götter nach Lust und Laune, und ihre Grausamkeit erreicht oft unfaßliche Härte. Noch problemreicher ist das hieraus folgende Gegensatzpaar von Recht und Willkür, handelt es sich hier doch schlechthin um die Moral der Götter, was den Griechen besonders naheging.[102] Ihre Kritik am Götteranthropomorphismus der homerischen Dichtung entzündete sich überdies an Götterburlesken, deren Glanzstück das Lied des Sängers Demodokos bei den Phaiaken Od. VIII 266–366 ist. In ihm wird die ehebrecherische Buhlschaft des tolpatschigen Kriegsgottes Ares mit der Liebesgöttin Aphrodite und die Rache ihres Gatten Hephaistos in sehr lebensnaher, ja lasziver Weise erzählt. Il. I 493–530 wird die Begegnung der Thetis, der göttlichen Mutter Achills, mit Zeus dargestellt. Sie bittet den höchsten der Götter, ihrem Sohn die von Agamemnon gekränkte Ehre zurückzugeben. Dazu müßten aber die Trojaner im Kampf vorübergehend die Oberhand gewinnen, entgegen dem auch von Hera gebilligten Beschluß des Zeus, daß sie den Achaiern unterlägen. Zeus hat Bedenken, auch eine sehr menschliche Angst vor seiner streitsüchtigen

---

[101] Geschichte der griechischen Literatur, Bern und München ³1971, 87–95. – Die Vorstellung vom Zorn der Gottheit, von Vergeltung und Sühne untersucht Wolfgang Speyer, Religionen des griechisch-römischen Bereichs, in: Theologie und Religionswissenschaft, hrsg. von Ulrich Mann, Darmstadt 1973, 124–143.

[102] Über die Frage des Verhaltens der Götter dem Recht gegenüber s. S. 64ff.

Gattin Hera, mit der er sich überwerfen müßte, gibt aber Thetis schließlich seine Zusage. In jenem Moment allerdings, da Zeus mit seinen dunklen Augenbrauen „zunickt", erbebt der Olymp. Auffallend tritt in derartigen Schilderungen mehrmals das Erhabene unmittelbar neben das Lächerliche. Pheidias soll bei der Arbeit an seiner berühmten Zeusstatue in Olympia an diese Iliasszene gedacht haben. Derartige Götterburlesken sind schwer erklärbar. Es handle sich, so meint man, weder um einen Abbau des alten Glaubens durch zersetzenden Spott noch um unbefangenen Spaß, den sich der Dichter mit den Göttern erlaubte, eher um ironische Distanziertheit, die, obwohl noch nicht Kritik an den allzumenschlichen Göttern, doch dazu hinführte.[103] Diese Interpretation vermag mich jedoch nicht zu überzeugen, ohne daß ich sie durch eine andere ersetzen kann. Jedenfalls zog die allzu konsequente Vermenschlichung der homerischen Götter früh heftige Reaktionen in Dichtung und Philosophie nach sich, in der Regel auch durch den Entwurf positiver Gegenbilder. Besonders scharfen Spott goß der Dichter und Philosoph Xenophanes von Kolophon, 6. Jh. v. Chr., über die Vorstellung anthropomorpher Götter und ihre unangebrachten menschlichen Fehlhaltungen wie Ehebruch, Diebstahl und Betrug aus. Beweis für den grundsätzlichen Irrtum dieses Götteranthropomorphismus seien die von Volk zu Volk verschiedenen Gottesvorstellungen: Die Aithiopen stellten sich ihre Götter schwarz und stumpfnasig vor, die Thraker blauäugig und rötlichblond; hätten Rinder, Pferde und Löwen Hände wie Menschen, um Götterbilder herzustellen, würden sie diese ihrer eigenen Gestalt nachbilden. Solche Götter seien also schlechthin Machwerk des Menschen (fr. 10–16). Dem stellt Xenophanes den einen Gott gegenüber, der den Menschen nicht gleicht, keine Glieder und Organe hat wie diese, vielmehr als Ganzer sieht, denkt und hört, und der, ohne von Ort zu Ort wandern zu müssen, alles mit seines Geistes Kraft erschüttert (fr. 23–26).[104]

Hier ist abermals die Warnung am Platze, die alten Epen unbesehen als religionsgeschichtliche Dokumente zu interpretieren; sie sind primär Dichtung. Dichterische Phantasie bei der Zeichnung anthro-

---

[103] Siehe Lesky, Homeros 733 (Sonderdruck 47), 25–37. Zum Demodokoslied s. die wertvolle Interpretation von Walter Burkert, Das Lied von Ares und Aphrodite, Rhein. Mus., N. F. 103 (1960), 130–144. Dazu Klaus Rüter, Odysseeinterpretationen, Göttingen 1969 (Hypomnemata, 19), 62f. Siehe auch unten die Abschnitte über Aphrodite und über Hephaistos.

[104] Allerdings relativiert Xenophanes in fr. 34 seine Aussagen und Auffassungen.

pomorpher Götter war sicher nicht erst bei Homer, sondern schon in der ihm vorgegebenen Mythentradition und Poesie am Werk. Die Dichtung machte sich auch religiöse Aspekte dienstbar. Damit kam sie den Auffassungen jener feudalen Herren entgegen, vor denen etwa die ›Ilias‹ gesungen wurde.[105] Der Dichter befand sich dabei allerdings in einem Zwiespalt, denn er trug seine Epen, wie erwähnt, nicht nur an den Höfen des ritterlichen Adels, sondern auch auf den Marktplätzen einfachen Menschen vor, für die besonders auch die ›Odyssee‹ bestimmt war; sie sollten also den Erwartungen beider Gruppen entsprechen. Bauern, Fischer und Seeleute wollten ihre Rechte ebenso durch die Götter garantiert wissen, was den Auffassungen der hohen Herren widersprach. Zweifellos gehörte nicht nur der Dichter der ›Odyssee‹, sondern auch der Iliasdichter seiner Herkunft nach selbst den einfachen Kreisen zu und wurde nur durch sein Auftreten als Rhapsode an den Adelshöfen in die höhere Gesellschaft emporgehoben. Immerhin verstand er die Hoffnungen und Erwartungen auch der einfachen Leute. Klar tritt diese Haltung in der etwas jüngeren Ependichtung des Hesiod hervor. Selbst Bauer und Hirte, verdiente er seinen Lebensunterhalt mit harter Arbeit und war offenbar als wandernder Rhapsode nicht so erfolgreich bei Herren und Königen. Überdies hatte ihn sein Bruder durch Bestechung der Richter um das väterliche Erbteil betrogen. Daher sind die Götter des Hesiod nicht die heiteren Olympier, sondern erhabene, strenge und segnende Mächte, deren Walten der Mensch mit ehrfürchtiger Scheu spürt und von denen er sich vor allem die Durchsetzung seines Rechtes und die Bestrafung ungerechter Gegner, auch ungerechter Richter, erwartet. Ähnliche Vorstellungen finden sich da und dort schon in der homerischen Dichtung, selbst in der ›Ilias‹. So sendet Zeus (Il. XVI 384–392) – es handelt sich um die Erzählung eines Gleichnisses – böses Unwetter, weil er den Richtern zürnt, die auf dem Marktplatz „krumme Rechtsentscheide" getroffen haben, ohne sich um die Vergeltung durch die Götter zu kümmern. Schon ab der

---

[105] Siehe Hartmut Erbse, Untersuchungen zur Funktion der Götter im homerischen Epos, Berlin–New York 1986 (Untersuchungen zur antiken Literatur und Geschichte, 24). Nach Erbse ließen die Epiker die Götter so wirken, wie es dem Zusammenhang der Erzählung diente. Die Dichter benötigten die Unsterblichen in solcher Gestalt, daß sie im Rahmen der Gedichte das Treiben der Menschen, auch ihre Wünsche und Entschlüsse, verständlich, ja überhaupt erst möglich machten. Der von den Dichtern gewünschte Gang der Handlung präge daher die Gesinnung der Götter und bestimme ihre Entschlüsse.

Mitte des 8. Jh. v. Chr. ließen sich trotz der feudalen Auffassungen des herrschenden Adels derartige Erwartungen und Vorstellungen einfacher Kreise nicht mehr unterdrücken. Dennoch muß man sich davor hüten, die Antwort auf die Probleme des homerischen Götteranthropomorphismus allein in den Ansprüchen der Dichtung und in soziologischen Gegebenheiten zu finden. Die dichterische Phantasie entzündete sich vielmehr an im hellenischen Volk verwurzelten Göttervorstellungen. Sonst wäre es unverständlich, daß sich schließlich selbst der extreme homerische Götteranthropomorphismus bei den zeitgenössischen und den Griechen späterer Epochen trotz aller Kritik im wesentlichen durchsetzte.

Wir sind von der Bemerkung ausgegangen, die alte Epik habe aus dem Chaos der polytheistischen Götterwelt der Griechen einen sinnvollen Kosmos geformt. Dies bedarf näherer Erläuterung. Hesiod ging dabei viel weiter als die Dichter der ›Ilias‹ und der ›Odyssee‹. Seine umfassenden „theogonischen" Konstruktionen und Spekulationen darzustellen,[106] ist hier weder möglich noch nötig. Doch sei auf die in der homerischen Dichtung agierenden Götter hingewiesen. Die oft zitierte Zwölfzahl für die auch bei Homer auftretenden Hauptgötter ist allerdings erst seit peisistratischer Zeit nachweisbar. Vermutlich kleinasiatischen Ursprungs, findet sie sich auch auf lykischen Reliefs. Sie dürfte über die Jonier Kleinasiens zu den Griechen gekommen sein und sich dort um so leichter durchgesetzt haben, als sie im politischen Leben des frühen Griechentums eine Rolle spielte. In Athen dürfte der Kanon der zwölf Götter erst nach der Mitte des 6. Jh. v. Chr. Fuß gefaßt haben[107] und umfaßt jene Götter, welche in der zentralen Gruppe des Cellafrieses des Parthenon auf der Athener Akropolis versammelt sind: Zeus, Hera, Poseidon, Athene, Apollon, Artemis, Aphrodite, Ares, Hermes; die übrigen drei, Demeter, Dionysos und Hephaistos treten bei Homer in den Hintergrund: als volkstümliche, bäuerliche bzw. handwerkliche Gottheiten der Fruchtbarkeit der Felder, der Weinkultur und der Schmiedekunst standen

---

[106] Siehe Anm. 97.
[107] Siehe Kern 1, 132, 203, 252. – Zur Zwölfzahl s. Hermann Usener, Dreiheit, Rhein. Mus., N. F. 58 (1903), 1–47, 161–208, 321–362, bes. 350f.; Otto Weinreich, Zwölfgötter, Zwölfzahl und Zwölfstaat, Unterricht und Forschung 7 (1935), 319–331, jetzt in Weinreich, Ausgewählte Schriften II: 1922–1937, hrsg. von Günther Wille unter Mitarbeit von Ulrich Klein, Amsterdam 1973, 435–447, bes. 323–325 bzw. 439–441. Bernd Lorenz, Notizen zur Verwendung der Zahl „zwölf" in der Literatur, Literaturwissenschaftliches Jahrbuch der Görres-Gesellschaft, N. F. 25 (1984), 271–279.

sie der ritterlichen Gesellschaft fern.[108] Außer auf diese Hauptgottheiten treffen wir bei Homer auf Hades und Helios, weiter auf Leto, die Mutter des Apollon und der Artemis, und auf Götter der Urzeit, nämlich Uranos, dessen Sohn Kronos, den Vater des Zeus, und die Titanen, die mit Kronos in die Tiefen der Erde gebannt werden, auf Gaia, Themis, welche die rechte göttliche Ordnung den Göttern selbst gegenüber, aber auch in der größeren Gemeinschaft und in den Familien, verbürgt, und auf Okeanos, welcher der Erzeuger von allem, auch der Ursprung der Götter, ist. Mythen, denen die Zeichnung dieser Mächte entspricht, sind für die homerische Dichtung aber nicht mehr maßgeblich. Schließlich finden wir in den alten Epen einfachere Gottheiten, die meist als Gruppen in Erscheinung treten, nämlich die Nymphen, Chariten, Nereiden, deren wichtigste Thetis, die göttliche Mutter des Achilleus, ist, die Moiren, Musen, Erinyen, Keren, Horen und Seirenen, auch die schon für die Linear B-Griechen bezeugten Windgottheiten. Sich streng an den Stil der griechischen Religion haltend, für die schlechthin alles von göttlichen Mächten bestimmt war, schufen die Ependichter als konstruktive Denker selbst Göttergestalten wie Alke, Ate, Eris, Hebe, Hypnos und die Litai.[109] Hesiod ersann zur Auffüllung seines genealogischen Systems noch viele andere derartige Göttergestalten.

Die zuerst erwähnten Hauptgottheiten der griechischen Religion verdienen genauere Darstellung und werden später behandelt. Hier müssen jedoch Bemerkungen über die schon angedeutete sehr problemreiche Frage des Verhaltens der Götter dem Recht gegenüber angefügt werden.[110] In dem uneinheitlichen Bild überwiegen positive Aspekte. Sie beziehen sich vor allem auf Zeus, unter dessen Schutz die ξένοι (die Gastfreunde, aber auch die Fremden) und die ἱκέται (die Schutzsuchenden) standen und der für die Einhaltung der Eide sorgte.[111] „Zeus Xenios wird Troia vernichten, weil Paris den Gast-

---

[108] In der Zusammenstellung der zwölf Hauptgötter gibt es Varianten: so manchmal statt Demeter Herakles, statt Dionysos Hestia.

[109] Siehe Gigon, Griechische Religion 2589f. Bei Vermeule, a. O., 76–78, findet sich eine vollständige Liste der in den homerischen Gedichten erwähnten Götter mit Kennzeichnung der schon in den Linear B-Texten genannten.

[110] Siehe Lesky, Homeros 726, 27–729, 8 (Sonderdruck 40, 27–43, 8) mit reichen Literaturnachweisen.

[111] Näheres im Abschnitt über Zeus. Siehe dazu nun vor allem Hans Schwabl, Zeus, RE S 15 (1978), 1022, 42–1034, 5: Zeus als Geber des Schicksals, Schützer der Herrschafts- und der Rechtsverhältnisse, der Schwachen und Bittflehenden, als Vollender und Erfüller. Daß Zeus in der homerischen

freund bestohlen hat (Il. XIII 623), und nach dem Vertragsbruch des Pandaros wissen beide Parteien, daß Troia nun sein Urteil gesprochen ist (Il. VII 351. 401)."[112] Über allem, was das ethische Empfinden mancher kritischer Denker der Antike und auch unserer Zeit befremdet, stehen in der homerischen Dichtung die durch die Religion gestifteten, unverrückbar gültigen Normen.[113]

Das Handeln einzelner Götter ist offenbar vom kollektiven Begriff des Göttlichen bzw. dessen Fügung zu trennen. Jenes wird weitgehend vom Anthropomorphismus bestimmt, bei der Vorstellung vom Göttlichen jedoch das numinos Distanzierte stärker hervorgehoben;[114] dieses „Göttliche" gewinnt in Zeus hoheitsvolle Gestalt. In der homerischen Dichtung fehlen daher keineswegs Rechtsbegriffe. Besonders wichtig ist die von der Forschung intensiv untersuchte Vorstellung von den θέμιστες (poet. θέμιτες), womit sowohl die Rechtssatzungen bezeichnet werden, die Zeus den Königen überträgt, als auch die Rechtssprüche, welche diese aufgrund solcher Berechtigung und dieses Auftrags dem rechtsuchenden Menschen erteilen. Θέμις war die von den Göttern verfügte Ordnung der zwischenmenschlichen Beziehungen, die über den Rechtsbereich weit hinausgreift. Wie erwähnt, gehörte dem homerischen Götterolymp auch die Göttin Themis an. Sie waltete in den Versammlungen der Götter, wachte über die Zusammenkünfte der Menschen, verbürgte die Grundforderungen der Familie, sie sicherte (Θέμις – θέμις als „Person-Bereich-Einheit") den θέμιστες Hoheit und Wirksamkeit göttlicher Stiftung. Sinnvoll war sie nach Homer πάρεδρος des Zeus, nach Hesiod in weiser Vertiefung dieser Vorstellung dessen Gattin, die ihm als Kinder neben den Moiren die drei Horen schenkte, nämlich Eunomie, Dike und Eirene. Sind die Horen Verkörperungen des Wachsens, Blühens und Reifens in der Natur, das durch die Gunst von Zeus und Themis den Menschen Leben und Wohlstand sichert (hier ist die „Person-

Dichtung, und zwar gerade in der ›Odyssee‹, nicht nur das Gute, sondern auch das Schlimme fügt, geht auf die Erfahrung der Abhängigkeit des Menschen von göttlicher Übermacht zurück (Zeus handelt, „wie er will"). Mit der Feststellung des allgemeinen Menschenloses ist die Aufforderung zur Hinnahme des unvermeidlichen Bösen und die Hoffnung auf eine Wende zum Guten verbunden. Der Gedanke an menschliche Schuld liegt dieser Vorstellung fern. Siehe Schwabl 1023, 32–59.

[112] Lesky, a. O., 726 (Sonderdruck 40), 61–65.
[113] So Lesky, a. O., 726, 66–727, 21 (Sonderdruck 40, 66–41, 21).
[114] Den zuletzt geäußerten Gedanken übernahm Lesky aus J. S. Lasso de la Vega, Introduccion a Homero, Madrid 1963.

Bereich-Einheit" besonders deutlich faßbar), so sind sie bei Hesiod durch ihre Namen in religiös-sittliche Höhe gehoben: Wenn gottesfürchtige Könige entsprechend den Fügungen des Zeus und nach dem Walten der Göttin Themis „gerades" Recht sprechen, herrschen unter den Menschen Ordnung, Rechtlichkeit und Friede. Rechtsbeugung, die Zeus nach Homer, wie schon erwähnt, unmittelbar an den rechtbrechenden Königen und Richtern straft, bringt nach diesen von Hesiod, Solon und anderen weiterentwickelten Vorstellungen auch den menschlichen Gemeinschaften Unordnung, Verwirrung, Unfrieden, Unsicherheit, Armut, Hunger. Bei Homer finden sich auch die für sein ethisches Konzept wichtigen Begriffe αἰδώς und νέμεσις, die den Impuls des Menschen zum Ausdruck bringen, die ihm vorgegebenen Gemeinschaftsordnungen nicht zu durchbrechen (= αἰδώς), bzw. den gerechtfertigten Unwillen und Tadel, den sich jene zuziehen, die zum Schaden der Gemeinschaft sich nicht in diese Ordnung fügen (= νέμεσις). Doch kommt diesen Vorstellungen nur ausnahmsweise, nur wenn eine göttliche Ordnung im engeren Sinn gestört wird, religiöse Bedeutung zu.[115] Erst bei Hesiod werden Αἰδώς und Νέμεσις Gottheiten der sittlichen Scheu bzw. der Bestrafung menschlicher Überheblichkeit und der Verteilung von Glück und Recht im Leben des Menschen.

Wegen der soziologischen Bedingungen der im Vergleich zur ›Ilias‹ etwas jüngeren ›Odyssee‹ und der dadurch bedingten verschiedenen Weltsicht der Epiker wirkt die religiös-ethische Vorstellungswelt in diese stärker hinein. Die Geschichte von der Heimkehr des Odysseus und der Bestrafung der frevelnden Freier um die Hand der Penelope ist ein moralisches Exempel von den Göttern bestrafter menschlicher Hybris. Zu Beginn dieses Epos verwahrt sich Zeus vor den versammelten Göttern nachdrücklich gegen den Vorwurf, die Götter seien schuld an allem Elend der Menschen, da diese sich doch selbst durch ihre Freveltaten Leid schaffen. Zwischen den Göttern herrscht in der ›Odyssee‹ viel seltener Streit und Kampf als in der ›Ilias‹. Nichtsdestoweniger findet sich gerade in diesem Epos das erwähnte Demodokoslied, jene äußerst burleske Verzerrung göttlichen Wirkens.

Der homerische Held ist ganz im Diesseits verhaftet. Die Jenseitsvorstellungen der alten Epik, welche jene der späteren Griechen entscheidend beeinflußten, sind wegen der Entstehungsbedingungen dieser Dichtung nicht einheitlich. Im allgemeinen sind sie bedrük-

---

[115] Mary Scott, Aidos und Nemesis in the Works of Homer, and their Relevance to Social or Co-operative Values, Acta Classica 23 (1980), 13–35.

kend. Vom Toten bleibt nur ein wesenloses Schattenbild. Er weilt, scharf getrennt von der Welt der Sonne und des Lichtes, inmitten des düsteren Hades. Dort geht zwar sein Leben, wie er es auf dieser Welt geführt hat, weiter, aber in dürftigster Einengung als bloße Nachahmung. In der ›Odyssee‹ verbinden sich mit der Hadesvorstellung jene von einem Totenreich jenseits des Okeanos. Der Mensch hat vor dem Fortleben seiner Seele nach dem Tode des Leibes zwar keine Angst, aber dieses bietet ihm auch keinerlei Verlockungen, denn sogar die Hoffnung auf eine ausgleichende Gerechtigkeit fehlt. Zwar waltet in der Unterwelt König Minos seines richterlichen Amtes, aber nur in Fortführung seiner Funktion im Leben: er ist Schiedsrichter unter den Toten; er urteilt nicht über die Fehler der Menschen während ihres Lebens oder über ihre Verdienste, die nun belohnt werden sollten. In einem besonderen Bezirk der Unterwelt, dem Tartaros, „leben" berühmte Büßer wie Tantalos, Sisyphos, und leiden schwere Qualen; nicht, weil sie sich im Diesseits Menschen gegenüber vergangen, sondern weil sie die Götter selbst beleidigt haben, die nun an ihnen bittere Rache üben. Andererseits werden Menschen, die sich um die Götter besonders verdient gemacht haben, belohnt. Herakles wird nach seinem Tode in den Olymp aufgenommen, Menelaos führt ein Leben der Freude auf dem Elysischen Felde. Ansatzpunkte für ein Weiterspinnen der Jenseitsvorstellungen führen später zur Ausbildung einer detaillierten Unterwelttopographie und, was wesentlicher ist, zur vertieften Vorstellung eines Unterweltgerichtes, das dem Menschen nach seinem Tode Lohn und Strafe für sein Verhalten im Leben zuweist. Solche Gedanken und Hoffnungen treten insbesondere in den Mysterienkulten maßgeblich in Erscheinung. Mit den erwähnten Vorstellungen vom kraftlosen Schattendasein der toten Seelen konkurrieren in der homerischen Dichtung andere, wonach den Toten Macht über die auf der Welt zurückgebliebenen Menschen gegeben ist.[116] Äußerungen des Schmerzes über das Hinscheiden des Toten

---

[116] Siehe besonders das grundlegende Werk von Erwin Rohde, Psyche (1890/93, zuletzt 1974 Neudruck der 9./10. Aufl.). Darüber in der Darstellung der Erforschung der griechischen Religion. Über ›Totenglauben und Jenseitsvorstellungen im 7. Jahrhundert vor Christus‹ Albrecht Dihle in: Jenseitsvorstellungen in Antike und Christentum, Gedenkschrift für Alfred Stuiber, Jahrbuch für Antike und Christentum, Ergänzungsband 9, Münster i. W. 1982, 9–20. Vgl. weiter János Bollók, Bemerkungen zum homerischen Jenseitsglauben, in: Homonoia, Yearbook of the Chair of Greek Philology of the University L. Eötvös (Budapest), Bd. V, 1983, 52–68; s. dort auch die Literaturangaben bes. in Anm. 5 und 6.

sind deshalb vielfach nicht nur durch Trauer, sondern auch durch Angst vor dem „lebenden Leichnam" bedingt. Daher erwächst den Hinterbliebenen auch die Pflicht zu würdiger Bestattung und Totenkult.[117]

Neben den persönlichen Göttern wirkt in der homerischen Dichtung eine religiös sehr relevante unpersönliche Schicksalsmacht, in der Regel in feiner Bedeutungsdifferenzierung μοῖρα (= Teil, „Schicksalsportion") oder αἶσα benannt.[118] Dem liegt die Vorstellung zugrunde, bestimmte Ereignisse könnten nur so und nicht anders verlaufen, und auch die Götter hätten darauf keinen Einfluß, bzw. wenn sie einen solchen ausüben könnten (wie sich hinsichtlich Zeus aus der Sarpedongeschichte Il. XVI 433-458 ergibt), sollten sie es nicht tun; wollten sie einen dem Schicksal Verfallenen seinem Los entziehen, würden sie Unordnung stiften. Die beiden miteinander konkurrierenden Konzepte von Götter- und Schicksalsmacht treten besonders deutlich in jenen Szenen hervor, wo Zeus die Lose der Achaier und Troer (Il. VIII 69-74) bzw. des Achill und des Hektor (Il. XXII 209-213) in der Schicksalswaage wägt und die Götter sich dem Schicksalsurteil fügen (Il. VIII 75: Zeus kündet das Ergebnis vom Ida herab). Zwischen Zeus und den Göttern einerseits und dem Schicksal andererseits kann eine logisch klare Beziehung nicht hergestellt werden; dieser oder jener Macht den primären Anspruch auf die Lenkung des Geschehens zuzuweisen, wäre eine Vergewaltigung der Texte und unerlaubte Vereinfachung. So wenig in bestimmten Fällen

[117] Zum Totenkult siehe das Werk von Manolis Andronikos, das sich auf archäologische Forschung stützt. Diese Untersuchung kommt zum Schluß, daß der aus den Epen bekannte Totenkult sich von dem der geometrischen Zeit nicht, von jenem der mykenischen jedoch sehr wesentlich unterscheide. Homer habe also bei der Beschreibung dieses Kultes und der Bestattung nicht Elemente früherer Zeit, sondern solche, die ihm aus seinen eigenen Erfahrungen bekannt gewesen seien, verwendet. Siehe weiter Odysseus Tsagarakis, Homer and the Cult of the Dead in Helladic Times, Emerita 48 (1980), 229-240.

[118] Darüber (mit Literaturangaben) Lesky, a. O., 734, 29-735, 66 (Sonderdruck 48, 29-49, 56), dessen maßgebliche Darstellung auch hier gekürzt wiedergegeben ist. Siehe auch Walter Pötscher, Moira, Der Kleine Pauly 3 (1969), 1391, 48-1396, 54, Aldo Magris, L'idea di destino nel pensiero antico, 2 Bde., Udine 1984/85, bes. S. 41-55, sowie nunmehr Erbse, a. O. (Zitat in Anm. 94), 273-293, dessen Auffassungen mit jenen von Lesky allerdings nicht in jeder Hinsicht übereinstimmen. – Daß bei Homer auch Moiren (Plural) auftreten, wurde schon erwähnt. Markantes Beispiel: Il. XXIV 49. Zum „Weg zum Plural" s. Pötscher, a. O., 1395, 20-48.

die Götter Einfluß auf das vom Schicksal Gefügte nehmen können, so ist es doch nicht schlechthin starr vorgegeben. Denn der Mensch kann das ihm gesetzte Maß überschreiten und damit sogar göttlichem Wunsch entgegenwirken. In diesen Vorstellungskreis gehört die oben erwähnte Klage des Zeus, die Menschen schrieben den Göttern alle Schuld an ihrem Unglück zu, während in Wirklichkeit sie sich selbst in ihrem Unverstand oft genug über den ihnen zugemessenen Anteil hinaus Leid zuzögen. Das Problem der Theodizee erhält durch die Annahme von Schicksalsfügungen tatsächlich neue Akzente zum Vorteil der Götterwelt.

In Verbindung mit dem bisher Besprochenen stellt sich das Problem der Motivation des menschlichen Handelns und der Verantwortlichkeit des Menschen für sein Tun.[119] Allerdings ist im Lichte des schon Dargestellten seine klare Lösung nicht möglich. Keineswegs entspringt die Motivierung des Menschen zur Tat ausschließlich im Bereich des Göttlichen. Der Mensch ist in Anbetracht der Übermacht der Götter und (mit den oben gemachten Einschränkungen) des Schicksals bei seinen Entschlüssen aber auch nicht autonom. Im Epos stehen Szenen, in denen ein Mensch unter göttlicher Einwirkung handelt, anderen gegenüber, in welchen er selbst nach klarer Überlegung entscheidet. Es liegen also zwei Motivationsbereiche (nicht etwa Motivationsebenen) vor, zwischen denen ein Wechsel möglich ist, weil sie im Grunde eine Einheit bilden. Gelegentlich kommt ihr Ineinander mit aller wünschenswerten Deutlichkeit zum Ausdruck, so Il. IX 600f., wo Phoinix den Achill vor dem Lose des Meleagros warnt: Er solle nicht so im Sinn denken (ἀλλὰ σὺ μή μοι ταῦτα νόει φρεσίν) und nicht möge ihn sein Daimon dahin bringen (nach Wolfgang Schadewaldt), und Il. IX 702f., wo Diomedes über die erhoffte Rückkehr des zürnenden Achill in die Reihen der Achaier sagt, er werde erst dann sich wieder am Kampfe beteiligen, wenn es ihm der θυμός in seiner Brust befehle oder ihn ein Gott dazu veranlasse. Weil dieses innige Ineinander der Motivationsbereiche logisch nicht auflösbar ist, steht es dem Dichter frei, bald den einen

---

[119] Hier schließe ich mich abermals, auch in der Lösung der schwierigen Problematik, Leskys ausführlicher und umfassend dokumentierter Darstellung an, welche (referierend) tief in das Gebiet homerischer Psychologie und Anthropologie vordringt, a. O., 735, 57–740, 60 (Sonderdruck 49, 57–54, 60). Lesky hat durch seine Untersuchung ›Göttliche und menschliche Motivation im homerischen Epos‹, Heidelberg 1961 (Sitz.-Ber. d. Heidelberger Akad. d. Wiss., phil.-hist. Kl., 1961, 4) maßgeblich zur Klärung der Frage beigetragen.

oder anderen Aspekt stärker oder allein hervortreten zu lassen, selbst hinsichtlich derselben Person und der gleichen Entscheidung. Siehe etwa Il. IX 119 und XIX 137, wo Agamemnon sein Fehlverhalten Achill gegenüber das eine Mal sich selbst zuschreibt, das andere Mal die Schuld daran Zeus zuweist. „In der homerischen durch und durch von göttlichen Potenzen erfüllten Welt entspringt menschliches Handeln ebenso in diesem Bereiche, wie es auch dem einzelnen Menschen zugehört, der es in jedem Fall voll zu verantworten hat." [120]

Über den Götterkult informiert die homerische Dichtung nur dürftig. Tempel, heilige Bezirke, Grotten und Kulthaine werden nur gelegentlich erwähnt,[121] öfter Altäre, sei es an solchen Kultplätzen oder auf profanem Gebiete, etwa neben der ἀγορή.[122] Priester treten selten in Erscheinung, häufiger bei den Troern als bei den Achaiern.[123] Sie stehen unter dem Schutz der Götter, deren Kult sie vollziehen,[124] und genießen, obwohl ihnen im Grunde im gesellschaftlichen Leben keine besondere Bedeutung zukommt, deshalb hohes Ansehen. Selten treten sie auf, weil jedermann auch ohne Vermittlung eines Priesters Göttern Opfer und Gebete darbringen kann. Insbesondere die

---

[120] Lesky 740 (Sonderdruck 54), 3–7.
[121] Siehe Vermeule, a. O., 105–112. Tempel: νηός, heiliger Bezirk im Freien: τέμενος, Grotte: ἄντρον, Hain: ἄλσος. Das Wort νηός, zu ναίειν, bedeutet Wohnort, Wohnung; nach Homers Darstellung wohnen die Götter allerdings im Olymp in ihren eigenen Häusern, nicht etwa in den Tempeln der einzelnen Orte.
[122] Altar: βωμός. Über das Aussehen der Altäre sagt die Dichtung nichts aus. Nur die Archäologie gibt davon Kenntnis.
[123] Siehe Vermeule, a. O., 112–118. Der Priester, ἱερεύς oder θυοσκόος, dient jeweils einem Gott an einem bestimmten Ort, betreut dort sein Heiligtum und bringt ihm Opfer dar. In den homerischen Gedichten finden sich nur vier Priester, alle aus Kleinasien stammend: in der Ilias Chryses, Priester des Apollon in Chryse, Dares, Priester des Hephaistos in Troja, und Laogonos, Priester des Idäischen Zeus in Troja, in der Odyssee Maron, Priester des Apollon in Ismaros bei Abdera. Der bekannteste Priester der Epik, Laokoon, ist in den homerischen Gedichten nicht erwähnt. Il. IX 575f. wird eine Gruppe unbenannter Priester in Aitolien zu Meleager geschickt, um ihn zur Teilnahme am Kampf zu bewegen. Unter den niederen Gottheiten verfügt nur der Fluß Skamandros über einen Priester. Dieser, Hypsenor, wird jedoch nicht als ἱερεύς, sondern als ἀρητήρ bezeichnet, also als Mann des Gebetes. Auch Chryses wird gelegentlich so benannt.
[124] Man denke an die Rache Apollons für die Mißachtung des Chryses zu Beginn der ›Ilias‹.

Die „dunklen Jahrhunderte" und die „Homerische Religion" 71

Könige haben die Pflicht, den Göttern zu opfern und zu ihnen zu beten. Seher werden in den homerischen Gesängen öfter genannt. Gewöhnlich sind sie von Apollon inspiriert, ihre Erkenntnisse stammen aber von Zeus. Sie künden nicht so sehr künftiges Geschehen, sondern legen vor allem undurchsichtige Zeichen des Willens der Götter, τέρατα, aus. Opfer darzubringen und Gebete zu sprechen, ist nicht ihr Amt. Sie sind also von der Gruppe der Priester grundsätzlich geschieden.[125] Obzwar im Besitze von Ambrosia und Nektar,[126] der Götterspeise und dem Göttertrank, erwarten die Götter doch zu ihrer Ernährung Opfer von den Menschen.[127] Sie werden dadurch freundlich gestimmt, ein Unterlassen erregt ihren Ärger oder sogar Zorn, der dann durch aufwendige Opfer besänftigt werden muß. Deshalb erhalten die Götter nicht nur beim festlichen Gelage, sondern bei jeder Mahlzeit ihren Anteil an Fleisch und Wein, so z. B. von Achill und Patroklos Il. IX 219f., so vom armen Schweinehirten Eumaios Od. XIV 420f. Dennoch werden Opfer, Trankspenden und Gebete[128] vor allem dann dargebracht, wenn man von den Göttern Hilfe erwartet, und zwar kann dies überall geschehen, nicht etwa nur in einem Kultbezirk oder auf Altären. Gewöhnlich handelt es sich um blutige Tieropfer, seltener um unblutige Gaben und Trankspenden. Ein feierliches Opfer besteht aus vielen Einzelhandlungen und ist daher sehr langwierig. Instruktive Beispiele sind das Hekatombenopfer

---

[125] Diese μάντεις oder θεοπρόποι sind δημιουργοί gleich den Ärzten und Sängern, üben also ein hochqualifiziertes Gewerbe aus. Sie sind nicht an einen bestimmten Kult gebunden. Kalchas ist in der ›Ilias‹ der einzige berufsmäßige Seher der Griechen; er deutet den Vogelflug (er wird daher auch οἰωνοπόλος oder οἰωνιστής genannt); seine Gabe stammt von Apollon. Den Troern stand kein berufsmäßiger Seher bei. Auch die Funktion der königlichen Seher Helenos und Kassandra ist in der ›Ilias‹ nur angedeutet. Der berühmteste Seher der ›Odyssee‹ ist der blinde Teiresias; er deutet nicht den Vogelflug, sondern seine Prophetie ist reines Wissen. Zu den τέρατα siehe Vermeule, a. O., 118–120.

[126] Siehe dazu Vermeule, a. O., 127f.

[127] Wie dies geschah, ist nicht immer klar zu erkennen. Bisweilen steigt der Duft von gebratenem Opferfleisch, die κνίση, zum Olymp empor und erfreut die Götter oder schützt sie gar vor dem Verhungern. Bisweilen nehmen sie aber selbst am Mahle teil (μεταδαίεσθαι: Il. XXIII 207).

[128] Zu den Opfern siehe Vermeule, a. O., 95–100, weitere Literatur dort S. 95, Anm. 190, zum Gebet ebd., 100–102. S. 99f. sind die Arten der Opfer und Weihegaben für die einzelnen Gottheiten verzeichnet. – Opfer: ἱερά, Libationen: σπονδαί, λοιβαί, Gebete: ἀραί, λιταί. Gelegentlich werden den Göttern auch Wertgegenstände, Schmuckstücke, ἀγάλματα, gespendet.

und die Spende heiliger Gerste des Chryses und der Achaier für Apollon Il. I 446–474, dem ein gemeinsames Festmahl mit Gesang eines Paian zu Ehren des Gottes folgt, und das im wesentlichen gleichartige Opfer des Nestor für Athene Od. III 418–463. Zu beachten ist: das eine Mal wird es von einem Priester dargebracht, das andere Mal von einem der Könige. Eine Waffenruhe konnte Weihe erhalten durch eine Trankspende für Zeus und Helios, verbunden mit Gebet und Tieropfer (so Il. III 268–302). Gebete und Trankspenden sind aber auch ohne Brandopfer bezeugt, z. B. die Anrufung des Zeus durch Achill, als Patroklos in den Kampf zieht (Il. XVI 220–256), oder Gebet und Libation der Hekabe und des Priamos für Zeus, bevor der König Achill aufsucht (Il. XXIV 283–321). Bei Eiden wird von den Menschen,[129] soweit dabei die Zeugenschaft von Göttern und nicht etwa z. B. der Heeresversammlung angerufen oder der Schwur beim königlichen Szepter geleistet wird, der Beistand vor allem des Zeus, aber auch des Helios, der Erde, der Flüsse und Furien oder überhaupt der Götter beschworen. Magische Riten sind in der homerischen Epik nur in Spuren feststellbar, sie erscheinen gelegentlich als nicht mehr verstandene und verständliche Relikte.[130] Ein neu aufbrechender Geist der Kritik zur Entstehungszeit der Dichtung, das Streben nach rationaler Durchleuchtung auch religiöser Phänomene nahmen ihnen ihre Bedeutsamkeit. In dieselbe Richtung weist die Skepsis, die gelegentlich der Mantik der Seher bzw. den τέρατα entgegengebracht wird, z. B. Il. I 106–108, Il. XII 237–240, Od. I 415f. Abschließend ein Wort zum Totenkult: Die Leichen der Verstorbenen wurden verbrannt und dabei vielfach wertvolle Opfer dargebracht. Berühmt ist die Darstellung der feierlich-wilden Totenfeier für Patroklos Il. XXIII 110–257, der die berühmten Leichenspiele zu Ehren des Toten folgten.

5. Die griechischen Götter
der archaischen und klassischen Zeit

Die wichtigsten Götter der homerischen Dichtung, zum Großteil schon in den Linear B-Texten genannt, sind zugleich die bedeutendsten im polytheistischen System der griechischen Religion in archai-

---

[129] Auch Götter leisten Eide, aber selten bei Zeus. Über die Eide der Hera unterrichtet Vermeule, a. O., 102. Zeus selbst bedarf beim Schwur keines Zeugen (Il. XIX 108. 113).

[130] Beispiele bei Lesky 731 (Sonderdruck 45), 39–63.

scher und klassischer Zeit. Wie schon erwähnt,[131] wurden sie in einer vermutlich aus kleinasiatischer Tradition übernommenen Zwölfzahl, die allerdings erst in peisistratischer Zeit nachweisbar ist, zusammengefaßt.

ZEUS,[132] dessen Name sich in den Linear B-Texten von Pylos und Knossos findet, stand über allen Göttern, auch schon in Knossos, wo er vorgriechische – vielleicht nichtindogermanische – Gottheiten überlagert hatte, während in Pylos dem Poseidon die höchste Verehrung dargebracht worden war.[133] Bei Homer ist die Gestalt des Zeus voll ausgebildet. Wenig später – ab ungefähr 700 v. Chr. – wurde er bildlich dargestellt. Seither war er im Pantheon der Griechen der größte, stärkste und mächtigste Gott, der θεός schlechthin. Zeus vereinigte eine schwer überschaubare Fülle religiöser Machtbereiche, worauf die zahlreichen Zeus-Epiklesen (mehrere hundert!) verweisen. Später ergab sich – auch in Dichtung und Philosophie – zunehmend die Tendenz zu einer universalen Zeusauffassung. So entstand sozusagen ein Zeus-Monotheismus im polytheistischen System der griechischen Religion. Allerdings war die Vorzugsstellung des Zeus im griechischen Raum nicht immer unbestritten gewesen.[134] Den-

---

[131] Siehe S. 63 f. mit Anm. 107 und 108.

[132] Von der umfangreichen Literatur ist besonders wichtig Hans Schwabl, Zeus, RE 10 A (1972), 253–376 (Zeus-Epiklesen) mit Nachträgen RE S 15 (1978), 1441–1481, sowie RE S 15 (1978), 993–1411 (Hauptaspekte des Gottes in Aussagen der Literatur und des Mythos, Aspekte des Zeus in Kultbeinamen und im Kulte, Kultbelege in verschiedenen Landschaften, Hauptgegebenheiten der Mythologie, Darstellung des Zeus und Wandlung des Zeusbildes in der Dichtung, Zeus als Gott der Philosophie, Zeus und das Königtum, Herrscherkult), dort S. 999–1001: Jochem Schindler, Sprachgeschichte und mykenische Belege; S. 1001–1009: Stefan Hiller, Zeus in den mykenischen Texten; S. 1410 f.: Literatur in Auswahl. Erika Simon, Zeus, Archäologische Zeugnisse, RE S 15 (1978), 1411–1441. Unter den Werken früherer Zeit ragt die Monographie von A. B. Cook, Zeus, A Study in Ancient Religion, 3 Bde., Cambridge 1914, 1925, 1940 (ND New York 1964/65) hervor. Gute, knapp zusammenfassende Darstellung durch Dieter Wachsmuth, Der Kleine Pauly 5 (1975), 1516, 41–1524, 7. Dort 1524, 8–1525, 31, Literaturangaben (in Auswahl). Später Burkert, Griechische Religion, 200–207, mit Literaturbelegen. Diese Darstellung orientiert sich weitgehend an Wachsmuth.

[133] Siehe S. 46 ff.

[134] Wie erwähnt, wurde nach dem Ausweis der Linear B-Texte von Pylos dort nicht Zeus, sondern Poseidon als der höchste Gott verehrt. Daß Zeus mit anderen Gottheiten um seine Vorrangstellung sozusagen kämpfen mußte und sich bei der Behauptung seines Primates unter den Göttern Krisensitua-

noch ragte er, wie der aus seinem Namen erschließbaren ursprünglichen Eigenart des Gottes zu entnehmen ist, zweifellos schon in indogermanischer Frühzeit aus dem Kreise der anderen Götter hervor. Unter den griechischen Götternamen ist nur seiner etymologisch eindeutig erklärbar. Zeus (Gen. ΔιϜός), vom Wortstamm div „leuchten" abzuleiten, war der „hell Aufleuchtende", der „Glänzende", der „Wetterleuchtende", der Gott des strahlenden Tageslichtes und des heiteren Himmels.[135] Für ihn stehen damit die aus der indogermanischen Religion ererbten Wesensmerkmale eindeutig fest. Er war demnach zunächst der (nach Homer und Hesiod „im Äther wohnende") Gott des hellen Himmels. Gemäß einem nicht minder ursprünglichen Wesensmerkmal wurde er als „Vater" verehrt.[136] Der vormals indogermanische Himmelsgott übernahm im griechischen Raum früh Züge eines von ihm auf Kreta überlagerten mediterranen (auch kleinasiatischen) Wetter-, Vegetations- und Berggottes. So wurde er zum „Olympier",[137] der auf Bergen wohnte, schon nach dem Ausweis der Linear B-Texte im Diktegebirge auf Kreta, nach Zeugnissen späterer Zeit auf dem Ida bei Troia, dem Lykaion in Arkadien, dem „Oros" auf Aegina usf., ebenso zum „Sammler der Wolken", zum Urheber von Regen (und Fruchtbarkeit), von Schnee-

tionen ergaben, wird durch alte Mythologeme bezeugt, so durch jenes von seinem gewaltigen Kampf gegen die Titanen, der Himmel, Erde und Meer erbeben ließ, gegen das phantastische Mischwesen aus Menschen- und Schlangengestalt Typhoeus, den Sohn der Erde und des Tartaros, und gegen die Giganten, riesige gewappnete Söhne der Erde, die sich gegen die Götter erhoben. Zeus bestand mit Hilfe seiner Blitze alle Kämpfe siegreich. Schon früh ging die Zeusgestalt in ostmediterrane-vorderasiatische theogonische Sukzessionsmythen ein, wodurch Zeus zum Sohn des wohl ungriechischen Götterpaares Kronos–Rheia wurde; er entmachtete seinen Vater im Zuge des Kampfes gegen die Titanen (wie auch Kronos seinen Vater Uranos besiegt hatte). Diese Mythologeme fanden in Hesiods ›Theogonie‹ ihren Niederschlag.

[135] Der Name entspricht u. a. jenem des indischen Himmelsgottes Dyaus pitar und des römischen Diespiter/Juppiter. Demselben Wortstamm gehören griech. εὐδία „schönes Wetter", ἔνδιος „unter freiem Himmel" (= *sub Iove, sub divo*) zu und lat. *divus, deus* „Gott" und *dies* „Tag". Entsprechend die Zeus- und Juppiterprädikationen Φαναῖος, Lucetius, Serenus.

[136] Parallel zu Ζεὺς πατήρ nicht nur altind. Dyaus pitar und lat. Diespiter/Juppiter, sondern u. a. auch illyr. Δειπάτυρος, umbr. Jupater.

[137] Der wahrscheinlich nicht indogermanische Bergname „Olympos" findet sich im griechischen Raum (samt Kleinasien) in vielen Gegenden und wurde als Bezeichnung des Götterberges auf die höchste Erhebung im Norden Thessaliens festgelegt.

fall, Hagel und Gewittern (die den Ernteertrag gefährden); so schleuderte er den Blitz und „donnerte in der Höhe", wodurch er seinen unwiderruflichen Willen kundgab. Den Blitzkeil fürchteten auch die Götter. Götterfeinde zerschmetterte Zeus damit. Wo sein Blitz einschlug, errichtete man dem „niederfahrenden" Zeus, dem Ζεύς Καταιβάτης, ein Heiligtum. Da Zeus den Winden gebot, scheuten und verehrten ihn die Seefahrer; Stürme, Windstille und Fahrtwind teilte er zu.[138] Als Himmelsgott, der die Folge der Jahre und die Jahreszeiten bestimmte und Tage und Nächte wechseln ließ, war er auch der Gott der Zeit und des Kalenders. Auch als Vatergott übte Zeus entsprechende Funktionen aus: Der im Olymp thronende Vater herrschte über den Götterstaat – kein anderer Gott kam gegen ihn auf – und „nährte" die Götterfamilie. Als Vater der Menschen war er auch ihr Herr und König,[139] als Verleiher der Macht gleichzeitig der Schutzherr der Herrscher, weiters als Gott des häuslichen Herdes der hütende Hausvater der Menschen, der Wahrer ihres Besitzes und der Garant von Gastfreundschaft und Gastrecht (Ζεὺς Ἑρκεῖος, Κτήσιος, Ἐφέστιος-Ἐπίστιος, Ξείνιος). Ob sich die anderen Funktionen des Zeus von seiner ursprünglichen Eigenart als Himmels- oder Vatergott herleiten, ist nicht sicher zu entscheiden: so seine Funktion als Garant von Verträgen und Eiden, als Ζεὺς Ὅρκιος,[140] als Hüter von Gerechtigkeit, Gesetzlichkeit und Sühne, Schützer und Rächer der Hilfesuchenden, als Ζεὺς Ἱκέσιος-Ἱκετήσιος. Die zunehmende Ethisierung der Gottesvorstellung der Griechen und der Versuch einer Theodizee orientierten sich vor allem an Zeus. Der allwissende und sorgende Gott wurde auch schon früh zum Orakelgott, vor allem in Dodona und in Olympia,[141] eine Funktion, in welcher er allerdings bald durch Apollon verdrängt wurde. Zwar kamen, insbe-

---

[138] Der Windgott Aiolos handelt in seinem Auftrag.

[139] Mit dem schon im Griechischen der Linear B-Texte geläufigen Wort ἄναξ bezeichnet, erst später auch mit dem nicht indogermanischen Wort βασιλεύς.

[140] Man denkt am ehesten an Zeus als den alles sehenden Himmelsgott, den εὐρύ-οπα der homerischen Dichtung bzw. an Ζεὺς Πανόπτης, wie er später bezeichnet wurde. Siehe auch Anm. 111.

[141] Dodona liegt in Epeiros. Dort wurde u. a. aus dem Rauschen der dem Zeus heiligen Eiche, dem Ruf der heiligen Tauben, durch Loswurf und Hydromantie geweissagt. Zeus (und seine Kultpartnerin Dione) traten hier die Nachfolge eines prähellenischen Zeichenorakels der vorgriechischen Muttergottheit (Gaia) an. Auch in Olympia übernahm und verdrängte Zeus ein sehr altes Orakel der Erdgottheit (Ge).

sondere nach der prägenden Zeichnung der homerischen Dichtung, Zeus auch negative Eigenschaften zu: er war der Schreckliche, Bösartige, Verschlagene, der Freund der Lüge, Gott täuschender Träume, die Ursache manchen Unglücks. Aus den oben angeführten Gründen wichen aber diese ungünstigen Aspekte allmählich der Auffassung seiner Gestalt als eines Bringers von Ruhm und Glück, eines Wehrers des Übels, Helfers und Retters. Zeus wurde zum Ἀμύντωρ und Σωτήρ schlechthin. So wirkte er auch in der Polis (vor allem neben Athene) als Schützer des Gemeinschaftslebens und der städtischen Freiheit, als Ζεὺς Πολιεύς, Πολιάρχης, Πολιοῦχος, auch Ζεὺς Ἀγοραῖος,[142] Βουλαῖος und Ἐλευθέριος.[143] Insbesondere verlieh Zeus, der machtvolle Sieger über seine eigenen Feinde,[144] auch im Kampfe der Menschen den Sieg. Daher gab es keine bedeutendere politische Gemeinde ohne Zeuskult. Häufig wurde ihm der größte Tempel errichtet. Dennoch verehrte ihn keine einzige Stadt als ihren eigentlichen Stadtgott. Auch gab es nur wenige Zeusfeste. Ein bedeutenderer Kult galt ihm – in Verbindung mit panhellenischen gymnischen und hippischen Agonen – nur in Olympia, das aber nur eine Kultstätte, keine Polis war. Außerdem genoß Zeus dort nur als einer unter mehreren Göttern Verehrung und war sein Kult dort in historischer Zeit zwar der wichtigste, aber sicher nicht der älteste. Die Göttersage bemächtigte sich natürlich auch der Gestalt dieses Gottes. Die Mythen berichten einerseits, wie er seine Macht als einer der Söhne des Kronos und der Rheia errungen und seinen Feinden gegenüber behauptet hat, anderseits stellen sie vor allem seine Zeugungskraft heraus. Die Zahl der Kinder des Zeus war überaus groß, entsprechend auch die Zahl der Göttinnen, Heroinen und sterblichen Frauen, mit denen er sich vereinigte. In später Mythentradition werden 115 Partnerinnen genannt. Phantasievoll werden die Listen, Verwandlungen und Verkleidungen des Zeus geschildert, die ihn jeweils an sein Ziel führten. Unter den bekannteren Göttern waren nur Ares und Hephaistos Söhne seiner legitimen Gattin Hera, welche diese Kinder jedoch nicht voll anerkannte.[145] Apollon und Artemis wurden

---

[142] S. Schwabl RE 10 A, 256, 36–258, 67. Dort werden für Ζεὺς Ἀγοραῖος 16 Kultorte angeführt, dazu RE S 15, 1441, 61–1442, 8.

[143] Siehe Kurt Raaflaub, Die Entdeckung der Freiheit. Zur historischen Semantik und Gesellschaftsgeschichte eines politischen Grundbegriffs der Griechen, München 1985 (Vestigia, 37), 125–147.

[144] Siehe Anm. 134.

[145] Hephaistos wird nach einer bei Homer, Il. XVIII 394–409 faßbaren Tradition, da er lahm zur Welt kam, von Hera aus dem Olymp in das Meer

ihm von Leto geboren, Hermes von Maia, Persephone von Demeter, Athene von Metis, Aphrodite (nur nach gewissen Mythentraditionen) von Dione. Unter den von sterblichen Frauen geborenen Zeussöhnen ragen der Gott Dionysos, Sohn der Kadmostochter Semele, der kretische Herrscher Minos, weiter Herakles, Helena und die Dioskuren hervor.

HERA,[146] Gattin des Zeus, nach Homer Διὸς κυδρὴ παράκοιτις, nahm als solche und als „älteste Göttin", als πρέσβα θεά, den höchsten Rang unter den Göttinnen ein. Ihre indogermanische Herkunft ist wahrscheinlich, wenngleich nicht strikt nachweisbar. Auch dieser ungeklärten Frage wegen ist ihr ursprüngliches Wesen umstritten: War sie eine chthonische Gottheit der fruchttragenden Erde? War sie (der römischen JUNO verwandt) ursprünglich eine Mondgottheit? Dies wird heute für wahrscheinlich gehalten. Am ehesten war sie im Kern ihres Wesens entweder die „Herrin" an der Seite des obersten Himmels- und Vatergottes oder eher dessen „zur Ehe reife" stets jugendliche Gattin.[147] Die allerdings ungesicherte Etymologie des Namens als „Herrin" oder wahrscheinlicher als „die zur Ehe Reife", also als die – stets jugendliche – Gattin (des obersten Gottes) ließe

geschleudert. Diese Sage wurde weiter ausgebaut: Der kunstfertige Schmied nimmt an seiner Mutter bittere Rache. Er baut ihr einen herrlichen Thron, der über einen raffinierten Mechanismus verfügt, so daß Hera, die Gattin des Himmelsgottes, an das Prunkgeschenk des Sohnes gefesselt bleibt. Nur Hephaistos kann sie befreien, lehnt jedoch die Rückkehr in den Olymp ab. Allerdings gelingt es dem Dionysos – der übrigens ein Opfer von Heras Eifersucht gewesen war –, den Hephaistos trunken in den Olymp zu schleppen, wo es zur Versöhnung mit der befreiten Hera kommt. Nach anderer ebenso homerischer Tradition (Il. I 590–594) schleudert Zeus den Hephaistos, weil er seiner Mutter bei einem Zank mit dem Vater beistehen will, aus dem Olymp; der Sturz endet auf der vulkanischen Insel Lemnos, wo dem Hephaistos besondere Verehrung zuteil wird. – Einen Hinweis verdient, daß nach Hesiod, Theog. 927f. Fr. 343, 1f. Hym. Hom. Ap. 316–320, Hera den Hephaistos aus sich allein, ohne Begattung durch Zeus, gebiert. Dies ist die Voraussetzung der vom Iliasdichter berichteten Verstoßung der Mißgeburt durch Hera. Siehe dazu S. 116f. (Hephaistos).

[146] Literatur bei Burkert, Griechische Religion, 208–214 (in den Anmerkungen), u. Vermeule, a. O., 82, Anm. 170. Die neueste Untersuchung: Walter Pötscher, Hera. Eine Strukturanalyse im Vergleich mit Athena, Darmstadt 1987.

[147] Eine Voraussetzung ihrer Ehe mit dem Himmelsgott war ihre Jungfräulichkeit, weshalb sie an manchen Orten als Παρθενίη oder Ἥρα Παρθένος verehrt wurde.

beide Deutungen zu.[148] Schon die Linear B-Täfelchen von Pylos setzten Zeus und Hera mitsammen in Verbindung, wohl über die Vorstellung vom ἱερὸς γάμος. Hera wurde schlechthin zur Göttin der Frauen, deren Rechte sie in allen Lebensbereichen zu wahren hatte, insbesondere als Schützerin der Ehe, was sie gleich Zeus zu einer Repräsentantin hoher Sittlichkeit machte. Entsprechend wurden bei Eheschließungen ihr und Zeus Opfer dargebracht.[149] Die Gottheit der Ehe wurde dann auch als Geburtsgöttin verehrt. Als „Gattin" (des Himmelsgottes) trug Hera eigenartigerweise jedoch kaum Eigenschaften einer Muttergottheit an sich, sie wurde im Kult nie als Mutter angerufen,[150] weshalb Aspekte der Vegetationsförderung in ihrem Kult unbedeutend blieben. Ihr (wohl sekundärer) Bezug zur Mondverehrung hing am ehesten mit ihrer Beziehung zu dem in monatlichen Phasen verlaufenden Geschlechtsleben der Frau zusammen. Wichtig ist auch das wohl in früheste Epochen zurückreichende, vielleicht durch früheren Fremdeinfluß bedingte Verhältnis Heras zum Rind. Der Bereich der βοῶπις, der „Kuhgesichtigen", wie sie bei Homer genannt wird, waren weite fruchtbare Ebenen mit weidenden Rinderherden und Rinderopfer.[151] Ihr Kult war wohl von

[148] „Herrin": Ἥ-ρα zu masc. ἥ-ρως „Herr". „Die zur Ehe Reife": Wurzel *jēr (vgl. „Jahr"), davon gr. ὥρα, die passende Zeit, auch Blütezeit des Lebens, Zeit der jugendlichen Reife, Adj. ὡραῖος reif, insbesondere auch „reif zur Hochzeit"; davon auch lat. *hora*. Diese Etymologie wurde von Walter Pötscher, Rhein. Mus., N. F. 104 (1961), 302–355, und 108 (1965), 317–320, vertreten. Unwahrscheinlich „die einjährige, d. h. junge Kuh" (A. J. von Windekens, Glotta 36 [1958], 309–311, und Die Sprache 6 [1960], 211–219), obwohl der Göttin uralte Beziehungen zum Rind zu eigen waren. Widerlegt ist jetzt die Ableitung von Ἐρϝα, also von „serw" – (dazu lat. *servare*), weil in der Schreibung der Linear B-Texte sich kein ϝ findet. Allerdings ist auch ein vorgriechischer Ursprung dieses Götternamens möglich. Literatur zur Etymologie bei Burkert, Griechische Religion, 208, Anm. 2, und Stefan Hiller in dem in Anm. 53 erwähnten Sammelwerk S. 297, Anm. 14.

[149] Daher ihre Beinamen: Γαμοστόλος (= „die Hochzeit Bereitende"), Ζυγία (= „die Verbindende"), Τελεία (= „die Vollendete", da die eheliche Verbindung die Erfüllung weiblichen Wesens darstellt).

[150] Die göttliche Mutter liebte ihre Söhne Ares und Hephaistos nicht.

[151] Siehe Burkert, Griechische Religion, 208; s. auch S. 114: „Io, Heras Priesterin in Argos, wird als Kuh von einem in Stierhaut gehüllten Wächter, Argos, bewacht, wird von Zeus geschwängert, von Hera durch die Welt gejagt; Zusammenhang mit den Rinderherden und den Rinderopfern von Argos sind deutlich. Und doch vermieden es die Griechen, auch nur metaphorisch Zeus und Hera 'Stier' oder 'Kuh' zu nennen."

Argos ausgegangen,[152] wo Hera schon in mykenischer Zeit als Palastgöttin, also Hauptgöttin der Könige, dem Zeus beigegeben war, und hatte sich von dort vor allem in der Argolis und weiter in der Peloponnes verbreitet, dann auch in Boiotien, Euboia und in der Magna Graecia. Auch auf Samos und Delos waren Zentren ihrer Verehrung. Ihre Tempel fallen als besonders alt und bedeutsam auf. Der älteste, um etwa 800 v. Chr. errichtete, befand sich auf Samos, war zu ihrem schon vorher dort bestehenden großen Altar hinzugebaut worden und wurde im 6. Jh. durch einen gewaltigen Neubau ersetzt, der einer der größten Tempel Griechenlands blieb. In Perachora standen schon im 8. Jh. zwei Heratempel. Um die Mitte des 7. Jh. wurde in Olympia ein Heraion erbaut und um 600 v. Chr. erweitert. Hier wurde Zeus, dessen Verehrung in Olympia zweifellos jünger ist, der Kultpartner Heras.[153] In Argos, wo lange vorher ein archäologisch allerdings nicht feststellbares Heiligtum bestanden haben muß, errichtete man erst in der 2. Hälfte des 7. Jh. einen großen Tempel. In Tiryns entstand aus den Resten der mykenischen Burg ein Heraheiligtum mit einem besonders altertümlichen Sitzbild der Gottheit, einem der ältesten Götterbilder überhaupt, welches später in das Heraion zu Argos übertragen wurde. Auch in der Magna Graecia befanden sich berühmte Heratempel, so bei Kroton, in Poseidonia/Paestum sogar zwei. Im Mythos ist Hera Tochter des Kronos und der Rheia und daher Schwester ihres Gatten Zeus. Wahrscheinlich war die Göttin Dione die ursprüngliche Kultpartnerin und Gattin des Zeus, beider Namen sind verwandt. Sie wurde noch in später Zeit in Dodona neben Zeus verehrt; auch auf der Burg zu Athen war ihr seit alten Zeiten ein Altar geweiht. Daß Zeus' Schwester Hera dann trotz des anstößigen Inzestverhältnisses dessen Gattin wurde, weist auf ihre ursprüngliche göttliche Ebenbürtigkeit hin. Mochte Zeus sich mit noch so vielen Göttinnen, Heroinen und menschlichen Frauen vereinigen, sie allein hatte Anteil an seiner Herrschaft, saß auf einem goldenen Thron und trug gleich ihm das Szepter. Die Mythen beschäftigen sich

---

[152] Schon bei Homer hatte sie den stehenden Beinamen Ἥρα Ἀργείη. In Argos wird Heras Verhältnis zum Rind erkennbar.

[153] Das Kultbild der Göttin saß auf einem Thron, die Kriegerstatue des Zeus stand daneben. Der olympische Zeustempel wurde erst im 5. Jh. errichtet, doch befand sich vorher östlich des Heraions ein großer Altar des Zeus, der aus der Asche der geopferten Tiere und des kultischen Herdes im Prytaneion aufgehäuft wurde. In Olympia wurden alle vier Jahre von den Frauen Herafeste begangen, in deren Rahmen auch sportliche Wettkämpfe der weiblichen Jugend von Elis stattfanden.

mit ihrer Hochzeit. Nach Homer haben sich – eine sekundäre anthropomorphe Sage – Zeus und Hera erstmals „heimlich vor den lieben Eltern" vereint. Nach älterer Mythentradition fügte sich Hera dem starken Gott jedoch nur widerwillig. Auch ihr weiteres Schicksal während des Kampfes des Zeus mit seinen Gegnern wird geschildert, ebenso mancher eheliche Streit – der stets obsiegende Zeus verhängt über seine Gattin sogar schwerste Strafen –, ihre Eifersucht, wie sie die Geliebten ihres Gatten und deren Kinder verfolgte und wie der häufige Zank mit Zeus jeweils zur Versöhnung des Paares und zur Erneuerung der ehelichen Beziehung führte. Bei Homer erhielten manche dieser Mythologeme ausgesprochen komische Züge. Doch trägt die berühmte Szene in Il. XIV, in der Hera mit göttlicher Frauenlist eine eheliche Vereinigung mit Zeus erreicht, unverkennbar erhabene Züge und ist vom Bild des ἱερὸς γάμος bestimmt: Die beiden Gottheiten finden sich im heiligen Bezirk auf dem Idagipfel bei Troia, aus der Erde sprießen bei ihrer Vereinigung Gras und Blumen, über sie senkt sich eine goldene Wolke (des Wettergottes), aus der Tautropfen auf sie niederträufeln.[154] Hera war eine jener Göttinnen, die sich dem Schönheitsurteil des Paris stellten. Sie unterlag wie Athene der Aphrodite, weshalb ihr Haß gegen Troia entbrannte: Sie wollte diese Stadt vernichtet sehen und war geneigt, selbst ihre Lieblingsstädte Argos, Mykene und Sparta preiszugeben, wenn nur Troia fiele. Nach Homer geriet sie in Streit mit Zeus, weil dieser um Achills willen auf Bitten von dessen Mutter Thetis Troia begünstigte. Beschreibungen von Herafesten malen ein Bild turbulenter Kultgebräuche, die das zwiespältige Wesen Heras im Mythos widerspiegeln.[155]

POSEIDON,[156] nach dem Mythos als Sohn des Kronos und der Rheia zugleich Bruder des Zeus und der Hera. Dem Zeus also ursprünglich gleichrangig, erlag er ihm in einem längere Zeit unentschiedenen Konkurrenzkampf. Nach dem Ausweis der Linear B-Täfelchen, die seinen Kult bereits für die spätmykenische Zeit bezeugen, galt in Pylos – anders als in Knossos – ihm die höchste Verehrung.[157] An die Auseinandersetzung erinnert die Uneinigkeit, die nach der Darstel-

[154] Vom göttlichen Beilager zeugen auch lokale Sagen und Kultmythen. Siehe Burkert, Griechische Religion, 210.
[155] Näheres bei Burkert, Griechische Religion, 212–214.
[156] Literaturangaben in den Standardwerken. Auf die Untersuchung von Fritz Schachermeyr, Poseidon und die Entstehung des griechischen Götterglaubens, Salzburg 1950, und den Artikel ›Poseidon‹ von Ernst Wüst, RE 22 (1953), 446–558, sei besonders verwiesen.
[157] Siehe S. 46ff.

lung der homerischen Dichtung zwischen Poseidon und Zeus während des Troianischen Krieges vielfach herrschte. Poseidon war als einziger unter den Göttern in der Lage, selbst Zeus herauszufordern. Er nahm aber ursprünglich nicht nur eine dem Zeus ebenbürtige Stellung ein, sondern war ihm auch typologisch eng verwandt. Gleich diesem verfügte er über den – später durch den Dreizack ersetzten – Blitz als Waffe; [158] er erschütterte die Erde, [159] ähnlich wie Zeus den Olymp zum Erbeben brachte und dadurch seinen unerschütterlichen Willen kundtat; gleich Zeus war ihm besondere sexuelle Stärke eigen, mit zahlreichen Geliebten zeugte er viele Söhne und Töchter.[160] Bei bildlichen Darstellungen ist häufig nicht mit Sicherheit zu entscheiden, ob es sich um Zeus oder Poseidon handelt. Das änderte

[158] Daran erinnert z. B. das berühmte ehrwürdige Blitzmal des Poseidon im Erechtheion auf der Akropolis zu Athen, das der Gott in einem Streit mit Athene geschlagen haben soll. Nach altem Mythos eröffnete er dort durch seinen Blitz eine Salzquelle (θάλασσα: Hdt. VIII 55). Dieses Blitzmal durfte nicht überdacht werden. Es wird allerdings auch die Auffassung vertreten, Poseidons Dreizack sei ein stilisierter Donnerkeil, was grundsätzlich in denselben Vorstellungsbereich führt, oder ein altes Gerät des Fischfanges, am ehesten eine Dreizackharpune, wie sie beim Thunfischfang verwendet wurde. Diese Deutung, obzwar häufig geäußert, ist weniger wahrscheinlich, weil Poseidon anfangs nicht ein Gott des Meeres (und des Fischfangs) war, sein Attribut ihm aber schon in sehr alter Zeit zu eigen gewesen sein muß, wenn es schon in der homerischen Dichtung mißverstanden hatte werden können.
[159] Dies erweisen seine Beinamen in der homerischen und späteren Dichtung: ἐνοσίχθων, ἐννοσίγαιος, Ἐνοσίδας. Siehe S. 48 (mit Anm. 74). Dort wurde erwähnt, daß auf Linear B-Täfelchen von Knossos (nicht von Pylos!) möglicherweise der Gottesname Enosidaon bezeugt ist. Tatsächlich galt Poseidon den Griechen des Festlandes als Gott der Erdbeben, wie verschiedene Mythen bezeugen, auf die Burkert, Griechische Religion, 217, hinweist; dort werden auch Erdbeben des 5. und 4. Jh. v. Chr. erwähnt, die man auf das Einwirken des Poseidon zurückführte. Auch der Poseidonkult verweist an mehreren Orten auf den „Erderschütterer", dem allerdings auch die Macht zukommt, Halt und Sicherheit zu gewähren. So wurde Poseidon zum ἀσφάλειος, zum θεμελιοῦχος.
[160] Siehe dazu Wüst, a. O., 462, 3–478, 29. Anderseits ist Ζεὺς Νάιος der Gott des über das Land hinströmenden und die Erde befruchtenden Regenwassers, was an eine wesentliche Funktion des Poseidon erinnert, die gleich erörtert werden soll. Diesen Beinamen besaß der Gewittergott Zeus nur in Dodona; man beachte, daß Dione, seine dortige Kultpartnerin, nach älteren Zeugnissen mit Γῆ identisch, eine Erscheinungsform der Mutter Erde sein könnte. Siehe dazu Walter Pötscher, Zeus Naios und Dione in Dodona, Mnemosyne, S. IV, 19 (1966), 113–147.

sich in der homerischen Dichtung, wo sich Poseidon dem Zeus, dem machtvollen Herrscher im Götterstaat, trotz aller Widerspenstigkeit genauso fügen mußte wie die anderen Gottheiten. Auch in Hinsicht auf den Wirkungs- und Machtbereich war bei Homer eine Klärung und Einengung eingetreten: Poseidon wurde zum Gott des Meeres, zum ἄναξ θαλάσσης, zum πόντιος, herrschte über die Stürme und erregte in unbarmherzigem Haß, übler Laune und ungehobelter Wildheit das Toben des Meeres. Dennoch war er auch der Schutzgott der Seeleute und Fischer, die ihn besonders in Hafenstädten und an für die Seefahrt bedeutsamen Plätzen kultisch verehrten.[161] Auch dies war nach dem Zeugnis der (wahrscheinlichen) Etymologie seines Namens, dessen indogermanische Herkunft nicht ernsthaft in Frage zu stellen ist, und dem Ausweis verschiedener Mythen, alter Epitheta des Gottes[162] und Kultbegehungen[163] nicht immer so gewesen, sondern Poseidon ursprünglich ein Gott der Erde. Die Etymologie,[164]

---

[161] Nach Homer, Il. XV 187–193, war der Kosmos zwischen Poseidon und Hades, ebenso einem Sohn des Kronos und der Rheia und daher einem Bruder des Zeus und Poseidon (sowie der Hera), aufgeteilt worden. Zeus hatte den weiten Himmel „in Äther und in Wolken", Hades die Unterwelt („das nebelige Dunkel") und Poseidon das Meer erhalten. Die Erde und der hohe Olymp blieben allerdings allen drei Brüdern (auch dem Hades!) gemeinsam zu eigen. Tatsächlich weilte Poseidon sowohl in seinem Palast in der Tiefe der See, wo alle Meeresbewohner ihn mit Freuden als ihren Herrn anerkannten, als auch im Olymp. Dem Meergott gaben jüngere Mythologeme Amphitrite, deren Name mit dem Meerwesen Triton zusammenhängen dürfte, zur Gattin. Auf Bildern hält Poseidon oft einen Fisch, insbesondere einen Delphin, in der Hand. – Zu Kultstätten des Meergottes: Man denke an den Poseidontempel auf Kap Sunion und jenen am Isthmos von Korinth, gelegen im Angesicht zweier Meere nahe jener Stadt, die in der Seefahrt lange Zeit eine beherrschende Stellung behaupten konnte. Im Rahmen des dortigen Kultes wurden die bekannten panhellenischen isthmischen Spiele durchgeführt. – Als ein Sturm eine Seeschlacht der Griechen gegen die persische Flotte 480 v. Chr. nahe der Nordspitze von Euboia zugunsten der Hellenen entschied, wurde dem „Retter" Poseidon ein Dankopfer dargebracht und auf Kap Artemision jene berühmte Statue des Gottes errichtet, die später ins Meer stürzte und so erhalten blieb.
[162] Siehe Anm. 159. Ein weiteres Epitheton ist γαιήοχος, vielleicht ebenfalls als „Erderschütterer", vielleicht jedoch als „Erdumarmer" oder „Erdhalter" oder „Erdgatter" oder (am ehesten) als jener Gott zu deuten, der „unter der Erde einherfährt".
[163] Siehe Nilsson, Geschichte der griechischen Religion, Bd. I, 446–452.
[164] Siehe Hjalmar Frisk, Griechisches etymologisches Wörterbuch, Bd. II,

der die größte Wahrscheinlichkeit zukommt,[165] erweist ihn als Gatten der Erdgottheit. Zugrunde liegt die Vorstellung vom ἱερὸς γάμος, von der göttlichen Begattung der dadurch fruchttragenden Erde. Sie fand vor allem im Mythos von der Vereinigung des Poseidon mit der Göttin Demeter ihren Ausdruck: In Thelpusa, Phigaleia und Lykosura hielt sich die Tradition, er habe sich in Pferdegestalt mit Demeter als Stute gepaart, welche daraufhin ein Pferd und/oder die Tochter Δέσποινα zur Welt brachte.[166] So sind auch die erwähnten Erzählungen zu erklären, Poseidon habe geschlechtliche Beziehungen zu zahlreichen Frauen aufrechterhalten.[167] Durch die Vorstellung seiner Vereinigung mit „Mutter Erde" gelangten auch die Quellen und überhaupt das die Erde befruchtende Süßwasser in seinen Wirkungsbereich.[168] Poseidon als Gott des Meeres – und damit auch des unfruchtbaren Salzwassers – ist demgegenüber sekundär, weil diese in

Heidelberg 1970, 583f., und Bd. III, Heidelberg 1972, 172, Wüst, a. O., 446, 63 – 451, 3 und Burkert, Griechische Religion, 214, Anm. 2.

[165] Der Name Ποσειδῶν/Ποτειδάϝων ist demnach aus der allerdings nur erschließbaren Anrufung *πότει (πόσει) Δᾶς (zu Γᾶ, Γαῖα) „o Herr der Erde" entstanden. Nachdrücklich wurde diese Etymologie nach anderen durch Paul Kretschmer vertreten. Sie fand weithin Zustimmung, begegnete jedoch auch Zweifeln und Ablehnung, insbesondere weil der zweite Bestandteil des Namens vieldeutig sei. Bessere Etymologien konnten indessen nicht angeboten werden.

[166] Siehe Nilsson, Geschichte der griechischen Religion, Bd. I, 29, 448. Hierher gehört auch der Mythos, wonach sich Poseidon mit der Erdgottheit Ge vereinigt und den gespenstischen libyschen Riesen Antaios gezeugt habe, der alle ihm begegnenden Menschen zu einem Ringkampf zwang und unbesiegbar geblieben sei, solange er seine Mutter Erde mit den Beinen berührte. Herakles allerdings sei es gelungen, ihn zu töten: Er habe ihn in die Höhe gehoben und so seine Verbindung mit der Erde unterbrochen, so daß ihm keine neuen Kräfte hätten zuströmen können. Ebenso der Mythos von der Zeugung des einäugigen Riesen und Menschenfressers Polyphem durch Poseidon in der Phorkystochter Thoosa. – Poseidons Funktion als Förderer agrarischer Fruchtbarkeit und seine Beziehung zu Demeter untersucht durch Analyse zahlreicher Feste und Riten des Gottes Noel Robertson, Poseidon's Festival at the Winter Solstice, The Classical Quarterly, N. S. 34 (1984), 1–16.

[167] Auch das in Anm. 158 berichtete Aition der θάλασσα im Erechtheion der athenischen Akropolis weist auf eine Befruchtung der Erde durch den Blitzstrahl des Poseidon hin.

[168] So hatte Poseidon mit seinem Dreizack die Quelle Amymone zum Sprudeln gebracht: Apollod. II, 1, 4. Hygin., fab. 169, 169a, Eurip., Phoen. 188f.

archaischer und klassischer Zeit herrschende Vorstellung sich erst entwickelt hatte, als die Griechen, ursprünglich aus Gegenden fern der See stammend, zu Seefahrern geworden waren. Seine Funktion als Hüter der Quellen und der fließenden Gewässer behielt er aber bei. Wahrscheinlich hatte die Gestalt des anthropomorphen Gottes außerdem eine theriomorphe abgelöst, denn neben seinem Kult an für die Seefahrt (und den Fischfang) wichtigen Orten war infolge der zweifellos alten Beziehung des Poseidon zu Pferd und Stier [169] auch jener des Poseidon „Hippios" verbreitet. Daß manches in der Verehrung dieses Gottes an seine Funktion als „Gatten der Erde" erinnerte, insbesondere in erdbebengefährdeten Gebieten, Poseidon zudem von altersher als „Stammvater und Ursprung einigender Macht" [170] galt, rundet die vielen Aspekte dieser Gestalt und ihrer Kulte ab.

ATHENE, [171] eigentlich Athenaia, ohne Mutter aus dem Haupt des

---

[169] Als Poseidon Hippios erscheint er in verschiedenen Mythen in Pferdegestalt, wird zum Vater des Pferdes oder ist wenigstens der Bezwinger der Rosse (s. Burkert, Griechische Religion, 218, mit der dort im Anschluß an Schachermeyr geäußerten überzeugenden Vermutung, der Kult des Pferde-Poseidon hänge mit der Einführung von Pferd und Streitwagen aus Anatolien nach Griechenland um 1600 v. Chr. zusammen). Auch als Meergott fährt Poseidon mit seinem berühmten Pferdegespann über die Wogen. Die Beziehung zum Pferd bezeugen weiter verschiedene Epitheta des Gottes und Kultbräuche. Vor Wagenrennen schwor man bei Poseidon, fair zu kämpfen (Homer, Il. XIII 584f.), oder man rief ihn an (Pindar, Ol. I 75). Bei seinen Kultfesten waren Reiterkämpfe und Wagenrennen berühmt, so bei den zu seinen Ehren veranstalteten panhellenischen isthmischen Spielen. – An einen alten Kult für Poseidon in Stiergestalt erinnert sein Beiname „Taureos". Pferde und Stiere waren auch die bevorzugten Opfertiere im Poseidonkult, obwohl auch andere, so Widder, Eber und Schweine, geopfert wurden.

[170] Siehe Burkert, Griechische Religion, 215. Dort u. a.: „Sein Heiligtum auf der Insel Kalaureia ist Zentrum eines alten Bundes. Aiolos und Boiotos, die Eponymen von Aeolern und Böotern insgesamt, sind seine Söhne. Von weiterer Verehrung zeugen Stadtnamen wie Poteidaia auf der Insel Chalkidike und Poseidonia-Paestum in Unteritalien. In Troizen, wo er als 'König', βασιλεύς, verehrt wird, hat er sich zum Vater des Theseus gemacht, der dann der große, Ordnung und Einheit stiftende König von Athen wurde."

[171] Literatur bei Burkert, Griechische Religion, 220, Anm. 1, Vermeule, a. O., 84, Anm. 172, und Wolfgang Fauth, Der Kleine Pauly 1 (1964), 681, 11–686, 4 passim. Fauth behandelt kurz, aber umfassend die vielschichtigen und größtenteils nicht sicher gelösten Probleme, vor welche sich die religionsgeschichtliche Forschung hinsichtlich der Göttin Athene gestellt sieht. Dankbar sei überdies auf die bei Fauth nicht erwähnte Untersuchung von Walter Pötscher, Athene, Gymnasium 70 (1963), 394–418, 527–544 verwiesen, sowie

Zeus (d. h. in Urzeiten) geboren, war mit einer Fülle geistiger[172] und körperlicher Kräfte und aus beiden resultierender Geschicklichkeit ausgestattet; obzwar jungfräuliche Gottheit (παρθένος),[173] kamen ihr unter den Göttinnen am ehesten männliche Eigenschaften zu,[174] zumal sie schon seit ihrer Geburt bewaffnet war und ihr Charakteri-

auf Walter Pötscher, Hera. Eine Strukturanalyse im Vergleich mit Athena, Darmstadt 1987, 150–177.

[172] Schon bei Homer ist Athene die Gottheit des klugen Rates. Entsprechend machte Hesiod, Theog. 886–889 in willkürlicher Umgestaltung des alten Geburtsmythos die Göttin Metis, die göttliche „Klugheit", die „Wissendste unter Göttern und Menschen", zur ersten Gattin des Zeus und zur Mutter der Athene. Die Geburt aus dem Haupte des Zeus mußte auch von Hesiod beibehalten werden. Er erzählt Theog. 889–900, Zeus habe auf die Weissagung hin, Metis werde einen ihm überlegenen Sohn gebären, die schwangere Gattin verschlungen. Die Frucht ihrer Verbindung sei dabei jedoch nicht zugrunde gegangen, Athene vielmehr dem Haupte des Zeus entsprungen.

[173] Athenes Jungfräulichkeit wurde sogar als Absage an das Weibliche schlechthin gedeutet. In diese Richtung weise auch die Tatsache, daß die mutterlose Göttin nicht einmal bei ihrer eigenen Geburt mit dem Schoß einer Frau in Berührung gekommen sei. Siehe Burkert, Griechische Religion, 224 f. Schwierigkeiten bereitete aus dieser Sicht schon dem antiken mythologischen Denken ihre offenbar aus früher Zeit überlieferte Nähe zu Erichthonios (Erechtheus), dem ersten König Athens nach der deukalionischen Flut. Athene zog ihn in ihrem Tempel auf und verhielt sich ihm gegenüber überhaupt wie eine Mutter. Erichthonios war aber nicht ihr Sohn, sondern Kind der Erde (worauf auch sein Name verweist). Die jungfräuliche Athene mußte auch in diesem Fall auf die Mutterrolle verzichten. Dennoch wurde sie, was in der Religionsgeschichte Forschern Kopfzerbrechen bereitete, im Kult gelegentlich als Mutter verehrt und angerufen, so in Elis (s. Paus. V 3, 2). Pötscher versuchte, dafür eine Erklärung in der engen Verbindung Athenes mit der Schlange zu finden, d. h. in der Tatsache, daß die Schlange eine urtümliche Erscheinungsform dieser Göttin war, worauf hier mit Rücksicht auf den Umfang der vielschichtigen Argumentation nur kurz hingewiesen werden kann. Auch auf die Beziehung Athenes zu Fruchtbarkeitsriten, die ebenso eher einer Muttergottheit als einer jungfräulichen Göttin zukommen, kann nicht näher eingegangen werden. Wahrscheinlich oblag Athene als Stadtgottheit auch die Aufgabe der Sicherung der Ernährung, wie ihre Obsorge für die Olivenkultur zeigt.

[174] Darauf verweist wahrscheinlich das Appellativ Παλλάς. So dürfte bei den Griechen das dem jungen Mann, dem πάλλαξ, gleichwertige starke und edle Mädchen bezeichnet worden sein. Siehe Wolfgang Fauth, Der Kleine Pauly 1 (1964), 681, 20–42. Andere Deutungsmöglichkeiten bei Burkert, Griechische Religion, 220, mit Anm. 4. Das gegenseitige Verhältnis von Παλ-

86 Die Religion der Griechen

stikum die „Aigis" bildete, ein mit einem abschreckenden Gorgonenhaupt versehenes Ziegenfell, später der mit einem solchen Fell überzogene Panzer.[175] Ob die auf einem Linear B-Täfelchen von Knossos zusammen mit Enyalios, Paieon und Poseidon bezeugte „Atanapotnija" ihren Kult schon für diese frühe Zeit erweist, ist umstritten.[176] Obwohl in Athen am meisten verehrt, war Athene höchstwahrscheinlich eine gemeinhellenische Gottheit,[177] in der sich indogermanische und mittelmeerische Vorstellungen vereinigt hatten.[178] Ihre Hauptfunktion

λάς und ’Αθήνη ist allerdings umstritten; dazu Wolfgang Fauth, Der Kleine Pauly 1 (1964), 681, 42–60. Zu Pallas s. auch Anm. 180.

[175] Obwohl das Wort „Aigis" wahrscheinlich vorgriechischen Ursprungs und nicht mit dem Wort für Ziege αἴξ zu verbinden ist, wurde in nachhomerischer Zeit die Ableitung von diesem Wort und damit die Deutung als „Ziegenfell" üblich. So sind denn auch für den Athenekult in Athen Ziegenopfer bezeugt. – Das Gorgoneion war eine Fratze und Schreckmaske, die den Glauben an den bösen Blick voraussetzt. Nach alter (attischer) Sage tötete Athene die Gorgo, eine Tochter der Erdgöttin, ein furchtbares Ungeheuer (aber wohl nicht eine Ziege), und häutete sie ab. Wahrscheinlich geht dieser Mythos darauf zurück, daß Athene eine ägäische Vorgängerin chthonischen Charakters verdrängt und ihr dabei sozusagen etwas von der Vernichtungskraft ihres bösen Blickes genommen hatte. Nach jüngerer Version schlug Perseus der Gorgo Medusa unter dem Beistand Athenes das Haupt ab. Vgl. Hans von Geisau, Der Kleine Pauly 1 (1964), 164, 37–165, 4; 2 (1967), 852, 3–56 und 853, 19–58, sowie Burkert, Griechische Religion, 171, mit Anm. 54 und 221, mit Anm. 19 und 18.

[176] Burkert, Griechische Religion, 220, neigt der Auffassung zu, daß hier die Göttin Athene bezeugt ist. Siehe jedoch Anm. 76. Auch Stefan Hiller, Die Religion und ihr Kult, 298, warnt vor einer vorschnellen Identifizierung.

[177] Athenetempel befanden sich außer in Athen in Argos, Sparta, Gortyn, Lindos, Larisa in Thessalien, Ilion (auch im homerischen Troia, obwohl Athene im Epos die Feindin dieser Stadt und die große Förderin der Achaier ist). Tatsächlich wurde allerdings Athen ihre wichtigste Kultstätte, und ihr auf der dortigen Akropolis in klassischer Zeit errichteter Tempel, der Parthenon, mit der von Pheidias geschaffenen prachtvollen Goldelfenbeinstatue war ihr „Jungfrauengemach".

[178] Entsprechend wird ihre Gestalt mit jener der „Schlangengöttin", der vermutlichen Haus- und Palastgottheit der minoischen Herrscher, oder mit jener der mykenischen Schildgottheit in Verbindung gebracht. Siehe Burkert, Griechische Religion, 220, mit Anm. 5 und 6. Beachtung verdient, daß es auch im Orient bewaffnete Göttinnen gab. Siehe Burkert, a. O., 221, mit Anm. 10 und 11. Der Name der Göttin gehört wohl dem vorgriechischen Erbteil zu. Siehe Frisk, a. O., I, 28 und III, 20.

war die einer Stadt- und Burggottheit.[179] Sie schützte als die wehrhafte und unberührbare Jungfrau Städte und befestigte Plätze, griff bewaffnet in Kämpfe ein.[180] Hier mag ein Erbe der Vorstellungswelt des mykenischen Kriegeradels vorliegen. Um so nachdrücklicher ist hervorzuheben, daß die Griechen späterer Zeit in Athene nicht die Kämpferin sahen – sie wäre sonst dem Ares ins Gehege gekommen –, sondern die kluge Beraterin und Helferin der Krieger. Dazu fügt sich, daß ihr die Obhut über friedliches Handwerk zukam, besonders über die Webearbeit der Frauen[181] und das Werk der Zimmerleute und Töpfer.[182] In Athen war ihr auf der Akropolis ein Ölbaum heilig, dessen Gedeihen den Fortbestand der Stadt gewährleistete. Ihn hatte Athene, als einst die Götter um den Besitz dieser angesehenen Stadt stritten, wachsen lassen und sich damit den Anspruch auf sie erwor-

[179] Darauf verweisen ihre vielfach bezeugten Beinamen Πολιάς und Πολιοῦχος und das Epitheton ἐρυσίπτολις. In den in Anm. 177 genannten Orten finden sich ihre Tempel stets als zentrale Kultstätten der Stadt auf den Burghügeln.

[180] So schon in der homerischen ›Ilias‹ zugunsten der Achaier und insbesondere des Achill. Siehe Burkert, Griechische Religion, 221, mit Anm. 13 und 14. In der Od. XXII, 295–298, versetzt ihre „menschenverderbende" Aigis im Kampf des Odysseus und Telemachos deren Feinde in panischen Schrecken und treibt sie in den Tod. Bei Hes., Theog. 925f. wird Athene als die furchtvertreibende Erregerin des Schlachtgetümmels, unüberwindliche Führerin des Heeres, als die Herrin, der Kampfgeschrei, Krieg und Schlachten gefallen, bezeichnet. Auch nach Archilochos fr. 94 West steht Athene siegreichen Kämpfern hilfreich bei. Die von Pheidias geschaffene Goldelfenbeinstatue im Parthenon der athenischen Akropolis stellte die bewaffnete Athena Parthenos mit der geflügelten Siegesgöttin Nike am Arm dar. – Die Auffassung von der kämpferischen Göttin Athene konnte nicht nur den Mythos von ihrem Kampf gegen die Gorgo entstehen lassen (s. Anm. 175), sondern auch ein eigenartiges Aition ihres Beinamens Pallas: Demnach habe die Göttin auf Kos einen Riesen dieses Namens (nach einigen Zeugnissen ihren eigenen Vater) getötet, geschunden und sich seine Haut übergezogen. Belege bringt Burkert, Griechische Religion 222, Anm. 21.

[181] Als Ἀθηνᾶ Ἐργάνη war sie Schützerin dieser Tätigkeit. Entsprechend webten ihr kunstfertige Frauen Athens jenen Peplos, der ihr, und zwar wohl dem waffenlosen Sitzbild der Athena Polias, am Panathenäenfest in feierlicher Prozession überbracht wurde.

[182] Athene gilt als Erfinderin des Wagens und des Zaumzeuges der Pferde, sie beriet den Epeios beim Bau des hölzernen Pferdes vor Troia und konstruierte das erste Schiff. Ihre Begabung zu vielseitiger τέχνη verband sie mit dem Gott Hephaistos, der sogar als ihr Geburtshelfer fungierte, indem er mit einer Axt den Schädel des Zeus spaltete.

ben.[183] Sie sorgte überhaupt für die zur Ernährung des Volkes wichtigen Ölpflanzungen, und das Öl war neben den berühmten Preisamphoren ein nicht minder wertvoller Siegespreis bei den musischen und gymnischen Agonen an ihrem hohen Fest, den Panathenäen. Das einigende Element der vielen divergierenden Zuständigkeitsbereiche der Göttin liegt in der schützenden Fürsorge, die sie denjenigen zuteil werden ließ, die ihr am Herzen lagen und denen sie mehr als jede andere Gottheit nahe war, Menschen und Heroen.[184] Die Klugheit Athenes bei ihren hilfreichen Taten schloß Tricks und Ränke nicht aus, sie konnte auch trotz ihrer fürsorglichen Art im Sinne altgriechischer Adelsethik den Feinden ihrer Günstlinge Verderben und Tod bringen. Erst in späterer Zeit sah die philosophisch-ethisch vertiefte Religion der Griechen Athene als Gottheit der sittlich verantwortlichen Vernunft an.

Der Kult APOLLONS[185] war in der ganzen griechischen Ökumene verbreitet. In Delos und Delphi besaß er Heiligtümer von panhellenischer Bedeutung. Die Griechen wetteiferten, zu den dortigen Festen prunkvolle Gesandtschaften mit reichen Geschenken zu schicken. Obwohl Apollon auf Delos, wo er nach dem Mythos als Sohn des Zeus gleich seiner Schwester Artemis von Leto geboren worden war (für das Zustandekommen dieser Trias wurde bisher keine Erklärung gefunden), erst im 7. oder 6. Jh. v. Chr. einen Tempel erhielt, war sein Kult dort jedenfalls schon um ungefähr 1000 v. Chr. eingeführt worden.[186] Alljährlich hielten die ionischen Griechen dort ihm zu Ehren gymnische und musische Agone ab. 478 bis 454 v. Chr. wurde im deli-

---

[183] Poseidon eröffnete den Athenern eine Salzquelle auf der Akropolis, was jedoch nicht so geschätzt wurde wie das Geschenk der Olivenkultur. Siehe Anm. 158 und 167.

[184] In der homerischen Dichtung steht sie besonders Diomedes, Odysseus und Telemachos bei, sowie dem Achilleus, wobei sie dem Hektor den Tod bringt. – Interessant ist das bei Zenobios V 93 überlieferte Sprichwort: Σὺν Ἀθηνᾷ καὶ χεῖρα κίνει, „Im Bund mit Athene – rühr' auch die eigene Hand", welches an den christlichen Grundsatz „gratia supponit naturam" bzw. „Hilf dir selbst, so hilft dir Gott" erinnert.

[185] Literatur bei Burkert, Griechische Religion, 225, Anm. 1, Vermeule a. O., 88, Anm. 179, und Wolfgang Fauth, Der Kleine Pauly 1 (1964), 441, 11–448, 35 passim. Bei Fauth werden in bewährter Weise die vielfältigen Aspekte der Apollon-Verehrung zusammengefaßt.

[186] Raymond den Adel, Apollo's Prophecies at Delos, und Timothy E. Gregory, The Oracle at Delos in Late Antiquity, The Classical World 76 (1983), 288–290, bzw. 290f.

schen Apollontempel der Bundesschatz des Ersten Attischen Seebundes verwahrt und 425 von den Athenern in Delos ein penteterisches Fest nach Art der panhellenischen Spiele begründet. Auch nach Delphi war Apollon zugewandert und hatte etwa im 9. Jh. v. Chr. von diesem Kultort, der dann unter allen Orakelstätten der Griechen die größte Bedeutung gewann, Besitz ergriffen. Sein Kult überlagerte die Verehrung der Erdgottheit Ge. Ein Tempel wurde ihm erst im 8. oder 7. Jh. v. Chr. errichtet, in ihm befand sich der Omphalos (Nabel), ein heiliger Stein, den man als den Mittelpunkt der Erde ansah; dort gab Pythia ihre Orakelsprüche. Jedes 4. Jahr fanden in Delphi die Nationalspiele der Pythien mit gymnischen und musischen Agonen statt. Überdies bestanden lokale Apollonkulte in großer Zahl überall im hellenischen Siedlungsgebiet, vielfach an Orten mit uralter Kulttradition. In der Regel blieben die Kulte der dort jeweils vorher verehrten Gottheiten neben dem Apollonkult erhalten. Apollons Zuständigkeit erstreckte sich auf fast alle Bereiche des öffentlichen Lebens und wirkte auch stark in den privaten Bereich hinein. Daher ist sein Bild sehr bunt, ja voll von Widersprüchen: einerseits war Apollon die strahlende Idealgestalt des jungen Griechen in der vollen Blüte seiner Kraft, Schönheit und Reinheit. Apollon als Gott des hellen Lichtes wurde schließlich (mit ersten Ansätzen schon im 5. Jh. v. Chr.) sogar mit dem Sonnengott identifiziert. Zudem galt er als Gott der Künste und Wissenschaften, besonders der Musik, und Anführer der Musen. Er stiftete die Ordnung im staatlichen Zusammenleben und wies den Kolonisten den Weg in die neue Welt. Sein Orakel in Delphi genoß, wie erwähnt, höchstes Ansehen und übte auf die Politik der Griechen, aber auch auf Lebensführung und Ethik des einzelnen Hellenen maßgeblichen Einfluß aus. Auch Beziehungen zum Vegetationskult und Hirtenleben hatte Apollon.[187] Er wehrte Schäden ab, heilte, entsühnte und reinigte. Andererseits war er jedoch auch eine düstere, furchtbare Macht, die Seuchen, Pest und Tod schickte.[188] Zwar wurde und wird er als der griechischeste der hellenischen Götter betrachtet,[189] doch trug er Merkmale an sich, die ihn den Griechen fremd erscheinen ließen und Distanz erzwangen. Diese

---

[187] Schon im homerischen Hermes-Hymnos ist er Besitzer einer Rinderherde, bei Call., hy. II 47–54 tritt er als Hirte auf.

[188] Daher waren die Griechen geneigt, seinen Namen von ἀπολλύναι, „vernichten", abzuleiten. Die Etymologie des Namens ist nicht gesichert. Siehe Frisk, a. O., I, 124f., III, 35.

[189] Siehe Walter F. Otto, Die Götter Griechenlands, 78, und Martin P. Nilsson, Geschichte der griechischen Religion, I, 529.

Funktionsfülle und Zwiespältigkeit kann nur durch Erforschung der Herkunft und der Geschichte des Apollonkultes geklärt werden, doch stellen sich ihr größte Schwierigkeiten entgegen. Höchstwahrscheinlich war Apollon, wie schon angedeutet, ein später Zuwanderer im griechischen Götterolymp. Sein Kult dürfte kaum vor 1200 v. Chr. eingeführt worden sein, dann allerdings verbreitete er sich im Zuge der griechischen Kolonisation äußerst rasch überallhin. Vor allem in Kleinasien entstanden Kultstätten in großer Zahl, in mehreren davon wurden Orakel erteilt.[190] Zu Beginn der griechischen Literatur, also vor 700 v. Chr., war dieser Prozeß im wesentlichen abgeschlossen und Apollon einer der bedeutendsten hellenischen Götter geworden. Die Vermutung, daß er den Griechen als fremder Gott zukam, stützt sich darauf, daß für seinen Namen trotz vielfacher Versuche und Vermutungen keine gesicherte Etymologie gefunden wurde und er in den Linear B-Texten nicht aufscheint (für sich gesehen natürlich ein anfechtbares argumentum ex silentio), daß sein Kult gerade an den wichtigsten Verehrungsstätten alte Kulte überlagert hatte, daß der „griechischeste der Götter" in der homerischen Dichtung auf seiten der ungriechischen Troer gegen die Achaier steht, und schließlich manches Befremdliche in seinem Erscheinungsbild. Auffallend ist weiter die reiche Verbreitung des Apollonkultes gerade auf kleinasiatisch-griechischem Gebiet in unmittelbarer Nachbarschaft des anatolischen Bereiches. Sicherheit vermitteln solche Überlegungen allerdings nicht. Vermutlich schlossen sich in Apollon verschiedene Komponenten indogermanischen, vorgriechischen und orientalischen Ursprungs zusammen. So wird aus der vorhomerischen Namensform „Apellon" ein dorisch-nordwestgriechisches Element erschlossen, nämlich der Hinweis auf die ἀπέλλαι, die Jahresversammlungen von Stammes- oder Geschlechterverbänden, die für Lakonien und Delphi bezeugt sind.[191] Damit waren Initiationsriten für die jungen Männer, die Epheben, verbunden. Apollon wäre demnach jener Gott, der den zu voller Kraft herangereiften jungen Mann repräsentiert.[192] Weiter

---

[190] Es gibt auch mehrere Städte, welche den Namen Apollonia führen. Zu den Apollonorakeln in Kleinasien s. H. W. Parke, The Oracles of Apollo in Asia Minor.

[191] Der Monatsname „Apollaios" läßt vermuten, daß solche ἀπέλλαι im ganzen dorisch-nordwestgriechischen Bereich begangen worden sind. Siehe Burkert, Griechische Religion, 227, mit Anm. 15.

[192] Nach Burkert, Griechische Religion, 227, läßt sich zu Versammlung und Männerbund auch das Beiwort Lykeios, der „Wölfische", und vielleicht auch Phoibos stellen, sicher gehöre Delphidios und Delphinios in diesen Zu-

wird vermutet, daß Apollon manche seiner Eigenschaften aus der mykenischen Kultur übernommen hat. In Linear B-Texten von Knossos ist, wie schon erwähnt, der Gott Paieon genannt, der bei Homer noch als Götterarzt erscheint, später aber mit den Zügen eines Heilgottes mit Apollon vereinigt wurde. Der apollinische Kultgesang „Paian" erinnert daran.[193] Aber auch kretisch-minoisches Erbe (meiner Auffassung nach vom mykenischen wahrscheinlich nicht wesentlich unterschieden) wird vermutet. Einen Hinweis darauf glaubt man in literarischen Zeugnissen zu finden, wonach der Paian als Lied und Tanz zu Beginn des 7. Jh. v. Chr. in Sparta aus Kreta (!) übernommen worden sei.[194] Viel wichtiger sind jedoch offensichtlich die aus Kleinasien oder dem Vorderen Orient stammenden Komponenten, wenn es auch nicht nur unbeweisbar, sondern auf Grund der angestellten Überlegungen unwahrscheinlich ist, daß die Apollongestalt, wie gelegentlich vermutet, nur aus diesem Bereich stammte.[195] Lange Zeit nahm man nämlich an, er sei ein lykischer Gott gewesen, und man glaubte, überdies Verbindungslinien zu den Hethitern zu finden. Heute weiß man jedoch, daß zumindest die Herleitung des Namens Apollon aus dem Späthethitischen oder Lykischen nicht möglich ist. Erhellend ist, daß Apollon Pfeil und Bogen besitzt, obwohl er mit der

sammenhang. (Zu Burkert, 227, Anm. 19, ein ergänzendes Zitat: Fritz Graf, Apollon Delphinios, Mus. Helv. 36 [1979], 2–22.) Daß der Ἀπόλλων Λύκειος auch Λυκοκτόνος, „Wolfstöter", hieß, dürfte auf ein Mißverständnis zurückzuführen sein, insofern Apollon auch ein Helfer der Hirten und Beschützer ihrer Herden war. Auch mag die Parallele zu Ἀπόλλων Σμινθεύς, der „Mäusevernichter" (s. Anm. 196), zu dieser Deutung geführt haben. – Phoibos deutet man heute nicht mehr, wie noch vor kurzem, als „strahlend", sondern „rein, reinigend" oder als „furchtbar" (verwandt mit φόβος).

[193] Wie oben erwähnt, war Paian ein Lied und Tanz im Apollonkult mit entsühnender und heilender Wirkung, aber im „Paian"-Ruf wurde auch der in diesem Lied und Tanz wirkende Gott empfunden. Wahrscheinlich war auch in mykenischer Zeit Paieon der Gott eines solchen kultischen Tanzes, zumal sich in bildlichen Darstellungen der mykenischen Zeit häufig Tanzszenen von offenbar religiöser Bedeutung finden.

[194] Plut., Mus. 1134 bd, 1146c. Siehe Walter Burkert, Apellai und Apollon, Rhein. Mus., N. F. 118 (1975), 1–21, und zwar bes. S. 29, mit Anm. 83.

[195] Die Siebenzahl, die in der Apollonverehrung eine nicht unmaßgebliche Rolle spielt, verweist auf den semitischen Orient. Sie steht als Tabuzahl in enger Verbindung mit dem altmesopotamischen Gott Nergal. Daß die altorientalische und insbesondere die dynamische altmesopotamische Kultur auf das frühe Griechentum vielfachen Einfluß ausübten, ist heute allgemein anerkannt.

Jagd nichts zu tun hat, und daß er an der ersten Stelle der griechischen Literatur, in welcher der Gott in Erscheinung tritt, im 1. Gesang der homerischen ›Ilias‹, mit seinen Pfeilen eine Seuche in das Lager der Achaier schickt. Vorweg sei betont, daß die Tatsache, daß ein Gott, der Seuche und Tod bringt, zugleich Übel abwehren soll und Heiler ist, nicht zu überraschen braucht. Diese Funktionsbereiche passen im Sinne einer Kontrastharmonie zusammen. Apollon als Seuchengott erinnert an orientalische Götter dieser Art, besonders an den altmesopotamischen Nergal und den im Nordwestsemitischen beheimateten Rescheph, der auf einer Liste aus Ugarit mit Nergal, auf einer in Zypern gefundenen Bilingue jedoch dem Apollon gleichgesetzt ist.[196] Der Weg dieses Rescheph-Apollon dürfte von Zypern über Rhodos[197] und über die kleinasiatische Westküste bis hinauf in die Troas geführt haben, zunächst also abseits der mykenischen Zentren,[198] bis Apollon, dessen Wesen indessen durch die anderen erwähnten Komponenten angereichert worden war, um und nach 1200 v. Chr. seinen Siegeszug durch die griechische Welt antrat; durch die hellenische Dichtung seit Homer gefeiert und aus widerstrebenden Aspekten und Elementen zu einer einheitlichen Gestalt geformt, gelangte er durch den hohen Bekanntheitsgrad der Kultstätten von Delos und Delphi zu größter Berühmtheit und höchstem Ansehen. Übrigens ist es durchaus möglich, daß auch der hethitische Schutzgott das Werden der Apollongestalt beeinflußt hat. Die Frage ist nämlich weiter, warum neben Apollon Hirsch oder Reh aufscheinen und

[196] In Zypern als Rescheph (A)mukal verehrt. Vielleicht ist im Namen des Apollonheiligtums von Amyklai der Name dieses für Zypern bezeugten semitischen Gottes bewahrt. Unabhängig voneinander legten diese These vor Manfred K. Schretter, Alter Orient und Hellas. Fragen der Beeinflussung griechischen Gedankengutes aus altorientalischen Quellen, dargestellt an den Göttern Nergal, Rescheph, Apollon, Innsbruck 1974 (Innsbrucker Beiträge zur Kulturwissenschaft, Sonderheft 33) und Walter Burkert, Rešep-Figuren, Apollon von Amyklai und die „Erfindung" des Opfers auf Cypern. Zur Religionsgeschichte der Dunklen Jahrhunderte, Grazer Beiträge 4 (1975), 51–79. – Beachtenswert ist außer der schon erwähnten auffallenden Bedeutung der Siebenzahl im Apollonkult auch die schwer zu etymologisierende Epiklese des Gottes als Smintheus, die sich schon bei Homer, Il. I 39 findet. Gedeutet wird Smintheus in der Regel als „Mäuseherr" oder als „Vernichter der Mäuse" und auch anderen Verheerung und Krankheit bringenden Ungeziefers. Die Vorstellung von seuchenträchtigen Mäusen ist orientalisch.

[197] Für Rhodos ist auch eine Verehrung des Apollon Smintheus bezeugt.

[198] So wäre das Fehlen des Apollonnamens in den Linear B-Texten erklärbar.

er sogar den Löwen im Gefolge hatte. Der erwähnte hethitische Gott, von dem in den dunklen Jahrhunderten Bronzestatuen in größerer Zahl nach Griechenland gelangt waren, ist mit dem Hirsch verbunden.[199] Wir haben nun die wesentlichen Elemente zusammengefaßt: Apollon war das Ideal und der Schutzgott der reifen Jugend von Hellas, er war jener Gott, der Seuchen und Tod schickte,[200] zugleich aber heilt, auch Glück bringt durch heilendes Lied und Tanz[201]; daher auch Gott des Leierspiels, zu welchem die Musen singen und tanzen.[202] Entsprechend gehörten zu allen Apollonfesten Musik und Chöre von Knaben und Mädchen. In dieselbe Richtung weist, daß bei den Agonen an hohen Apollonfesten neben den gymnischen stets auch musische Wettkämpfe ausgetragen wurden. Der heilende und glückbringende Apollon wurde weiter zum Gott der Entsühnung und Reinigung,[203] zum ratenden Propheten, zum Gott der Orakel. Gerade diese trugen seit archaischer Zeit viel zu seinem Ruhme bei, obwohl sie indirekte, verschlüsselte, schwer deutbare und oft zweideutige Offenbarungen gaben. Doch erteilte das Delphische Orakel auch allgemein menschliche Weisungen, Normen ethischen Verhaltens: Der Mensch kenne sein Maß, halte Distanz gegenüber der ihm wesenhaft fernen Gottheit.[204]

[199] Wieder kann man an Zypern, das um und nach 1200 v. Chr. eine wesentliche Rolle als Schmelztiegel semitischer, anatolischer und griechischer Elemente spielte, denken. Siehe Burkert, Griechische Religion, 228.

[200] So tötete Apollon mit seinem Bogen den Pythondrachen von Delphi und den Frevler Tityos, der seine Mutter Leto hatte vergewaltigen wollen, weiter zusammen mit seiner Schwester Artemis die Kinder der Niobe, welche, sich der zahlreichen Nachkommen rühmend, Leto bitter gekränkt hatte. Apollon brachte mit seinem Bogen auch Achilleus den Tod.

[201] Daß Apollon Heilgott war, wurde nie vergessen, wenn auch später diese Rolle an Asklepios, immerhin einen Sohn Apollons, übergegangen war. So führten die Heilberichte des berühmtesten Asklepiosheiligtums in Epidauros gemeinsam die Namen des Apollon und Asklepios im Titel. Noch 430 v. Chr. wurde anläßlich einer Pest der Tempel von Bassai in Arkadien dem helfenden Apollon, dem Apollon Epikurios, gelobt und erbaut.

[202] So schon Homer, Il. I 603 in schönem Kontrast zum Auftreten des Pestgottes zu Beginn dieses Epos. Vgl. Hom. Hymn. Apoll. 2–13, 182–206.

[203] Im Mythos wurde besonders die Reinigung des Orestes von seiner Blutschuld durch Apollon bekannt. Apollon mußte aber auch selbst im Tempetal Reinigung suchen, nachdem er in Delphi den Pythondrachen getötet hatte.

[204] Vor einer Romantisierung der ethischen Normierung bzw. der Erziehung der Griechen zu vertiefter Gesittung durch den delphischen Apollon warnt zu Recht Franz Bömer, Gedanken über die Gestalt des Apollon und

ARTEMIS [205] wurde nach dem Mythos als Tochter des Zeus und der Leto auf Delos geboren, wo man sie gemeinsam mit ihrem Bruder Apollon und ihrer Mutter verehrte.[206] Im Gegensatz zu Apollon wurden ihr nach dem Ausweis eines Linear B-Täfelchens von Pylos mit großer Wahrscheinlichkeit schon um bzw. vor 1200 v. Chr. Opfer dargebracht.[207] Unter ihren zahlreichen Kultstätten waren außer jener auf Delos ihre Tempel zu Ephesos und Brauron in Attika besonders berühmt. Ihr Funktionsreichtum und ihre Machtfülle sind weniger aus der Literatur erschließbar, weil ihr Wirkungsfeld schon bei Homer wesentlich eingeschränkt erscheint, als aus dem Kultritual. Befremdliche Züge ihres Kultes[208] machen dessen hohes Alter und prähellenischen Ursprung wahrscheinlich. In diesem Zusammenhang

die Geschichte der griechischen Frömmigkeit, Athenaeum, N. S. 41 (1963), 275–303, im Zuge einer Erörterung der sehr problematischen Einstellung des delphischen Orakels bzw. der delphischen Priesterschaft zur Sklaverei bzw. zur Freilassung der Sklaven.

[205] Literatur bei Burkert, Griechische Religion, 233, Anm. 1, Vermeule 89, Anm. 182, und Wolfgang Fauth, Der Kleine Pauly 1 (1964), 618, 22–625, 5 passim.

[206] Siehe S. 88.

[207] Siehe Stefan Hiller in dem in Anm. 53 erwähnten Sammelwerk S. 297f., und Burkert, Griechische Religion, 85, Anm. 23.

[208] Z. B. fällt im berühmten Kult der Artemis zu Ephesos die merkwürdige Götterstatue auf, die wegen der Gehänge kugeliger Körper entsprechend einer schon für die Spätantike bezeugten Erklärung von vielen Gelehrten als „vielbrüstig" aufgefaßt wird: wohl zu Unrecht, weil die für die Kennzeichnung der Brüste wesentlichen Brustwarzen fehlen. Bestechend ist hingegen mit Rücksicht auf die Bedeutung von Stieropfern im Kult der ephesischen Artemis die durch Gérard Seiterle in Antike Welt 10 (1979), 3, 3–16, zur Diskussion gestellte Deutung des Umhangs als eine Aneinanderfügung von Stierbeuteln der geopferten Tiere. Durch diese Art des Zurückbringens göttlicher Zeugungskraft zur lebenspendenden Gottheit werde sozusagen das Hervorbrechen aller Lebewesen aus der Göttin bewirkt, das der reiche Reliefschmuck der Statue darstellt. Auffallend und befremdlich ist im ephesischen Artemiskult überdies, daß ein Eunuch als Oberpriester wirkte. Ein Männerbund, jeweils auf ein Jahr geweiht, dessen Mitglieder zu geschlechtlicher Enthaltsamkeit verpflichtet waren, die sog. ἐσσῆνες, eigentlich „Könige", welche vielleicht die Kultfunktionen des ursprünglichen Königs (ἐσσήν) fortzuführen hatten, traf sich regelmäßig zu Opfermahlzeiten. Daneben wirkten in diesem Tempel geweihte Mädchen, sog. μέλισσαι. Nach dem Mythos haben Amazonen dieses Heiligtum begründet. Siehe dazu Burkert, Griechische Religion, 161. Zu den ἐσσῆνες s. Robert Muth, AAW 5 (1952), 61–64 und 123–126.

verdienen ihre offensichtlich besonders engen Beziehungen zu Kleinasien Beachtung. Die Etymologie ihres Namens, deren Erforschung teils mit griechischem, teils mit verschiedenartigem kleinasiatischen Wortgut arbeitet und einerseits auf den Gesamtcharakter der Göttin, andererseits auf Teilaspekte ihres komplexen Wesens abzielt,[209] ist undurchsichtig und trägt nicht zur Klärung der Herkunftsfrage bei. Aber selbst wenn Artemis von Anfang an eine griechische Gottheit gewesen sein sollte, übernahm sie ihr Wesen und ihren Aufgabenbereich zu einem guten Teil von einer schon in frühester Zeit weitum verehrten[210] machtvollen POTNIA, in der sich zugleich die lebensspendenden und die zerstörenden Kräfte der Natur kundtaten. So wurde Artemis einerseits (ähnlich Athene) zur unnahbaren, unberührbaren, wenn auch nicht schlechthin distanzierten Jungfrau,[211] andererseits zu einer das Leben und die Vegetation schaffenden und schützenden,[212] zu einer rettenden und heilenden Muttergottheit. Als Geburtshelferin[213] sowie als Göttin, deren Kult Mädchen und Burschen Gelegenheit bot, sich kennenzulernen, und die bei den Hochzeiten verehrt wurde, da sie mit der Macht ausgestattet war, an diesem entscheidenden Wendepunkt des weiblichen Lebens Gefahren abzuwehren oder zu senden, vereinte sie in sich beide Aspekte. Sowohl die jungfräuliche als auch die mütterliche Gottheit verfügte aber, wie schon zweimal angedeutet, in einer in der Religion der Griechen oft feststellbaren Harmonie der Gegensätze auch über vernichtende, ja tötende Kraft,[214] welche die Griechen allerdings

[209] Siehe Fauth, a. O., 618, 45–619, 50, sowie Frisk, a. O., I, 153f. und III, 40.

[210] Siehe Fauth, a. O., 619, 57–620, 52.

[211] „Die Jungfräulichkeit der Artemis ist nicht Asexualität wie Athenes praktisch-organisatorische Klugheit, sondern ein eigentümlich erotisches, herausforderndes Ideal" (Burkert, Griechische Religion, 235). So ist Artemis im Mythos die Partnerin des keuschen Jünglings Hippolytos, der Wald und Einsamkeit liebt, mit seiner ausschließlichen Hinwendung zur jungfräulichen Artemis jedoch die Spielregeln menschlichen Zusammenlebens mißachtet und daher ein Opfer der Aphrodite wird. In Troizen wurde Hippolytos als Heros kultisch verehrt. In seinem Tempel pflegten ihm die Bräute vor der Hochzeit eine Haarlocke zu weihen.

[212] Artemis war z. B. die Schützerin der jugendlich-jungfräulichen πῶλοι unter der Jugend Spartas (Alkman fr. 1 D).

[213] Als solche konnte Artemis eine Einheit mit der besonders in Kreta und Lakonien verehrten Geburtsgöttin Eileithyia eingehen.

[214] Homer, Il. XXI 482ff.: Hera sagt zu Artemis: „Schwer ist es für dich, mir an Kraft zu widerstehen, bist du auch bogentragend, da dich Zeus zur

(Fortsetzung Fußnote 214)
Löwin den Weibern setzte und dir gab, zu töten, welche du willst" (Übersetzung von Wolfgang Schadewaldt). Vgl. Il. VI 428, Od. XV 409f. Man denke an die Sage von Niobe, welche nach dem Ausweis ihres Namens kleinasiatischer Herkunft und mit dem lydischen Sipylosgebirge fest verbunden ist, an der Apollon und Artemis für eine ihrer Mutter Leto zugefügte Kränkung fürchterliche Rache nehmen: Apollon tötet ihre Söhne, Artemis ihre Töchter mit unfehlbaren Pfeilen. Artemis tötet aber auch ihre eigenen Jäger, worauf die Orion- und die Aktaion-Sage verweisen. – Im Tempel der Artemis zu Brauron und an anderen ihrer Kultstätten (s. Anm. 208) wurden Mädchen im Rahmen eines Initiationsrituals für längere Zeit in den ausschließlichen Dienst der Artemis gestellt und lebten abgeschieden in diesem Heiligtum. Wahrscheinlich galt dieser Tempeldienst wie bestimmte andere Opfer für Artemis als ein vorwegnehmender Loskauf von der jungfräulichen Göttin. Diese drohte daher jedem Mädchen, das in dieser Zeit seine Keuschheit verletzte, mit ihrem tötenden Pfeil. Der aitiologische Mythos kannte dafür jedoch eine andere Deutung: Die Weihung dieser Mädchen, welche „Bärinnen" hießen, sei ein Sühneakt für einen der Artemis heiligen Bären, den attische Jünglinge getötet hatten. (Siehe dazu Burkert, Griechische Religion, 236f., 395.) Diese Sage verweist auf die Funktion der Artemis als Jägerin bzw. Herrin der Tiere und Göttin der Jagd, die gleich zu erörtern sein wird. – Zu den Menschenopfern im Kult der Artemis Aristobule auf Rhodos und der Artemis Triklaria in Patrai, zu einem an Menschenopfer in früherer Zeit erinnernden Ritus im Kult der Artemis Tauropolos in Halai Araphenides in Attika und zu einer Geißelung von Epheben im Kulte der Orthia in Sparta s. Anm. 61. Diese rituelle Geißelung junger Männer kann allerdings auch als ein Teil eines Fruchtbarkeitsritus gedeutet werden. Weiter sei an den bekanntesten Menschenopfermythos der Griechen erinnert: Weil Agamemnon in einem heiligen Hain, der Artemis als der Herrin der Tiere geweiht war, einen Hirsch erlegt hatte, forderte die Göttin von ihm das Opfer der eigenen Tochter Iphigeneia, für das dann allerdings im weiter ausgestalteten Mythos das Opfer einer Hirschkuh eintrat. Im Epos erhielt dieses Opfer die Aufgabe, den Beginn des Trojanischen Krieges zu ermöglichen. Dieses mythische Opfer hat im Kult eine Entsprechung: Bei den Griechen gingen der Schlacht gelegentlich Ziegenopfer an Artemis Agrotera voraus. Auch das Artemisbild, das Orestes zusammen mit Iphigeneia aus dem Land der Taurer entführte, forderte Menschenblut. Daher brachte man es nach Halai Araphenides, wo im Rahmen eines Festes der Artemis Tauropolos, wie schon erwähnt, der Hals eines Menschen blutig geritzt wurde, ebenso nach Sparta, wo im Fest der Orthia Knaben blutig geschlagen wurden. – Auch die der Jägerin Artemis heiligen Tiere wurden von der Göttin nicht geschont. Im Kult der Artemis Amarysia im attischen Demos Athmonon und in Euboia wurden verstümmelte Opfertiere dargebracht, im Kult der Artemis Laphria von Kalydon und Patrai dienten neben Baumfrüchten lebende Tiere als Brandopfer (Paus. I 31, 5; Schol. Aristoph., Av. 873; Paus. VII 18, 6–13).

schockierte.²¹⁵ Vor allem war Artemis aber die bogenbewehrte Gottheit der Tiere, der Jagd und der Jäger – diese Funktion trat im Bewußtsein der Hellenen stark in den Vordergrund –, sie galt daher den Griechen als jene Macht, die in der Frühzeit die Πότνια θηρῶν innegehabt hatte.²¹⁶ Als solche war sie Schützerin des Wildes,²¹⁷ so auch die Patronin der Pferde, sie stellte aber in der Jagd auch den Tieren des Waldes, etwa Ebern und Hirschen, nach.

APHRODITE,²¹⁸ nach dem Mythos als Tochter des Uranos und der Gaia oder des Zeus und der Dione geboren,²¹⁹ war dennoch keine

---

²¹⁵ Daher verbanden die Griechen die grausamen Kultbräuche, die mit dieser Auffassung zusammenhingen, mit Vorliebe mit den barbarischen Taurern. Sie glaubten zu wissen, im fernen Land der Taurer seien Menschenopfer für eine jungfräuliche Göttin dargebracht worden. Damit kombinierten sie den Kult der Artemis Tauropolos (s. Anm. 214) und fanden so für die Menschenopfer im Artemiskult ein Alibi. Die gelegentliche Grausamkeit der Göttin der Jagd den von ihr an sich beschützten Jägern und Tieren gegenüber nahm man hingegen offenbar ohne Schwierigkeiten zur Kenntnis. Die Potnia als Herrin der gesamten, auch der wilden Natur war nicht nur deren bewahrende Hüterin, sondern unheimlich und unberechenbar, wie die Natur selbst.

²¹⁶ Bei Hom., Il. XXI 470 so bezeichnet. Sonst ist dieser Funktionsbereich bei Homer zurückgedrängt.

²¹⁷ Siehe etwa Aisch., Ag. 141–143.

²¹⁸ Literatur bei Burkert, Griechische Religion, 238, Anm. 1, Vermeule, a. O., 86, Anm. 177, und Wolfgang Fauth, Der Kleine Pauly 1 (1964), 425, 41–431, 18, passim. Nachher erschienen: P. Friedrich, The Meaning of Aphrodite, Chicago 1978.

²¹⁹ Der alte in den Orient weisende Geburtsmythos findet sich bei Hesiod, Theog. 154–206: Uranos, der Himmel selbst, der Gatte der Gaia, wollte die von ihm gezeugten Kinder nicht zur Welt kommen lassen; deshalb schnitt ihm Kronos, den Gaia ihm früher geboren hatte, während der Vater der Mutter beiwohnte, mit einer Sichel das Zeugungsglied ab und warf es ins Meer. Weißer Schaum trieb bis Kythera und Zypern hin, wo die „schaumgeborene" Göttin Aphrodite an das Land stieg. Sie war also älter als andere olympische Götter, schon in grauer Vorzeit bei der Trennung von Himmel und Erde entstanden, und wurde Teil einer sich reich entfaltenden kosmogonischen Spekulation. Daß Aphrodite dem Meere entstieg, verweist zugleich auf eine andere urtümliche Auffassung, nämlich auf jene von ihrer elternlosen Geburt aus den Elementen. Auch dies ist Ausdruck der uralten Verknüpfung der Aphrodite mit dem Werden der Welt (Fauth, a. O., 429, 52–57). In der homerischen Dichtung wird dieser Geburtsmythos nicht mehr erwähnt. Dort ist Aphrodite die Tochter des Zeus und der altindogermanischen Himmelsgöttin Dione, deren Gestalt allerdings im Epos schon stark verblaßt ist (Il. V 370, s. dazu

echt griechische Gottheit, stammte vielmehr aus dem Alten Orient bzw. dem östlichen Mittelmeer, hervorgegangen aus der altsemitischen Liebesgöttin Ištar-Astarte.[220] Darauf verweist auch ihr

S. 77). Die Meeresgeburt wurde jedoch später von der Kunst aufgegriffen. Siehe Burkert, Griechische Religion, 241 f.

[220] Schon Herodot I 105. 131 wußte von ihrer Herleitung aus dem Semitischen. Die bisher gefundenen Linear B-Täfelchen kennen Aphrodite nicht. Die Übermittlung aus dem Bereich des Alten Orients kam vielleicht durch Bilder einer nackten Gottheit auf Schmuckstücken, z. B. Goldanhängern, zustande. Allerdings wurde dieser Bildtypus bei den Griechen schon nach Beginn des 7. Jh. v. Chr. durch das Bild einer mit reichem langen Gewand bekleideten Göttin ersetzt, die prächtigen Schmuck trägt und gelegentlich durch bunte Kleidung an die orientalische Herkunft erinnert. Nach der Mitte des 4. Jh. v. Chr. begannen jedoch die Künstler, vorab Praxiteles, wieder die nackte oder halbnackte Aphrodite in strahlender Schönheit darzustellen. Bei der Übernahme aus dem Orient dürfte phoinikischer Einfluß vorgeherrscht haben, zumindest in der Form, daß nach der Rezeption der semitischen Gottheit eine zunehmende Umformung unter phoinikischem Einfluß zustande kam, bevor Aphrodite zur „griechischen" Gottheit wurde. Als eine wichtige Station auf dem Weg vom Orient zu den Griechen wird Zypern vermutet („Kypris" ist seit Homer Il. ein in der griechischen Dichtung geläufiger Name der Göttin), besonders Palaipaphos (s. Hom., Od. VIII 363 und Hymn. Hom. Aphr. 59, wo Paphos als Heimat der Göttin genannt ist). Dort war ein berühmter alter Tempel der Göttin. Ein weiteres ähnlich berühmtes Heiligtum der Aphrodite auf Zypern befand sich in Amathus (wo sich eine einheimische „eteokretische" Sprache und Schrift bis zum Beginn der hellenistischen Zeit hin hielten). Bezüglich Palaipaphos stellen sich allerdings ernste Probleme. Siehe dazu Burkert, Griechische Religion, 239 f.: Der dortige Tempel stammt nämlich aus dem 12. Jh. v. Chr., die semitische, von Tyros ausgehende phoinikische Kolonisation erreichte Zypern jedoch erst im 9. Jh. v. Chr. Und um 800 v. Chr. wurde, nachdem die Stadt Kition auf Zypern von Tyros her durch Phoiniker besiedelt worden war, ein dort errichteter älterer Tempel durch ein Heiligtum der Astarte ersetzt. Vor der semitischen Kolonisation war Zypern, zumindest Altpaphos, nach verbreiteter Ansicht von mykenisch-achäischer, also griechischer Bevölkerung besiedelt. Der Beginn der griechischen Einwanderung nach Zypern schon für die Zeit bald nach 1500 oder wenig später gilt für viele Gelehrte als gesichert. Dementsprechend wäre sowohl der Tempel der Aphrodite in Palaipaphos als auch das später dem Astartekult dienende Heiligtum in Kition von Mykenäern (also Griechen) errichtet worden. Nun ist aber der monumentale Tempelbau in Altpaphos „an sich so wenig mykenisch wie Aphrodite" und „ein zweites, archaisches Aphroditeheiligtum in Paphos zeigt in den Weihegeschenken mannigfache Beziehungen zum Phönikischen" (so Burkert, a. O., 239 f.). Allerdings wird (auch von Burkert) zugegeben, Zypern

Name.[221] In ihr vereinigen sich im Zuge der Entwicklung dieser Göttergestalt weiter ägäisch-kleinasiatische[222] und schließlich auch indogermanisch-hellenische Elemente. Aphrodite war die Gottheit der geschlechtlichen Liebe, genauer: des lustvollen Vollzuges des Geschlechtsaktes,[223] und der Schönheit.[224] Der Bedeutung der Sexua-

sei stets, auch schon in früher Zeit, mannigfachen nahöstlichen Einflüssen ausgesetzt gewesen, die vor der noch nicht gelungenen Entzifferung der kyprischen Schrift kaum näher bestimmt werden könnten. Die Geschichtsforschung ist bezüglich der Datierung der ersten griechischen Besiedlung Zyperns nicht einheitlicher Meinung. Neben Gelehrte, welche die Einwanderung der Griechen statt für die Zeit nach 1500 oder wenig später erst für das 13. oder 12. Jh. v. Chr. annehmen, treten solche, die sie überhaupt erst auf nachmykenische Zeit festlegen, und Franz Hampl, der in seinem Sammelwerk ›Geschichte als kritische Wissenschaft‹, 2. Bd., Darmstadt 1975, 128f., bes. aber 151–161, den Stand der Forschung darlegt, glaubt, sie erst auf das 11. Jh. v. Chr. ansetzen zu können. Die verschiedenen auf diese Insel einwirkenden Einflüsse und die in früher Zeit komplexen ethnischen Verhältnisse auf Zypern seien nicht genau bestimmbar, Einwirkungen aus dem Orient und dem östlichen Mittelmeer, insbesondere semitische, jedoch ohne weiteres glaubhaft. Hampl steht mit seiner Auffassung durchaus nicht allein: s. S. 156, Anm. 100, seiner Untersuchung. Wie dem immer sei: Der Ursprung der Göttin bleibt in Dunkel gehüllt. Gesichert ist jedoch, daß sie ihrer Herkunft nach keine griechische, höchstwahrscheinlich, daß sie eine semitische Göttin war.

[221] Der Name der Aphrodite stammt wohl aus dem Orient oder dem östlichen Mittelmeerraum. Vielleicht ist er vom Namen der semitischen Göttin Ištar hergeleitet oder eher an eine ihrer verschiedenen Namensformen volksetymologisch angeglichen. Von den Griechen allerdings wurde der Name mit ὁ ἀφρός „Schaum" assoziiert (Hes., Theog. 197, s. dazu Anm. 219). Auch moderne Forschung schlug zu Unrecht gelegentlich in dieselbe Kerbe: ἀφροδίτη „die auf Schaum Wandelnde". Zur Etymologie vergleiche Frisk, I, 196f., Fauth, a. O., 425, 47–426, 40, und Burkert, Griechische Religion, 240, Anm. 18.

[222] Siehe die Hinweise in den Anmerkungen 224, 226 und 230. Die troische Mater Idaea hatte wesentlichen Anteil an der olympischen Aphrodite.

[223] Τὰ ἀφροδίσια: der Liebesakt, dazu das Verbum: ἀφροδιάζειν. Τὰ ἀφροδίσια auch: die Geschlechtsteile. Aphrodite bezeichnete metonymisch den Liebesgenuß, so schon bei Hom., Od. XXII 444. Das alte abstrakte Substantiv des Liebesverlangens ὁ ἔρως wurde ebenso zur Bezeichnung einer göttlichen Macht und trat der Aphrodite als Sohn zur Seite. Gelegentlich galt auch ὁ ἵμερος, nicht minder eine Bezeichnung der Liebessehnsucht und insbesondere der Begierde nach Liebesgenuß, als ihr Sohn. Eros und Himeros wurden oft als geflügelte junge Männer dargestellt – vielfach als Liebesboten –, später häufig als kindliche Putti. Aphrodite als Göttin der Liebe ist schon bei Homer bezeugt.

[224] Auch daß Aphrodite die Göttin der Schönheit war, ist schon in der alt-

lität im Leben des Menschen entsprach die Fülle ihrer Macht.[225] Als die Οὐρανία, die „Himmlische",[226] schützte sie die Liebenden und strafte die Verächter der Liebe.[227] Bei Homer ist Aphrodite die „goldene", welche „das Lächeln liebt", die Herrin der anmutigen Chariten, selbst voll Anmut, Schönheit und Verführungskunst, jedoch zart und unkriegerisch.[228] Ihr Kult war in Griechenland weitum verbreitet. Gelegentlich wurde in orientalischer Tradition die den Hellenen an sich fremde sakrale Tempelprostitution durch Hierodulen geübt, besonders auf Zypern und in Korinth.[229] Nicht minder spielte Aphrodite im Mythos der Griechen eine maßgeblichere Rolle als die meisten anderen griechischen Götter.[230]

epischen Dichtung Selbstverständlichkeit. Nach dem alten Sagenzug siegte sie beim Parisurteil am kleinasiatischen Idagebirge über Hera und Athene und verursachte dadurch Helenas Entführung und schließlich den Trojanischen Krieg.

[225] Sogar Zeus erlag nach dem Mythos dem Zauber, der vom prachtvoll bestickten Gürtel (genauer: dem ledernen Brustband) dieser machtvollen Göttin ausging: Hom., Il. XIV 153–353, s. bes. 214–217.

[226] Man unterschied zwischen der offenbar aus der altphoinikischen Himmelskönigin hervorgegangenen Aphrodite Urania als Göttin der edlen Liebe und der Aphrodite Pandemos, der dem ganzen Volk gehörenden oder besser der den ganzen Demos umfassenden und zur Einheit zusammenfügenden göttlichen Macht. Auch die zweite Verehrungsform der Aphrodite geht wohl auf altorientalische Tradition zurück, denn auch Ištar-Astarte verkörperte politische Macht. Man denke weiter an die kleinasiatische Große Göttin als Herrin der Stadt Aphrodisias in Karien, wo sich später ein berühmter Tempel der Aphrodite befand. Die Gegenüberstellung der beiden Formen der Liebe erhielt bei den Griechen auf Grund ethischer Überlegungen allerdings einen besonderen Akzent: Aphrodite Urania wurde zur Göttin der edlen Liebe, Aphrodite Pandemos zu jener der gemeinen Sinnlichkeit, der Prostitution und der Hetären (vgl. Platon, Symp. 180d 6–182a 6, hier wird auch zwischen einem Eros Uranios und einem Eros Pandemos unterschieden, und Xen., Symp. VIII 9). Nur vereinzelt wurde Aphrodite zur Göttin der Ehe geformt. In Athen wurde Aphrodite Pandemos (samt Prostitution!) durch Solon eingeführt (s. Burkert, Griechische Religion, 242).

[227] Sie strafte Hippolytos, den keuschen jungen Gefährten der Artemis, mit dem Tod (Anm. 211), den Narkissos, weil er die Liebe einer Nymphe verschmäht hatte, mit nicht aufhörender verderblicher Selbstliebe.

[228] Siehe Fauth, a. O., 426, 53–427, 2.

[229] Siehe auch Anm. 226.

[230] Mehrere Züge der Göttersage um Aphrodite wurden schon erwähnt: Der Geburtsmythos (Anm. 219, 221), ihre Beziehung zu Eros und Himeros

(Fortsetzung Fußnote 230)
(Anm. 223), das Parisurteil und seine Folgen (Anm. 224), die Διὸς ἀπάτη in Homer Il. (Anm. 225) sowie Hippolytos und Narkissos (Anm. 227). Eine Göttererzählung von besonderer Großartigkeit berichtet von der Vereinigung der Aphrodite mit dem Hirten Anchises auf dem Idagebirge bei Troja, wodurch die Göttin die Mutter des Aineias wurde. Im homerischen Aphroditehymnos wird sie als die hoheits- und machtvolle Göttin gezeichnet, welche auch die Liebessehnsucht der Tiere weckt. Dahinter steht die phrygische Kybele, die asiatische Große Mutter, die Mutter der Berge, die vielfach mit Aphrodite gleichgesetzt wurde. Die Übernahme der Aeneastradition durch Rom, besonders seit Caesar, wodurch die der Aphrodite gleichgestellte Göttin Venus zur Ahnfrau der Römer wurde, gab diesem Mythos kräftige Nachwirkung. Eher schwankhaft wurde die eheliche Verbindung der schönen Aphrodite mit dem zwar tüchtigen, aber häßlichen und lahmen Schmiedegott Hephaistos geschildert. Im berühmten Demodokoslied bei Homer, Od. VIII 266–366, gibt sich Aphrodite dem draufgängerischen, stürmischen und schönen Kriegsgott Ares in ehebrecherischer Verbindung hin, wird dabei aber von ihrem klugen Gatten ertappt. Das Paar wird, vom kunstfertigen Schmiedegott am Liebeslager durch ein Netz festgehalten, dem Anblick der Götter preisgegeben, zum Amüsement der meisten Götter – nur weibliche Gottheiten üben Zurückhaltung –: das sprichwörtlich gewordene homerische Gelächter der Götter schallt durch den Olymp. Obwohl in der homerischen Il. XVIII 382f. in wohl rein dichterischer Invention die anmutige Charis Gattin des Hephaistos ist, reicht die Vorstellung von Aphrodite und Hephaistos als Paar vermutlich in alte Zeit zurück. Siehe dazu Burkert, Griechische Religion, 240, wo in diesem Zusammenhang auf die Verbindung von Tempel und Schmiedewerkstätte in der spätmykenischen Anlage in Kition auf Zypern verwiesen wird. Siehe auch Fauth, a. O., 427, 27–44. Wahrscheinlich liegt aber in der griechischen Ausgestaltung dieses Göttermythos die Idee der Zusammengehörigkeit von körperlicher Schönheit und der Anmut echter Kunstwerke zugrunde, verbunden mit der Freude an der kontrastierenden Vereinigung von Schönheit und Häßlichkeit, was natürlich genauso für das Paar Charis–Hephaistos gilt. Der Burleske des Demodokosliedes dürfte jedoch eine ernsthafte Erzählung eines ἱερὸς γάμος als Vorbild zugrunde liegen. In Theben galt Aphrodite als Gattin des Gottes Ares. Aus diesem legitimen und doch ungleichen Bund ging Harmonia, die Gattin des Stadtgründers Kadmos, hervor. Dieser Mythos kann symbolisch interpretiert werden: Der Bund der sanften Göttin der Liebe mit dem wilden Kriegsgott führt zu edler Harmonie, woraus sich menschliche Gemeinschaftskultur entwickelt. Dennoch ist auch hier die Vorstellung des ἱερὸς γάμος wahrscheinlicher; ist doch dieser Mythos uralt, er entstammt einer Zeit, der sozialphilosophische Erwägungen noch ferne lagen. Zurück zur homerischen Dichtung: Vor allem in der ›Ilias‹ spielte Aphrodite als zarte und unkriegerische Frau allgemein keine rühmliche Rolle. In der Auseinandersetzung zwischen Achaiern und Troern stand sie wegen des Parisurteils (Anm. 224) auf der Seite der Troianer, besonders ergriff sie für Paris und

ARES,[231] nach dem Mythos Sohn des Zeus und der Hera, war, obwohl von den Griechen in Thrakien angesiedelt, höchstwahrscheinlich ein echt hellenischer Gott, dessen Name sich bereits auf knossischen Linear B-Täfelchen findet.[232] Griechische Herkunft wird auch durch die Etymologie seines Namens wahrscheinlich.[233] In den Rang eines hohen Gottes wurde dieser thrakische Barbar wahrscheinlich

ihren Sohn Aineias Partei. Religionsgeschichtlich bemerkenswert ist der Mythos von der Liebe der Aphrodite zum schönen Adonis, Die ursprüngliche Version ist wenig eindrucksvoll: Es handelt sich um die Geburt des Adonis aus dem Weihrauchbaum, dessen Name Myrrha ein griechisches Lehnwort aus dem Semitischen ist. In der Göttersage war Myrrha die Tochter des Assyrerkönigs Theias oder des zyprischen Priesterkönigs Kinyras. Sie verliebte sich in ihren Vater und ließ sich von ihm ohne sein Wissen schwängern. Als er die Täuschung dennoch erkannte, verfolgte er sie, und Myrrha wurde von Zeus und Aphrodite in den Weihrauchbaum verwandelt, ihre Tränen in das duftende Harz. Die Frucht dieser Verbindung jedoch, Adonis, vertraute Aphrodite, die ihn liebte, der Persephone, der Göttin der Unterwelt, an. Weil diese ihn nicht mehr herausgeben wollte, wurde Adonis für die Hälfte oder zwei Drittel des Jahres der Aphrodite zugesprochen, die übrige Zeit mußte er in der Unterwelt bei Persephone verbringen. Viel bekannter wurde eine andere, zweifellos spätere Version: Der junge Adonis sei bei der Jagd von einem Eber getötet worden, Aphrodite habe jedoch erreicht, daß er nur einen Teil des Jahres in der Unterwelt verbringen müsse und die übrige Zeit bei ihr weilen dürfe. Auch Adonis ist orientalischer, vielleicht phoinikischer Herkunft. Der Mythos versinnbildlicht das jährliche Sterben und Wiederaufleben der Natur. Der Adoniskult war in Griechenland spätestens um 600 v. Chr. voll entfaltet. Vielleicht war er schon zugleich mit dem Aphroditekult aus dem semitischen Bereich übernommen worden, wohl ebenso durch Vermittlung Zyperns. Aphrodite waren aber auch andere kultisch relevante Parhedrosverbindungen zu eigen (dazu Fauth, a. O., 428, 3-23). Man erinnere sich auch an den oben erwähnten Mythos ihrer Verbindung mit Anchises, der nach seiner Beglückung durch die Göttin gelähmt war.

[231] Literatur bei Burkert, Griechische Religion, 262, Anm. 1; Vermeule, a. O., 90, Anm. 183; und Wolfgang Fauth, Der Kleine Pauly 1 (1964), 526, 13-529, 2, passim.

[232] Ohne Zweifel ist Ares, der nach griechischen Berichten besonders von den Stammesfürsten der Thraker verehrte Gott, die thrakische Hypostase des hellenischen Gottes. – Neben Ares ist für die Griechen der Linear B-Schrift auch ein Gott Enyalios bezeugt. Enyalios, in der homerischen Dichtung ein Epitheton des Ares oder ein anderer Name für diesen Gott, war in der Frühzeit also eine selbständige Gottheit.

[233] Siehe Fauth, a. O., 726, 15-27, 527, 48-50 und 528, 44-47, sowie Alfred Heubeck, Amphiaraos, Die Sprache 17 (1971), 8-22. Demnach ist der

erst durch die altgriechische Epik erhoben. Ares war der Gott des blutigen Krieges und wütenden Kampfgetümmels.[234] Die Krieger waren seine Gefolgsleute, waren ihm im Kampf nahe, sie lagen ihm besonders am Herzen. Im Kampf übermächtig, unersättlich, vernichtend und mordend, repräsentierte er also, zumindest von der Zeit der beginnenden griechischen Literatur an, all das, was im Kampfe Schaden bringt und was man am Krieg und Kampf fürchtete und haßte,[235] er vereinte in sich nur die Aspekte des Unberechenbaren des Krieges, der Not des Kampfes und des Todes, nicht aber des Sieges und Triumphes. Natürlich wurde er von den Heeren im Kriege angerufen, ihm wurden vor dem Kampfe Opfer dargebracht, doch besaß er regelrechte Kulte nur an sehr wenigen Orten. Die dürftigen Mythen, die sich mit Ares beschäftigen, lassen sich im wesentlichen in zwei Gruppen gliedern: Sie zeichnen den Gott als Vater zahlreicher Heroen, Amazonen und Unholde,[236] oder als wilden und ungestümen,

Name des Ares ein altes abstraktes Substantivum in der Bedeutung „Kampfgewühl", „Krieg".

[234] Siehe Anm. 233. Der Name des Gottes wird oft metonymisch für Krieg und Kampf, für Schlacht und Morden gebraucht.

[235] Sogar Zeus haßte ihn: Hom., Il. V 890f. sagt er, Ares sei ihm unter den olympischen Göttern am verhaßtesten, weil ihm nur Streit, Krieg und Schlacht im Herzen lägen. Siehe Il. V 590–909.

[236] Bei Hom. Il., V 110–142 erzählt Hera, dem Ares sei im Kampfe schon viel Leid geschehen: so sei sein Sohn Askalaphos gefallen. Ares wollte ihn an den Achaiern rächen und gab seinen Söhnen Deimos und Phobos (Furcht und Schrecken) die dazu nötigen Anweisungen, doch hinderte ihn Athene daran. Ein anderer Sohn des Ares, ein wahrer Unhold, war Kyknos, der, im Heiligtum des pagasäischen Apollon lebend, für Delphi bestimmte Opfer raubte und die vorübergehenden Menschen köpfte, um aus den Totenschädeln einen Tempel des Apollon zu errichten. Als er von Herakles erschlagen wurde, wollte Ares seinen Tod am Mörder rächen und wurde dabei verwundet. Es ist anzunehmen, daß Kyknos ursprünglich selbst ein Gott war (und vielleicht mit Ares ein Götterpaar bildete), der Menschenopfer forderte, aber von Apollon später verdrängt wurde. Siehe dazu Hans von Geisau, Der Kleine Pauly 3 (1969), 394, 30–49. Ein weiterer Sohn des Ares spielte in der Gründungssage von Theben eine entscheidende Rolle. Jener unheimliche Drache, den Kadmos erlegte, um auf Athenes klugen Rat seine Zähne in die Erde zu säen, aus denen dann jene Krieger wuchsen, die sich mit Ausnahme der „Sparten", der Stammväter der Thebaner, gegenseitig erschlugen, war ein Sohn des Ares. Aus einer Verbindung des Ares mit Aphrodite ging allerdings die Tochter Harmonia hervor, die Kadmos dann ehelichte, so daß es schließlich zu einem Ausgleich kam (s. Anm. 230). Die Amazonen – Arestöchter – kämpften gleich

aber schließlich unterliegenden Kämpfer.[237] Die Verwundungen, die er dabei erlitt, weisen auf die großen Gefahren des kämpfenden Menschen hin.

HERMES,[238] nach dem Mythos als Sohn des Zeus und der Bergnymphe Maia in einer Höhle des arkadischen Kyllenegebirges geboren, ist ohne Zweifel eine Gottesgestalt hohen Alters. Ob sie aus vorgriechischer Zeit stammt und später einen griechischen Namen erhielt oder mit den Griechen ins Land kam, ist ungeklärt.[239] Auch gibt es

ihrem Vater im Trojanischen Krieg auf der Seite der schließlich unterlegenen belagerten Stadt.

[237] Siehe dazu Anm. 236, nämlich die Erzählungen von Askalaphos und Kyknos und dem Schicksal des Ares bei den Versuchen, deren Tod zu rächen. In der homerischen ›Ilias‹ stand Ares auf der Seite der Troer, also der Verlierer. Im Kampfe wurde dem wütenden Berserker vor allem die klug überlegende Göttin Athene gegenübergestellt, der Ares stets unterlag. Im Kampf gegen den von Athene unterstützten Diomedes wurde Ares sogar verwundet und floh brüllend in den hohen Olymp. Sein Mißgeschick bei einem Seitensprung mit Aphrodite, wovon das Demodokoslied der homerischen ›Odyssee‹ erzählt, wurde schon in Anm. 230 erwähnt. Eine ähnliche Blamage erlebte Ares nach Il. V 385–391 als Gefangener des Otos und des Ephialtes, die ihn in einem ehernen Kessel lange Monate festhielten, bis dem Hermes seine Befreiung gelang. Ares war auch der Vater der dem Achill erliegenden Penthesileia. Diese Erzählungen sind allerdings jünger als die in Anm. 236 erwähnten, manche davon zweifellos dichterische Erfindungen. Sie entsprachen aber den allgemeinen Vorstellungen von diesem Gott.

[238] Literatur bei Hans Herter, Hermes. Ursprung und Wesen eines griechischen Gottes, Rhein. Mus., N. F. 119 (1976), 193–241, passim, bes. 193, Anm. 1; Burkert, Griechische Religion, 243, Anm. 1; Vermeule, a. O., 91, Anm. 185; und Wolfgang Fauth, Der Kleine Pauly 2 (1967), 1069, 57–1076, 2, passim.

[239] Siehe Herter, a. O., 198f. Daß die Gottesgestalt des Hermes von den Griechen erst in der neuen Heimat entwickelt worden ist, was Herter ebenfalls für möglich hält, ist mit Rücksicht auf die unerklärten Beinamen des Gottes bei Homer, welche zugleich sein Alter erweisen, unwahrscheinlich. Der Name des Gottes findet sich wahrscheinlich schon auf einem Linear B-Täfelchen von Pylos, vielleicht auch auf einem solchen von Knossos. Doch ist dies nicht gesichert. Siehe dazu Herter, a. O., 198, Anm. 20. Herodot berichtet V 7, die Stammeskönige Thrakiens hätten Hermes als ihren Ahnherrn und Schwurgott verehrt. Herodot nennt Hermes hier neben Ares und betont sogar, die Verehrung des Hermes durch die Thraker habe jene des Ares übertroffen. Die Griechen sahen dennoch in Hermes nie den fremden Barbaren wie in Ares.

keine überzeugende Wortetymologie.[240] Als nach dem Ausweis der Dichtung vielbeschäftigter Götterbote[241] und überaus geschickter, dreister, einfallsreicher und schlauer Schelm,[242] der sogar zum Schutzherrn von Dieben und Betrügern (und kennzeichnenderweise auch der Kaufleute) wurde, war er vor allem ein Gott der kleinen Leute und als solcher überaus volkstümlich. Dennoch und obwohl sein Zuständigkeitsbereich über die angedeuteten Funktionen hinausreichte, war die Zahl seiner uns bekannten staatlichen Feste und

[240] Zur Etymologie s. Frisk, a. O., I, 563f. und III, 93; Fauth, a. O., 1069, 56–1070, 17; Burkert, Griechische Religion, 243, Anm. 2; und Herter, a. O., 197–200, bes. 197, Anm. 18. Die an sich unbedenkliche übliche Anknüpfung an ἕρμα, wonach Hermes nach dem ihn vertretenden Steinhaufen benannt sei, bringt allerdings Schwierigkeiten mit sich, da ἕρμα nur selten und sekundär den Steinhaufen bezeichnet. Jedoch ist die Verbindung seines Namens mit ἕρμαξ „Steinhaufen" anzunehmen. Damit ist aber nicht viel gewonnen, weil auch für diese Wörter keine überzeugende Etymologie aus dem Indogermanischen gefunden werden konnte. Wenn daher manche Gelehrte für den Namen des Gottes einen vorgriechischen Ursprung annehmen, hat dies gute Gründe.

[241] Als solcher fungierte er in der Dichtung schon von der frühgriechischen Epik an und wurde er auch in der griechischen Kunst häufig dargestellt, versehen mit goldenen Wanderschuhen bzw. später mit Flügelsandalen und öfters auch mit einem Reisehut. Als Götterbote verfügte Hermes weiter über den Hermesstab, das „Kerykeion", das ihm wahrscheinlich aus altorientalischer Tradition zugekommen war. Auch die irdischen Herolde pflegten es zu tragen. Das Kerykeion des Hermes hatte eine besondere Form, nämlich ein achtförmig verschlungenes Ende, und wurde in der Hand des Gottes schlechthin zu einem Zauberstab. Hermes konnte mit seiner Hilfe z. B. Menschen ebenso einschlafen lassen wie aus dem Schlaf wecken. Es ist allerdings möglich, wenn auch weniger wahrscheinlich, daß die Entwicklung in umgekehrter Richtung vor sich ging und der Heroldsstab des Hermes sekundär aus einem Zauberstab hervorgegangen ist.

[242] Berühmt ist seine schon im homerischen Hermeshymnos gefeierte erste Tat: Kaum geboren, verfertigte das Wickelkind die erste Leier aus dem Panzer einer Schildkröte und stahl seinem älteren Bruder Apollon eine Rinderherde. Das harmlos erscheinende Kindlein trieb diese zu nächtlicher Stunde von Thessalien bis in die Gegend von Olympia! Die Tiere durfte Hermes sogar behalten, weil er seinen Bruder durch das Geschenk der Leier versöhnte. Der einfallsreiche Hermes galt übrigens auch als der Erfinder der Hirtenflöte. Ein weiterer berühmter Streich des Hermes war, daß er mit dem goldenen Zauberstab, den ihm Apollon geschenkt hatte, den Argos, den hundertäugigen und daher alles sehenden Wächter der von Zeus geliebten und deshalb von Hera in eine Kuh verwandelten argivischen Königstocher Io, einschläferte

seiner Tempel überraschend gering. Zur Erklärung seines ursprünglichen Aufgabenbereiches tragen, unabhängig von der Unsicherheit der Wortetymologie, die Anknüpfung seines Namens an ἕρματα, bzw. ἕρμακες [243] und auffallende Kultgepflogenheiten bei: Dem Hermes waren die in Griechenland weitverbreiteten Steinhaufen (ἕρματα, ἕρμακες) heilig, welche der Wegmarkierung, aber auch der Abgrenzung und damit dem apotropäischen Schutze von Örtlichkeiten, Grundstücken usf. dienten. Die Vorbeigehenden pflegten neue Steine dazuzulegen und so dem Gott ihre Verehrung zu bekunden. Diese Weg- und Grenzmale waren vielfach um einen in der Mitte aufragenden Steinblock oder Pfeiler (gelegentlich auch aus Holz) angeordnet, was an die funktional damit engstens verwandten, vor den Häusern der Griechen und dann auch auf öffentlichen Plätzen stehenden „Hermen" (οἱ Ἑρμαῖ, sie waren dem Namen nach also der Gott selbst), nämlich Steinpfeiler [244] oder Holzpfähle, erinnert, welche dem Schutze der Häuser bzw. Orte dienen sollten.[245] Vielfach trugen

und dann tötete. Obwohl dieser Mythos wahrscheinlich aus dem ungedeuteten Beinamen des Hermes „Argeiphontes" herausgesponnen wurde, zeigt er, daß dem tüchtigen und schlauen Gott auch die Aufgabe zukam, lebensbedrohende und insbesondere die Wege gefährdende Ungeheuer zu beseitigen. Auch den in einem Faß gefangenen Kriegsgott Ares zu befreien, wurde Hermes auferlegt (s. Anm. 237), d. h. ihn zu stehlen (Hom., Il. V 390: ὁ δ' ἐξέκλεψεν Ἄρηα). Überdies erwog die Götterversammlung nach Hom., Il. XXIV 109, Hermes damit zu beauftragen, den von Achilleus geschändeten Leichnam des Hektor zu stehlen (κλέψαι). Als statt dessen von den Göttern dann der Bittgang des Priamos zu Achilleus beschlossen worden war, hatte der schlaue Hermes als Gott des Geleites den greisen Troerkönig unbehelligt zu Achilleus zu bringen und seine glückliche Heimkehr zu sichern. Die Diebstähle des Hermes brauchen allerdings nicht zu stören. Der zu Anfang erwähnte Streich gehört der Zeit mutwilliger Jugend des Gottes an, die übrigen Taten sind ethisch gerechtfertigt. Autolykos, der Großvater des schlauen Odysseus, berühmt wegen seiner Diebereien und Meineide (Od. XIX 396), war ein Sohn des Hermes, von ihm in derartigen Künsten unterwiesen.

[243] Siehe Anm. 240.

[244] Herter, a. O., 205–207, nimmt an, daß die Ursprünge der „Herme" nicht nur als Form, sondern auch als Gottheit unzweifelhaft im Monolith liegen und ihre Postierung in der Mitte von Steinhaufen oder auf ihnen dem durch ethnologische Forschung erwiesenen Bestreben entsprungen sei, Heiltümer auf eine angemessene Höhe zu heben. Herter kann darauf verweisen, daß die „zusammengeworfenen Brocken je als solche" nie eine kultische Verehrung genossen haben.

[245] Gelegentlich, wie im Tanagra, konnte Hermes, sonst Προθυραῖος und

sie daher (wenn auch nicht in ältester Zeit) eine Kopfplastik des ursprünglich und in der Regel auch später bärtigen Gottes, häufig überdies einen (oft erigierten) Phallos. Dies geht auf eine andere Form der apotropäischen Revierabgrenzung zurück, auf das „phallische Imponieren". Es ist sogar möglich, daß auch die aus der Mitte der erwähnten Haufen ragenden Steine oder (allenfalls hölzernen) Pfeiler selbst ein phallisches Symbol mit derselben Funktion waren, zumal auch diese gelegentlich den Phallos und manchmal überdies den Bildniskopf des Gottes trugen. Von diesem Ursprung her ist die Funktion des Hermes als Schutzherr nicht nur des Hauses und Grundbesitzes, sondern ebenso der Reisenden,[246] insbesondere auch der Kaufleute und der Herolde, auch als Götterbote und sogar als Geleiter der Seelen der Verstorbenen in das Jenseits („Psychopompos") verständlich. Hermes konnte Tote begleiten, weil er imstande war, auch durch ein Tabu geschützte, also an sich nicht überschreitbare Grenzen zu überwinden.[247] Es lag überdies nahe, ihm diese Aufgabe zuzuweisen, weil

Προπύλαιος, geradezu zum Stadtgott, zum πρόμαχος werden (s. Herter, a. O., 228). – Um 520 v. Chr. führte der Peisistratossohn Hipparchos in Athen für die die Mitte zwischen den einzelnen attischen Demen und der athenischen Agora kennzeichnenden Hermesmale jene Form ein, die sich dann allgemein durchsetzte: die eines vierkantigen steinernen Pfeilers mit den im folgenden erwähnten Attributen. Die phallische Obszönität war durch die geometrische Form gemildert. Solche schützenden Monumente standen in Athen bald vor jedem Haus. Wie Vasenbilder zeigen, fanden vor diesen Hermen oft private Opferfeste statt. (Siehe dazu Burkert, Griechische Religion, 244.) Die Verstümmelung derartiger Hermen in der Nacht vor der Ausfahrt der athenischen Flotte nach Sizilien 415 v. Chr erregte als Kultfrevel in Athen ungeheures Aufsehen und zog schwere Konsequenzen nach sich. Ab dem 4. Jh. v. Chr. war die Zusammenfügung von zwei Porträtköpfen zu Doppelhermen beliebt, wobei die Hinterköpfe ineinander übergingen, so die berühmte Doppelherme des Sokrates und Seneca, wodurch die Einheit der griechischen und römischen Welt zum Ausdruck gebracht werden sollte. Derartige Hermen hatten allerdings keinerlei kultische Funktion mehr.

[246] Durch die berühmte Plastik des Praxiteles, die Hermes mit dem Dionysosknaben darstellt, wurde die Sage, daß er den neugeborenen Gott Dionysos zur Kadmostochter Ino und deren Gatten Athamas, den König von Orchomenos, dann zu den nysäischen Nymphen trug, besonders bekannt. Hermes war es auch, der Hera, Athene und Aphrodite zu Paris geleitete.

[247] Berühmt ist die Schilderung in der ›Zweiten Nekyia‹ der homerischen ›Odyssee‹ (XXIV 1–14), wo Hermes die Seelen der ermordeten Freier herausruft und mit seinem Heroldsstab aufscheucht. Sie folgen ihm schwirrend wie Fledermäuse über die modrigen Pfade in die Unterwelt bis zur Asphodelos-

auch die Gräber, welche sich am Rande von Wegen befanden, vielfach durch Steinmäler gekennzeichnet und daher der Obhut des Hermes anvertraut waren. Hermes konnte auch als „Nomios" zum Gott der Hirten, geradezu ihr Urtyp werden, schützte er doch bestimmte Bezirke, Reviere und Wege und war ähnlich den Hirtennomaden nicht seßhaft, sondern stets unterwegs und repräsentierte durch seine phallische Potenz animalische Fruchtbarkeit.[248] Daher galt auch der arkadische Hirtengott Pan als Sohn des Hermes und einer Nymphe. In dieses Bild fügt sich sein Charakterzug als pastoraler Musiker und Erfinder der Leier, der Hirtenflöte und des Feuerreibens. Nicht leicht zu erklären ist jedoch, wie Hermes auch zur Ehre eines Gottes der Diebe und Betrüger gelangte, zumal er andererseits als Schutzgott Diebe von Häusern und Grundstücken fernzuhalten hatte. Wahrscheinlich hängt auch dies mit seiner Funktion als Patron der Hirten zusammen, die ihren Herdenbesitz auch durch schlauen Diebstahl zu vergrößern suchten.[249] Möglicherweise kann Hermes auch als Geleiter der nicht immer ehrlichen Kaufleute diese „Aufgabe" übernommen haben. Die an sich absurde Vorstellung, daß ein Gott Diebstahl und Betrug gutheißt und schützt, wird verständlich durch die Bewunderung, welche die Griechen der damit verbundenen Schlauheit entgegenbrachten, so daß sie den Rechtsbruch zu übersehen geneigt waren. Sogar die olympischen Götter beauftragten Hermes wegen seiner Geschicklichkeit und seines Schelmenwitzes mit

wiese, wo die Toten ihre Wohnsitze angewiesen erhalten. Im homerischen Demeterhymnos bringt Hermes Kore, die Tochter der Demeter, aus der Unterwelt zurück. Berühmt ist auch das Orpheus-Relief, auf dem Hermes die Eurydike mit rücksichtsvoller Berührung ermahnt, endgültig zu den Toten zurückzukehren. Vielfach ist auch auf Vasenbildern dargestellt, wie Hermes die Seelen der Verstorbenen dem Charon zuführt, der sie dann in seinem Nachen über den Unterweltstrom führt. Obwohl Hermes selbst kein Unterweltgott war und keine chthonischen Züge aufwies, wurden ihm im Rahmen des Totenkultes am dritten Tage des attischen Anthesterienfestes unter Gebeten für die Verstorbenen Opfer dargebracht.

[248] Auf sehr alten, gelegentlich auch jüngeren Kunstwerken trägt Hermes einen Widder auf den Schultern oder unter dem Arm. Man beachte den Rinderdiebstahl des eben geborenen Hermes (Anm. 242). Bei Hom., Od. XIV 435 legt der „göttliche Sauhirt" Eumaios (von Wolfgang Schadewaldt nun der „göttliche Schweinepfleger" genannt) bei seinem Opfermahl einen Teil für die Nymphen und für Hermes zur Seite.

[249] Auch der eben geborene Hermes hatte eine Rinderherde gestohlen (Anm. 242). Siehe dazu Herter, a. O., 212f.

Diebstählen.²⁵⁰ Hermes schenkte den Menschen gelegentlich auch unerwartetes Glück. Ein glücklicher Fund hieß daher ἕρμαιον, „Geschenk des Hermes". Schon bei Homer war er der Spender guter Gaben. Auch das Beherrschen der Sprache und die Überredungskunst waren Hermes zu eigen, was ihm die Schutzherrschaft über die Redner einbrachte, dem Dolmetsch, der mit Fremden und Feinden verhandelte, den Namen ἑρμηνεύς. Dieser Funktionsbereich paßt nicht nur gut zur Schlauheit des einfallsreichen Gottes, sondern nicht minder zu seinem Wesen als Geleiter und Schutzpatron der Herolde. Auch von dort her führte also eine Linie zu dem eben erwähnten Aufgabenbereich. Schwer ist auch zu erklären, warum der ursprünglich, wie erwähnt, als männlich-bärtiger Gott dargestellte Hermes auch zum Schutzgott der in Palaistren und Gymnasien sporttreibenden Jugend (mit Einschluß des phallischen und homoerotischen Aspektes) wurde. Allerdings beschrieb schon die homerische Dichtung den schnellfüßigen Götterboten als jungen Mann, und in der griechischen Kunst setzte sich ab der Klassik diese Vorstellung durch.²⁵¹ So konnte die Jugend in ihm ihr Ideal sehen, zumal sie sich gerade von ihm, dem schlauen und dreisten Glücksbringer, Erfolg bei den Wettkämpfen erhoffen durfte.

DEMETER,²⁵² nach dem Mythos Tochter des Zeusvaters Kronos und der Rheia, von Zeus Mutter der PERSEPHONE (KORE). Schon in der frühesten Epik bezeugt, wo sie allerdings als volkstümliche Bauerngottheit (gleich Dionysos und dem Handwerkergott Hephaistos) mehr in den Hintergrund trat, zählte sie als Göttin der Fruchtbarkeit und des Wachstums, insbesondere als Getreidespenderin,²⁵³ zu den am meisten verehrten Gottheiten der Griechen. Insbesondere richteten die Bauern ihre Gebete an sie und feierten ihr zu Ehren das Erntefest.²⁵⁴

---

²⁵⁰ Siehe Anm. 242.
²⁵¹ Besonders berühmt ist der Hermes des Praxiteles in Olympia.
²⁵² Literatur bei Burkert, Griechische Religion, 247, Anm. 1, und Wolfgang Fauth, Der Kleine Pauly 1 (1964), 1459, 3–1464, 8, passim. Indessen auch Giulia Sfameni Gasparro, Misteri e culti mistici di Demetra, Rom 1986 (Storia delle religioni, 3).
²⁵³ Darauf verweisen Kulttitel wie „Spenderin der Feldfrüchte" und zahlreiche dichterische Epitheta. Siehe dazu Fauth, a. O., 1460, 6–24. Siehe Anm. 265.
²⁵⁴ So schon bei Hes., op. 465–469, so auch noch bei Theocr. X 42f. Bei Hesiod op. tritt Demeter auch an anderen Stellen als Göttin des Ackerbaus auf. Schon bei Hom., Il. V 500f. wirkt sie als bäuerliche Gottheit beim Dreschen des Getreides auf der Tenne mit.

Nach der wahrscheinlichsten Etymologie ihres Namens[255] war die Göttin, deren Verehrung zweifellos in sehr frühe Zeit zurückreichte[256] und sowohl griechische als auch ungriechische Züge aufwies, ursprünglich eine mütterliche Gottheit der nährenden Erde. Als solche gehörte sie dem Kreis chthonischer Götter zu.[257] Doch trat sie nur selten als bedrohende Unterweltsmacht hervor,[258] war vielmehr im allgemeinen eine menschenfreundliche Gottheit.[259] Eine chthonische Facette ihrer sehr komplexen Gestalt ist der in Kreta lokalisierte und wahrscheinlich an vorgriechische Gottesverehrung erinnernde Mythos ihres ἱερὸς γάμος mit Iasion (Iasios) auf dem „dreimal gepflügten Brachfeld",[260] stellt er doch ihre geschlechtliche Vereinigung mit einem alten chthonischen Heilheros dar.[261] Wie hier zeigt sich die Verbindung der Erdfruchtbarkeit und der menschlichen Sexualsphäre auch in der Verehrung der Demeter Thesmophoros, welche neben den Feldfrüchten auch das Frauenleben umsorgte.

[255] Siehe dazu Frisk, a. O., I, 379f. und III, 72; sowie Fauth, a. O., 1459, 17 – 1460, 1. Eindeutig verständlich ist nur der zweite Teil des Gottesnamens in der Bedeutung „Mutter". Bezüglich des ersten Teiles hegte schon die Antike verschiedene Vermutungen. Gelegentlich wird nichtindogermanischer Ursprung angenommen, doch sind Versuche, den ersten Teil aus indogermanischem Sprachgut zu deuten, häufiger. Demnach bedeute Demeter „Landesmutter" (= Demo-meter), „Hausmutter" (= *dem-meter, dem zu δόμος und δῶμα) oder „Kornmutter" (= δηαί-meter, δηαί = Gerste, Korn). Auch finden sich Erklärungsversuche aus dem Illyrischen. Am wahrscheinlichsten ist aber, daß δᾶ gleich γῆ ist (schon von antiken Autoren vermutet), wobei δᾶ ein (vielleicht vorgriechisches) Lallwort in der Bedeutung „Erde" ist. Demnach wäre Demeter die „Erdmutter", und zwar jene Sonderform der Erdgottheit, in welcher der agrarische Aspekt besonders stark hervortritt. Burkert, Griechische Religion, 248, hält die Deutung als Erdmutter allerdings für weder sprachwissenschaftlich noch inhaltlich einleuchtend.

[256] In den Linear B-Texten wurde ihr Name allerdings (noch) nicht entdeckt.

[257] Darauf verweist auch das Epitheton ἁγνή schon bei Hes., op. 465. Demeter wird hier gemeinsam mit Ζεὺς χθόνιος (Hades) angerufen.

[258] So etwa in Thessalien, einem Ursprungsland der Verehrung der Demeter, wo sie die schreckensmächtige Eignerin eines heiligen Haines war und als Rächerin für Baumfrevel gefürchtet wurde. Den Griechen war die Vorstellung, daß die Erde, die das Leben hervorbringt, auch das dem Tode Geweihte wieder zu sich nimmt, selbstverständlich und nicht furchterregend.

[259] Siehe Anm. 253. Weiteres unten.

[260] Hom., Od. V 125–127. Hes., Theog. 969–971 (Sohn: Plutos).

[261] Bei Diodor V 77 paart sich mit Iasion die „besäte" Erde.

Die Thesmophoria, das (wohl auf vorgriechische Tradition zurückgehende) am meisten verbreitete hellenische Kultfest,[262] im Monat der Getreideaussat begangen, war ein Fest nur der Frauen, bei welchem man sowohl Ertrag der Erde als auch menschliche Fruchtbarkeit erflehte; dabei wurde Demeter gemeinsam mit ihrer Tochter Persephone (Kore) verehrt.[263] Nach alter mythischer Tradition war diese vom Unterweltsgott Hades-Pluton als Gattin in dessen Reich entführt worden. Auf der Suche nach der plötzlich verschollenen Tochter ratlos auf der Erde umherirrend, ließ die Mutter keine Saat mehr wachsen. Damit das Menschengeschlecht nicht zugrunde gehe, sollte der Götterbote Hermes auf Befehl des Zeus die Tochter zurückholen. Diese war jedoch bereits der Unterwelt verfallen, da sie einen Granatapfel[264] gegessen hatte, und mußte weiterhin ein Drittel des Jahres in der Unterwelt verbringen. Die übrige Zeit durfte sie bei den himmlischen Göttern und ihrer Mutter weilen. Dieser Mythos erwuchs aus dem Erlebnis des periodischen Aufblühens und Absterbens der Natur und wurde im Kult mit dem Hervorholen des Saatgutes zur herbstlichen Aussaat verbunden.[265] Obwohl der Mythos schlüssig ist, ist der doppelte Aspekt der Kore als mädchenhafte Tochter der Wachstumsgottheit und als Herrin im Totenreich in sich wider-

---

[262] Dazu Dietrich Wachsmuth, Der Kleine Pauly 5 (1975), 751, 34–752, 43, mit weiterführenden Literaturangaben.

[263] Hier wie anderswo vielfach im Dual als τὼ θεώ, τὼ Θεσμοφόρω bezeichnet. Der Name der Persephone ist ungedeutet. Zum Koremythos s. Burkert, Homo necans, 283–292.

[264] Zur Deutung des Granatapfels s. Helmut Gams, Der Kleine Pauly 2 (1967), 866, 43–867, 3.

[265] Das Motiv der Entführung und der Rückkehr der Vegetationsgottheit dürfte in vorgriechische Zeit zurückreichen, doch wurde der hier skizzierte Mythos von den Griechen reich ausgestaltet. In Hellas liegen die Äcker zur Zeit der Sommerhitze sozusagen tot da, nach der Herbstaussaat sprießt aber die Feldfrucht hervor, die im Frühjahr geerntet wird. Die Naturallegorie wurde schon in der Antike gesehen, aber anders (falsch) verstanden: Kore sei das Korn, das in die Erde gesenkt werden muß, damit aus dem scheinbaren Tod wieder neue Frucht keime. Demnach wird der Abstieg der Kore in die Unterwelt auf den Herbst, ihre Rückkehr auf den Frühling verlegt. Diese Vorstellung paßt jedoch nicht zum Wachstum des Getreides in Griechenland. – Der Mythos enthält auch die Vorstellung vom Getreidebau als Geschenk der Demeter: Auf der Suche nach ihrer Tochter sei sie vom König von Eleusis gastfreundlich aufgenommen worden und habe nach längerem Verweilen seinem Sohn Triptolemos eine Ähre geschenkt, daß er damit den Ackerbau verbreite.

sprüchlich und schwer erklärbar. Der bedeutendste Demeterkult im attischen Eleusis, wo die Göttin auf der Suche nach ihrer Tochter gastfreundliche Aufnahme gefunden haben soll,[266] wurde im September mit einem neuntägigen großen Fest begangen. Eine feierliche Prozession zog von Athen nach Eleusis, um der Wiederkehr der Kore zu gedenken. Die Verehrung der beiden Göttinnen nahm dort früh den Charakter eines Geheimkultes an. An diesen eleusinischen Mysterien durften nur die Eingeweihten teilnehmen. Ihnen wurde ein glückliches Leben im Jenseits nach dem Tode in Aussicht gestellt. Ein weiteres berühmtes Fest für Demeter war jenes der Thalysien.[267]

DIONYSOS,[268] der den Zweitnamen Bakchos trägt, war nach dem Mythos Sohn des Zeus[269] und der thebanischen Königstochter Semele. Die Griechen sahen Thrakien, Lydien und Phrygien als Stammland des Dionysoskultes an. Entsprechend herrschte auch in der Forschung lange Zeit die Überzeugung vor, der Gott sei den Hellenen als ein später Eindringling in den griechischen Götterolymp[270] aus Thrakien zugekommen oder thrakisch-phrygischen Ursprungs.[271] Darauf verwies neben anderen Umständen die Tatsache, daß Semele, die Mutter des Gottes, obwohl, wie erwähnt, nach dem griechischen My-

---

[266] Siehe Anm. 265.

[267] Theokrit setzte diesem Fest in seinem 7. Gedicht ein Denkmal.

[268] Literatur bei Burkert, Griechische Religion, 251, 1, und Wolfgang Fauth, Der Kleine Pauly 2 (1967), 77, 7–85, 4, passim. Park McGinty, Interpretation and Dionysos. Method in the Study of a God, Den Haag–Paris–New York 1978 (Religion and Reason, Method and Theory in the Study and Interpretation of Religion, 16); dazu Walter Burkert in AAW 33 (1980), 204–207.

[269] Auch der Name des Dionysos schien nach Auffassung früherer etymologischer Forschung, besonders jener Paul Kretschmers, darauf hinzuweisen: Sein erster Teil sei der Name des Zeus (Gen. Διός), der zweite bedeute „Sohn". Dabei nahm man vielfach thrakische, thrakisch-illyrische oder makedonische Herkunft des Gottesnamens an. Heute wird die Etymologie besonders des zweiten Teiles in Frage gestellt, während ein Zusammenhang des ersten mit Zeus noch vielfach angenommen wird. Siehe jedoch Anm. 277. Über die überaus mageren Ergebnisse bzw. Vermutungen der etymologischen Bemühungen unterrichten u. a. Nilsson, Geschichte der griechischen Religion, I, 567f., und Frisk, a. O., I, 396, und III, 75.

[270] Homer kennt Dionysos noch nicht als Olympier.

[271] So u. a. Nilsson, Geschichte der griechischen Religion, I, 568: „... dadurch wird der thrakisch-phrygische Ursprung des Gottes selbst endgültig erwiesen."

thos Tochter des Königs von Theben, als eine ursprünglich phrygisch-thrakische Erdgottheit galt.[272] Seit jedoch der Name des Dionysos auf einer Linear B-Tafel in Pylos entdeckt wurde,[273] seit ein Heiligtum auf Keos, dessen Kult ungebrochen bis in das 15. Jh. v. Chr. zurückreicht, aufgrund einer indessen gefundenen Weihinschrift als Verehrungsstätte des Dionysos erkannt wurde,[274] seit die nach Makedonien, Thrakien oder Phrygien weisende Etymologie des Namens „Dionysos"[275] berechtigten Zweifeln ausgesetzt ist und nachdem noch andere in dieselbe Richtung führende Erkenntnisse hinzutraten, beachtete man einen früher vernachlässigten, nach Pylos weisenden Bericht über die dortige Anwesenheit des mythischen Priestersehers Melampus,[276] der als Begründer des Dionysoskultes in Hellas und besonders des dionysischen Phallophorienfestes galt, und entdeckte im Dionysoskult deutliche Merkmale mediterraner Religion. Daher ist man nun geneigt, die Existenz des griechischen Dionysoskultes schon für die Zeit der Linear B-Schrift nicht nur für die Peloponnes, sondern, ohne dafür allerdings bisher eine Bezeugung in den dortigen Linear B-Texten gefunden zu haben, auch für Kreta anzunehmen, was gut zu der durch den Mythos bezeugten Verbindung des Gottes mit der altkretischen, später zur Sagengesalt abgesunkenen Vegetationsgottheit Ari(h)agne (Ariadne) paßt. Demnach war der Kult schon damals aus dem vorgriechischen Substrat übernommen worden.[277] Die sagenhafte Lokalität Nysa, wo der durch die eifersüchtige Hera gefährdete Gott nach dem Mythos aufwuchs und von Nymphen, den Nysiai oder Nysiades, als seinen Ammen umsorgt wurde, ist zwar nach Homer, Il. VI 130–140 in Thrakien zu suchen, gemahnt jedoch bei anderen Autoren in ihrer geographischen Unbestimmtheit und ihrem Exotismus an die aus dem Blickpunkt des Mittelmeermenschen projizierten peripheren Wunsch- und Götterländer der Hyperboreer und Aithiopen,[278] braucht also trotz Homer nicht in Thrakien lokalisiert zu werden.[279] Beachtung verdient in diesem Zusammen-

---

[272] Nilsson, a. O.
[273] Siehe oben S. 47.
[274] Literatur dazu bei Burkert, Griechische Religion, 253, Anm. 7.
[275] Siehe Anm. 269.
[276] Hom., Od. XV 225–227. Hdt. II 49. Siehe auch Anm. 73.
[277] Damit erübrigen sich die Bemühungen, den Namen des Gottes aus dem indogermanischen Sprachgut zu erklären.
[278] So Fauth, a. O., 78, 21–32.
[279] So Paul Kretschmer. Siehe dazu Nilsson, Geschichte der griechischen Religion, I, 567.

hang auch, daß die Kultmythologie des Gottes dem Phänotyp des mediterranen Junggottes breiten Raum gewährt [280] und bestimmte mythologische Fakten dem Funktionskreis eines in seiner Jugend sterbenden Vegetationsdämons der ägäischen Welt zuzuordnen sind. [281] Daß Dionysos trotz seines nun erwiesenen Alters bei Homer im Hintergrund bleibt (und in dieser Hinsicht das Schicksal der Demeter und des Hephaistos teilt), geht darauf zurück, daß der ionische Adel für diesen volkstümlichen Gott der Vegetation und besonders des Weinbaus und dessen ekstatischen Kult nur geringes Interesse aufbrachte. Daß die Griechen den Dionysoskult in Thrakien, Lydien und Phrygien vorfanden, überrascht nicht, weil die vorgriechische Gottesgestalt, um die es sich ursprünglich handelte, im Mittelmeerraum weithin verbreitet war, auch über Kleinasien hin und in den Vorderen Orient hinein. Daher verwundert auch nicht, daß der zweite Name des Gottes „Bakchos" (wie vielleicht auch der Name „Dionysos" selbst) ungriechisch ist, wohl auch jener seiner Mutter Semele, die Bezeichnung des heiligen Stabes des Gottes, des Thyrsos, und seines Kultliedes „Thriambos" oder „Dithyrambos". Eher muß man fragen, warum die Griechen den Dionysoskult für gerade in Thrakien, Lydien oder Phrygien beheimatet hielten. Wahrscheinlich entsprach sein ekstatischer Charakter aus griechischer Sicht thrakischer und lydisch-phrygischer Art. Denn die Griechen wußten offenbar schon früh um schwärmerische Begehungen im Dionysoskult dieser Gebiete, den sie in ihrem eigenen Bereich vor allem in Theben, dem mythischen Geburtsort des Gottes, ansiedelten. Sie setzten ihnen aber, so sehr der Dionysoskult als solcher bei ihnen populär wurde, Widerstand entgegen. Dafür legen einerseits „Widersachermythen", die sich vor allem an die Gestalten des thrakischen Königs Lykurgos und des thebanischen Herrschers Pentheus anschließen, Zeugnis ab, andererseits die sehr gezähmten Riten an den bedeutsamen Dionysosfesten in Athen und die Tatsache, daß Dionysos sogar neben Apollon an dessen maßvollem Kult zu Delphi teilhaben durfte (wenn auch nicht am delphischen Orakel). Dionysos war ein Vegetationsgott, der nach dem Mythos Wein, Milch und Honig aus dem Boden sprudeln lassen konnte. Er umsorgte die Baumzucht, ganz besonders den Weinbau, schuf den Weinstock und lehrte die Menschen den Weingenuß. Er gehörte (wie Kore [282]) in die Gruppe der sterbenden und

---

[280] Näheres bei Fauth, 78, 54–79, 22.
[281] Näheres bei Fauth, bes. 79, 22–33.
[282] Siehe S. 111 f.

wiederauflebenden Vegetationsgottheiten, denn auf dem Parnaß nahe Delphi, wo sich nach griechischer Tradition sein Grab befand, wurde alle zwei Jahre seine Wiedergeburt gefeiert. Daß er dabei in Tiergestalt verehrt wurde, erweisen die zum uralten Kultritual gehörigen theriomorphen Vorstellungen. Dem Vegetationsgott wurden heimische Natur- und Walddämonen zugeordnet, die Satyrn, Silene und Nymphen, die seinen Thiasos bildeten. Bei dessen Realisierung in den Kultbegehungen spielt das Element der Verwandlung des Menschen durch Maskierung eine entscheidende Rolle. Während der Feste des Gottes, besonders bei Prozessionen, wurde häufig der Phallos vorgezeigt bzw. mitgetragen, nach heutiger Auffassung weniger zum Zwecke der Förderung der Vegetation als um der Erregung willen.[283] Ebenso sind rauschhaft-ekstatische Kultbräuche bezeugt, die bei Riten für den Weingott verständlich sind. Dabei befreite Dionysos als „Löser" (Lysios, Lyaios) die Menschen von ihren Sorgen. Die Ekstase wurde grundsätzlich nicht von einzelnen Dionysosverehrern erlebt, sondern als eine Art Massenhysterie rasender Anhänger des Gottes. Die ekstatischen Begehungen spiegeln sich in manchen der spärlichen Dionysosmythen. Diese kreisen um dramatische Umstände bei Zeugung und Geburt des Gottes, seine gefährdete Jugendzeit, um manches wundersame Erlebnis des in Abenteuer und Gefahren verstrickten Dionysos, und berichten auch vom Enthusiasmus seiner Anhänger, von ihrem Schwärmen über die Berge und durch die Wälder im Gefolge des in der Regel in Bocks- oder Stiergestalt auftretenden Gottes, wobei ihn außer dem erwähnten Thiasos von Naturdämonen die rasende Schar der Mainaden (Bakchen) umgab, also von Frauen, die sich ihm in orgiastischem Taumel hingaben, wobei sie sogar Rehkälbchen zerrissen und ihr rohes Fleisch aßen.[284] Das ekstatische Treiben bei der Dionysosverehrung ist uns neben literarischen Berichten in zahlreichen bildlichen Darstellungen überliefert. Hier ist ein Übergang vom Mythos zur Wirklichkeit festzustellen, denn zweifellos entsprechen diese Berichte, sosehr sie übertreiben und überhöhen mögen, ebenso wie die bildlichen Darstellungen grundsätzlich den geübten Riten. Weitere mythische Erzählungen betreffen, wie schon erwähnt, den Widerstand der Hellenen gegen diese ihnen fremd erscheinenden Kultbräuche. Der Enthusiasmus der Dio-

---

[283] Siehe Burkert, Griechische Religion, 259.

[284] Dieser Brauch stellte ursprünglich wohl die Zerstückelung des tiergestaltigen Gottes dar, dessen Fleisch von seinen Anhängern roh gegessen wurde (Omophagie), zweifellos um durch die Aufnahme der Kraft des Gottes die vegetative Fruchtbarkeit zu fördern.

nysosverehrer ermöglichte die Gleichsetzung dieses Gottes mit dem ihm wesensverwandten phrygisch-thrakischen Gott SABAZIOS,[285] dessen Anhänger ihn ebenfalls in orgiastischen Umzügen und Begehungen feierten und der den Griechen etwa im 5. Jh. v. Chr. bekannt wurde. Nun griff dessen Mysterienwesen auf Hellas über, allerdings fast ausschließlich in privatem Rahmen, weshalb die Riten dieser Mysterien geheim blieben. Daneben gab es ab der späten Klassik in Griechenland zahlreiche Kultverbände, die dionysische Begehungen feierten. Diese arteten vielfach in übermäßigen Weingenuß und Geschlechtsverkehr aus, waren deshalb verrufen und schadeten dem Kult. Der Staatskult des Dionysos wurde jedoch mit vollem Ernst und großer Feierlichkeit mit Bocks- und Stieropfern begangen, verschönt durch frohe Trinkgelage, Theateraufführungen und sonstigen Aufwand. Unter den griechischen Dionysosfesten ragen jene in Athen hervor: das Fest der Anthesterien, der großen städtischen und der ländlichen Dionysien sowie der Lenäen. Im Rahmen der Dionysien und des Lenäenfestes fanden, zum Teil als Agone, die berühmten attischen Tragödien-, Komödien- und Dithyrambenaufführungen statt. Die dabei notwendige Maskierung war nur noch ein schwaches Abbild der Ekstase, der Enthusiasmus war sozusagen urbanisiert. Wie den Griechen manches am uralten Dionysoskult fremd blieb, so ist auch für die Wissenschaft vieles daran noch unerklärt.

HEPHAISTOS,[286] nach dem Mythos wie viele andere Götter ein Sohn des Zeus und der Hera [287] oder von Hera aus sich allein ohne männliche Zeugung geboren,[288] Gott der Handwerker, insbesondere der Schmiede, und des Feuers.[289] Wie sein Name [290] und die auf die große

---

[285] Wolfgang Fauth, Der Kleine Pauly 4 (1972), 1478, 27–1480, 14, s. auch S. 132 dieses Buches mit Anm. 362.

[286] Literatur bei Burkert, Griechische Religion, 260, Anm. 1; Vermeule, a. O., 90, Anm. 184, und Wolfgang Fauth, Der Kleine Pauly 2 (1957), 1024, 53–1028, 6, passim.

[287] Hom., Il. I 571f., 577f.

[288] So Hes., Theog. 927f. Fr. 343, 1f. Hym. Hom. Ap. 316–320.

[289] Sein Name konnte als Metapher für „Feuer" schlechthin (wie jener des Ares für „Krieg" und „Kampf") verwendet werden: So Hom., Il. II 426. Siehe Hesych s. v. Hephaistos. Als der Flußgott Xanthos Achilleus in seinen Fluten ertränken wollte, bändigte Hephaistos auf Verlangen der Hera mit seinen lodernden Flammen den ungebärdigen Fluß: Hom., Il. XXI 324–382.

[290] Die Forschung hält den Namen des Gottes für vorgriechisch. Eine etymologische Deutung ist daher unmöglich. Siehe Frisk, a. O., I, 646 und III, 102.

Bedeutung des Schmiedehandwerkes in der Bronze- und der frühen Eisenzeit zurückzuführende weite Verbreitung kultischer Bezüge dieser Kunst im Mittelmeerraum [291] wahrscheinlich machen, war er ein vorgriechischer Gott, der allerdings schon von den Griechen der Linear B-Texte verehrt wurde. In der homerischen Dichtung besitzt er zwar ebenso einen Kult, auch wird sein Können anerkannt,[292] doch ist er lahm geboren, weshalb ihn seine Mutter Hera ins Meer warf, um ihn zu verstecken.[293] Dort pflegten den heranwachsenden Gott Nereiden, bis er in den Olymp zurückkehren durfte. Nach einer bestimmten Mythenversion [294] führte Dionysos den trunken gemachten Gott gegen seinen Willen in den Götterolymp zurück, damit er Hera aus den Fesseln eines kunstvollen Thronsessels befreie, den er als Rache ersonnen und ihr geschenkt hatte und dessen Mechanismus ihm allein bekannt war. Oder aber seine Füße wurden verkrüppelt, als ihn sein Vater Zeus aus dem Olymp auf die Insel Lemnos hinabwarf, weil er seiner Mutter Hera in einer Auseinandersetzung mit ihrem Gatten beistehen wollte.[295] Hephaistos war überdies Anlaß für das

[291] Burkert, Griechische Religion, 260f. Im kleinasiatisch-pontisch-kaukasischen Gebiet lag die Heimstätte der Erzkultur. Ein Zentrum der Verehrung des Hephaistos außerhalb Griechenlands befand sich nahe Olympos an der Südküste Kleinasiens, wo ein Erdfeuer brannte. Übrigens nahm auch der Typus des koboldhaft-ungestaltigen, zauberisch-kunstvoll schaffenden Erddämons in der prähellenischen Welt eine feste Stelle ein. Dazu Fauth, a. O., 1025, 33–52.

[292] Seine Schmiede befand sich in einem ehernen Gebäude auf dem Olymp und wurde erst in späterer Mythentradition unter der Erde angesiedelt, vor allem unter dem vulkanischen Boden von Lemnos und Sizilien (Ätna; Liparische Inseln = Hephaestiades insulae). In der ›Ilias‹ schmiedet Hephaistos die neuen Waffen für Achill. Die Beschreibung des Schildes mit dem von Sternen umrahmten Bild der Welt der Menschen zählt zu den berühmtesten Versen des Epos: Hom., Il. XVIII 468–608. Hephaistos verfertigte nach mythischer Tradition aber auch andere herrliche Kunstwerke, wie das Zepter des Zeus, die Aigis der Athene, den Wagen des Helios, die Pfeile des Eros, das Halsband der Harmonia. Hephaistos schuf sich sogar goldene Mädchen zur eigenen Bedienung.

[293] Hom., Il. XVIII 394–409. Hym. Hom. Ap. 316–320. Diese Version setzt voraus, daß Hera ihren Sohn ohne männliche Zeugung aus sich selbst gebar und, als das Ergebnis schlecht ausfiel, den Sohn enttäuscht und zürnend wegwerfen wollte. Siehe dazu Anm. 145.

[294] Siehe Burkert, Griechische Religion, 212, Anm. 48. Siehe nochmals Anm. 145.

[295] Hom., Il. I 590–594. Daß die Verkrüppelung des Hephaistos an

sprichwörtliche unauslöschliche (ἄσβεστος) „homerische Gelächter" der Götter, als nämlich der verunstaltete Gott seinen himmlischen Kollegen anstelle des schönen Knaben Ganymed humpelnd und keuchend Wein kredenzte; doch hatte er diese gelöste Stimmung mit Absicht erregt, um eine unerträglich gewordene Spannung unter den Olympiern zu lösen.[296] Berühmt ist auch das vom Odysseedichter[297] geschaffene Lied des Sängers Demodokos, vorgetragen beim Gastmahl des Phaiakenkönigs Alkinoos zu Ehren des Odysseus, in dem die ehebrecherische Liebe des schönen und draufgängerischen Kriegsgottes Ares zur Liebesgöttin Aphrodite, der Gattin des Hephaistos, und das vom göttlichen Schmied kunstreich gefertigte Netz geschildert werden, in dem das Paar in peinlicher Situation gefangen ist. Auch hier quittieren die zur Besichtigung des ertappten ehebrecherischen Paares von Hephaistos geladenen Götter die Künste des verständigen Schmiedegottes mit „unauslöschlichem Gelächter". Die Göttinnen sind allerdings voll Scham zu Hause geblieben, und Poseidon teilt als einziger männlicher Gott die Heiterkeit seiner Kollegen nicht. Während in der ›Odyssee‹ die schöne Aphrodite die Gattin des Krüppels Hephaistos ist, nimmt in der älteren ›Ilias‹ Charis, die Göttin der Anmut, diese Stellung ein.[298] Die Kultstätten und Feste des Hephaistos sind in Griechenland spärlich. Hauptsächlich wurde er auf der Insel Lemnos (mit der Hauptstadt Hephaistias) verehrt. Der dortige Kult bestand schon vor der Besiedelung der Insel durch die Griechen seit dem 6. Jh. v. Chr. Einen bedeutenderen Hephaistoskult besaß sonst nur Athen, wohin er vermutlich gegen Ende des 6. Jh. v. Chr. nach der Eroberung von Lemnos durch Athen übertragen worden war. Der Mythos bot die Begründung: Hephaistos sei der Vater des Urkönigs von Athen, des Erichthonios (und daher der Stammvater der Athener), dessen Mutter die Erde, da die jungfräuliche

---

ursprüngliche Zwergengestalt erinnert (analog schmiedekundigen Zwergen in der germanischen Sage), ist nicht nachweisbar.

[296] Hom., Il. I 571–600.

[297] Hom., Od. VIII 266–366. Vgl. S. 60 und Anm. 230.

[298] Hom., Il. XVIII 382f. Es handelt sich dabei um keinen eigentlichen Tausch der Frauen des Gottes, weil die Göttin der Anmut und des Liebreizes und jene der Schönheit und der Liebe an sich identisch waren. Mit ihnen wurde Hephaistos vom Mythos nicht etwa deshalb verbunden, weil es unterhält, das Schöne mit dem Häßlichen zu paaren (so war es wohl die Absicht der Dichter), sondern weil diese huldvollen Gottheiten den Respekt vor der geschickten und vollendeten Arbeit und „Technik" des Handwerkergottes und der Anmut seiner Kunst zum Ausdruck bringen wollten. Siehe nochmals Anm. 230.

Athene, der sich Hephaistos nähern wollte, sich zur Wehr gesetzt und die Erde den göttlichen Samen aufgenommen habe. Das Kind sei von Athene in ihrem Tempel aufgezogen worden.[299] Eine Verbindung des Hephaistos mit der gleich ihm kunstfertigen Athene überrascht nicht.[300] In Athen wurde dem Hephaistos am Geschlechterfest der Apaturia geopfert, auch gab es ein eigenes Schmiedefest „Chalkeia", ursprünglich ein Athenafest, an welchem jedoch Hephaistos Anteil hatte. Dem Gott galt auch das jüngere Fest der „Hephaistia", das sich mit einem Fackelzug an eine Feier zu Ehren des Prometheus, der auch als Kulturbringer und damit als Schöpfer und Schützer des Kunsthandwerks galt, an die „Prometheia", anschloß. Seinen berühmten Tempel über der Agora von Athen erhielt Hephaistos allerdings erst nach 450 v. Chr.

Neben diesen Göttern verehrten die Griechen eine Unzahl **kleinerer Gottheiten**. Daß sie vom alten Epos und daher auch von späterer Dichtung als weniger wichtig betrachtet oder überhaupt vernachlässigt wurden, beeinträchtigte ihren Kult. Über sie einen vollständigen Überblick zu gewinnen, ist unmöglich.[301] Hier seien einige kurz erwähnt. Zunächst die Göttin HESTIA,[302] weil sie ursprünglich anstelle des Dionysos der Gruppe der zwölf Hauptgötter zugehörte.[303] Sie ist nach dem Mythos gleich Zeus, Poseidon, Hera,

---

[299] Danais fr. 2, Pindar fr. 180 Turyn = Harpokr. αὐτόχθονες (p. 68, 12f. Dindorf). Eurip. fr. 925 N. Apollod. III 187f. Paus. I 2, 6. Auf die Erde (χθών) verweist auch der Name des Erichthonios.

[300] U. a. Hom., Od. VI 233f.; Platon, Crit. 109c d.

[301] Schon seit der Zeit der Linear B-Griechen erfolgte eine Art von Absicherung durch die Formel „alle Götter", durch das Pantheion. Für Knossos sind für diese Epoche sogar Opfer an „alle Götter" bezeugt, für uns überraschend, weil es bei den Hellenen der archaischen und klassischen Zeit keinen Kult der Göttergemeinschaft gab. Ein solcher ist erst wieder für die hellenistische und die Kaiserzeit bezeugt. Dabei ist einerseits mit östlichen Fremdeinflüssen, andrerseits mit der Wirkung philosophischer Spekulation zu rechnen. Siehe Burkert, Griechische Religion, 264, mit Anm. 1, sowie Anm. 69 dieses Buches.

[302] Literatur bei Burkert, Griechische Religion, 264, Anm. 2, und Wolfgang Fauth, Der Kleine Pauly 2 (1967), 1118, 53–1120, 5, passim. Walter Pötscher, ›Hestia und Vesta. Eine Strukturanalyse‹ in: Athlon. Satura grammatica in honorem Francisci R. Adrados, Vol. II, Madrid 1987, 743–763.

[303] So noch bei Platon, Phaedr. 246e–247a. Auf dem Parthenonfries allerdings figuriert Dionysos statt Hestia. – Pötscher, a. O., polemisiert dagegen, daß Burkert, dem ich in dieser Hinsicht folge, Hestia unter die „kleineren" Götter einreiht. Nach Pötscher läßt die philosophische Spekulation in Platons

Demeter und Hades (über diesen später) ein Kind des Kronos und der Rheia,[304] eine der Urgottheiten, deren indogermanische Herkunft trotz nicht geklärter Etymologie ihres Namens [305] höchst wahrscheinlich ist und die in diesem Fall von den Griechen schon bei ihrer Einwanderung nach Hellas mitgebracht worden ist. Sie ist die Göttin des Herdes, genauer: „Göttin Herd".[306] Der Herd war seit eh und je Mittelpunkt des Hauses und des Familienlebens der Griechen. Ihm kam sogar die gleiche Heiligkeit zu wie einem Altar des öffentlichen Kultes. Daher wurden hier Opfer im Rahmen des Hauskultes, Trankspenden und kleinere Gaben von Speisen, dargebracht, deshalb fanden Fremde und Schutzsuchende an ihm Geborgenheit und Sicherheit. Das Feuer aber ist eine Grundlage menschlicher Zivilisation, es erhellt und spendet Wärme. Es birgt in sich allerdings auch elementare Gefahren. Bei Opferhandlungen richtete man die Gebete zuerst an Hestia. „Mit Hestia beginnen" (genauer: „von Hestia beginnen") bezeichnete sprichwörtlich den richtigen Anfang. Aber auch die Gemeinde hatte in Griechenland ihren Herd, in Athen im Zentrum der Polis im der Hestia geweihten Prytaneion, dem Amtshaus der Prytanen, wo die Inhaber öffentlicher Ämter und die Gäste der Stadt auch ihre Mahlzeiten einnahmen, anderswo im Buleuterion, dem Rathaus, oder in einem Tempel, wie in Olympia. Es gab sogar einen Hestiakult des nie verlöschenden Feuers am Herde beim Omphalos zu Delphi für ganz Griechenland. In Anbetracht der Phantasiebegabung der Hellenen überrascht es, daß Hestia trotz ihrer Bedeutung nie die Konturen einer lebendigen Gestalt annahm,[307] so daß ihr Bild seit

---

Phaidros vielleicht gerade im Rahmen ihres Systems „alte Würde (der Göttin Hestia) durchbrechen".

[304] Nach Hes., Theog. 454 ist Hestia das erste Kind des Kronos und der Rheia, nach Hom. Hym. Aphr. 22f. zugleich die erste und letzte Tochter.

[305] Dazu Frisk, a. O., I, 576f., und Fauth, a. O., 1118, 56–60. Zur Etymologie äußert sich Pötscher, a. O., besonders ausführlich.

[306] Die griechische Bezeichnung für den Herd wurde ihr Name. Pötscher, a. O., sieht im Verhältnis bzw. in der Übereinstimmung von Göttin Hestia und dem Herde, also der „Göttin Herd", mit Recht eine alte „Person-Bereich-Einheit". Die Formulierung, die Göttin sei eine Personifikation des heiligen Herdes, wäre unexakt.

[307] Burkert, Griechische Religion, 265, nimmt an, Hestia bleibe stets im Hause und nehme daher am Zug der zwölf Götter nicht teil (so Platon, Phaedr. 247a), sie müsse überhaupt dem Treiben der Olympier fernbleiben, weil der Herd unverrückbar sei. So wurde Hestia denn auch in der Gruppe der zwölf Götter durch Dionysos ersetzt. – Pötscher, a. O., wendet sich gegen die Auf-

der Zeit des Hellenismus völlig verblaßt war. Gleich Athene und Artemis war sie eine jungfräuliche Göttin. Von den Göttern zwar umworben, hatte sie sich jedoch ewige Unberührtheit ausbedungen.[308] – Vereinzelt wurde in der Liste der zwölf Götter HERAKLES an die Stelle der Demeter gesetzt. Zwar der gewaltigste Sohn des Zeus, aber geboren von einer menschlichen Mutter, zählte er zu den unter die Götter aufgenommenen Heroen, als Helfer der Menschen verehrt und oft angerufen, aber den alten Olympiern nicht zugehörig. Herakles wird deshalb bei den Heroen behandelt werden.[309] – Als Herr über die Unterwelt ebenso nicht unter die Olympier zu zählen, ist HADES-PLUTON[310] dennoch zu erörtern, ist er doch nach altem Mythos gleich

---

fassung, Hestia habe nie oder bloß in Ansätzen eine persönliche Gestaltung erhalten. Es handle sich bei Hestia allerdings um eine jener Gottheiten, welche in der epischen Dichtung nur am Rande stehen und deshalb auch in späterer hellenischer Tradition weniger in Erscheinung traten.

[308] Dies entspricht einem alten Sexualtabu gegenüber dem Herd. Siehe Hes., op. 733f. Man denke auch an die unter Androhung schwerster Bestrafung gebotene Jungfräulichkeit der römischen Vestapriesterinnen. Zu beachten ist in diesem Zusammenhang auch die Phallossymbolik des Herdfeuers. Dazu Fauth, a. O., 1119, 15–19. Über diese Problematik äußert sich nun Pötscher, a. O., besonders ausführlich. Daß Hestia die „einzige radikal jungfräulich konzipierte Göttin" der Griechen sei, führt der Vf. auf die Person-Bereich-Einheit der „Göttin Herd" zurück. Da das Feuer des Herdes, wie er ausführlich darlegt, auch in der religiösen Vorstellungswelt der Griechen das männliche Element repräsentierte, stellt sich in Anbetracht der Jungfräulichkeit der Göttin Hestia das Problem ihres Verhältnisses zum Feuer allerdings besonders dringlich. Dieses erscheint dem Vf., wie er in weit ausgreifenden Untersuchungen darlegt, aus dem „Aspektcharakter religiösen Erlebens heraus durchaus möglich". Der Kontakt des Herdes mit dem Feuer werde nicht als geschlechtliche Vereinigung, als γάμος, verstanden. Auf das Werk von Eugen Fehrle über die kultische Keuschheit im Altertum sei besonders hingewiesen (s. Literatur zum griechischen Kult).

[309] Allerdings ist auch Dionysos ein Sohn des Zeus und einer menschlichen Mutter, nämlich der thebanischen Königstochter Semele, und dennoch einer der großen Götter mit bedeutendem öffentlichen Kult. Unter den sonstigen von Zeus in einer menschlichen Mutter gezeugten Nachkommen ragen außer Herakles Minos, Helena und die Dioskuren hervor.

[310] Literatur bei Hertha Sauer, Der Kleine Pauly 2 (1967), 903, 22–905, 20, passim, und Hans von Geisau, Der Kleine Pauly 4 (1972), 955, 14–958, 15, passim. Statt Hades ("Αιδης, jon. ’Αίδης, dor. ’Αίδας) ist der Gott seltener mit dem verwandten Namen Aidoneus bezeichnet. Seit seiner Gleichsetzung mit dem gütigen Gott des Reichtums Plutos/Pluton, der unter der Erde

anderen Göttern ein Sohn des Kronos und der Rheia.[311] Die Etymologie des Namens Hades ist nicht gesichert, doch dürfte er indogermanischer Herkunft sein.[312] Hades wurde wahrscheinlich wie Zeus von den Griechen aus ihrer Urheimat mitgebracht. Bei der Teilung der Welt unter die drei Söhne des Kronos und der Rheia, nämlich Zeus, Poseidon und Hades, wurde diesem das Reich der Düsternis zugeteilt.[313] Dort herrschte er als Gegenstück zum himmlischen als der „unterirdische Zeus", der „andere Zeus",[314] gewalttätig, mitleidlos und unbezwingbar, den Menschen verhaßt, sein modriges Reich auch von den anderen Göttern verabscheut.[315] Um Hades-Pluton rankten sich nur wenige

wohnt, wo sich die Metalle befinden und aus der die Vegetation sproßt, ist Hades auch so benannt, obwohl er den schaudererregenden Aspekt repräsentiert, Pluton, dem Kultbereich der Demeter zugehörig, jedoch den wohltätigen des chthonischen Bereiches. Die Namensform Pluton findet sich erst ab dem 5. Jh. v. Chr. Zur Umbenennung des Hades zu Pluton s. auch Platon, Crat. 403 a–e.

[311] Hes., Theog. 453–456. Plutos ist allerdings, wie bereits erwähnt (S. 110), nach Hes., Theog. 969–974 nicht Sohn des Kronos und der Rheia, sondern des Iasion und der Demeter.

[312] Es bestehen zwei Möglichkeiten: Ἅιδης = *α-Ϝιδ-, der „Unsichtbare", so schon antike Auffassung. Deshalb besitzt Hades nach Hom., Il. V 845 eine Tarnkappe, die dort Athene benützt, um für Ares unsichtbar zu werden. Oder Zusammenstellung mit αἶα (*αἰϜα?), „Erde". Der Name des Hades ist, allerdings nur im Genitiv und Dativ als Ἄιδος und Ἄιδι bezeugt, also auch als *Ἄις anzunehmen, was vielleicht lokal die Unterwelt, den Ort in der Erde, bezeichnet und sekundär auf den Herrn der Unterwelt übertragen worden ist. Siehe dazu Burkert, Griechische Religion, 302, Anm. 13, und Hans von Geisau, a. O., 955, 20–28.

[313] Hom., Il. XV 187–193: Zeus wurde der Herr des weiten Himmels, Poseidon des Meeres, Hades der dunklen Unterwelt. Hier ist zwar bemerkt, daß die Erde und der Olymp gemeinsamer Besitz aller drei Götter seien, doch trat die Macht des den Menschen und Göttern verhaßten Hades auf der Erde nicht in Erscheinung, auch wohnte er nicht im Olymp, dort gehörte er nicht hin. Wenn er dennoch gelegentlich den Olymp aufsuchte, so etwa, als ihn Herakles am Unterweltstor im Kampf durch einen Pfeilschuß verwundete und er im Olymp sich vom Götterarzt Paieon heilen lassen mußte (Hom., Il. V 392–402), so ist dies rein dichterische Erfindung ohne Deckung im alten Göttermythos. Denn es ist ein Wesenszug des Herrn der Unterwelt, daß er sein Reich nicht verläßt.

[314] Hom., Il. IX 457. Hes., op. 465. Aisch., Hik. 231.
[315] Hom., Il. IX 158f., XX 65.

Mythen,[316] so jener von der Entführung der Demetertochter Kore, welche dann als seine Gattin in seinem düsteren Palaste verbleiben mußte, allerdings nur für ein Drittel des Jahres.[317] Sonst betreffen Mythen nur die Versuche, in sein Totenreich hinabzusteigen und wieder an die Oberwelt zurückzukehren, obwohl eine Rückkehr grundsätzlich verwehrt war,[318] oder einen Verstorbenen ins Leben zurückzuholen.[319] Dem Hades, dessen Namen zu nennen man möglichst vermied und lieber durch euphemistische Bezeichnungen ersetzte, wurde nur vereinzelt kultische Verehrung zuteil. Allein Elis hatte ihm einen (nur einmal im Jahr für eine begrenzte Personengruppe geöffneten) Tempel errichtet.[320] Kein Ort wählte diesen gefürchteten und verhaßten Gott zum Schutzherrn. – Erwähnung verdient weiter KRONOS,[321] ein wohl vorgriechischer Gott, am ehesten ein altanatolischer auf den Höhen thronender Wettergott, der zum Gatten der Erde wurde[322]. Die Griechen übernahmen seinen Kult, doch wurde er

[316] Einige sind ihm wahrscheinlich erst nach seiner Identifizierung mit Pluton zugekommen (s. Anm. 310).

[317] Siehe oben S. 111. Wahrscheinlich besaß der „unterirdische Zeus" seit alten Zeiten eine Partnerin, wohl Persephone, wie an der Seite des olympischen Zeus Hera thronte. Dies wird durch den rätselhaften Namen der Persephone bestätigt, die ursprünglich eine selbständige unheimliche Große Göttin gewesen sein dürfte. Siehe Burkert, Griechische Religion, 302. Später wurde der furchterregenden Persephone die dem Pluton verbundene liebliche Tochter der Demeter, Kore, gleichgesetzt. Die Phantasie der Griechen gestaltete diesen Mythos reich aus.

[318] Ein solcher Versuch gelang Herakles, als er den Höllenhund Kerberos heraufholte. Auch Orpheus glückte die Rückkehr von seiner Unterweltsfahrt (Anm. 319).

[319] Besonders berühmt ist die Sage von Orpheus und Eurydike. Der Versuch, die verstorbene Gattin in das Reich der Lebenden zurückzuführen, mißlang. Ebensowenig gelang es Theseus und Peirithoos, Persephone zu entführen. Sie mußten vielmehr selbst im Reich der Toten bleiben. Herakles allerdings befreite bei seiner Unterweltsfahrt (Anm. 318) den Theseus, während er den Peirithoos zurücklassen mußte.

[320] Paus. VI 25, 2.

[321] Literatur bei Wolfgang Fauth, Der Kleine Pauly 3 (1969), 355, 59–364, 2, passim, und (s. v. Uranos) Dietrich Wachsmuth, Der Kleine Pauly 5 (1975), 1060, 42–1062, 5, passim.

[322] Den archaischen Charakter des Mythos erweisen sein Kult und die an seine Gestalt geknüpften Mythen, die auf kleinasiatische Herkunft des Gottes schließen lassen. Dazu paßt seine Verbindung mit der mediterranen Erd- und Muttergottheit. Die etymologische Forschung (s. Fauth, a. O., 356, 7–34) versuchte zwar, seinen Namen (als eines Saat- und Erntegottes, eines

durch jenen des indogermanischen Zeus verdrängt. Zu behandeln ist hier Kronos dennoch, weil Zeus und mehrere andere bedeutende Götter (Hera, Poseidon, Demeter, Hestia, Hades) seine und der Rheia Kinder waren. Der einzige einigermaßen bedeutende Kronoskult, jener auf dem Kronoshügel über der Altis von Olympia, war ein von Priesterkönigen betreuter Höhenkult. Wahrscheinlich war er sehr alt – was allerdings nicht unbestritten ist –, fand jedoch wegen der Kulte für Zeus und andere hohe Gottheiten in Olympia schon in klassischer Zeit kaum mehr Beachtung.[323] Ansonsten wissen wir noch von einer Kultstatue des Kronos in Lebadeia (neben Bildnissen des Zeus und der Hera) und von einem von Peisistratos für ihn in Athen begründeten Tempel. Auffallend sind die mit ihm in Zusammenhang stehenden Mythologeme. Kronos war Sohn des URANOS (des „Himmels") und der GAIA (der „Erde"). Uranos, Kronos und Zeus repräsentierten drei Generationen von Göttern, unter welchen sie jeweils die vorherrschende Rolle spielten. Sowohl Kronos als auch Zeus kamen durch den Sturz ihrer Vorgänger zur Macht.[324] Hier handelt es sich um eine Verbindung eines fast über die ganze Welt verbreiteten kosmogonischen „Himmel-Erde-Trennungsmythos" mit heterogenen Sukzessions- und Kampfmythen, die bei den Griechen zunächst durch Hesiod dargestellt wurden und für die bis in Einzelheiten gehende churritisch-hethitische Parallelen vorliegen, so daß die Entlehnung der Grundzüge des Mythos aus Kleinasien und in weiterer Folge orientalische Herkunft gesichert erscheinen.[325] Kronos

Götterkönigs oder eines urweltlichen Allgottes) aus dem griechischen Sprachgut zu erklären, doch ist wahrscheinlicher, daß es sich um ein aus einer kleinasiatischen Sprache übernommenes, vielleicht ursprünglich semitisches Fremdwort (etwa Anknüpfung an Baal Qarnaim „Herr der Bergspitze") handelt. Mit dieser Auffassung vertragen sich auch die „pelasgischen" Deutungen des Namens ("Verschlinger"; aber auch „Höhenherr").

[323] Weitere Hinweise auf unbedeutende oder überhaupt fragliche Kronoskulte bei Nilsson, Geschichte der griechischen Religion, I, 511 f.

[324] Wenn der Sieg des Kronos über Uranos mit dessen Missetaten begründet und der Sturz des Kronos durch Zeus als ein nun dauernden Bestand sichernder Kampf der Gerechtigkeit und Ordnung gegen rohe Gewalt und Willkür gezeichnet wird, geht dies auf die gerade an der Zeusgestalt orientierte Ethisierung der Gottesvorstellungen der Griechen und ihre Versuche einer Theodizee zurück. Siehe oben S. 64ff. und 75.

[325] Siehe dazu u. a. Burkert, Griechische Religion, 196, mit Anm. 31 (Lit.), und 241. Ob die Übernahme dieser Mythen durch Hesiod selbst erfolgte oder schon vorher, jedenfalls aber frühestens im 8. Jh. v. Chr., ist

gehörte demnach als jüngster Sohn des Uranos und der Gaia dem urzeitlichen Geschlecht der Titanen an.[326] Da Uranos seine ihm von Gaia geborenen Kinder nicht an das Licht kommen lassen wollte, sondern im Schoße der Erde verbarg,[327] schnitt Kronos, von der empörten Mutter dazu ermuntert, dem Vater, während dieser der Gaia beiwohnte, mit einer Sichel („Harpe")[328] das Zeugungsglied ab und bemächtigte sich durch diese Untat der Herrschaft.[329] Aus Angst, es könnte ihm ein ähnliches Schicksal zuteil werden, verschlang dann Kronos alle (oben angeführten) Kinder, die ihm Rheia geboren hatte. Nur das letzte, Zeus, konnte die Mutter retten, indem sie ihrem Gatten statt seiner einen in Windeln gewickelten Stein reichte, den er verschlang.[330] Zeus wurde von Rheia vor seinem Vater versteckt und

unsicher. Hesiod gestaltete die Mythen entsprechend seiner theogonischen und genealogischen Spekulation aus, wobei auch persönliche Erfahrungen und Hoffnungen einwirkten. Ich verweise hier nur auf die Darstellung bei Hesiod, nicht auf spätere reichere dichterische Ausgestaltung dieser Mythen.

[326] Uranos und Gaia sind die Eltern nicht nur der bösen Titanen, sondern auch verschiedener anderer Unholde. Die Zahl ihrer Nachkommenschaft schwankt in der Mythentradition zwischen zwölf und fünfundvierzig. Nach Hes., Theog. 45f., 105f. (s. auch 132–136) ist Uranos sogar Ahnherr aller Götter.

[327] So Hes., Theog. 157. Nach der ursprünglichen Version des Mythos muß Uranos die Nachkommenschaft nicht im Schoß der Erde (seiner Gattin) festgehalten haben, sondern in einem engen finsteren Raum zwischen Himmel und Erde. Daraus wurde die Vorstellung vom Aufenthalt in der mütterlichen Erde selbst. Der Mythos ist erstmals bei Hes., Theog. 154–206 dargestellt.

[328] Die „Harpe" ist eine Verbindung eines mondsichelförmigen Schnittergerätes und eines gekrümmten Kampfmessers und entweder das Instrument eines Ernteschützers oder Todesgottes oder das Attribut eines Götterkönigs oder schließlich vielleicht gar das eines Menschenopfer heischenden frühgeschichtlichen Vegetationsdämons. Siehe Fauth, a. O., 356, 56–357, 36.

[329] Da diese Tat geschah, während Uranos (der Himmel) die Gaia (die Erde) umarmte, kam dadurch die Trennung von Himmel und Erde und damit die Befreiung der zweiten Generation göttlicher Mächte aus ihrem dunklen Gefängnis zustande. – Kronos warf das Geschlechtsteil des Vaters ins Meer, aus welchem dann die „schaumgeborene" Göttin Aphrodite aufstieg: Hes., Theog. 188–200; s. Anm. 219. Nach anderer Tradition entstanden aus den auf die Erde fallenden Blutstropfen die Erinyen, Giganten und Nymphen.

[330] Hes., Theog. 453–491. Kronos handelte im Grunde gleich wie sein Vater. Auch in diesem Fall war ursprünglich gemeint, daß seine Nachkommenschaft im Schoße der Erde festgehalten wurde.

von Nymphen erzogen. Herangewachsen, nahm er den Kampf gegen Kronos und das ganze Geschlecht der bösen Titanen auf und zwang seinen Vater, die verschlungenen Geschwister und den Stein herauszugeben [331] und ihm die Herrschaft über die Götter und die Welt zu übertragen. Kronos und die Titanen wurden nach einem schweren Kampf, in welchem die olympischen Götter dem Zeus beistanden, in den Tartaros gestürzt.[332] Der Sieg des Zeus war ein Triumph der Gerechtigkeit und Ordnung. Kronos wurde später von seinem Sohn begnadigt und herrschte dann auf den am Okeanos, also am Rande der Welt gelegenen „Inseln der Seligen" über die vor Troia und vor Theben gefallenen Helden, die dort nach ihrem Tode ihre „Leben" führten.[333] – LETO,[334] die Mutter der Zwillinge Apollon und Artemis (der Vater war Zeus), war eine kleinasiatische Göttin, deren Kult vor allem in Lykien[335] bezeugt ist, von wo aus er sich über Phrygien, Pamphylien und die Mäanderebene bis gegen Ephesos hin ausbreitete. Ihre zahlreichen Kulte in Griechenland selbst, besonders auf Kreta, waren relativ jung und nicht sehr bedeutend. Jedoch ist ihre Verbindung mit Zeus und ihre Stellung als Mutter des Apollon und der Artemis schon bei Homer bekannt.[336] Nach Hesiod ist sie die Tochter des Titanen Koios und der Phoibe.[337] Nach jüngerer Überlieferung[338] hatte Leto als Geliebte des Zeus unter der Eifersucht der Hera zu leiden. Diese wollte die Umherirrende nirgends niederkommen lassen. Allein die schwimmende Insel Delos nahm sie zur Entbindung auf, worauf diese in der See einen fest verankerten Platz erhielt und ein wichtiger Kultort für die Trias Leto, Apollon und

---

[331] Zugleich wurden die von Uranos verstoßenen Kyklopen und Hekatoncheiren, die ebenso seine Söhne waren, befreit. Siehe Anm. 332 (Titanomachie).

[332] Hes., Theog. 492–506. Die Titanomachie: Hes., Theog. 616–885.

[333] Hes., op. 167–173 mit den offenbar schon von Pindar, Ol. II 70–72 (vgl. Pyth. IV 292) vorausgesetzten zusätzlichen Versen 173a–e.

[334] Literatur bei Wolfgang Fauth, Der Kleine Pauly 3 (1969), 588, 28–589, 49, passim.

[335] Die Namensetymologie als „Verbergerin" (zu lat. *latere*) wird heute abgelehnt. Der Name der Göttin wird vielmehr mit lyk. lad/ta „Weib" in Zusammenhang gebracht (s. Fauth, a. O., 588, 46–54).

[336] Hom., Il. XXI 497–504. XXIV 607 f.

[337] Hes., Theog. 404–407. Ihre Eltern waren als Titanen die Kinder des Uranos und der Gaia, unter sich Geschwister und auch Geschwister des Kronos.

[338] Hom. Hym. Apoll. 25–126 und spätere Überlieferung.

Artemis wurde. Die Zwillinge hielten ihrer Mutter stets die Treue und verteidigten sie gegen verschiedene Angriffe und Schmähungen, besonders seitens der Niobe. – Zu erwähnen sind noch EILEITHYIA, eine vermutlich vorgriechische, von den Griechen der Linear B-Schrift in einer Höhle bei Amnisos auf Kreta verehrte Geburtsgottheit,[339] die später der Artemis oder Demeter gleichgesetzt wurde; ENYALIOS, ebenso ein bereits in den Linear B-Texten bezeugter Gott, der schon bei Homer mit dem Kriegsgott Ares verschmolzen war, den aber noch die Söldner und Xenophon vor der Eröffnung einer Schlacht anriefen;[340] die seit dem 5. Jh. v. Chr. mit Artemis, Persephone oder der Mondgöttin gleichgesetzte, wohl ursprünglich karische Göttin HEKATE, gefeiert als allmächtige Helferin, aber auch als Göttin der Wege, später eine sehr populäre Göttin allen Spuks und Zaubers, die besonders in der Nacht (bei Mondschein) verehrt wurde, der man Hunde und an Dreiwegen Speisen opferte; der offenbar aus Arkadien stammende, aber seit dem 5. Jh. v. Chr. auch in Athen verehrte bocksgestaltige Hirtengott PAN, ein Sohn des Hermes; und verschiedene in der Mehrzahl weibliche Meeresgottheiten, unter ihnen THETIS, die Mutter des Achilleus.[341] – Auch der Kult der Winde war den Hellenen geläufig.[342] Ihnen galten überdies die Flüsse als Götter, die Quellen als göttliche NYMPHEN, deren Verehrung – man errichtete ihnen auch Altäre und Tempel und widmete ihnen Opfergaben – allerdings durch genaue lokale Festlegung eingeschränkt war.[343] Die Erde – GAIA, GE – spielte, wie schon erwähnt, in der Göttergenealogie eine nicht unmaßgebliche Rolle, doch war ihre kultische Bedeutung gering.[344] Die

[339] Siehe Wolfgang Fauth, Der Kleine Pauly 2 (1967), 212, 4–213, 22. Über die Etymologie dort 212, 14–21. Die auch von Burkert, Griechische Religion, 265, geteilte Auffassung, die für Kreta und für die Peloponnes bezeugte Namensform Eleuthyia, die mit der Schreibung auf den Knossostafeln übereinstimmt, stelle sie zu ἐλεύθω, die Göttin sei also als „die Kommende" benannt (eine regelrechte perfektische Partizipialform, besser also wohl „die Gekommene"), weil die Gebärende in Schmerz und Angst nach ihr schreie, bis sie und zugleich mit ihr das Kind „komme", ist unwahrscheinlich. Die spätere Entstellung des Namens ist kaum erklärbar. Eher handelt es sich also um eine vorgriechisch-kleinasiatische Gottheit.
[340] Xen., Anab. I 8, 18. V 2, 14.
[341] Zu den zuletzt genannten Göttern s. Burkert, Griechische Religion, 265–269, sowie am günstigsten die entsprechenden Darstellungen im Kleinen Pauly.
[342] Siehe dazu S. 50 mit Anm. 78.
[343] Burkert, Griechische Religion, 271 f.
[344] Burkert, Griechische Religion, 272.

Sonne, HELIOS, wurde zwar überall als Gott betrachtet, doch besaß dieser nur auf der Insel Rhodos, wo er anthropomorph dargestellt wurde, einen erwähnenswerten Kult.[345] – Die griechische Religion kannte auch „Göttervereine",[346] und zwar nach Geschlechtern getrennt. So gab es Eileithyien,[347] die schon erwähnten Titanen und Pane. Weiters sei an die gerade erwähnten Nymphen, an die Musen, Chariten, Nereiden, Erinyen/Eumeniden, Gorgonen, Kureten, Korybanten und viele andere erinnert. Die Angehörigen solcher Göttergruppierungen wurden in der Regel nicht als eigentliche Götter, sondern als deren Diener oder Vorläufer bezeichnet, zumal sie häufig einem der großen Götter zugeordnet waren, oder auch als Dämonen.[348] Manche besaßen bedeutende Kulte, so die Musen auf dem Helikon, die Chariten in Orchomenos, andere figurierten allerdings nur in den Darstellungen des Mythos. Vielfach entsprachen sie realen Kultgemeinschaften („Thiasoi") oder sonstigen menschlichen Kollektivgruppen.[349]

Die Bezeichnung der Mitglieder der „Göttervereine" als Dämonen wirft die Frage auf, wie es mit diesem Begriff steht.[350] Weder unter dem Gesichtspunkt der Etymologie[351] noch aufgrund des Wort-

---

[345] Burkert, Griechische Religion, 273f. Der berühmte „Koloß von Rhodos", eines der sieben Weltwunder, stellte Helios dar. Die Rolle der Naturgottheiten in der griechischen Religion wurde in der Forschung vielfach überschätzt (s. oben S. 5f.). Aber schon die antike Naturphilosophie hatte solche Spekulationen gefördert. Kulte für Naturgottheiten waren jedoch selten.

[346] Siehe dazu Burkert, Griechische Religion, 268–271. Siehe auch S. 64.

[347] Schon bei Hom., Il. XI 270., XIX 119.

[348] In den genealogischen Mythen, bes. bei Hesiod, erhielten manche von ihnen individuelle Namen, doch ist dies eine sekundäre Spekulation bzw. dichterische Erfindung. Auch Abstrakta konnten in Göttervereine zusammengefaßt werden. Sie wurden auf diese Weise personifiziert. So die Horen, die bei Hesiod „gute Ordnung", „Recht" und „Frieden" benannt wurden. Ähnlich steht es mit den Moiren, wobei allerdings zu beachten ist, daß die Moira nie ein Abstraktum war, sondern eine wenn auch unpersönliche, so doch sehr wirksame Schicksalsmacht. Siehe S. 68f.

[349] Man denke an den Thiasos des Dionysos, s. S. 115f. Die Griechen meinten allerdings umgekehrt, daß die menschlichen Thiasoi ihre göttlichen Vorbilder nachahmten. Hinter den Kabeiren, Idäischen Daktylen, Telchinen und Kyklopen standen vermutlich Schmiedezünfte, hinter den Gorgonen „Maskenbünde" u. a. m. (Burkert, a. O., 269f.).

[350] Siehe Walter Pötscher, Der Kleine Pauly 1 (1964), 1361, 46–1362, 44 (mit der dort angegebenen Literatur), J. ter Vrugt-Lentz, Geister (Dämonen), II: Vorhellenistisches, RAC 9 (1976), 598–615, Burkert, Griechische Religion, 278–282 (Literatur S. 278, Anm. 1), und John E. Rexine, "Daimon

gebrauches in der ältesten griechischen Literatur, insbesondere der homerischen Dichtung, bestand ursprünglich zwischen den Göttern (ϑεοί) und den Dämonen (δαίμονες) – beide Begriffe waren weitgehend synonym – ein Rangabstand oder ein ins Gewicht fallender Funktionsunterschied. Auch die hohen olympischen Götter konnten in der homerischen Dichtung als Dämonen bezeichnet werden. Einerseits wurden ursprünglich offenbar nicht etwa bestimmte Klassen von Göttern so bezeichnet, sondern nicht genannte und vor allem nicht nennbare Gottheiten, also göttliche Kräfte, die sich der individuellen Bezeichnung oder persönlichen Gestaltung entzogen, andererseits solche mit einer undurchschaubaren Wirkungsweise, also Götter, die man sich als unvorhersehbar Unglück oder Glück bringend in das menschliche Leben eingreifend dachte. Im allgemeinen fürchtete man solches Wirken eher, als daß man sich darauf freute und es herbeisehnte. Eine Differenzierung der Bedeutung von ϑεός und δαίμων trat erst infolge philosophischer Spekulation ein, zunächst bei Platon und Xenokrates.[352] Von da ab und insbesondere in hellenistischer Zeit sind die Dämonen zwar Wesen göttlichen Charakters, aber doch von niedrigerem Rang und vor allem Schaden stiftende Mächte. Ganz anders lesen wir es bei Hesiod.[353] Nach seiner Darstellung waren die Menschen des Goldenen Zeitalters, als ihr Geschlecht verging, nach dem Willen des Zeus zu Dämonen geworden, die über die Menschen als gute, Reichtum spendende Wesen wachten. Entsprechend konnten später bedeutende Persönlichkeiten nach ihrem Tod zu seligen Dämonen werden. In hellenistischer Zeit hielt man alle Verstorbenen für (in der Regel allerdings huldvolle) Dämonen.

Einen besonderen Hinweis verdienen fremde Götter, die in Hellas

in Classical Greek Literature, Platon 37, 73/74 (1985), 29–52. Ich halte mich in dieser Darstellung weitgehend an Burkert.

[351] Siehe Pötscher, a. O., 1361, 46–54; Burkert, a. O., 279, Anm. 3. Die Etymologie von ϑεός ist unsicher. Ebenso jene von δαίμων, weil der Stamm δαι mehrdeutig ist. Die geläufigste Deutung von δαίμων als „Zuteiler" stößt auf Schwierigkeiten, ist aber nicht unmöglich. Andere Deutungsversuche sehen in den Dämonen „Zerreißer und Fresser von Leichen" oder „Leuchten" (= Fackelträger im Kult). Diese Etymologien sind allerdings nicht minder problematisch. Siehe auch Erbse, a. O. (Zitat in Anm. 94), 259–273. S. auch Anm. 45.

[352] ter Vrugt-Lentz, a. O., 613–615, und Burkert, Griechische Religion, 484–488. Siehe jedoch Ugo Bianchi, Gnomon 53 (1981), 421.

[353] Hes., op. 121–126.

aufgenommen und teilweise kultisch verehrt wurden. Die Abgrenzung dieser Gottheiten von den „griechischen" ist insofern problematisch, als die Angehörigen des von Zeus regierten hellenischen Götterstaates von Anfang an sehr verschiedener Herkunft waren. Die echt griechischen Götter, d. h. jene indogermanischer Herkunft, waren gegenüber den prähellenischen und mediterranen oder aus dem Orient übernommenen in der Minderzahl. Entscheidend war, daß diese von den Dichtern des alten Epos unter die olympischen Götter aufgenommen worden waren und deren Gemeinschaft durch die prägende Kraft der Dichtung zu einer im wesentlichen geschlossenen Einheit gestaltet wurde. Anders steht es mit jenen Göttern, deren Kult in späterer Zeit in Griechenland eindrang. Eine von ihnen war die „Große Mutter"[354]. In ihr vereinigten sich bodenständige Traditionen mit fremden. Denn einerseits bezeugen schon die Linear B-Texte die Verehrung der „Potnia", sozusagen der „Hohen Frau", in verschiedenen kultischen Ausgestaltungen, die ihrerseits aber eine machtvolle weibliche Gottheit prähellenischer Zeit im späteren griechischen Siedlungsraum voraussetzen.[355] Andererseits verehrten die Griechen in historischer Zeit diese Gottheit als die „phrygische Göttin", vor allem unter dem Namen KYBELE (Kybebe),[356] welche die bekannteste Ausformung einer ebenso schon für prähistorische Zeit nachweisbaren altanatolischen erdhaften Muttergottheit war. Diese hatte im kleinasiatischen Raum, im Vorderen Orient und auch auf Kreta ebenfalls in einer kaum überschaubaren Zahl lokaler Hypostasen verschiedene in ihren wesentlichen Konturen übereinstimmende Ausgestaltungen erfahren. Bei den Griechen wurde diese Gottheit dann als Mutter der Götter und Menschen, der Tiere und überhaupt allen Lebens zur „Großen Mutter" schlechthin, verehrt auch als Göttermutter und „Mutter vom Berge", unter diesem Titel vielfach nach ihren Kulten auf bestimmten Bergen benannt, etwa nach dem Kult auf dem phrygischen Idagebirge, auf dem kleinasiatischen Dindymon- und dem

---

[354] Literatur bei Wolfgang Fauth, Der Kleine Pauly 3 (1969), 383, 11–389, 45, passim, und Burkert, Griechische Religion, 276, Anm. 14. – Zur „Großen Mutter", aber auch zu Attis und Adonis s. weiter Burkert, Structure and History, 99–122, 187–203.

[355] Siehe S. 49.

[356] Dazu Wolfgang Fauth, Der Kleine Pauly 3 (1969), 383, 10–389, 45, sowie Maarten J. Vermaseren, Cybele and Attis. The Myth and the Cult, London 1977, und Gabriel Sanders, Kybele und Attis, in: Die orientalischen Religionen im Römerreich, hrsg. von Maarten J. Vermaseren, Leiden 1981, 264–297.

kleinasiatischen Sipylosgebirge. In das genealogische System der griechischen Mythologie ließ sich die „Große Mutter" – als Mutter aller Götter mit anderen Göttinnen konkurrierend – nicht einordnen, es sei denn, sie wurde, was gelegentlich geschah, mit Rheia, der Mutter des Zeus und der anderen Kroniden, identifiziert. Sie besaß auch nur dürftige Mythen. Ihr Zug durch die Wälder und über die Berge hin, begleitet von wilden Raubtieren, wurde bildhaft ausgestaltet; ihre Anhänger wurden mit dem ekstatischen Gefolge des Dionysos gleichgesetzt; für die Selbstkastration ihrer Eunuchenpriester, der „Galloi",[357] wurde ein Aition erdacht. Die Kastratenpriester fanden sich ursprünglich nur im Kybelekult der Stadt Pessinus im Grenzland zwischen Phrygien und Galatien, die sich früh zu einem mächtigen Priesterstaat mit blühendem Handel entwickelt hatte. Später fungierten Eunuchen auch an anderen Kultstätten der „Großen Mutter". ATTIS,[358] eine nicht minder alte Gestalt der phrygischen Religion, wurde in diesen Mythos einbezogen und zum Partner der Kybele. Sein Kult breitete sich mit dem ihren weit über Kleinasien aus. Attis hatte nach dem lange Zeit auf die Griechen abstoßend wirkenden Mythos der von ihm geliebten Kybele Keuschheit gelobt und wurde von ihr, als er das Versprechen brach, mit Irrsinn geschlagen. In seinem Wahn entmannte er sich und starb. (Nach anderen Versionen ließ Zeus ihn durch einen Eber töten bzw. wurde er in eine Fichte verwandelt.) Irgendwie muß er dann wieder zum Leben erweckt und mit seiner Kultpartnerin vereinigt worden sein. Ein Kultfest begehend, zogen die Kybelepriester in die Berge, fanden sein Bild, fügten sich in Raserei Wunden zu und entmannten sich gleich ihm; doch wandelte sich der Schmerz in ausgelassene Freude, ein Symbol des jährlichen Absterbens und Wiedererwachens der Vegetation. Alle Kulte, deren Aitia um Tod und Wiedererweckung kreisen – noch andere werden genannt werden –, haben aber nicht nur diese Bedeutung, sondern vermitteln den Kultgenossen auch die Sicherheit eigener Heilserwartung.[359] Die Anhänger von Kybele und Attis begingen aus diesen Gründen den Kult in großer Erregung, von aufreizendem Flötenklang, dem Dröhnen von Pauken und Lärm kleiner Bronzebecken in Ekstase versetzt. Der Göttin Kybele unterstand im klein-

---

[357] Die Galloi wurden nach der Landschaft Galatien, wo sich der Hauptsitz des Kultes befand, benannt.

[358] Dazu Hans von Geisau, Der Kleine Pauly 1 (1964), 725, 46–726, 25, sowie Gabriel Sanders, a. O.

[359] Siehe Giulia Ifameni Gasparro, Soteriology and Mystic Aspects in the Cult of Cybele and Attis, Leiden 1985.

asiatischen Bereich der kultische Männerbund der Kureten oder Korybanten.[360] Die Griechen öffneten sich relativ spät diesen durch herumziehende Bettelpriester repräsentierten Gottheiten. Ihre Verehrung erhielt als Privatkult gewisse Bedeutung, stieg aber nicht in den Rang eines Poliskultes auf. Allerdings wurde in Athen gegen Ende des 5. Jh. v. Chr. im alten Buleuterion auf der Agora eine Statue der „Großen Mutter" aufgestellt, wonach das Gebäude, später als Staatsarchiv dienend, „Metroon" genannt wurde. Auch in Olympia wurde im 4. Jh. v. Chr. ein „Metroon" errichtet.[361] – Ein anderer phrygischer oder eher phrygisch-thrakischer Gott, dessen Verehrung im privaten Kult ab dem 5. Jh. v. Chr. in Athen festgestellt werden kann, war SABAZIOS,[362] ebenso ein Fruchtbarkeitsgott, dem weiteren Kreis um die „Große Mutter" zugehörig. Er wurde von seinen sich im Rausch mit ihm eins fühlenden Anhängern in orgiastischen Umzügen gefeiert, daher von den Hellenen in Parallele zu Dionysos gesetzt und gleich diesem in privaten Mysterien verehrt. – Weitere thrakische Gottheiten, die bei den Griechen und vor allem in Athen Beachtung fanden, sind BENDIS und KOTYTO.[363] Bendis wurde als Jagdgottheit der Artemis, aber auch der Persephone und Hekate gleichgestellt. Sie erhielt in Athen aus politischen Gründen um 430 v. Chr. nach Ausbruch des Peloponnesischen Krieges einen staatlich geförderten Kult. Kotyto wurde auch in Korinth und auf Sizilien verehrt. – Von größerer Bedeutung war der Kult des ADONIS,[364] der in Griechenland schon um 600 v. Chr. in Blüte stand, u. a. für Argos seit dem 5. Jh. v. Chr., dann auch für Athen und später für Alexandreia bezeugt ist.[365] Die

---

[360] Diesen entsprechen die gleich benannten Göttervereine, s. oben S. 128.

[361] Der Kult der „Großen Mutter" zu Olympia, die hier der Rheia gleichgesetzt wurde, war aber offensichtlich wesentlich älter als dieses spät erbaute „Metroon". In diesem befand sich in der Kaiserzeit kein Bild der Muttergottheit mehr, sondern Statuen der römischen Kaiser (Paus. V 20, 9).

[362] Literatur bei Wolfgang Fauth, Der Kleine Pauly 4 (1972), 1478, 27–1480, 14, passim, und Burkert, Griechische Religion, 278, Anm. 32.

[363] Zu Bendis s. Wolfgang Fauth, Der Kleine Pauly 1 (1964), 860, 33–861, 20. Zu Kotyto ders., Der Kleine Pauly 3 (1969), 321, 40–322, 5.

[364] Literatur bei Wolfgang Fauth, Der Kleine Pauly 1 (1964), 70, 6–71, 35, passim, und Burkert, Griechische Religion, 274, Anm. 3, sowie S. Ribichini, Adonis. Aspetti „orientali" di un mito greco, Rom 1981.

[365] Für Athen ist das Fest der Adonia bezeugt. Ein Bild der Adonisfeier im ptolemäischen Alexandria bietet uns das um 270 v. Chr. entstandene 15. Eidyllion des Theokrit.

Etymologie des Namens,[366] die Genealogie und die Mythologie weisen auf vorderasiatische Herkunft hin. Es erscheint sogar als möglich, daß Adonis, welcher der Aphrodite an die Seite gestellt wurde,[367] schon mit dieser Göttin in früher Zeit den Hellenen zugekommen war, doch ist dies nicht nachweisbar. In der frühen griechischen Dichtung ist seine Gestalt nicht anzutreffen. Bei den Hellenen wurde der Kult dieses Vegetationsgottes zu einem reinen Frauenkult, den man in öffentlichen Festlichkeiten, vor allem aber privat auf den Flachdächern der Häuser beging, wo man Gefäße mit rasch aufkeimenden und wieder verwelkenden Kräutern, die sog. „Adonisgärtchen", aufstellte. Vielfach legte man eine figürliche Darstellung des Gottes auf ein Totenbett und beklagte unter Weihrauchspenden sein Hinscheiden. Unter pantomimischen Tänzen seiner Verehrerinnen, unter Flötenspiel und Klagegesängen wurde er dann sozusagen zu Grabe getragen, indem man die Figur ins Meer warf. Doch fand man Trost im Gedanken, daß der Gott wieder zum Leben erstehen werde. Entsprechend wurde das Fest erweitert, bei dem nun vor der Trauer über seinen Tod die Freude über seinen ἱερὸς γάμος mit Aphrodite Ausdruck fand. Im Mythos[368] war der schöne Knabe der Sohn des Weihrauchbaumes (der „Myrrha") und wurde von Aphrodite, die in Liebe zu ihm entbrannte, der Persephone anvertraut. Aber auch diese liebte ihn und wollte ihn daher nicht mehr herausgeben. Es wurde dann bestimmt, daß er für ein Drittel oder die Hälfte des Jahres bei ihr in der Unterwelt verbleiben müsse, die übrige Zeit jedoch bei Aphrodite weilen dürfe. Vom Tod des Adonis, der das Absterben der Natur versinnbildlichte, gab es verschiedene Versionen, z. B. daß ihn auf der Jagd ein Wildschwein tödlich verletzt hätte. Vielfach knüpfte die Erzählung, daß Adonis einen Teil des Jahres in der Unterwelt, die übrige Zeit bei Aphrodite verbrächte, an diese Erzählung von seinem Tode an: Die untröstliche Göttin erbat von der sonst unerbittlichen Persephone, daß er ihr für die angegebene Zeit zurückgegeben würde. – Auch verschiedene ägyptische Götter waren den Griechen früh bekannt, doch breitete sich ihr Kult erst in hellenistischer Zeit in

---

[366] Adonis zu sem. *adon* = „Herr". Siehe Fauth, a. O., 70, 27–32, und Burkert, a. O., 274f. Burkert weist darauf hin, daß ein genau entsprechender Kult in Verbindung mit diesem Titel und erst recht der Adonismythos im semitischen Bereich nicht nachweisbar sind.

[367] Er war Parhedros der altsemitischen Liebes- und Fruchtbarkeitsgöttin Ištar-Astarte.

[368] Siehe Burkert, Griechische Religion, 275, mit Anm. 11.

der griechischen Ökumene aus, so besonders jener der ISIS, des SARAPIS [369] und des OSIRIS.

Zwischen Göttern und Menschen stehen als „Halbgötter" [370] von ambivalent göttlich-menschlicher Art die HEROEN. [371] In Hesiods Weltaltermythos stellen sie eine eigene Generation dar, gerechter und besser als die vorhergehende, zugleich hoch über dem jetzigen „eisernen" Geschlechte stehend. Die Etymologie von „Heros" ist unklar. [372] Als Heroen wurden einerseits die Helden des Mythos betrachtet, andererseits – zunehmend in jüngerer Zeit – Tote, die aus ihren Gräbern heraus machtvoll den Menschen halfen oder schadeten und dementsprechend kultische Verehrung forderten bzw. nötig machten, insbesondere – erst in nachhomerischer Zeit – an ihren als „Heroen" (Einzahl: „Heroon") ausgestalteten, später als prunkvolle Bauten errichteten Gräbern. [373] Manche Heroen waren „abgesun-

[369] Reinhold Merkelbach, Isisfeste in griechisch-römischer Zeit. Daten und Riten, Meisenheim am Glan 1963 (Beitr. zur klass. Philologie, 5), Ladislav Vidman, Isis und Sarapis bei den Griechen und Römern. Epigraphische Studien zur Verbreitung und zu den Trägern des ägyptischen Kultes, Berlin 1970 (RVV 29), R. E. Witt, Isis in the Graeco-Roman World, Ithaca–London 1971, Friedrich Solmsen, Isis among the Greeks and Romans, Cambridge, Mass. 1979 (Martin Classical Lectures, 25), Maria Totti (Hrsg.), Ausgewählte Texte der Isis- und Sarapis-Religion, Hildesheim–Zürich–New York 1985 (Subsidia epigraphica, XII).

[370] Die Bezeichnung „Halbgötter" (ἡμίθεοι) für die Heroen findet sich schon bei Hom., Il. XII 23, dann bei Hes., op. 159 f. („Heroen, die Halbgötter genannt werden"). Siehe dazu Burkert, Griechische Religion, 313, Anm. 11. Die Heroen wurden deshalb häufig in Verbindung mit den Göttern genannt. So schwor man „bei den Göttern und Heroen" (Thuk, II 74, 2. IV 87, 2. V 30, 1 u. 3). Nach Hdt. VIII 109, 3 führte Themistokles den Sieg bei Salamis auf „Götter und Heroen" zurück.

[371] Siehe Hans von Geisau, Der Kleine Pauly 2 (1967), 1103, 54–1105, 60, und Burkert, Griechische Religion, 312–319, mit der dort angegebenen Literatur, sowie A. Snodgrass, Les origines du culte des héroes dans la Grèce antique: la mort, les morts, in: La mort, les morts dans les sociétés anciennes, sous la direction di G. Gnoliet et J. P. Vernant, Cambridge–Paris 1982, 107–119.

[372] Literatur bei Burkert, Griechische Religion, 312, Anm. 2. Siehe Anm. 148 (zu Hera).

[373] Der Heroenkult an Gräbern findet sich nicht vor dem letzten Viertel des 8. Jh. v. Chr. Die Entstehung dieser Art von Totenkult dürfte darin ihren Ursprung haben, daß damals auffallende alte Gräber unter dem Einfluß des Epos Helden der Sage zugewiesen wurden, welche für stärker und gewaltiger als die übrigen Menschen gehalten, „heroisiert" wurden. Diese Tendenz verstärkte sich durch das schon bei Hesiod feststellbare Interesse von Völkern,

kene" Götter, andere verstorbene verdiente Persönlichkeiten von großer Bedeutung.[374] Herakles, die Dioskuren und Asklepios, besonders mächtige und volkstümliche Helfer der Menschen, waren Heroen reinster Art, die deren Bereich genauso zugehörten wie dem göttlichen.[375] HERAKLES,[376] der gewaltigste unter den Söhnen des

Städten, Geschlechtern und Familien, ihre Herkunft auf mythische Gestalten zurückzuführen. In späterer Zeit wurden die Kulte solcher Heroen als eine Art Statussymbol der betreffenden Gemeinschaften vielfach reich ausgestaltet, z. B. durch Agone. Mit Rücksicht auf diese Beziehungen besteht ein Unterschied zwischen dem Götter- und dem Heroenkult: im Gegensatz zu jenem war dieser ortsgebunden. Allerdings besaßen manche Heroen Gräber und Verehrung an mehreren Orten. Dies gab Anlaß zu Streitigkeiten oder führte zu einem mühsamen Ausgleich der Ansprüche.

[374] Ein Beispiel für viele „abgesunkene" Götter: Helena, eine wohl vorgriechische und dann besonders in Sparta verehrte Gottheit (der Vegetation?), wurde zur berühmten mythischen Heroine. Ihr Kult (z. B. in Therapne gemeinsam mit dem ihres Gatten Menelaos) war dann in der Regel kein Götterkult mehr, sondern ein Heroenkult. Ein Beispiel für eine heroisierte historische Persönlichkeit ist der Tragödiendichter Sophokles, der, weil er bei der Aufnahme des Kultes des Epidaurischen Heilgottes Asklepios in Athen im Jahre 420 v. Chr. diesem bis zur Errichtung eines eigenen Tempels in seinem Hause Unterkunft gewährt hatte, nach seinem Tod als Heros „Dexion" (der „Empfangende", der „Aufnehmende" dieses Gottes) verehrt wurde. Die spartanischen Könige wurden als Heroen beigesetzt. In hellenistischer Zeit wurde die Heroisierung (vereinzelt sogar die Vergöttlichung) eines Verstorbenen, in alter Zeit eine besonders ehrende Ausnahme, fast zur Routine. So heroisierten die neu gegründeten Kolonien ihren Gründer, dessen Heroon sich oft auf dem Marktplatz befand.

[375] Siehe Burkert, Griechische Religion, 319–330, sowie Walter Pötscher, Der Kleine Pauly 2 (1967), 1049, 54–1052, 60 (Herakles), Hans von Geisau, ebd. 2 (1967), 92, 21–94, 16 (Dioskuroi), und Wolfgang Fauth, ebd. 1 (1964), 644, 37–648, 13 (Asklepios), stets mit Literaturangaben.

[376] Zu Herakles s. zusätzlich zu den in Anm. 375 zitierten Untersuchungen Burkert, Structure and History, 78–98, 176–187 (Heracles and the Master of Animals), und H. A. Shapiro, Heros Theos. The Death and Apotheosis of Heracles, The Classical World 77/1 (1983), 7–18. – Der Name des Herakles scheint jenen seiner ihn hassenden Stiefmutter, der Göttin Hera, in sich zu tragen: „Hera sein Ruhm". Dies wirft schwer lösbare Probleme auf. Der Name müßte, so möchte man annehmen, dem Helden wegen seiner Verfolgungen durch Hera gegeben worden sein. Vielleicht stand Herakles jedoch gleich anderen Heroen in früher Zeit unter Heras Schutz und wurde zu Abenteuern ausgesandt, um Ruhm (κλέος) zu erwerben. Daß die harten dabei zu lösenden Aufgaben auf eine Verfolgung durch Hera zurückgingen, könnte eine

Zeus, war dennoch, weil von einer menschlichen Mutter, der Thebanerin Alkmene, geboren, zunächst bloß ein Heros. Allerdings fand sich von ihm kein Grab (über den Mythos seiner Aufnahme in den Götterolymp später), und sein Kult war daher – dies unterscheidet diesen von den sonstigen Heroenkulten – in der ganzen Welt der Griechen (außer auf Kreta) verbreitet.[377] Jedoch betrachteten ihn die Könige der Dorier als ihren Stammvater.[378] Als stets und überall gegenwärtiger „Nothelfer", den man bei verschiedensten Anlässen anrief, zugleich als Schützer vor dem Bösen, dessen Bild wie ein Amulett wirkte, erlangte Herakles größte Popularität. Sie gründete sich auch auf den reichen Sagenschatz, der sich um seine Person rankte, in welchen orientalische Motive eingegangen waren. Diese Mythen wurden im Laufe der Jahrhunderte infolge der Volkstümlichkeit des Helden erst recht vermehrt. Um etwa 600 v. Chr. wurde zwar ein fester Zyklus von zwölf besonders hervorragenden Kämpfen und Leiden des Heros kanonisiert, welche er infolge einer Intrige seiner großen Gegnerin, seiner Stiefmutter Hera, im Dienste des mykenischen Königs Eurystheus bestehen mußte, jedoch wurde dadurch die reich wuchernde mythenbildende Phantasie der Griechen, was seine Gestalt betrifft, nicht gelähmt. Wegen seiner heroischen Größe wurde Herakles zum Vorbild der Philosophen, Athleten und sogar der Herrscher. Er erhielt aber auch den gebührenden Lohn: Zwar mußte er nach Bestehen eines letzten Abenteuers auf dem Gipfel des Oita einen grauenhaften Feuertod erleiden, wurde aber durch diesen in den Himmel erlöst, d. h. er fand Eingang in den Götterolymp. Das widersprüchliche Nebeneinander von Tod und Vergöttlichung gründet in der erwähnten göttlich-menschlichen Ambivalenz des Wesens eines

mißverstandene Interpretation sein. Ebenso ist aber möglich, daß der Namensanklang auf Zufall beruht. – Seit Hdt. II 44 wird eine Gleichsetzung des Herakles mit dem phoinikischen Gott Melquart behauptet, wofür manches spricht. Deshalb könnten die Melquart-Säulen am Tempel zu Gadeira – Cadiz zu den „Säulen des Herakles" geworden sein. Siehe dazu Burkert, Griechische Religion, 322, mit Anm. 21.

[377] Eine besonders berühmte Kultstätte befand sich auf dem Oita-Gebirge nahe Trachis, wo deshalb der Mythos vom Tode bzw. der Vergöttlichung des Herakles lokalisiert und alle vier Jahre ein großes Feuerfest mit Stieropfern und Wettkämpfen zu seinen Ehren begangen wurde.

[378] Siehe Burkert, Griechische Religion, 324: Wahrscheinlich handelt es sich um eine fiktive Legitimierung der dorischen Einwanderung in die Peloponnes. Der eponyme Heros einer der dorischen Phylen wurde demnach zum Sohn des in der Argolis beheimateten Herakles.

Heros.[379] Seine Entrückung in den Olymp bewirkte, daß Herakles, wie erwähnt,[380] gelegentlich auch in der Liste der zwölf großen Götter der Hellenen aufscheint. – Die DIOSKUREN, „Jünglinge des Zeus", d. h. dessen Söhne, gehörten, da Leda, die Gattin des spartanischen Königs Tyndareos, ihre Mutter war, dennoch bloß dem Kreis der Heroen zu. Doch erlangten sie, bzw. wenigstens einer von ihnen, göttliches Leben im Olymp. Sie waren – ursprünglich vielleicht voneinander unabhängige Heroen – schon nach altem Mythos untrennbar miteinander verbundene Zwillinge. Indogermanische Herkunft ist anzunehmen, jedoch gewannen auf ihre Eigenart Repräsentanten eines Männerbundes Einfluß, der die anatolische Große Göttin umgab. In den einzelnen Landschaften von Hellas hatten sie in früher Zeit verschiedene Namen, doch setzten sich ihre dorischen Bezeichnungen KASTOR und POLYDEUKES (lat. Pollux) allgemein durch. So ist denn auch ihr Kult vorwiegend im dorischen Bereich und besonders in Sparta bezeugt, wo sie nach dem Mythos heranwuchsen und zu dessen Doppelkönigtum enge Beziehung besaßen. Ihr dortiger Kult steht auch in Zusammenhang mit Männerbund und Initiation. Nach dem Mythos waren sie Brüder der Helena, jener später zu einer mythologischen Gestalt abgesunkenen alten spartanischen Göttin, die auch von Zeus in Leda[381] gezeugt worden war. Als Theseus Helena geraubt hatte, befreiten sie die Brüder und holten sie nach Hause zurück. Die Dioskuren waren kriegerische Reiter und zogen auf mannigfache Abenteuer aus. In vielen griechischen Mythologemen spielten sie eine Rolle. Das Volk verehrte sie als ritterliche Nothelfer vor allem bei Seesturm und im Kampf. Während Kastor im Kampfe fiel, wurde der unsterbliche Polydeukes in den Olymp aufgenommen. Zwar löste die Heldensage das Problem, indem sie den spartanischen König Tyndareos und nicht Zeus zum Vater des Kastor machte, doch war das Paradoxon dadurch nicht aufgehoben. Denn das Zwillingspaar blieb ungetrennt und führte dann eine trotz aller mythischen Ausgleichsversuche logisch nicht erklärbare Doppelexistenz zwischen Olymp und Todesnacht. – Auch der berühmte Arzt ASKLEPIOS wurde als Sohn eines Gottes, des Apollon, von einer Sterblichen, Koronis, der Tochter des Lapithen Phlegyas, geboren,[382] zeugte Kinder und

---

[379] Siehe Pindar, Nem. III 22: Hier wird Herakles ἥρως θεός genannt.
[380] Siehe S. 64 und 121.
[381] Nach altem Mythos wurde Helena von Zeus allerdings in der Göttin Nemesis gezeugt. Siehe Burkert, Griechische Religion, 287.
[382] Pindar, Pyth. III 7 nennt ihn ausdrücklich Heros.

starb, getötet durch den Blitzstrahl des Zeus, weil er einen Toten zum Leben erweckt und damit seine Befugnisse überschritten hatte.[383] Bei Homer ist Asklepios, wie seine Söhne Podaleirios und Machaon, ein vorbildlicher Arzt, aber nicht mehr. Wie er zum Sohn des Apollon und damit zum Heros und schließlich zum unsterblichen Gott wurde, ist ungeklärt. Es scheint der einmalige und hochinteressante Fall vorzuliegen, daß das Vertrauen des Volkes auf den heroisierten Arzt und die allgemein um sich greifende Verehrung ihn zum Heilgott werden ließ. Von Trikka in Thessalien, woher Asklepios nach dem Mythos stammte, breitete sich seine Verehrung in Hellas aus, besonders seit dem 5. Jh., als sein Heilkult in Epidauros zu hoher Berühmtheit gelangt war und dort jenen des Apollon überlagert hatte, wie die Asklepiosverehrung überhaupt vielfach an den Kult dieses Gottes anknüpfte. Das Heiligtum in Epidauros, von dem Filialgründungen ausgingen, stellte alle anderen in den Schatten. Auch die Angehörigen der berühmten Ärzteschulen von Kos bezeichneten sich als Asklepiaden, also als Nachkommen dieses Gottes. Asklepios, dessen Apotheose sozusagen ohne Zustimmung der Götter erfolgt war, dachte man sich nicht im Olymp weilend, sondern, in der Regel in Gestalt einer Schlange, mitten unter den heilungsuchenden Menschen.

6. Die Eschatologie in archaischer und klassischer Zeit

Wie schon erwähnt,[384] waren die Jenseitsvorstellungen der archaischen und klassischen Zeit in Hellas stark von der homerischen Epik beeinflußt. Die Hellenen bezeichneten sich im Gegensatz zu den Göttern als die „Sterblichen" (βροτοί, θνητοί). Nach den gängigen Mythen konnten nicht einmal die Götter Menschen vor dem Tode bewahren oder Tote aus dem Jenseits in das Diesseits zurückführen. Da die Griechen im Diesseits verhaftet waren, entbehrte das Leben der Verstorbenen nach ihrer Vorstellung weitgehend positiver Aspekte. Man wollte mit dem Bereich des Todes möglichst nicht in Berührung kommen, weder religiös-geistig noch körperlich,[385] und mied sogar

---

[383] Sein Grab war nicht an einem Ort, sondern in verschiedenen Heiligtümern lokalisiert. Sein Grabkult verlor aber an Bedeutung, da ihn die Verehrung des Volkes zum unsterblichen Gott machte.
[384] S. 66ff.
[385] Robert Garland, The Greek Way of Death, London 1985.

Die Eschatologie

den Namen des ihnen verhaßten Gottes der Unterwelt, Hades, nach welchem auch sein düsterer Herrschaftsbereich benannt war.[386] Obwohl die Toten, welche dort weilten, nach der Überzeugung der Griechen ihre Lebensgewohnheiten beibehielten und ihrer Tätigkeit weiter nachgingen, waren sie wesenlose Schatten ohne Lebenskraft. In diesem traurigen Jenseits empfingen sie weder Strafen noch Lohn für ihr Verhalten im Leben anderen Menschen gegenüber. Strafen oder Belohnungen wurden ihnen nur für Vergehen den Göttern gegenüber, die sie zu Lebzeiten begangen hatten, zuteil oder weil sie göttlich geschützte Verpflichtungen, wie das Tempelasyl, die Gastfreundschaft, die Ansprüche von Schutzsuchenden nicht beachtet oder etwa einen Eid gebrochen hatten, bzw. für Verdienste um die Götter. Die vom Verhalten der Menschen betroffenen Götter oder Zeus, der im besonderen für die Beachtung der erwähnten Verpflichtungen zu sorgen hatte,[387] teilten Strafe und Lohn zu. Die von der Strafe betroffenen Büßer verweilten nicht mit den anderen Toten im Hades, sondern wurden in die finstere Tiefe des Tartaros gestürzt, während die auserwählten Belohnten in gottähnlichem, nie vergehendem Glück in das Elysion eingingen, auf die „Inseln der Seligen" am Rande der Welt oder auf eine andere entfernte, von jedem Unheil freie Insel entrückt wurden.[388] Das Richteramt für nach dem Tode begangene Taten kam verstorbenen Herrschern zu, welche diese Aufgabe schon im Diesseits erfüllt hatten. Die größte Rolle spielte der gerechte Kreter Minos. Hierbei handelt es sich jedoch um eine reine Schiedsgerichtsbarkeit, nicht oder nur in Ausnahmefällen um eine Strafgerichtsbarkeit. Natürlich liegen hier dennoch Ansätze zu einer Weiterbildung der Vorstellung von einer Vergeltung des Verhaltens gegenüber anderen während des Lebens vor. Vertieft wurde sie besonders in Geheimkulten, den Mysterien. Den Eingeweihten (Mysten) wurde nämlich für ihr verdienstvolles Leben die Verheißung zuteil, im Gegensatz zu den Nichteingeweihten im Jenseits in Seligkeit weiterzuleben.[389] Solche Ansätze waren um so wirksamer, als die bisher

---

[386] Siehe S. 121 ff.

[387] Siehe S. 64 f. und 75.

[388] Burkert, Griechische Religion, 305. In das Elysion einzugehen oder auf eine Insel entrückt zu werden, bedeutete ursprünglich, überhaupt vom Tode verschont zu bleiben. Diese Auffassung galt (trotz ihrer Verehrung in ihren zu Heiligtümern gewordenen Grabstätten!) insbesondere für die Heroen (s. dazu S. 134), trat jedoch hinsichtlich der übrigen Menschen zugunsten der erwähnten Überzeugung von deren unausweichlicher Sterblichkeit zurück.

[389] Seit dem 6. Jh. v. Chr. zeichnet sich in Umrissen ein erst von Platon voll

behandelte, in der homerischen Dichtung und nachher dominierende Vorstellung vom Leben des Menschen nach dem Tode mit einer gegensätzlichen konkurrierte, wonach den Toten eine gewisse Macht über die auf der Welt zurückgebliebenen Menschen verblieb (Gedanke vom „lebenden Leichnam"). In der Frühzeit wurde diese Macht fast ausschließlich als Bedrohung empfunden.[390] Die daraus resultierende Angst vor dem „lebenden Leichnam" und der Wunsch, sich vor dessen Rache zu sichern, stellten eine starke Motivierung für eine würdige Bestattung des Verstorbenen und für den Totenkult dar. In nachhomerischer Zeit trat die Vorstellung, der Tote sei nicht völlig aus dem Bereich der Lebenden ausgeschieden, immer stärker in Erscheinung und nahm eine positive Wendung. Man glaubte nun, die Toten kümmerten sich um die Menschen. Nach Hesiod waren die

---

ausgebildetes geschlossenes Bild vom Totengericht ab, vermutlich zunächst in theologischer Spekulation der Orphik, die eine nur unvollständig faßbare systematische Lehre vom Schicksal der Seele nach dem Tode und über die Mittel, wie man sich durch einen entsprechenden Lebenswandel eine jenseitige Seligkeit sichern könne, entwickelte. Diese in Mysterienbegehungen mündende Doktrin wurde auf den mythischen Sänger Orpheus aus Thrakien zurückgeführt. Zu den Mysterien s. Wolfgang Fauth, Der Kleine Pauly 3 (1969), 1533, 59–1542, 32, und Burkert, Griechische Religion, 413–451, mit reichlichen Literaturverweisen. Ein Literaturzusatz: Jocelyn Godwin, Mystery Religions in the Ancient World, London 1981. Bedeutendere öffentliche Mysterienkulte gab es im attischen Eleusis (Kult der Demeter und ihres Götterkreises, s. S. 112; dazu nunmehr auch L. M. Lambiris, The Eleusinian Mysteries, Epistula Zimbabweana 17 [1983], 10–20) und auf der Insel Samothrake (Kult der Kabeiren, der „Großen Götter", alter ungriechischer Gottheiten; s. dazu Susan Guettel Cole, Theoi megaloi. The Cult of the Great Gods at Samothrace, Leiden 1984 = Études préliminaires aux religions orientales dans l'empire romain, 96). Andere Mysterien wurden privat gepflegt, insbesondere in den dionysischen Thiasoi, vorwiegend von Frauen gebildet, und in orphischen Zirkeln. Ohne größere Bedeutung für die griechische Welt waren die Mysterienkulte der Kybele und des Attis (s. S. 130ff.), des altiranischen Gottes Mithras und der ägyptischen Götter Isis–Osiris–Sarapis. Die Einweihung in die Mysterien erfolgte in der Regel stufenweise nach Erfüllung oft strenger asketischer (auch sittlicher?) Pflichten und im Rahmen eines bestimmten Rituals, über das wir wegen der Schweigepflicht der Mysterien nur unvollkommene Kenntnis besitzen. Siehe dazu S. 151 ff.

[390] Eine Ausnahme machen die Heroen, welche deshalb eine regelrechte Verehrung nach Art der Götter erhielten. Sie waren wirksame Helfer der Menschen, insbesondere auch im Kampf. Siehe Burkert, Griechische Religion, 317f.

Menschen des Goldenen Zeitalters, als ihr Geschlecht verging, durch die Gunst des Zeus zu guten, den Menschen wohlwollenden, sie überwachenden und schützenden, ihnen sogar Reichtum spendenden Wesen geworden.[391] In der Dichtung der archaischen und klassischen Zeit findet sich auch sonst wiederholt das Bild von Verstorbenen, die Hinterbliebenen und insbesondere Menschen, die ihnen eine würdige Bestattung[392] zuteil hatten werden lassen, durch Rat und Tat

[391] Hes., op. 121–126.
[392] Zu Bestattung und Totenkult und zu den Jenseitsvorstellungen in der archaischen und klassischen Zeit s. Burkert, Homo necans, 60–69, Dietrich Wachsmuth, Der Kleine Pauly 5 (1975), 891, 4–901, 58, und Burkert, Griechische Religion, 293–306, mit reichen Literaturangaben. Dazu eine Ergänzung: Le sacrifice dans l'antiquité. Huit exposés suivis de discussions par Jean-Pierre Vernant, G. S. Kirk, Walter Burkert, H. S. Versmel, Albert Henrichs, Giulia Piccaluga, Ugo W. Scholz, Robert Turcan, Entrétiens préparés et présidés par Jean Rudhart et Olivier Reverdin, Vandœuvres-Genève 25–30 Août 1980, Vandœuvres-Genf, Fondation Hardt, 1981 (Fondation Hardt, Entrétiens sur l'antiquité classique, XXVII). Zum Heroenkult im besonderen s. S. 134 mit Anm. 373. Die Bestattungsbräuche (samt Totenmahl und Leichenspielen) und im besonderen die Totenopfer können hier nicht erörtert werden. Es sei nur erwähnt, daß die am Grabe gespendeten Opfer von Speise und Trank die Vorstellung voraussetzen, der Verstorbene lebe und seine Seele sei am Ort der Bestattung unter der Erde gegenwärtig. Auch glaubte man deshalb, man könne die Toten am Grabe beschwören. Dies steht im Widerspruch zur Auffassung, die Seele sei in das ferne Reich kraftloser Schatten eingegangen. Da der Tote, wie man annahm, im Jenseits, wie erwähnt, seinen Lebensgewohnheiten weiter nachging, wurden ihm außer Speise und Trank vielfach für sein jenseitiges Leben unentbehrliche Teile seines Besitzes gemäß seiner sozialen Stellung in das Grab mitgegeben, so Waffen, Haushaltsgeräte und Schmuck, nach der Münzprägung oft auch eine kleine Münze, gedeutet als Fährgeld für den Totenfährmann Charon, in Wirklichkeit eine Ersatzbeigabe zur Ablösung des Besitztums durch den Erben, ebenso eine Vorkehrung gegen die befürchtete „Rache" des „lebenden Leichnams". Ob der Übergang von der Einzelbestattung in der Frühzeit des Griechentums zu der (oft sehr festlich ausgestalteten) Brandbestattung, die im griechischen Raum seit etwa 1200 v. Chr. zunehmend üblich wurde, wie insbesondere Erwin Rohde annahm, bezeugen soll, die Macht des Toten sei gebrochen, seine Seele sei aus dem Bereich der Lebenden verbannt worden, vor ihr brauche man also keine Angst mehr zu haben, ist äußerst zweifelhaft. Siehe dazu Burkert, Griechische Religion, 295. Burkert, 298, behandelt auch die Grabdenkmäler und ihre Inschriften; zu Anm. 34 seien weitere Literaturhinweise auf fünf in den Commentationes Aenipontanae als Bände 17 (1966), 22 (1976), 23 (1977), 26 (1979) und 27 (1981) erschienene Innsbrucker Dissertationen gegeben: Ewald Griessmair,

ihre Dankbarkeit erwiesen, die aber auch Beleidigungen und vor allem Mord und Totschlag sowie die Vernachlässigung der heiligen Pflicht der Totenbestattung rächten.[393] Das Recht eines Verstorbenen

Das Motiv der Mors immatura in den griechischen metrischen Grabinschriften; Bernd Lorenz, Thessalische Grabgedichte vom 6. bis zum 4. Jh. v. Chr.; Hermann Raffeiner, Sklaven und Freigelassene. Eine soziologische Studie auf der Grundlage des griechischen Grabepigramms; Josef Pircher (unter Mitarbeit von Gerhard Pfohl), Das Lob der Frau im vorchristlichen Grabepigramm der Griechen; Anton Stecher (unter Mitarbeit von Gerhard Pfohl), Inschriftliche Grabgedichte auf Krieger und Athleten. Eine Studie zu griechischen Wertprädikationen. Noch eine Bemerkung zu den Leichenspielen: Daß zwischen diesen und der Totenfeier eine innere Verbindung bestand, die Leichenspiele also ihrem Wesen nach und nicht etwa nur aus Gewohnheit Teil des Totenkultes waren, ist m. E. nicht bewiesen, obwohl die einschlägige Forschung neueren Datums, vor allem in Verbindung mit der Untersuchung der Ursprünge der olympischen und übrigen panhellenischen Spiele, in Übereinstimmung mit in der Antike verbreiteten Auffassungen dies zuversichtlich behauptet, so Burkert, Homo necans, 65 (unter Berufung auf bedeutende Untersuchungen von Karl Meuli); Ingomar Weiler, Der Agon im Mythos. Zur Einstellung der Griechen zum Wettkampf, Darmstadt 1974 (Impulse der Forschung, 16), 253–255; Burkert, Griechische Religion, 173f.; Olympia von den Anfängen bis zur Gegenwart, von einem Autorenkollektiv unter Leitung von Joachim Ebert, Leipzig 1980, 9f.; und Ingomar Weiler, Der Sport bei den Völkern der Alten Welt. Eine Einführung, Darmstadt 1981, passim, bes. 106 bis 108 (mit wichtigen Literaturverweisen). Mir scheint dennoch erwägenswert, daß die Leichenspiele allein aus der Freude an sportlicher Betätigung und an sportlichem Wettkampf entstanden sind, wozu das Zusammentreffen der Jugend anläßlich der Bestattung einer bedeutenden Persönlichkeit geeigneten Anlaß bot, eine Auffassung, die vor allem Julius Jüthner nachdrücklich vertreten hat. Es ist nicht zu übersehen, daß die im 23. Gesang der homerischen ›Ilias‹ dargestellten sog. Leichenspiele des Patroklos nicht zur Totenfeier des verstorbenen Helden gehören, sondern daß Achill die aus diesem Anlaß versammelten Hellenen, nachdem das Grabmal nach der Leichenverbrennung aufgeschüttet war und die Anwesenden auseinanderzugehen im Begriffe waren, zurückhielt und zur Teilnahme an einem sportlichen Wettkampf durch Aussetzung von Preisen animieren mußte (Il. XXIII 257–261) und daß gerade in der homerischen Dichtung gemeinsame sportliche Betätigung und Wettkämpfe auch aus anderem Anlaß erwähnt werden. Besonders berühmt sind die athletischen Spiele, die bei den Phaiaken für den noch unerkannten Gastfreund Odysseus gegeben werden: Hom., Od. VIII 97–265. Zu Julius Jüthner s. bes. dessen von Friedrich Brein hrsg. Werk: Die athletischen Leibesübungen der Griechen, Bd. I, Wien 1965 (Österr. Akad. d. Wiss., phil.-hist. Kl., Sitz.-Ber. 249, 1), 77.

[393] Siehe J. ter Vrugt-Lentz, a. O., 611f.

auf eine regelrechte Bestattung gründete sich nicht nur auf Pietät, sondern war auch ein kultischer Anspruch: Unbestattete konnten nicht in die Unterwelt eingehen und schreckten daher als umherirrende „Geister" die Hinterbliebenen.[394]

7. Der Kult in archaischer und klassischer Zeit

Kulthandlungen[395] wurden in der Regel für je eine Gottheit oder Göttergruppen vollzogen, und zwar nicht nur für die oben erwähnten großen und kleineren Gottheiten und die in Griechenland bekannten fremden Götter, sondern auch für Lokalgottheiten. Als Polytheisten verehrten die Griechen in ihren Gemeinschaften (etwa den Stadtstaaten), aber auch privat mehrere (viele) Götter. Daher waren Kultstätten in der Regel nicht etwa bloß für einen Gott, sondern für verschiedene Götter eingerichtet, man konnte sogar beim Fest eines bestimmten Gottes in dessen Heiligtum auch anderen Göttern opfern und zu diesen beten.[396] Dementsprechend standen in heiligen Bezirken oder Tempeln, die dem Kult eines bestimmten Gottes galten, häufig auch Statuen anderer Götter, ja, man errichtete Kultstätten gelegentlich nebeneinander, damit eine Verbindung zwischen den

---

[394] Getötet und nicht bestattet zu werden galt als besonders schwere Strafe. Nach Hdt. VII 133; Thucyd. I 134, 4; II 67, 4; Xenoph., Hell. I 7, 20 u. Aristoph., Nub. 1449; equ. 1362; ran. 574, wurden in Athen und Sparta gewisse Verbrecher in einen Abgrund gestürzt. Offenbar fürchtete man von Staats wegen die Rache dieser umherirrenden „Geister" nicht. Vgl. J. ter Vrugt-Lentz, a. O., 612.

[395] Literatur ist in der Auswahlbibliographie verzeichnet (Spezialliteratur zum griechischen Kult und zum Orakelwesen). Dies erlaubt hier eine größere Zurückhaltung in den bibliographischen Hinweisen. Siehe jedoch insbesondere auch Burkert, Griechische Religion, 99–190, 343–451. Zum Opfer s. weiter die in Anm. 392 erwähnte Veröffentlichung der Fondation Hardt.

[396] Ein Beispiel für viele sind die Eleusinia im attischen Eleusis. Siehe dazu Burkert, Griechische Religion, 332. Für dieses Fest „werden als Empfänger von Opfern genannt: Themis, Zeus Herkeios, Demeter, Pherephatta, sieben Heroen, Hestia, Athena, Chariten, Hermes, Hera und Zeus, dazu noch Poseidon und Artemis. Die ‚beiden Göttinnen' mit ihren Heroen stehen im Zentrum, umrahmt vom Herrn der 'Einhegung' mit dem 'Herd'; Themis, als das sakrale Recht in Person, eröffnet, Athena kann nicht fehlen; Chariten und Hermes gehören zum Agon, das Paar der höchsten Götter folgt, Poseidon und Artemis schließlich haben ihren eigenen Tempel am Eleusinischen Heiligtum."

Kulten hergestellt werde. Auch zwischen räumlich getrennten Heiligtümern wurden kultische Beziehungen gepflegt.[397] Die Kulte von in der homerischen Dichtung mehr am Rande stehenden Gottheiten erwiesen sich in späterer Zeit als besonders attraktiv, so die Demetermysterien zu Eleusis und der Dionysoskult vor allem in Athen.[398] Auch die Kulte neu eingeführter fremder Götter erhielten größere Bedeutung, teils hellenisiert, teils zwar von Ausländern geübt, aber unter Beteiligung vor allem von Angehörigen der sozial niederen hellenischen Schichten. Dies und die ab dem 5. Jh. sich ausbreitende Aufklärung, die gerade Kreise erfaßte, welche die alten traditionsgebundenen Kulte pflegten, führte zu einer zunehmenden Ermüdung der großen Poliskulte. In heiligen Bezirken (τέμενοι), zu diesem Zweck aus dem Gemeindegebiet „herausgeschnittenen" (τέμνειν!) Grundstücken, wurden Tempel (ναοί), welche nicht etwa als Versammlungsräume dienten, sondern als Wohnstätten der Gottheiten betrachtet wurden, und/oder Altäre (βωμοί) errichtet, doch befand sich nicht jeder Tempel oder Altar in einem solchen Bezirk. Kleinere sakrale Rundbauten (θόλοι) dienten vorwiegend dem Heroenkult, der aber auch an Grabmälern vollzogen werden konnte, welche oft aus einem tempelartigen Aufbau auf einem Grabpodium bestanden, also sozusagen aus dem auf ein Podium emporgehobenen Haus des Toten. Dieses hatte häufig die Form eines baldachinartigen Säulenbaues (μονόπτερος), einer Art Schirmdach über dem Heroengrab. In den Tempeln befanden sich Götterbilder, davor die Altäre, welche allerdings auch für sich allein stehen konnten. Es gab keinen Tempel oder Tholos ohne Altar, wohl aber Altäre ohne Tempel bzw. Tholos. Der Altar bestand aus einem Tisch für die Opfergaben, auf welchem auch die Brandopfer dargebracht wurden. Vor Kultstätten für „chtho-

---

[397] Paare und Dreiergruppen von Gottheiten mit gemeinsamen Kultbezirken oder Tempeln waren Zeus–Hera, Apollon–Artemis bzw. Apollon–Artemis–Leto, Demeter–Kore (Persephone)–Pluton (Hades), die aber auch für sich allein verehrt wurden. Eine bestimmte Systematik in den Beziehungen der verschiedenen Kulte zueinander ist zwar nicht zu bezweifeln, Götter und Kulte in ein geschlossenes und logisch geordnetes System zu bringen oder eine umfassende Struktur der Beziehungen anzunehmen jedoch nicht möglich. Sie wurden nicht als Strukturmodell erdacht, sondern sind historisch gewachsen. Siehe dazu Burkert, Griechische Religion, 333, und seine kritischen Bemerkungen über den religionsgeschichtlichen „Strukturalismus" S. 6.
[398] Der Kult des Bauerngottes Dionysos konnte sogar in Delphi in der berühmten Kultstätte des erhabenen Apollon Fuß fassen, wo ihm während der vier Wintermonate eine besondere Verehrung zuteil wurde.

nische" Götter und für Heroen, welche man sich unter der Erde anwesend dachte, befanden sich Opfergruben (βόθροι), durch die man die Opfergaben, in diesem Fall vor allem Trankopfer, zu den Göttern bzw. Heroen gelangen lassen wollte. Der Götterkult konnte auch an einfachen Steinhaufen oder Bäumen vollzogen werden, die als Orte der Verehrung gekennzeichnet waren. Trotz gesetzlicher Regelungen gegen allzu großen Prunk der Kultstätten wurden in klassischer Zeit monumentale Tempel errichtet und großartige Kultstatuen von berühmten Künstlern hergestellt, sicherlich weniger zur Ehre der Gottheit als zum Ruhm der Gemeinde.

Es gab Feste der Familien, der Geschlechter, von Altersklassen, sonstiger sozialer Gruppen, auch von Kultvereinen (θίασοι). Sie alle wurden von den staatlichen [399] und den mit Agonen [400] verbundenen panhellenischen Festen in Olympia, Delphi, am Isthmos von Korinth und in Nemea überragt. Der Übergang zwischen den verschiedenen Arten von Festen war fließend: Feste bestimmter sozialer Gruppen konnten in den Rang von Staatsfesten emporsteigen und manche Feste einer politischen Gemeinschaft erhielten, weil ausländischen Teilnehmern zugänglich, de facto panhellenische Bedeutung. Wegen des Prunkes bestimmter Feste wurden diese von vielen Fremden besucht und oft ergingen sogar Einladungen an andere politische Gemeinschaften, welche dann Festgesandtschaften und allenfalls Wettkämpfer zu den damit verbundenen Agonen entsandten. Zu den Festen dieser Art zählten vor allem die Großen Panathenaeen in Athen. Die Termine solcher Feste waren aufeinander abgestimmt, nicht jedoch die Festkalender der einzelnen Städte und Stämme. Es überrascht, daß die Festkalender den Ablauf des bäuerlichen Jahres kaum beachteten. Genaue Kenntnis besitzen wir vom Festkalender Athens.[401] Durch die Gesetzgebung des Solon festgelegt, wurde er

---

[399] Die Beziehung der Götter zum griechischen Staat und die staatlichen Kulte der Hellenen behandelt in knapper Zusammenfassung (mit Literaturangaben) Weiler, Griechische Geschichte, 127–130.

[400] Zur Problematik der Agone, vor allem zur Frage, ob sie primär ein Teil des Totenkultes waren, s. Anm. 392.

[401] Zum athenischen Festkalender s. H. W. Parke, Festivals of the Athenians. Wichtig ist nach wie vor das Werk von Deubner, Attische Feste. Es ist eine Ergänzung des Buches von Nilsson, Griechische Feste von religiöser Bedeutung mit Ausschluß der attischen. In Athen bezeichnete das (alle vier Jahre besonders feierlich) nach Abschluß der Getreideernte am 28. Hekatombaion, etwa im Juli, begangene Panathenaeenfest den Anfang eines neuen zivilen Jahres. An diesem Tag übernahmen die gewählten Beamten für die

im Jahre 410 v. Chr. durch Volksbeschluß redigiert und neuerlich veröffentlicht.

Der Kult wurde von Priestern vollzogen, die im allgemeinen gesellschaftlich eher unbedeutend waren.[402] Die eigentliche priesterliche Verantwortung oblag dem Oberhaupt von Haus, Familie oder politischer Gemeinschaft.[403] Für die korrekte Durchführung der Kulte und

Dauer eines Jahres ihre Funktion. Der Jahresbeginn an einem Fest gegen Ende eines Monats und nicht zu Monatsbeginn überrascht. In anderen Gemeinden begann das Jahr im Frühling nach der winterlichen Pause der bäuerlichen Arbeit. Auf den bürgerlichen Kalender, die Monatseinteilung der Jahre und dergleichen kann hier nicht näher eingegangen werden, obwohl, wie sich gerade aus dem Beginn des Jahres in Athen am bedeutendsten Staatsfest der Stadtherrin Athena zeigt, Kult- und Kalenderprobleme voneinander nicht zu trennen sind. So sind z. B. die Monatsnamen, nach Orten oft allerdings sehr verschieden, aus den Namen von Göttern (z. B. Poseidonios, Apollonios) oder Bezeichnungen von Festen (so alle ionisch-attischen Monatsnamen: etwa der Pyanopsion, September/Oktober, nach den Pyanopsia, einem Fest des Apollon am 7. Tage dieses Monats, oder der Anthesterion, Januar/Februar, nach dem sehr alten, teils für Dionysos, teils für die Toten gefeierten Anthesterienfest, dem Namen nach einem Blütenfest, vom 11. bis zum 13. Tag dieses Monats) gebildet worden. Daß der schon erwähnte Hekatombaion nicht nach dem angesehensten Fest dieses Monats, den etwa 570 v. Chr. zu großer Bedeutung gelangen Panathenaeen, sondern nach einem unwichtigen, wenn auch alten Fest zu Ehren des Apollon benannt ist, weist auf die frühe Entstehung des attischen Festkalenders hin; s. dazu Burkert, Griechische Religion, 344, unrichtig Burkert, Homo necans, 173. Ziviljahr und „Kirchenjahr" fielen in der griechischen Antike also zusammen. Der Festkalender war allerdings nicht frei von Inkonsequenzen. So wurde in Athen der Zyklus der Jahresfeste schon mehr als zwei Monate vor den Panathenaeen begonnen, nämlich mit den Kallynteria, die am 24. und 25. Thargelion (April/Mai) begangen wurden und an welchen Frauen aus adeligem Geschlecht dem alten Kultbild der Athena Polias, der großen Schutzgöttin Athens, im Erechtheion Schmuck und Kleid abnahmen, es reinigten und die Gewänder in einer Prozession zum Waschen brachten, womit das Kultbild für die Verehrung im folgenden Jahr vorbereitet wurde.

[402] Über die Priester, ihre Aufgaben, Namen usf. s. Krause, a. O., 190f. Eine beispielhafte Untersuchung über das Priesteramt in Athen legt vor R. S. J. Garland, Religious Authority in Archaic and Classical Athens, in: The Annual of the British School at Athens 79 (1984), 75–123, mit reichem bibliographischen Apparat.

[403] So hatte in Athen in Erinnerung an die Pflichten des Königs in alter Zeit vor allem, wenn auch nicht ausschließlich, jener Archon, der den Titel „König" führte, der ἄρχων βασιλεύς, die höchsten kultischen Pflichten zu erfüllen.

die Tempelaufsicht hatten jedoch mit der nötigen Kenntnis der technischen Bedingungen vertraute altertümlich gekleidete, nebenberufliche priesterliche Kultbeamte zu sorgen. An die Lebensführung der Priester wurden keine besonderen Anforderungen gestellt, wenn auch Ehrenhaftigkeit, ein bestimmtes Alter und Freiheit von körperlichen Gebrechen Voraussetzungen zur Übernahme solcher Funktionen und vornehme Abkunft vielfach erwünscht waren. Bestimmte Priesterämter vererbten sich in angesehenen Familien.[404] In älterer Zeit wurde man durch Loswahl Priester, später in der Regel durch Volkswahl, gelegentlich durch Kauf des Amtes. Bei öffentlichen Veranstaltungen hatten die Priester den Ehrenvorsitz inne, sie besaßen manchmal eine Amtswohnung im Tempelbezirk, erhielten Anteil am Opferfleisch sowie an allfälligen Erträgnissen des Tempelbesitzes und an Spenden und bisweilen gesicherte Zuwendungen durch die Gemeinden. Da jedes Priesteramt an einen bestimmten Kult und an ein Heiligtum gebunden war, gab es keinen geschlossenen Priesterstand. Größte Bedeutung kam nur den mit dem Orakelwesen befaßten Priestern zu, so besonders jenen zu Delphi und Epidauros.

Die dem Kult dienenden Vorrichtungen und Geräte waren einfach: Der Opferaltar oder eine Opfergrube, Kränze und Stoffbinden für die Beteiligten, ein Opfermesser, Beil oder eine Keule zum Töten des Opfertieres, Körbe für die Darbringung der unblutigen Opfer, Wasser zur Reinigung der Hände, Fackeln u. ä.

Die Kultpraxis, Ort und Art der Begehungen und der äußere Aufwand, waren häufig gesetzlich geregelt, was aber den Prunk mancher bedeutender staatlicher Kulte nicht verhindern konnte. Feste Formulierungen der üblichen Bitt- und Dankgebete sind nicht erhalten, wohl aber literarische Umformungen, zumal man oft Dichter damit betraute, Festlieder („Hymnen") abzufassen. Die Gebete mußten sich eindeutig an die betreffende Gottheit richten und das Anliegen klar zum Ausdruck bringen.[405] Sie wurden stehend, unbedeckten Hauptes und mit ausgebreiteten Armen gesprochen, meistens waren die Betenden bekränzt und hielten Zweige in den Händen. Reinheit der Hände und Kleidung war selbstverständlich. Die Gebete wurden nicht nur vor dem Altar, insbesondere beim Opfer, sondern auch während der oft sehr feierlich gestalteten Prozession zum Heiligtum[406]

---

[404] In diesen Familien wurden die nötigen „handwerklichen" Kenntnisse von Geschlecht zu Geschlecht weitergegeben.
[405] Siehe E. von Severus, Gebet, RAC 8 (1972), 1135–1152.
[406] Die Prozession (πομπή, eigentlich: Geleit) fehlt bei kaum einem Fest

gesprochen oder gemeinsam gesungen. Die Opfer bestanden teils aus unblutigen Gaben, Speiseopfern (von Feldfrüchten, von einem daraus mit Mehl, Milch, Honig und Öl zubereiteten Brei, von Kuchen oder Käse) und Trankspenden (Wasser, Wein, Milch, Honig oder Öl), ebenso aus Gaben von Weihrauch und Blumen, häufiger jedoch aus blutigen Tieropfern.[407] Je nachdem, ob es sich um ein bloßes Fest-, Bitt- und Dankopfer oder um ein Reinigungs-, Sühne- oder Totenopfer bzw. um ein solches an chthonische Mächte handelte, wurden den Göttern nur Teile des im übrigen von den Teilnehmern am Opfer gegessenen Fleisches oder das ganze Tier dargebracht.[408] Die Gaben mußten bestimmten Vorschriften entsprechen. Staaten und fürstliche Persönlichkeiten brachten wertvolle Weihegaben dar, gewöhnlich in Erfüllung von Gelübden, insbesondere zum Dank für Kriegsglück. So sollte der zehnte Teil jeder Beute oder ihres Erlöses geweiht werden. Privatpersonen widmeten Weihegaben bei glücklichen familiären Ereignissen, etwa bei Hochzeiten, oder nach besonderen beruflichen Erfolgen. Auch pflegten Sieger bei Wettkämpfen sich auf diese Weise bei den Göttern zu bedanken, ebenso aus großer Not gerettete Menschen. An bedeutenden Kultorten, so in Delphi und Olympia, wurden die oft überaus großzügigen Weihegaben der politischen Gemeinschaften in Schatzhäusern deponiert. Kultbegehungen eigener Art waren die Reinheits- und Reinigungsrituale. Körperliche Sauberkeit war, wie erwähnt, bei jeder Kulthandlung selbstverständlich. Verschärfte Reinheitsvorschriften bestanden vor allem in den Mysterien. Diese Maßnahmen hatten apotropäischen Charakter. Auch gab es Reinigungsriten von Befleckung durch (Blut-)Schuld, die Einzelpersonen oder auch politischen Gemeinschaften auferlegt waren und in diesem Fall durch deren Repräsentanten vollzogen wurden. Je spezifische Reinigungszeremonien umgaben die entscheidenden Stationen des menschlichen Lebens: Geburt, Hochzeit und Tod.[409]

und gewann auch Eigenbedeutung. Oft führte sie über eine „heilige Straße". Heilige Geräte und Opfergaben wurden mitgeführt und Prozessionslieder gesungen. Siehe Burkert, Griechische Religion, 163–166.

[407] Das Tieropfer war bei Staatsfesten oft sehr aufwendig. Der Name der Hekatombe weist auf das Opfer von 100 Rindern hin. Über Menschenopfer, die vereinzelt auch noch in historischer Zeit vollzogen wurden, s. Anm. 61.

[408] Eine besondere Art des Opfers, das Göttermahl, die Bewirtung bestimmter Götter, war schon in homerischer Zeit bekannt, wurde aber in historisch hellen Epochen selten durchgeführt. Siehe Burkert, Griechische Religion, 174–176.

[409] Den Sinn und die verschiedenen Formen kultischer Reinigung bespricht

Das Ritual der kultischen Feststellung des Willens der Götter, also der Weissagung, wird Mantik[410] genannt. Alle Götter, vorzüglich jedoch Zeus und Apollon, taten nach dem Glauben der Griechen den Menschen ihren Willen kund. Entweder äußerte sich dieser spontan durch unerwartete schreckenerregende und schwer erklärbare Vorkommnisse, vor allem durch Naturereignisse wie Erdbeben, Unwetter, Blitzschlag, Überschwemmungen, Kometen, Meteore, aber auch durch Träume u. a. m., also durch Vorfälle, die allerorts möglich waren. Man suchte die Bedeutung solcher Geschehnisse zu erkennen. Andererseits trachtete man, den Götterwillen im voraus zu erforschen, um Privatpersonen[411] und politische oder kultische Gemeinschaften bei wichtigen persönlichen oder familiären Ereignissen wie Krankheiten, Blutrache u. ä., bzw. bei Seuchen oder vor wichtigen, die Öffentlichkeit betreffenden Ereignissen wie Kriegserklärungen, Auszug in den Kampf, Beginn einer Schlacht, Beschluß einer Verfassung, überhaupt Gesetzgebung, Abschluß eines Staatsvertrages, Gründung einer Kolonie, Einführung von Kulten zu beraten. Der Götterwille wurde entweder durch Beschau des Opfers erforscht (durch Beobachtung des Verhaltens der Opfertiere, Prüfung der Eingeweide, besonders der Leber), aber auch durch Beobachtung des Feuers und der Rauchbildung bei den Brandopfern oder des Weihrauchs, weiter des Verhaltens von Tieren, besonders von Vögeln und Bienen, oder durch ortsgebundene Orakelbefragung (Losorakel, Deutung des Rauschens eines heiligen Baumes oder des Scheines der Opferflamme, Deutung wörtlich formulierter Bescheide des Gottes, an Kultstätten von Heilgöttern oder -heroen auch von im Heilschlaf erlebten Träumen). Der so erkundete Götterwille hieß μαντεῖον, χρηστήριον oder χρησμός. Sowohl bei den spontanen Äußerungen des Götterwillens als auch bei der Orakelbefragung war die Erklärung durch die Priester (μάντεις,[412] θεοπρόποι oder seltener

Burkert, Griechische Religion, 129–142. Zu den Bestattungsriten s. auch Anm. 392. Außerdem s. Robert Parker, Miasma. Pollution and Purification in Early Greek Religion, Oxford 1983.

[410] Siehe Clemens Zintzen, Der Kleine Pauly 3 (1969), 968, 24–976, 3, Wolfgang Fauth, ebd. 4 (1972), 323, 6–328, 41, und Burkert, Griechische Religion, 178–190.

[411] Ein interessantes Beispiel ist die Anfrage des Chairephon in Delphi, ob jemand weiser sei als Sokrates: Platon, Apol. 20e–21a. Xen., Apol. 14.

[412] Kennzeichnenderweise hängt dieses Wort ebenso wie das Wort Mantik mit dem indogermanischen Stamm für „geistige Kraft" zusammen, ist aber auch mit μανία (Wahnsinn) verwandt.

προφῆται) maßgeblich. In der Regel waren die Zeichendeuter Männer, gelegentlich fungierten jedoch Priesterinnen. So die berühmte Pythia in Delphi, die in enthusiastischer Erregung Orakelsprüche gab, welche der Fragende entweder selbst hören durfte oder die – häufiger – in seiner Abwesenheit geäußert und ihm durch Priester überbracht und verdeutlicht wurden. Wegen dieser Interpretation der Seherworte durch Priester war die Rolle der Pythia im Rahmen der männlichen delphischen Hierarchie nur eine sekundäre. Auch beim Apollonorakel zu Patara in Lykien fungierte eine Priesterin, die vor der Erteilung des Orakels nachts im Tempel eingeschlossen war, ebenso bei dem bedeutenden kleinasiatischen Apollonorakel zu Didyma bei Milet, wo eine in Ekstase versetzte Priesterin weissagte.[413] Beim Orakel des Heros Trophonios, wohl eines ursprünglich chthonischen Gottes oder eines Fruchtbarkeitsgottes, im boiotischen Lebadeia, wo man sich einen der Eingänge in die Unterwelt dachte, habe, so ist überliefert, der Heros dem in einen gewölbten Raum, wohl eine Höhle, geführten Orakelsuchenden persönlich Bescheid gegeben, aber auch in diesem Fall deuteten Priester die Erlebnisse des Betreffenden. Die Orakelerteilung fand überall nur zu festgelegten Terminen statt. Die Auskunftssuchenden mußten sich häufig mit einem Reinheitsritual durch Fasten, gelegentlich geschlechtliche Enthaltsamkeit, Bad, Gebet, Opfer, Beschau der Opfertiere u. ä. vorbereiten, der Orakelstätte eine den Vermögensverhältnissen angemessene Spende geben und konnten dann ihr Problem, in der Regel schriftlich als Alternativfrage, vorlegen. Die von den Priestern überbrachte oder zumindest interpretierte Antwort, oft in feierliche Hexameterform gefaßt, war gewöhnlich unklar und mehrdeutig.[414] Gelegentlich wurden dem Fragenden in den Antworten Bedingungen gestellt. Ein Anspruch auf einen Orakelbescheid bestand nicht. Neben vielen weniger bekannten Orakelstätten befanden sich die berühmtesten in Delphi und in Didyma bei Milet (Apollon), in Dodona im Epirus und in Olympia (Zeus). Heilungsuchende erwarteten Genesung während eines Heilschlafes (Inkubation), vor allem in Epidauros im Heiligtum des Asklepios, im Amphiareion bei Oropos und an vielen anderen

---

[413] „Rasende" Frauen, aus welchen der Gott sprach, waren im Orient schon seit dem 2. Jahrtausend v. Chr. bekannt. Zu beachten ist auch die allerdings nur legendäre Überlieferung über die „Sibyllen", alte weissagende Frauen in früher Zeit. Siehe Anm. 669.

[414] Siehe Parke-Wormell, The Delphic Oracle, II: The Oracular Responses, und J. Fontenrose, The Delphic Oracle. Its Responses and Operations with a Catalogue of Responses (s. Literaturverzeichnis).

Orten. Dodona rühmte sich, die älteste Orakelstätte zu sein,[415] Delphi, wo den Hellenen auch allgemeine Lehren erteilt und verbindliche Mahnungen gegeben wurden, nahm jedoch den ersten Rang ein.

Entgegen der im allgemeinen auf das Diesseits ausgerichteten griechischen Weltsicht waren die Mysterienkulte[416] auf das Leben nach dem Tode bezogen. Man ersieht daraus, daß die anderen Formen der Religion den Bedürfnissen weiter Kreise des griechischen Volkes zu wenig entsprachen. Der Begriff μυστήριον[417] findet sich erstmals bei Herodot II 51 bei der Erwähnung des Kultes der Kabeiren auf der Insel Samothrake. Doch waren die Mysterienkulte sicher viel älter, wohl vorgriechischen Ursprungs, wahrscheinlich hervorgegangen aus alten Fruchtbarkeitsriten in Verbindung mit Initiationszeremonien (Pubertätsweihen). Sie galten als Geheimkulte, weil sie nur den zu Verschwiegenheit verpflichteten „Eingeweihten", den Mysten und Epopten, zugänglich waren,[418] nicht jedoch in dem Sinn, daß es sich um von der Behörde nicht genehmigte oder nur geduldete Kulte handelte. Vielmehr waren die wichtigsten unter ihnen amtlich gefördert und auch die bloß privat begangenen Mysterien willkommen. Die Eingeweihten waren ihrer engen persönlichen Beziehung zur Gottheit des Kultes sicher. Wer als Epopte die höchste Weihestufe erreicht hatte, nahm durch unmittelbare „Schau" sozusagen am Geschick und den Gaben des Gottes teil und erreichte so schon in diesem Leben das höchste Glück. Die meisten Mysten begnügten sich allerdings mit

[415] Noch älter sind Orakelstätten im orientalischen Raum und in Ägypten.
[416] Siehe Anm. 389. Zu den eleusinischen Mysterien s. auch Burkert, Homo necans, 274–326.
[417] Zur Etymologie s. Hjalmar Frisk, Griechisches Etymologisches Wörterbuch, Bd. II, Heidelberg 1970, 279–281: μύω sich schließen, zusammengehen. μύστης welcher die Augen schließt, im Gegensatz zum ἐπόπτης, dem Zuschauer, der seine Augen öffnet. Μύστης und ἐπόπτης waren je nach dem Grad der Einweihung (μύησις –τελετή) die Namen der Kultteilnehmer. Von μύστης ist μυστήριον abgeleitet. Eine spätere Bildung ist das Verbum μυέω, zunächst medial-passivisch gebraucht: sich die Augen schließen lassen, sekundär ist die aktive Form des Verbums in der Bedeutung „einweihen". Davon ist das erwähnte nomen actionis μύησις gebildet. Mit μυστήριον werden die rituellen Handlungen, die dabei verwendeten Gegenstände und die Lehren dieser Kulte bezeichnet. Das Wort ὄργια wird in ähnlichem Sinne gebraucht.
[418] Der Kreis der Kultgenossen war jedoch nicht eng. Z. B. waren fast alle Bürger von Athen Mysten des Kultes in Eleusis, in den auch Frauen, Sklaven und Fremde eingeweiht werden durften. Das Verhältnis von Mysten und Epopten ist nicht mit Sicherheit geklärt.

dem ersten Weihegrad. Alle jedoch erhofften ein glückliches Leben der Seele nach dem Tode, die Epopten durften es mit Sicherheit erwarten.[419] Genaue Einhaltung der Riten war Voraussetzung, wozu auch Befolgung einer gewissen Askese gehörte. Fraglich und umstritten ist jedoch, ob überdies eine sittlich reine Lebensführung erforderlich war. Über das Ritual und die „Geheimlehren" der Mysterien sind wir infolge der erwähnten Schweigepflicht der Eingeweihten nur ungenau informiert.[420] Relativ genaue Kenntnis besitzen wir nur von den Demetermysterien im attischen Eleusis, dem bedeutendsten dieser Kulte, welcher über Athen hinaus für ganz Hellas wichtig geworden war. Die vorbereitenden Zeremonien waren nicht in allen Mysterienkulten gleich.[421] Vor der Einweihung war in der Regel die Erfüllung bestimmter asketischer Pflichten, ähnlich jenen vor einer Orakelbefragung, erforderlich, in einigen Kulten auch eine Art Sündenbekenntnis, stets waren Reinigungsriten zur Beseitigung einer allfälligen kultischen Befleckung, meistens ein Bad (im Meer) vorgesehen. Die Einweihungsriten selbst dürften, wie erwähnt, in früher Zeit aus einer Jugendweihe hervorgegangen sein, damals also den Übertritt des Jugendlichen in die Erwachsenenwelt bezeichnet haben. Bei den eigentlichen – gewöhnlich in der Nacht bei Fackelschein im Inneren des Heiligtums begangenen – Riten spielten Opfer, Kultsymbole, die vorgezeigt und an welchen gewisse Handlungen vorgenommen wurden, Darstellungen, welche die Epiphanie der Gottheit bewirken sollten, und eine Verkündigung von „unaussprechlichen" Geheimnissen[422] eine maßgebliche Rolle. Das wichtigste

[419] Die Hoffnung der Mysten und Epopten auf ein Weiterleben nach dem Tode basierte möglicherweise auf der (vielleicht in Rausch und sexuellem Orgasmus gewonnenen) Einsicht in den ewigen Kreislauf der sich erneuernden Natur.

[420] Dies verwundert, weil es auch Verräter gab. So bemühte sich der philosophierende Lyriker Diagoras von Melos, Athener, die sich in die eleusinischen Mysterien einweihen lassen wollten, davon abzubringen, verspottete den Kult und gab seine Geheimnisse preis. Er wurde deshalb 415 v. Chr. (?) in Athen wegen Asebie zum Tode verurteilt und rettete sein Leben durch Flucht.

[421] Bevor man Myste in Eleusis wurde, mußte man sich in die „kleinen Mysterien" der am Ufer des Ilissos gelegenen Vorstadt von Athen, Agrai, einweihen lassen.

[422] Ob diese ἱεροὶ λόγοι kündeten, daß das Heiligste, das „Unaussprechliche", grundsätzlich unsagbar sei oder dessen Aussage bloß verboten bzw. lediglich den Eingeweihten mitzuteilen war, ist noch ungeklärt. Vermutlich spielten dabei Berichte über leidende Gottheiten eine Rolle.

unter den Kultsymbolen war in Eleusis eine κίστη (lat. cista mystica), ein mit einem Deckel verschlossener Korb, um den sich zu seinem Schutz eine Schlange ringelte und der die tiefsten Geheimnisse barg. Wahrscheinlich war darin die Nachbildung eines weiblichen Schoßes enthalten, nach anderen Nachrichten das Zeugungsglied des zerrissenen Dionysos, vielleicht überhaupt Genitalsymbole, wieder andere Berichte besagen, daß Nahrungsmittel enthalten gewesen seien, vor allem Ähren (Demeterkult!). Wahrscheinlich waren mehrere Dinge im Korb, so auch der Mörser und die Mörserkeule zur Zubereitung des „Kykeon". Jedenfalls wurden an den im Korb enthaltenen Gegenständen durch die Priester und vielleicht auch durch die Mysten (vor allem bei der Einweihungszeremonie) Berührungen und Hantierungen vorgenommen. Der „Kykeon", ein aus zerstoßenem Korn bereiteter und mit Kräutern gewürzter Trank, eine Art „Graupensuppe", spielte im Ritual des Kultes neben dem Opfer von Ferkeln, die jeder Myste bei seiner Einweihung mitzubringen hatte, eine Rolle. Jedenfalls weisen dies und der Inhalt der cista mystica, was immer er gewesen sein mag, auf agrarische und sexuelle Aspekte des Kultes hin, welche nicht nur den eleusinischen, sondern auch den dionysischen Mysterien eigen waren. Im Dionysoskult trat an die Stelle des „Kykeon" der Wein. Bei den Kulthandlungen (δρώμενα, δράματα) in Eleusis wurde wahrscheinlich die Wiederkehr der ihrer Mutter Demeter in die Unterwelt entführten Tochter Kore gezeigt,[423] vielleicht von den Priestern eine „heilige Hochzeit" angedeutet, auch wird von der Darstellung der Geburt eines „heiligen Kindes" berichtet. Auch die Gabe der Demeter, die Ähre, dürfte vorgezeigt worden sein. Alles in allem: Die Erneuerung des Lebens sollte symbolisch dargestellt werden. Höhepunkt war die Epiphanie der Gottheit. Die Kultfeier in Eleusis begann nach vorbereitenden Zeremonien in Athen und am Meer in der Bucht von Phaleron an den vorhergehenden Tagen am 19. Boedromion (August/September) mit einer feierlichen Prozession auf der 30 km langen „heiligen Straße" von Athen nach Eleusis, wo in der Nacht darauf die wichtigsten Zeremonien vor sich gingen. Das Fest dauerte bis zum 22. Boedromion. Dabei fungierten als Priester die Hierophanten und die Daduchen,[424] die von zwei alten athenischen Familien gestellt wurden, sowie eine Priesterin der Demeter. Ein anderer Mysterienkult auf der Insel Samo-

---

[423] Siehe S. 111.

[424] Hierophant: eigentlich jener Priester, der die heiligen Geräte zeigt. Daduchos: eigentlich „Fackelhalter".

thrake (mit weniger bedeutenden Filialkulten auf der Insel Lemnos und in Theben) kam erst in nachklassischer Zeit zu hohem Ansehen: jener der Kabeiren, vermutlich alter orientalischer Vegetationsgottheiten, deren Name schon für die Griechen nicht deutbar war. Die Kabeiren wurden als die „Großen Götter" angerufen. Auch in diesem Kult, der seinen Anhängern vor allem Erfolg bei der Seefahrt bzw. Rettung aus Seenot[425] sowie Ertrag bei bäuerlicher Arbeit versprach und in dem das Phallossymbol und der ἱερὸς γάμος eine Rolle spielten, wurde zwischen Mysten und Epopten unterschieden. Vielfach wird bezweifelt, ob auch Hoffnungen auf ein jenseitiges Leben erweckt wurden, doch ist kaum glaubhaft, daß die Kabeiren, insbesondere in nachklassischer Zeit, ohne derartige Erwartungen Zulauf gehabt hätten. Jenseitshoffnungen waren hingegen ein hervorstechendes Moment in den privaten, vor allem von „rasenden" berauschten Frauen gepflegten Dionysosmysterien, welche, aus schon in frühester Epoche begangenen ὄργια entstanden, in hellenistischer Zeit weit um sich griffen und vielfach in Verbindung mit den Begehungen orphischer Kultvereine gefeiert wurden. Nur am Rande und später wurde die griechische Welt auch von den Mysterienkulten der Kybele und des Attis und des altiranischen Gottes Mithras sowie der ägyptischen Götter Isis–Osiris–Sarapis berührt.[426]

8. Die Religion der Dichter und Philosophen

In Griechenland gab es, abgesehen von den Orakeldeutern, keine hauptberuflich tätigen Priester,[427] theologische Spekulation war daher nicht ihre Aufgabe.[428] Die so entstandene Lücke füllten zunächst

---

[425] Nach dem Mythos haben sich deshalb auch die Argonauten in diese Mysterien einweihen lassen. Berühmt ist die im frühen 2. Jh. v. Chr. aus Anlaß eines Seesieges von rhodischen Bildhauern geschaffene monumentale Statue der „Nike von Samothrake", die sich im Louvre in Paris befindet.

[426] Siehe Anm. 389.

[427] Siehe S. 146f.

[428] Wohl betrafen Orakelbescheide auch Fragen der Sakralgesetzgebung, Erneuerungen im kultischen Bereich und ähnliches, doch waren sie ebensowenig Theologie wie die allgemeinen Lehren und verbindlich gemeinten Mahnungen, welche das delphische Orakel bzw. die dortige Priesterschaft den Griechen erteilten (s. S. 150f.). Sie sollten die Haltung der Menschen beeinflussen, also Lebensweisheit vermitteln und lehrten besonders Klugheit, das Wissen um das rechte Maß (Sophrosyne) und die Grenze, welche den Menschen

die Dichter, dann auch die Philosophen.[429] Schon die älteste uns faßbare, weil schriftliche Dichtung der Hellenen, die monumentale homerische Epik, prägte, wie oben erwähnt,[430] ihre Religion entscheidend, obwohl diese Poesie die Religion ihrer Zeit wegen eines überlegt vorgenommenen Ausleseprozesses nicht schlechthin repräsentierte, ebenso wegen der weitgehenden Eigenständigkeit der griechischen Stämme und Städte in kultischer Hinsicht während der langen Epoche ihrer politischen Unabhängigkeit, in welcher es nie zur politischen Einheit kam. Das Hauptkennzeichen der homerischen Religion war ihr Anthropomorphismus – die Götter als idealisierte Menschen –,[431] so konsequent durchgezeichnet, daß Götter sogar einander haßten, miteinander stritten und einander betrogen und auch gegen Menschen grausam und ungerecht sein konnten, selbst gegen solche, welche die Götter ehrten und ihre kultischen Pflichten treu erfüllten.[432] Es verwundert deshalb, daß die homerische Reli-

von der Gottheit trenne, weshalb er sich bescheiden und der Gottheit ohne Überheblichkeit (Hybris) unterordnen müsse. Ein konkreter Pflichtenkatalog war damit nicht verbunden, die Lehren wurden vielmehr durch eindrucksvolle Beispiele veranschaulicht. Die ἱεροὶ λόγοι und die „unaussprechlichen" Lehren der Mysterien, besonders des eleusinischen Kultes (s. S. 152 mit Anm. 422), dürften zwar tiefer in eine – wohl mythologisch verbrämte – Theologie hineingeführt haben, stellten aber eine Geheimlehre dar.

[429] Siehe zu diesem Abschnitt Burkert, Griechische Religion, 371–376, 452–495 (mit Literaturverweisen). Unter den in der Auswahlbibliographie genannten Werken sind besonders wichtig Nestle, Die Griechische Religiosität; und Nilsson, Greek Piety (deutsch: Griechischer Glaube). Weiter sei auf Wilhelm Nestle, Vom Mythos zum Logos. Die Selbstentfaltung des griechischen Denkens von Homer bis auf die Sophistik und Sokrates, Stuttgart ²1942, auf D. Babut, La religion des philosophes grecs, Paris 1974, und auf die in Anm. 101 erwähnte Geschichte der griechischen Literatur von Albin Lesky hinsichtlich der zu nennenden Dichter und Philosophen verwiesen. Siehe weiter die Berichte von Édouard des Places über die ›philosophie religieuse des Grecs‹, in: Recherches de Science religieuse 34 (1947), 243–251; 36 (1949), 146–160; 37 (1950), 300–320; 41 (1953), 123–148; 42 (1954), 404–433; 44 (1956), 113–145; 45 (1957), 442–473; 47 (1959), 224–278; 49 (1961), 126–144 u. 285–304; 50 (1962), 425–440 u. 599–632; 52 (1964), 439–477; 54 (1966), 568–617; 56 (1968), 602–627; Bulletin de l'Association G. Budé 1973, 503–517; 1975, 531–547; 1976, 368–385; 1977, 418–433; 1978, 403–421; 1979, 431–445; 1980, 420–437; 1981, 315–331; 1983, 399–413; 1984, 408–425; 1985, 395–412; 1986, 408–423; 1987, 395–411.
[430] Siehe S. 56 mit Anm. 92 und 93.
[431] Siehe S. 59.   [432] Siehe S. 60.

gion dennoch das im wesentlichen nie erschütterte Fundament der Kultreligion der Hellenen lieferte, um so mehr als in der alten Epik sich sogar regelrechte Götterburlesken finden, welche die moralische Autorität dieser Götterwelt erst recht in Frage stellen mußten.[433] Tatsächlich übten spätere Dichter und Denker am unwürdigen Götterbild der alten Epik scharfe Kritik. Auf den bösen Spott, den der Dichter und Philosoph Xenophanes von Kolophon (6./5. Jh. v. Chr.) über die allzu menschlichen Vorstellungen anthropomorpher Gottheiten gegossen hat, wurde schon hingewiesen.[434] Aber auch der athenische Staatsmann und Dichter Solon, einer der sieben Weisen Griechenlands (um 600 v. Chr.), äußerte sich ähnlich,[435] ebenso der thebanische Chorlyriker Pindar (6./5. Jh. v. Chr.), der zwar die lobenswerten Eigenschaften der Menschen auf die Götter zurückführte und insbesondere in Zeus den Geber alles Guten sah, in seinem ersten Olympischen Siegeslied jedoch viele Züge der homeri-

[433] Siehe S. 60, wo das Demodokoslied (Od. VIII 266–369) erwähnt ist, ohne Zweifel das Glanzstück homerischer Götterburleske. Doch könnten aus den großen homerischen Epen weitere Beispiele dafür angeführt werden. Ähnlich köstlich ist der wahrscheinlich im 6. Jh. v. Chr. gedichtete „homerische" Hermeshymnos, in dem dargestellt wird, wie das kaum geborene Hermeskind nicht nur die Lyra erfindet, sondern auch seinem älteren Bruder Apollon eine ganze Rinderherde stiehlt und, zur Rede gestellt, selbst vor Vater Zeus nach Strich und Faden zu lügen versucht. Iliasparodie und Götterburleske in einem ist die wahrscheinlich um 500 v. Chr., vielleicht aber erst im 4. oder sogar im 3. Jh. entstandene ›Batrachomyomachia‹ (der ›Froschmäusekrieg‹), ein prächtiger literarischer Spaß, in dem die homerischen Götter ebenso sozusagen auf den Arm genommen werden. Götterverspottungen finden sich auch in den Komödien des Aristophanes, die beim athenischen Publikum höchsten Beifall fanden, vorwiegend in den ›Vögeln‹ (414 v. Chr.), den ›Fröschen‹ (405 v. Chr.) und im ›Plutos‹ (388 v. Chr.). Interessant ist (und vertieft zugleich das Problem), daß im Kult aus der Haltung der Götter Konsequenzen gezogen wurden: so war bei bestimmten Hermesfesten das Stehlen gestattet; so gab es neben der kultischen Reinheit auch eine bewußt gepflegte kultische Befleckung und waren in gewissen Opferriten Gewalttaten vorgesehen (dazu Burkert, Griechische Religion, 373 f.).

[434] Xenophanes B 10–16. Siehe S. 61. Außer auf diese Fragmente aus den ›Silloi‹ des Dichterphilosophen sei auf dessen erste Elegie verwiesen, in der er sympotische Bräuche verspottet und dabei die Unsitte verurteilt, daß aus Anlaß eines Symposions die Taten der Titanen, Giganten und Kentauren, von Menschen früherer Zeit erdachte Fabeln, gesungen werden (B 1, 21 f.).

[435] Solon fr. 29 West: „Vieles lügen die Dichter", offenbar (ähnlich wie Hes., Theog. 27) auf die Erzählungen über die Götter bezogen. Die Formulierung klingt sprichwörtlich.

schen Göttermythen ablehnte.[436] Auch der athenische Tragödiendichter Euripides (5. Jh. v. Chr.), oft als Dichter der griechischen Aufklärung bezeichnet, stieß in das gleiche Horn,[437] und Platon aus Athen (5./4. Jh. v. Chr.) wollte in seinem Idealstaat die Homerlektüre aus diesem Grunde sogar verbieten.[438]

Daß die so kompromittierten Götter dennoch den Mittelpunkt des Kultes der Griechen bildeten, wurde durch zwei Umstände erleichtert. Erstens wurde in der homerischen Dichtung selbst dieses Götterbild korrigiert. Besonders in Zeus gewann das „Göttliche" hoheitsvolle Gestalt. Unter seinem besonderen Schutz standen die Gastfreunde, Fremden und Schutzsuchenden und Zeus wachte über die von ihm den Königen übertragenen Rechtssatzungen.[439] Daher konnte der Odysseedichter Zeus zu Recht darüber klagen lassen, daß die Menschen den Göttern die Schuld an ihrem Unglück zuschöben, das sie sich in Wirklichkeit durch ihre Freveltaten „über ihr Teil hinaus" selbst geschaffen hätten.[440] Hesiod, der – nach Herodot – gemeinsam mit Homer den Hellenen die Götterwelt schuf,[441] sah in

---

[436] Ol. I 35: Die Menschen sollen über die Götter nur „Schönes" künden. Ol. I 52: Absage an Mythen, die Götter zu Kannibalen machen. Zu Pindar s. Lesky, Geschichte der griechischen Literatur, 236f.

[437] Dafür zeugen viele seiner Tragödien. Besonders bekannt sind folgende Verse: fr. 292, 7: Wenn Götter Schimpfliches tun, sind sie keine Götter. Ion 436–451: Wenn Götter unbedenklich ihren Lüsten frönen, tun sie Unrecht; die Götter, nicht die Menschen, welche deren Unsitten nachahmen, sind böse. Herakles 1307–1310: Wie sollte man noch zur Göttin Hera beten, wenn sie wirklich aus kleinlicher Eifersucht den Helden Herakles so grausam vernichtet? In dieselbe Richtung weist das dem Kritias (5. Jh. v. Chr.) oder dem Euripides zuzuweisende Satyrspiel ›Sisyphos‹ (Diels-Kranz VS 88 B 25): hier wird der Gedanke geäußert, die Götter seien Erfindungen schlauer Politiker, welche die übrigen Menschen auch dort, wo sie sich von Menschen unbeobachtet wissen, an Normen gebunden sehen wollen. Der Kontext ist allerdings nicht bekannt, also auch nicht auszumachen, ob hier die Auffassung des Dichters oder jene des Frevlers Sisyphos wiedergeben ist, von welcher sich in diesem Fall der Dichter als von der Meinung eines Gottlosen distanzieren würde.

[438] Platon, Polit. II 377 b–383 c.

[439] Siehe S. 65. Besonders wichtig Il. XVI 384–392, wo Zeus Unwetter schickt aus Zorn über die Richter, die in seinem Auftrag Recht sprechen und dabei „krumme Rechtsentscheide" treffen, ohne sich um die zu erwartende Vergeltung der Götter zu kümmern. Siehe S. 62.

[440] Hom., Od. I 32–34.

[441] Hdt. II 53, 2. Siehe Anm. 97. Vgl. Platon, Polit. II 377 d.

den Olympiern schlechthin erhabene und segnende Mächte.[442] Dazu tritt zweitens, daß Gottheiten am Rande des homerischen Olymps wie Demeter und Dionysos und der homerischen Dichtung unbekannte Kultformen, wie die Mysterien, zunehmend Bedeutung gewannen.

Auch die meisten der oben genannten griechischen Dichter übten nicht nur Kritik an den unwürdigen Gottesvorstellungen, sondern sie bemühten sich, die Ansätze in der alten Epik vertiefend, ein positives Gegenbild zu zeichnen, vor allem in Hinsicht auf die Zeusgestalt.[443] In der homerischen Dichtung war das Bild des Zeus, wie aus der bisherigen Darstellung hervorgeht, zwiespältig gewesen[444]: er teilt souverän Gutes, aber auch Böses zu, er transzendiert als Geber des Schicksals den Bereich des Ethischen. Allerdings überwiegen die hellen Farben. Das Bemühen um eine Theodizee wird gerade an seiner Gestalt deutlich, etwa wenn Zeus als Schützer der Schwachen, der Bittflehenden und des Rechtes, aber auch als „Vollender und Erfüller" gesehen wird.[445] Auch im Zeusbild Hesiods treten die Aspekte von Macht und Recht in den Vordergrund. Zwar gilt auch bei diesem Dichter die Macht des Gottes grundsätzlich nicht als durch ethische Prinzipien begrenzt, doch wird Zeus als jener Gott gesehen, der Segen schickt und Frevel bestraft. Das Übel ist in der Regel als eine Folge menschlicher Verfehlungen zu erkennen. Dieselben Aspekte finden wir in konsequenter Weise bei jenen Dichtern, die wir als Kritiker des Gottesbildes der alten Epik nannten.[446] Bei Solon verbürgt das Nahverhältnis der Athena zu Zeus den Schutz, den sie ihrer Stadt angedeihen läßt. Der Gedanke, nur der Unverstand der Menschen, ihre Ungerechtigkeit und Maßlosigkeit, bringe der Stadt Gefahren, die ihr Götterwille und Schicksal nicht zugedacht haben, erinnert an Homer, an Hesiod die Vorstellung von Zeus, dem höchsten

---

[442] Siehe S. 62. Hesiod wendet sich Theog. 27 mit seiner kritischen Bemerkung, die Musen wüßten viele Lügen zu erzählen, offenbar gegen die homerischen Göttermythen.

[443] Siehe bes. ausführlich Hans Schwabl, RE S 15 (1978), 1022–1037 und 1258–1319, mit Literaturverweisen. Ich orientiere mich weitgehend an dieser Darstellung. In sie ist allerdings eine Erörterung der Darstellung des Zeus in der homerischen Dichtung und bei Hesiod einerseits, in der Dichtung der hellenistischen Zeit andererseits eingeschlossen.

[444] Siehe S. 73ff.

[445] Siehe Schwabl A § 8 b) und §§ 9 und 10.

[446] Xenophanes von Kolophon wird im Rahmen der Besprechung der Religion der Philosophen erwähnt werden.

Garanten der Rechtsordnung und strafenden Gott.[447] Seine Strafe kommt allerdings oft spät und trifft mitunter erst Kinder und Kindeskinder des Frevlers. Ähnlich ist es bei Pindar. Obwohl in seinen religiösen Überzeugungen altüberlieferten Auffassungen und dem traditionellen Kult stark verpflichtet, zeigt er sich stark vom weithin selbständigen Denken Hesiods beeinflußt. So ist auch Pindar um Reinigung und Vertiefung der überkommenen Vorstellungswelt bemüht, auch indem er allzu Anstößiges verschweigt oder bestreitet.[448] Zeus nimmt auch bei ihm eine überragende Stellung ein, von ihm hängt alles ab, bei ihm liegen Gewährung und Vollendung. Allerdings teilt er bald dieses, bald jenes zu, verursacht machtvoll Gutes und weniger Gutes. Er erhöht und erniedrigt, der Mensch muß sich beugen. Zeus setzt der Maßlosigkeit und dem selbstgefälligen Sich-Rühmen des Menschen Grenzen. Der Mensch darf nicht Zeus werden wollen, nur Sterbliches geziemt Sterblichen. Anders stand es mit Euripides. Seine Aussagen über Zeus und die Religion überhaupt lassen sich nicht auf einen Nenner bringen und noch weniger zu einer auf Gläubigkeit gründenden Gottesvorstellung zusammenfassen. Die einander widersprechenden Tendenzen sind aus der geistigen Autonomie des mit dem Gottesproblem ringenden Denkers und dem Freiheitsraum des Dichters zu erklären. Im Werk des Euripides findet sich das im traditionellen Mythos gefestigte Bild des höchsten und mächtigsten Gottes, der Gutes und Böses zuteilt und vollendet. Er schützt die Bindungen menschlichen Zusammenlebens und neigt sich manchem Helden des dramatischen Spiels freundlich zu, stiftet aber, je nach Laune, auch Unheil, was im Widerspruch zu der indessen in Dichtung und Philosophie gereinigten Gottesauffassung stand. Da aber gerade Euripides, ein Repräsentant der „Aufklärung" seiner Zeit, ein solches Verhalten der Götter als ihrer unwürdig geißelte,[449] war für ihn eine Theodizee bei Bewahrung des mythologischen Gottesbildes nicht möglich, sie hätte nach seiner Überzeugung vielmehr dessen radikale Aufhebung erfordert. Dieser Weg blieb ihm aber verschlossen, denn seine im Rahmen des Götterkultes aufgeführten Dra-

---

[447] Siehe auch Friedrich Solmsen, Hesiod and Aeschylus, New York 1949.
[448] Nach Ol. I 35 darf der Dichter über Götter nur Schönes künden. Zur Religiosität Pindars s. die ausführliche Darstellung bei Nestle, Griechische Religiosität, Bd. 1, 107–117.
[449] Siehe Anm. 437. Weiter Wolfgang Kullmann, Deutung und Bedeutung der Götter bei Euripides. In: Mythos. Deutung und Bedeutung, Innsbruck 1987 (Dies philologici Aenipontani, 5), 7–22.

men waren an den Mythos gebunden. Trotzdem bedrängte den Dichter das unter den gegebenen Voraussetzungen unlösbare Problem; daß er keinen billigen Ausgleich versuchte, ist ihm hoch anzurechnen. Es entsprach den geistigen Strömungen seiner Zeit, daß er dem Menschen selbst die Verantwortung für sein Handeln zuwies. Der Mensch ist seiner Meinung nach also zwar Objekt einer gnädigen oder böswilligen Gottheit, zugleich aber ein für sein Tun voll verantwortliches Subjekt, wobei er in Anbetracht der Vielschichtigkeit der Motivationen oft überfordert und sozusagen unschuldig schuldig wird. Die Bandbreite der „theologischen" Gesichtspunkte der Dichtung des Euripides erweist sich besonders deutlich an seinem letzten Drama, den ›Bakchen‹, in dem er, wie immer man es deuten mag,[450] den Einbruch der irrationalen, grenzenlos beglückenden und zugleich maßlos harten dionysischen Macht in das Alltagsleben des Menschen in grandiosen Bildern zeichnete.

Nun sei ein Blick auf jene Dichtung geworfen, in der keine ausdrückliche Kritik an den überkommenen Göttervorstellungen geübt wird.[451] Vor allem bei den Lyrikern, die auch Lieder für Götterfeste schufen, finden wir einschlägige Äußerungen. In ihren Liedern, aber auch in der Elegie und dem Iambos, bleibt Zeus im Sinne traditioneller Vorstellungen die machtvolle Gottheit,[452] an die man sich in wichtigen Anliegen, vor allem in Kriegsnot, wendet und deren gnädige Hilfe man erwartet. Immerhin überrascht, daß auch der enttäuschte Spötter Archilochos (um 650 v. Chr.), der gleich Hesiod davon kündete, daß die Götter Unglückliche aufrichten und Glückliche stürzen könnten, wie dieser in Zeus den Hüter des Rechtes und Rächer des Unrechtes sah. Der Lyriker Alkaios (um 600 v. Chr.) äußerte den Gedanken, daß gegen den Willen des Zeus kein Haar vom Haupte des Menschen falle, während der Elegiker Mimnermos (ebenfalls um 600 v. Chr.) glaubte, auch schicksalhafte Übel kämen von Zeus. In dem unter dem Namen des Theognis (Mitte des 6. Jh. v. Chr.) überlieferten Elegiencorpus ist das Bild dieses Gottes, entsprechend den Entstehungsbedingungen der Gedichtsammlung, uneinheitlich. Zeus

---

[450] Dazu Albin Lesky, Die tragische Dichtung der Hellenen, Göttingen ³1972, 498f.

[451] Die fragmentarische Texttradition relativiert allerdings diese Klassifikation.

[452] So preist Terpandros aus Lesbos (7. Jh. v. Chr.) am Beginn seines feierlichen choralartigen Nomos Zeus als den „Anfang und Lenker aller Dinge" (fr. 1 D; jetzt wird jedoch die Echtheit von Denys L. Page – in dessen Ausgabe fr. 2 – bezweifelt).

erscheint zwar als Gott der Gerechtigkeit,[453] behandelt aber trotzdem Gerechte und Ungerechte gleich, teilt dem einen Reichtum zu, dem anderen Armut, was dem Dichter bedenklich erschien. In der Chorlyrik des Bakchylides (frühes 5. Jh. v. Chr.), der sonst das Zeusbild des Mythos bewahrt, taucht der erstmals in der homerischen Ilias ausgesprochene Gedanke von Zeus als Hüter des „geraden Rechtes" und Rächer der Rechtsbeugung und Hybris wieder auf, auch begegnen wir den aus der ›Odyssee‹ bekannten Theodizeeversuchen. Einen Höhepunkt der Rechtfertigung göttlichen Handelns, insbesondere des Wirkens des Zeus, stellt die tragische Dichtung des Aischylos (1. Hälfte des 5. Jh. v. Chr.) dar. Für ihn ist Zeus schlechthin das göttliche, vollkommene Wesen, welches nicht nur alles umgreift, sondern transzendent über und hinter allem Sein und Geschehen als letzte Ursache steht und alle Macht des Gewährens und der Erfüllung besitzt.[454] Zeus ist der Beschützer der Gäste, der Fremden und Schutzbedürftigen, der Hüter des Rechtes, er bestraft Überheblichkeit, in ihm vereinen sich Kraft und Weisheit, Gerechtigkeit und Güte. Für die meisten dieser Gedanken finden sich Entsprechungen schon in der homerischen Dichtung und bei Hesiod,[455] jedoch führen die sprachmächtigen Formulierungen und die Verknüpfung der Gedanken zu einer neuen Gewichtung der Aspekte. Als Wesensbild der Gottheiten treten ihre majestätische Ruhe und ihr Wirken als Gedanke und als eine ohne Mühe und Gewalt planende Kraft eindrucksvoll in Erscheinung. Zeus führt den Menschen mit seinem Gesetz „durch Leiden lernen" zur Weisheit. Allerdings können die machtvollen Fügungen dieses Gottes unter Umständen erst nach Generationen voll wirksam und durchschaubar werden. So ersann Aischylos, ältere Ansätze wesentlich vertiefend, eine den Menschen verständliche Theodizee. Über diese Vorstellungen hinaus wird Zeus vom Dichter sogar mit dem All oder dessen Teilen identifiziert und dadurch seine überragende Dominanz ins Kosmische gesteigert. Aischylos' Suche nach einem reinen und würdigen Gottesbild führte allerdings zu einer

[453] Hier findet sich, wie schon bei Solon, der durch Aischylos vertiefte Gedanke, daß die Strafe des Zeus in einzelnen Fällen erst Nachkommen des Schuldigen treffen kann.
[454] So leiten auch andere Götter ihre Macht und ihre Fähigkeiten von Zeus ab. Apollon hat seine Sehergabe von Zeus erhalten, ebenso Athene ihre Macht und überragende Weisheit, sie erfüllt durch ihre Entscheidung (vor dem Areopag in Athen) seine Pläne. Hermes hat den Auftrag, Schutzbedürftige zu geleiten, von Zeus erhalten.
[455] Siehe u. a. das in Anm. 447 genannte Werk von Solmsen.

Spannung zwischen dem dem Menschen letztlich unfaßbaren Wesen des Gottes und der Belastung des Zeus mit den vielen Unzulänglichkeiten, die der Mythos den Göttern aufbürdete.[456] Für den Tragödiendichter Sophokles (5. Jh. v. Chr.) war Zeus ebenfalls der gewaltige über alles, also auch über die an göttlichem Recht orientierten Gesetze und die zwischenmenschlichen Bindungen, herrschende und wachende Olympier.[457] Zeus schickt dem Menschen nicht nur Gutes, sondern auch Böses. Obwohl das Übel gelegentlich als göttliche Strafe gesehen wird, ist die Theodizee des Sophokles bei weitem nicht so verständlich wie jene des Aischylos. So steht Athene dem schuldlos in tiefstes Unglück gestürzten Aias – im Gegensatz zu seinem mitmenschlich verständnisvollen Gegner Odysseus – erbarmungslos gegenüber; so verantwortet den qualvollen Tod des heldenhaften Herakles letztlich sein Vater Zeus; so gerät auch Oidipus schuldlos in größte Not, hinter der abermals die Gottheit steht, ist doch sein Geschick engstens mit Orakeln verknüpft. Allerdings nahm der greise Dichter in seiner zweiten um Oidipus kreisenden Tragödie

---

[456] Nicht überzeugend gelöste Probleme stellt ›Der gefesselte Prometheus‹, dessen Zuschreibung an Aischylos nicht gesichert, aber wahrscheinlich ist. In dieser Tragödie geht der Dichter mit dem in seinen Grundzügen von Hesiod übernommenen Mythos sehr frei um. Die Herrschaft des Zeus beruht auf tyrannisch ausgeübter Macht. Ansätze zu einer Theodizee, die sich bei Hesiod finden, fehlen. Der Plan des Zeus, das Menschengeschlecht zu vernichten, wird vom Titanen Prometheus, der vorher an der Begründung der Weltherrschaft des Zeus mitgewirkt hat, durchkreuzt. Dafür muß er, vom Gott hart bestraft, schwerstes Leid erdulden. Ohne es beweisen zu können, darf man annehmen, daß in der darauf folgenden verlorenen Tragödie ›Die Lösung des Prometheus‹, auf die im erhaltenen Drama vorverwiesen wird, eine Versöhnung zwischen dem „Olympischen" und dem „Titanischen" zustande kommt und damit die aufrührerische Tat des Prometheus mit ihren Heilsfolgen für die vorher in ihrer Existenz gefährdete Menschheit von Zeus gebilligt wird. Nach Walther Kraus deckte Aischylos, ein Zeitgenosse des Herakleitos, eine im Werden, im Geschichtlichen, in der Zeit beruhende Tiefendimension auf: die zu Beginn des Weltgeschehens isoliert wirkende „Macht" verfestigt sich durch das Hinzutreten des „Rechts" zu einem Spannungsgefüge bleibender Ordnung; aus Widerspruch und Gegensatz erwächst eine höhere Einheit im Sinne heraklitischer Harmonie des Widerstrebenden. Zur Echtheitsfrage s. Lesky, Die tragische Dichtung der Hellenen, 141f., zur Zeusproblematik ebd., 142f., mit Literaturangaben.

[457] Wie Aischylos hielt auch Sophokles z. B. Apollon als den Gott der Weissagung für einen Aspekt des Zeus. Analoges muß man für die anderen Götter annehmen, die in den erschütternden Stücken des Dichters agieren.

eine Korrektur im Sinne „aischyleischer" Rechtfertigung des göttlichen Waltens durch die Heroisierung des durch sein tiefes Leid weise gewordenen Oidipus vor. In ähnlicher Weise erhält im ebenfalls spät gedichteten ›Philoktetes‹ dessen unverschuldete schwere Not schließlich durch göttliches Eingreifen ihren Sinn. In den Werken seiner Reifezeit suchte und fand der Dichter jedoch für das von den Göttern, also letztlich von Zeus, geschickte Leid keine dem Menschen einsichtige Erklärung. Für ihn lag der **gute** Sinn auch des grauenvollsten Geschehens einfach darin, daß es von der Gottheit, deren Planen für den Menschen grundsätzlich unerrechenbar ist, gewollt und gefügt war. Eine solche Religiosität ist nicht weniger tief als jene des Aischylos. Die fromme Scheu des Sophokles vor dem Göttlichen stand delphischer Einsicht in die Grenzen menschlicher Existenz nahe. In den Komödien des Aristophanes (5./4. Jh. v. Chr.) ist Zeus der am häufigsten genannte Gott, allerdings vorzugsweise in abgegriffenen Beteuerungsformeln. Dies hat zwar für den Dichter selbst nichts zu bedeuten. Jedoch ist interessant, daß diese Sprechweise im Volke – sicherlich nicht zufällig – üblich geworden war. Die Erwähnung des Zeus hält sich sonst im Rahmen überkommener Vorstellungen. In einer Parodie naturwissenschaftlicher Theorien wird der Wettergott allerdings durch Wolken und Ätherwirbel ersetzt. Auch schleudert nicht mehr Zeus die Blitze, die nicht Meineidige und sonstige Frevler treffen, sondern hohe Bäume und sogar Heiligtümer. Gelegentlich wird Zeus sogar als Beispiel dafür genannt, daß es keine rechtliche Ordnung mehr gebe, und seine Liebesabenteuer sind Entschuldigungsgrund für Ehebruch. Derartige Ketzereien finden sich jedoch im Rahmen einer Kritik „sophistischer" Zweifel an den Göttern. Dennoch verspottet der Dichter, wie schon erwähnt,[458] in mehreren Komödien die Götter herzhaft, auch Zeus bekommt, wenn auch maßvoll und nur am Rande, seinen Teil ab. Dadurch kam Aristophanes den Auffassungen der Skeptiker nahe. Ein ausgesprochen positives Gegenbild enthalten seine (überlieferten) Stücke nicht. Fragmente aus anderen Dichtungen der Alten und Mittleren Komödie zeigen, daß auch dort Zeus vom Spott nicht verschont wurde, in der Mittleren Komödie vor allem in Verbindung mit der dort blühenden Mythentravestie. Für die Neue Komödie, besonders jene Menanders (spätes 4. Jh. v. Chr.), ist Mythentravestie und Götterverspottung kein aktuelles Thema mehr. Aber auch hier dürfen die Menschen dann und wann noch über die Liebschaften und die Liebesverfallenheit des Zeus und andere

---

[458] Siehe Anm. 433.

Schwächen der Götter lachen.[459] Mit diesen Bemerkungen haben wir die zeitliche Grenze der hier behandelten Epoche bereits überschritten.

Die Entwicklung der Zeusgestalt bei den Dichtern der archaischen und klassischen Zeit hat uns alles Wesentliche über deren Religion gelehrt. Was uns darüber hinaus greifbar wird, ist dürftig und ohne Tiefe.[460] Wir dürfen uns also mit dieser knappen Darstellung begnügen. Doch sei vor einer Behandlung der Religion der Philosophen auf die Geschichtsschreibung des Herodotos (5. Jh. v. Chr.) eingegangen.[461] Bei ihm finden sich archaische Elemente in großer Zahl, weshalb wir auch dem Mythos auf Schritt und Tritt begegnen. Herodot setzte sich damit uneinheitlich auseinander, strebte weder seine durchgehende Rationalisierung an, noch war er Skeptiker aus Prinzip, nahm aber ebensowenig die mythische Überlieferung kritiklos hin. Auch in seinem Verhältnis zu der mit dem Mythos eng verknüpften Religion sind die Aspekte widersprüchlich. Zwar ist sein Weltbild durchaus theonom, doch haben die Götter (besser: das Göttliche) bei ihm kaum mehr Züge der homerischen Religion. Er war vom schicksalhaften Ablauf allen Geschehens überzeugt, auch davon, daß der Mensch notwendig von Unheil heimgesucht wird. Die Götter treten dabei zwar nie unmittelbar in Aktion, doch zweifelte Herodot nicht daran, daß das Schicksal des Menschen und somit auch das Böse vom Göttlichen gefügt würde. Orakel spielen dabei eine ausschlaggebende Rolle. Dennoch war Herodot davon überzeugt – so widersprüchlich es ist –, daß dem Willen des Menschen ein weiter Freiraum gegeben sei, er also Entscheidungen fällen und Verantwortung übernehmen müsse. Herodot rang mit dem Problem der Rechtfertigung göttlicher Schickung, doch ist auch seine Theodizee uneinheitlich. Jener der Tragiker nahestehend, erinnert sie bald an die des Aischylos, bald an die andersartige des Sophokles. Oft ist nämlich die Folge der Geschehnisse im Sinne von Schuld und Sühne moralisch erklärbar, oft aber trifft böses Geschick von der Gottheit her den schuldlosen Menschen. Wird dem Menschen Glück oder gar Macht im Übermaß zuteil, droht ihm der „Neid" der Götter. Das rechte Maß zu bewahren, schien Herodot vorrangig. Alles, was das Maß überschreitet,

---

[459] Man denke an die bekannte Amphitryonsage, ehemals Stoff von uns verlorenen Tragödien, die nun travestiert wurden und Zeus zum Ziel gutmütigen Spottes machten. Auch in anderen Stücken der Neuen Komödie wurde Zeus in pikanten Situationen auf die Bühne gestellt.
[460] Siehe einiges bei Nestle, Griechische Religiosität, Bd. 1, 99–107.
[461] Siehe dazu Lesky, Geschichte der griechischen Literatur, 365, 368–370.

Normen sprengt, verfällt dem „Verargen" der Gottheit und dem sicheren Untergang.[462]

Nun folgen Bemerkungen zur Religion der Philosophen. Es kann jedoch nur eine Auswahl der wichtigsten Lehren in knapper Fassung erörtert werden.[463] Die Philosophie war der eigentümlichste Beitrag, welchen die Griechen für die geistige Tradition der Menschheit

---

[462] Thukydides (spätes 5. Jh. v. Chr.) kannte als „pragmatischer" Geschichtsschreiber in der Erklärung der Geschehnisse keinen metaphysischen Faktor und vermied eine klare Aussage darüber, wie er zum Göttlichen stand. Er war Skeptiker, wenn auch kein Kämpfer gegen die Traditionen. Als Historiker suchte er in der bunten Vielfalt der Ereignisse das gesetzmäßig Wiederkehrende und daher Wiederholbare zu entdecken: Das Wesen des Menschen bestimmt demnach die Geschichte. Der Mensch strebt nach Macht und persönlichem Vorteil ohne Rücksicht auf seine Mitmenschen. Daneben besteht etwas Unerrechenbares, das menschlichem Handeln Grenzen setzt, es unvorhergesehen hemmt. Es wurde vom Historiker Tyche genannt, war aber für ihn keine göttliche Potenz.

[463] Siehe Burkert, Griechische Religion, 452–495, eine bibliographisch reich dokumentierte Darstellung mit allgemeinerer und weiterer Thematik, als sie hier geboten werden kann. Siehe weiter Schwabl, RE S 15 (1978), 1319–1390, eine Darstellung, welche mit Zeus als Mittelpunkt allgemein „theologische" Aspekte berücksichtigt. Auch sie vermittelt daher eine wertvolle Orientierung. Sie reicht zeitlich über die hier betrachtete Epoche bis in die Spätantike. Siehe weiter Werner Jaeger, Die Theologie der frühen griechischen Denker, Stuttgart 1953, und die entsprechenden Abschnitte bei Lesky, Geschichte der griechischen Literatur. Die Darstellung beginnt nach antiker (aristotelischer und peripatetischer) Tradition mit den sog. Milesischen Naturphilosophen. Jedoch ist Olof Gigon, Der Ursprung der griechischen Philosophie, Basel 1945, 13 (s. auch Jaeger, a. O., 18f.), zuzustimmen, daß wir schon in Hesiod den ersten uns bekannten griechischen Philosophen sehen dürfen. Wegen der homerischen Form seiner Werke und mit Rücksicht auf seinen Vorstellungskreis wird er jedoch den Epikern zugerechnet. Überdies muß darauf verwiesen werden, daß manche der frühen Philosophen bedeutende Dichter waren. Ob der älteste der Milesier, Thales, überhaupt ein Werk geschrieben hat, ist nicht sicher. Die beiden anderen Milesischen Naturphilosophen verfaßten Prosa und distanzierten sich dadurch bewußt vom Epos. Schon Xenophanes dichtete jedoch. Er verfaßte neben kurzen geschichtlichen Epen, Elegien und sog. Sillen ein philosophisches Lehrgedicht in Hexametern. Diese Form der Darstellung wählten auch nicht wenige spätere Philosophen. Die an sich interessante Formgeschichte der Philosophie ist hier jedoch nicht zu erörtern. Es sei nur noch darauf hingewiesen, daß Herakleitos eine ganz eigenartige Form der Darstellung seiner Philosophie wählte. Er schrieb aphoristisch. Gigon nannte seine knappen, aber tiefsinnigen Sätze „Prosa-Gnomen".

leisteten. Es handelt sich dabei um Gedanken und Lehren einzelner, besonders begabter und kritisch eingestellter Menschen. Ihrer Spekulation stellte sich zunächst das Problem des Anfangs, von dem aus alles zu dem geworden ist, was ist; weiter die Frage nach der Ordnung in der Welt, wobei auffallende Erscheinungen in der Natur besonderes Interesse fanden, vom Erdbeben bis zum Kreislauf der Gestirne. Erst später wurde auch der Mensch (bald bedeutendster) Gegenstand philosophischer Besinnung. Immer war jedoch, was selbst bei negativen Befunden gilt, das Göttliche in die Überlegungen einbezogen. Sobald der Mensch zum Thema der Philosophie wurde, stellte sich vor allem die Frage, ob er oder die Gottheit das Maß aller Dinge wäre. Die von den Vorsokratikern ersonnenen „sachlichen" Weltmodelle traten den traditionellen Auffassungen, daß die Welt göttlich oder auf Götter zurückzuführen wäre, entgegen. In der theologischen Spekulation fiel die Entscheidung gegen die überkommene Religion aus, was dennoch, so sehr dies überraschen mag, keine bedeutsamen Auswirkungen auf die Ausübung des Kultes in der Polis und durch die einzelnen Bürger hatte. Insofern sind Periodisierungsversuche der griechischen Religion anhand der philosophischen Systeme nicht überzeugend.

Die drei aus Milet stammenden Philosophen Thales, Anaximandros und Anaximenes (6. Jh. v. Chr.) stellten die Frage nach dem Ursprung (der ἀρχή) nicht metaphysisch, sondern kosmogonisch. Sie bot sich ihnen daher auch nicht primär unter einem „theologischen" Aspekt. Die Götterwelt des Epos und Kultes spielte in ihren Systemen keine Rolle. Allerdings scheint schon Thales von den Göttern gesprochen zu haben, aber sicher in anderem Sinne als die Menschen seiner Zeit, deren Vorstellungen vom Wesen der Götter sein kritisch denkender Verstand nicht bestätigen konnte. Nach Platons Mitteilung[464] erklärte er, alles sei voll von Göttern. Die Beschränkung seiner Spekulation auf das, was man im unmittelbar Gegebenen vor sich hat, erzwang daher nach seiner Auffassung nicht notwendig eine Preisgabe des Göttlichen. Jedoch ist nicht gesichert, wie der von Platon dem Thales zugeschriebene Satz zu interpretieren ist. Auch Anaximandros brachte wahrscheinlich das „Göttliche" ins Kalkül, aber die darauf bezügliche Stelle aus der ›Physik‹ des Aristoteles[465] ist leider ebenfalls nicht eindeutig zu erklären. Anaximandros übertrug die Prädikate der Gottheit auf die ἀρχή (bei ihm das ἄπειρον, das Gren-

---

[464] Legg. X 899 b (auch Arist., de anima A 5. 411a): Thales A 22 D.-K.
[465] Phys. III 4, 203 b 6 (A 15 D.-K.).

zenlos-Unbestimmbare).[466] Es scheint, daß in seinem System die Welt zwar ohne Götter, jedoch der vorweltliche Ursprung in vollem Sinne des Wortes göttlich und die Welt vom Göttlichen sozusagen umfangen ist. Die tiefsinnige Lehre, wonach alle seienden Dinge „nach Notwendigkeit und Schuldigkeit" in jenes, woraus sie geworden sind, wieder vergehen, da sie „nach der Anordnung der Zeit" einander gerechte Strafe und Buße für ihre Ungerechtigkeit zu leisten hätten, hat einen religiösen Hintergrund. Einen entscheidenden Impuls gab solchen Überlegungen Xenophanes (6./5. Jh. v. Chr.), der schon als radikaler Kritiker der anthropomorphen Götterauffassung des alten Epos genannt wurde. Dieser Denker, der kosmogonischen Problemen geringeres Interesse entgegenbrachte, zweifelte trotz des Bruchs mit den religiösen Traditionen als offenbar sehr frommer Mann nicht an der Existenz des Göttlichen. Wahrscheinlich sah er die Gottheit als eigene Wesenheit neben der Gegebenheit der Natur, die auch er als nicht vergöttlicht betrachtete. Xenophanes stellte dem von ihm bekämpften anthropomorphen Bild der Götter ein gereinigtes gegenüber: Die Gottheit ist demnach den Sterblichen weder an Gestalt noch Denkweise vergleichbar, ganz Auge, Ohr und Geist, unbewegt in sich selbst verharrend und ohne Mühe durch die Kraft ihres Geistes wirkend. Gedanken dieses Philosophen nahm Parmenides (um 500 v. Chr.) auf. Einerseits lehrte er die Existenz einer Welt des Scheines, die, durch bloßes Wähnen des mit trügerischer Sinneserkenntnis begabten Menschen erzeugt, dennoch nicht schlechthin bedeutungslos ist, denn sein Lehrgedicht, von dem uns allerdings nur einige Versgruppen erhalten sind, enthält u. a. eine offenbar nicht allzu knapp angelegte Kosmologie. Darin stellte der Philosoph „Meinungen der Sterblichen" in einem uneigentlichen „trügerischen" Sprechen dar. Andererseits bekannte er eine jenseits der Welt des Scheines gelegene und allein mit der Kraft des Geistes erfaßbare Welt des einen, einzigen, ungewordenen und unvergänglichen Seienden. Die Tradition religiöser Auffassungen ist völlig verlassen, doch wurden diese von Parmenides aufgestellten Prädikate des Seienden eine wesentliche Grundlage nicht nur für ontologische, sondern auch für theologische Aussagen in späterer Zeit. Überraschend ist, daß Parmenides auch im Rahmen seiner erwähnten Kosmologie im einzelnen schwer zu bewertende göttliche Kräfte nennt. Dabei ist die Beschränkung auf allgemeine und unbestimmte (θεά, δαίμων) oder das Wesen aus-

---

[466] Nach Diogenes Laertios I 36 (Thales A 1 D.-K.) habe schon Thales geäußert, göttlich sei, was weder Anfang noch Ende habe.

sagende abstrakte Bezeichnungen (z. B. Ἀνάγκη, Ἀλήθεια, Πειθώ) charakteristisch. Hier tritt die Tendenz zur Bildung reiner „Begriffsgottheiten" deutlich in Erscheinung, womit allerdings Hesiod begonnen hatte, für den jedoch – anders als für Parmenides – die göttliche Potenz das erste und deren Benennung das zweite war. Auch für Herakleitos (Ende des 6. Jh. v. Chr.) stand die kosmogonische Fragestellung nicht im Vordergrund. Für ihn ist die Welt ewig und alle Erscheinungen gründen im Prinzip ihrer als Einheit von Gegensätzen gesehenen Ordnung, welches als (als feinste feurige Materie interpretierter) Geist (Logos) und als Gottheit gefaßt wird. Von dem Einen, dem Göttlichen, nähren sich, so schrieb Herakleitos, alle menschlichen Gesetze. Diese Gottheit ist also nicht neben die Welt gestellt wie bei Xenophanes, sondern ihr Wesensgrund. Richtet Herakleitos auch Angriffe gegen Homer, Hesiod und den erst noch zu nennenden Pythagoras sowie gegen die Rituale des herkömmlichen Kultes, so taucht hier doch zum ersten Male in Zusammenhang mit philosophischer Spekulation[467] zur Bezeichnung des einsichtigen Geistes, des einen Allein-Weisen, der Name des Zeus auf.[468] Hymnische Redeweise, das Ungenügen der traditionellen Vorstellungen von den Göttern und der Aspektcharakter des Namens (ζῆν) dürften ihn dazu veranlaßt haben. Außerdem konvergiert die Konzeption des Feuers (bei Herakleitos die göttlich verstandene ἀρχή) als innerweltliche Gegebenheit mit älteren mit Zeus verbundenen Bereichsvorstellungen. Dazu tritt schließlich die eigentlich religiöse Dimension, welche die Gottheit als schlechthin wissend, vollendend und den Gang der Dinge bestimmend sieht. Offenbar wirkten an Zeus und die Gottheit im allgemeinen geknüpfte Vorstellungen von Anfang an auf die Gestaltung des zwar schwer verständlichen, aber imponierenden und sprachlich wenn auch in knappen Sätzen, so doch überaus eindrucksvoll formulierten Gedankensystems des Herakleitos ein. Auch die sehr vielseitige[469] Lehre des Pythagoras (2. Hälfte des 6. Jh. v. Chr.) ist, weil nicht schriftlich niedergelegt, schwer zu fassen. Man weiß

[467] Dies gilt nur, wenn wir von der Einschätzung Hesiods – und auch Solons – als Philosophen absehen.
[468] Herakleitos B 32 D.-K.: Eins, das einzig Weise, läßt sich nicht und läßt sich doch mit dem Namen des Zeus (des „Lebens") benennen (übs. von Bruno Snell). Vgl. B 64 D.-K.: Das Steuer des Alls aber führt der Blitz (also die Waffe des Zeus). Im folgenden wird aus Schwabl, a. O., 1322, z. T. wörtlich zitiert.
[469] Sein Zeitgenosse Herakleitos schalt ihn B 40 und B 129 D.-K. wegen seiner nichtigen Vielwisserei, B 129 überdies wegen seiner Lügenkunst.

Die Religion der Dichter und Philosophen

nur, wie sie seine Jünger nach seinem Tode (ab dem 5. Jh. v. Chr.) sahen, doch ist sie so gut wie sicher unvollständig und entstellt überliefert, um so mehr, als sie bald nach dem Muster der Mysterienkulte geheimgehalten wurde. Ziel des Pythagoras und der Pythagoreer – der Meister versammelte um sich eine Gemeinde von Jüngern, eine Art Orden, der seinen Tod um Jahrhunderte überlebte und sogar einen bedeutenden Einfluß auf die Politik in Unteritalien, teilweise auch in Sizilien, ausübte – war die Erreichung der Vollkommenheit durch Weisheit. Anweisungen für eine streng geregelte Lebensführung standen im Vordergrund. Denn deren Reinheit war eine Vorbedingung für die angestrebte Wahrheitserkenntnis – dies erinnert an das Orakel- und Mysterienwesen –, wobei sich die Reinheitsverpflichtung keineswegs in (ebenfalls geübter) äußerlicher Kathartik erschöpfte, sondern ins Ethische vertieft wurde. Pythagoras war von der Unsterblichkeit der in das „Grab" des Körpers verbannten Seele überzeugt und verband damit den Glauben an eine Seelenwanderung. Bei schlechter Lebensführung eines Menschen wurde die Wiederverkörperung seiner Seele in einem Tier angenommen. Die Seele mußte nach Pythagoras also einen langen Weg der Läuterung zur Erlangung der letzten Weisheit gehen. Dann allerdings war nach dieser Lehre der Mensch, von der körperlichen Welt endgültig befreit, Gott gleich. Die Existenz der Gottheit wurde also angenommen. Daß sich die pythagoreische Lehre früh mit den Mysterien der Orphik vereinigte, wurde bei der Besprechung der Mysterienkulte angedeutet. Empedokles (5. Jh. v. Chr.), ein herumwandernder Wundermann[470] und Arzt, dessen Leben Ansätze zu reichlich wuchernder Legendenbildung bot, sammelte gleich Pythagoras eine Gemeinde von Anhängern um sich, die allerdings das Leben ihres Meisters nicht überdauerte. Auch sonst finden sich bei ihm Analogien zu orphisch-pythagoreischen Vorstellungen, so daß eine Beeinflussung durch diese außer Zweifel steht. Der Philosoph war von der göttlichen Herkunft der unsterblichen Seele überzeugt, auch vertrat er die Lehre von der Seelenwanderung. Entsprechend gab er, gleich den Pythagoreern, Anweisungen zur Lebensführung und schrieb sogar ein Lehrgedicht über Reinheit und Reinigung. Dies alles verweist auf einen religiösen Hintergrund seiner Lehre. Sein in einem

---

[470] Empedokles nannte sich in seinem hoch gesteigerten Selbstbewußtsein (B 112, 4–8 D.-K.) geradezu einen unsterblichen Gott (θεὸς ἄμβροτος, οὐκέτι θνητός) und wurde von seiner Gefolgschaft göttlich geehrt. Im Widerspruch dazu (B 115, 7f. D.-K.) steht, daß er sich als einen von Gott Verbannten und Irrenden empfand. Jedenfalls war Empedokles ein Mann außerordentlichen Formates, der offenbar unter starken Spannungen litt.

Lehrgedicht zusammengefaßtes kosmologisch-ontologisches System ist jedoch rein rational dargestellt. Empedokles vertrat die Lehre von den vier Elementen ("Wurzeln"), durch deren Mischung und Sonderung alles Seiende wird und vergeht. Aber gerade in diesem Werden und Vergehen sah er ein Spiel und Widerspiel göttlicher Kräfte. Die Elemente benannte er nach Göttern: z. B. das Feuer ist Zeus, und auch Liebe und Streit, welche die Vereinigung und Trennung der Elemente bewirken, sind Götter (Liebe = Aphrodite). Mit den Göttern des Epos und des Kultes besteht aber kein Zusammenhang.[471] Die Benennung der Elemente und Mächte der Natur als Götter ist keinesfalls rein allegorisch zu verstehen. Der ontologische Pluralismus des Empedokles führte zu einem theologischen Polytheismus eigener Art. Wir stehen hier am Beginn der Umdeutung der Götter in kosmologische Größen und Mächte, welche später eminente Bedeutung gewinnen sollte. Auch Anaxagoras, ein Zeitgenosse des Empedokles, suchte in nüchterner Empirie nach einer Erklärung der Entstehung der Welt und der Naturvorgänge. Er stellte der unbegrenzten Vielheit qualitativ bestimmter unendlich kleiner Urstoffe, aus deren Mischung und Trennung die vergänglichen sichtbaren Dinge hervorgehen, den Geist (νοῦς) als Ordnungsprinzip allen Geschehens in der Welt gegenüber, der schon in Urzeiten für die sinnhafte Weltwerdung aus dem Chaos gesorgt hatte. Erstmals in der Geschichte der abendländischen Philosophie treffen wir hier auf einen ausgesprochenen Dualismus. Den Geist empfand Anaxagoras, wie aus den diesem zugeschriebenen Beiwörtern und seinem hymnischen Lob hervorgeht, als göttliche Kraft. An ihr hat auch der Mensch Anteil. Denn dem unendlichen göttlichen Geist, der den Weltplan entwirft, entspricht nach Anaxagoras ein endlicher menschlicher, der diesen Weltplan begreift und befolgt. Den Urstoffen allerdings kommen keine göttlichen Attribute zu. Deshalb wurde die Lehre des Anaxagoras als aufklärerisch und gottlos empfunden und dem aus Kleinasien stammenden Denker in Athen ein Prozeß wegen Gottlosigkeit angedroht, was ihn zum Verlassen der Stadt zwang.[472] Stark von Kon-

---

[471] Siehe B 29 D.-K.

[472] Angeblich wurde Anaxagoras wegen Asebie angeklagt, weil er die Sonne als glühenden Stein erklärte. Wahrscheinlich hatte ihn die Beobachtung eines Meteorfalles im Jahre 467 v. Chr. zu dieser Theorie veranlaßt. Es darf angenommen werden, daß der Prozeß durch eine Art politische Verschwörung von Gegnern des Perikles angezettelt wurde: man wollte durch die Anklage gegen Anaxagoras in Wirklichkeit dessen Freund Perikles treffen. Dieser Asebieprozeß war der erste einer ganzen Reihe solcher Verfahren, die

zepten älterer Philosophen, besonders von Anaxagoras, ist Diogenes von Apollonia (ebenfalls 5. Jh. v. Chr.) abhängig, obwohl er, als jüngster Vertreter der jonischen Naturphilosophie deren einheitliche Ursprungslehre wieder aufgreifend, den Dualismus des Anaxagoras wahrscheinlich aus „theologischen" Bedenken verwarf. Für Diogenes ist, wie seinerzeit für Anaximenes, die Luft der einheitliche Urstoff, also Ursprung der Welt und Grundprinzip aller vernünftigen Ordnung. Sie wird ausdrücklich mit den Eigenschaften und der Würde des „Nous" des Anaxagoras begabt, als Gott bezeichnet, ja in allegorischer Deutung[473] mit dem Namen des „homerischen" Zeus in geradezu religiös-hymnischer Form gefeiert. Da das Grundprinzip allen Seins aber nur in einem sozusagen philologischen Verweis auf Homer „Zeus" genannt wird, bleibt die Spannung zwischen althergebrachter Tradition und neuer philosophischer Spekulation bestehen. Ein für theologische Besinnung wichtiger Aspekt war der kräftige teleologische Ansatz in der Lehre des Diogenes, der damit auch Gedanken weiterführte, die sich schon bei Anaxagoras finden. Für Diogenes bekundete sich nämlich der göttliche Geist in der Welt durch die Vollkommenheit der durch sein Walten erreichten Ordnung. Damit ist eine Allbeseelungslehre verbunden, beruhend auf der Annahme verschiedener Beseelungsstufen nach einer bestimmten Ordnung, welche der göttliche Geist wissend aus sich hervorbringt. Diogenes bemühte sich übrigens, das zweckgerichtete göttliche Planen auch durch Interpretation geeigneter Phänomene der Natur aufzuweisen. Das teleologische Konzept erzielte bei späteren Denkern eine nachhaltige Wirkung. Sie konnten diesem Problem nicht mehr ausweichen; so führen Linien zu Xenophon (Memorabilien), Platon und Aristoteles, in späterer Zeit insbesondere zur Stoa. In dieser Zeit (in der 2. Hälfte des 5. Jh. v. Chr., hineinreichend in das 4. Jh.) traten zwei philosophische Richtungen besonders hervor, jene der Atomisten und jene der Sophisten. Die Atomistik wurde von Leukippos und dem bedeutenderen Demokritos vertreten. Beide Denker erklär-

---

in Athen in den nächsten Jahrzehnten aus verschiedenen Motiven geführt wurden. In Anbetracht des prinzipiellen Atheismus, der indessen durch die Sophistik ermöglicht worden war, gewinnen diese Prozesse trotz aller fraglichen Umstände grundsätzliche Bedeutung.

[473] Der Begründer der allegorischen Homerinterpretation war der Rhapsode Theagenes von Rhegion, ein Zeitgenosse des Xenophanes, der damit unmittelbar auf die Herausforderung durch diesen Philosophen und dessen Kritik an den unwürdigen homerischen Göttern reagierte.

ten die Welt aus zwei Grundprinzipien, aus kleinsten, Atome benannten Partikeln und aus dem leeren Raum, in dem sich die Atome bewegen. Alles Werden und Vergehen entwickelt sich nach dieser Doktrin aufgrund einer streng mechanistischen Notwendigkeit. Für eine Teleologie ist in ihr kein Platz. Dennoch anerkannte sie allgemeingültige Werte und verbindliche ethische Normen. Ihre grundsätzlich von den naturphilosophischen Prämissen aus nicht einsichtige Begründung ist uns unbekannt. Ebensowenig ist verständlich, wie Götter, deren Existenz die Atomisten nicht leugneten, in dieses System passen, und welche Rolle sie in Natur und Menschenleben spielen.[474] Daß sich die Werke des Demokritos mit fast allen Bereichen menschlicher Tätigkeit in einer offenbar leicht verständlichen Sprache befaßten, erklärt ihre große Wirkung. Aus ihrer Verbindung mit Lehren der Sophisten entstand eine verbreitete Popularphilosophie. Den Sophisten[475] kam als Trägern modernen Geistes in Griechenland in dieser Zeit eine noch größere Bedeutung zu als den Atomisten. Sie waren Menschen ohne eigentliche Heimat, zogen im griechischen Kulturraum umher und erteilten gegen Honorar Unterricht. Sie versprachen, den Menschen „besser zu machen", vermittelten aber im wesentlichen nur ein enzyklopädisches Wissen zum praktischen Gebrauch für das private und öffentliche Leben. Sie machten ihren Bestrebungen in zunehmendem Maße auch die in Sizilien entwickelte Rhetorik dienstbar.[476] Die Naturphilosophie war in dieser

---

[474] Mit Recht fragt Cicero, n. d. I 29 hinsichtlich Demokritos: *cum idem omnino ... neget esse quicquam sempiternum, nonne deum omnino ita tollit, ut nullam opinionem eius reliquam faciat?* Unmittelbar vorher lesen wir: *Democritus, qui tum imagines eorumque circumitus in deorum numero refert, tum illam naturam, quae imagines fundat ac mittat, tum sententiam intelligentiamque nostram, nonne in maximo errore versatur?* Auch n. d. I 120 tadelt Cicero die Verworrenheit der Lehre des Demokritos über die Götter: Bald glaube er, *imagines divinitate praeditas inesse in universitate rerum,* bald aber nenne er die *principia mentis, quae sunt in eodem universo,* Götter, dann aber wieder *animantes imagines,* welche dem Menschen zu nützen oder zu schaden pflegen, schließlich *ingentes quasdam imagines tantasque, ut universum mundum complectantur extrinsecus.*

[475] Außer den in Anm. 463 erwähnten Untersuchungen s. den Sammelband ›Sophistik‹, hrsg. von Carl Joachim Classen, Darmstadt 1976 (Wege der Forschung, 187).

[476] Die Sophistik lebte, wie erwähnt, besonders in Athen, auch im 4. Jh. v. Chr. kräftig weiter, ohne indessen neue Impulse zu geben. Vorrangig wurde die Unterweisung in den Regeln der Rhetorik, nach wie vor verbunden mit der Vermittlung einer praxisbezogenen enzyklopädischen Bildung. Einen

Zeit zu einem gewissen Abschluß gelangt. Daher wuchs das Interesse der Philosophie am Menschen und seinen Problemen. Die Orientierung daran hatte die intensive Beschäftigung der Sophistik mit ethischen Problemen zur Folge. Protagoras, ihr bedeutendster Vertreter, der den berühmten Homo-mensura-Satz prägte, verstand diesen zunächst metaphysisch: Der Mensch ist das Maß des Seienden, daß es ist, und des nicht Seienden, daß es nicht ist. Doch gestattete dieser Ansatz einen schrankenlosen Relativismus der Werte. Protagoras wußte allerdings um die Bedeutung der Gemeinschaft für den einzelnen Menschen und anerkannte daher die Bindungen, die Sittlichkeit und Rechtsempfinden auferlegen. In einem eindrucksvollen Mythos trug er diese Lehre vor: Αἰδώς und δίκη seien von Zeus durch Hermes den Menschen geschickt worden und hätten ihnen staatliches Zusammenleben und die Entwicklung der Kultur ermöglicht. Andere bedeutende Sophisten entbanden jedoch das autonome Individuum aller Verpflichtungen der Gemeinschaft gegenüber und lehrten das schrankenlose Recht des Stärkeren als ein Recht der Natur. Diesem Ziel diente dann auch die Beredsamkeit ohne Rücksicht auf ethische Gesichtspunkte. Protagoras setzte sich auch mit dem Problem des Göttlichen auseinander. Er verfaßte eine Schrift mit dem Kernsatz, er wisse von den Göttern weder, daß sie seien, noch, daß sie nicht seien, noch wie (im Falle ihrer Existenz) ihre Gestalt sei.[477] Er leugnete die Götter jedoch nicht.[478] Protagoras wich also, wie in der Ethik so auch hier, den Konsequenzen seines philosophischen Ansatzes aus. Dennoch wurde gegen ihn in Athen, wo er sich lange aufhielt,

Höhepunkt ihrer äußeren Entwicklung im 4. Jh. stellte die Begründung der Rhetorenschule des Isokrates in Athen dar. Die Sophistik stand nun in starkem Gegensatz zu den im selben Jahrhundert dort entstandenen Philosophenschulen. Bekannt ist Platons Gegnerschaft zu den Sophisten und sogar noch die Schulgründung des Aristoteles erfolgte in bewußter Herausforderung des Bildungsideales des Isokrates. Die Wirkung der Schule des Isokrates auf Kultur und Erziehung der Griechen, vor allem natürlich auf die Beredsamkeit, aber auch auf die Politik, war trotz dieser sehr einflußreichen Gegnerschaft groß. Später verfiel die Sophistik, wurde aber im 2. Jh. n. Chr. als „Zweite Sophistik" durch besondere Pflege epideiktischer Rhetorik zu neuem Leben erweckt, das wiederum aus dem Gegensatz zur Philosophie, aber auch zu den Fachwissenschaften, erwuchs. Für die Philosophie dieser späten Zeit war die „Zweite Sophistik" aber ohne größere Bedeutung.

[477] B 4 D.-K.
[478] Cicero hob n. d. I 2 und I 117 Protagoras ausdrücklich gegen die Gottesleugner ab.

Anklage wegen Asebie erhoben, was ihn (gleich Anaxagoras) dazu zwang, die Stadt zu verlassen. Andere Sophisten zogen aus den Prämissen ihrer aufklärerischen Philosophie radikalere theologische Folgerungen. Die Religion beruhe, so lehrten sie, bloß auf unverbindlicher Tradition. Mit solchen Lehren wurde die wissenschaftliche Begründung eines grundsätzlichen Atheismus eröffnet, den es in der Praxis schon seit längerer Zeit gab. Aber wie dieser vorher ein Ende der Religion nicht nach sich gezogen hatte, sondern eine partielle Erscheinung gewesen war, so blieb es auch jetzt: Der Kult wurde weiter ausgeübt und die Erschütterung alter Überzeugungen hatte für die theologische Spekulation eine eher befreiende, jedenfalls stimulierende Wirkung.[479] Des Sokrates (2. Hälfte des 5. Jh. v. Chr.) nicht niedergeschriebene Lehre ist trotz ihrer bedeutenden Nachwirkung wegen ihrer widersprüchlichen Überlieferung sehr schwer zu fassen. Es scheint, daß dieser Philosoph zunächst noch unter dem Einfluß der jonischen Naturphilosophie stand, sich aber dann ganz menschlichen Problemen zuwandte, vor allem der Frage sittlicher Werte und des richtigen Handelns. Wie sein radikaler ethischer Intellektualismus (wer das Gute erkennt, tut es auch) zeigt, war für Sokrates das Erlebnis der sittlichen Werte evident. Es erwuchs für ihn aus der Tiefe religiösen Ernstes. Mit der Hinwendung zu den Problemen des Menschen, den zeitgenössischen Sophisten nahestehend, mit denen er auch wegen seines äußeren Gehabens verwechselt wurde, obwohl er keinen regelrechten Unterricht gegen Honorar erteilte, sondern seine Lehre nur im lockeren Gespräch vermittelte, erwies er sich durch die betonte Anerkennung absolut gültiger sittlicher Werte, deren Kenntnis zu erringen von der Gottheit den Menschen auferlegte Verpflichtung sei, als deren erklärter Gegenspieler. Der gegen ihn 399 v. Chr. in seiner Heimatstadt Athen erhobenen Asebieklage, weil er die Staatsgötter nicht anerkenne, neue Götter einführe und überdies die Jugend verführe, folgte ein Prozeß, der zu einem Todesurteil und seiner Hinrichtung führte, ausgelöst ohne Zweifel durch besondere Umstände, die auch in der politischen Situation Athens zu suchen sind. Das Todesurteil war ungerecht. Denn Sokrates anerkannte die Gottheit, wenn es auch zutraf, daß er hinter den einzelnen Göttern das wesenhaft Göttliche suchte. Mag daher die

---

[479] Siehe den Hinweis in Anm. 437 auf das dem Kritias oder dem Euripides zuzuweisende Satyrspiel ›Sisyphos‹, in welchem die Theorie vertreten wird, kluge Politiker hätten Götter erfunden, um durch die Furcht vor ihrer Strafe die Untertanen zu Gesetzestreue und Gehorsam zu zwingen.

Volksreligion für ihn nur untergeordnete Bedeutung besessen haben, so vollzog er doch, offenbar aus Treue zu den Gesetzen, die staatlichen Kulte mit. Einer der begeistertsten Anhänger des Sokrates war Antisthenes (5./4. Jh. v. Chr.), der bald nach dessen Tod in Athen lehrte und als Vater der Philosophie des Kynismus gilt. Antisthenes war eindeutiger Monotheist. Er anerkannte (die sophistische Antithese νόμος–φύσις benützend) zwar, daß es nach Übereinkunft viele Götter gäbe, von Natur aus aber nur e i n e Gottheit, die der Mensch allerdings mit seinen Sinnen nicht erfassen könne und die niemandem gleiche. Seine überaus strenge Sittenlehre, die Forderung nach völliger Bedürfnislosigkeit, leitete sich aus dem ethischen Intellektualismus des Sokrates ab.[480] Wie Sokrates wandte sich dessen bedeutenderer Schüler Platon (5./4. Jh. v. Chr.) vor allem gegen die Sophistik. Seine Philosophie in ihrer ganzen Weite auch nur zu skizzieren, ist unmöglich. Die Gottesproblematik[481] ist von Platon nirgends systematisch als Sonderfrage behandelt worden, die verwirrend mannigfaltigen Aussagen über das Wesen des Göttlichen sind vielmehr über zahlreiche Schriften, die im Laufe etwa eines halben Jahrhunderts entstanden sind, verstreut. Natürlich ist daher damit zu rechnen, daß Platons „Theologie", wie überhaupt seine Philosophie, sich gewandelt hat. Die Schwierigkeit eines Ausgleichs zwischen der Vorstellung von den Göttern des Mythos und des Kultes mit dem philosophischen Gottesbild tritt bei Platon so deutlich zutage wie bei keinem anderen Philosophen. An mehreren Stellen seines Werkes sind die Götter der Polisreligion anerkannt. Platon unterscheidet dabei zwischen olympischen Göttern, Göttern der Stadt, Göttern der Unterwelt, lokalen Daimonen und Heroen und setzt allerdings ein gereinigtes Gottesbild voraus. Platons ›Nomoi‹ beginnen mit der Zurückführung der Gesetzgebung auf Götter. Später findet sich in dieser Schrift die ausdrückliche Anweisung, am Götterglauben und der üblichen Götterverehrung nichts zu ändern. Für Platon war die traditionelle Polisreligion also selbstverständlich und lebendig. Der Gesetzgeber hat über-

---

[480] Die Kyniker lehrten seit Diogenes von Sinope, einem Schüler des Antisthenes, außer der völligen Bedürfnislosigkeit auch die Schamlosigkeit, d. h. die Nichtbeachtung aller Konventionen. Diese Doktrin lag dem Antisthenes völlig fern.

[481] Siehe W. J. Verdenius, Platons Gottesbegriff, in: Entretiens sur l'antiquité classique, I: La notion du divin, Vandœuvres–Genf 1954, 241–283, Diskussion 284–292, Literaturangaben 293, John E. Rexine, Religion in Plato and Cicero, New York 1959 (ND 1968), Dodds, Die Griechen und das Irrationale, 10–122 (mit Anm. 245–255), und Schwabl, a. O., 1334–1341.

dies den einzelnen Phylen der Polis den Kult eines Gottes, Daimon oder Heros zuzuweisen und für die Zuteilung von Temenoi zu sorgen. Der Glaube an die Götter, von denen Platon überzeugt war, daß sie sich um die Menschen kümmern, wird zur Staatspflicht erklärt, Atheismus zum Staatsverbrechen, das mit Todesstrafe zu ahnden ist. Platon war also von der unabdingbaren Notwendigkeit religiöser Bindungen für das Leben des Staates überzeugt. Die Religion garantierte für ihn Gerechtigkeit und öffentliche Ordnung. Deshalb stand das Herolds- und Botschaftswesen nach seiner Auffassung unter dem Schutz des Hermes, Zeus behielt eine zentrale Rolle (oft neben Hestia und Athena) und vor allem als Wahrer und Garant verschiedener Institutionen. In Verbindung damit ist auch am überkommenen Mythos festgehalten, wenn dieser auch keine größere Bedeutung besitzt. Auch im Kontext platonischer Mythen findet sich ein Anschluß an die traditionelle Mythologie bis zur allegorischen Anpassung anstößiger Mythen an das platonische Weltbild. Anderswo jedoch übte der Philosoph, wie schon oben erwähnt, schärfste Kritik am Götterbild des Mythos und der Dichtung. Das Göttliche tritt bei Platon auch sonst wiederholt in Erscheinung: Die Seelen und die Vernunft werden als Götter bezeichnet, gelegentlich sogar gute Menschen. Hervorragende Bedeutung gewinnt das Göttliche aber in der Ideenlehre und in der Kosmologie Platons, ohne daß von hier aus jedoch ein Weg zur Rechtfertigung des Kultes der Polisreligion führt. An der Spitze der Hierarchie der Ideen steht die Idee des Guten, das unbedingt Seiende, selbst „jenseits des Seins" angesiedelt, aber der absolute Grund jeden anderen Seins, auch Urgrund alles Guten in dieser Welt. Zwar bezeichnet Platon dieses Absolut-Gute nirgends ausdrücklich als Gott, doch erreicht es als das höchste Prinzip göttliche Würde, so daß man es als die philosophische Gottheit Platons ansehen muß, um so mehr, als er, gegen die Sophistik gerichtet, die Gottheit (allerdings erst in seinem Alterswerk ›Nomoi‹) ausdrücklich als das Maß aller Dinge bezeichnete und die Idee des Guten, wie schon erwähnt, das Musterbild (und daher das Maß) all dessen, was als gut betrachtet werden kann, und daher die normsetzende Gottheit im Bereich des Ethischen ist. Der Mensch hat die Pflicht, ihr möglichst ähnlich zu werden. Hinzu tritt, daß nach Platon das Streben nach der Tugend eins wird mit einer Verähnlichung mit der Gottheit. Auch dies weist in die erwähnte Richtung. Offenbar werden aber auch die anderen (hierarchisch niedrigeren) Ideen als Götter gesehen. In Platons Reich der Ideen gibt es also verschiedene Erscheinungsformen des Göttlichen als Abstufungen einer Skala, die dem hierarchischen Aufbau der Wirklichkeit entspricht. Nach der kosmologischen Konzeption Platons ist der „Handwerker" (Demiurgos), als göttlicher Künstler der Weltbaumeister, der Vater und Schöpfer des Alls und Gestalter der sichtbaren Dinge zu einem grandiosen Kosmos. Über ihm stehen jedoch die ewigen Ideen, nach deren Muster er seine schöpferische und ordnende Aufgabe erfüllt. Der Demiurgos ist also nicht identisch mit der Idee des Guten.[482] Dennoch stellt dieses Konzept eine großartige Theodizee dar. Der Demiurgos ist, da er sich an der Welt der Ideen zu orientieren hat, auch nicht das Maß aller Dinge. Die gottgefügte Ordnung der sichtbaren Dinge manifestiert sich nach Platon am deutlichsten in den regelmäßigen Bahnen der Himmelskörper, welche als ein Geschlecht von gewordenen und „sichtbaren" Göttern (im Gegensatz zum ungewordenen und unsichtbaren Demiurgos) bezeichnet werden, genauer: welche als sichtbare Dinge von göttlichem Wesen beseelt und gelenkt werden, und für die Platon sogar kultische Verehrung forderte.[483]

[482] Daß der Demiurgos, obwohl, wie erwähnt, nicht identisch mit dem absolut Seienden, dennoch Tim. 28c ausdrücklich als Vater und Schöpfer des Alls bezeichnet wird, bereitet natürlich größte Schwierigkeiten, steht aber klar im Text. Ideenlehre und Kosmologie Platons, zu verschiedenen Zeiten entstanden, sind nicht vollkommen aufeinander abgestimmt. Dabei ist auch zu beachten, daß die Kosmologie Platons besonders stark von der Lehre der Pythagoreer beeinflußt war. Ebenso ist zu bedauern, daß infolge widersprüchlicher Darstellungen keine Klarheit darüber zu gewinnen ist, ob der Demiurgos dem All als Weltseele und Weltvernunft immanent oder vom All geschieden ist, welches als das beseelte und geistbegabte sichtbare Abbild des unsichtbaren Gottes beschrieben wird. Ungelöst bleibt auch das Problem des Dualismus bei Platon: Der Seele und dem Geist in der Welt steht eine „Notwendigkeit" gegenüber, die zwar „vernünftig" überredet, aber nicht außer Kraft gesetzt werden kann.

[483] Im Mittelpunkt des Staatskultes sollte nach Platon der vereinigte Kult des Apollon und des Sonnengottes Helios stehen. Zwar wird von einigen Gelehrten, so Burkert, Griechische Religion, 493, angenommen, im Hintergrund dieser Kultgemeinschaft stehe die schon für das 5. Jh. v. Chr. bezeugte Gleichsetzung von Apollon und Helios. Ich glaube eher, daß der Philosoph versuchte, auf diese Weise zwischen dem Glauben des Volkes und seiner Theologie eine Brücke zu schlagen: Der Kult eines der olympischen Götter und eines platonischen „Gestirngottes" sollten miteinander verbunden werden. Aus dem Kreis der Olympier wurde wahrscheinlich Apollon gerade deshalb gewählt, weil der Gott des Orakels von Delphi, das auch Sokrates besonders geschätzt zu haben scheint, immer stärker in den Vordergrund religiösen Denkens getreten war.

Auch im Bereich des Kosmos wie in jenem der Ideen liegt also eine Abstufung göttlicher Wesenheiten vor. Die Ungewißheit, wie Platon das Göttliche in Anbetracht der Vielheit der nicht in ein geschlossenes System passenden Aspekte eigentlich sah, wird dadurch erhöht, daß uns nicht bekannt ist, was seine verlorene esoterische „ungeschriebene" Lehre diesbezüglich enthielt. Wie wir aus ihren Reflexen bei Schülern Platons erkennen können, nahm in ihr das ausdrücklich als Gottheit bezeichnete höchste „Gute" eine zentrale Stellung ein. Wenig einfacher als bei Platon liegen die Verhältnisse bei Aristoteles (4. Jh. v. Chr.).[484] Auch sein Gottesbegriff ist nicht ohne Widersprüche. Die Vorstellung menschengestaltiger Götter und einer Götterfamilie lehnte er als bloße Projektion menschlicher Phantasie ab. Im Sinne seines metaphysischen Konzepts, wonach die Philosophie das vollkommenste Sein zu bedenken habe – weswegen die „erste Philosophie" des Aristoteles im Grunde eine Theologie ist –, war ihm die Gottheit der unbewegte erste Beweger, zwar nicht Schöpfer der (von Ewigkeit her seienden) Welt, wohl aber Ursache einer unendlichen Kette von Bewegungen, angefangen von der Himmelsbewegung, der alle anderen Bewegungen folgen und deren Sinn und Ziel es ist, letztlich wieder der Gottheit zuzustreben. Damit ist sie Quelle allen Lebens. Die Gottheit ist jedoch reiner Geist oder etwas, was noch jenseits des Geistes liegt, höchstes Leben, reine Energie, deren Seligkeit und Lust in ihrer ununterbrochenen und unveränderlichen Aktivität besteht, für alle Ewigkeit außerhalb des Kosmos, abgesondert von Raum, Zeit und Sichtbarkeit. Die Aktivität der Gottheit als einer vollkommenen Denkkraft befaßt sich nur mit dem absolut Vollkommenen, also nur mit sich selbst. Allerdings sah Aristoteles – wie schon sein Lehrer Platon – auch die Gestirne als göttlich und beseelt an und bezeichnete im selben Sinn auch den ebenso weder entstandenen noch vergänglichen Kosmos als göttlich. Für ihn – wie für Platon – bestand das höchste Gut des Menschen darin, durch ein Leben im Bezirk des Geistigen, durch Erkenntnisstreben, dem Göttlichen zu folgen und sich um Unsterblichkeit zu bemühen, das höchste Glück

---

[484] Außer den in Anm. 463 erwähnten Untersuchungen s. Hans von Arnim, Die Entwicklung der Gotteslehre des Aristoteles, Sitz.- Ber. d. Akad. d. Wiss. in Wien, phil.-hist. Kl., 212/5, 1931, 3–80, wieder abgedruckt in: Metaphysik und Theologie des Aristoteles, hrsg. von Fritz-Peter Hager, Darmstadt 1969 (Wege der Forschung, 206), 1–74, und W. K. C. Guthrie, The Development of Aristotle's Theology, The Classical Quarterly 27 (1933), 162–171 und 28 (1934), 90–98, deutsche Übersetzung von Margarete Schönherr im eben genannten Sammelwerk, 75–113.

des Philosophen jedoch in der Schau des Göttlichen, welche für Aristoteles die dem Philosophen adäquate Weise war, dieses zu verehren. Nun ist ein Blick auf die Weiterentwicklung der Gottesvorstellung in der von Platon begründeten Akademie und in der peripatetischen Schule des Aristoteles nach dem Tode ihrer Stifter zu werfen. Die Akademie stand lange Zeit unter dem Eindruck von Platons Alterslehre, besonders seiner Kosmologie, in deren Sinne auch das Gottesproblem weiter behandelt wurde. Dabei trat die Autorität des Pythagoras, dessen Lehre schon Platon bei seinen Besuchen in Unteritalien und Sizilien stark beeindruckt hatte, immer mehr in Erscheinung. Im 3. Jh. v. Chr. ergab sich aber eine grundlegende Änderung: Man griff auf die Aporetik der platonischen Frühdialoge zurück und stellte die Lehre vom sokratischen „Nicht-Wissen" in den Vordergrund. Dadurch wurde die Wahrheitserkenntnis relativiert und die Akademie verschrieb sich der Skepsis. Eine „Theologie", eine verbindliche Aussage über die Götter bzw. die Gottheit, schien bei einem solchen erkenntnistheoretischen Grundansatz nicht mehr möglich. In der peripatetischen Schule wurden in Fortführung der von Aristoteles gegebenen Impulse Fragenkomplexe der Naturwissenschaften, der Literatur- und Kulturgeschichte, der Staatslehre u. a. m. untersucht, die Lehre vom Wesen der Götter fand kein besonderes Interesse mehr.[485] An der Überzeugung von der Ewigkeit und Göttlichkeit des Kosmos hielt man jedoch fest. Außer diesen Schulen erhielten gegen Ende des 4. Jh. und zunehmend im 3. Jh. v. Chr. jene des Epikur und die Stoa größere Bedeutung. Epikurs Hauptanliegen war, dem Menschen zur Seelenruhe zu verhelfen, bzw. zu einer Lebensgestaltung, die ihm das höchste Maß an erreichbarem Glück sichern sollte. Bekämpft wurde die Furcht vor dem Tode und vor zürnenden und strafenden Gottheiten. In der Physik schloß sich Epikur weitgehend an die Atomlehre des Demokritos an. Auch die Götter waren für die Epikureer bloß Atomverbindungen, die allerdings in Räumen zwischen den Welten ein ungestört seliges Leben führen, ohne an den Vorgängen innerhalb der Welten oder am Tun der Menschen Anteil zu nehmen, weshalb diese weder Angst vor

---

[485] Immerhin verfaßte Theophrastos von Eresos auf Lesbos, der erste Nachfolger des Aristoteles in der Leitung seiner Schule, neben anderen theologischen Werken, deren Inhalt wir nicht kennen, eine Untersuchung über die Frömmigkeit, von der ein erheblicher Teil indirekt auf uns gekommen ist. Sie richtete sich vor allem gegen das blutige Opfer und die Maßlosigkeit bei der Darbringung von Opfern, sofern nicht die richtige innere Einstellung damit verbunden war.

daher, allerdings nur in der deutschsprachigen Forschung, trotz widersprüchlicher Vorstellungen über seinen begrifflichen Inhalt und gegen ihn mit Recht erhobener schwerer Einwände [494] durch. Einer davon war, daß eine historische Periode grundsätzlich nicht an wenn auch noch so markanten Zeitpunkten beginnen bzw. enden könne. [495] Tatsächlich stimmen im Übergang der Epochen die machtpolitischen und die religiös-kulturellen Aspekte nicht überein. Während nämlich die Eroberungszüge Alexanders des Großen und die Begründung der politischen und kulturellen Herrschaft des von ihm nachdrücklich geförderten Griechentums über viele fremde Völker in einem den gesamten vorderasiatischen und den ägyptischen Raum umfassenden Reich für die Hellenen auf politischer Ebene in der Tat eine neue Zeit heraufführten, welche ihre Prägung dann nicht minder durch den allmählichen Zerfall dieses einheitlichen Gebildes in der Diadochenzeit erhielt, kamen in jener Periode in kultureller (auch in religiöser) Hinsicht nur Ansätze aus dem zwei Jahrhunderte zurückliegenden Gedankengut der Sophistik zu voller Reife. Die kulturellen Impulse des Hellenismus wirkten überdies im römischen Imperium, das sich zunehmend griechischen Einflüssen geöffnet hatte, bis zum Zusammenbruch des Heidentums im 3. Jh. n. Chr. und teilweise sogar bis zum Ende der Antike fort. Der Hellenismus hatte ja entscheidend zu der das aufkommende und dann siegreiche Christentum fördernden geistig-kulturellen Vereinheitlichung der antiken Welt beigetragen, nicht zuletzt durch die Schaffung der gemeinsamen griechischen Verkehrssprache, der sog. Koiné. Das Jahr 30 v. Chr. stellt daher nur eine äußerliche und kulturell nicht entscheidende Zäsur im historischen Geschehen dar. Die hier besprochene Epochengliederung übersieht überdies gewichtige Elemente historischer Kontinuität, vor allem in der Religion der Griechen. So u. a. die – an manchen Orten sogar mit erhöhtem Glanz verbundene, wenn auch vielfach sehr veräußerlichte, romantisch-folkloristische – Bewahrung von Kultgepflogenheiten. Auch drangen griechische Götter in das römische Pantheon ein und ihre Kulte wurden seit Augustus durch philhellenisch gesinnte römische Kaiser gefördert. Allerdings tauchten in dieser Epoche gerade auch in der griechischen Religion [496] neue Aspekte auf, die in

---

[494] Siehe dazu das grundlegende Werk von Reinhold Bichler (Anm. 487).

[495] Bichler, a. O., 140–157, legt „Probleme mit dem Epochenbegriff ‚Hellenismus'" dar und behandelt überdies eingehend die Bildung von Epochen als allgemeines historisches Problem. Carl Schneider (Anm. 496) nimmt „fließende Übergänge" an.

[496] Martin P. Nilsson, Geschichte der griechischen Religion, Bd. II: Die

dieser Darstellung besondere Beachtung finden müssen. Etwa die durch die immer kräftigere Einwirkung orientalischer Kulturen gewaltig vermehrte Übernahme vorderasiatischen und ägyptischen Anschauungsgutes, vor allem von Lehren östlicher Erlösungsreligionen, auch des schließlich dominierenden Christentums, weiter der dadurch wesentlich mitbestimmte Göttersynkretismus, der Herrscherkult und gewisse superstitiöse Praktiken. Allerdings dürfen diese fremden Einflüsse nicht, wie es vielfach geschah, überschätzt werden, vielmehr muß eine gerechte Abwägung des Verhältnisses des aus dem Orient einströmenden religiösen Gutes und dessen vorgenommen werden, was die Hellenen selbst zu den großen Wandlungen der Anschauungen beigetragen haben. Jedenfalls ist in einer Religionsgeschichte trotz aller Bedenken eine gesonderte Betrachtung dieser Epoche angezeigt, doch muß die römische Kaiserzeit bis zum Ende der Antike mit einbezogen werden.[497]

In den neu gewonnenen Gebieten faßte die griechische Stadtkultur Wurzeln. Soweit sich einheimische Herrscher in der Makedonenflut gehalten oder nach deren Abebben von neuem festgesetzt hatten, eiferten sie den glänzenden Vorbildern der Makedonenherrscher nach und richteten ihre Höfe und Städte nach griechischem Vorbild ein. Wichtiger ist jedoch, daß schon Alexander der Große in den eroberten Ländern zahlreiche Städte mit griechischer Polisverfassung gegründet hatte. Weitere verdankten ihre Existenz den Diadochenfürsten. Allerdings war ihre Autonomie sehr eingeschränkt und wurde ihre Verwaltung zunehmend in das zentralistische System der hellenistischen Staatenwelt eingebunden, später in weiten Gebieten in die

---

hellenistische und römische Zeit (mit reichen Literaturangaben). Dieses Werk, das sozusagen zu jeder Zeile dieser stark verkürzten Darstellung beizuziehen ist, ohne daß im einzelnen darauf verwiesen werden kann, stellt ein typisches Handbuch im besten Sinn des Wortes dar, dessen Verfasser eine Fülle literarischer, inschriftlicher und archäologischer Quellen verarbeitete, worüber er einen souveränen Überblick besaß. Nicht minder wichtig ist das Kapitel ›Religion‹ bei Carl Schneider, Kulturgeschichte des Hellenismus, 2. Bd., München 1969, 765–959, mit reichhaltiger, übersichtlich gegliederter Bibliographie S. 1096–1106. Weitere Literaturangaben in den Anmerkungen zum Text. Ein lesenswerter Überblick findet sich auch bei Otto Kern, Die Religion der Griechen, 3. Bd. (von Platon bis Kaiser Julian), Berlin 1938. Eine knappe Darstellung u. a. bei Weiler, Griechische Geschichte, 130–140 (mit guter Auswahlbibliographie). In diesem Kapitel verzichte ich mit Rücksicht auf diese Werke weitgehend auf die Angabe von Einzelliteratur.

[497] Wie bei Nilsson und Weiler.

römische Provinzialverwaltung. Immerhin wurden aber in diesen neuen Griechenstädten in der Regel Tempel und Altäre für die Stadtgötter errichtet, oft von monumentaler Größe.[498] So geriet kein einziger der alten Götter in Vergessenheit, ihre Kulte wurden überall auch vollzogen, häufig unter Beteiligung der einheimischen Bevölkerung, auf welche die griechischen Kulte anziehend wirkten. Man möchte daher glauben, es sei eine neue Blüte der traditionellen Polisreligion angebrochen, zumal, wie schon angedeutet, die öffentlichen Kulte meistens dem Zeitgeschmack entsprechend mit größerem Prunk als je zuvor begangen wurden. Jedoch trügt das Bild der, wenn auch nicht immer und überall,[499] rein äußerlich vollzogenen Pflege überkommener Riten, der vor allem die Behörden pflichtgemäß nachkamen. Die Mythologie, früher Stütze dieser Religion, war im wesentlichen das weltanschauliche Gut von Gesellschaftsschichten gewesen, die in hellenistischer Zeit nicht mehr zu den die Polis tragenden Kreisen gehörten. In den Mythen sah man nun reine Phantasieprodukte. Auch befriedigten die überkommenen Religionsformen die religiösen Bedürfnisse des Volkes nicht mehr. Hinzu trat schließlich die soziologisch interessante Erscheinung einer lebhaften Wanderbewegung in den Diadochenreichen: Die neuen Monarchien bauten einen sehr

---

[498] Man denke an den berühmten Pergamonaltar, der für so gewaltig angesehen wurde, daß er in der Apocal. II 13 als „Thron des Satans" bezeichnet wird, oder an das Olympieion zu Athen, dessen Bau, durch König Antiochos IV. Epiphanes von Syrien, einem Verehrer der griechischen Kultur, 174 v. Chr. begonnen, erst durch Hadrian vollendet wurde. (Antiochos IV. errichtete in seiner Begeisterung für hellenische Kultur und Religion auch in Jerusalem einen Altar für Zeus Olympios und verbot zugleich den Jahvekult, was die Erhebung der Makkabäer zur Folge hatte.) Daneben gab es in hellenistischer Zeit natürlich auch winzige, aus schlechtem Material errichtete Altärchen.

[499] Die Ausnahmen sind nicht zu übersehen. Die berühmteste ist Hermes. Dieser Gott wies Wesenszüge auf, welche in dieser Epoche verschiedene Formen von Frömmigkeit entstehen ließen. In späthellenistischer Zeit wurde Hermes auf ägyptischem Boden, allerdings infolge der Verbindung griechischer (auch philosophischer) mit ägyptischen Vorstellungen, zum Offenbarungsgott und zum personifizierten göttlichen Wort. Als Hermes Trismegistos konnte er daher schließlich dem ägyptischen Gott Thoth im Sinne einer interpretatio Graeca (s. u.) gleichgesetzt werden. Er wurde zum Künder geheimer Weisheiten und in der spätantiken Gnosis zum mystischen Allgott; diese lehrte die sozusagen als Gnade geschenkte Erleuchtung durch die im Grunde menschlichem Denken unfaßbare und daher unaussprechliche Gottheit und die Vereinigung des Gläubigen mit ihr in der Ekstase.

einflußreichen und gut besoldeten Verwaltungsapparat auf und lockten damit viele Griechen aus deren bisherigem Siedlungsgebiet als Beamte an; auch Wirtschaftstreibende zogen zu. Mit dem Verlassen der alten Heimat wurden aber, insbesondere auch infolge der „Aufklärung", die, von den Atomisten und Sophisten[500] begründet, seit dem 5. Jh. v. Chr. in Hellas um sich gegriffen hatte und in der hellenistischen Zeit besonders weite Kreise erfaßte, die traditionellen Bindungen an die Götterwelt gelockert oder gar gelöst. Die zugezogenen Bürger der neuen Städte empfanden diese nicht als ihre eigentliche Heimat und fühlten sich den dort eingerichteten Kulten innerlich nicht verbunden, zumal sie solche für die kleinen Lokalgötter, denen das Volk stets besonders anhing, dort nicht mehr vorfanden. Soweit man noch religiöse Bedürfnisse empfand, wandte man sich unabhängig von den weiterhin äußerlich vollzogenen Poliskulten lieber „Neigungsgöttern" zu. Diese konnten natürlich die großen Götter der alten Heimat[501] oder Gottheiten vertrauter Mysterienkulte[502] sein. Doch liefen kleinere Gottheiten oder Heroen, denen sich die Menschen nahe fühlten, denen sie sozusagen familiäres Vertrauen entgegenbrachten und von denen sie Hilfe in ihren Nöten erwarteten, den großen Göttern den Rang ab, so der vergöttlichte Heros Herakles, der Schützer vor allem Bösen und Überwinder des Todes,[503] in Athen auch Theseus. Manche der nun besonders verehrten Götter wurden zu Hausgöttern, man gab ihnen beim festlichen Mahl eine kultische Spende, denn an ihr Vorstellungsbild heftete sich der Glaube an ihre Epiphanie. Zu „Nahegöttern" dieser Art wurden die als ritterliche Helfer, besonders in Seenot und im Kampf, bewährten Dioskuren,[504] dazu zählten u. a. auch die vor allem auf der Insel Samothrake verehrten Kabeiren, uralte ungriechische Gottheiten mit

---

[500] Siehe S. 171 ff.
[501] Eine umfangreiche Darstellung widmet Schneider, a,. O., 773–810, der Verehrung der alten Götter (einschließlich des Dionysos) in hellenistischer Zeit. Es wird deutlich, daß es im Vorstellungsbild mehrerer dieser Götter und in ihrem Kult eine lebendige Fortentwicklung gab. So sei z. B. auf Zeus (der allerdings, wie andere Götter, auch Gegenstand des Komödienspottes war, besonders als Liebhaber, s. dazu Schwabl, RE S 15, 1307, 58–1314, 18, anschließend bis 1317, 50, der Spott des Lukian, dann bis 1319, 39, die Polemik der Kirchenväter) und neuerlich auf Hermes und schließlich auf Dionysos verwiesen.
[502] Siehe S. 151 ff.
[503] Siehe S. 135 ff.
[504] Siehe S. 137.

archaisch gestaltetem Kult. Auch von ihnen erwartete man Rettung aus Seenot und Hilfe bei der Landarbeit.[505] Ihr Kult gewann erst in hellenistischer Zeit größere Bedeutung, aus den eben erwähnten Gründen und weil er hohe Protektion seitens der Diadochenherrscher genoß. Der Kult auf Samothrake blieb bis in das 2. Jh. n. Chr. lebendig. Zu diesen Göttern menschlicher Nähe gehörten schließlich auch Heilheroen, unter ihnen Asklepios.[506] War dieser Götterarzt der homerischen Dichtung durch das Vertrauen des Volkes schon früh heroisiert und dann sogar zum Gott erhoben worden, so blühte sein Kult in hellenistischer Zeit erst recht auf. Man berichtete von Wunderkuren in seinen Heiligtümern, vor allem in Epidauros, aber auch auf Kos und in Pergamon. Die erwähnte Verlagerung mancher Kulte in den privaten Bereich wurde in den neuen Städten durch Begründung von Vereinen, wie Berufsverbänden und Unterstützungsorganisationen (θίασοι, ἔρανοι), gefördert, welche formell Kultvereine waren; diesen konnten sich auch Nichtgriechen und sogar Sklaven anschließen. In der Kaiserzeit traten sie stärker an die Öffentlichkeit.

Parallel zur Veräußerlichung der gleichwohl glanzvoll gestalteten Polisreligion und in Verbindung mit der intensiveren Pflege von Familienkulten und solchen kleinerer engagierter Gruppen kam es zu einer Verinnerlichung der Religiosität jener vielen Griechen, die sich von Fragen der Religion betroffen fühlten, zu einem tieferen Durchdenken religiöser Probleme. Das Weiterwirken der oben erwähnten Aufklärung förderte durch die von ihr angeregte Götter- und Religionskritik und rationalistische Götter- und Mythenerklärung diese geistige Auseinandersetzung. Sie wurde überdies (wie schon bei den Sophisten) durch die in dieser Zeit wesentlich verdichtete Begegnung mit fremdem, vor allem orientalischem Religionsgut vertieft, was Vergleiche erleichterte und den Gesichtskreis der Griechen erweiterte. Diese Umstände führten einerseits zwar zu einer euhemeristischen Erklärung der Entstehung der Götter[507] und zu einer säkularisierten Auffassung vom Schicksal, der Tyche, einer nicht als göttlich verstandenen, den Menschen bestimmenden Macht, welche allerdings dann (kennzeichnend für das religiöse Bedürfnis des Menschen) personi-

---

[505] Siehe S. 154.
[506] Siehe S. 137f.
[507] Euhemeros von Messene (ca. 340–260 v. Chr.) schilderte romanhaft eine Reise zu einer fernen Insel. Im Zeustempel ihrer Hauptstadt habe er eine Stele mit Aufzeichnungen der Taten des Uranos, Kronos, Zeus und anderer Götter gefunden, die Könige der Urzeit gewesen seien und nach ihrem Tode göttliche Verehrung erhalten hätten.

fiziert und zu einer Göttin, insbesondere zu einer Schutzgottheit der neuen Städte wurde, und die schließlich sogar Tempel und Standbilder erhielt.[508] Die erwähnten Umstände öffneten andererseits jedoch den Weg zum Monotheismus und insbesondere zum Glauben an einen kosmischen Hochgott, welcher vom Menschen nicht unmittelbar erfaßt werden könne. Daher nahm in der religiösen Spekulation späterer Jahrhunderte der Gedanke eines Mittlers zwischen diesem Gott und den Menschen immer deutlichere Gestalt an. Er fand schließlich im Christentum seine nachhaltigste Ausprägung. Hand in Hand damit kam es in der hellenistischen Epoche und der Kaiserzeit zu einer philosophischen Vertiefung der Religion. Darauf wird noch hinzuweisen sein. Die Bereitschaft zu ekstatischer Hingabe an die Gottheit, das neu erwachte Interesse am Problem des Todes und des erhofften Weiterlebens und die daraus resultierende Erlösungssehnsucht brachten überdies den Mysterienkulten in dieser Epoche trotz des erwähnten Rückganges bzw. der Veräußerlichung der sonstigen traditionellen Rituale[509] besonders viele Anhänger. Die Demetermysterien zu Eleusis, in welche sich auch römische Kaiser einweihen ließen, und die vor allem privaten Kreisen und Kultvereinen vorbehaltenen orphisch-dionysischen Mysterien[510] wurden weiterhin eifrig gepflegt. Die Demeterverehrung breitete sich aber auch an anderen Orten, besonders im griechischen Kleinasien, aus und auch der Dionysoskult fand in dieser Zeit großen Anklang, mehr in Kleinasien und auf den Inseln als im griechischen Mutterland, aber auch in Ägypten und im griechischen Unteritalien. Auf den sehr lebendigen Mysterienkult der Kabeiren wurde schon hingewiesen. Auch mehreren der neu eingeführten orientalischen Kulte kam der Charakter von Geheimbegehungen zu. Trotz dieses Aspektes fanden Mysterienkulte über den Kreis der Eingeweihten hinaus Beachtung, manche auch staatliche Betreuung, was ihre Breitenwirkung verstärkte. Insbesondere allgemein zugängliche Dionysosfeiern wurden mitunter als geradezu rauschende Feste begangen.

[508] Hans Herter, Tyche, in: Hans Herter, Kleine Schriften, München 1975, 76–90. Deutsche Erstveröffentlichung eines 1962 in Athen gehaltenen Vortrags, in neugriechischer Sprache abgedruckt im Jb. d. Philos. Fak. der Univ. Athen 13, 1962/63, 530–547. Auf S. 76 ist die wichtigste Literatur verzeichnet. Siehe auch die knappe Darstellung von Walter Pötscher, Der Kleine Pauly 5 (1975), 1016, 1–45.

[509] Davon waren auch die Orakelstätten betroffen, soweit sie sich nicht, wie Delphi, auf den Schutz politischer Mächte stützen konnten.

[510] Siehe S. 112, S. 116 und Anm. 389.

Überdies füllten orientalische Kulte das Vakuum in der Polisreligion auf. Ihr Einströmen war durch die starken Bevölkerungsbewegungen in den im orientalischen Gebiet begründeten neuen Reichen bedingt, in römischer Zeit überdies durch die vermittelnde Funktion des Heeres: Römische Soldaten lernten fremde Länder und Anschauungen kennen, fremde Soldaten brachten in das Heer ihre geläufigen Auffassungen mit, ebenso Sklaven, die in der griechischen Umwelt ihre eigenen Religionen weiterpflegen wollten. Hinzu trat eine zwar erstaunliche, aber offenkundige Ehrfurcht der Griechen vor der Weisheit des Ostens. Der erwähnte Vorgang artikulierte sich in drei Formen: in der Übernahme fremder Kulte in (zunächst) wesentlich unveränderter Form, dann in der sog. interpretatio Graeca fremder Kulte und schließlich im sog. Göttersynkretismus.[511]

Die Übernahme fremder Gottheiten in (im wesentlichen) unveränderter Form ist allerdings (wie die interpretatio Graeca) nicht ein Phänomen der hellenistischen Zeit allein. Schon die olympischen Götter waren, wie oben[512] erwähnt wurde, sehr heterogen. Die Götter eigentlich griechischer Herkunft waren den vorgriechischen, mittelmeerischen und aus dem Orient übernommenen gegenüber sogar in der Minderzahl. Selbst Apollon und Demeter waren ungriechischen Ursprungs. Nur durch die Dichtung waren alle diese Götter in der von Zeus dominierten olympischen Gemeinschaft zusammengefaßt worden. Anders steht es mit den später nach Hellas eingedrungenen Göttern. Genannt wurden[513] bereits die „Große Mutter" (Kybele), Attis, Sabazios, Bendis, Kotyto, Adonis, Isis und Osiris, an anderer

---

[511] Im Gegensatz zur „offenen" Haltung der Griechen blieben die Orientalen im wesentlichen ihren religiösen Traditionen treu. Bei ihnen machte sich griechischer Einfluß kaum bemerkbar. Die Entwicklung war also im großen und ganzen eine einseitige. Eine bemerkenswerte Ausnahme stellten hervorragende Vertreter der Geistigkeit des hellenistischen Judentums dar, für uns vor allem durch Philon von Alexandrien (1. Hälfte des 1. Jh. n. Chr.) repräsentiert, welcher, obwohl einer jüdischen Familie entstammend, das Hebräische nicht beherrschte, dessen Muttersprache vielmehr das Griechische war, und der sich bei der Auslegung der heiligen Schriften der Juden, um die er sich redlich bemühte, vom Gedankengut der griechischen Philosophie inspirieren ließ. Siehe dazu die das Judentum betreffenden Bände in ANRW II: Principat, 19–21, Berlin–New York 1979–1984, vor allem Bd. II 21.1: Religion (Hellenistisches Judentum in römischer Zeit: Philon und Josephus), 1984.
[512] Siehe S. 129 f.
[513] Siehe S. 130 ff.

Stelle[514] auch Sarapis und Mithras. Diese in den Götterolymp nicht aufgenommenen fremden Götter fanden dennoch bei den Griechen zahlreiche Verehrer, ihr Kult blühte mit Ausnahme des um 430 v. Chr. in Athen eingeführten thrakischen Bendisdienstes, der schon um 300 v. Chr. praktisch erloschen war,[515] in hellenistischer Zeit weiter. Kybele und Attis sowie Sabazios wurden nunmehr in privat begangenen Mysterienkulten – dem erwähnten Dionysoskult in orphisch-dionysischen Zirkeln vergleichbar – verehrt. Ähnlich verhält es sich mit dem Kult von ISIS–OSIRIS–SARAPIS. Da auf diese erst damals zu größerer Bedeutung aufgestiegenen Gottheiten oben nicht näher eingegangen wurde, ist hier ein ausführlicher Hinweis nötig. ISIS war die ägyptische Verehrungsform der „Großen Mutter", wurde aber auch zu einer Schutzgottheit der Verstorbenen und schließlich schlechthin zur Weltgöttin. Ihr Kult breitete sich früh über die Grenzen Ägyptens aus. Mindestens seit Herodot, der Isis mehrmals erwähnt, war die Göttin auch in Griechenland bekannt. Sie wurde allerdings vor allem von in der Diaspora siedelnden Ägyptern verehrt, besonders in den großen Hafenstädten. In Athen ist ihr Kult seit dem Ende des 4. Jh. v. Chr. nachweisbar, ebenso in Korinth und Aigina. Isis wurde in Hellas als Allgottheit den Göttinnen Hera, Aphrodite und besonders Demeter gleichgestellt und ihr Mysterienkult nach dem Vorbild der eleusinischen gestaltet. OSIRIS war ursprünglich eine selbständige Gottheit des fruchtbaren Landes. Nach dem Mythos muß er sterben (er wird ermordet und sein Leichnam zerstückelt) und neu zum Leben (nur in der Unterwelt?) erwachen. Wegen seines (bloß zeitweisen oder dauernden?) Aufenthaltes im Reich der Toten galt er auch als deren König und Richter. Jedoch wurde sein Sterben und sein neues Leben zur Heilshoffnung für alle und insbesondere zum Zeichen der Verheißung für die Auferstehung der ägyptischen Könige und für die Sukzession der königlichen Würde und Macht in ihren Nachfolgern. Sekundär wurde sein Mythos mit jenem der Isis als seiner Gemahlin verbunden, die über seinen Tod klagte wie Demeter über jenen der Kore.[516] Auch Osiris war den Griechen spätestens seit Herodot bekannt. Er wurde – vielfach dem Dionysos gleichgestellt – seit dem 4. Jh. v. Chr. in Hellas weitum verehrt. SARAPIS, der bei den Ägyptern

[514] Anm. 389.

[515] Dies, obwohl sogar Platon zu Beginn seiner Schrift über den Staat diesem Kult seine Hochachtung bezeugt.

[516] Isis und Osiris galten auch als Eltern des in Ägypten als Mensch mit einem Falkenkopf dargestellten Horos, des großen Weltgottkönigs. Osiris wurde dadurch Vater des jeweils regierenden (göttlich verehrten) Königs.

von alters her als pantheistischer Allgott verehrte Apis-Stier, wurde von Ptolemaios I. durch Umformung seines Äußeren nach dem Muster von Zeusbüsten in einen Gott verwandelt, dessen Kult die Ägypter und Griechen womöglich gemeinsam begehen konnten und sollten. In ihm trat die Vermischung orientalischer und hellenistischer Elemente besonders deutlich zutage. Rasch verbreitete er sich über das Ptolemäerreich hinaus. Sarapis blieb bis tief in die römische Kaiserzeit neben Isis eine weithin (in Griechenland besonders auf Delos[517] und in Lindos auf Rhodos) verehrte Gottheit. Vielfach ging er wie Osiris eine Kultgemeinschaft mit Isis ein und wurde so in deren Mysterien einbezogen. Mit der Verehrung der genannten ägyptischen Götter breitete sich auch jene des ebenso ägyptischen HARPOKRATES bei den Griechen aus, denen er als Sonnen- und Fruchtbarkeitsgott galt.[518] Auch der Geheimkult des altiranischen MITHRAS kam zu großem Ansehen. Angeblich wurde er durch die von Pompeius besiegten Seeräuber nach Rom gebracht, seit dem 2. Jh. n. Chr. vor allem durch Soldaten und Kaufleute im Römischen Reich verbreitet und blieb bis in das 4. Jh. einer der wichtigsten Mysterienkulte der Alten Welt. Überall entstanden Mithraeen, im griechischen Bereich allerdings nur vereinzelt, obwohl ein Teil des Mysteriengutes und der kultischen Formsprache des Mithras griechischer Herkunft war. Da Mithras die größere Rolle in der römischen Religionsgeschichte spielte, wird seine sich im Laufe der Jahrhunderte wandelnde Gestalt, die zeitweise dem SOL INVICTUS[519] gleichgesetzt wurde, dort näher erörtert. Die Mithraspriester lehrten eine hohe Ethik: die Verpflichtung zu Wahrheit, Gerechtigkeit und Reinheit der Lebensführung, den Kampf gegen niedere Instinkte. Manche der Mithrasriten waren den Sakramenten der Christen ähnlich.[520] Im Kult der thrakischen Göttin KOTYTO, der im Gegensatz zu jenem der thrakischen

---

[517] Dort bestanden ab 220 v. Chr. sogar drei Tempel für Sarapis. Der Kult des bedeutendsten davon wurde 166 v. Chr. von Athen als Staatskult übernommen und zeitweilig sehr aufwendig gestaltet.

[518] Sein Name wurde von den Griechen daher gelegentlich als Karpokrates verstanden (καρπός Frucht, κρατεῖν Herr sein).

[519] Der Sol Invictus, der Gott der syrischen Stadt Emesa, eine Verehrungsform des Gottes Baal, wurde von Kaiser Elagabal 218 n. Chr. vorübergehend zum höchsten Reichsgott erhoben und Kaiser Aurelianus (270–275 n. Chr.) erneuerte seine prunkvollen Riten.

[520] Robert Turcan, Le sacrifice mithriaque: innovations de sens et des modalités, in: Le sacrifice dans l'antiquité, Fondation Hardt, Entretiens XXVII, 341–380.

Bendis in hellenistischer Zeit in Griechenland fortlebte, glichen die orgiastischen Begehungen den dionysischen. Er war aber kein Geheimkult. Über die gerade in dieser Epoche intensiv gepflegte Verehrung des ADONIS ist über das oben Dargestellte hinaus nichts zu erwähnen.[521] In hellenistischer Zeit traten in Griechenland aber auch neue orientalische Götter in Erscheinung. So die altsemitische (phoinikische) Göttin ASTARTE (IŠTAR), eine Gottheit der Fruchtbarkeit und Liebe, aber auch des Krieges, sowie Schutzgottheit von Städten. Ihre Verehrung hatte sich über Ägypten, Karthago, Zypern, Kreta und Sizilien ausgebreitet und hielt jetzt auch in Hellas Einzug. Ebenso jene der ATARGATIS, einer syrischen Gottheit der Fruchtbarkeit, deren Kult an seinem Hauptsitz Bambyke-Hierapolis wegen seiner Zügellosigkeit verrufen war; später wurde Atargatis im Westen, vor allem von Soldaten und Sklaven, aber z. B. auch von Kaiser Nero, als DEA SYRIA verehrt und erreichte geradezu den Rang einer Allgottheit. Ein anderer semitischer Fruchtbarkeitsgott war MELQUART (eigentlich: „Herr der Stadt", wohl der Unterwelt), der im griechischen Raum in tyrischen Kolonien, aber auch auf Delos verehrt und gelegentlich, so in Nordafrika und in Spanien, dem Herakles gleichgesetzt wurde. Mit eingeführten Sklaven gelangte der Kult des phrygischen Gottes MEN im 4./3. Jh. v. Chr. nach Attika. Häufig wurde er als Tyrannos („Herr") bezeichnet und fand bei den unteren Volksschichten in hellenistischer Zeit zahlreiche Anhänger.[522]

Interpretatio Graeca und Göttersynkretismus gehen fließend ineinander über. Beide Erscheinungen finden sich schon in frühen Epochen der griechischen Religion, wurden jedoch in der hellenistischen Zeit besonders signifikant. Der Begriff „interpretatio Graeca" besagt, daß eine den Griechen zugekommene fremde Gottheit wegen gewisser Analogien des äußeren Erscheinungsbildes, der Zuständigkeit oder des Kultes den Namen einer von den Griechen schon verehrten (bzw. u. U. einer anderen von ihnen früher übernommenen fremden) Gottheit erhielt. Man stellte also fest, daß sich die Vorstellungen, die man von diesen Göttern hatte, mit jenen von schon früher bekannten Göttern deckten oder ihnen wenigstens ähnelten.

[521] Zu Kotyto siehe S. 132, zu Adonis S. 132f.

[522] In der griechischen Literatur werden gelegentlich auch andere orientalische Gottheiten genannt, denen jedoch im griechischen Kult keine nennenswerte Bedeutung zukam. So Agdistis, eine weibliche Gottheit, die im Attis-Mythos eine Rolle spielt und deren Name bei den Griechen gelegentlich als Beiname der Kybele aufscheint, und der ägyptische Gott Anubis, dem Osiris-Mythos zugehörig.

Diese Tendenz ist schon bei den frühen griechischen Perihegeten und Historikern deutlich. So war einst die Stadtgöttin von Ephesos zur Artemis Ephesia geworden, allerdings ohne daß ihr Tempel und Kult Autonomie und Eigenart eingebüßt hätten; so setzte man die vorderasiatische, vor allem als Kybele verehrte „Große Mutter" Rheia der Mutter des Zeus gleich.[523] Wie schon betont, wurde nun Isis zu Demeter und ihr Begleiter Osiris zu Dionysos,[524] Astarte und Atargatis galten als Aphrodite, Melquart (nur an bestimmten Kultstätten) als Herakles. Dabei wurden vielfach traditionelle Aspekte der griechischen Religion in die fremden Kulte übernommen. Z. B. gestaltete man, wie ebenfalls schon erwähnt, die Isismysterien nach dem Muster der eleusinischen Demetermysterien aus.

Als bei den Griechen infolge der Begegnung mit den ihnen imponierenden fremden Kulten und der Schwächung der die Reinheit der Kulte sichernden Polisreligion die Überzeugung, diese sei allen fremden Religionen überlegen, ins Wanken geraten war, kam die Zeit des Göttersynkretismus,[525] der Vermischung verschiedener Gottesvorstellungen und Kulte. Philosophische, besonders stoische Spekulationen, wonach alle Götter lediglich verschiedene Aspekte bzw. verschiedene Namen der einen den ganzen Kosmos durchwaltenden Gottheit seien, welche ihrerseits an die schon für die mykenische Zeit bezeugte Vorstellung von den πάντες θεοί anknüpften, waren dieser Vermischung förderlich; ebenso der in dieser Zeit zunehmende Glaube, eine Häufung religiöser Begehungen zwinge die Götter zu kräftigerem Reagieren und mehre dadurch göttliche Hilfe und göttlichen Schutz. Führte die philosophische Spekulation zu einer Vertiefung der geistigen Durchdringung der Religiosität, so bedeutet die Annahme der Verstärkung göttlichen Wirkens durch Überlagerung göttlicher Kräfte eine Veräußerlichung. Seit dem 2. Jh. v. Chr. wur-

---

[523] Siehe S. 131.
[524] So schon bei Herodot II 42.
[525] Der Begriff „Synkretismus" wurde zunächst im politischen Bereich verwendet. Vielleicht entstammt er der Verfassungssprache Kretas. Dieser Begriff wurde aber wohl kaum in die Sprache der Religion übernommen. Eher ist der wahrscheinlich in späthellenistischer Zeit neu entstandene gleichlautende Begriff von κεράννυμι „mischen" abzuleiten. Im 19. Jh. wurde er von der Religionswissenschaft übernommen. Siehe: Les syncrétismes dans la religion grecque et romain. Colloque de Strasbourg, 9–11 juin 1971, Paris 1973, und Les syncrétismes dans les religions de l'antiquité. Colloque de Besançon, 22–23 octobre 1973, Leiden 1975 (Études préliminaires aux religions orientales dans l'empire romain, 46).

den die traditionellen Attribute der Götter in der bildenden Kunst und in der Dichtung immer häufiger verwechselt. Auch flossen die Formen der Kulte, die Riten, nun vielfach ineinander. So wurde z. B. der semitische Gott Melquart, im Sinne der interpretatio Graeca an bestimmten Kultstätten ohnedies dem Herakles gleichgesetzt, nun überdies dem Himmelsgott angeglichen. Besonders kennzeichnend ist der Synkretismus für Isis (siehe oben) und Sarapis, der nun als umfassendes Wesen begriffen wurde, weshalb er Funktionen des Zeus, des Pluton und des Helios übertragen erhielt.

Voraussetzung für die **Herrschervergöttlichung** und den Fürstenkult der hellenistischen Zeit war, daß die Griechen schon früher für einzelne verdiente Persönlichkeiten, etwa für Stadtgründer, nach deren Tod Heroenkulte eingerichtet hatten, so z. B. sogar für den Tragödiendichter Sophokles.[526] In die gleiche Richtung führte die euhemeristische Erklärung der Entstehung des Götterglaubens.[527] Auch bezeichneten die Griechen ohne Bedenken lebende Menschen als „göttlich" (θεῖοι)[528] oder wenigstens „göttergleich" (ἰσόθεοι), eine Tendenz, die in hellenistischer Zeit auch in der kynisch-stoischen Forderung nach einer Führerstellung weiser Männer zum Ausdruck kam. Hierher gehört auch der vom Mythos genährte Glaube an eine Epiphanie von Göttern im menschlichen Bereich. Nach diesem Verständnis wurde der spartanische Feldherr und Flottenkommandant Lysandros, der entscheidend zur Niederlage Athens im Peloponnesischen Krieg und nach dessen Ende zur Errichtung der oligarchischen Blutherrschaft in Athen beigetragen hatte, von den oligarchischen Regimen einiger ionischer Gemeinden, denen er als Befreier vom athenischen Joch erschien, mit göttlichen Ehren bedacht. Ähnliche Tendenzen finden sich bei den Griechen auch in den folgenden Jahrzehnten. In Athen wurden 307 v. Chr. dem Demetrios Poliorketes und seinem Vater Antigonos kultische Ehren zuteil. Indessen war allerdings bereits Alexander der Große aufgetreten, dessen Vergöttlichung eine Menge von Problemen aufwirft.[529] Obwohl ungeklärt ist, welches Vorbild für Alexander maßgeblich war, ob orientalische oder griechische Vorstellungen zugrunde lagen oder ob beide Komponenten zusammenwirkten, und welche Rolle dabei makedonische Auffassun-

---

[526] Siehe S. 134f. mit Anm. 373 und 374.
[527] Siehe S. 186 mit Anm. 507.
[528] Ludwig Bieler, Θεῖος ἀνήρ. Das Bild des „göttlichen Menschen" in Spätantike und Christentum, Darmstadt ²1967.
[529] Jakob Seibert, Alexander der Große, Darmstadt 1972 (Erträge der Forschung, 10), 192–206.

gen spielten, ob Alexander sich selbst als Gott oder als Sohn eines Gottes betrachtete und daher göttliche Verehrung für sich forderte oder diese nur duldete, sind die wichtigsten Phasen seiner Erhebung zum Gott sichergestellt: die Krönung Alexanders zum Pharao in Memphis 332 v. Chr., wodurch er Sohn des Re wurde; der Besuch des Ammonsorakels in der Oase Siwa 331 v. Chr., mit der (von Alexander erwarteten oder gar geforderten oder ihn überraschenden?) Begrüßung des Herrschers als Sohn des Orakelgottes durch dessen Oberpriester, einer Zeremonie, die für den Priester eine Selbstverständlichkeit gewesen sein mag, denn für ihn hatte der neue Gebieter Anspruch auf die sakralen Ehrungen des von ihm verdrängten Herrschers; der Versuch, die den Makedonen und Hellenen völlig fremde und ihnen widerliche orientalische (persische) Proskynese (die Verehrung des Königs, indem man sich vor ihm auf den Boden warf) einzuführen; vor allem aber die umstrittene Forderung seiner Apotheose auch in den griechischen Städten im Jahre 324, also knapp vor seinem Tode, ein Verlangen, das bei vielen Griechen auf Widerwillen, Widerstand oder zumindest auf Zurückhaltung stieß. Alexander wurde vielfach als Sohn des Zeus betrachtet (wegen der allerdings dürftig bezeugten [530] interpretatio Graeca, wonach der Gott Ammon der Oase Siwa Zeus sei), zumindest nach seinem Tod dem Dionysos gleichgesetzt [531] und auch mit Herakles in Beziehung gebracht. Nach seinem Tod wurden ihm Kulte eingerichtet und eponyme Priesterschaften eingesetzt. So verehrte man ihn z. B. (vielleicht sogar schon zu seinen Lebzeiten) als göttlichen Gründer von Alexandrien (gegründet 331 v. Chr.). Ptolemaios I. rief einen Reichskult für Alexander als den hohen Schirmherrn der Dynastie ins Leben. Viele Diadochen forderten für sich kultische Verehrung, um ihrer oft wankenden Herrschaft ein festeres Fundament zu geben. Dieser Fürstenkult breitete sich sehr schnell aus. Eine besondere Tradition bestand dafür im Ägypten der Pharaonen.[532] Die Fürsten erhielten entsprechende Beinamen: so

[530] So Pindar, Pyth. IV 16 (28).
[531] Wie überhaupt (s. oben) unklar bleibt, ob Alexander der Große sich in seinem Sendungsbewußtsein als Gott fühlte, so vor allem auch, ob er sich tatsächlich selbst als Inkarnation des Dionysos empfand, ob seine Zeitgenossen an den mythischen Siegeszug dieses Gottes bis nach Indien dachten, den man sich in hellenistischer Zeit phantasievoll ausmalte, oder ob schließlich die Gleichsetzung des Königs mit Dionysos erst nach seinem Hinscheiden erfolgte.
[532] Im Ptolemäerreich wurde die kultische Verehrung des Königs allerdings nur von den Ägyptern, nicht auch von den Griechen gefordert und vollzogen.

Σωτήρ „Retter", „Heiland", Εὐεργέτες „Wohltäter", Ἐπιφανής „sichtbarer Gott",[533] später sogar Κύριος „Herr" u. a. m., sogar „Neuer Dionysos"[534] oder „Gott". Trotz der Opposition vieler Griechen, die sich vor allem gegen unhellenische Kultformen wie die Proskynese richtete, wurden ihnen Altäre und Tempel geweiht, Feste eingerichtet, sie erhielten Priesterschaften und Monate ihre Namen. Obwohl ein starker orientalischer Einfluß auf den Herrscherkult gesichert ist, werden von der Forschung die oben erwähnten, ihn fördernden griechischen Traditionen dabei als ebenso bedeutend gewertet. Vom hellenistischen Fürstenkult wurde der römische Kaiserkult beeinflußt. In der östlichen (griechischen) Reichshälfte des Imperium Romanum konnte er sich sogar unmittelbar auf die hellenistischen Institutionen stützen.[535] Von wieviel echter Frömmigkeit der Herrscherkult getragen war, ist nicht sicher auszumachen. Es scheint mir zweifelhaft, ob dieses Phänomen griechischer Religion, wie vielfach angenommen wird, tatsächlich einen Tiefpunkt in ihrer Entwicklung darstellt, oder ob nicht vielmehr auch hier wenigstens gelegentlich

Aber die Griechen zögerten in ihrer Devotion vielfach nicht, den König dennoch in göttliche Höhe oder wenigstens in die Nähe der Gottheit zu heben. In die Fürstenvergöttlichung im hellenistischen Ägypten wurden auch königliche Frauen einbezogen, z. B. Arsinoe, die Schwester und Gattin des zweiten Ptolemäers, und Berenike, die Gattin Ptolemaios' III. Diese Maßnahme fand überraschenderweise die Zustimmung der Griechen in Ägypten, weil sie so ihre große Hochachtung vor diesen königlichen Frauen zum Ausdruck bringen konnten. – Die ägyptischen Ptolemäer führten als erste den Königskult ein, ihnen folgten die syrischen Seleukiden, dann deren baktrische Nachbarn, weiter die Attaliden von Pergamon. Die makedonischen Antigoniden lehnten in beachtenswerter Zurückhaltung diese Ehrung ab.

[533] Diese Prädikate kennzeichnen drei besonders wichtige Vorstellungsgrundlagen der Fürstenvergöttlichung.

[534] Die Beziehung eines göttlich verehrten Königs zum Gott Dionysos verdeutlicht unter einem marginalen Aspekt Heinz Heinen, Die Tryphé des Ptolemaios VIII. Euergetes II., Althistorische Studien Hermann Bengtson zum 70. Geburtstag dargebracht, Wiesbaden 1983 (Historia, Einzelschriften, 40), 116–128.

[535] Zur Illustration sei auf folgendes Vorkommnis verwiesen: P. Servilius Isauricus erwarb sich 46 v. Chr. als Prokonsul der Provinz Asia durch Herstellung von Ordnung und Sicherheit und die Fürsorge für in der Provinz gepflegte Kulte große Verdienste und war daher bei den Provinzialen sehr beliebt. Ihre Dankbarkeit äußerte sich u. a. dadurch, daß ihm göttliche Verehrung zuteil wurde. Siehe dazu Friedrich Münzer, Servilius 67, RE 2 A (1923), 1798, 63–1802, 15, 1800, 36–45.

spontane Frömmigkeit des Volkes, wenn auch nicht der großen Massen, manifest wurde.

Nun soll die Bedeutung der Philosophie dieser Zeit für die Religion kurz erörtert werden. Nicht bloß Sache der Gelehrten, wandte sie sich an die Öffentlichkeit, denn ihr war ein ausgesprochen propagandistischer Zug zu eigen (welcher auch die Formen ihres Schrifttums wesentlich mitbestimmte). Sie wollte in erster Linie praktische Lebensweisheit vermitteln und wurde dadurch zu einer Popularphilosophie im guten Sinne des Wortes. Zunächst blieben, wie oben [536] betont, die schon im 4. Jh. v. Chr. in Athen bestehenden bzw. um ca. 300 v. Chr. errichteten großen Philosophenschulen maßgeblich.

Am längsten blühte die platonische Akademie in Athen. Sie wurde erst 529 n. Chr. (im Jahr der Begründung von Monte Cassino!) aufgelöst. Tochterschulen waren entstanden, so eine besonders berühmte in Alexandrien, die bis 642 n. Chr., dem Jahr der arabischen Eroberung der Stadt, wirkte. Die Akademie hatte ihre Lehre im Laufe der Geschichte mehrfach geändert. Nur kurze Zeit hielt sie nach dem Tode ihres Gründers an dessen unverfälschter Doktrin fest. Die Ideenlehre wurde bald über Bord geworfen und machte der Skepsis Platz. Später öffnete sich die Akademie zunehmend den Lehren anderer Schulen, sie wurde eklektisch. Verbindliche Aussagen über theologische Fragen waren bei dieser Grundhaltung nicht möglich. Eine vollkommene Wendung führte der Neuplatonismus herbei, welcher der akademischen Doktrin erst wieder bestimmte Konturen gab. Begründet wurde er im 3. Jh. n. Chr. durch Plotinos, einen ägyptischen Griechen, der längere Zeit in Rom lebte und lehrte, nie jedoch der Akademie in Athen oder Alexandrien vorstand. Der Neuplatonismus predigte die Rückkehr zur echten Lehre Platons. Seine Vertreter betrachteten sich daher als orthodoxe Platoniker. Die Schule interpretierte Platons Dialoge, und zwar weniger die aporetischen im engeren Sinne „sokratischen" Dialoge der Frühzeit als die großen konstruktiven Schriften des reifen Denkers. Ihre Exegese war dynamisch, Platons Lehre wurde durch sie weiterentwickelt. Zunehmend widmete man sich auch der Erklärung der Schriften des Aristoteles und nahm auch Thesen anderer Philosophen in das Lehrsystem auf, besonders solche des Aristoteles. Am Ende der Antike hatte die platonische Akademie das Erbe aller griechischen Philosophenschulen angetreten. Die verschiedenartigen Lehren der einzelnen Philosophen bewirkten eine Trennung der wichtigsten platonischen Schulen

---

[536] Siehe S. 179f.

in Athen und Alexandrien. Der bedeutendste Vertreter des Neuplatonismus war Proklos (5. Jh. n. Chr.), ein Lykier, Schulhaupt der Akademie in Athen. Sein Lehrsystem unterschied sich stark von jenem des Plotinos. Die neuplatonische Lehre zu skizzieren, bedeutet wegen ihrer Differenziertheit und Komplexität größte Vereinfachung: von einem in sich ruhenden Ur-Einen, welches das Gute und Gott ist, gehen mit Hilfe des tätigen Weltgeistes im Zuge eines Emanationsprozesses hierarchisch an Vollkommenheit abnehmende Gebilde hervor, so die Seelen, aber auch die Materie, die der Gegenpol des Guten, schlechthin das Böse ist. Der Philosoph hat die Aufgabe, durch denkende Schau oder durch Ekstase zum Ur-Einen zurückzufinden. Die neuplatonische Philosophie nahm somit, unterschiedlich nach ihren Vertretern, mystischen Charakter an. Im allgemeinen bemühten sich diese allerdings, am griechischen Rationalismus festzuhalten und die Integrität hellenischen Philosophierens fremder Denkweise gegenüber zu sichern. Der Neuplatonismus vertrat nicht etwa einen Monotheismus des Ur-Einen, sondern stützte bewußt den griechischen Polytheismus: Auch die Gottheiten seien Produkte des Emanationsprozesses aus dem Ur-Einen. In der Akademie in Athen als der Erbin griechischer Philosophie sammelten sich alle geistigen Kräfte des Heidentums zum Entscheidungskampf gegen das Christentum. Die Schule in Alexandrien war hingegen eher zu Kompromissen bereit, wie später auch dem Islam gegenüber. Einige ihrer Mitglieder waren sogar Christen.

Von der von Aristoteles begründeten peripatetischen Schule gingen keine Impulse auf die Religion aus. Ihre philosophisch-theologischen Spekulationen kamen über Ansätze des Stifters nicht hinaus. Ansonsten war ihre geistige Ausstrahlung trotz zeitweiser Krise der Schule in der hellenistischen Zeit bedeutend. Gegen Ende dieser Epoche tendierte sie dazu, die eigenen Lehren und jene der Akademie und der Stoa als Varianten einer gemeinsamen Disziplin der epikureischen in heftiger Polemik gegenüberzustellen. In der Kaiserzeit blühte die Aristotelesexegese. Da sich aber dann, wie erwähnt, die Akademie dieser Aufgabe – mit größerem Erfolg – annahm, erlosch der Peripatos im 3./4. Jh. n. Chr. allmählich. Der Wirkung der aristotelischen Lehre auf Spätantike und Mittelalter tat dies jedoch keinen Abbruch.

Auch die zu Beginn der hellenistischen Zeit begründete epikureische Schule verdient hier keine ausführliche Erörterung. Dem Mangel an geistiger Erneuerung stand großer Einfluß vor allem auf die Römer gegenüber, der jedoch in der augusteischen Zeit abnahm, da die

Schule in Anbetracht ihres oben dargestellten theologischen Konzeptes keinen Beitrag zur Reform der römischen Religion leistete. Im 2. Jh. n. Chr. kam es dennoch zu einer Spätblüte dieser Lehre. Im 3. Jh. wurde diese Schule durch den Neuplatonismus und das Christentum völlig zurückgedrängt und etwa um 400 n. Chr. erlosch sie. Nichtsdestoweniger wurde ihre Lehre auch später noch in der christlichen Literatur als Inbegriff der Gottlosigkeit heftig bekämpft.

Großes Gewicht kam in Anbetracht ihrer (allerdings nicht sehr klaren) Theologie, vor allem aber ihrer hochstehenden Ethik von Anfang an der stoischen Schule zu, zumal sie durch die allegorische Erklärung der Götter dem Volksglauben – auch dem römischen – entgegenkam: Die Götter seien verschiedene Aspekte der e i n e n den Kosmos durchwaltenden Gottheit, ihr Kult daher gerechtfertigt. Epiktetos, ein aus Phrygien stammender, um 100 n. Chr. in Rom und dann in Hellas lebender Freigelassener, wohl der sympathischeste Vertreter dieser Schule, der seine Lehre unmittelbar verständlich und ergreifend darzustellen verstand, bog die pantheistische Gottesvorstellung in Richtung auf ein persönliches Gottesbild um. Seine Ethik mündete in die Pflicht zur Dankbarkeit der Gottheit gegenüber. Insbesondere auf die Schicht der Gebildeten machte die stoische Doktrin tiefen Eindruck. Sie wurde zur weltanschaulichen Grundlage der augusteischen Erneuerung auf religiösem und sittlichem – auch staatsethischem – Gebiet und im 1. Jh. n. Chr. geradezu zur Modephilosophie weitester Kreise. Die ethischen Konsequenzen nahm man sehr ernst. Kaiser Marcus Aurelius, gestorben 180 n. Chr., war der letzte Stoiker. Der Neuplatonismus übernahm die fruchtbaren Gedanken dieser Schule, die Schriften ihrer großen Vertreter las man noch in der späteren Antike als Erbauungsliteratur. Die Stoa war auch eine Wegbereiterin des Christentums und ihre Lehre leistete einen beachtlichen Beitrag zur christlichen Philosophie.

Etwa zur Zeitenwende trat überraschend der Neupythagoreismus auf den Plan. Die Schule des Pythagoras[537] galt schon im 4. Jh. v. Chr. als erloschen. Allerdings sorgten vom 4. bis zum 2. Jh. v. Chr. apokryphe Schriften – der Meister hatte seine Lehre ja nicht schriftlich niedergelegt – für ein Weiterleben seiner Doktrin. Im 1. Jh. v. Chr. traten sowohl im Osten des Römischen Reiches als auch in Rom und im griechischen Unteritalien wieder Pythagoreer auf, da und dort bildeten sich sogar nach altem Vorbild wieder kleine Gemeinden, nirgends mehr aber pythagoreische Schulen. Der berühm-

---

[537] Siehe S. 168f.

teste Vertreter in Rom war P. Nigidius Figulus (1. Jh. v. Chr.), von den Pythagoreern des Ostens sei Numenios aus Apameia (2. Jh. n. Chr.) genannt. Wie früher standen Askese und Anweisungen für eine vorbildliche Lebensführung im Vordergrund der Lehre. Besonders im Osten zogen Asketen, Propheten und Wundermänner sozusagen unter der Fahne des Pythagoras im Lande umher. Mit ihrer Lehre verband sich fragwürdige Astrologie, Mystik und Mantik. Die seriöse philosophische Spekulation der Neupythagoreer schloß sich vor allem an Platon (denn dieser galt als treuer Schüler des Meisters) und die Stoa an, doch flossen auch orientalische, besonders semitische, auch jüdische [538] Gedanken in ihr sehr komplexes synkretistisches System ein. Es wurde ein Dualismus gelehrt, der vereinfacht dargestellt sei: Dem Einen jenseits des Seienden, Gott genannt, steht von Ewigkeit her die mit der Materie gleichgesetzte Zweiheit gegenüber. Dem Ineinanderwirken der zwei Prinzipien entspringen unter Mithilfe eines zweiten Gottes, des Schöpfers (des Demiurgen), dem als dritter Gott die Weltseele untergeordnet ist, eine Abfolge von Seinsstufen, die insgesamt eine nach der Ordnung der Zahlen strukturierte Welt gestalten. Auch dem zwischen Gott (dem Einen) und der Materie stehenden Menschen wohnen zwei Seelen inne, die gegeneinander kämpfen. Aufgabe des Menschen ist es, seine vom Göttlichen abgesunkene Seele zu ihrem Ursprung zurückzuführen. Der Neupythagoreismus ging schließlich, wie die anderen philosophischen Schulen auch, im Neuplatonismus auf.[539]

Im Gegensatz zur Philosophie hatte die Dichtung in der hellenistischen Epoche und in der Kaiserzeit, obwohl sie – vielfach Produkt des Gelehrtenfleißes – wichtige Dokumente für die Erforschung der Religion und Religiosität dieser Zeit enthält, für diese keine schöpferisch-fördernde Bedeutung mehr.

Als letztes Merkmal hellenistischer Religion sei auf den starken Aufschwung der verschiedensten Formen von Dämonenverehrung, Mantik und Aberglauben hingewiesen.[540] Vor allem gewann sowohl in der breiten Masse des Volkes als auch bei den Gebildeten die Astrologie großes Ansehen, besonders infolge des – sogar von der stoischen

[538] Dem Numenios galt Platon als attisch sprechender Moses.

[539] Wie kräftig und vielgestaltig die religionsgeschichtlichen Impulse der Philosophie in dieser Epoche bis in die Spätzeit waren, zeigt u. a. am Beispiel des Zeus Schwabl, RE S 15, 1345, 59–1390, 68. – Typische Vertreter hellenistischer Religiosität stellt Nestle, Griechische Religiosität, 3. Bd., 90–175, dar.

[540] Siehe dazu eine prägnante Zusammenfassung bei Weiler, Griechische Geschichte, 131–134, mit Literaturangaben.

Philosophie geförderten – Einströmens chaldäisch-babylonischer Sterndeutung in den griechischen Raum. In dieser Epoche entdeckten die Hellenen das Horoskop. Durch die Gleichsetzung der Gestirne mit den Göttern der Mythologie verlor der Gedanke, die Sterne bestimmten die Schicksale der Menschen, das Befremdliche, die Dauer des Glaubens an diese Götter wurde in bestimmten Kreisen dadurch sogar verlängert, die Überzeugung von der Kraft der Götter verstärkt. Durch die Vorstellung der Versetzung hervorragender Menschen in die Welt der Sterne (dem „Katasterismos") gewann die Astrologie Anschluß an andere religiöse Strömungen des Hellenismus. Ihren Höhepunkt erreichte sie in der Kaiserzeit, als man nicht nur vor wichtigen Entscheidungen, sondern auch aus alltäglich-banalen Anlässen Astrologen zu Rate zu ziehen pflegte. Zu Magie und Wunderglauben entstand ein umfangreiches Schrifttum, Mirabilienliteratur und Zauberpapyri gaben Anleitung zu Liebes-, Schaden- und Rachezauber. Auf Verfluchungstäfelchen wurden schädigende Formeln eingetragen, magische Opferhandlungen vorgenommen. Die Ausübenden, aber auch die von zauberischen Handlungen Betroffenen, suchten sich durch verschiedene Mittel, vor allem durch Amulette und Schutzzauberformeln, vor Schaden zu bewahren. Auch auf diese Usancen wirkten orientalische Praktiken ein, nicht zuletzt wiederum die chaldäische Astrologie, ebenso aber u. a. die traditionsreiche ägyptische Zauberkunst. Die erwähnten Zauberpapyri wurden denn auch vor allem in Ägypten gefunden. Überraschen mag, daß der Neuplatonismus sich dieses Zwischenreiches zwischen Religion und superstitiöser Magie wirksam annahm.

Damit beenden wir die Darstellung der griechischen Religion. Sie unterlag der christlichen bzw. diese wurde zur Religion auch der Hellenen. Die Schwächen der offiziellen griechischen Polisreligion waren, wie wir sahen, gerade in der hellenistischen Zeit und in den nachchristlichen Jahrhunderten offenbar geworden, der Göttermythos bei vielen Griechen längst nicht mehr Gegenstand des Glaubens. Die Philosophie bot auch dort, wo sie in ihren spätantiken Ausformungen Stellung gegen das Christentum bezog, den traditionellen Kulten keine wirksame Stütze mehr, stellte sie vielmehr häufig genug genauso in Frage und ging ihre eigenen Wege oder bereitete sogar dem Christentum die Bahn. Was die hellenistische Epoche an neuem religiösen Gut anbot, war auf die Dauer nicht überzeugend und kraftvoll genug, das entstandene religiöse Vakuum aufzufüllen und die Bedürfnisse der Menschen nach einer verinnerlichten Religion zu befriedigen. Herrscherkult und abergläubische Praktiken mögen viele Griechen angezogen haben, sicher jedoch nicht alle. Die alten Mysterienkulte blühten neu auf, und, wie erwähnt, traten orientalische Geheimkulte sowie der Mithraskult, der allerdings gerade bei den Griechen am wenigsten zündete, an ihre Seite. Mit diesen Kulten und jenem des Sol Invictus, dessen Fremdheit jedoch mehr die römische, nicht so sehr die griechische Religion bedrängte, mußte sich das aufstrebende Christentum auseinandersetzen. Es erwies sich ihnen gegenüber bald als ebenbürtig, wurde durch die Verfolgungen nicht geschwächt, sondern gestärkt und gewann schließlich die geistige Überlegenheit. Seine Lehre, seine soziologische Eigenart und seine gesellschaftliche Offenheit entsprachen am vollkommensten jenem Bild, das man sich damals von einer Religion machte. Wichtig war, daß das Christentum im Gegensatz zu anderen östlichen Erlösungsreligionen ein Abgleiten ins Superstitiöse zu vermeiden strebte und daß ihm die Aussöhnung mit der Philosophie am besten gelang. Dennoch: Die sieghafte Wucht, mit der das Christentum der heidnischen griechischen Religion Herr wurde, ist für den historischen Betrachter schwer verständlich. 311 n. Chr. wurde das erste Toleranzedikt zugunsten der Christen erlassen. Doch blieben die heidnischen Kulte dem jungen Christentum noch formell gleichgestellt. 392 n. Chr. verbot jedoch Kaiser Theodosius der Große alle heidnischen Kulte. Das Christentum war nun Staatsreligion, auch in der griechischen östlichen Reichshälfte des Imperium Romanum.

III. DIE RELIGION DER RÖMER

1. Vom Wesen der römischen Religion

Im Rahmen einer Darstellung der römischen Religion ist deren Wesensbestimmung von größerer Bedeutung als bei jener der Griechen und erfordert – auf Kosten der Geschichte der römischen Religion – mehr Raum.[541] Nach Augustinus, De civitate Dei VI 5, unterschied der Polyhistor M. Terentius Varro Reatinus (116–27 v. Chr.) im ersten Buch seiner ›Antiquitates rerum divinarum‹ (fr. 7–10 Cardauns) drei Arten von Theologie, jene der Dichter, jene der Philosophen und jene des Volkes bzw. des Staates.[542] Diese Unterscheidung verdient auch in der modernen Forschung Beachtung. Die Religion der Dichter und jene der Philosophen dürfen, weil weithin von griechischen Vorstellungen bestimmt, bei einer Wesensanalyse der römischen Religion nur mit großer Vorsicht herangezogen werden.[543]

---

[541] Diese Darstellung stützt sich auf eine weiter ausgreifende Untersuchung des Vf. ›Vom Wesen römischer „religio"‹ (1978). Dort finden sich die nötigen Literaturnachweise.

[542] Näheres in der in Anm. 541 genannten Untersuchung S. 299f., sowie im Kommentar zu Varros Werk von Burkhart Cardauns, Mainz–Wiesbaden 1976, 139–144. – Wie Godo Lieberg, Die theologia tripertita als ein Formprinzip antiken Denkens, Rhein. Mus., N. F. 125 (1982), 25–35, nachweist, hat schon der 82 v. Chr. ermordete *pontifex maximus* Q. Mucius Scaevola – nach Augustinus, civ. IV 27 – eine analoge Einteilung der römischen Götterwelt vorgenommen und vermutlich als erster Römer diese Dreiteilung exakt definiert und terminologisch präzisiert. Es überrascht, bei wie zahlreichen antiken Denkern sich diese zweifellos aus der griechischen Philosophie stammende Dreiteilung (in unterschiedlicher Ausgestaltung) findet. Sie ist schlechthin ein Formprinzip antiken Denkens. Lieberg hatte bereits in den Studi Classici in onore di Quintino Cataudella, vol. III, Catania 1972, 185–201, ›Varros Theologie im Urteil Augustins‹ behandelt und in ANRW I, 4, Berlin–New York 1973, 63–115, ›Die theologia tripertita in Forschung und Bezeugung‹ dargestellt.

[543] Diese zwei *genera* der Theologie werden auch von Varro sehr kritisch betrachtet. Siehe dazu Heinrich Dörrie, Zu Varros Konzeption der theologia tripertita in den Antiquitates rerum divinarum, in: Beiträge zur altitalischen Geistesgeschichte. Festschrift Gerhard Radke, Münster 1986 (Fontes et Commentationes, Suppl. Bd. 2), 76–82. Varro verwendet für sie griechische Be-

Verläßliche Auskünfte über das Wesen der römischen Religion erhalten wir jedoch von der Religion des Volkes und vom Staatskult, also durch Betrachtung des Varronischen *genus civile* der Theologie, *quo (maxime utuntur) populi, ... quod in urbibus cives, maxime sacerdotes, nosse atque administrare debent. In quo est, quos deos publice † sacra ac sacrificia colere et facere quemque par sit.*

Allerdings waren auch Volksreligion und Staatskult vielfachen fremden Einflüssen ausgesetzt. Ob sie im Laufe ihrer Geschichte dennoch ihr Wesen behaupten konnten oder zunehmend überfremdet wurden, kann nur die Erforschung dieser Geschichte lehren und muß daher zunächst offenbleiben. Dennoch können wir eine Wesensidee der römischen Religion feststellen, die, offenbar in frühester Zeit entstanden, aber auch in späteren Perioden erkennbar, in einer spezifischen Gottesvorstellung der Römer und einem darin verwurzelten ihnen eigentümlichen Verhalten dem Göttlichen gegenüber Ausdruck findet. Ihr Nachweis ist durch eine Untersuchung des sprachlichen Ausdrucks religiöser Gedanken der Römer, nämlich der Bezeichnungen des Göttlichen, bestimmter römischer Götternamen und der Wörter, welche die Religion selbst beschreiben, sowie bestimmter Charakteristika des römischen Kultes möglich.[544]

zeichnungen: *genus* „mythicon" bzw. „physicon", wofür erst Augustinus lateinische Übersetzungen vorschlägt: *genus fabulare* oder *fabulosum* bzw. *genus naturale*. Augustinus betont, daß Varro das dritte *genus* jedoch *ipse Latine enuntiavit, quod civile appellatur*. Da die erwähnte Dreiteilung griechischer Philosophie entnommen ist, muß es auch für das dritte *genus* eine griechische Bezeichnung gegeben haben, die sich tatsächlich anderswo bei Augustinus (civ. VI 12) findet: θεολογία πολιτική, und welche Varro sicherlich kannte, die er aber aus guten Gründen als einzige lateinisch wiedergab. – Eine eigentlich römische Theologie (wie auch eine genuin römische Philosophie) gab es nicht, sondern nur eine griechische philosophische „Theologie" in römischem Nachvollzug und lateinischer Formulierung. Für die Römer war die Existenz des Göttlichen eine Selbstverständlichkeit und wurde ihnen daher nicht zum Problem bzw. zum Gegenstand von Reflexion und Spekulation, es sei denn über Anregung durch die Griechen. Auch Äußerungen des Zweifels an der Existenz der Götter in der römischen Literatur gehen auf den Einfluß griechischer Denker zurück.

[544] Zum folgenden s. die in Anm. 541 genannte Untersuchung S. 315–353 sowie für den Begriff *numen* auch Robert Muth, Numen bei Livius, in: Livius, Werk und Rezeption, Festschrift für Erich Burck, München 1983, 217–224, und Walter Pötscher, „Numen" und „Numen Augusti", in ANRW II, 16, 1, Berlin–New York 1978, 355–392. Entschiedene Kritik an diesen Überlegungen von Muth (und anderen Autoren vor ihm) übt Christoph Ulf im letzten

An den Anfang der Betrachtung ist der Begriff *numen* zu stellen. Er bezeichnet die durch Nicken *(nuere)*, also durch ein erkennbares Zeichen, zum Ausdruck gebrachte wirksame Willensäußerung der Gottheit (Varro, De lingua Latina VII 85: *numen dicunt esse imperium*)[545] und war für die Römer primär göttliche Macht, göttliches Tätigwerden *(aktuos*-Werden) im menschlichen Bereich, also in der Geschichte. Da ihnen göttliches Wesen nur in konkreten Machtäußerungen faßbar erschien, machten sie sich über ein übergeschichtliches göttliches Sein und Wirken keine Gedanken. Existenz und Manifestation des Göttlichen sind aber nicht gleichzusetzen, daher heißt das nicht, daß sie sich ihre Götter nicht anthropomorph vorgestellt hätten. Göttliches Wirken entsprach vielmehr dem Muster menschlichen Handelns.[546] Das Alter des erstmals bei Accius faßbaren Begriffes *numen* ist nicht auszumachen. Sicher war *deus* vor ihm gebräuchlich, doch wurde *numen*, sobald der Begriff gefunden war, obwohl (oder gerade weil) er *neutrius generis* war, jenem vorgezogen, insbesondere wenn exakte Aussagen über das „aktuose" Wirken der Götter zu treffen waren. Dies ist ein Kennzeichen der römischen Religion,[547] selbst wenn bei seiner Entstehung die stoische Lehre von der δύναμις

Kapitel seines Buches ›Das römische Lupercalienfest. Ein Modellfall für Methodenprobleme in der Altertumswissenschaft‹, Darmstadt 1982 (Impulse der Forschung, 38), 145–163: „Zur Frage der Charakteristika der (alt)römischen Religion und des Staatskultes als deren ‚Höhepunkt'." Doch fügen sich zahlreiche unterschiedliche Aspekte so gut zu einem geschlossenen Gesamtbild, daß, selbst wenn einzelne davon strengster wissenschaftlicher Prüfung nicht standhalten sollten, die Grundkonzeption der hier vertretenen Wesensbestimmung der römischen Religion nicht erschüttert wird. Eine Auseinandersetzung mit Ulf im einzelnen (einige Einwände sind sehr erwägenswert) ist im Rahmen dieses Buches natürlich nicht möglich. Ulf entstammt der Schule Franz Hampls. So äußerte denn auch Franz Hampl selbst in einem Exkurs zu seinem Beitrag zur Festschrift für Robert Muth (s. Anm. 559), S. 173–176, ähnliche Bedenken. – Bei Muth und Ulf finden sich die wichtigsten Zeugnisse und Literaturnachweise.

[545] Vg. Festus 184 p. 179 Lindsay: *numen quasi nutus dei ac potestas.*

[546] Allerdings unterschied sich der Götteranthropomorphismus der Römer stark von jenem der Griechen, wie aus den folgenden Überlegungen deutlich werden wird.

[547] Daran darf m. E. trotz der Einwände von Ulf festgehalten werden. Warum sollte man keine „semantische Konstante" (Ulf S. 163) für *numen* postulieren? Wie dem immer sei, zur Charakterisierung der römischen Religion genügt, daß dieser Terminus seit spätrepublikanischer Zeit eindeutig bevorzugt wurde.

θεοῦ eingewirkt hat. *Numen* verrät eine stärker phänomenalistische Erlebnisweise des Göttlichen als *deus* und als die meisten Götternamen und weist auf schließendes Denken hin. Im Sinne dieser Vorstellung bringt auch die Wortbildung einiger der ältesten römischen Gottesbezeichnungen zum Ausdruck, daß die Römer das Numen der Götter in deren Handeln und Mithelfen bei menschlicher Tätigkeit erkennen zu können vermeinten. Für die Römer der ältesten Zeit waren solche Sondergötter[548] von größter Wichtigkeit, die für Familie und Haus sorgten oder bäuerliche Tätigkeiten förderten bzw. Schaden fernhielten.[549] Einen besonders instruktiven Fall stellt der Gott AIUS LOCUTIUS dar.[550] Als sich die Kelten 391 v. Chr. Rom näherten, hörte M. Caedicius, ein römischer Bürger, der kein öffentliches Amt bekleidete, an der Via Nova oberhalb des Vestatempels eine Stimme, die auf die drohende Gefahr hinwies und zu Verteidigungsmaßnahmen und Wachsamkeit mahnte. Die Magistrate achteten wegen der Bedeutungslosigkeit des Berichterstatters nicht auf diese ihnen weitergegebene Warnung. Nach der Katastrophe an der Allia, dem Brand Roms und dem schließlichen Sieg der Römer erinnerten sie sich

---

[548] Der das hier behandelte Problem allerdings nicht in allen seinen Aspekten exakt treffende Begriff stammt von Hermann Usener, Götternamen. Versuch einer Lehre von der religiösen Begriffsbildung, 3. unveränderte Aufl. mit Geleitworten von Eduard Norden und Martin P. Nilsson, Frankfurt a. M. 1948 (1. Aufl. 1896, 2. Aufl. 1929). Siehe dazu Radke, Die Götter Altitaliens, 351 (Nachtrag zu S. 11). Selbstverständlich ist die Existenz von Sondergöttern nicht auf die Römer beschränkt.

[549] Einige Beispiele: Die Römer kannten einen eigenen Gott, der beim ersten Durchpflügen des Brachfeldes, beim *vervagere*, als gegenwärtig und mithelfend gedacht wurde, den Vervactor. Ein anderes Numen war beim zweiten Bearbeiten des Feldes, beim *reparare*, präsent: Der Reparator; wieder ein anderes beim dritten und endgültigen Umpflügen, beim *imporcare:* der Imporcitor. Der Insitor wirkte beim Einsäen mit, ebenso die Semones, der Occator bei der Überarbeitung des Ackers mit der Egge, der Sarritor beim Jäten des Unkrauts mit der Hacke, der Subruncinator beim Ausraufen des Unkrauts mit der Hand, Segetia war die Schutzgöttin des aus der Erde wachsenden Korns, der Messor betreute das Schneiden des Korns, der Conditor und der Convector sein Einbringen. Das in Speichern verwahrte Korn war der Tutulina anvertraut, jenes in Korngruben dem Consus, Pilumnus waltete über das Zerstampfen im Mörser, Fornax förderte das Rösten des Korns im Ofen usf. Viele Namen solcher Sondergottheiten sind *nomina agentis*, jedoch bei weitem nicht alle.

[550] Der Bericht stammt aus Livius V 32, 6f., V 50, 5 und V 52, 11 sowie aus Cicero, div. I 101 und II 69.

jedoch dieser nun als göttlich erkannten Botschaft, bezeichneten den mahnenden Gott mit dem erwähnten sprechenden Namen,[551] errichteten ihm einen Altar und führten für ihn einen öffentlichen Kult ein. Man sah in ihm also jenen Gott, der zwar als Sonder(und Augenblicks)gott nur ein einziges Mal in Erscheinung getreten war, aber grundsätzlich in gefährlichen Situationen stets seine warnende Stimme würde hören lassen können.[552]

Die durch dies alles gekennzeichnete ursprüngliche römische Gottesvorstellung entwickelte sich fruchtbar weiter, worauf hier nicht im einzelnen eingegangen werden kann.[553] Sie wird noch deutlicher, wenn man an weiteren Beispielen untersucht, wie die göttlichen Numina nach dem Glauben der Römer in konkreten Situationen in Erscheinung traten. Die illustrativsten Beispiele bietet Livius. Aus der großen Zahl sei ein einziges ausgewählt,[554] eine Episode während der sagenhaften Kämpfe zwischen Latinern und Sabinern: Die Sabiner hatten ihre zunächst siegreichen Feinde in ihre Ausgangsstellung zurückgedrängt und brachten sie nun in größte Gefahr. Romulus, der

---

[551] Aius Locutius = *Aius locutus est: Aius* (von *ait, aiunt*) bedeutet dasselbe wie *Locutius*. Cicero nennt den Gott *Aius Loquens*. Diese Bezeichnung ist interpretierend, also jünger und an sich unrichtig.

[552] Usener a. O. hat diesen Sondergott (Augenblicksgott) ebenso übersehen wie den Gott Rediculus, welchem außerhalb der Porta Capena am 2. Meilenstein der Via Appia gegen Ende des 3. Jh. v. Chr. ein *fanum* gewidmet wurde. Rediculus war offensichtlich der Sondergott der „glücklichen Heimkehr" *(redire)*. Festus 392, p. 354 Lindsay, berichtet, Rediculus habe das Heiligtum zum Dank dafür erhalten, daß er (211 v. Chr.) Hannibal vor den Toren Roms zum Rückzug gezwungen habe: ... *quia accedens ad urbem Hannibal ex eo loco redierit quibusdam visis perterritus.* In Wirklichkeit wurde das *fanum* nachträglich mit der Umkehr Hannibals in Verbindung gebracht. Rediculus ist wahrscheinlich derselbe Gott wie jener Tutanus, von dem Varro sat. Menipp. fr. 213 Buecheler = fr. 216 Cèbe (Nonius p. 47 M.) berichtet. Der Gott hieß daher ursprünglich wohl Tutanus Rediculus. Siehe dazu G. van der Leeuw, RAC I (1950), 970, und den Kommentar zu Varros Menippeen von Jean-Pierre Cèbe, vol. 6, Rom 1983, 1012–1015. Vgl. Radke, Die Götter Altitaliens, 271 (und 361) und 302f. (und 362).

[553] Später werden politische Aspekte des Venuskultes zu erwähnen sein: Für Sulla war diese Göttin Venus Felix, für Pompeius Venus Victrix, für die *gens Julia* als deren Ahnfrau Venus Genetrix. Besonders deutlich tritt die Vorstellung vom „aktuosen" Wirken der Gottheit auch im Fortunakult in Erscheinung. Die Fortuna publica wurde u. a. als F. Equestris und als F. Redux, die Fortuna privata als F. Muliebris und F. Virilis verehrt.

[554] Livius I 12, 4–7; ein Parallelbericht bei Plutarch, Rom. XVIII 8f.

König der Latiner, bat Juppiter, auf dessen Weisung er die Stadt Rom begründet hatte, um Hilfe und Schutz. Er gelobte ihm die Errichtung eines Tempels, falls er die Flucht der Römer zum Stillstand brächte. Juppiter wurde um das *sistere* der Flucht der eigenen Leute gebeten und daher mit dem *nomen actionis* STATOR angerufen. Romulus bat ihn, er möge als göttlicher Beistand „da sein".[555] Tatsächlich wurde der Gott in Romulus gegenwärtig. Dieser fühlte in sich sein Wirken und rief in dessen Kraft und Namen den Römern zu, von neuem Widerstand zu leisten und in die Offensive überzugehen. Die Römer merkten, daß ihr König „mit himmlischer Stimme", also mit der Stimme des Juppiter Optimus Maximus, zu ihnen spräche, gewannen Zuversicht, gehorchten und siegten.[556] Stator ist ein Sondergott, der allerdings mit einem der hohen Götter der Römer, nämlich Juppiter, identifiziert wurde.[557]

[555] Es kommt auf *tua praesenti ope* (Liv. I 12, 5) an.

[556] Das Gelübde, dem Juppiter Stator einen Tempel zu bauen, wurde allerdings nicht sogleich erfüllt. Nach Liv. X 37, 15 f. wurde das Heiligtum vielmehr erst Jahrhunderte später in einem schon nach den Auseinandersetzungen mit den Sabinern für seinen Bau bestimmten sakralen Bezirk am Abhang des Palatin errichtet, als im Samniterkrieg 294 v. Chr. durch den Feldherrn M. Atilius Regulus ein gleichartiges Gelübde wieder mit Erfolg geleistet worden war. Siehe dazu Liv. X 36, 11 f. und X 37, 15 f.

[557] Dieser Vorstellung entspricht in anderen Berichten jene von Victor und Ultor, also von jenen Göttern, die den Sieg bescheren bzw. Rache üben. – Zahlreiche weitere Belege, welche in meiner Untersuchung ›Vom Wesen römischer Religion‹ (S. 322–325) zusammengestellt sind, unter ihnen auch der Hinweis Ciceros in seiner vor dem Volke gehaltenen zweiten Catilinarischen Rede (II 29), die unsterblichen Götter seien in dieser Lage nicht zum Schutz vor einem äußeren Feinde, sondern zur Verteidigung ihrer eigenen Tempel und der Häuser der Stadt mitten unter den Römern anwesend *(... hic praesentes suo numine atque auxilio sua templa atque urbis tecta defendunt)* und der Lobpreis des Augustus durch Horaz, carm. III 5, 2 f. als *praesens divus,* können hier aus Raumgründen nicht angeführt werden. Siehe auch meine in Anm. 544 zitierte Untersuchung über ›Numen bei Livius‹. Interessant mag sein, daß Ovid, ars amat. III 547 ff. darauf hinweist, ein göttliches *numen* wohne den Dichtern inne *(... numen inest illis ... est deus in nobis ...)* und daran die Forderung knüpft, die *puellae* sollten dem *vates* gegenüber nicht spröde, sondern *faciles* sein. Die von mir in den zitierten Aufsätzen beigebrachten Zeugnisse sind nicht vollständig. So weist Wolfgang Speyer in der Untersuchung ›Die Hilfe und Epiphanie einer Gottheit, eines Heroen und eines Heiligen in der Schlacht‹, in: Pietas, Festschrift für Bernhard Kötting, Münster/Westf. 1980 (Jb. für Antike und Christentum, Ergänzungsband 8),

Wie sich nach Auffassung der Römer das göttliche Numen aus gegebenem Anlaß im Handeln führender Persönlichkeiten vergegenwärtigte, wurden auch bestimmte Priester bei der Erfüllung ihrer Kultfunktionen zu Repräsentanten der Gottheit. Gewiß gab es auch Priester, welche die Gemeinde vor der Gottheit vertraten, wie etwa der ranghöchste *sacerdos*, der *rex sacrorum,* welcher die kultischen Funktionen des ehemaligen Königs zu vollziehen hatte, oder auch der *pater familias*, was sein priesterliches Wirken im häuslichen Kult betraf. Die spezifisch römische Auffassung vom Priester war jedoch entgegengesetzt: Er vertrat, wie erwähnt, die Gottheit vor der Gemeinde, und in einzelnen Fällen war das göttliche Numen im Leben des Priesters schlechthin präsent, so daß er über seine profane Existenz erhoben wurde. Am klarsten ist dies an der Gestalt des *flamen Dialis* zu erkennen, des höchsten Priesters des Juppiter und zweithöchsten an Rang und Ansehen unter den römischen *sacerdotes* überhaupt: Er war so sehr hoher Priester, genauer: persönliche Vergegenwärtigung des Juppiter, daß er kein profanes Leben führte, sondern ein von zahlreichen, offensichtlich in archaisches Denken zurückreichenden Tabubestimmungen geregeltes, in einem ganz konkreten Sinn priesterliches, besser: göttliches, „joviales" Leben, es war zur Gänze festlicher Kultvollzug. In diesen wurde sogar sein Eheleben einbezogen; seine Gattin, ja selbst seine Kinder hatten Anteil daran.[558] Als weiteres Beispiel sei an die Vestalinnen erinnert. Auch ihr Leben, in der klösterlichen Abgeschiedenheit des *atrium Vestae* und im Vestatempel

---

55–77, auf mehrere gleichartige Vorkommnisse hin, z. B. (S. 70) auf ein Eingreifen des Gottes Janus in den Kampf zwischen Latinern und Sabinern: Als die Sabiner durch das auf wunderbare Weise geöffnete Tor am Viminal in die Stadt Rom einzudringen versuchten, seien sie durch einen heißen Wasserstrom, der aus dem Tempel des Janus gequollen sei, daran gehindert worden. Die von Speyer erwähnte Formulierung im Bericht des Macrobius, Sat. I 9, 17f., *velut ad urbis auxilium profecto deo* erinnert an *velut instigante dea,* bezogen auf die helfende Kriegsgöttin Bellona, in einem Bericht des Livius X 19, 18 über einen Krieg, den Rom 286 v. Chr. gegen die Etrusker und die mit diesen verbündeten keltischen Senonen sowie gegen die Samniter zu führen hatte. Mit der Feststellung, daß überall dort, wo in Rom von einer Erscheinung eines himmlischen Wesens berichtet wird, griechischer Einfluß vorliege, geht Speyer zu weit. Auch ist unrichtig, daß nur wenige Zeugnisse in die hier behauptete Richtung weisen, ebenso, daß diese mannigfachen Bedenken unterliegen.

[558] Siehe Walter Pötscher, Flamen Dialis, Mnemosyne, S. IV, 21 (1968), 215–239.

auf dem Forum Romanum in strenger Zucht verbracht, war nicht nur dauernder anstrengender Dienst an ihrer Göttin, sondern zugleich ein Leben, das sowohl in seiner Feierlichkeit als auch in seiner Askese und Keuschheit grundsätzlich göttlich sein sollte. Die *virgines Vestales* repräsentierten gleich dem *flamen Dialis* die Gottheit unter den Menschen.[559]

[559] Eine Vestalin, welche sich gegen das Gebot der Keuschheit vergangen hatte, wurde lebendig in ein unterirdisches Gemach beim Collinischen Tor eingemauert oder vom Tarpeischen Felsen gestürzt. Die Berichte darüber stammen erst aus der Zeit um Christi Geburt. Die Forschung ließ ihre Aussage bisher dennoch bedenkenlos auch für die früheren Jahrhunderte bis zurück in die Ursprungszeit dieses eigenartigen Ritus gelten. Franz Hampl, Zum Ritus des Lebendigbegrabens von Vestalinnen, Festschrift für Robert Muth, Innsbruck 1983 (Innsbrucker Beiträge zur Kulturwissenschaft, 22) 165–182, glaubt in Anbetracht von bestimmten Elementen der feierlichen Bestattungszeremonie, welche sich in das bisher gezeichnete Gesamtbild des Ritus nicht sinnvoll einordnen lassen, sondern Fremdkörper im Sinne von *survivals* zu sein scheinen (die „zum Tode durch Einmauern verurteilte" Vestalin wurde in feierlicher Prozession in einer Sänfte zum Ort des unterirdischen Gemaches getragen, in welchem sie, immer noch mit ihrem priesterlichen Gewand bekleidet, auf eine mit Decken versehene Kline neben einem Tisch mit einer Lampe und verschiedenen Lebensmitteln gelegt wurde), daß der Sinn des Priestertums der *virgines Vestales* im allgemeinen und der makabere Vorgang des Lebendigbegrabens einzelner Priesterinnen im besonderen ursprünglich ein anderer war als in jener Zeit, auf welche sich unsere Quellen beziehen, von den Römern selbst angenommen wurde. Die Vestalinnen werden von Hampl als jungfräuliche Gottesbräute interpretiert. Der gewaltsame Tod einzelner habe ursprünglich die Darbringung der Gottesbraut an ihren göttlichen Partner bedeutet, keinesfalls jedoch eine Strafaktion. Der Sturz vom Tarpeischen Felsen muß hingegen tatsächlich die für eine ungetreue Gottesbraut übliche Hinrichtungsart gewesen sein. Hampl stellt eine anfängliche, später verlorengegangene Verbindung des Vesta-Kultes mit dem Feuer- und Herdkult in der dem Vestatempel bzw. dem *atrium Vestae* benachbarten *regia* her, bzw. mit der Verehrung eines phallischen Gottes, welcher im Herdfeuer der *regia* seinen kultischen Sitz hatte. Als in Verbindung mit der Einführung des Kultes der griechischen Hestia in Rom der Staatskult der Vesta von diesem alten Feuer- und Herdkult losgelöst wurde, habe sich das Priestertum der Vestalinnen entscheidend verändert. Die Forderung der Jungfräulichkeit habe nun ihren ursprünglichen Sinn verloren, es sei jedoch an ihr als einer heiligen Tradition festgehalten worden, ebenso am Ritus des Lebendigbegrabens, der nunmehr allerdings anders gedeutet wurde. Die ursprüngliche Funktion der Vestalinnen war, wenn diese Interpretation richtig ist, eine andere als jene, die ich zu erkennen vermeine und welche ich zur Stützung

Ein weiteres Zeugnis für die römische Gottesvorstellung ist die Auffassung vom Triumph. Der als Triumphator siegreich in Rom einziehende Feldherr, angetan mit dem festlichen Gewand, mit welchem das Standbild des Juppiter Optimus Maximus im kapitolinischen Tempel bekleidet war, wie dieser auf einer Quadriga stehend und sein Szepter haltend, wurde von den Römern als Vergegenwärtigung dieses Gottes erlebt, der auf der Via sacra über das Forum Romanum zu seinem Tempel am Kapitol hinauffuhr. Der Rom schützende Gott, welcher auch im nun beendeten Krieg beim kämpfenden Heer helfend anwesend gewesen war, kehrte in seinen Tempel zurück.[560] Auf dasselbe Blatt gehört, daß bei der Bestattung vornehmer Römer, deren Vorfahren ein kurulisches Amt bekleidet hatten, Schauspieler in der Amtstracht der Ahnen und das Gesicht mit den sonst im Atrium

---

meiner Sicht vom Wesen der römischen Religion heranziehe. Für meine Auffassung ist es jedoch entscheidend, wie die Römer den befremdlichen Ritus des Lebendigbegrabens von Vestalinnen etwa zu Beginn der Kaiserzeit deuteten, wie sie also in historisch heller Epoche Stellung und Funktion der Vestalinnen verstanden und in ihr Bild von römischer *religio* einfügten.

[560] Es wurde erwogen, ob sich der Ornat und die sonstige Ausstattung des Triumphators nicht etwa von der des Königs der Frühzeit (und nicht des Bildes des Juppiter Optimus Maximus) herleiten und sich im Triumph daher ein Zeremoniell erhalten habe, das ursprünglich dem König galt. Auch hier (wie in der Frage nach dem Sinn des Lebendigbegrabens einzelner Vestalinnen) ist jedoch entscheidend, wie die Römer, welche den Zug des Triumphators auf das Kapitol begeistert miterlebten, den Auftritt des Feldherrn deuteten. Diesbezüglich ist ein Zweifel ausgeschlossen: er war für sie der während dieses Festaktes gegenwärtig gewordene Juppiter Optimus Maximus, welcher den Sieg mit den Truppen erkämpft hatte und nun mit ihnen feierte. Dazu paßt, daß ein Sklave auf der Quadriga des Triumphators die goldene Strahlenkrone, welche allerdings die altetruskische Königskrone war, über das Haupt des Feldherrn hielt (der selber einen Lorbeerkranz, die *corona triumphalis*, trug) und ihm mahnend immer wieder die Worte zurief: *respice post te. hominem te esse memento.* (Thomas Köves-Zulauf, Plinius d. Ä. und die römische Religion, in ANRW II, 16, 1, Berlin–New York 1978, 187–288, hält auf S. 261 unter Berufung auf Plinius, n. h. XXVIII 39 die Formulierung *recipe* statt *respice post te,* übersetzt: „verlangsame die Fahrt, halte dich zurück", für richtig. Die Frage ist – auch nach der Meinung des Vf., s. dessen Anm. 257 – nicht ausdiskutiert.) Zum Triumph s. Maxime Lemosse, Les éléments techniques de l'ancien triomphe romain et le problème de son origine, ANRW I, 2, Berlin–New York 1972, 442–453. Zu der hier besprochenen Frage s. S. 445, mit Anm. 12. Literaturangaben zum römischen Triumph ebd., bes. S. 442, Anm. 1, und S. 452.

verwahrten *imagines maiorum* bedeckt, in dem zum Forum Romanum ziehenden Trauerzug mitfuhren. In den Trägern der Kleidung und der Masken der Ahnen sah man die *di parentes* selbst gegenwärtig, die beim Begräbnis ihren Nachfahren die Ehre ihrer Anwesenheit erwiesen.

In diesem Zusammenhang ist schließlich sogar der Kaiserkult zu nennen.[561] In ihm erweist es sich, daß die Wesensidee der römischen Religion auch in späterer Zeit als deren strukturierende Kraft lebendig blieb. Dies ist deshalb von besonderer Bedeutung, weil dieser Kult den Versuch darstellte, die römische Religion um des Zusammenhaltes des Reiches willen zu vereinheitlichen und aus politischem Interesse dem Polytheismus – trotz aller kultischen Toleranz – Grenzen zu setzen. Die Verehrung des v e r s t o r b e n e n Kaisers widersprach allerdings nicht gängigen Auffassungen. Der Ahnenkult war längst gepflegt worden und das Ritual für den toten Kaiser stellte nur dessen Ausweitung vom familiären in den staatlichen Bereich dar. Der Kult des l e b e n d e n Kaisers war für Rom jedoch etwas Neues. Er setzte sich daher zunächst nur im östlichen Reichsteil durch, wo griechisch-hellenistische und orientalische, insbesondere ägyptische Einflüsse überwogen, und erst später auch in Rom und im westlichen Teil des Imperiums. Trotzdem wirkten aber auch bei der Einführung dieses Kultes mehrere genuin römische Vorstellungen mit und erleichterten die Übernahme des fremden Gedankengutes. So wurde der Gründer Roms Romulus sowohl von Dichtern als auch kultisch zu göttlichem Rang erhoben: Von göttlicher Herkunft, sei er nach

---

[561] Literatur zum Kaiserkult: Siehe den Sammelband: Römischer Kaiserkult, hrsg. von Antonie Wlosok, Darmstadt 1978 (Wege der Forschung, 372). Besonders instruktiv ist die Einführung der Herausgeberin (S. 1–52), vervollständigt durch eine Auswahlbibliographie (S. 551–556). Dazu eine Rez. von J. Rufus Fears, AAW 36 (1983), 196–200. Siehe weiter die ausgewählten Untersuchungen in ANRW II, 16, 2, Berlin–New York 1978. Am Beginn dieser Auswahl (S. 833–910) findet sich eine Bibliographie zum römischen Kaiserkult für die Jahre 1955–1975 von Peter Herz. Eine neue Untersuchung: Frank W. Walbank, Könige als Götter. Überlegungen zum Herrscherkult von Alexander bis Augustus, Chiron 17 (1987), 365–382. Einen wesentlichen Aspekt der römischen Herscherideologie behandelt Jean-Pierre Martin, Providentia deorum. Recherches sur certains aspects religieux du pouvoir impérial romain, Paris und Rom 1982 (Coll. de l'École Française de Rome, 61). Das Bildnis im römischen Kaiserkult und insbesondere die Konsekration von Kaiserbildnissen bespricht Thomas Pekáry, Das römische Kaiserbildnis in Staat, Kult und Gesellschaft, Berlin 1985, 107–129.

seinem Tod wieder zu den Göttern entrückt worden.[562] Vor allem aber war zum Verständnis des Kaiserkultes der Glaube an den *genius* maßgeblich, an jene göttliche Kraft, welche die Zeugungskraft des Mannes verbürgte und ihn als Beschützer durch sein Leben begleitete.[563] Ihm wurden am Geburtstag Opfer dargebracht. Die Verehrung des Genius des *pater familias* war in den Familien vorrangig; so konnte auch dem Genius des Kaisers, des *pater patriae*, besonders an seinem Geburtstag, vom ganzen Volk göttlicher Kult zuteil werden, um so mehr, als in Rom der schon lange durch ein Ritual verehrte *genius populi Romani* mit dem Genius des Kaisers in Verbindung gebracht wurde. Seit 12 v. Chr. wurde der Kult des *genius Augusti* in Rom offiziell gepflegt. Genauso wichtig war aber für die Einführung des Kultes des lebenden Kaisers die Überzeugung der Römer, die Gottheit könne sich in einem Menschen insbesondere in einer Volk und Staat gefährdenden Situation vergegenwärtigen. Wie sie einst in

[562] Der Gott Quirinus wurde mit dem vergöttlichten Romulus identifiziert, wofür Ennius der älteste uns faßbare Zeuge ist. Siehe dazu Anm. 587, sowie Danielle Porte, Romulus – Quirinus, prince de dieu, dieu des princes. Étude sur le personnage de Quirine et sur son évolution des origines à Auguste, ANRW II, 17, 1, 1981, 300–342, und Gerhard Radke, Quirinus. Eine kritische Überprüfung der Überlieferung und ein Versuch, ebd. 276–299, und zwar auf S. 293.

[563] Censorinus, De die natali III 1, erörtert drei Hypothesen: Der Genius ist für die Geburt des männlichen Kindes verantwortlich oder er ist zugleich mit diesem geboren oder er empfängt und schützt es nach der Geburt. Die hier vertretene Auffassung, der Genius verbürge als göttliche Kraft die männliche Zeugungsfähigkeit und er begleite den Mann schützend durch das Leben, ist nicht unbestritten. Siehe Robert Schilling, Genius, RAC X (1978), 52–83, bes. 53–55. Schilling kommt nach Darstellung des Standes der Forschung zum Schluß, der Genius sei die vergöttlichte Persönlichkeit, so wie sie im einzelnen Individuum mit seinen angeborenen Eigenschaften existiert. Beachtenswert sind in diesem Zusammenhang die Überlegungen, welche Georges Dumézil, Encore „genius", in Hommages à Robert Schilling, Paris 1983 (Coll. d'études latines, Sér. scientifique, XXXVII), 85–92, in einer Auseinandersetzung mit Henri Le Bonniec über das Wesen des Genius vorlegt. Überaus kritisch äußert sich zu den gängigen Auffassungen vom Genius Klaus Dietrich Fabian, „Ex numine dea"? Überlegungen zum numinosen Ursprung der römischen Göttin Juno, in: Beiträge zur altitalischen Geistesgeschichte, Festschrift Gerhard Radke, Münster 1986 (Fontes et Commentationes, Suppl. Bd. 2), 102–115. – Die Beschützerrolle des Genius galt vor allem dem *pater familias*. Der Geniuskult verbreitete sich besonders seit der augusteischen Zeit. – Zum Genius Augusti s. Schilling, S. 65–67.

Romulus, in Feldherren und anderen bedeutenden Persönlichkeiten wirkend gedacht wurde, so nun dauernd im Kaiser. In diesem Sinn ist auch die Prophezeiung des Horaz in seiner fünften Römerode (III 5, 2 f.) zu verstehen, durch welche dieses Lied seine eigentliche Bedeutung erhält: *praesens divus habebitur Augustus.* Horaz, selbst eher ein epikureischer Skeptiker, jedoch als Dichter in seiner Reifezeit der Ideologie des Prinzipats dienend, gab damit der Überzeugung vieler Römer Ausdruck, in Augustus habe sich eine Gottheit dem Reich zur Verfügung gestellt. Aus all diesen Gründen ist es erklärbar, daß die aus dem orientalisch-hellenistischen Raum übernommene Verehrung des lebenden Kaisers für die Römer nicht etwas schlechthin Unerhörtes war.

Die spezifisch römische Gottesvorstellung hatte gewisse Konsequenzen, die zugleich Beweise für die Richtigkeit der hier vertretenen Auffassungen darstellen. So kannte der Römer im genuin römischen Bereich seiner religiösen Vorstellungswelt keine Liebe zu den Göttern. Eine ekstatische Hingabe an sie, wie etwa jene der Anhänger des Rom zunächst fremden Bacchus- (Dionysos-) oder Isis-Kultes, ebenso die Gottesliebe der Christen waren ihnen fremd und erschienen ihnen unrömisch und abergläubisch. Gewiß gaben sich weite Kreise des römischen Volkes, besonders aus ärmeren Schichten, derartigen Formen der Gottesverehrung hin, weil sie einem Grundbedürfnis des Menschen in seinen Nöten entsprachen. Man tolerierte sie daher, dem Wesen römischer Religion entsprechend, im allgemeinen (trotz häufiger Beschränkungen) grundsätzlich, doch empfanden traditionsbewußte Römer vor diesem als wahnwitzig empfundenen „Aberglauben" geradezu Abscheu und beobachteten das Treiben solcher Leute mit Argwohn.[564]

---

[564] Auf diese Probleme wird später eingegangen werden. – Man könnte versucht sein, die aus solchen Auffassungen abgeleitete Nüchternheit der römischen Religion und den Formalismus des Kultvollzuges auf eine den Römern eigentümliche praktische Veranlagung zurückzuführen, die – auch im Laufe der späteren Geschichte – sozusagen Artfremdes abwies oder diesem gegenüber mindestens Zurückhaltung übte. Besonders Georg Wissowa vertrat diese Auffassung. Ulf wendet sich (passim) scharf dagegen. Dies ist geradezu ein Grundanliegen seines Buches (siehe Anm. 544). So seien die von ihm untersuchten *Lupercalia* ein „nicht-nüchterner" Kult (siehe S. 300–302, Anm. 789). Sie standen damit aber nicht allein. Siehe besonders S. 145 ff. und S. 159 ff. Ich stimme der Skepsis von Ulf in diesen Punkten zu. Der evidente Mangel einer Hingabebereitschaft des Römers an seine Götter im Bereich altrömischer Kulte geht nicht auf eine Grundanlage des römischen Volkes zu-

Eine Darstellung göttlichen Wesens durch Bilder war nicht möglich, wenn es sich auf ein *esse in actu* beschränkte und jede darüber hinausgehende Aussage fremden Ursprungs oder in das Reich dichterischer Phantasie zu verweisen war. Soweit Götterbilder verehrt wurden, liegt etruskischer, griechischer oder orientalischer Einfluß vor.[565] Daher kam der Verehrung von Götterbildern im römischen Kult nie so große Bedeutung zu wie im griechischen. Viele römische Götter wurden überhaupt nie bildlich dargestellt.[566]

rück, sonst wäre das Auftreten andersartiger fremder Kulte bei den Römern und ihre Breitenwirkung im Laufe der Geschichte nicht erklärbar.

[565] Dies gilt auch für das Bild des Juppiter Optimus Maximus im kapitolinischen Tempel.

[566] Plutarch, Numa VIII 14, und Augustinus, civ. IV 31 (hier unter Berufung auf Varro) überliefern die wohl auf Poseidonios zurückgehende Nachricht, die Römer hätten von Anfang an 170 Jahre lang, also von der Gründung der Stadt bis Tarquinius Priscus, d. h. bis zum Beginn der etruskischen Herrschaft (!), keine Götterbilder besessen; erst dieser König habe die Anfertigung einer Statue des Juppiter veranlaßt, womit er offensichtlich eine etruskische (und letztlich wohl griechische) Tradition fortführte. Siehe dazu Wissowa 32. Daß die oben auf S. 205f. (mit Anm. 549, 551 und 552) genannten alten Sonder- und Augenblicksgötter bildlich dargestellt worden wären, ist daher nicht anzunehmen. Alle Kultfeste, deren hohes Alter feststeht, wurden für nicht bildlich verehrte Gottheiten eingerichtet. Beispielshalber seien einige Feste des Monats April genannt. Am 15. April feierte man die *Fordicidia* zu Ehren der Tellus, welcher man trächtige Kühe *(fordae boves)* opferte. Die Kraft der Erde, im April mit dem ausgestreuten Samen trächtig, sollte durch sympathetische Magie vermehrt werden. Ob Tellus damals schon als die später Terra Mater genannte Gottheit oder noch als nichtpersonifizierte göttliche Macht galt, ist umstritten. Als Göttin erhielt Tellus jedenfalls erst 268 v. Chr. einen Tempel. Vorher war ihr Kult wahrscheinlich an keine feste Stätte und sicher an kein Bild gebunden. Später wurde ihr Numen mit jenem der italischen und römischen Göttin der Wachstumskraft Ceres vereinigt. Diese besaß allerdings schon seit 493 v. Chr. einen Tempel mit einem Kultbild, weil sie frühzeitig (496 v. Chr. auf Rat der Sibyllinischen Bücher nach einer Mißernte amtlich bestätigt) mit der verwandten griechischen Demeter identifiziert worden war. Tellus stellte seither die Grundlage und wesentliche Voraussetzung für den Kult der Ceres dar. Auch diese Göttin war schon zur Zeit des ältesten Kalenders in Rom unter diesem Namen bekannt, wie das am 19. April, also vier Tage nach den *Fordicidia*, gefeierte Fest der *Cerialia* beweist. Literatur zu Tellus und Ceres s. Anm. 701 und 700. Wieder zwei Tage später, am 21. April, beging man das Reinigungsfest *Parilia*, wahrscheinlich für Pales, eine Göttin der Weidenfluren und Hirten. Für den bildlosen Kult wurde 267 v. Chr. ein Tempel errichtet. Die am 25. April, dem Festtag der *Robigalia*, vollzogenen magischen

Hinzu tritt die Bedeutungslosigkeit des Mythos in der römischen Religion. Die römische Gottesvorstellung machte Göttergeschichten unmöglich. Die Römer wußten nichts über die Geburt ihrer Götter, weder heirateten diese noch zeugten sie Kinder, sie waren nicht Akteure heldischer oder erotischer Abenteuer,[567] bewohnten nicht wie im griechischen Mythos einen Olymp und bildeten keinen von einem Göttervater regierten Staat. Ebensowenig wie ein himmlisches Jenseits gab es eine Unterwelt als Wohnsitz von Totengöttern. Daher fehlten im römischen Kult auch Aitia. Allerdings kennen wir einige nur rudimentär überlieferte Mythologeme mit sehr urtümlichen Zügen. Dies beweist, daß in Rom – wie anderswo in Italien – Göttersagen existierten. In einigen spielte die Zeugung durch Feuer eine Rolle, wofür sich in der griechischen Mythologie keine Parallele findet.[568] Man darf annehmen, daß in ähnlicher Weise vor allem über

Praktiken sollten vor dem gefährlichen Getreiderost *(robigo)* schützen, dessen Abwehr (nicht aber etwa seine Schädlichkeit!) der Gott Robigus/Robigo repräsentierte. Besondere Beachtung verdient, daß sich in dem auf dem Forum Romanum befindlichen Tempel für den von den Vestalinnen betreuten Kult der Vesta kein Götterbild befand. – Auch an der hier vertretenen Auffassung, daß das frühe Rom keine Götterbilder gekannt habe, sowie an der gleich zu erörternden Feststellung, daß echte römische Mythen nicht nachweisbar seien, übt Ulf S. 158f. erwartungsgemäß Kritik. Zu seinen Bemerkungen ist klarzustellen, daß ich, wie oben ausdrücklich betont worden ist, eine anthropomorphe Gottesvorstellung bei den Römern nicht in Zweifel ziehe. Auch „actuose" Numina wirken nach dem Bild menschlicher Fürsorge und Tätigkeit.

[567] Daß die alte sabinische Göttin Nerio nach ihrer Einführung in den römischen Kult bei Plautus, Truc. 515 und später wiederholt als Gattin des Mars bezeichnet wird, geht unter dem Einfluß der griechischen Göttermythologie darauf zurück, daß sie in alten Anrufungsformeln (Gellius XIII, 23, 2) mit Mars verbunden war. Um so interessanter ist, daß Nerio bei Gellius XIII 23, 10 als *vis et potentia et maiestas quaedam Martis* bezeichnet wird. Zu Nerio s. Radke, Die Götter Altitaliens, 229–231.

[568] Siehe dazu Hildebrecht Hommel, Vesta und die frühromische Religion, ANRW I, 2, Berlin–New York 1972, 397–420, und zwar S. 414–416. Nach einer von den Römern früh unterdrückten Sagenversion sei sogar Romulus durch Feuer gezeugt worden. Dasselbe wird über den König Servius Tullius und den Gründer von Praeneste, Caeculus, berichtet. Es handelt sich jeweils um eine Zeugung durch Volcanus, den schon im sog. Kalender des Numa bekannten Gott des Feuers, oder durch den Lar familiaris, die beide in Gestalt von Phallen im Feuer sichtbar geworden seien. Manche dieser Erzählungen lassen etruskische Herkunft oder wenigstens etruskische Beeinflussung erschließen. Der Name des Volcanus ist sicher nicht lateinisch. Die Sprach-

den Römern bzw. Italikern besonders vertraute Lokalgottheiten legendäre Geschichten im Umlauf waren. Überdies lagen schon in früher Zeit Nachdichtungen und römische Ausgestaltungen griechischer Heldensagen vor. Dabei handelt es sich jedoch um Schöpfungen der Dichtung und nicht der Volksreligion.[569] Auch schmückten die Römer ihre Frühgeschichte nach dem Muster solcher Sagen aus und erdachten dabei auch aitiologische Erzählungen. Soweit jedoch Sagen welcher Art immer existierten, fielen sie bei der Ausformung der alten römisch-italischen Religion zum Staatskult Roms einer Entmythisierung zum Opfer, weil sie nicht zur genuin römischen Gottesvorstellung paßten. Der bekannteste und am besten erforschte Fall dieser Art ist jener des römischen (kapitolinischen) Juppiter, der Zentralgestalt des altrömischen Sakralwesens.[570] Die Mythenlosigkeit äußerte sich hier nicht nur im Ritual, sondern auch im Fehlen

zusammenhänge verweisen vielleicht auf das Etruskische und sowohl in der Zeugungssage des Romulus als auch jener des Servius Tullius spielen etruskische Frauen eine Rolle. Die Gestalt der weisen und der Deutung von Vorzeichen fähigen Tanaquil, der Gattin des Tarquinius Priscus, der wie sie etruskischer Herkunft war, scheint durch ihre Rolle bei der Feuerzeugung des Servius Tullius in ihrer jungfräulichen Sklavin Ocrisia, die auf Geheiß ihrer Herrin erfolgt sei, auf analoge Mythologeme eingewirkt zu haben. Etruskischer Einfluß ist neben anderen „fremden" Einflüssen – etwa sabinischen – schon in der ältesten der Forschung faßbaren Schicht der römischen Religion feststellbar. Altetruskische Mythologeme müssen von uns daher dennoch als „römisch" (wenn auch nicht „latinisch") gewertet werden. Aber wie schon erwähnt: solche Mythen wurden im Zuge einer Entmythisierung zurückgedrängt, obzwar auch sie auf das Wirken eines Gottes im geschichtlich-menschlichen Raum hinweisen (das Zeugen eines Menschen durch einen im Phallos präsenten Gott), also zur Vorstellung einer „aktuosen" Gottheit passen.

[569] Das sozusagen „klassische" Beispiel dafür sind die Sagen um Aeneas, den Sohn der Aphrodite/Venus. Gewiß darf man auch Poesie wie die ›Aeneis‹ des Vergil als Dokumente des römischen religiösen Empfindens heranziehen, ebenso wie Äußerungen des Cicero, des Livius und anderer, aber es handelt sich nicht um einen eigenständigen römischen Mythos.

[570] Siehe dazu Carl Koch, Der römische Jupiter. Nachdrücklicher Vertreter der Mythenlosigkeit der Römer ist Kurt Latte, dessen Ansicht jedoch Kritik fand. Siehe die vielen Besprechungen seiner ›Römische(n) Religionsgeschichte‹; so jene von Walter Pötscher, Kairos 2 (1962), 142ff. Auf der anderen Seite steht u. a. Angelo Brelich mit mehreren Abhandlungen, vor allem mit seinem Werk ›Tre variazioni romane sul tema delle origini‹ (Rom 1955). Die hier vorgelegten Ausführungen zu diesem verwickelten und letztlich ungelösten Problem zu dokumentieren, würde eine eigene umfangreiche

jeder außerkultischen Legendenbildung. Das allgemeine Kennzeichen der römischen Religion ist also bei ihrem wichtigsten Kult am deutlichsten ausgeprägt.

Die Entmythisierung wirkte sich bei der Rezeption solcher fremder Gottheiten aus, deren Kulte maßgeblich durch die Mythologie bestimmt waren. Die Römer wehrten sich gegen die Übernahme ihrer „heiligen Geschichten". Ein besonders lehrreiches Beispiel dafür ist die auf Anweisung der Sibyllinischen Bücher erfolgte Aufnahme des ekstatischen Kultes der phrygischen Göttin Kybele als Magna Mater Deum in der Notzeit des Hannibalischen Krieges im Jahre 204 v. Chr. Darüber berichtet u. a. der attizistische Rhetor Dionysios von Halikarnassos, Antiquitates Romanae II 19, 3 und bemerkt am Ende des Berichtes: „. . . und worüber ich am meisten von allem verwundert bin: obschon unzählige Völkerschaften nach Rom kamen, für die es unbedingt nötig ist, die heimischen Götter nach gewohnter Sitte zu verehren, ist die Stadt im offiziellen Kult zur Nacheiferung keines einzigen der fremden Riten gelangt, was viele andere Städte hinnehmen mußten, sondern auch wenn Rom . . . irgendwelche fremden Kulte einführte, gestaltete es sie nach eigenen Traditionen und verwarf dabei jede Gaukelei des Götterkultes, wie bei der Übernahme des Kultes der Kybele". Dionysios geht hier also zwar von einem konkreten Anlaß aus, formuliert seine kluge und instruktive Bemerkung jedoch ganz allgemein. Er dachte dabei an die Einschränkung der in Phrygien im Kult dieser Gottheit üblichen orgiastisch-mythischen Dromena und überhaupt aller durch den Mythos bestimmten Teile des Kultzeremoniells, das sogar zur Entmannung führte. Da die Römer diese Aspekte in dem von ihnen übernommenen Kult unberücksichtigt ließen, ergaben sich einschneidende Konsequenzen für die äußere Gestaltung der Riten und die Kybele-Gestalt konnte sogar mit jener der alten einheimischen Göttin der Saaten und der Ernte OPS verschmolzen werden.[571] Dennoch empfanden die Römer den Magna-Mater-Kult als Fremdkörper und durften darin lange Zeit nicht als (verschnittene) Priester fungieren.

Abhandlung und einen detaillierten Anmerkungsapparat erfordern und den Rahmen dieser Darstellung sprengen.

[571] Zu Ops s. Radke, Die Götter Altitaliens, 238–240, und Pierre Pouthier, Ops et la conception divine de l'abondance dans la religion romaine jusqu' à la mort d' Auguste, Paris 1981 (Bibl. des Écoles Franç. d.' Athènes et de Rome, 242); dazu Gerhard Radke, Gnomon 54 (1982), 457–461, und Gymnasium 89 (1982), 529–531.

Auf die Bedeutungslosigkeit des Mythos in der römischen Religion geht es zurück, daß den Römern gelegentlich nicht einmal das Geschlecht ihrer Götter klar war[572], ebenso, daß in der römischen Religion kein Reliquienkult gepflegt wurde[573]. Das Fehlen einer bildhaften Gottesvorstellung und eines bedeutsamen Göttermythos erzeugte ein Vakuum, das durch intensive Kultpflege ausgefüllt wurde. Deshalb kam es in der Religion der Römer primär auf die genau vollzogene zeremonielle Handlung an.[574] In ihr erschöpfte sich das *ius divinum*. Der Begriff *religio* wird häufig als *cultus deorum* verstanden und umschrieben.[575] In einer Religion, in der die Gottheit in der Geschichte, genauer: im konkreten historischen Akt, präsent und manifest wird, hängt alles davon ab, daß diese Vergegenwärtigung der Gottheit im rechten Moment eintritt. Nur wenn man des Wohlwollens der göttlichen Mächte, der *pax deum* (*deorum*), grundsätzlich gewiß ist, kann man auch ihres Wirkens gewiß sein. Diese *pax deum* mußte also durch Kulthandlungen sichergestellt werden. Dabei war die innere Anteilnahme des einzelnen, wie schon oben kurz erwähnt worden ist, nicht entscheidend, noch weniger eine inbrünstige Hingabe oder gar Liebe zur Gottheit.[576] Nicht

---

[572] Hinweise darauf sind spärlich. Man denke an Faunus/Fauna, Liber/Libera, Fontanus/Fontana. Neben der weiblichen Gottheit Tellus (später Terra Mater genannt) sind inschriftlich ein Tellurus und ein Tellumo bezeugt. Weitere Belege bei Muth, Vom Wesen römischer "religio", 337f.

[573] In Pfisters (ohne Register 643 S. umfassendem) Werk über den Reliquienkult im Altertum sind diesem Kult in Rom nur die S. 593–606 gewidmet!

[574] Von Cicero, n. d. I 116, wird die *sanctitas* daher als *scientia colendorum deorum* definiert, als die Kenntnis der Pflege des Götterkultes. Diese *sanctitas* fordert Cicero, n. d. I 3 (s. auch I 14), von religiösen Römern.

[575] U. a. Cicero, n. d. II 8, s. auch I 117. Valerius Maximus I 1, 8. Lactantius, Div. inst. IV 28, 11.

[576] Dieser Feststellung darf nicht entgegengehalten werden, daß die Römer im Bereich ihres religiösen Denkens die *pietas* als eine hervorragende Tugend betrachteten, also die „Pietät" sowohl des einzelnen Römers als auch des römischen Volkes. Bei Cicero ist dieser Begriff wiederholt erwähnt, vor allem aber bei Vergil, Aen. XII 839 und an anderen Stellen. Die *pietas* ist jedoch in erster Linie ein Regulativ der Beziehungen von Mensch zu Mensch und des Bürgers zu seiner Heimat. Ihr eigentlicher Bereich war, soweit sie mit religiöser Haltung zu tun hatte, der Kult innerhalb der Familie und des Geschlechtes, also der Ahnenkult. *Pietas* ist die Beziehung etwa zwischen dem Sohn und dem verstorbenen Vater oder überhaupt zwischen den lebenden und den toten Mitgliedern der Familie und des Geschlechtes. Erst von hier

einmal bei den Staatspriestern wurde nach der Gesinnung gefragt. Vielmehr glaubte man, der *iustitia erga deos* voll zu entsprechen und die Götter daher zur Erfüllung der an sie gerichteten Bitten zu veranlassen, wenn man sozusagen im Sinne eines gerechten Handels, eines *commercium*, die kultischen Vorschriften und Üblichkeiten exakt erfüllte und allfällige Götterzeichen, welcher Art immer sie sein mochten, nach bestem Können beachtete oder ein Gelübde, ein *votum*, leistete und einlöste.[577] Daß hierin eine Schwäche der römischen

aus wurde die *pietas erga deos* auf die „großen Götter" übertragen. Voraussetzung dafür ist allerdings, daß die Römer in früher Zeit zu den Gottheiten wie zu Vater und Mutter aufsahen und diese Beziehung nach dem Bild des menschlichen Familienlebens deuteten. Juppiter, Mars, Quirinus, Janus, Neptunus, Liber, Falacer wurden als „Vater" angerufen. Die *pietas*, um die es uns geht, ist also auf die für die Römer immer wichtiger gebliebene zwischenmenschliche *pietas* zurückzuführen. Überdies ist klarzustellen, daß der *pietas erga deos* auf jeden Fall der Aspekt des frommen Gefühles fehlt. Sie ist die Haltung des uneingeschränkten Gehorsams, ständig durch erfüllte Pflicht, also durch Kulthandlungen, bekräftigt, nicht mehr, aber auch nicht weniger. In diesem Sinn wird bei Cicero, n. d. I 116, die *pietas erga deos* als *iustitia adversus deos* umschrieben. Grundlegende Literatur zu *pietas* s. Carl Koch, Pietas, RE 20, 1 (1941), 1221–1232. Siehe auch die ungedruckte Innsbrucker Dissertation von Marianne Murr, Pietas in der römischen Literatur bis zur augusteischen Zeit (1948). Besonders wichtig jedoch Heinrich Dörrie, Pietas, Der altsprachliche Unterricht IV, 2, Stuttgart 1959, 353–374, und Hendrik Wagenvoort, Pietas, in: Pietas. Selected Studies in Roman Religion, Leiden 1980 (Studies in Greek and Roman Religion, 1), 1–20. Zur *pietas* bei Vergil vgl. Antonie Wlosok, Römischer Religions- und Gottesbegriff in heidnischer und christlicher Zeit, Antike und Abendland 16 (1970), 39–52, und zwar 44 f. mit der dort verzeichneten Literatur.

[577] Einem Handel vergleichbar wurde mit den Göttern eine Art von Vertrag geschlossen. Wenn man etwa dem göttlichen *numen* in einem *votum* eine Weihegabe, die Errichtung eines Tempels oder Altars, die Einrichtung eines Festes oder ähnliches gelobt hatte, erwartete man mit Selbstverständlichkeit, daß die Gottheit diesem Versprechen traute, den vom Menschen angebotenen Vertrag annahm und die Vertragspflicht vorweg erfüllte. Dann erst erfolgte von seiten der Menschen die Einlösung des Gelübdes. Selbstverständlich mußte der Mensch, wie schon erwähnt, streben, Weisungen des göttlichen Willens richtig zu verstehen und gewissenhaft zu erfüllen, sonst drohte die *ira deum (deorum)* mit ihren nachteiligen Folgen für die *salus populi Romani*. Hierher gehört das Gebiet der Mantik, der Prodigien, der Befragung der Sibyllinischen Bücher usw. So waren insbesondere die Weisungen der Sibyllinischen Bücher maßgeblich für die Ausgestaltung des römischen Kultes und die Neueinführung fremder Gottheiten. Diese Götterweisungen waren in

Religion lag, wurde schon betont, ebenso die Konsequenzen, die sich daraus ergaben.

Hier muß auf das starke religiöse Selbstbewußtsein der Römer hingewiesen werden. Sie waren überzeugt, daß sie die anderen Völker in Hinsicht auf die *religio* überträfen. Dies geht aus zahlreichen Formulierungen hervor, vor allem bei Sallust und Cicero.[578] Dabei glaubten

der Regel weniger dunkel als jene des Delphischen Orakels. – Daß die Form eines Vertrages zur Bestimmung der Beziehung zwischen Mensch und Göttern nicht auf die römische Religion beschränkt war, sondern wie auch die exakte Konkretisierung des in diesem Vertrag Gemeinten geradezu ein Charakteristikum entwicklungsgeschichtlich früher Religionen ist, betont nachdrücklich Ulf S. 155–157. Die Argumentation aus den Eigentümlichkeiten des römischen Kultes hat daher nur in Verbindung mit den anderen von uns dargelegten Aspekten Gewicht, in diesem Sinn jedoch bedeutendes Gewicht. – Ein Teil des sakralen *commercium* war, besonders aus Anlaß eines *votum*, das Gebet. – Wagenvoort, Wesenszüge altrömischer Religion, 356, glaubt, die Römer hätten es gelernt, sich das Verhältnis zwischen Gottheit und Mensch inniger vorzustellen. Auch sei dafür eine rechtschaffene Lebensweise des Menschen Voraussetzung. Dies paßt nicht ganz in das in diesem Buch gezeichnete Bild der römischen Religion, obwohl die Bemerkung Wagenvoorts, hier liege griechischer Einfluß vor, das Problem entschärft. Immerhin sei deshalb ein Blick auf die zwei vom genannten Autor beigebrachten Belege geworfen. Plautus, Rudens 26f.: Ein *pius*, der die Götter anflehe, werde leichter Gewährung finden als ein *scelestus*. Hier sei auf das verwiesen, was in Anm. 576 zur *pietas adversus deos* festgestellt wurde. Daß einen Kultbeflissenen die Gottheit eher erhören werde als einen *scelestus*, ist wohl selbstverständlich. Der *pietas* fehlt der Aspekt des frommen Gefühls. Terenz, Adelphoe 704f.: Ein junger Mann sagt zu seinem Adoptivvater, er solle zu den Göttern beten, ihm als einem *vir melior* würden sie eher willfahren, als ihm selbst. Hier geht es bloß um die Rechtschaffenheit: der alte Mann ist bei einem *commercium* als *vir melior* ein verläßlicherer Partner als der junge Bursche.

[578] Besonders signifikant Cicero, har. resp. 19 und n. d. II 8, sowie Livius V 1, 6. Mit dieser Auffassung standen die Römer nicht allein da; s. dazu Ulf S. 155, Anm. 17. Es ist jedoch nicht zu bezweifeln, daß diese Überzeugung bei den Römern besonders lebendig und unter den Zeitgenossen der eben genannten Autoren weit verbreitet war. Siehe dazu und zu den folgenden Ausführungen Muth, Vom Wesen römischer „religio", 291–298. Dort sind die hier erwähnten Belege ausführlicher zitiert und teilweise übersetzt. Siehe aber auch Ulf S. 154f. – Schon der griechische Historiker Polybios (2. Jh. v. Chr.) hatte in seinem Geschichtswerk VI 56, 6–8 im Rahmen eines Vergleichs zwischen Rom und anderen Staaten erklärt, der größte Vorzug des Gemeinwesens der Römer läge in ihrer Ansicht von den Göttern und darin, daß die Religion in ihrem privaten und öffentlichen Leben eine überragende

die Römer aber nicht, daß sich ihre Religion etwa prinzipiell von jener anderer Völker unterscheide, sondern nur graduell. Immerhin legitimierten sie damit ihr Sendungsbewußtsein: Deshalb würden sie von den Göttern ganz besonders geschätzt und hätten ihnen diese die Weltherrschaft übertragen. Für diese politisch-religiöse Weltsicht liegen Zeugnisse schon seit Beginn des 2. Jh. v. Chr. vor,[579] sie trat gegen Ende der Republik in das Bewußtsein weiterer Kreise[580] und wurde in augusteischer Zeit regelrecht zu einer Reichsidee ausgebaut. Deshalb ging es Augustus bei seiner inneren Reform vor allem

Rolle spielte. Polybios faßte seinen Eindruck in das ›Paradoxon‹ zusammen, die Römer wären frömmer als die Götter selbst. Diese Bemerkung ist um so bedeutsamer, als sie von einem Griechen stammt, der die römischen Verhältnisse genau kannte. Auch der griechisch schreibende Syrer Poseidonios, ein etwas älterer Zeitgenosse Ciceros und ebenso Kenner der römischen Verhältnisse, bewunderte, wie aus Athenaios VI 274a (fr. 81 Theiler = fr. 266 Edelstein-Kidd = FGrHist 87F59) hervorgeht, die Gottesverehrung der Römer.

[579] So schon in einem in griechischer Sprache überlieferten Schreiben des Prätors M. Valerius Messalla an die Bürger der Insel Teos aus dem Jahr 193 v. Chr. Siehe Robert K. Sherk, Roman Documents from the Greek East. Senatus Consulta and Epistulae to the Age of Augustus, Baltimore 1969, No. 34, 11–17 (= W. Dittenberger, Syll. ^{3}601, 11–17).

[580] Auch Cicero äußert an den beiden zitierten Stellen diese Ansicht. N. d. II 8 wird dabei im Sinne der stoischen Auffassung von einer sinnvollen göttlichen Weltreligion betont, Rom habe immer dann gesiegt, wenn seine Feldherren der *religio* gehorcht hätten, Niederlagen Roms wären jedoch stets Folgen von Vernachlässigung kultischer Pflichten und der dadurch bedingten *ira deum* gewesen. *Religiosissumi mortales* nennt Sallust die Römer der Vergangenheit, welche Roms Größe gesichert hatten, im geschichtstheoretischen Exkurs der Schrift über die Catilinarische Verschwörung (12, 3), worin er die korrupte Gegenwart in Anlehnung an das geschichtsphilosophische Schema von der Höhe des Urzustandes und dessen zunehmender Entartung im Laufe der Zeiten als Niedergang deutet, dessen Ursachen im moralischen Verfall der alten Römertugenden lägen. Der Urheber der Religionspolitik der Kaiserzeit und erster Erneuerer bzw. Umgestalter des Staatskultes war nicht erst Augustus, welcher diese Reform allerdings mit besonderem Nachdruck betrieb, sondern schon Caesar. Siehe dazu Stefan Weinstock, Divus Julius, Oxford 1971, wo dafür eine Fülle kultischer Details beigebracht wird. Die Neuordnung der römischen Kulte durch Augustus wird vor allem unter archäologischen Gesichtspunkten knapp, aber übersichtlich dargestellt durch Erika Simon, Augustus. Kunst und Leben in Rom um die Zeitenwende, München 1986, 92–109. Auch hier wird betont, schon Caesar habe ein der kaiserzeitlichen Politik entsprechendes Bauprogramm begonnen, welches durch seine Ermordung unterbrochen wurde.

auch um eine Erneuerung des Kultes. Nur so schien die *pax Augusta* gesichert.[581]

Schließlich kann die Etymologie von *religio* die Deutung der römischen Religion als Götterkult stützen; allerdings nur, sofern, was immerhin am wahrscheinlichsten ist, dieses Wort das *nomen actionis*

[581] Horaz äußert carm. III 6, 1–8 die Überzeugung, der Rückgang des Götterkultes und der allgemeine Sittenverfall habe alles Unheil über Rom gebracht und es seine Größe gekostet. Er ermahnt die Römer daher, verfallene Tempel wiederherzustellen und sich den Göttern unterzuordnen. Dann würden sie wieder Herren sein *(imperare)*. Der berühmte Auftrag an die Römer, den Vergil, Aen. VI 851–853 geradezu klassisch formulierte, ist, wie der Kontext erweist, als göttliche Sendung zu verstehen. Entsprechend verheißt Juppiter in seiner Rede an Juno, Aen. XII 338–340, das römische Volk werde durch seine *pietas* den Vorrang vor allen Völkern gewinnen. So wurde denn auch auf den Schranken der Ara Pacis Augustae u. a. der nach seiner Ankunft in Italien den Penaten opfernde Aeneas als ein Sinnbild römischer Pietas dargestellt. Auch der Geschichtsschreiber Livius läßt wiederholt die Überzeugung durchblicken, die Größe Roms sei an die Beachtung der göttlichen Weisungen gebunden, Rom könnte also durch deren Vernachlässigung seine Mission verfehlen. Diese Auffassung ist auch für die Regierungszeit des Tiberius durch Valerius Maximus I 1, 8 bezeugt. Hier wird der römischen *civitas* eine geradezu *scrupulosa cura* selbst für die *parvula momenta religionis* bescheinigt, weshalb die *indulgentia* der Götter für die Mehrung und den Schutz des Imperium Romanum stets geradezu Wache gehalten habe. – In der Überzeugung, die Unterlassung kultischer Pflichten und Usancen oder auch nur ihre unregelmäßige Erfüllung müßten die Macht und Größe Roms mindern, erhoben heidnische Römer nach dem Aufstieg des Christentums den Vorwurf, alles über ihre Stadt und ihren Staat hereingebrochene Unglück sei eine Strafe der Götter für die Vernachlässigung der römischen Kulte von seiten der Verehrer des Christengottes. Diese wandten sich vehement gegen solche Vorwürfe, z. B. Tertullian, Apol. 25, 2f., und Minucius Felix, Oct. VI 2f., VII 2 und XXV 1. In dieser Schrift XXV 1–7 reagiert der Christ Octavius auf die Vorwürfe des Heiden Caecilius u. a. ausdrücklich mit dem Hinweis, Rom habe sich sein Imperium tatsächlich durch skupellose Gewalt und Raub angeeignet. Auch Augustinus setzt sich in seiner Schrift ›De civitate Dei‹ mit diesem Problem apologetisch auseinander. Nach dem Sieg des Christentums über das Heidentum wurde der Gedanke vielfach umgekehrt: sowohl Christen als auch Heiden glaubten nun, gerade die Behinderung des christlichen Kultes und die Verfolgung der Christen wären die Gründe für vielerlei Unglück gewesen, und man war bereit, daraus die nötigen Konsequenzen zu ziehen. – Zu Tertullian s. Eberhard Heck, Μὴ θεομαχεῖν oder: Die Bestrafung des Gottesverächters, Frankfurt a. M.–New York 1987 (Studien zur Klassischen Philologie, 24).

eines verlorenen lateinischen Verbums *religere* in der Bedeutung „achtsam sein", „sich sorgfältig kümmern" oder allenfalls des Verbums *relegere* „wiederholt und sorgfältig lesen" und „wiederholt und sorgfältig auswählen" in einer Bedeutungsentwicklung zu „achtsam sein" ist, wofür es jedoch keine konkreten Zeugnisse gibt, nicht aber von *religare* im Sinne von „binden" abgeleitet ist. In der Antike wurden beide Etymologien vertreten.[582]

[582] Auch hier muß auf die Untersuchung von Muth, Vom Wesen römischer „religio", 342–353 verwiesen werden, wo sich die Dokumentation zu der hier gebotenen knappen Darstellung findet. Siehe dazu aber auch die skeptischen Bemerkungen von Ulf S. 153f. mit weiteren Literaturverweisen. – Cicero, n. d. II 72: *religio* abgeleitet *ex relegendo. Religio* statt *relego* offenbar infolge Vokalschwächung in nachtoniger Silbe wegen der altlateinischen Anfangsbetonung, d. h. Ableitung von einem Verbum *réligere*; das Ciceronische *relegere* ist demnach eine Rückbildung nach Analogie des Verbums *simplex legere. Religere* ist jedoch in der geforderten Bedeutung nur ein einziges Mal bezeugt in der Form des Part. Praes. *religens* bei Gellius, Noctes Atticae IV 9, 1 (unter Berufung auf P. Nigidius Figulus, Mitte 1. Jh. v. Chr.), offenbar im Rahmen einer in einer alten Tragödie gegebenen Kultanweisung *religentem esse opportet*. (Bedenken äußert Wagenvoort, Wesenszüge altrömischer Religion, 351.) Cicero deutet *relegere*, wie der Kontext ergibt, als „immer wieder und sorgsam erwägen", „achtsam sein", und zwar besonders in Hinblick auf die Erfüllung kultischer Pflichten. Er nimmt also eine Entwicklung von „immer wieder lesen", daher „besonders achtsam lesen", bzw. „immer wieder, d. h. besonders achtsam auswählen" zur Bedeutung „achtsam sein" an. Im nichtreligiösen Kontext findet sich *religio* in der Bedeutung „Achtsamkeit, Bedenklichkeit, Vorsicht" zunächst in der römischen Komödie. Das Wort behielt diese Bedeutung, auch als es zur Bezeichnung von „Religion", also der religiösen Achtsamkeit und Bedeutsamkeit, verwendet wurde. Als *religio* galt etwa die Verpflichtung, jene Regeln, die den Umgang römischer Bürger untereinander bestimmten, einzuhalten. So kennzeichnet z. B. die *religio iudicis* das gewissenhafte, überlegte, sorgsame Verhalten des Richters. *Religio* kann in diesen Bedeutungsbereichen – auch im religiösen – auch die allzugroße Gewissenhaftigkeit, die übertriebene Ängstlichkeit – also auch den Aberglauben – bezeichnen, doch trat diese Bedeutung im religiösen Anwendungsbereich früh vollkommen zurück und wurde ebenso wie das aus diesem Substantiv entwickelte Adj. *religiosus* in der Bezeichnung der religiösen Skrupelhaftigkeit und des Aberglaubens durch *superstitio* bzw. *superstitiosus* ersetzt. *Religio* zur Bezeichnung der Religion findet sich dann in der Regel in einem Kontext mit *timor, cultus deorum* und Substantiva ähnlicher Bedeutung. Siehe etwa Cicero, inv. II 161: *religio est, quae superioris cuiusdam naturae, quam divinam vocant, curam caerimoniamque adfert.* Livius wendet bei der Schilderung historischer Geschehnisse seine Aufmerksamkeit oft den Prodigien, jenen wun-

(Fortsetzung Fußnote 582)
derbaren göttlichen Warnzeichen, zu. Da ihm dies der Haltung seiner Zeit nicht mehr ganz zu entsprechen scheint, entschuldigt er sich XLIII 13 dafür unter Berufung auf seine *religio*, seine traditionsbewußte Behutsamkeit in allen religiösen Belangen. So überzeugend diese etymologischen Überlegungen klingen, sie werden dennoch dadurch in Frage gestellt, daß sich in der uns überkommenen Literatur der Römer kein Beleg für die geschilderte Bedeutungsentwicklung des Verbums *religere/relegere* außer der erwähnten singulären Gelliusstelle findet, welche doch nur den Schlußpunkt des konstruierten Bedeutungswandels dokumentiert. Daher stellte der Sprachwissenschaftler Alois Walde zur Diskussion, es habe im Indogermanischen zwei Stämme „leg-" mit palatalem bzw. gutturalem „g-" gegeben; der eine Stamm habe „lesen", „auswählen" usf. bedeutet (λέγειν, *legere, legio, lex* und mehrere Komposita von *legere*), der andere „sich kümmern", „achtsam sein" (*neglegere*, hierzu gehöre auch *diligens, diligentia* und gr. ἀλέγειν, dieses Verbum mit *Alpha copulativum*). Zu diesem Stamm gehöre eben auch *religio* bzw. das verlorene sozusagen Ciceronische *religere/relegere*. Interessant ist, daß tatsächlich *neglegere* und *neglegentia* im Gegensatz zu *religio* auch die kultische Unachtsamkeit bezeichnen. Alois Walde selbst und nach ihm andere Sprachwissenschaftler haben sich allerdings mehrfach von dieser Unterscheidung zweier ähnlich klingender Stämme distanziert, zuletzt hat sie Godo Lieberg, Considerazione sull' Etimologia e sul significatio di „religio", Rivista di Filologia e di Istruzione Classica 102 (1974), 34–57, abgelehnt. Der postulierten (und nicht dokumentierten) Bedeutungsentwicklung von *religere/relegere* stimmt Lieberg jedoch zu. Diese Etymologie würde natürlich treffend zur römischen Auffassung von der Pflicht der sorgsamen Erfüllung des *cultus deorum* passen. – Die andere, besonders später häufig vertretene Worterklärung bietet u. a. der sog. christliche Cicero Lactantius (Anfang 4. Jh. n. Chr.) in seinen ›Divinae institutiones adversus gentes‹ (IV 28, 3): *hoc vinculo pietatis obstricti deo et religati sumus: unde ipsa religio nomen accepit*. Laktanz weist zugleich die vorige Etymologie ausdrücklich als unbefriedigend zurück. Auch diese Etymologie ist zweifellos älter als Laktanz. Sie geht vielleicht sogar auf die Zeit Ciceros zurück. Lukrez spielt I 931 f. jedenfalls schon auf sie an. Nachdrücklich vertraten sie jedoch vor allem christliche Autoren, deren Religionsauffassung anders war als die genuin römische. So zog auch Augustinus nur aus theologisch-anthropologischen und pastoralen Gründen diese Etymologie der anderen vor, obwohl er sie, wie aus civ. X 3 und den Retractationes I 13, 9 hervorgeht, kannte und ihr vom sprachlichen Gesichtspunkt aus sogar zuzustimmen gezwungen war; für eine „Predigt" eignete sie sich besser. Auch sie ist linguistisch durchaus möglich, wenn sich auch – abgesehen davon, daß sie dem Wesen der römischen Religion weniger entspräche – einige, wenn auch nicht zwingende Bedenken einstellen. So vor allem, daß auch das Wort *religatio* als *nomen actionis* zu *religare* bezeugt und nicht einzusehen ist, warum von diesem Verbum zwei verschiedene *nomina actionis* gebildet worden sein sollten. Unter den Autoren jüngerer Zeit vertritt Wagenvoort, Wesens-

(Fortsetzung Fußnote 582)
züge altrömischer Religion, 351, die Auffassung, der Durchschnittsrömer habe *religio* als „Gebundenheit" (hergeleitet von *religare*) betrachtet. – Anhangsweise sei auf die Wörter *superstitio* und *superstitiosus* zur Bezeichnung des Aberglaubens bzw. eines abergläubischen Menschen hingewiesen. Ihre Etymologie ist unklar. Am wahrscheinlichsten ist der von Walter F. Otto, Religio und Superstitio, ARW 12 (1900), 533–554 und ebd., 14 (1911), 406–422 (Nachtrag) = Ders., Aufsätze der römischen Religionsgeschichte (Beiträge zur Klassischen Philologie, 71), Meisenheim a. Glan 1975, 72–130, gemachte Vorschlag, *superstitio* (scil. *animae*) als Übersetzung von ἔκστασις ψυχῆς als „Heraustreten der Seele" zu deuten. Diese Erklärung, welche natürlich gewisse Schwierigkeiten mit sich bringt, weil *superstitio* nicht das „Heraustreten" der Seele, sondern ihr „Hinaufsteigen" bezeichnet, was Otto selbst feststellte, fand dennoch Zustimmung, aber naturgemäß auch Ablehnung. Andere Deutungsversuche sind noch problematischer. Von besonderem Interesse ist m. E. die letzte maßgebliche Äußerung zu diesem Problem durch Salvatore Calderone, Superstitio, ANRW I, 2, Berlin–New York 1972, 377–396. Dieser Autor verweist mit Recht darauf, daß *superstitio* nicht nur im Gegensatz zu *religio* den Aberglauben bezeichne (*timor inanis deorum*, s. S. 382 mit den vielen Zeugnissen in Anm. 40) und damit im Sinne des *ius divinum* zu einer *religio iniusta* werde, sondern auch (in Abgrenzung zur *religio*, aber nicht im Gegensatz zu ihr) die ängstliche, in vielen Fällen überängstliche Sorge davor, daß die *pax deorum* gestört sein könnte, also sozusagen eine Krankheit der Seele, *morbus animi* (s. wieder S. 382 mit den interessanten Belegen in den Anm. 36 und 37). Calderone kennt die Probleme, welche die Wortdeutung von Walter F. Otto (*superstitio* = ἔκστασις) mit sich bringt, versucht aber, die Bedenken zu beseitigen. Trotzdem hält er aus verschiedenen Gründen diese Worterklärung für nicht zutreffend und versucht sich dann selbst mit einer neuen, ebenso problematischen: Die ἱερόδουλοι seien umgangssprachlich als ἀναθηματικοί (δοῦλοι) bezeichnet worden. Dieses Wort sei in das lateinische Sprachgut durch Vermittlung der nach Rom übertragenen griechischen Tragödie und Komödie als *superstitiosi* aufgenommen worden und habe dort, wie das davon abgeleitete Subst. *superstitio*, den erforderlichen Bedeutungswandel durchgemacht. Natürlich würde die Theorie Ottos sehr gut zu dem von uns dargestellten Stil der römischen Religion passen: Den Römern erschien demnach innere Anteilnahme, echte Hingabe an das göttliche Numen nicht nur als unwesentlich, sondern geradezu als befremdlich und wurde daher als Gefühlsüberschwang und Fanatismus, schlechthin als Aberglaube gebrandmarkt. Daß dieser Stil religiösen Verhaltens den allgemeinmenschlichen religiösen Grundbedürfnissen nicht ganz entsprach, wurde schon erwähnt; auch, daß sich deshalb in Rom „ekstatische", also „superstitiöse" Religionen ansiedeln konnten und schließlich das Christentum über das Heidentum siegte. Siehe nun auch Walter Belardi. Superstitio, Rom 1976 (Bibl. di ricerche linguistiche e filologiche, 5, Ist. di Glottologia, Università di Roma).

2. Überfremdung oder Selbstbehauptung der römischen Religion im Laufe ihrer Geschichte?

Die Problemstellung[583]: Ist in der Geschichte der römischen Religion eine zunächst kaum fühlbare, dann aber immer stärker werdende und schließlich dominierende Überfremdung zu erkennen? In diesem Fall wäre das Wesen der römischen Religion nur aus den ältesten uns faßbaren religiösen Phänomenen der Frühzeit ableitbar, als diese noch den Anschauungen und den Bedürfnissen anspruchsloser Bauern und der Familien- und Hausgemeinschaften entsprachen. Durch die Entwicklung des Wirtschaftslebens, die soziale Differenzierung, die Weckung der geistigen Kräfte der Römer und vor allem auch infolge der Berührung mit kulturell höherstehenden Völkern wären die Römer schon in früher Zeit dazu veranlaßt worden, religiöse Anschauungen und Kulte fremder Völker zu übernehmen und somit ihre eigenen religiösen Vorstellungen nicht nur zu erweitern, sondern in zunehmendem Maße auch zu verfremden. Bei einem ersten Blick auf die Geschichte der römischen Religion erscheint es geradezu zwingend und selbstverständlich, diese „Überfremdungstheorie", wie wir sie nennen wollen, zu bejahen. Oder präsentierte sich das echt Römische der Religion der Römer dennoch auch im Zuge der historischen Entwicklung? Gewann es dabei vielleicht sogar deutlichere Konturen und bewährte es sich auch, ja vielleicht vornehmlich, im Laufe der immer häufiger werdenden Rezeption fremder Elemente? War die „Idee" der römischen Religion demnach stark genug, das von außen Gekommene, jene verschiedenen neuen Inhalte formal zu bewältigen, sie zu durchdringen und, wenn nötig, umzugestalten? Beide Möglichkeiten wurden in der Wissenschaft diskutiert.[584]

Wahrscheinlich trifft eine vermittelnde Position das Richtige. Sicher sind zur Kennzeichnung der römischen Religion vor allem Phänomene der ältesten Zeit illustrativ. Genauso wichtig ist der in dieselbe

---

[583] Genaueres dazu bei Muth, Vom Wesen römischer „religio", 301–315.

[584] Siehe vor allem die widersprüchlichen Auffassungen in den Werken von Georg Wissowa (scharfe Trennung zwischen der frühen „altrömischen" und der späteren, von äußeren Einflüssen von Grund auf umgestalteten Religion Roms) und Franz Altheim (der im wesentlichen die in diesem Buch vertretene Position bezieht). Auch Kurt Latte steht meiner Auffassung nahe, nähert sich aber stärker als Altheim der „Überfremdungstheorie" an. Grundsätzlich distanziert sich Latte allerdings scharf von Altheim. Siehe seine Römische Religionsgeschichte, 15, Anm. 1.

Richtung weisende Umstand, daß sich die Römer lange Zeit, vielfach erfolgreich, gegen eine Überfremdung ihrer Religion gewehrt haben. Andererseits ist jedoch zuzugestehen, daß diese Widerstandskraft zunehmend schwächer wurde und daß gegen Ende der Antike die fremden Einflüsse siegten.

Die einseitige Theorie, daß die römische Religionsidee ausschließlich in ihrer ältesten uns faßbaren Ausprägung klar erkennbar sei und die geschichtliche Entwicklung schon von den frühen Zeiten an ihre zunehmende Überfremdung bewirkt habe, kann durch eine methodische Überlegung widerlegt werden. Welcher Art waren jene ältesten und vermeintlich allein echt römischen Gottesvorstellungen, Kulte und Feste, die durch eine Analyse des ältesten Kultkalenders erhebbar sind? Die frühesten historisch feststellbaren Bewohner des Gebietes von Rom waren im Gegensatz zur sagenhaften Überlieferung keineswegs ethnisch einheitlich, also etwa nur Latiner. Wie vielmehr der sprachgeschichtliche und der archäologische Befund übereinstimmend ergeben, waren Siedlungen verschiedenen Ursprungs zu jener Einheit zusammengewachsen, durch welche das älteste Rom konstituiert wurde. Zwar stellten die Latiner des Palatin offenbar die Hauptträger dieser Ansiedlung, zu ihnen gesellten sich aber die auf dem Esquilin, auf dem Viminal und vor allem auf dem Quirinal siedelnden den Oskern nahestehenden Sabiner. Altrömische Tradition weiß von Kämpfen dieser Völker zu berichten. Historisch faßbar ist aber nur jene Epoche, da sie g e m e i n s a m ihre Stadt und ihren Staat bildeten. Überdies waren schon damals etruskische Geschlechter aus ihrem an Rom unmittelbar angrenzenden Siedlungsgebiet in diese Stadt gekommen und hatten ihren Beitrag in vieler Hinsicht geleistet. Sogar der Name Rom ist etruskischer Herkunft. Das alte Rom war also zwar eine städtische und staatliche, jedoch, soweit wir zurückblicken können, nie eine stammliche Einheit. Dasselbe Bild ergibt sich bei der Betrachtung der römischen Religion. Ein einziges Beispiel sei dafür angeführt: Zu den frühen Götterkulten der Römer zählten neben jenem des gemeinitalischen, ja indogermanischen Himmelsgottes, welchen die Römer Juppiter nannten, jener des altitalischen mit den Siedlern des *mons Palatinus*,[585] also nach alter Tradition den Latinern besonders verbundenen Kriegsgottes Mars und jener des Kriegsgottes

---

[585] Genauer: auf dem Palatium. So hieß ursprünglich der mittlere der „sieben Hügel" Roms, wo sich die älteste Ansiedlung befand. Siehe z. B. Livius I 5, 1. Doch hat sich dann die Bezeichnung *mons (collis) Palatinus* durchgesetzt. Siehe etwa Ovid, met. XV 560.

Quirinus,[586] den die Bewohner des *collis Quirinalis* verehrten, die nach von moderner Forschung allerdings umstrittener, jedoch wahrscheinlich trotzdem richtiger antiker Überlieferung Sabiner waren. Eine engere Beziehung[587] zwischen diesen Kulten wird daraus erkennbar, daß Sonderpriester hohen Ranges, nämlich die drei *flamines maiores* in ihrem Dienst standen, d. h. der *flamen Dialis, Martialis* und *Quirinalis*. Entsprechend gliederte sich die alte kriegerische Priestersodalität der Salier in die Gruppe der zwölf palatinischen Salier des Mars und jene der zwölf *Salii Collini* des Quirinus.[588] Auch

[586] Der Quirinal hat seinen Namen wahrscheinlich nach dem Gott Quirinus erhalten. Quirinus wird bei Varro, ling. Lat. V 74 in einer Liste von Titus Tatius eingeführter sabinischer Götter genannt. Die neueste Untersuchung über Quirinus ist die in Anm. 562 zitierte von Danielle Porte. Hier wird auf S. 313 f. das Problem «Quirinus – dieu sabin» mit reicher Literaturdokumentation behandelt. Porte zweifelt an der Richtigkeit der antiken Tradition über die sabinische Herkunft des Gottes.

[587] Juppiter – Mars – Quirinus werden daher vielfach, u. a. von Wissowa S. 153–156, aber z. B. auch noch von Wagenvoort, Wesenszüge altrömischer Religion, 364, als „alte Göttertrias" (im Gegensatz zur jüngeren sog. kapitolinischen Trias Juppiter – Juno – Minerva) bezeichnet. Dies findet jedoch weder in einer gemeinsamen Kultstätte noch in gemeinsamen Festen der drei Gottheiten eine Stütze. Daß sie bei Livius VIII 9, 6 in einer Devotionsformel gemeinsam mit mehreren anderen Göttern genannt werden, besagt genausowenig, wie daß sie bei Lucilius fr. 20–22 M. gemeinsam erwähnt werden, weil sie sich auch hier in einer längeren Reihe von Göttern finden, denen allesamt die Anrede *pater* zustand. Die Gemeinsamkeit der drei Gottheiten beschränkte sich darauf, daß nur ihnen *flamines maiores* zugeordnet waren, was aber keinen Schluß auf eine regelrechte „Göttertrias" erlaubt. Siehe dazu nun die in Anm. 562 erwähnte Untersuchung von Radke über Quirinus. Es erstaunt, daß Danielle Porte in ihrem in derselben Anm. erwähnten Beitrag, einleitend auf S. 301 und wieder S. 330–333 von der „Triade archaïque Jupiter – Mars – Qurinus" schreibt, obwohl sie auf S. 301 in Anm. 1 zugibt, daß ihr Radkes Beitrag bekannt gewesen sei. – Nach dem Zusammenschluß von Palatin und Quirinal trat Quirinus hinter dem wesensverwandten Mars allmählich zurück und wurde später sogar mit ihm identifiziert. Eine spätere Legende setzte den Quirinus dem vergöttlichten Romulus (dem Sohn des Mars!) gleich. Daher konnte in der heidnischen Spätzeit der *flamen Quirinalis* als *flamen Romuli* bezeichnet werden (so Augustinus, civ. II 15).

[588] Die *Salii Collini* hießen auch *Salii Agonenses* oder *Agonales*, weil der *mons (collis) Quirinalis* früher *Agonus* genannt wurde. Die aus der Zeit vor dem Synoikismos stammende Selbständigkeit der beiden Sodalitäten blieb bis zum Ende der römischen Republik erhalten. Sie hatten eigene *curiae* auf dem Palatin und dem Quirinal, eigene Mitgliederlisten und Protokolle.

sonst kann man in der ältesten römischen Religion latinische und sabinische Elemente unterscheiden. Auch etruskischer Einfluß auf die früheste römische Religion ist wahrscheinlich. So weist schon der älteste römische Festkalender mit Saturnus und Volturnus Götter auf, die zumindest ihrem Namen nach Etrusker waren.[589] Möglich ist weiter, daß schon in früher Zeit durch etruskische Vermittlung griechische Elemente in die römische Religion gelangten. Die Wissenschaft kann also keine Frühstufe erheben, in welcher sie die Religion e i n e s Stammes, einer völkischen Einheit gewesen wäre. Trotz dieser genetischen Buntheit erscheint Roms älteste Religion jedoch ebenso einheitlich wie die Struktur von Stadt und Staat. Schon damals bestand also eine Komplexität aus Einzelelementen, aber sozusagen zur Einheit verschmolzen durch die gestaltende Kraft dessen, was wir das Wesen oder die Idee der römischen Religion zu nennen pflegen. Der fremde Einfluß gewann allerdings an Bedeutung, wenn auch für längere Zeit nur jener der etruskischen und der griechischen Religion. Erst später wird das Bild durch das Hinzutreten verschiedener Elemente orientalischer Religionen verwirrender. Aber diese Komplexität war eben, wenn auch in wesentlich geringerem Ausmaß, seit eh und je gegeben. Gleich blieb auf jeden Fall durch Jahrhunderte das Bemühen der Römer, alle fremden Elemente zu bewältigen, d. h. ihnen jene Formen zu geben, die sie sich sozusagen guten Gewissens aneignen konnten. Nach wie vor wurden prinzipielle Unvereinbarkeiten möglichst beseitigt. Die römische Religion kapitulierte – wenn dieser Ausdruck erlaubt ist – erst 213 n. Chr. mit der Erlassung der Constitutio Antoniniana durch Kaiser Caracalla. Durch sie wurden alle freien Angehörigen des Imperiums römische Bürger und zugleich fast sämtliche im Reich verehrten Gottheiten und die irgendwo im Imperium gepflegten Kulte dem römischen Staatskult eingeordnet.[590] Bis zu diesem Zeit-

---

[589] Mit Sicherheit läßt sich der Einfluß der etruskischen Religion allerdings erst für die späte Königszeit, die Epoche etruskischer Fremdherrschaft, nachweisen. Die Errichtung des Tempels des Juppiter bzw. der sog. kapitolinischen Trias auf dem Kapitol wurde nach der Überlieferung von Tarquinius Superbus begonnen. Damals brachten die Etrusker erstmals bildliche Darstellungen von Göttern nach Rom.

[590] Zwar wird die Constitutio Antoniniana in der Regel auf das Jahr 212 n. Chr. datiert, aber durch Z. Rubin, Further to the Dating of the Constitutio Antoniniana, Latomus 34 (1975), 430–436, wurde das Jahr 213 n. Chr. wahrscheinlich. Vgl. auch H. Wolff, Die Constitutio Antoniniana und Papyrus Gissensis 40 I, Bd. 1: Text, Bd. 2: Anmerkungen und Indices, Diss. Köln 1976. – Mit der Verfügung dieser Constitutio bemühte sich Caracalla um einen syn-

punkt besteht jedoch kein grundsätzlicher Unterschied in den Situationen der frühesten Epoche und späterer Zeiten: am Anfang wie später war die Religion Roms nicht die einer ethnischen Einheit. Die deshalb zu erwartende Vielfalt in der römischen Religion wurde jedoch jahrhundertelang durch die Kraft einer religiösen Idee vereinheitlicht. Dadurch verliert die „Überfremdungstheorie" für die Zeit bis zum Beginn des 3. Jh. n. Chr. ihre methodische Berechtigung.

Aber auch nach Betrachtung verschiedener Einzeltatsachen wird man sie nicht konsequent vertreten können. Abermals sei beispielshalber auf den Kaiserkult verwiesen. Wie betont, kam die Verehrung vor allem des lebenden Kaisers zwar aus dem Orient nach Rom, doch gewann auch hier eine uralte römische Religionsvorstellung neues Leben, was entscheidend dazu beitrug, daß sich der Kaiserkult durchsetzen konnte. Ebenso seien nochmals bestimmte Aspekte der Rezeption des Kybele-Kultes in Erinnerung gebracht.[591]

Andererseits kann aber auch jene Theorie, die in der Geschichte der römischen Religion lediglich die Selbstbehauptung der römischen Religionsidee sehen will, nicht durchgehalten werden. Denn trotz aller Bemühungen war dieses Streben, wie schon erwähnt, nicht durchweg erfolgreich[592] und fand mit der Constitutio Antoniniana

kretistischen Ausgleich zwischen der Götterwelt des Westens und des Ostens. Damit war jener Zustand erreicht, den der christliche Apologet M. Minucius Felix (3. Jh.) vor Augen hatte, als er in seinem Dialog Octavius VI 1 behauptete, daß überall im Imperium die Provinzen und Städte in ihren jeweiligen Kultstätten ihre einheimischen Gottheiten verehrten, die Römer jedoch alle zusammen. Die Maßnahme des Kaisers Caracalla war ohne Zweifel politisch klug: Der Verleihung des römischen Bürgerrechtes an die freien Bewohner des Reiches kam damals keine große Bedeutung mehr zu, war doch die Ausübung der sich daraus ergebenden politischen Rechte nur bei persönlicher Anwesenheit in Rom möglich, so daß die Mehrzahl der Neubürger auch weiterhin keinen Einfluß auf das politische Geschehen hatte; und selbst wer gelegentlich in der Urbs an einer Volksversammlung teilnehmen konnte, übte damit kein ins Gewicht fallendes politisches Recht aus, weil die eigentliche Entscheidungsbefugnis vom Volk längst auf den Kaiser und den ihm in der Regel durchaus willfährigen Senat übergegangen war. Andererseits hatten aber die Neubürger nun die sicher nicht allen angenehme militärische Dienstpflicht zu erfüllen. Als einzigen wesentlichen Vorteil konnten sie für sich den Genuß des römischen Privatrechtes verbuchen. Deshalb war es psychologisch wichtig, daß sie wenigstens auf dem Gebiet der Religion volle Freiheit und sogar Förderung erfuhren.

[591] Siehe S. 211 ff. und 217.
[592] Schon in früher Zeit waren die Römer in der Übernahme fremder Gott-

(Fortsetzung Fußnote 592)
heiten sehr großzügig, gerade wegen ihrer *religio*, der pflichtgemäßen Behutsamkeit und Sorgfalt jedem göttlichen Anspruch gegenüber. Hierzu gehört die Einführung fremder Kulte auf Grund mantischer Weisungen, vor allem der Sibyllinischen Bücher. Ebenso die *evocatio* einer Gottheit: Wenn die Römer eine feindliche Stadt belagerten, forderten sie gelegentlich die dort verehrten Götter durch ein mit einem *votum* verbundenes Gebet auf, die Stadt preiszugeben und nach Rom überzusiedeln, wo ihnen Tempel errichtet und für sie Kulte eingeführt werden sollten. So wollten sie einerseits die Feinde des göttlichen Schutzes berauben, andererseits aber den Zorn der betroffenen Gottheiten, der die Römer hätte treffen können, vermeiden, indem sie deren legitime Kulterwartungen erfüllten. Es handelt sich um eine Form des oben erwähnten *commercium*. So wurde die Burggöttin von Veii, von den Römern Juno Regina genannt, 396 v. Chr. beim Endkampf um diese etruskische Stadt vom Diktator Camillus „evoziert" und ihr Kult nach der Zerstörung von Veii tatsächlich in Rom eingeführt (s. u. a. Livius V 21, 3. V 22, 5). Allerdings bemühten sich die Römer zugleich, die neuen Kulte den traditionellen römischen anzupassen. Dennoch regte sich dagegen vor allem in konservativen Kreisen Widerstand, welcher zunächst mit der Ablehnung griechischen Einflusses bzw. der zurückhaltenden Aneignung griechischer Kultelemente Hand in Hand ging. Manche der neu aufgenommenen Götter wurden daher anfangs an Altären oder Tempeln *extra pomerium* angesiedelt, d. h. außerhalb der ältesten und in kultischer Hinsicht durch Jahrhunderte gültig gebliebenen Grenze Roms. Dadurch blieben diese Kulte sozusagen als Neuankömmlinge gekennzeichnet. An dieser Maßnahme konnte aber nicht durchweg festgehalten werden. So hatte z. B. Apollon im 5. Jh. v. Chr. (bloß) einen Altar *extra pomerium* erhalten, 431 v. Chr. ebendort immerhin schon einen Tempel und 28 v. Chr. errichtete ihm Augustus ein prunkvolles Heiligtum auf dem Palatin, also im Zentrum des ältesten Stadtgebietes. Auch war es den Römern trotz der staatlichen Anerkennung gewisser Kulte lange Zeit verboten, sich den zugehörigen Priesterschaften anzuschließen. Der erste und berühmteste Fall dieser Art ist der schon erwähnte des 204 v. Chr. eingeführten Kybele-Kultes. Allerdings mußte den Römern die Tatsache, daß in ihm Verschnittene die Funktion der niederen Priester *(galli)* ausübten, abstoßend erscheinen. Die entmannten Priester wurden aus Phrygien geholt. Seit Beginn der Kaiserzeit durften aber auch Römer sowohl das Amt des Oberpriesters *(archigallus)* als auch die Funktion der niederen Priester übernehmen. In der Regel wurden sie allerdings nicht entmannt (sonst hätten sich wohl kaum genügend Römer dazu bereit erklärt), obwohl ihre Kastration fallweise geduldet, seit Claudius sogar allgemein gestattet und ab dem 2. Jh. n. Chr. tatsächlich häufiger durchgeführt wurde. In dieselbe Richtung weist, daß gewisse griechische und orientalische Kulte, obwohl de facto in Rom toleriert, keine offizielle Anerkennung und daher auch keine öffentliche Förderung fanden. So hatte die Dionysosverehrung, als orgiastisch begangener Mysterienkult schon früh in der Mittelmeerwelt verbreitet, als Bacchusverehrung auch in Italien und Rom Fuß

3. Die römische Frühzeit. Die Quellensituation

Die Erforschung der frühen römischen Götterwelt und Kultrituale steht infolge einer ungünstigen Quellensituation vor großen Schwierigkeiten. Eine antike Geschichte der römischen Religion gibt es nicht. Die reichsten Informationen über Festordnungen und rituelle Vorschriften, über kultische Bräuche und Gebete, worin auch Mittei-

Römer natürlich untragbare „Entmythologisierung" der für sie nicht mehr existierenden Götter Roms erlaubte es den Christen nicht, jene Toleranz den heidnischen Kulten gegenüber zu üben, welche ein Grundaspekt der römischen Religion war. Die standhafte Ablehnung der heidnischen Riten durch die Christen schien aber nicht nur ein Vergehen gegen die traditionellen römischen Sitten, sondern darüber hinaus ein Beweis mangelnder Loyalität dem Staate gegenüber und speziell auch gegen den Kaiser gerichtet zu sein (denn auch die Frage des Kaiserkultes spielte dabei häufig eine Rolle). Die Ablehnung heidnischer Kulte durch die Christen wurde als Ursache der *ira deum* und damit als Gefährdung der *salus populi Romani* betrachtet, was in Zeiten außen- und innenpolitischer Gefahren zu lebhaften Reaktionen der Nichtchristen führte. Die Christen galten dann regelrecht als Staatsfeinde. Der geschlossene Charakter ihres Kultes wurde zu manchen Zeiten und mancherorts als Verstoß gegen das Hetairienverbot gewertet, durchweg aber als Geheimbündelei gegen Staat und öffentliche Ordnung verdächtigt, zumal der Gründer dieser Religion unter Tiberius in Judäa (angeblich) mit dem Anspruch aufgetreten war, ein König zu sein, und als (vermeintlicher) Aufrührer gegen die Staatsgewalt hingerichtet worden war. Sie wurden auch schwerer moralischer Vergehen im Rahmen ihrer Kulthandlungen beschuldigt. Weil diese nicht allgemein zugänglich waren, konnten die Christen derartige Vorwürfe schwer oder nicht entkräften. Bei den Christenverfolgungen ging es also teils um Ordnungsmaßnahmen gegen mangelnde Disziplin und Treue zum Staat, teils um Vorkehrungen gegen vermeintliche schwere sittliche Vergehen. Der religiöse Aspekt wirkte insofern mit, als den für starrsinnig gehaltenen Christen, deren als Wahnsinn empfundenes „superstitiöses" Kultverhalten den Heiden schlechthin unverständlich war, ein gefährlicher Fanatismus zugetraut wurde und ihre Verfolgung deshalb auch bei human gesinnten Römern vielfach kein Mitleid auslöste. Siehe zum Problem Muth, Vom Wesen römischer „religio", 310–314, sowie Robert L. Wilken, The Christians as the Romans saw them, New Haven und London 1984, ein wissenschaftlich nicht ergiebiges, aber das Problem übersichtlich darstellendes Werk. – Ein Problem besonderer Art stellt die Frage der den Christen angelasteten Brandstiftungen dar. Die historische Richtigkeit der Beschuldigung, die Christen seien die Urheber des verheerenden Brandes Roms im Jahre 64 n. Chr. gewesen, begegnet in der Forschung gelegentlich Zweifeln. Dafür die folgende weiter ausgreifende Erklärung: 303 und 304 n. Chr. erließ Diokletian unter dem Einlungen über die Götter enthalten sind, entnehmen wir literarischer Überlieferung, vor allem Historikern und antiquarisch interessierten Autoren. Juristische Literatur unterrichtet über Zusammensetzung und Tätigkeit der Priesterschaften. Die ältesten, vielfach fragmentarisch erhaltenen Quellen stammen aus dem 2. Jh. v. Chr., sind also

fluß seines Caesars Galerius, eines fanatischen Christenhassers, nacheinander vier Edikte gegen die Christen. Schon das erste traf die Kirche als Gemeinschaft und jeden einzelnen Christen schmerzlich, doch ordnete erst das zweite die blutige Verfolgung vorerst nur für solche Angehörige des kaiserlichen Hofes an, welche Opfer an die römischen Götter verweigerten. Für die im Christenglauben Verharrenden allgemein wurde die Todesstrafe erst im vierten Edikt verfügt. Ursache für die Verschärfung der Maßnahmen im zweiten Edikt waren zwei nach Erlassung des ersten kurz nacheinander im kaiserlichen Palast in der Residenzstadt Nikomedia ausgebrochene Brände, die man für Anschläge auf das Leben des Diokletian hielt und wofür man die Christen als *hostes publici* verantwortlich machte, sowie angeblich von Christen angezettelte Aufstände in dem unmittelbar von Diokletian verwalteten Teil des Reichsgebietes. Der christliche Schriftsteller Laktanz, der während der Ereignisse in Nikomedia lebte, äußert in seiner Schrift ›De mortibus persecutorum‹ (deren gelegentlich angezweifelte Echtheit heute als erwiesen angenommen werden kann) XIV 2 die Vermutung, der Caesar Galerius sei für die Brände als agent provocateur verantwortlich gewesen. Während allgemein die Meinung vertreten wird, Galerius habe die Verschärfung der Christenverfolgung durch diesen Trick nur deshalb auslösen können, weil nach Tacitus, ann. XV 44, schon Kaiser Nero den Brand Roms im Jahre 64 n. Chr., dessen Urheber er selbst gewesen sei, mit Erfolg den dann schwer bestraften Christen in die Schuhe geschoben habe, wird nun gelegentlich eine ganz andere Hypothese vorgetragen. Es fällt nämlich auf, daß Sueton, Nero 38, geschrieben (wie die ›Annalen‹ des Tacitus) zu Beginn des 2. Jh. n. Chr., in seinem Bericht über den Brand Roms die Christen als Brandstifter nicht erwähnt und diese Version sich überhaupt nur noch bei Ps.-Seneca ep. 11 an den Apostel Paulus findet. Der fingierte Briefwechsel Senecas mit Paulus kann aber erst aus dem 4. Jh. n. Chr. stammen, da er dem Tertullian (ca. 160–220 n. Chr.) und dem eben genannten Laktanz, die beide Senecas Briefe erwähnen, noch unbekannt war und erst bei Hieronymus (ca. 345–420 n. Chr.) in der ersten christlichen Literaturgeschichte ›De viris illustribus‹ 12 und bei Augustinus (354–420 n. Chr.) bezeugt und daher für unser Problem ohne Bedeutung ist. Auch im Christenbrief Plinius' d. J. an Kaiser Trajan (ep. X 96) wird bei der Aufzählung angeblicher Schandtaten der Christen Brandstiftung nicht genannt. Eine schon von Ch. Saumagne, Tacite et saint Paul, Revue Historique 232 (1964), 67–110, geäußerte Vermutung aufgreifend schließt S. Rougé, L'incendie de Rome en 64 et l' incendie de Nicomédie en 303, in: Mélanges d'histoire ancienne offerts à William Seston, Paris 1974 (Publications de la Sorum Jahrhunderte jünger als die zu untersuchenden Fakten. Günstig sind die Informationen aus juristischen Quellen zu beurteilen. Zwar gingen die ältesten Werke dieser Art mit Material vor allem aus den Archiven der Priesterschaften verloren. Sie erfuhren jedoch in augusteischer Zeit (relativ) verläßliche Zusammenfassungen, die in Werken noch späterer Epochen zu einem guten Teil faßbar sind. Eine kritischere Haltung ist der an sich bedeutenden Überlieferung durch historische, antiquarische und christliche Autoren gegenüber geboten. Wenngleich man kaum bewußte Verfälschungen der Tatsachen annehmen muß, so gehorchen diese Werke doch den Gesetzen ihres *genus literarium*; zumindest Einseitigkeiten der Darstellung waren erlaubt und vielfach üblich. Die christlichen Autoren schrieben überdies naturgemäß aus einer antiheidnischen Position heraus. Außerdem war die Kenntnis von der Entstehung und frühen Ausgestaltung mancher Rituale sowie der authentischen Bedeutung von Festbezeichnungen und sonstiger kultischer Termini vielfach schon im 3. Jh. v. Chr. verlorengegangen.[595] Dennoch bemühten sich die Autoren (die späteren unter ihnen oft nur aufgrund von Nachrichten aus zweiter oder dritter Hand), die Entstehung von Institutionen und Ritualen an bestimmte Persönlichkeiten oder Ereignisse zu binden und sie möglichst exakt zu beschreiben. Diese Mitteilungen dürfen also nur mit größter Vorsicht benützt werden. Zudem muß zwischen reiner Tatsachenmitteilung und der aus der Vorstellungswelt der Gewährsmänner heraus erfolgten Auslegung unterschieden werden. Die Zuverlässigkeit der Überlieferung auch von altertümlich, also echt erscheinenden Götter-

bonne, Sér. Études, IX), 433–441, daraus, ein heidnischer Interpolator habe aufgrund des Laktanztextes den Annalenbericht des Tacitus durch verfälschende Einfügung einer die Christen betreffenden Passage aus dem uns verlorenen Teil der Historien desselben Autors geändert. Fiele damit der von Nero angeblich fingierte Anlaß seiner Christenverfolgung weg, wäre deren Begründung noch schwieriger und die vielfältige Problematik ihrer Erklärung um eine Facette reicher. Siehe auch Anm. 481.

[595] So wußten die Römer nicht mehr, warum die *pontifices* so hießen (wahrscheinlich nicht „Brückenbauer", wie vielfach angenommen, sondern „Pfadmacher" im Sinne von „Wegbereiter der Gemeinschaft"; A. Pariente, Sobre pontifex, Durius 6 [1978], 7–22, glaubt, *pontifex* sei aus **pompifex* entstanden). Auch uns ist die Bedeutungsentwicklung bis zur Bezeichnung der Priesterschaft unbekannt. Gleich steht es mit *flamen* (wahrscheinlich ursprünglich ein Neutrum in der Bedeutung „Opferhandlung"; s. dazu Walter Pötscher, Flamen Dialis, Mnemosyne, S. IV, 21 [1968], 215, Anm. 1), den *di indigetes* und *di novensides* u. a. m.

namen, sakralen Bezeichnungen und Ritualen festzustellen, bedarf ebenso der Erfahrung des Forschers wie die Beurteilung von Gebeten, religiösen Liedern, Formeln und Kultanweisungen, die in altlateinischer Sprache oder einem dem Altlateinischen angenäherten Hochlatein auf uns gekommen sind. Sie wird erleichtert, wenn verläßliche juristische und besonders inschriftliche Quellen die literarische Tradition bestätigen. Inschriften – zahlreiche Weiheinschriften, Akten über Kultbegehungen, Tempelordnungen, aber auch Gebete und ähnliches – sind im allgemeinen verläßlich. Doch sind ihre Aussagen im Vergleich zur literarischen Überlieferung eher dürftig. Einen nachdrücklichen Hinweis verdient jedoch der römische Festkalender *(fasti)*. Seine ursprüngliche Gestalt geht bis in das 6. Jh. v. Chr. zurück. Sie ist aus den in bedeutenden Bruchstücken inschriftlich vorliegenden Exemplaren vor allem der ersten Kaiserzeit [596] zu gewinnen. Als Quellen gelten auch Votivstatuen, Altarreliefs, Weihegaben, Münzbilder und die Ergebnisse archäologischer Erforschung von Kultstätten. Schließlich kann man Schwierigkeiten bei der Quelleninterpretation durch eine universalhistorisch-vergleichende Betrach-

---

[596] Der römische Kalender wurde *fasti* genannt, weil die *pontifices*, die ihn zu führen hatten, in ihm u. a. jene Tage besonders zu kennzeichnen hatten, an welchen es *fas*, d. h. gestattet war, gewisse Geschäfte zu besorgen, bzw. jene Termine, an welchen dies verboten, d. h. *nefas*, war. Zur Edition der inschriftlichen Texte siehe Latte, Römische Religionsgeschichte 2, Anm. 1. Nur die *fasti Antiates veteres*, gefunden in der latinischen Küstenstadt Antium, stammen nicht aus der Kaiserzeit, sondern wurden noch vor Caesars Kalenderreform verfaßt. Literatur zum römischen Kalender: Alan E. Samuel, Greek and Roman Chronology. Calendars and Years in Classical Antiquity, München 1972 (HdA I, 7), 153f. Unter den in früherer Zeit erschienenen einschlägigen Werken seien besonders hervorgehoben: Theodor Mommsen, Die römische Chronologie bis auf Caesar, Berlin ²1859; Elias J. Bickermann, Chronologie, Leipzig ²1963; ders., Chronology of the Ancient World, New York 1968; Agnes Kirsopp Michels, The Calendar of the Roman Republic, Princeton N. J. 1967; Francesco Della Corte, L'antico calendario dei romani, Genua 1969. Weitere Literatur bei Karl Christ, Römische Geschichte. Eine Bibliographie, 48f. Nach Samuels Werk ist noch folgendes übersichtlich angeordnete und sehr nützliche Buch erschienen: Howard Hayes Scullard, Festivals and Ceremonies of the Roman Republic, Ithaca N. Y. und London 1981. Es stellt in seinem Hauptteil (S. 51–212) das römische Jahr mit seinen Festen und Tempelstiftungen dar, dazu S. 259–266 ein Verzeichnis der Feste und S. 277–279 eines der Tempelgründungen. Schließlich erschien noch Pierre Brind'Amour, Le Calendrier Romain. Recherches chronologiques, Ottawa 1983. Der Festkalender selbst wurde zuletzt bei Latte S. 431 ff. abgedruckt.

tungsweise mindern. Falls bestimmte, an sich nicht gesicherte Nachrichten dem entsprechen, was auch sonst allenthalben im Bereich früherer Kulturen anzutreffen ist, darf man ihnen eher Vertrauen schenken. Die ethnologisch und volkskundlich bestimmte komparatistische Religionsforschung hat von dieser Methode schon lange mit Gewinn Gebrauch gemacht.[597] Für die geschichtlich helle Zeit, etwa ab den letzten Jahrzehnten der republikanischen Periode, ist die Quellensituation natürlich ungleich günstiger.

4. Die Götter der Römer

Wie schon erwähnt, entsprachen die namentlich erhebbaren Götter der Frühzeit[598] der Vorstellungswelt des bäuerlichen Lebenskreises.

---

[597] Theodor Mommsen erklärte, er habe sich jeden Vergleichs der römischen Ordnungen mit nichtrömischen enthalten, weil derartige Vergleiche zwar unsere Erkenntnisse bereicherten, der einzelne Forscher dadurch jedoch leicht in die Irre geführt werden könne, da er weitgehend als ein von fremder Hand abhängiger Laie zu urteilen gezwungen sei. Siehe dazu: Zum ältesten Strafrecht der Kulturvölker. Fragen der Rechtsvergleichung, gestellt von Theodor Mommsen, Leipzig 1905, Vorwort, 1. Das Zitat ist entnommen der Untersuchung von Hildebrecht Hommel, Vesta und die frührömische Religion, ANRW I, 2, Berlin–New York 1972, 397–420, S. 397.

[598] Dazu gehören insbesondere die oben (in Anm. 549) erwähnten „Sondergötter". Die Aufzählung dieser Gottheiten ist nicht vollständig. Einen besonderen Hinweis verdient Tellus, eine wichtige Gottheit der agrarischen Fruchtbarkeit und der Erde; s. dazu Anm. 566. – Eine systematische Einteilung der Götter der ältesten römischen Religion stößt auf Schwierigkeiten. Vorstellungen, welche jenen des griechischen Götterstaates vergleichbar sind, fehlten in Rom. Sie entsprachen nicht ihren Auffassungen vom Wesen der Götter. Diese waren in *di indigetes* und *di novensides* geteilt. Was darunter zu verstehen ist, war schon im Altertum unklar. Die Meinung, es handle sich um „einheimische" und „neu hinzugekommene" Götter, wurde von anderen einander widersprechenden Auffassungen abgelöst. Eine Zuteilung der Götter an beide Gruppen ist so lange sinnlos, als die Bedeutung der Bezeichnungen ungeklärt ist. Auch ist fraglich, ob sich alle Götter der Römer in diese Kategorie einordnen ließen. Die Bezeichnung *di patrii* betrifft nur eine kleine Zahl von Numina. Als *di consentes* wurden zuerst zwölf etruskische Götter bezeichnet, welche den Rat des höchsten Gottes der etruskischen Religion namens Tinia bildeten, später jene zwölf römischen Götter, die man den zwölf griechischen Olympiern gleichsetzte, obwohl diese, wie schon erwähnt, der römischen Gottesvorstellung nicht entsprachen. Die antiquarische Überliefe-

Man wandte sich an sie mit Gebeten und Opfern in der Hoffnung, daß sie sowohl den Ertrag der Landarbeit mehren als auch schädliche Einwirkungen abwehren würden.[599] An ihre Seite traten Numina, die das Wohlergehen des einzelnen, von Familie und Hauswesen verbür-

rung kennt auch eine Liste von zwanzig besonders wichtigen „ausgewählten" *(selecti)* Göttern mit klar umrissenen Eigenschaften, welche daher auch „bestimmte" *(certi)* Götter benannt wurden, im Gegensatz zu solchen mit unbestimmtem Wesen *(incerti)*. Siehe zu all dem Henri Le Bonniec, Römische Religion, LAW 2601, zu den *di selecti* auch Yves Lehmann, La „tripartition divine" de Varron, in: Hommages à Robert Schilling, Paris 1983 (Coll. d' études latines, Sér. scientifique, XXXVII), 148–157. – Die römischen Götternamen (allgemeine Beurteilung, Wortbildung, Doppelnamen u. a. m.) untersucht Radke, Die Götter Altitaliens, 10–38. Im Hauptteil dieses Werkes finden sich auch alle wesentlichen wissenschaftlichen (und bibliographischen) Informationen zu den im folgenden genannten Numina. Einen mit reichhaltiger Bibliographie ausgestatteten Forschungsbericht zur römischen Religion in der republikanischen Zeit verfaßte Robert Schilling, La situation des études relatives à la religion romaine de la république (1950–1970), ANRW I, 2, Berlin–New York 1972, 317–347. In Anm. 1 der S. 317 wird auf frühere Forschungsberichte verwiesen.

[599] Dies bezeugen anschaulich altertümliche Gebete. Alljährlich im Mai, vor dem Reifen des Erntegutes, führte der römische Bauer einen festlichen Umgang um seinen Grundbesitz *(Ambarvalia)* zu dessen kultischer Weihung durch. Dabei wurden ein Schwein, ein Widder und ein Stier *(suovetaurilia)* als Opfer dargebracht, u. zw. dem „Vater" Mars, der hier nicht als Kriegsgott, sondern als „agrarisches" Numen Verehrung empfing. Der Wortlaut des Gebetes, das der *pater familias* als Opferpriester sprach, ist bei Cato, de agri cultura 141, überliefert. Der Gott wird gebeten, er möge dem Opfernden, seinem Hause und seiner Familie freundlich gesinnt sein und daher einerseits bekannte und unbekannte Krankheiten, Unfruchtbarkeit, Verwüstung und Ernteschäden von Feldern und Herden fernhalten, andererseits aber auch die Feldfrüchte gedeihen lassen und den Tierbestand und die Hirten gesund erhalten. Beim selben Fest wurde durch die Priestersodalität der *fratres arvales* ein öffentlicher Kultakt vollzogen, in dem ein ehemaliger Flurumgang, auf den die Festbezeichnung hinweist, durch Rituale an einzelnen wenigen Grenzpunkten des indessen größer gewordenen *ager Romanus* ersetzt wurde. Während uns die an einer dieser Örtlichkeiten verehrte Vegetationsgottheit Dea Dia nicht näher bekannt ist, sind wir über das dortige Opferritual genauer informiert: Im inschriftlich überlieferten alten *carmen arvale* werden außer Mars die in Anm. 549 erwähnten Semones und vor allem die in Anm. 600 genannten Lares angerufen und um Hilfe angefleht; Mars wird allerdings zugleich um Beistand und Schonung gebeten, was offenbar daran erinnerte, daß nicht nur die Bauernarbeit, sondern auch der Krieg bzw. die Abwehr der

gen sollten,[600] und Gottheiten der Stadt[601]. Überdies gab es zahlreiche uns namentlich bekannte „dunkle" Gottheiten, über deren Wesen weder antike Tradition noch moderne Forschung Sicheres ausmachen konnten.[602]

Feinde in seinen Zuständigkeitsbereich fiel. – Zu den oben erwähnten *suovetaurilia* s. Udo W. Scholz, Suovetaurilia und Solitaurilia, Philologus 117 (1973), 3–28, und Gerhard Radke, Der Kleine Pauly 5 (1975), 433, 4–23.

[600] Der Genius, sozusagen ein Schutzgeist des Mannes, wurde schon auf S. 212, mit Anm. 563, erwähnt. In ähnlicher Weise war Juno dem Wesen der Frau verbunden. U. a. war sie Schützerin der Frau bei Eheschließung und Niederkunft. In ihrer familiären Verehrungsform hatte sie genausowenig wie der Genius Anspruch auf einen Staatskult. Aufgrund dieser Funktion wurde sie allerdings schon gegen Ende des 6. Jh. v. Chr. der griechischen Hera gleichgesetzt. Nun umrahmte sie als große Gottheit mit Minerva den thronenden Juppiter, als diese Göttertrias in dem wahrscheinlich 509 v. Chr. geweihten kapitolinischen Tempel ihren Platz fand. Zugleich wurde Juno eine Stadtgottheit. Dabei dürfte – wie auch beim Zusammenschluß der genannten Gottheiten zu einer Dreiheit – etruskischer Einfluß maßgeblich mitgewirkt haben. Schicksalsgottheiten waren die Fata (Parcae), deren Kult jedoch früh verfiel. Der im Zentrum häuslicher Verehrung stehende Lar familiaris war so sehr in den Hausstand integriert, daß sein Name synonym für „Haus" verwendet werden konnte. Der ihm erwiesene Kult bildete eine der religiösen Hauptpflichten des *pater familias*. Aus späterer Zeit sind in den Wohnhäusern zahlreiche Larenkapellen erhalten. Besondere religiöse Pflege verlangten auch die Lares compitales, welche an den *compita*, den Kreuzungen zweier Wege oder Grenzpunkten des bäuerlichen Grundbesitzes, kultisch verehrt wurden. Dieser Bereich und nicht das Wohnhaus war wohl der ursprüngliche Funktionsbereich der Laren. Sie waren heiter-freundliche, immer hilfreiche Gottheiten. Ein Literaturzitat jüngeren Datums: Ignatius Richardus Danka, De Larum cultu rustico et familiari, Eos 71 (1983), 57–71. Den Lares verwandt sind die Penates (ihr Name wurde nie singularisch gebraucht), ebenso häusliche Gottheiten, Schutzgottheiten aber weniger von Haus und Familie als vielmehr insbesondere des *pater familias*. Ihr Name leitete sich höchstwahrscheinlich von *penus* her, womit man jene Vorräte bezeichnete, die dem Bedarf des Hausherrn und der ihm anvertrauten Angehörigen dienten. Der Herd des Hauses war die Kultstätte der Penaten. Daneben pflegten die Römer einen staatlichen Kult der Penates populi Romani. Dieses Ritual war stark an Lavinium gebunden, an jene nach der Sage von Aeneas gegründete Stadt in Latium, in früher Zeit Bundeshauptstadt der Latiner. Sie blieb bis in die Kaiserzeit hinein ein bedeutendes religiöses Zentrum für die Römer. Die hohen Magistrate brachten vor ihrem Amtsantritt den angeblich von Aeneas aus Troja dorthin gebrachten Penaten – wie auch der Göttin Vesta – Opfer dar und erneuerten dabei jährlich ein altes Bündnis. In Rom befand sich der Tempel von zwei

(Fortsetzung Fußnote 600)
staatlichen Penaten nahe dem Forum Romanum. Über die Pflege ihres Kultes kann nichts Genaueres ausgesagt werden. Siehe dazu Gerhard Radke, Die „Dei penates" und Vesta in Rom, ANRW II, 17, 1, Berlin–New York 1981, 343–373. Es gab aber auch feindliche Numina, z. B. den Incubus (oder Incubo), einen bösen Geist, der nachts Frauen auflauerte und sie verführte, oder die Lemures, schadenstiftende Totengeister, die insbesondere am Fest der *Lemuria* am 9., 11. und 13. Mai durch die Stadt schweiften; an diesen Tagen wurden sie beschworen und zum Schutz vor ihnen blieben die Tempel geschlossen. Der ängstliche *pater familias* hatte jedoch daheim um Mitternacht altertümliche apotropäische Riten zu vollziehen. Hingegen hatte der Averruncus die Funktion, Gefahren aller Art von Menschen, Tieren und Feldflur abzuwehren. Febris half gegen das Malariafieber. Ihrer Bedeutung in Rom, einer Stadt mit morastigen Niederungen, entsprechend, waren ihr drei Tempel geweiht, einer davon sogar auf dem Palatin. Robigus/Robigo schützte gegen den Getreiderost, s. dazu Anm. 566.

[601] Einzelne Stadtteile bzw. Gemeinden besaßen ihre Schutzgottheiten, so das Palatium (s. Anm. 585) die Göttin Palatua, Quirinus war ursprünglich der Gott der Gemeinde des mons Quirinalis, doch erstreckte sich seine Funktion bald über die ganze Stadt. Auch Vesta war schon in frühester Zeit eine Stadtgottheit, die Vesta populi Romani Quiritium, mit einfachem Kult. Später zählte sie wie Quirinus zu den öffentlich verehrten großen Gottheiten. Von der Erhaltung des heiligen Feuers in ihrem Tempel auf dem Forum Romanum durch die Vestalinnen hingen Wohl und Wehe der Stadt ab. Ob der Name der Göttin auf den „Staatsherd" verweist, ist umstritten. Hildebrecht Hommel, Vesta und die frührömische Religion, ANRW I, 2, Berlin–New York 1972, 397–420, wo sich reichlich Literaturverweise finden, hält es für grundsätzlich wahrscheinlich, wenn auch nicht beweisbar, Vesta sei ursprünglich die Göttin des Herdes der altrömischen Großfamilie gewesen und hätte sich erst dann zur Staatsgottheit gewandelt. Bei der griechischen Göttin Hestia sei eine Entwicklung der Göttin des häuslichen Herdes zur Staatsgottheit evident, nur daß Hestia, anders als Vesta, daneben ihre ursprüngliche Funktion beibehalten habe. Einen solchen Wandel könne man sich beim Vestakult am ehesten als einen Prozeß vorstellen, der vom Haushalt des Königs seinen Ausgang genommen habe. Siehe dazu Anm. 559. Zu Vesta vergleiche auch den in Anm. 600 zitierten Aufsatz von Radke über ›Die „Dei penates" und Vesta in Rom‹. Eine weitere uralte, später ebenfalls zur großen Gottheit gewordene Gestalt von maßgeblicher Bedeutung für Rom war Janus, der S. 257f. ausführlich behandelt wird. Nicht nur für das private, sondern mehr noch für das öffentliche Leben und die Beziehungen Roms zu anderen Völkern waren angeblich schon zur Königszeit eingerichtete Kulte von Gottheiten bedeutsam, welche die Einhaltung von Eiden und Verträgen verbürgten, des Dius Fidius und der Fides. Der Name Dius entspricht dem ersten Teil des Namens des Juppiter (*$D\underset{\smile}{i}o\underset{\smile}{u}$-) und verweist auf das Licht des Himmels. Seine Funktion gleicht also jener des Ζεὺς ὅρκιος und einer des Juppiter. Ihm wurde schon in der ersten

Ausführlichere Darstellung verdienen jene Numina, welche die Forschung als die „großen" Götter der Römer zu bezeichnen pflegt, weil ihnen in der republikanischen Kaiserzeit Staatskulte und höhere Feierlichkeit zuteil wurden. Offenbar schon in der Königszeit kam den Kulten von JUPPITER, MARS und QUIRINUS besondere Wichtigkeit zu. Sie sind jedoch nicht mehr konkret faßbar. Man weiß nur, daß ihre Betreuung hohen Priestern, den *flamines maiores*, nämlich dem *flamen Iovialis, Martialis* und *Quirinalis*, und deren Gattinnen, übertragen war. Außerdem dienten dem Kult des Mars und des Quirinus zwei voneinander getrennte, aber gleich gegliederte und mit gleichen Aufgaben versehene aus dieser Frühzeit stammende, aber auch später hochangesehene und mit besonderen Vorrechten ausgestattete Priestersodalitäten von je zwölf *Salii* (wohl *a saliendo* „Tanzpriester" benannt), die *Salii Palatini* im Dienste des Mars und die *Salii Collini* im Dienste des Quirinus (diese auch *Salii Agonenses* oder *Agonales*

Hälfte des 5. Jh. v. Chr. auf dem Quirinal ein Tempel errichtet. Wer einen Eid leistete, mußte es *sub divo*, d. h. unter freiem Himmel, tun, er mußte also in seinem Haus unter das *compluvium*, die Dachöffnung des Atriums, treten bzw. im Tempel des Gottes unter eine Dachöffnung, welche zu diesem Zweck bei der Errichtung des Heiligtums offen gelassen wurde. Die Göttin Fides erhielt ihren Tempel um die Mitte des 3. Jh. v. Chr. auf dem Kapitol neben dem großen Juppiterheiligtum. Die Wichtigkeit, welche man ihrem Kult zuwies, erhellt auch aus der Tatsache, daß die *flamines maiores* daran beteiligt waren und das Bildnis der Gottheit häufig auf Münzen dargestellt wurde. Zum Fides-Kult in der Kaiserzeit s. Giulia Piccaluga, Fides nella religione romana di età imperiale, ANRW II, 17, 2, Berlin–New York 1981, 703–735. (Die Meinung der Vf., bei dem Heiligtum auf dem Kapitol handle es sich nicht um einen Tempel, eine *aedes*, sondern nur um ein *fanum*, wird von Gerhard Radke, AAW 38 (1985), 61, überzeugend widerlegt. In der Tat kann durch *fanum* genauso ein Tempel bezeichnet werden wie durch *aedes*.) Aus der großen Zahl der alten Gottheiten dieser Gruppe sei noch Juturna erwähnt, das Numen einer (heilkräftigen) Wasserquelle mit Heiligtümern am Forum Romanum und am Marsfeld. Wahrscheinlich war Juturna ursprünglich eine hilfreiche Gottheit von allgemeiner Bedeutung. In diese Richtung weisen auch Versuche der Etymologie ihres Numens, sofern er (wie die Quellnymphe selbst) nicht etruskischer Herkunft ist.

[602] Zu nennen sind u. a. die Diva Angerona und Falacer, welcher wie Juppiter, Mars und Janus und andere (s. Anm. 576) als „Vater", nämlich *divus pater Falacer*, bezeichnet wurde und sogar über einen eigenen Priester im Range eines *flamen* verfügte. Größere Wichtigkeit kommt unter diesen „dunklen" Gottheiten auch der Mater Matuta zu, vielleicht zu deuten als die Mutter, welche Gutes tut.

benannt, weil der Quirinalhügel, wo sie ihren Kultsitz hatten, in der Frühzeit *Agonium* hieß).[603] Als regelrechte Göttertrias erhielten jedoch JUPPITER, JUNO und MINERVA einen gemeinsamen Kult. Am Zusammenschluß ihrer Rituale dürfte etruskischer Einfluß maßgeblich beteiligt gewesen sein. Dieser Götterdreiheit wurde angeblich 509 v. Chr. durch die Tarquinier auf dem Kapitol jenes gewöhnlich als „Juppitertempel" bezeichnete Heiligtum errichtet, welches, abgesehen von nur kurzzeitigen Unterbrechungen, bis zum Ende der heidnischen Götterwelt der Mittelpunkt des römischen Staatskultes blieb und in dem sich eine Statue des hier Juppiter Optimus Maximus genannten höchsten Gottes der Römer befand, die offenbar ebenso den Etruskern verdankt wurde.

JUPPITER, schon von den indogermanischen Einwanderern nach Rom gebracht, ist mit dem griechischen Zeus identisch, dessen Gestalt am Anfang der Darstellung der hellenischen Götter der archaischen und klassischen Zeit gewürdigt worden ist.[604] Wie die Funktion dieses Gottes so war auch die des Juppiter vielfältig.[605] Dem Gott des lichten Himmels (Juppiter Caelestis) waren schon im ältesten Kalender Roms die Iden eines jeden Monats geweiht, an welchen unmittelbar auf die helle Sonne der leuchtende Vollmond folgte. Auf die Iden verschiedener Monate fielen die Stiftungstage mehrerer Tempel des Gottes. Diese befanden sich in Rom auf der Höhe von Hügeln, sozusagen dem Himmel nahe. Jener auf dem Quirinal, dem „ursprünglichen Kapitol", galt als besonders ehrwürdig. Dort hatte sich wahrscheinlich ein Tempel der Göttertrias vor der Errichtung des kapitolinischen Heiligtums befunden. Auf dem Kapitol jedoch soll

---

[603] Die Annahme, daß diese drei Götter eine „alte Göttertrias" bildeten, gilt heute als widerlegt. Siehe hier S. 227f., mit Anm. 587 und 588. Zum *flamen Dialis* s. S. 208. Was dort dargestellt ist, gilt in ähnlicher Weise für den *flamen Martialis* und den *flamen Quirinalis*.

[604] Siehe dort S. 73-77.

[605] Sein aus einer Vokativform verselbständigter Name setzt sich aus jener indogermanischen Wurzel zusammen, welche sich auch im Namen des Zeus findet, und dem Wort *pater*. – Diese notwendig knappe Darstellung folgt vor allem den kurzen Ausführungen von Henri Le Bonniec, LAW 1450f. Siehe im übrigen J. Rufus Fears, Jupiter and Roman Imperial Ideology, ANRW II, 17, 1, Berlin–New York 1981, 3–141. Hier finden sich reichliche Literaturangaben; eine Bibliographie für die Zeit von 1918–1978 auf S. 122–141. Besonders beachtenswert auch Gerhard Radke, Iuppiter Optimus Maximus: dieu libre de toute servitude, Revue historique de droit français et étranger 64 (1986), 1–17.

vorher schon Romulus dem Juppiter (mit dem ungeklärten Beinamen Feretrius) einen Tempel, angeblich den ältesten Tempel überhaupt, geweiht haben. Juppiter wurde aber auch auf dem mons Albanus geehrt, wo sich das Hauptheiligtum des Latinischen Bundes befand, als dessen Schutzgott er den Beinamen Latiaris führte. Am Fest der *feriae Latinae*, deren Datum nicht fixiert war, das aber stets möglichst bald nach dem Amtsantritt der Konsuln begangen wurde, brachten ihm dort die höchsten Magistrate Roms nach altertümlichem Ritual Opfer dar. Der Gott des Himmels war zugleich Wettergott (Juppiter Tempestas bzw. *tempestatum divinarum potens*). In dieser Eigenschaft empfing er nicht nur in Rom, sondern weitum in Italien Verehrung. Als Gott des Blitzes führte er den Namen Juppiter Fulgur, als jener des Donners Juppiter Tonans. Diesem wurde 22 v. Chr. durch Augustus sogar auf dem Kapitol ein Tempel errichtet. Als Juppiter Pluvialis schickte der Gott erquickenden Regen, als Juppiter Serenus Sonnenschein. Dem Wettergott wurden von den Bauern an mehreren Festen Opfer zur Förderung der Fruchtbarkeit bzw. als Erntedank dargebracht.[606] Schon seit ältester Zeit (soweit sein Kult erkennbar ist) war Juppiter überdies der wichtigste Schutzherr der Römer. Er half, wie schon erwähnt,[607] als Juppiter Stator bei der Abwehr der Feinde, wofür ihm zwei Tempel errichtet wurden. Als dem deus Victor wurde ihm 295 v. Chr. ein Tempel gelobt.[608] Es ist möglich, daß auch Juppiter Feretrius, dem – siehe oben – schon Romulus den ältesten Tempel Roms geweiht haben soll, eine solche Schutzfunktion ausübte, weil ihm die wichtigste Siegesbeute, nämlich jene Waffen, die ein römischer Feldherr einem mit eigener Hand erschlagenen Feind abgenommen hatte, die sog. *spolia opima*, dargebracht wurden.[609]

[606] Beispielshalber seien drei Weinfeste für Juppiter genannt: Die *Vinalia priora* am 23. April, die *Vinalia rustica* am 19. August und die *Meditrinalia* am 11. Oktober. Unter dem Namen Juppiter Dapalis wurde der Gott im Frühling von Bauern angerufen, die seinem Bild Wein und Fleisch vorsetzten (*daps* = „heiliges Mahl"). Unter den verschiedenen Namen des Wettergottes Juppiter finden sich auch einige leicht verständliche *nomina agentis*: Serenator (neben Serenus), Rigator, Imbricitor (oder Imbrifer), Fulminator (neben Fulgur), Tonitrator (neben Tonans).

[607] Siehe oben S. 207 mit Anm. 556. Ein anderer Tempel als der dort erwähnte wurde dem Iuppiter Stator 146 v. Chr. in der Nähe des Circus Flaminius errichtet. Siehe Vitruv. III 1, 5 und Macrob., Sat. III 4, 2.

[608] Liv. X 29, 14. Das Votum erfolgte durch Q. Fabius Maximus im Samniterkrieg nach dem Sieg in der Schlacht bei Sentinum.

[609] Der älteste bezeugte Fall, zugleich der berühmteste dieser Art, war das

Für Juppiter Optimus Maximus wurden dementsprechend in seinem kapitolinischen Tempel mehrere besonders feierliche Staatsfeste begangen. Dort endete auch der Triumphzug der siegreichen Feldherrn,[610] dort brachten vornehme junge Römer, sobald sie die *toga virilis* angelegt und damit alle bürgerlichen Rechte erhalten hatten, ein Opfer dar. Der Juppiterkult bzw. die Schutzfunktion dieses Gottes spielte in der kaiserzeitlichen Staatsideologie – schon seit Augustus – zum Zwecke der Legitimation der kaiserlichen Macht eine wichtige Rolle.[611] Daß Juppiter in früher Zeit im besonderen der Schutzherr des Latinischen Bundes war, wurde schon ausgeführt. Juppiter hatte auch über die Einhaltung von Schwüren zu wachen. Einerseits konnte er als Himmelsgott sozusagen alles sehen und verfügte als Wettergott mit seinem Blitz über eine strafende Waffe für Eidesbruch; andererseits kam ihm diese Funktion gerade auch als dem Schutzherrn Roms zu. Es ging nämlich nicht nur um Schwüre im privaten Bereich – etwa um Eide, die von einem Zeugen vor Gericht geleistet wurden, um die Einhaltung des beschworenen Ehevertrages im Falle feierlicher Eheschließung, bei der sog. *confarreatio* –, sondern auch um Eide im staatlichen Bereich. Bei Vertragsabschlüssen, insbesondere bei Friedensschlüssen, mußten die dafür zuständigen Priester[612] Juppiter feierlich anrufen und ihm ein Tier opfern, welches in urtümlicher Weise durch einen Stein getötet wurde, den man im Tempel des Juppiter Feretrius verwahrte. Dabei erbat man von Juppiter, denjenigen mit seinem Blitz zu töten, der die Friedensbedingungen nicht einhielt.

Dem Kult des MARS[613] kam schon in der Königszeit neben jenem

Opfer der *spolia opima* durch M. Claudius Marcellus nach der Schlacht von Clastidium 222 v. Chr. Siehe Plut., Marc. 7f.

[610] Siehe S. 210.

[611] Siehe dazu bes. Fears, a. O., vor allem S. 56–97.

[612] Es handelt sich um die zwanzig Männer umfassende Priesterschaft der Fetialen. Die wichtigste Rolle bei der Ausübung ihrer staatlich-kultischen Aufgaben spielte ihr Wortführer, der *pater patratus*.

[613] Die wesentliche Literatur ist zuletzt (wie für die anderen hier behandelten Gottheiten) bei Radke, Die Götter Altitaliens, 198–205 und 357f., zusammengestellt. Auf die Untersuchung von Udo W. Scholz, Studien zum altitalischen und altrömischen Marskult und Marsmythos, Heidelberg 1970 (Bibl. d. klass. Altertumswiss., N. F., 2. Reihe, 35) sei besonders verwiesen. Nach Radkes Werk (2. Aufl.) erschien die Untersuchung von Johann H. Croon, Die Ideologie des Marskultes unter dem Prinzipat und ihre Vorgeschichte, ANRW II, 17, 1, Berlin–New York 1981, 246–275. Hier wird vor allem die

des Juppiter und dem des Mars gegenüber bald in den Hintergrund tretenden Quirinus besondere Wichtigkeit zu.[614] Mars war nach Juppiter der größte Gott auch vieler italischer Völker und Stämme.[615] Er war eines jener Numina, welche als „Vater" – gelegentlich *Marspiter* –

Wiederbelebung des Marskultes durch Augustus und die Geschichte dieses Kultes in den ersten drei Jahrhunderten n. Chr. behandelt, jedoch auch die Vorgeschichte seiner Ideologie in der Zeit des Prinzipats erörtert.

[614] Siehe S. 248ff.

[615] Marskulte sind nach der Auffassung der meisten Forscher an vielen Orten Italiens nachweisbar, so in Alba, Falerii, Aricia, Laurentum, Tusculum und Lavinium. Diesem Gott opferten auch die Sabiner, Herniker, Aequer und Päligner (s. u. a. Ov. fasti III 85–98). Allerdings dürften manche dieser Kulte aus Rom eingeführt worden sein. So auch der Marskult der Umbrer, der durch die Iguvinischen Tafeln bezeugt ist. Weit verbreitet bei den italischen Völkern war das archaische Opferritual des *ver sacrum*, des „gottgeweihten Frühlings": In gefahrvollen Zeiten (Krieg, Seuchen, Hungersnot u. a. m.) brachte man ein radikales Erstlingsopfer dar, indem man das Vieh und die Kinder, welche im nächsten Frühjahr geboren werden sollten, der Gottheit weihte. Die Tiere wurden ihr geopfert, die Kinder mußten, sobald sie erwachsen waren, das Land verlassen und eine Kolonie gründen. In Rom galt das *ver sacrum* zunächst dem Mars. Die Kolonisten wurden in den Bereich jenes Gottes geschickt, welchem das Ritual galt, also in fremdes Gebiet, wofür der Kriegsgott zuständig war. Schon antike Autoren halten es für möglich, daß diese Austreibung von Menschen ein Ersatz für Menschopfer früherer Zeit war. Als Rom 217 v. Chr. nach der ihm durch Hannibal zugefügten Niederlage am Trasimenischen See diese Sühnezeremonie durchführte, galt sie nach Weisung der Sibyllinischen Bücher erstmals dem Juppiter anstelle des Mars, offenbar weil jener indessen der Gott des Staates schlechthin geworden war. Vermutlich wurde der Sinn des Rituals damals nicht mehr verstanden, denn die Aussendung der Menschen entfiel. Interessanterweise vollzog man die Tieropfer, bestehend aus Schweinen, Schafböcken und Stieren, erst nach jenem zeitlichen Abstand, da die herangewachsene Jugend hätte ausgesandt werden müssen, also 195 v. Chr., und wiederholte sie wegen eines Formfehlers 194 v. Chr. Das *ver sacrum* erhielt für die Besiedlung Italiens große Bedeutung. Vielleicht hing die Übernahme des Marskultes durch manche italischen Völker und Stämme, so durch die Sabiner und Päligner, ebenso jene des Namens des mittelitalischen Volkes der Marser mit diesem Opferritus zusammen. Zum *ver sacrum* s. Werner Eisenhut, Ver sacrum, Der Kleine Pauly 5 (1975), 1181, 46–1183, 46, mit der dort angegebenen Literatur. – Es sei nicht verschwiegen, daß Radke, Die Götter Altitaliens, 205, betont, es gebe keinen Beweis für den gemeinitalischen Charakter des Gottes Mars, während ein solcher für Juppiter unanfechtbar vorliege. Radke verhält sich gegenüber der Auffassung von der Verbreitung des Marskultes bei italischen Völkern sehr zurückhaltend.

angerufen wurden.⁶¹⁶ Seine Priester waren der *flamen Martialis*, einer der drei dem Priesterkollegium der *pontifices* zugehörigen *flamines maiores*, also ein hoher *sacerdos*, und die angesehene Sodalität der zwölf *Salii Palatini*. In historisch heller Zeit war seine primäre Funktion die eines Kriegsgottes (anfangs offenbar der palatinischen Gemeinde, später Roms schlechthin), sein Name wurde synonym für „Krieg" gebraucht. Auf diese Zuständigkeit verweisen u. a. seine Beinamen Invictus und Ultor und die ihm gewidmeten Feste zu Ende Februar, im März und im Oktober als Eröffnungs- und Schlußrituale der Kriegszüge. Der erste Monat des altrömischen Jahres, der März, in dem die Feldzüge begannen, war nach ihm benannt. So führten im März und Oktober die Salier, bekleidet mit roten Kriegsmänteln und ausgerüstet mit Schilden und Helmen, ihre altertümlichen Tänze auf. Im Rahmen der religiösen Restaurationspolitik des Augustus wurde der Kult des Kriegsgottes Mars zu einer maßgeblichen ideologischen Stütze der neuen Staatsordnung und behielt seine Bedeutung grundsätzlich während der Prinzipatszeit. Schon in frühesten Epochen kam Mars aber auch die Funktion eines agrarischen Numens zu. Auch sie entsprach dem Schutzbedürfnis des vor allem bäuerlich tätigen römischen Volkes. So wurde Mars neben anderen Gottheiten von der Priestersodalität der *fratres arvales* bei den von ihr vollzogenen festlichen Umzügen um die bäuerliche Flur angerufen, wobei man ihm reiche Opfer darbrachte. Mars sollte über das Gedeihen der Flur und des Viehes wachen und Unheil abwehren.⁶¹⁷ Die regelmäßigen kultischen Reinigungen des bäuerlichen Grundbesitzes unterstellten sich ebenso seinem Schutz wie die alle fünf Jahre vollzogene Lustration des römischen Volkes auf dem diesem Gott geweihten Marsfeld am Ende eines Lustrums, d. h. nach Abschluß der Tätigkeit der Censoren.⁶¹⁸ Beide Funktionsbereiche des Mars finden ihre Gemeinsam-

---

⁶¹⁶ Siehe Anm. 576.
⁶¹⁷ Siehe Anm. 599. Wahrscheinlich nehmen einige der erwähnten Marsfeste im Frühling und im Herbst sowie die Tänze der Salier in dieser Zeit nicht auf den kriegerischen, sondern auf diesen Aspekt Rücksicht. Einzelne Feste, die zunächst anderen Vegetationsmächten galten, wurden auf Mars übertragen. An den *Robigalia* am 25. April wurde der Gott Robigus/Robigo (s. Anm. 566 und 600) zur Abwehr des schädlichen Getreiderostes angerufen, neben ihm auch Mars. Schon der König Numa Pompilius soll dieses Fest *Marti et Robigini* geweiht haben. Jedenfalls wurde dieses Fest schlechthin zu einem solchen des Mars, als der altertümliche Sondergott Robigus/Robigo in Vergessenheit geraten war.
⁶¹⁸ Vincent J. Rosivach, Mars, the Lustral God, Latomus 42 (1983), 509–521.

keit, wie schon angedeutet, in der schützenden Macht des Gottes.[619] Überraschenderweise wurde der Marskult offenbar nie, auch nicht in alter Zeit, in einem heiligen Bezirk auf dem zunächst von Latinern (deren besonderer Schutzherr der Gott war) besiedelten Palatin gepflegt, sondern nur in Heiligtümern außerhalb der kultischen Grenze Roms, des *pomerium*. Allerdings gab es in der Regia, dem Amtsgebäude der höchsten Priester am Forum Romanum, ein *sacrarium*, in dem Mars in Gestalt eines Speeres präsent war, welcher später mit einem menschengestaltigen Bild des Gottes verbunden wurde. In diesem Raum befanden sich auch mehrere Lanzen, deren spontane Bewegungen als Zeichen der Gottheit galten und daher von den *pontifices* dem Senat angezeigt werden mußten. Vor Beginn eines Krieges begab sich der Feldherr in diesen Kultraum und bewegte die dort liegenden Waffen mit den Worten *Mars vigila!* Schon in früher Zeit befand sich auf dem Marsfeld ein Altar für die Gottheit dieses ihr geweihten Bezirkes. Ebenso lag auch der dem Mars 388 v. Chr. vor der Porta Capena errichtete Tempel außerhalb des Pomeriums an der Via Appia, dort wo sich das römische Heeresaufgebot vor dem Auszug in einen Krieg zu versammeln pflegte. 138 v. Chr. wurde dem Mars ein weiterer Tempel nahe dem Circus Flaminius geweiht. Noch bedeutender waren der von Augustus als Dank für den Sieg über die Caesarmörder in der Schlacht bei Philippi (42 v. Chr.) im Jahre 20 v. Chr. auf dem Kapitol und der besonders prunkvolle, 2 v. Chr. auf dem zu diesem Zweck angelegten Augustusforum, nun also im Zentrum Roms, für Mars Ultor erbaute Tempel. Der Marskult öffnete sich, wie andere Kulte auch – darüber unten –, relativ früh griechischem Einfluß. Es scheint, daß schon der 388 v. Chr. erbaute Tempel an der Via Appia Mars als dem Repräsentanten griechischen Kultes galt. Ein 217 v. Chr. abgehaltenes Lectisternium (eine kultische Götterbewirtung), in der man neben das Bild des Mars jenes der Göttin Venus legte, wurde *Graeco ritu* durchgeführt.[620] Seit dieser Zeit lassen sich Übereinstimmungen der Gestalt des Mars mit jener des griechischen Gottes Ares feststellen.

Einen ähnlichen Kult wie Juppiter und Mars genoß in früher Zeit

---

[619] Trotz dieser naheliegenden Annahme herrscht in der Forschung Uneinigkeit darüber, ob eine der beiden Funktionen des Mars historisch vorrangig war und welcher die Priorität zukam.

[620] Livius XXII 10, 9: *tum lectisternium per triduum habitum decemviris sacrorum curantibus: sex pulvinaria in conspectu fuerunt, Iovi ac Iunoni unum, alterum Neptuno ac Minervae, tertium Marti ac Veneri, quartum Apollini ac Dianae, quintum Volcano ac Vestae, sextum Mercurio et Cereri.*

der Gott QUIRINUS.[621] Auch er wurde als „Vater" angerufen und sein Kult verfügte über einen *flamen maior*, den *flamen Quirinalis*, der allerdings in der Gruppe dieser bedeutenden *sacerdotes* den niedrigsten Rang einnahm, und über die Sodalität der zwölf *Salii Collini* (oder *Agonenses* oder *Agonales*[622]). Seinen Kultsitz hatte er auf dem nach ihm benannten *collis Quirinalis*. Wahrscheinlich war er als Gott der Gemeinde dieses Hügels zunächst der Stammesgott der Sabiner.[623] Seine Funktion als Schutzgottheit im Krieg[624] und im bäuerlich-agrarischen Leben entsprach wahrscheinlich jener des Mars. Dem Quirinus war zunächst ein einfaches Heiligtum auf dem Quirinalhügel zu eigen. Erst 293 v. Chr. wurde dieses *sacellum* durch einen Tempel ersetzt, welcher, schon 206 v. Chr. von einem Blitz getroffen und beschädigt, 49 v. Chr. teilweise abbrannte, von Augustus jedoch 16 v. Chr. durch einen prachtvollen Neubau ersetzt wurde. Sein Fest, die *Quirinalia*, wurde von alters her am 17. Februar gefeiert.[625] Sein *flamen* spielte aber auch bei anderen Festen eine Rolle, so bei den oben erwähnten *Robigalia* und bei den *Consualia*, einem Fest für CONSUS, den Schutzgott des in Korngruben verwahrten Getreides. Seit dem Zusammenschluß von Palatin und Quirinal trat Quirinus immer mehr hinter dem wesensverwandten Mars zurück und wurde allmählich mit ihm identifiziert. Vielleicht schon seit der Errichtung des Tempels im Jahre 293 v. Chr., vielleicht aber erst seit spätrepublikanischer Zeit, wurde er als der zu den Göttern entrückte ROMULUS (der als Sohn des Mars galt[626]) betrachtet, eine Auffassung, die Augu-

---

[621] Die neueste Literatur ist in Anm. 562 verzeichnet.
[622] Siehe Anm. 588.
[623] Siehe Anm. 556.
[624] Daß Quirinus ursprünglich (wie Mars als Speer) als Waffe verehrt wurde, ist eine nicht beweisbare Vermutung einiger Forscher.
[625] Am 17. Februar wurde in späterer Zeit auch das Fest der *Fornacalia* gefeiert, ein urtümliches Ritual, das anfänglich an einem jeweils festzulegenden Tag nach dem Rösten des Getreides als Fest der einzelnen Curien begangen worden war. (Die schlecht bezeugte Göttin Fornax, Numen der röstenden Kraft des Ofens, ist wohl aus dem Fest herausgesponnen.) Der 17. Februar führte damals die Bezeichnung *stultorum feriae*, denn wer das Fest versäumt hatte, mußte es an diesem Tag nachfeiern. Daß die Begehung der *Fornacalia* an diesem Tag die Regel wurde, läßt die Annahme zu, daß die *Quirinalia* indessen an Bedeutung verloren hatten. Zu den *Robigalia* siehe Anm. 566, 600 und 617.
[626] Bis zur Zeit des Dichters Naevius (spätes 3. Jh. v. Chr.) hatte Romulus als Sohn des Aeneas gegolten.

stus, der sich selbst als zweiten Romulus empfand, aus propagandistischen Gründen förderte und die von vielen Autoren aufgegriffen wurde. Damit hatte der alte Name des Quirinus jede Beziehung zu seiner ursprünglichen Bedeutung verloren.

Wie bereits erwähnt, genossen in frührömischer Zeit Juppiter, Juno und Minerva als Göttertrias gemeinsam kultische Verehrung und wurde ihnen nach alter (nicht gesicherter) Tradition 509 v. Chr. auf dem Kapitol der berühmte Staatstempel, gewöhnlich „Juppitertempel" genannt, errichtet.

JUNO,[627] ursprünglich wohl eine latinische Gottheit, galt den Römern als vergöttlichtes Abbild der jugendlichen Lebenskraft der Frau.[628] Sie war mit dem weiblichen Wesen genauso verbunden wie der Genius mit dem männlichen. Die Göttin war daher die Schützerin der Frau, etwa bei der Eheschließung,[629] sie verbürgte die Regelmäßigkeit der monatlichen Reinigung der Frau, war der Mutter bei der Niederkunft nahe[630] und verdrängte in dieser Funktion andere bei der Geburt hilfreiche Gottheiten wie die Parzen und sonstige urtümliche Mächte. Juno genoß in ältester Zeit nur im Rahmen der Familie kultische Verehrung.[631] Als Schutzgottheit der Frau erhielt sie zu einem nicht feststellbaren Zeitpunkt aber auch eine Kultstätte

---

[627] Literatur wie immer bei Radke, Die Götter Altitaliens, 152–155 und 356. Seither erschien vor allem die Untersuchung von Geneviève Dury–Moyaers et Marcel Renard, Aperçu critique des travaux relatifs au culte de Junon, ANRW II, 17, 1, Berlin–New York 1981, 142–202. In diesem Aufsatz werden u. a. der Name der Göttin, ihre Stellung im Rahmen der kapitolinischen Trias, das Wesen der Juno Lucina, Regina und Moneta und die Nonae Caprotinae erörtert. Weiter Klaus Dietrich Fabian, „Ex numine dea"? Überlegungen zum numinosen Ursprung der römischen Göttin Juno, in: Beiträge zur altitalischen Geistesgeschichte, Festschrift Gerhard Radke, Münster 1986 (Fontes et Commentationes, Suppl. Bd. 2), 102–115.

[628] Der Name geht auf dieselbe Wurzel zurück wie *iunix, iuvenis* und *iuvenca* und ist wohl als „geschlechtsreife Frau" zu deuten.

[629] So als Juno Pronuba, eigentlich die „Brautführerin", oder als Juno Domiduca, die „Heimführerin". Dieser Name leitet sich von der *domum deductio* der Braut im Rahmen der Hochzeitsfeierlichkeiten ab. Weitere ähnliche Beinamen der Göttin wie Cinxia und Juga seien hier nur erwähnt.

[630] Besonders als Juno Lucina (ursprünglich sicherlich der Name einer Sondergottheit, die in der Gestalt der Juno aufgegangen ist), welche nach einer antiken Deutung dem Neugeborenen das Licht *(lux)* zeigt; nach einer anderen führte sie diesen Beinamen nach jenem Hain *(lucus)*, in dem sie, wie zu erwähnen sein wird, auf dem Esquilin schon früh verehrt wurde.

[631] Siehe Anm. 600.

in einem Hain auf dem Mons Cispius im Bereich des Esquilin, wo ihr angeblich 375 v. Chr. ein Tempel errichtet wurde. Der Kasse dieses Heiligtums schuldete man nach jeder gut verlaufenen Entbindung ein finanzielles Opfer.[632] Schon zu Ende des 6. Jh. v. Chr. wurde der Juno, wie erwähnt, ein sehr bedeutender Kult als Göttin der Stadt Rom zuteil, wahrscheinlich eine Folge der durch etruskische Vermittlung zustande gekommenen Gleichsetzung der Juno mit der griechischen Göttin Hera, welche nach hellenischer Göttersage Gattin des Zeus war. Die Verbindung der Juno mit Juppiter ist also sekundär. Das Bild der Göttin wandelte sich infolge dieser Entwicklung völlig, sie war nicht mehr ausschließlich das Numen der lebenspendenden Kraft der Frau,[633] sondern wurde nun zur bedeutendsten weiblichen Stadtgottheit Roms mit Staatskult im kapitolinischen „Juppitertempel", in dessen linker Cella (an der Seite des Juppiterstandbildes) sich ihre Statue befand. Seit dem 4. Jh. v. Chr. wurde Juno in diesem Heiligtum als Juno Regina verehrt. Juno Regina war als Stadtgöttin des etruskischen Veii 396 v. Chr. vor der Zerstörung dieser Stadt durch

[632] Ein Problem besonderer Art ist Junos frühe Verknüpfung mit dem Mond. Man darf sie deshalb allerdings nicht, wie es gelegentlich geschieht, als Mondgöttin charakterisieren. Die ursprünglich mit dem Neumond zusammenfallenden *Kalendae* – in Laurentum hieß die Göttin deshalb Kalendris –, die ersten Tage des Monats im ursprünglichen Mondjahr, waren der Juno geweiht. An diesen und an den darauffolgenden Tagen bis zu den *Nonae* (dem fünften oder siebten Tag des Monats) wurde Juno von einem Pontifex angerufen. Nach der gängigen, aber durchaus nicht überzeugenden Erklärung hängt dieser Aspekt der Juno mit ihrer Eigenschaft als Göttin der Frau zusammen. Erwähnung verdienen auch die sog. *Nonae Caprotinae* am 7. Juli, ein uraltes Fest, an welchem die Frauen der Juno Caprotina (wahrscheinlich die mit einem Bocks- oder Ziegenfell bekleidete Juno, ursprünglich wohl auch eine selbständige Gottheit) in freier Natur unter einem wilden Feigenbaum Opfer darbrachten, bei denen die Milch des Feigenbaumes eine Rolle spielte und auch andere schwer deutbare Riten vollzogen wurden, am ehesten Fruchtbarkeitsriten. Dann folgte an Ort und Stelle ein Festschmaus. Neben den freien Frauen nahmen – und zwar in besonders großer Zahl – Sklavinnen in Matronentracht teil, was den *Nonae Caprotinae* auch den Namen *ancillarum feriae* eintrug. In der Überlieferung wird das Fest mit jenen der *Poplifugia* am 5. Juli und der *Vitulatio* am 8. Juli in Verbindung gebracht, ohne daß dafür eine klare Begründung gegeben werden kann. Siehe dazu Werner Eisenhut, Caprotina, Der Kleine Pauly 1 (1964), 1946, 15–1047, 19.

[633] Im Gegensatz zu Juno blieb der Genius des Mannes dauernd an Personen gebunden. So ist auch der Genius populi Romani zu verstehen; das römische Volk hatte personalen Charakter.

die Römer evoziert worden.[634] Ihr baute man 392 v. Chr. (die diesbezügliche Nachricht ist allerdings nicht sicher verbürgt, jedoch eher zuverlässig) einen zusätzlichen Tempel auf dem Aventin. Die Gleichsetzung Junos mit Hera, die den Griechen auch als „Basileia" galt, erleichterte die neue Verehrungsform.[635] Dem Ansehen der Juno Regina entsprechend erbaute man ihr 179 v. Chr. und 146 v. Chr. zwei weitere Tempel in der Nähe des Circus Flaminius. Eine besondere Hervorhebung verdient auch Juno Moneta, der man 344 v. Chr. aufgrund eines ein Jahr vorher geleisteten Votums auf der Arx des kapitolinischen Hügels einen Tempel weihte, einen weiteren 168 v. Chr. nach dem Krieg mit den rebellischen Korsen. Moneta heißt offenbar die „Mahnerin", Juno soll 345 v. Chr. gelegentlich einer drohenden kriegerischen Auseinandersetzung durch ihre Mahnung das gefährdete Kapitol gerettet haben.[636] Juno besaß auch außerhalb Roms Kultstätten, so in Falerii, Tibur, Gabii, Perusia und Lanuvium. In der latinischen Stadt Lanuvium wurde sie unter dem Titel Juno Seispes (dieser Name ist ungeklärt[637]) Mater Regina in einem mit Lanze und Schild ausgerüsteten Götterbild verehrt. Nach der Annexion dieser durch ihre Frömmigkeit besonders bekannten Stadt 388 v. Chr. nahm Rom den Kult unter seine Obhut und die Konsuln brachten dieser Juno in ihrem angestammten Heiligtum jährliche Opfer dar. Ohne Minderung dieses Kultes wurde ihr 194 v. Chr. auch in Rom am Forum holitorium ein Tempel errichtet. In der Kaiserzeit gab es in Rom sogar eigene *sacerdotes Lanuvini*.

In Hinsicht auf MINERVA [638] bestehen viele Unklarheiten. Während

[634] Siehe Anm. 592.

[635] Daß Juno als die griechische Hera betrachtet wurde, beweisen rituelle Eigentümlichkeiten, besonders, daß man die für den *ritus Graecus* zuständigen *decemviri sacris faciundis* und nicht die *pontifices* mit der Durchführung dieses Kultes betraute. In ihrem Tempel auf dem Aventin wurde Juno Regina vor allem von Frauen verehrt. Für das Kultfest des Jahres 207 v. Chr. dichtete L. Livius Andronicus ein von 27 Jungfrauen gesungenes Chorlied.

[636] Im Gebiet dieses Tempels wurde die römische Münzstätte errichtet. *Moneta* erhielt daher die Bedeutung „Münzstätte", „Münze" (Liv. VI 20, 13: ... *ubi nunc aedes et officina Monetae est* ... *in arce aut Capitolio*).

[637] Gelegentlich wird aufgrund antiker Tradition vermutet *Seispes* sei *sospita*, die Retterin. Dabei dürfte es sich jedoch um eine Volksetymologie handeln.

[638] Literatur zu dieser Frage wieder bei Radke, Die Götter Altitaliens, 217–219, 358. Ergänzend: Jean-Louis Girard, La place de Minerve dans la religion au temps du principat, ANRW II, 17, 1, Berlin–New York 1981, 203 bis 232, wo einleitend auch auf den Minervakult in früherer Zeit eingegangen

die Forschung früher aufgrund des Namens etruskische Herkunft annahm, ist sie nun zur Überzeugung gelangt, daß sie eine nach Rom transferierte sabinische Stadtgottheit war. Beide Deutungen würden ihrer Zugehörigkeit zur kapitolinischen Trias gerecht, in deren Tempel die rechte Cella ihr Kultraum war. Einerseits dürfte, wie früher erwähnt, die Zusammenordnung der drei Gottheiten etruskischer Anregung entspringen und wurde der Tempel wahrscheinlich von den Tarquiniern errichtet, auch dürfte die unrömische Verehrung anthropomorpher Götterbilder als etruskische (indirekt griechische) Sitte nach Rom gekommen sein; andererseits entspricht es der Struktur der römischen Religion der Frühzeit, daß sich zum übergeordneten Numen des Juppiter Optimus Maximus die latinische Juno und die sabinische Minerva gesellten. Man denke an das gleiche Verhältnis zwischen Mars und Quirinus. Für sabinische Herkunft spricht auch, daß Minerva, bevor sie ihre Kultstätte im Tempel auf dem Kapitol erhielt, eine frühe Verehrungsstätte auf dem sabinischen Quirinal besessen hatte. Dem ältesten römische Kalender war ihr Kult noch nicht bekannt, doch wurde er spätestens im 6. Jh. v. Chr. eingeführt. So problematisch wie ihre Herkunft ist die ursprüngliche Funktion der Minerva. Daß sie auf etruskischen Spiegeln und römischen Münzen mit Helm, Schild und Lanze gewappnet ist und offensichtlich ihr Kultbild im kapitolinischen Tempel so gestaltet war, könnte als Hinweis auf ihre primäre Funktion als städtische Schutzgottheit auch in Rom dienen. Sie wäre dann ein Gegenstück zu Juno. Dem steht gegenüber, daß Minerva – ohne daß es sich um ihre ursprüngliche Funktion handeln muß – von den Römern in erster Linie als Schutzgottheit der Handwerker (der *artifices* und *fabri*) empfunden wurde, zu welchen nach damaliger Auffassung z. B. auch die Dichter und Schauspieler zählten. Jedenfalls hat der Einfluß des „Handwerks" ihren Kult entscheidend geprägt. In dieser Eigenschaft wurde ihr auf dem Aventin ein Tempel errichtet, sicherlich vor dem 3. Jh. v. Chr., die älteste Bezeugung ist jedoch erst für das Jahr 207 v. Chr. gegeben.[639] Als Minerva

wird. Vom selben Vf. weiter: Domitien et Minerve: une prédilection impériale, ebd., 233–245.

[639] 207 v. Chr. hatte L. Livius Andronicus anläßlich eines Festes für Juno Regina ein Chorlied verfaßt (s. Anm. 635). Zum Dank dafür, für seine dichterischen Leistungen überhaupt und seine Tätigkeit als Lehrer wurde mit dem Sitz beim Minvervatempel auf den Aventin das *collegium scribarum et histrionum* begründet, das Schreiber, wozu auch die Dichter und Lehrer gehörten, und Schauspieler zu gemeinsamen Kultfeiern, aber auch zu Beratungen

Medica war sie die Schutzgottheit der Ärzte, welche ja auch den *artifices* zuzurechnen waren, mit einem Tempel auf dem Esquilin. Ihr Hauptfest war jenes der *Quinquatrus* am 19. März, dem Stiftungstag des Tempels auf dem Aventin. Nachweislich wenigstens seit 168 v. Chr. dauerte es volle fünf Tage. Da an diesem Fest der „Handwerker" auch die Lehrer teilnahmen, wurde bis in das 4. Jh. n. Chr. hinein schulfrei gegeben. Ein ähnliches Fest, die *Quinquatrus minores* am 13. Juni, nahmen vor allem die Flötenspieler für sich in Anspruch. Sehr früh wurde Minerva mit der griechischen Göttin Athene identifiziert. Auch diesbezüglich stellen sich mannigfache Probleme. Man weiß nicht, wann diese Gleichsetzung erfolgte, strikt nachweisbar ist sie erst für das Lectisternium des Jahres 217 v. Chr.[640] Ob sie durch das Bild der mit Lanze und Schild gerüsteten Athene angeregt wurde oder umgekehrt die gleichartige Ausstattung des Bildes der Minerva ihre Identifizierung mit Athena Polias, der Schutzgottheit von Athen (und anderer griechischer Städte), sozusagen provozierte und dadurch die vielleicht urtümliche Funktion der Minerva als Schutzgottheit von Rom gefestigt hat, ist unsicher. Davon und daher auch von der Datierungsfrage hängt die Entscheidung darüber ab, ob Minerva erst infolge ihrer Gleichsetzung mit Athene – in diesem Fall mit Athene Ergane – zur Schutzgottheit des Handwerks wurde. Der Minervakult blühte in vielen italischen Städten, so von alters her im sabinischen Orvinium – ein möglicher weiterer Hinweis auf die sabinische Herkunft der Gottheit –, aber z. B. auch in der Etruskerstadt Veii, wohin der Kult, wie auch nach Rom, wohl aus dem sabinischen Gebiet übertragen worden war. Ein altes Kultzentrum war Falerii, von wo nach nicht gesicherter Nachricht[641] ein Kultbild der Göttin 241 v. Chr. nach Rom gebracht worden sein soll, das Bild der Minerva Capta, für welches am Abhang des Mons Caelius ein Tempel, das Minervium, errichtet wurde.

Zu den urtümlichen Gottheiten mit zunächst nur beschränktem Funktionsbereich und Kult, welche später jedoch zu großen öffentlich verehrten Numina wurden, gehören außer Quirinus und Juno auch Vesta und Janus.

---

beruflicher Probleme vereinte. Damit bekundete der römische Staat erstmals Interesse und Anerkennung für die Dichtung.

[640] Siehe Anm. 620.

[641] Bezeugt bei Ovid, Fasti III 835–848. Der Dichter gibt für den Namen der Minerva Capta mehrere Deutungen (839: *nominis in dubio causa est*). Daß Minerva als *captiva* aus Falerii nach Rom gekommen sei (843f.), ist für ihn immerhin die wahrscheinliche (844: *hoc ipsum littera prisca docet*).

VESTA,[642] wahrscheinlich sabinischer Herkunft, stellt die Forschung vor zahlreiche, vielfach ungelöste Probleme. Ihre anfängliche Zuständigkeit liegt im dunkeln, doch dürfte sie schon früh als Göttin des Herdes der altrömischen Großfamilie verehrt und bald als Vesta populi Romani Quiritium zu einer Stadtgottheit geworden sein. Der zunächst einfache Kult wurde bald im wiederholt umgebauten Rundtempel auf dem Forum Romanum vollzogen, das, als das Heiligtum errichtet wurde, noch außerhalb des damals rein palatinischen Pomeriums lag. Die *aedes Vestae* wurde niemals als *templum* im strengen Sinne dieses Wortes „inauguriert", d. h. gemäß alten Vorschriften nach Durchführung von Augurien, also nach formeller Einholung und Deutung von Götterzeichen, geweiht. Diese überraschende Tatsache hat zu verschiedenen Theorien Anlaß gegeben. Die angesehene Priesterschaft der sechs *virgines Vestales*,[643] die in dem an die *aedes Vestae* anschließenden *atrium Vestae* wohnten, soll schon durch Numa Pompilius, also in früher Königszeit, eingerichtet worden sein. Sie gehörte dem Collegium der Pontifices an (der *pontifex maximus* übte über sie die *patria potestas* aus), standen aber auch in Beziehung zum *rex sacrorum*. Sie waren Gegenstand mannigfacher hoher Ehrungen. Nicht nur Tempel und Priesterschaft weisen auf das hohe Alter des öffentlichen Kultes hin, sondern auch das Fest der schon im römischen Kultkalender unter dem 9. Juni verzeichneten *Vestalia*. Im Vestaheiligtum befand sich nie ein Kultbild, die Göttin wurde vielmehr als heiliges Feuer verehrt, das zwei Vestalinnen bewachten,[644] weil an ihm das Wohl des Staates hing. Es wurde am 1. März, zu Beginn des Jahres nach der ursprünglichen römischen Kalenderordnung, gelöscht und feierlich durch Reiben von Hölzern einer *arbor felix*, d. h. eines fruchttragenden Baumes, später auch mit Hilfe eines Brennglases

---

[642] Siehe Anm. 601, wo sich auch Literaturangaben finden. Der Umfang der Darstellung bei Radke, Die Götter Altitaliens, 320–335 und 363, verrät die Vielzahl der mit dieser Göttergestalt verbundenen wissenschaftlichen Probleme.

[643] Zu den Vestalinnen s. auch Anm. 559.

[644] Unsere Vorstellung von der baulichen Gestaltung der *aedes Vestae* ist sehr unvollkommen. Sogar ob das Feuer in seinem Inneren unterhalten wurde, ist unsicher. Es brannte wohl eher außerhalb des Heiligtums, weil es nach antiker Überlieferung sichtbar war. – Auch von Vesta war über griechischen Einfluß, und zwar spätestens bei dem schon erwähnten Lectisternium von 217 v. Chr., ein Bild vorhanden, das bei diesem Ritual neben jenes des Gottes Volcanus gelegt wurde. In dem von Augustus geweihten palatinischen Heiligtum der Vesta befand sich ebenfalls ein Götterbild.

erneuert. Spätestens seit dem Ende der Republik wurde Vesta als Göttin des „Staatsherdes" betrachtet. Obwohl die sprachliche Übereinstimmung ihres Namens mit jenem der griechischen Hestia trotz des äußeren Anklanges nicht feststeht, ist eine sachliche Einflußnahme auf die Einrichtung eines Kultes für den römischen Staatsherd unabweisbar. Mehrere weitere Aufgaben der Vestalinnen gehen zum Teil auf sehr alte, ungeklärte Tabuvorschriften zurück. So mußten sie Wasser über eine Meile weit aus der nach der Quellnymphe Egeria benannten Quelle im Hain der Quellgottheiten Camenae außerhalb der Porta Capena in altertümlichen Gefäßen holen. Sie hatten die *mola salsa*, eine Mischung aus Speltschrot und einer Salzflüssigkeit, und das *libum farreum*, einen Speltkuchen, zum Gebrauch bei verschiedenen Opferriten herzustellen. Eine neuere Interpretation einiger Aufgaben der Vestalinnen glaubt, der Vestatempel sei ursprünglich ein Grab oder Heroon gewesen und die Vestalinnen seien sozusagen als „Fremde" oder gar als „Tote" verstanden worden.[645] Der Vestatempel war nicht öffentlich zugänglich, es sei denn (dies ist nicht gesichert) während der schon erwähnten *Vestalia* bzw. der dieses Fest umgebenden (neuntägigen) Woche vom 7. bis 15. Juni. Am Ende dieser Periode wurde der Tempel gereinigt und das *stercus* in den Tiber geworfen. Wahrscheinlich handelt es sich dabei um die rituelle Beseitigung der während des Festes nicht aufgebrauchten Kultmittel, etwa der *mola salsa*. Zu den Zeremonien während der *Vestalia* sollen sich *matronae* dem Tempel barfuß genähert haben – auch dies eine nicht gesicherte und für uns rätselhafte Mitteilung. Seit 170 v. Chr. wurden die *Vestalia* auch als Fest der Bäckergilde gefeiert. Die Mühlsteine und die sie treibenden Esel wurden an diesem Tag mit Blumen geschmückt. Daß auch die Broterzeugung unter dem Schutz der Vesta

---

[645] Siehe Radke, Die Götter Altitaliens, 328–333: Der Umstand, daß das Heiligtum auf dem Forum Romanum nicht formell als *templum* inauguriert und durch strenge Tabuvorschriften verschlossen war, lege diese Auffassung nahe. Darauf verweist neben anderen schwer deutbaren Kultverpflichtungen der Vestalinnen, daß sie am 15. Februar Totenopfer darzubringen hatten. Eine Bestätigung dieser Auffassung findet Radke in einer trapezförmigen, mit Opfergaben gefüllten, in der Mitte des Rundbaues gefundenen Grube. Manche Einzelheiten der Einsetzung der Vestalinnen und der ihnen zukommenden hohen Ehrungen sowie auch das Lebendigbegrabenwerden im Falle eines Vergehens gegen die Keuschheitsverpflichtung erweisen, daß sie bei der Übernahme ihrer Priesterwürde als „Fremde", ja geradezu als „Tote" betrachtet wurden. Hampls Interpretation der Funktion der Vestalinnen (s. Anm. 559) führt allerdings zu einer völlig anderen Auffassung.

stand, erinnert an ihre ursprüngliche Funktion als Göttin des häuslichen Herdes. In späterer Zeit weihte man der Göttin mehrere andere Tempel, in denen sich stets Bilder der Gottheit befanden. 12 v. Chr. errichtete Augustus, welchem die Verlebendigung des Vestakultes besonders am Herzen lag, in seinem Haus auf dem Palatin, dem nunmehrigen Zentrum des Staatskultes, der Göttin aufgrund eines Senatsbeschlusses eine *aedicula* (eine Kapelle) und einen Altar. In der Mitte des 3. Jh. n. Chr. trat die Vestaverehrung vorübergehend wieder stark in den Vordergrund des religiösen Interesses.

Auch der ursprüngliche Wirkungsbereich und die Gestalt der altrömischen Gottheit JANUS [646] stellt die Forschung vor nicht gelöste Probleme. Dies überrascht, weil Janus ohne Zweifel von Anfang an eine hochrangige Gottheit war: Er wurde wie Juppiter, Mars, Quirinus, Neptunus, Liber (s. dazu auch Lucilius fr. 20–22 M.) und Falacer als *pater* angerufen, in alten, an mehrere Götter gerichteten Gebeten sogar stets an erster Stelle (auch vor Juppiter); der *rex sacrorum,* der oberste in der Priesterhierarchie, war sein Eigenpriester und brachte ihm in seinem Kultgebäude, der *regia*, Opfer dar. Das Hauptfest des Janus, das *Agonium* am 9. Januar, ist schon im ältesten Kultkalender verzeichnet. Dem Gott wurde auch an den *Kalendae* (also am ersten Tag eines jeden Monats) geopfert. Der Monat *Januarius* war nach ihm benannt. Nicht sicher gedeutet ist sein Name, obwohl er wahrscheinlich mit *ianua* (Haustüre; doch besaß Janus sicherlich nie einen Kult im privaten Haus!) und mit *ianus* (gedeckter Gang, Durchgang; als *iani* wurden in Rom die öffentlichen Tore und Durchgänge bezeichnet) verwandt ist. Vielleicht bedeutet Janus als *nomen actionis* das „Gehen", den „Lauf", eine Deutung, welche schon in der Antike vertreten wurde. Ungeklärt ist weiter die Darstellung des Gottes als Doppelkopf; ebenso, warum eine auf dem Forum Romanum befindliche, zum Quirinal führende Toranlage in eigentümlicher Bauart (sie bestand aus zwei seitlich verbundenen Torbögen), der dem Gott geweihte *Ianus geminus*, in Kriegszeiten geöffnet und in Friedenszeiten geschlossen blieb.[647] Nach dem Zeugnis antiker Bildwerke soll Janus

---

[646] Siehe Anm. 601. Zur Literatur s. Radke, Die Götter Altitaliens, 147–149 und 356. Ergänzend sei hingewiesen auf die Aufsätze von Robert Turcan, Janus à l'éqoque impériale, ANRW II, 17, 1, Berlin–New York 1981, 374–401, und Joël Thomas, Janus. Le dieu de la genèse et du passage, Euphrosyne, N. S 15 (1987), 281–296.

[647] Dies soll schon der König Numa Pompilius so geordnet haben. In der Zeit der Republik sei, so wird berichtet, dieses Heiligtum nur einmal, nämlich nach dem Ende des Ersten Punischen Krieges, geschlossen worden. Erst

sogar ein allwissender Sonnengott gewesen sein, nach der Auffassung einiger Forscher sei in ihm ein altrömisches Numen durch etruskische Vermittlung mit einer orientalischen Gottheit, wohl einem syrischen Himmelsgott, vereinigt worden. Wie dem immer sei, die Römer sahen in ihm den Gott der öffentlichen Tore und Durchgänge, der *iani*, den sie dort beim Betreten und Verlassen der Stadt verehrten, ebenso den Gott jeden Eingangs (und wohl auch Ausgangs), vielleicht überhaupt des Anfangs[648] (und des Endes), allenfalls sogar den Schöpfer des Lebens. In Rom wurden ihm mehrere Tempel erbaut. Berühmt war jener am Forum holitorium nahe dem Marcellustheater (Stiftungstag am 17. August), angeblich 206 v. Chr. in der Schlacht von Mylae gelobt, nach Beschädigung von Augustus wiederhergestellt und 17 n. Chr. von Tiberius neu geweiht. Als Festtag dieses Heiligtums wurde der 18. Oktober festgelegt. Heute noch erhalten ist der von Domitian auf dem Forum transitorium errichtete *Ianus quadrifrons*, ein viertoriges Heiligtum mit einer Götterstatue mit vier Gesichtern.

An dieser Stelle sei auf den Einfluß der Etrusker und der Griechen auf die römische Religion hingewiesen. Zwischen den Etruskern, unmittelbaren Nachbarn Roms, und den Römern herrschte ein Verhältnis gegenseitigen Gebens und Nehmens. Die etruskische Sprache weist – dies kann trotz der Schwierigkeit ihrer Deutung festgestellt werden – Entlehnungen aus dem Lateinischen (und Umbrischen) auf. So sind auch einige etruskische Götternamen lateinischer Herkunft. Reicher wurden jedoch die Römer von ihren Nachbarn beschenkt, welche Politik, Kultur und Zivilisation Roms, dessen Name etruskisch ist, besonders aber auch ihre Religion mitprägten. Einiges wurde bereits erwähnt, auf anderes wird noch zu verweisen sein.[649] Bei Kulten mehrerer römischer Götter vermuten manche

---

Augustus war in der Lage, die Tore des Janus Geminus dreimal zu schließen. Später konnte dies wieder von Nero und Vespasian veranlaßt werden. Nach einer antiken Deutung sollte dadurch der Krieg eingeschlossen, nach einer anderen der Friede festgehalten werden.

[648] Deshalb waren ihm die *Kalendae* heilig. Problematisch ist jedoch der nach ihm benannte Monat *Januarius*, weil er bis 153 v. Chr. nicht der erste Monat des Jahres war. Bis zu der damals vollzogenen Neuordnung begann das römische Jahr am 1. März.

[649] Wie erwähnt, ging der rituelle Zusammenschluß der Göttertrias Juppiter, Juno und Minerva auf etruskische Anregung zurück und wurde auch die Verehrung der Götter – zunächst des kapitolinischen Juppiter – unter menschlichem Bild in Rom von den Etruskern übernommen (dadurch indirekt aller-

Gelehrte etruskische Herkunft, vor allem bei jenem des Saturnus, des Volcanus und des Volturnus. Deren Feste, die *Saturnalia* am 17. Dezember, die *Volcanalia* am 23. August und die *Volturnalia* am 27. August, gehörten schon dem ältesten Festkalender der Römer[650] an. Wenn die etruskische Herkunft dieser Kulte stimmt, darf man ihre Einrichtung gegen Ende der Königszeit annehmen, als etruskische Herrscher in Rom regierten und der etruskische Einfluß in Rom überhaupt zunahm. Volcanus und Volturnus verfügten über *flamines*, nicht jedoch Saturnus, obwohl dessen Kult im Laufe der Zeit wichtiger wurde als jener der beiden anderen Götter. Sein Name soll schon im alten Lied der Salier vorgekommen sein.[651] Die Schwierigkeiten, die sich der Forschung bei der Feststellung des etruskischen Einflusses auf die römische Religion stellen, erhellen aus der Tatsache, daß man sich zunächst bemühte, diese Götter als genuin römisch zu erweisen, und nun, nachdem sich zwischendurch die Überzeugung, sie seien etruskischer Herkunft, in der Forschung weitgehend durchgesetzt hatte, ihre Namen neuerlich aus lateinischem Sprachgut erklärt, womit die Übernahme dieser Kulte aus Etrurien wieder fraglich wird.[652] Dennoch sollen diese drei Götter jetzt kurz

dings von den Griechen, erst später unmittelbar aus hellenischem Kult). Auch der Triumph des Feldherrn, ursprünglich ein zur Gänze sakraler Akt, kam von den Etruskern her, ebenso die Sitte der Gladiatorenkämpfe bei der Bestattung eines nahen Verwandten. Später wird die Bedeutung der vermutlich ursprünglich etruskischen Sibyllinischen Bücher für die Einführung fremder, vor allem griechischer Kulte hervorzuheben sein. Auch die Berechnung der wechselnden Dauer der *saecula*, die man jeweils durch *ludi saeculares* beschloß, fußt auf etruskischer Lehre. Die kultische Mantik der Römer orientierte sich weitgehend an etruskischen Traditionen, die Eingeweideschau (*haruspicina*), von etruskischen *haruspices* vollzogen, wurde schlechthin als *disciplina Etrusca* bezeichnet.

[650] Siehe Anm. 596.
[651] Festus 476, p. 432, 18f. Lindsay.
[652] Die moderne Forschung schloß sich zunächst der bei Varro, l. L. V 64 (*ab satu est dictus Saturnus*) und mehreren anderen antiken Autoren bezeugten Deutung des Namens des Saturnus als Sator („Säer") an. Sie begegnete mit Rücksicht auf die verschiedene Quantität der ersten Silbe (Sāturnus, sător) Zweifeln. Gustav Herbig, Satre – Saturnus, Philologus 74 (1917), 446–459, vertrat daher die Ansicht, Saturnus sei ein rezipierter etruskischer Gentilgott, unter dessen Namen allerdings der griechische Gott Kronos von den Etruskern übernommen worden sei. Diese Auffassung fand weitgehende Zustimmung, so u. a. von Kurt Latte. Insbesondere glaubte man, den Namen des Gottes auf der berühmten Bronzeleber von Placentia als *satres* zu finden. Ger-

gekennzeichnet werden. Ob sein Name vom Verbum *serere* („säen") abzuleiten ist oder nicht, die Römer verehrten in SATURNUS ein Numen, welches sie die Kunst des Landbaues gelehrt hatte. Verwirrend ist nicht nur die erwähnte Unsicherheit der Herkunft des Kultes, sondern auch dessen Ausgestaltung nach dem *ritus Graecus*[653] und die

hard Radke, Die Götter Altitaliens, 282–284 (mit 362), welcher die Frage ausführlich und bedächtig prüft, beseitigt die Schwierigkeiten, welche die verschiedene Quantität der ersten Silbe des Gottesnamens der ursprünglichen Erklärung bereitet hatte, und sieht in Saturnus den Gott, welcher die Absicht, die Menschen das Säen zu lehren, verwirklicht. Die Übernahme des Gottes aus der etruskischen Religion anzunehmen, ist nach dieser Auffassung unnötig. Angeblich gehört er vielmehr zu den von Titus Tatius nach Rom gebrachten sabinischen Gottheiten (Varro, l. L. V 74, Dionys. Halic., ant. Rom. II 50, 3, Augustinus, civ. IV 23). Nach antiker Tradition habe Tullus Hostilius dem Gott erstmals am Fuße des Kapitols einen Altar (Macrob., Saturnalia I 8, 1), allerdings erst der etruskische König Tarquinius Superbus an derselben Stelle ihm einen Tempel errichtet, der 497 v. Chr. geweiht worden sei (Dionys. Halic., ant. Rom. VI 1, 4. Livius II 21, 2). Dieser war einer der größten auf dem Forum Romanum, in ihm wurde der römische Staatsschatz aufbewahrt. – Den Namen des Volcanus konnte man schon in der Antike nicht deuten, lateinischer Ursprung ist unwahrscheinlich. Mehrere Gelehrte, vor allem Franz Altheim, Griechische Götter im alten Rom, Gießen 1930 (RVV XXII, 1), 172f., sehen in ihm einen etruskischen Gentilgott (der etrusk. *gens Volca*) oder identifizieren ihn mit dem etruskischen Gott Seθlans (dem er jedoch erst in späterer Zeit gleichzusetzen sei). Auch hielt man es für denkbar, daß er über Etrurien aus dem Mittelmeerraum (Kreta?) nach Rom gekommen wäre. Heute ist man jedoch eher geneigt, auch in Volcanus, wie schon im Altertum vermutet, einen ursprünglich sabinischen Gott zu sehen, der von Titus Tatius nach Rom gebracht worden sei. (Dafür liegen dieselben Zeugnisse vor wie für Saturnus.) – Volturnus ist für Gustav Herbig, für Kurt Latte und andere Gelehrte ein nach Rom eingebürgerter etruskischer Gott. Gerhard Radke, a. O., 348, mahnt jedoch zur Vorsicht und hält es für möglich, den Namen des Gottes mit einem zu erschließenden kausativen Verbum *voleo* „gesund machen" in Verbindung zu setzen. Volturnus sei demnach jener Gott, „der gesundmachen wollte und es getan hat".

[653] So wurden in dem zu Ende der Königszeit errichteten Saturntempel am Fuße des Kapitols, in welchem sich ein gräzisierendes Kultbild befand, die Opfer – allerdings vermutlich erst in späterer Zeit – nach griechischem Ritus dargebracht, so daß manche Gelehrte sogar an griechische Siedler in dieser Gegend dachten. Eine Beeinflussung der Saturnalien durch das in Athen – allerdings dort im Hochsommer – begangene Fest der „Kronia" dürfte vorliegen. Wie viele der ursprünglichen Riten dem Saturnus als solchem zu eigen waren, ist nicht auszumachen.

Gleichsetzung des Gottes mit dem griechischen Kronos.[654] Das sehr populäre Fest der *Saturnalia,* am 17. Dezember im frühen Winter, wenn die Feldarbeit beendet war, als größtes Bauernfest begangen, unter Augustus auf drei Tage verlängert und später sogar sieben Tage lang, nämlich vom 17. bis 23. Dezember, gefeiert, wurde sicherlich in der Königszeit oder in frühester republikanischer Epoche, vermutlich in Verbindung mit der Errichtung des Saturntempels begründet. Herren und Sklaven begingen es gemeinsam, der soziale Unterschied war während des Festes aufgehoben. Seit 217 v. Chr. wurde außer einem besonders großzügigen Opfer auch ein Lectisternium, eine Götterbewirtung, durchgeführt, woran sich ein allgemeines Festmahl und Lustbarkeiten bis tief in die Nacht hinein schlossen. Obwohl dieses ausgelassene Treiben bäuerlichem Kult entsprach, ist nach allgemeiner Auffassung griechischer Einfluß auf die Ausgestaltung des Festes unabweislich.[655] VOLCANUS sollte vor Schadenfeuer bewahren.[656] Mit Rücksicht auf die Häufigkeit der Brände hatte dieser Kult hohen Rang. Die Feier der *Volcanalia* am 23. August läßt vermuten, daß der Gott vor allem auch das in die Scheunen eingebrachte und zur Zeit der Sommerhitze besonders gefährdete Getreide schützen sollte. Früh wurde Volcanus dem griechischen Hephaistos, dem Gott der Handwerker, vor allem der Schmiede, und daher auch des (allgemein nützlichen) Feuers gleichgesetzt.[657] Sein ältestes Heiligtum, offenbar ein einfacher Kultplatz, war das Volcanal auf dem Forum Romanum, sein Haupttempel wurde im 3. Jh. v. Chr. auf dem Marsfeld beim Circus Flaminius errichtet. Bei dessen Bau verfügten *haruspices,* der Tempel müsse außerhalb der kultischen Grenze Roms errichtet werden, wohl um das von Volcanus verkörperte Feuer von der Stadt fernzuhal-

---

[654] Kronos, nach griechischem Mythos der Vater des Zeus, soll sich, von seinem Sohn gestürzt und verfolgt, nach Latium gerettet haben. Daher wurde Latium und dann überhaupt Italien als Land des Saturnus bezeichnet. Es bestand sogar die Vermutung, Rom habe ursprünglich Saturnia geheißen. Das Zeitalter der Herrschaft des Saturnus in diesem Lande sei das goldene gewesen.

[655] Siehe Anm. 653.

[656] Deshalb wurde Volcanus auch Mulciber, der besänftigende Gott (von *mulceo* „streicheln"), genannt. – Vesta hingegen war die Gottheit des nützlichen und schützenden Feuers.

[657] Bei dem 217 v. Chr. nach der Niederlage der Römer am Trasimenischen See nach griechischem Ritual durchgeführten Lectisternium (einer Götterbewirtung) wurden deshalb Volcanus und Vesta (neben zehn anderen Gottheiten) gemeinsam bewirtet (Livius XXII 10, 9).

ten.[658] Kaiser Domitian ordnete in Erfüllung eines nach dem Neronischen Brande Roms geleisteten Gelübdes allerdings für jede Region der Stadt die Errichtung eines Volcanustempels an, in dem der Praetor alljährlich ein Opfer darbringen sollte.[659] Der Kult des VOLTURNUS schlief offenbar früh ein, so daß wir darüber nur sehr mangelhafte Nachrichten besitzen. Volturnus war ein Flußgott. Eine gelegentlich versuchte Gleichsetzung mit dem Tiber ist abzulehnen. Dieser besaß als Tiberinus einen eigenen Kult. Auch über das Ritual der *Volturnalia* fehlt jegliche Überlieferung.

Trotz ungelöster Probleme auf dem Gebiet des **griechischen** Einflusses auf die römische Religion sind die Forschungsergebnisse in diesem Bereich schärfer konturiert. Er war viel bedeutender als der etruskische und ist schon für sehr frühe Zeit feststellbar. So wird berichtet, dem griechischen Heros CASTOR sei wegen der Hilfe, welche die beiden Dioskuren den Römern während der entscheidenden Auseinandersetzungen mit den Latinern in der Schlacht am See Regillus gewährt hatten, 499 v. Chr. die Errichtung eines Tempels gelobt und dieser 484 v. Chr. auf dem Forum Romanum geweiht worden. Einerseits waren die Dioskuren Castor und POLLUX[660] Schirmherren der römischen Reiterei, anderseits wandten sich ihnen besonders die Frauen zu. In der Unsterblichkeitssymbolik der Kaiserzeit spielten

[658] Man nimmt daher an, daß das Volcanal auf dem Forum Romanum schon aus einer Zeit stammt, da auch dieses noch nicht Teil der Stadt Rom war.

[659] Unerklärt ist, warum der Flamen des Volcanus am 1. Mai der Maia, einer kaum bekannten Gottheit pflanzlichen Wachstums, opfern mußte. Dieses Numen wurde daher Maia Volcani genannt. War der vor Feuer schützende Gott Volcanus etwa auch (ursprünglich?) Fruchtbarkeitsgott? Hatte er in erster Linie deshalb das Korn vor Feuer zu schützen?

[660] Livius II 20, 12. II 42, 5. Auffallenderweise trat im römischen Kult der Dioskuren (Söhne des Zeus) Castor und nicht Pollux (griech. Polydeukes) in den Vordergrund. So wurden die Brüder häufig als Castores bezeichnet, so bezog sich die – vor allem von Frauen gebrauchte – Schwurformel *ecastor* nur auf Castor, so war der Name ihres Tempels *aedes Castoris*, obwohl nach einer zwar jüngeren, aber sehr verbreiteten Version der griechischen Heldensage (s. S. 137) Kastor ein Sohn des spartanischen Königs Tyndareos (und daher sterblich), Polydeukes hingegen ein Sohn des Zeus (und daher unsterblich) war. Allerdings beweist die Umformung des Namens des Polydeukes zu Pollux, daß auch Castors Bruder in Rom früh verehrt wurde. – Der Kult der Dioskuren wurde wohl nicht unmittelbar aus Griechenland übernommen, sondern aus Italien (vermutet wird aus Tusculum oder Ardea), weil er, der Aufsicht der *IIviri*, später der *Xviri*, dann der *XVviri sacris faciundis* nicht unterstellt, nicht zum sog. *ritus Graecus* gehörte.

sie eine besondere Rolle. Die Anfänge des römischen Kultes des (wie Castor) unter seinem griechischen Namen APOLLO[661] verehrten und weitaus bedeutenderen Gottes liegen im dunkeln. Der alte Kultkalender weist kein Fest für ihn auf, doch soll schon der König Tarquinius Superbus Geschenke und eine Gesandtschaft in das Apollonheiligtum zu Delphi geschickt haben.[662] Diese unmittelbaren Beziehungen zu Hellas dürfen nicht übersehen werden, mag man auch vermuten, der Kult sei unter dem entscheidenden Einfluß der in Kampanien gelegenen griechischen Kolonie Cumae oder über Südetrurien[663] in Rom eingeführt worden. Die Errichtungszeit der noch außerhalb des Pomeriums im Gebiete der *prata Flaminia* am Rande des Marsfeldes gelegenen ersten römischen Kultstätte ist nicht bekannt. 433 v. Chr. wurde dem Apollo anläßlich einer Seuche die Stiftung eines Tempels gelobt und dieser 431 v. Chr. geweiht, und zwar an der Stelle des erwähnten Apollinars.[664] Dieses Heiligtum blieb, immer wieder erneuert und ausgestaltet, das Zentrum des Apollokultes, bis Augustus zum Dank für die Hilfe des Gottes in der Schlacht bei Actium 28 v. Chr. ihm auf dem Palatin einen glanzvollen Tempel erbauen ließ.[665] Apollo wurde als Helfer bei Seuchengefahr und als Heilgott verehrt.[666] 212 v. Chr. allerdings stiftete man in der Not des Hannibalischen Krieges die *ludi Apollinares*, damit der Gott einen Sieg gewähre.[667] Augustus sah in ihm wegen der erwähnten Hilfe im Kampf gegen seinen Rivalen Antonius seinen persönlichen

---

[661] Siehe bes. Radke, Die Götter Altitaliens, 69–71. Eine zusätzliche Literaturangabe: Der Apollokult in der nachaugusteischen Zeit wird ausführlich dargestellt bei Jean Gagé, Apollon impérial, garant des "Fata Romana", ANRW II, 17, 2, Berlin–New York 1981, 561–630.

[662] Cicero, rep. II 44. Livius I 56, 5.

[663] Wie der berühmte „Apollo von Veii" beweist, war der Gott schon zu Ende des 6. Jh. v. Chr. in Südetrurien gut bekannt.

[664] Livius III 63, 7. IV 25, 3. IV 29, 7.

[665] Zeugnisse bei Radke, Die Götter Altitaliens, 71.

[666] Ilse Becher, Antike Heilgötter und die römische Staatsreligion, Philologus 114 (1970), 211–255. Hier werden außer Apollo auch Aesculapius sowie Isis und Sarapis als Heilgötter besprochen.

[667] Dies betont Livius XXV 12, 15 ausdrücklich. Die Spiele wurden 212 v. Chr. nur einmal einen Tag lang begangen, nach Livius XXVII 23, 5–7 ab 208 v. Chr. jedoch jährlich am 13. Juli durchgeführt und bald auf mehrere Tage ausgedehnt. Augustus verlegte den Beginn des Festes auf den 6. Juli. Sie fanden bis weit in die Kaiserzeit hinein statt. Ausgestaltet wurden sie zunehmend nach der Art griechischer Festspiele.

Schutzgott.[668] Der römische Apollokult wurde im Rahmen des sog. *ritus Graecus* von dem dafür zuständigen Priesterkollegium der *XVviri sacris faciundis* gepflegt. Apollo galt auch als der Hüter der Sibyllinischen Bücher, die eminente Bedeutung für die Weiterentwicklung dieses Rituals erlangten.

Nach einer wohl erst zu Beginn des 2. Jh. v. Chr. entstandenen Sage habe eine alte Frau, die Sibylle von Cumae,[669] dem König Tarquinius Superbus neun prophetische Bücher zum Kauf angeboten. Nach zweimaliger Ablehnung wegen des hohen Preises und der darauf erfolgten Vernichtung von je drei Büchern habe der König schließlich die restlichen drei um die ursprünglich geforderte Summe erworben.[670] Die Verbindung der Entstehung der Sibyllinischen Mantik mit der Zeit des Tarquinius Superbus, also gegen Ende des 6. Jh. v. Chr., ist denkbar. Vielleicht gehörte sie zur etruskischen Prodigienpflege. Die Bücher wurden in den unterirdischen Räumen des Juppitertempels auf dem Kapitol verwahrt und den erwähnten *IIviri*, später *Xviri*, schließlich *XVviri sacris faciundis* anvertraut, die deshalb auch *sacerdotes Sibyllini* hießen. Sie hatten diese auf Geheiß des

---

[668] Ihm zu Ehren stiftete Augustus 31 v. Chr. die Actia, festliche Spiele, welche jeweils am 2. September, dem Jahrestag des Sieges, in Nikopolis begangen wurden, einer Stadt, die er nach dem Sieg an der Stelle seines Lagers gegründet hatte. Ab 28 v. Chr. fanden ähnliche Spiele auch in Rom statt. Beim Saecularfest 17 v. Chr., das erstmals nicht als Sühnefest mit Reinigungsriten für Vergehen der vergangenen Jahre gestaltet wurde, sondern mit Hilfe der Götter das Wohl für die Zukunft sichern sollte, kam Apollo eine besondere Funktion zu.

[669] Die Sibyllen, deren unerklärter Name schon in der Antike verschieden gedeutet wurde, waren in der Regel betagte, sehr angesehene gottbesessene Frauen, welche von sich aus, also ohne die sonst im griechischen Orakelwesen übliche Anfrage, göttliche Weisungen kündeten, vor allem Unheil. Diese Mantik stammt aus dem Osten. Die Griechen kannten zuerst nur eine Sibylle, doch vermehrte sich ihre Zahl schließlich auf zehn, welche in verschiedenen Orakelstädten des Ostens, so etwa in Phrygien und in Griechenland selbst, ihre Sitze hatten. Ein besonders hohes Ansehen genoß die Sibylle von Delphi. Nach einer Tradition sei jene von Phrygien nach Delphi gewandert. Ihre Weissagungen brachte man mit Apollon in Verbindung. Auch in Italien gab es Sibyllen, so in Tibur und am Avernersee. Besonders bekannt war die Sibylle von Cumae (Κύμη in Unteritalien), die mit jener von Erythrai in Boiotien identifiziert wurde. Sie übte auf Rom großen Einfluß aus. Von ihr stammten der Sage nach die Sibyllinischen Bücher.

[670] Zu den Sibyllinischen Büchern s. besonders Radke, Die Götter Altitaliens, 39–50.

Senates nach unheilkündenden Vorzeichen, vor allem im Falle von Seuchen und Kriegen, aber auch in sonstigen Notfällen wie Überschwemmungen, und auch bei politischen Unruhen einzusehen und zu interpretieren, meist als Weisungen für rituelle Maßnahmen zur Besänftigung des göttlichen Zornes, Sühneriten, Opfer, Prozessionen, Kultspiele u. ä. im Rahmen des *ritus Graecus*. Die Sibyllinischen Bücher wurden auch noch in der Kaiserzeit befragt. Erst Stilicho ließ sie um 400 n. Chr. vernichten.[671]

Die erste Befragung dieser Orakelbücher soll schon 496 v. Chr. erfolgt sein.[672] Religionsgeschichtlich besonders interessant ist jedoch der Bericht über das erste *lectisternium*, bei dem die *IIviri sacris faciundis* 399 v. Chr. über Weisung der Sibyllinischen Bücher anläßlich einer gefährlichen Tierseuche die von den Menschen sozusagen eingeladenen Götter acht Tage lang im Rahmen des *ritus Graecus* bewirteten.[673] Bei diesem ersten Lectisternium wurden die drei Götterpaare

---

[671] Beim Brand des Kapitolinischen Tempels 83 v. Chr. wurden auch die Sibyllinischen Bücher vernichtet, sie wurden aber aufgrund von Nachforschungen in griechischen Orakelstätten durch eine neue Sammlung ersetzt. Augustus ließ sie 12 v. Chr. in den von ihm bevorzugten Apollotempel auf dem Palatin bringen. – Die uns vorliegende Sammlung griechischer angeblicher Sibyllenorakel wurde erst gegen Ende des Altertums zusammengestellt – einzelne Teile sind allerdings wesentlich älter, manche gehen bis in die hellenistische Zeit zurück – und bezwecken die Verbreitung jüdisch-christlichen Gedankengutes.

[672] Dionys. Halic., ant. Rom. VI 17, 2f.

[673] Livius V 13,5–8. *Lectisternium*, eine feierliche Bewirtung der Gottheiten, von *lectus* = Bett, insbesondere auch das sog. „Speisesofa", weil die Speisenden in der Antike zu Tische lagen, vor allem die Männer, und von *sterno* = streuen, im besonderen aber auch: das Bett bedecken, zurechtmachen. Für die *lectisternia* ist griechischer Einfluß wahrscheinlich. Im griechischen Götterkult gab es nämlich sog. Theoxenien, Opfermahlzeiten für Götter, die persönlich anwesend gedacht wurden. Der Speisetisch wurde im Tempel des bedeutendsten der geladenen Götter aufgestellt. Teilnahme von Menschen war möglich, aber nicht die Regel. Dieser Kultbrauch ist vor allem für Delphi bezeugt, wo offenbar Apollon der einzige oder wichtigste Gast war. In Hellas gab es solche Götterbewirtungen auch im privaten Kult, hauptsächlich für die Dioskuren. Die Theoxenien erlangten dort aber nie die Bedeutung der *lectisternia* in Rom, zu welchen mehrere Götterpaare, also männliche und weibliche Gottheiten, auf einen öffentlichen Platz geladen wurden, welcher für die Dauer des Rituals als Kultort galt. Für einzelne Götter fand in Rom das Ritual im betreffenden Tempel statt. Die Kosten wurden von bestimmten Bevölkerungsgruppen getragen oder durch eine Kollekte hereingebracht.

Apollo und Latona, Hercules und Diana, Mercurius und Neptunus bewirtet, damals schon den Römern bekannte Gottheiten, teils griechische, die schon früher in den römischen Kult übernommen worden waren (außer Apollo auch Latona und Hercules), oder italische, die hellenischen gleichgesetzt worden waren (Diana, Mercurius und Neptunus), denn nur für solche konnte der *ritus Graecus* angewendet werden. Erst 293 v. Chr. wurde ein griechischer Gott auf Weisung der Sibyllinischen Bücher in den römischen Kult übernommen, nämlich Asklepios unter dem lateinischen Namen Aesculapius.[674] Der Kult der sechs durch das Lectisternium geehrten Götter gewann dadurch an Ansehen. Warum gerade diese ausgewählt wurden, ist nicht auszumachen. Apollon war allerdings ein Gott der Seuchenabwehr und paßte also in diese Reihe. Seine Partnerin Latona (griech. Leto) ist nach griechischer Mythologie seine Mutter. Für die Bewirtung der übrigen Götter haben wir keine Erklärung, auch nicht von den griechischen Theoxenien her. Auch nach 399 v. Chr. wurden mehrmals Lectisternien durchgeführt, deren Anlaß wir nicht in allen Fällen kennen. Livius berichtet[675] von solchen Kulthandlungen für 364, 349 und 326 v. Chr.; seine Liste ist aber sicherlich nicht vollständig. Die Namen der bei einem derartigen Ritual 217 v. Chr. geehrten sechs Götterpaare sind jedoch überliefert: Juppiter und Juno, Neptunus und Minerva, Mars und Venus, Apollo und Diana, Volcanus und Vesta, Mercurius und Ceres.[676] Diese Kultsitte führte man sicherlich weiter, doch sind Nachrichten über spätere Lectisternien dürf-

---

Eine Bewirtung wurde dem Juppiter auch während der *ludi Romani* an den Iden des September und in späterer Zeit auch während der *ludi plebei* an den Iden des November als regelmäßige Kulthandlung zuteil. Juppiter erhielt davon den Beinamen Epulo (*epulae* = Speise, Festmahl). Häusliche Götterbewirtungen galten ebenfalls vorwiegend Juppiter (Beiname: Dapalis von *daps* = Speise, Festmahl), und zwar zur Zeit vor der Aussaat. Die selteneren öffentlichen Bewirtungen für weibliche Gottheiten allein hießen *sellisternia* (*sella* = Stuhl); denn das Liegen besonders allein speisender Frauen bei Tisch galt als unschicklich.

[674] Radke, Die Götter Altitaliens, 46f., hält es mit anderen Gelehrten allerdings für wahrscheinlich, daß man Aesculapius bereits im 5. Jh. v. Chr. oder gar im ausgehenden 6. Jh. kannte. Die Mitteilung bei Livius X 47, 7 *(Aesculapium ab Epidauro Romam arcessendum)* würde in diesem Fall bedeuten, man habe nur eine neue Verehrungsart des schon länger in Rom bekannten Gottes eingeführt.

[675] Livius VII 2, 2. VII 27, 1. VIII 25, 1.

[676] Livius XXII 10, 9.

tiger.[677] Seit 217 v. Chr. war dieses Ritual ein Bestandteil des Saturnalienfestes.[678]

An dieser Stelle sei daran erinnert, daß indessen manche der oben erwähnten Gottheiten – zum Teil schon in sehr früher Zeit – griechischen Göttern gleichgesetzt worden waren. So wohl schon im 6. Jh. v. Chr. Juppiter dem Zeus, Juno der Hera – wodurch das Funktionsbild dieser Göttin wesentliche Änderungen erfuhr –, Mars vielleicht schon im frühen 4. Jh., sicher aber vor dem Ende des 3. Jh. dem Ares, Minerva zu einem uns unbekannten Zeitpunkt der Athene.

Von LATONA (griech. Leto) wissen wir, wie erwähnt, daß sie beim Lectisternium des Jahres 399 v. Chr. an der Seite ihres Sohnes Apollo bewirtet wurde. Zwar war schon 431 v. Chr. ein ihr zusammen mit Apollo und Diana im Jahre 433 gelobter Tempel erbaut worden, doch kam dem Kult dieser griechischen Göttin in Rom außerhalb dieser Trias bzw. der Zuordnung zu Apollo keine Bedeutung zu. – HERCULES[679] ist der lateinische Name des griechischen Heros Herakles, dessen Kult wahrscheinlich aus der Magna Graecia, am ehesten über griechische Kaufleute, zu den Römern kam, und zwar, wie verschiedene Indizien schließen lassen, spätestens um die Mitte des 6. Jh. v. Chr., obgleich er im ältesten Kultkalender nicht aufscheint. Hercules war damals auch den Etruskern bekannt. Eine nicht näher faßbare Verbindung zwischen seinem römischen und etruskischen Kult ist wahrscheinlich. Viele seiner Aspekte sind bis heute ungeklärt. Von seiner Popularität in Rom zeugten zahlreiche private und staatliche Altäre und Tempel. Die älteste Kultstätte dürfte die *ara maxima* in der Nähe des Forum boarium – überraschenderweise also innerhalb des Pomeriums[680] – gewesen sein. Das dort *ritu Graeco* begangene Ritual war nicht der Aufsicht der *sacerdotes Sibyllini* unterstellt, sondern Angehörigen der patrizischen Geschlechter der Potitii und Pinarii anvertraut, ursprünglich also offensichtlich ein Gentilkult. Wie dies mit der Annahme zusammenstimmt, Hercules sei als Schutzgott

---

[677] Siehe z. B. Livius XXI 62, 9: 218 v. Chr. *lectisternium* und *supplicatio* für Hercules und Iuventas.

[678] Siehe S. 261 und Anm. 657.

[679] Siehe Radke, Die Götter Altitaliens, 140–142. Eine besonders klare knappe Darstellung bietet Werner Eisenhut, Der Kleine Pauly 2 (1967), 1054, 22–1057, 13. Den Herculeskult in der Kaiserzeit untersucht Maria Jaczynoska, Le culte de l'Hercule romain au temps du Haut-Emire, ANRW II, 17, 2, Berlin–New York 1981, 631–661.

[680] Nach Tacitus, ann. XII 24, war dieser Altar einer der vier Eckpunkte der ältesten Kultgrenze (des Pomeriums) Roms.

griechischer Kaufleute nach Rom gelangt, ist unerklärt.[681] Trotz des zunächst privaten Kultcharakters wurde Hercules schon beim Lectisternium des Jahres 399 v. Chr. ein Platz zugewiesen. Erst 312 v. Chr. jedoch wurde der Kult an der *ara maxima* in staatliche Obhut übernommen und von da an vom Praetor urbanus *ritu Graeco* betreut. Von den vielen sonstigen Herculeskultstätten sei ein 218 v. Chr. – nunmehr auf Weisung der Sibyllinischen Bücher! – errichteter Tempel am Circus Flaminius erwähnt.[682] Wie angedeutet, war Hercules ursprünglich (wie Mercurius) wahrscheinlich ein Schutzgott reisender Kaufleute, die ihm nach griechischem Vorbild (denn ähnliches ist zumindest für die hellenistische Zeit nachweisbar), den Zehnten des geschäftlichen Ertrages opferten.[683] Siegreiche Feldherren brachten ihm zum Dank für materiellen Gewinn den Zehnten ihrer Beute dar, denn Hercules war als Invictus und Victor auch Garant des militärischen Sieges.[684] Mit der Zeit erhielt er zunehmend die Funktion eines Schützers vor jedem Unheil, wozu die Darstellung des kraftstrotzenden Herakles beigetragen haben mag. Der römischen Vorstellung von der aktuosen Gottheit entsprechend hatte er die Beinamen Victor, Magnus Custos, Tutor, Tutator, Defensor und Conservator. – DIANA,[685] deren Name am ehesten als „Erleuchterin" zu deuten ist, weshalb sie, wie gelegentlich schon in der Antike, auch von einzelnen modernen Forschern als urtümliche Mondgöttin angesehen wird, war eine italische, vor allem latinische Gottheit, deren Kult früh, allerdings erst nach der Festlegung des ältesten Kultkalenders, in Rom Eingang fand und welche ebenso früh der griechischen Artemis gleichgesetzt wurde. Ihr berühmtes Heiligtum in einem Hain am

[681] Siehe auch Anm. 684.

[682] Das in Anm. 677 erwähnte *lectisternium* und die *supplicatio* für Hercules und Iuventas dürften diesem Tempelkult zugehören, da an der *ara maxima* Lectisternien nicht stattfinden durften.

[683] Einen Tempel am Tiberufer nahe der Porta Trigemina – also außerhalb des Pomeriums – hatten griechische Kaufleute sozusagen als Gildenheiligtum errichtet.

[684] Obwohl man diese Funktion für jünger hält, galt bereits die älteste Kultstätte, die erwähnte *ara maxima*, dem Hercules Invictus. Der ebenfalls erwähnte Tempel am Circus Flaminius war dem Magnus Custos geweiht. 189 v. Chr. errichtete M. Fulvius Nobilior nach der Einnahme der Stadt Ambrakia in Rom einen Tempel für Hercules und die Musen von Ambrakia. Einen Tempel oder bloß eine private *aedicula* für Hercules Victor stiftete L. Mummius 146 v. Chr. nach der Zerstörung Korinths.

[685] Siehe Radke, Die Götter Altitaliens, 104–107 und 353, zu Virbius s. S. 338–340.

Nemisee nahe Aricia in den Albanerbergen war für längere Zeit der kultische Mittelpunkt der latinischen Städte. Name und Wesen ihres dortigen Kultgenossen VIRBIUS ist ebensowenig erklärt wie der Umstand, daß als Priester ein *rex Nemorensis* genannter Sklave fungierte, der sein Amt erlangt hatte, indem er von einem bestimmten heiligen Baum im Hain der Göttin einen Zweig brach und dann den bisherigen Inhaber des Amtes im Zweikampf tötete. In der Regel war es ein flüchtiger Sklave, der sich nun in kultisch geschützter Freiheit, aber ständiger Lebensgefahr befand. Die älteste, sicher schon in der Königszeit begründete Dianakultstätte in Rom – auch sie ein latinisches Bundesheiligtum – befand sich auf dem Aventin. Zwar hält man sie seit kurzem nicht mehr für eine Filialgründung des Dianakultes von Aricia. Dennoch war die Dianaverehrung wahrscheinlich der älteste der von auswärts nach Rom gekommenen bedeutenderen Kulte. Diana waren in erster Linie der Schutz des weiblichen Lebens, besonders zur Zeit der Entbindung[686], und der Säuglinge *(dea nutrix)* anvertraut. Am 13. August, dem Stiftungstag des Tempels auf dem Aventin und des Heiligtums am Nemisee, zogen Frauen in einem Fackelzug mit Opfergaben nach Aricia. Da Diana – wofür man noch keine Erklärung gefunden hat – in Rom (wie in Nemi, wo ein Sklave ihr Priester war!) überdies auch als Schützerin der Sklaven verehrt wurde, galten die Iden des August auch als Festtag der Sklaven. Schließlich war Diana auch Göttin des Lebens der Natur, vor allem der Wildnis und Wälder, und so auch der Jagd. Wann die Gleichsetzung mit Artemis erfolgte, ist unbekannt. Von einigen Gelehrten wird sogar eine ursprüngliche Identität beider Gottheiten angenommen. Im Dianatempel auf dem Aventin befand sich ein der Artemisstatue im Tempel zu Massalia entsprechendes Kultbild, das wiederum jenem der berühmten Artemis von Ephesos nachgebildet war. Ob dieses eigenartige Kultbild schon zur Gründungszeit des römischen Tempels aufgestellt wurde, ist unsicher. Beim Lectisternium von 399 v. Chr. war die Gleichsetzung der beiden Gottheiten jedenfalls vollzogen. Nur dadurch konnte Diana künftig vor allem als jungfräuliche Jägerin gesehen werden. – MERCURIUS,[687] dessen Name sich im ältesten Kultkalender Roms noch nicht findet, wurde vermutlich mit dem uns überlieferten Datum der Gründung seines ersten in der Gegend der Circus maximus außerhalb des Pomeriums befindlichen Tempels 495 v. Chr. in den Kult

---

[686] Zu einem der Dianaheiligtümer in Rom im Vicus Patricius zwischen Viminal und Esquilin war Männern der Zutritt verwehrt.
[687] Siehe Radke, Die Götter Altitaliens, 213–216.

Roms aufgenommen. Nach einem offenbar phantasievollen Bericht[688] kam es bei der Weihe dieses Tempels zu einem Streit zwischen den Konsuln, welchen der Senat dem Volke zur Entscheidung übertragen habe. Ein für die Konsuln blamabler und für den Senat unangenehmer Beschluß sei die Folge gewesen. Kritische Sichtung des Berichtes läßt als historischen Kern einen Zusammenhang dieser Kulteinführung mit der Getreideversorgung Roms und den Kaufleuten[689] sowie eine Verknüpfung mit den Plebeiern[690] glaubhaft erscheinen. Der Kult wurde nicht auf Weisung der Sibyllinischen Bücher eingeführt und – im Gegensatz zu jenem des Hercules, dem ebenfalls der Schutz der Kaufleute anvertraut war – nicht über griechisches Siedlungsgebiet, sondern Mercurius kam als italischer Gott wahrscheinlich über die Etrusker nach Rom.[691] Wann seine Gleichsetzung mit dem griechischen Hermes erfolgte, ist unsicher, jedenfalls aber vor dem Lectisternium von 399 v. Chr. Spätestens seit Beginn des 4. Jh. v. Chr. wurde daher das Bild des Mercurius immer stärker von der Hermesvorstellung überlagert. In der Kaiserzeit war sein Kult auch im keltischen und germanischen Sprach- und Kulturbereich sehr verbreitet und sein Name wurde durch *interpretatio Romana* auf verschiedene Götter dieser Völker übertragen, insbesondere auf eine der größten keltischen Gottheiten. Das im Gründungsbericht des ältesten Tempels erwähnte kultisch eingerichtete Collegium der *mercatores*, später *Mercuriales* genannt, ist auch vielerorts außerhalb Roms bezeugt.[692] – Zu Ehren des NEPTUNUS – sein Name ist unerklärt (vielleicht „Herr des feuchten Elements") – wurden die

[688] Livius II 21, 7. II 27, 5–7.

[689] Es sei damals ein Collegium der *mercatores* eingerichtet worden. Bis vor kurzem glaubte man den Namen des Gottes aus *merx* = Ware mit etruskischem Suffix gebildet. Heute wird die Herleitung von der etruskischen Gens *mercu* bevorzugt. Die Tempelweihe fand an den Iden des Mai statt, einem schon früher eingeführten Festtag der Kaufleute.

[690] Der Kult des Hercules, auch eines Gottes der Kaufleute, war, wie oben dargestellt, zunächst offensichtlich an patrizische Geschlechter gebunden.

[691] Siehe Anm. 689. Übrigens war der *centurio primi pili* M. Laetorius, der nach Livius II 27, 6 vom Volk 495 v. Chr. mit der Tempelweihe und den damit verbundenen Maßnahmen betraut wurde, ein Plebeier etruskischen Namens. – Die genauere Heimat des italischen Mercuriuskultes läßt sich nicht feststellen.

[692] Siehe dazu Bernard Combet-Farnoux, Mercure romain. Le culte public de Mercure et la fonction mercantile à Rome de la république archaïque à l'époque augustéenne, Paris–Rom 1980 (Bibl. des Écoles Franç. d'Athènes et de Rome, 238), sowie derselbe, Mercure romain, les "Mercuriales" et l'insti-

schon im ältesten römischen Kultkalender verzeichneten *Neptunalia* begangen. Als Gott der Gewässer, zunächst wohl nur Herr des Süßwassers, da Roms Seefahrt sich erst später entwickelte, wurde er durch offenbar frühe Angleichung an den griechischen Poseidon (jedenfalls vor dem Lectisternium von 399 v. Chr.) auch Gebieter über das Meer und Schutzherr der Seeleute. Die bei den *Neptunalia* – einem heiteren Volksfest am 23. Juli – errichteten Laubhütten sollten entweder vor Hitze schützen oder sozusagen als Jahrmarktsbuden dienen. Vermutlich wollte man durch dieses Fest zur Zeit der größten Hitze Schutz vor Trockenheit erwirken. Wann der Tempel des Neptunus nahe dem Circus Flaminius gebaut wurde, ist nicht überliefert; für 206 v. Chr. ist er erstmals bezeugt.

Offensichtlich im Sinne gezielter Religionspolitik wurde 293 v. Chr. während einer Epidemie erstmals auf Weisung der Sibyllinischen Bücher ein griechischer Gott, nämlich der Heilgott Asklepios, unter dem Namen AESCULAPIUS in den römischen Kult aufgenommen.[693] In Schlangengestalt von einer römischen Gesandtschaft aus seinem Heiligtum in Epidauros in seine neue Heimat gebracht, soll der Gott, indem die Schlange auf die Tiberinsel schwamm, diese als Aufenthaltsort erwählt haben. Dort wurde ihm 291 v. Chr. ein Tempel geweiht und der Kult unter der Aufsicht der apollinischen *Xviri sacris faciundis* durch griechische Priester *ritu Graeco* vollzogen. Die im Tempel durchgeführte Krankenbehandlung bestand vor allem aus einem Heilschlaf mit Traumerscheinung des Gottes. Der Kult lebte bis zum Verbot aller heidnischen Riten gegen Ende der Antike.

Beim Lectisternium des Jahres 217 v. Chr. wurden neben schon besprochenen Gottheiten auch die Göttinnen Venus und Ceres bewirtet. VENUS,[694] eine in der ältesten römischen Religion noch unbekannte italische Gottheit, deren Name wahrscheinlich ein zum Femininum gewordenes ursprüngliches Neutrum mit der Bedeutung „Liebreiz" darstellt, verwickelt die Forschung in schwer lösbare Fragen. Daß ihr Kult bei den Latinern weit verbreitet war, ist sicher – ein besonders angesehenes Heiligtum befand sich in Ardea –, andererseits wurde

---

tution du culte impérial sous le principat augustéen, ANRW II, 1, 17, Berlin–New York 1981, 457–501.

[693] U. a. Livius X 47, 6f. Siehe insbesondere auch Ovid, met. XV 622–744. Vgl. Anm. 666 und 674.

[694] Siehe Radke, Die Götter Altitaliens, 311–315, 362, sowie Robert Schilling, La religion romaine de Vénus depuis les origines jusqu' au temps d'Auguste, Paris ²1982.

Venus jedoch, sobald man sie im römischen Kult fassen kann, spätestens gegen Ende des 4. Jh. v. Chr., schon mit der griechischen Aphrodite identifiziert. Ihr Kult erlangte dann auch in Rom rasch große Bedeutung. Der älteste ihr dort geweihte Tempel, von dem wir Kenntnis haben, wurde 295 v. Chr. beim Circus maximus aus Strafgeldern ehebrecherischer *matronae* errichtet.[695] Venus war also wohl eine die geregelten Beziehungen der Geschlechter hütende Gottheit. So etwa erbaute man ihr 114 v. Chr. als Venus Verticordia, also einer die Herzen von unerlaubter Liebe abwendenden Gottheit, auf Geheiß der Sibyllinischen Bücher einen Tempel anläßlich eines Vestalinneninzestes. Von dem in diesem Heiligtum vor allem von *matronae* gepflegten Ritual, zu welchem auch ein rituelles Bad gehörte, sind uns Einzelheiten bekannt. Wie Venus hier offenkundig eine Sondergottheit ablöste,[696] so überdeckte sie auch an anderen Orten Lokalgottheiten bzw. übernahm deren Kult. Nach der Eroberung Siziliens führten die Römer den Kult der Venus am Berge Eryx, also der Venus Erucina, in Rom ein und weihten ihr dort 215 v. Chr. einen zwei Jahre vorher auf Geheiß der Sibyllinischen Bücher gelobten Tempel.[697] Vermutlich wollte man in ihm jene Göttin verehren, die einst Aeneas nach Rom gebracht haben soll.[698] Gegen Ende der Republik erhielt der Kult der Venus politische Aspekte. Für Sulla war sie die glückbringende Venus Felix, für Pompeius die siegreiche Venus Victrix, als Venus Genetrix wurde sie Ahnfrau der *gens Julia*.[699] Der zunehmend das Wohlwollen Roms verbürgenden Gottheit und der Göttin Roma weihte Hadrian 121 n. Chr. einen gemeinsamen Tempel. – Mit den Verben *creare* „hervorbringen" und *crescere* „wachsen" verwandt ist der Name der CERES,[700] einer alten, besonders in Mittelitalien weitum bekannten Gottheit der Wachstumskraft, vor allem des Getreidebaues, deren Gestalt mit jener der römischen Erdgottheit TELLUS[701]

---

[695] Livius X 31, 9.
[696] Zur Göttin Verticordia s. Radke, Die Götter Altitaliens, 315–317, 363.
[697] Livius XXII 9, 8–10. XXIII 30, 13. XXIII 31, 9.
[698] Serv. auct. Aen. I 720.
[699] Diese Bezeichnungen bezeugen die römische Vorstellung von der aktuosen Gottheit.
[700] Siehe Radke, Die Götter Altitaliens, 86–91, 353; und Ileana Chirassi Colombo, Funzioni politiche ed implicazioni culturali nell'ideologia religiosa di Ceres nell'impero romano, ANRW II, 17, 1, Berlin–New York 1981, 402–428.
[701] Zu Tellus s. Radke, Die Götter Altitaliens, 298f.; und Tamás Gesztelyi, Tellus-Terra Mater in der Zeit des Prinzipats, ANRW II, 17, 1, Berlin–New York 1981, 249–456. – Tellus, später Terra Mater genannt, war eine Gottheit der

verbunden wurde und deren Kult auch in enger Beziehung zu anderen römischen Agrargottheiten stand. Wegen ihres chthonischen Charakters stand Ceres auch in Beziehung zum Totenreich. Sie wachte, ebenso wie Tellus, z. B. über die richtig vollzogenen Begräbniszeremonien.[702] Ihr mit Spielen, den *ludi Ceriales*, verbundenes Hauptfest, die *Cerialia* am 19. April, findet sich schon im ältesten Kultkalender. Auch der an einem wechselnden Tag im Mai vor der Getreidereife begangene Flurumgang, die *Ambarvalia*, reicht in frühe Zeit zurück. Allerdings ist die Verbindung dieses Ritus mit Ceres wahrscheinlich sekundär.[703] Daß ihren Kult ein Flamen verwaltete, verweist ebenso auf ein hohes Alter. Daß Ceres seit dem 6. Jh. v. Chr. mit der griechischen Demeter identifiziert wurde, beeinflußte ihren Kult wesentlich. 496 v. Chr. gelobte man ihr, um eine Hungersnot zu beenden, nach Befragung der Sibyllinischen Bücher, zusammen mit LIBER PATER und LIBERA, einem altitalischen Götterpaar des pflanzlichen und tierischen Wachstums und menschlicher Fruchtbarkeit,[704] einen Tempel, der 493 v. Chr. in der Gegend des Circus maxi-

Fruchtbarkeit der Erde und der Menschen, also zugleich agrarisches Numen und eine Schirmgottheit der Ehe. Erst 268 v. Chr. wurde ihr, als während einer Schlacht die Erde bebte, ein bald darauf geweihter Tempel gelobt. Daß er sich an der Stelle eines älteren Heiligtums der Göttin befunden habe, ist nicht zu beweisen. Ihr Hauptfest, die *Fordicidia* am 15. April, bei welchem trächtige Kühe *(fordae)* getötet *(caedere)* wurden, sind schon im ältesten Kultkalender verzeichnet. Ansonsten war ihr Kult jedoch eng an den der Ceres gebunden. Nach Radke, a. O., 86, ist *ceres* vielleicht ein auf *tellus* oder *terra* bezügliches Adjektiv.

[702] Siehe das Kapitel ›Ceres e la sfera funeraria‹ bei Chirassi Colombo, a. O., 416–420. – Mit dem ambivalenten Charakter der Ceres hängt auch die schon im Zwölftafelgesetz festgehaltene Anweisung zusammen, Erntediebe zu Tode zu peitschen, um die erzürnte Gottheit zu versöhnen (Plin., n. h. XVIII 12).

[703] Diesbezüglich bestehen große Unklarheiten. Die öffentlich begangenen *Ambarvalia* galten zunächst der Dea Dia, einer anderen Vegetationsgottheit. In dem bei der kultischen Reinigung, der sog. Lustration der Felder gesprochenen Gebet, wurde jedoch Mars angerufen, jener sowohl für Kriegsnöte als auch das Gedeihen von Feld und Vieh zuständige Gott Roms (s. oben S. 247). Erst in augusteischer Zeit trat Ceres an seine Stelle und galten die Rituale des Festes anscheinend unbestritten dieser Göttin. Wie es dazu kam, ist unbekannt. Siehe auch Anm. 599.

[704] Siehe Radke, Die Götter Altitaliens, 175–183, 357. Das hohe Alter dieses Götterkultes wird wiederum durch die Nennung der am 17. März begangenen *Liberalia* im ältesten römischen Kultkalender bewiesen.

mus geweiht wurde. Liber und Libera (= PROSERPINA [705]) waren indessen ebenfalls griechischen Gottheiten, nämlich dem Dionysos/ Bakchos und der Kore/Persephone, gleichgesetzt worden. Man nimmt an, daß trotzdem die Kultinhalte der drei Götter damals noch weitgehend italisch waren, die Zusammenstellung der Trias (Demeter, Dionysos, Kore) jedoch griechischen Ursprungs. Ihr Kult wurde jedenfalls *ritu Graeco* begangen. Dieser Göttertrias kam während des Ständekampfes im 5. Jh. v. Chr. eine immens politische Bedeutung zu.[706] Daher wurde Ceres schon früh zu einer Beschützerin der Plebs und ihrer Beamten, ihr Tempel Mittelpunkt der plebeischen Gemeinde. Sie sollte die Unverletzlichkeit der Volkstribunen garantieren. Die *ludi Ceriales* auszurichten, war Sache der plebeischen Ädilen.[707] Gegen Ende des 3. Jh. v. Chr. wurde ein in Großgriechenland gepflegter Demeter- und Persephonekult von Rom übernommen: dieser neuerliche Hellenisierungsschub des Cereskultes besiegelte die Identifizierung der italisch-römischen Ceres mit Demeter. Priesterinnen aus Griechenland betreuten nun den das Wesen griechischer Mysterien annehmenden Kult. Ausschließlich Frauen feierten nach neuntägiger Vorbereitung die Heimkehr der von Pluton geraubten Persephone und opferten dabei die Erstlinge der Getreideernte. Demeter und Persephone trugen in Rom in diesem Kult jedoch die Namen Ceres und Proserpina.[708] Ein ähnliches Schicksal wie dem Cereskult wurde jenem des Liber zuteil. Wie angedeutet, war dieser italische Gott schon im 6. Jh. v. Chr. mit dem griechischen Dionysos/Bakchos identifiziert worden. Zunächst wurde der Kult des Liber dadurch kaum überfremdet, obwohl man diesen nun auch unter dem Namen

---

[705] Zu Proserpina s. Radke, Die Götter Altitaliens, 263–267. Der schon für das Ende des 3. Jh. v. Chr. bezeugte Name ist – lautgesetzlich verändert – jener der griechischen Göttin Persephone. Diese wurde in den römischen Kult aufgenommen, als die Sibyllinischen Bücher infolge einer gefährlichen Entwicklung des Ersten Punischen Krieges und außergewöhnlicher, erschreckender Ereignisse 249 v. Chr. eine erste Säkularfeier anordneten. Die Herleitung des Kultes oder wichtiger Elemente des Rituals aus Tarent ist wahrscheinlich.

[706] Siehe das Kapitel ›Ceres dea politica ed urbana‹ bei Chirassi Colombo, a. O., 406–410.

[707] Nicht zufällig wurde Ceres beim Lectisternium von 217 v. Chr. Mercurius zugeordnet, dessen Kult die Plebeier ebenfalls besonders pflegten.

[708] Literatur zum Mysterienkult der Ceres und Proserpina wie auch des anschließend erwähnten Bacchus findet sich bei Bruce M. Metzger, A Classified Bibliography of the Greco-Roman Mystery Religions 1924–1977, ANRW II, 17, 3 Berlin–New York 1984, 1259–1423.

BACCHUS verehrte. Erst gegen Ende des Zweiten Punischen Krieges fanden, wahrscheinlich über Etrurien, auch die dionysischen Mysterien den Weg nach Rom. Die sog. *Bacchanalia*, anfangs ein reiner Frauenkult, bald jedoch auch Männern zugänglich, fanden trotz ihrer Fremdartigkeit besonders in sozial benachteiligten Bevölkerungskreisen starken Widerhall. Wohl weil die Römer offensichtlich in Bacchus nicht mehr ihren alten Gott Liber sahen und wegen der orgiastischen Begehungen des Geheimkultes, regte sich trotz seiner Verbreitung gegen ihn in konservativen und amtlichen Kreisen Widerstand. 186 v. Chr. beschloß der Senat, nicht etwa wegen der religiösen Begehungen an sich, was gegen die grundsätzliche Toleranz der römischen *religio* verstoßen hätte, sondern wegen der damit verbundenen Ausschweifungen, harte Maßnahmen. Der Kult wurde scharfer Bewachung und starken Einschränkungen unterworfen und kam erst in spätrepublikanischer Zeit wieder zu höherem Ansehen, was Caesar gefördert haben dürfte.[709] In der frühen Kaiserzeit erlebte der Bacchuskult eine neue Blüte. Proserpina jedoch war indessen entsprechend dem griechischen Mythos zur Gattin des in Rom als *Dis pater (Dis = Dives,* der „Reiche") bezeichneten Unterweltgottes Hades – Pluton geworden,[710] deren beider Verehrung in der Notzeit des Ersten Punischen Krieges bei der Säkularfeier des Jahres 249 v. Chr. dem Staatskult eingegliedert wurde.[711] Das Ritual hatte den Charakter einer Sühnezeremonie.[712] – Im Anschluß an die Erörterung des Cereskultes und von dessen Umfeld ist eine Göttin zu nennen, über deren ursprüngliche Vorstellung – am ehesten war sie ein Numen der Fruchtbarkeit – wir nicht verläßlich unterrichtet sind, und deren Name, BONA DEA, die „Gute Göttin", sie so allgemein charakterisierte, daß sie mit zahlreichen anderen Gottheiten, so auch mit Proserpina, gleichgesetzt werden konnte. Der vermutlich im 3. Jh. v. Chr. eingeführte, staatlich anerkannte und nur Frauen zugängliche Geheimkult war noch in

---

[709] Näheres in Anm. 592.
[710] Siehe S. 111.
[711] Siehe Anm. 705.
[712] Gemäß der Weisung der Sibyllinischen Bücher wurde die auch *ludi Terentini* (oder *Tarentini*) genannte Säkularfeier auf einem *Tarentum* genannten Teil des Marsfeldes während dreier aufeinanderfolgender Nächte begangen. Man brachte dem Götterpaar schwarze Opfertiere auf einem unter der Erde gelegenen Altar dar, welcher erst bei den nächsten durch Überlieferung gesicherten Säkularspielen des Jahres 146 v. Chr. wieder benutzt wurde. Augustus veränderte den Charakter der 17 v. Chr. durchgeführten Säkularfeier und löste sie vom Kult der düsteren Unterweltgottheiten.

276   Die Religion der Römer

der Kaiserzeit lebendig. Dabei wurden in einer Nacht, offenbar im Dezember, in Anwesenheit von Vestalinnen von *matronae* vornehmer Familien im Hause eines Konsuls oder Praetors Opfergaben für das Wohl des Volkes – ursprünglich wohl für das Gedeihen der Ackerflur – dargebracht.[713] Die Bona Dea war zugleich eine Heilgöttin. Als solche besaß sie auf dem Aventin einen Tempel, dessen Weihefest auf den 1. Mai fiel. Dort wurden wie im Heiligtum des Aesculapius auf der Tiberinsel Schlangen gehalten und aus Kräutern Heilmittel bereitet. Hellenischer Einfluß ist anzunehmen, aber nicht genauer zu bestimmen. Daß die Göttin überhaupt aus Griechenland übernommen worden sei, wie einige Gelehrte vermuten, ist unwahrscheinlich.

Im folgenden sollen aus dem großen Kreis anderer römischer Gottheiten noch einige erwähnt werden, denen größere Bedeutung zukam. Zunächst FORTUNA.[714] Ihren Namen brachte man in der Antike wohl mit Recht mit dem Verbum *ferre* in der Bedeutung „bringen" in Zusammenhang. Sie war also die glückbringende Gottheit.[715] Als italisches Numen vor allem in Latium verehrt, besaß Fortuna in Praeneste und Antium zwei berühmte, mit Orakeln – offenbar Losorakeln – verbundene Kultstätten. Obwohl der älteste Festkalender Roms kein Ritual für Fortuna aufweist, hält man Berichte, wonach ihre Verehrung schon in der Königszeit nach Rom übertragen worden sei, für glaubhaft. Ihr dortiger Kult war ebenso vielgestaltig,[716] wie

---

[713] Auffallend ist das Verbot des Gebrauches der Myrte und die Tabuierung des für das Ritual offenbar sehr bedeutungsvollen Weines, welcher nur als „Milch" bezeichnet werden durfte und in einem „Honigbecher" gereicht wurde.

[714] Siehe Radke, Die Götter Altitaliens, 132–135. Indessen erschien in ANRW II, 1, 17, Berlin–New York 1981, 502–558, eine sehr lesenswerte Untersuchung von Iiro Kajanto, in welcher u. a. (506–509) etruskischer Einfluß auf die Entstehung des Fortunakultes in Rom für möglich gehalten wird. Radke, AAW 38 (1985), 59, äußert Zweifel. Ergänzungen Kajantos zu seiner schon 1976 abgeschlossenen Untersuchung: Notes on the Cult of Fortuna, Arctos 17 (1983), 13–20. Weiter nun Jacqueline Champaux, Fortuna. Recherches sur le culte de la Fortuna à Rome et dans le monde romain des origines à la mort de César. I: Fortuna dans la religion archaïque, Paris–Rom 1982 (Coll. Éc. Franç. de Rome, LXIV, 1).

[715] Es gab aber auch eine Fortuna Mala mit einem Altar auf dem Esquilin: Cicero, n. d. III 63. Cicero, leg. II 28. Plinius, n. h. II 16. Siehe auch Anm. 717.

[716] Während der Kult in Praeneste einer Fortuna Primigenia galt, wurden in Antium mehrere Fortunae verehrt. Vielleicht ist dadurch das Nebeneinander verschiedener Fortunakulte in Rom zu erklären.

ihre Beinamen zahlreich[717]. Die älteste unter den offenbar sehr frequentierten römischen Kultstätten, jene der Fors Fortuna, führte man sogar auf den König Servius Tullius zurück.[718] In der Nähe dieses Tempels wurde ihr 293 v. Chr. nach der Einnahme von Cominium aus der Beute des Dritten Samniterkrieges ein weiteres Heiligtum errichtet.[719] Fortuna wurde also als Wahrerin römischen Volks- und Staatswohles verehrt und erhielt daher als *Fortuna publica populi Romani Quiritium* auf dem Quirinal ein Heiligtum, und wenn wir antike Nachrichten richtig deuten, sogar noch einen zweiten Tempel.[720] Vieles spricht dafür, daß Fortuna, dem Wesen der römischen Religion entsprechend, in sich die Eigenart ursprünglich verschiedener, miteinander eng verwandter Sondergottheiten vereinigte und zunächst als Augenblicksgottheit gesehen wurde, welche den Römern vor allem in kritischen Kampfsituationen den Sieg sicherte. Darauf verweist nicht nur der Bericht über die Tempelgründung des Jahres 293 v. Chr., sondern ebenso die Tatsache, daß im Hannibalischen Krieg 204 v. Chr. P. Sempronius zu Beginn der Schlacht bei Croton der Fortuna von Praeneste einen Tempel gelobte, *si eo die hostes fudisset*, und es wird beigefügt: *... composque eius voti fuit*;[721] genauso die Nachrichten über zwei weitere Tempelgründungen 173 und 101 v. Chr.: 180 v. Chr. hatte Q. Fulvius Flaccus während eines gefahrvollen Reitergefechtes der Fortuna Equestris einen Tempel gelobt, der unweit des Theaters des Pompeius errichtet und 173 v. Chr. geweiht wurde[722]; nach der Besiegung der Cimbern bei Vercellae 101 v. Chr. wurde durch Q. Lutatius Catulus der *Fortuna huiusce diei* auf

---

[717] Eine Liste ihrer Beinamen bringt Plutarch, Qu. Rom. 74, 281 d e. und Fort. Rom. 10, 322f–323a. Siehe die Liste der Epitheta bei Kajanto, a. O., 509–521. Einige dieser Titel dürften priesterliche oder gelehrte Konstruktionen sein. Nach Plinius, n. h. II 22 war Fortuna sozusagen die einzige wahre Gottheit seiner Zeit: *toto quippe mundo et omnibus locis omnibusque horis, omnium vocibus Fortuna sola invocatur ac nominatur, una accusatur, rea una agitur, una cogitatur, sola laudatur, sola arguitur et cum conviciis colitur ...*

[718] Livius X 46, 14. – Den Kult der Fors Fortuna pflegten vor allem auch Sklaven, was zu seiner Verknüpfung mit Servius Tullius paßt. Siehe Radke, Die Götter Altitaliens, 133.

[719] Livius X 43, 1. X 46, 14. Als Stiftungstag beider Tempel galt der 24. Juni.

[720] Als Stiftungstage wurden der 25. Mai bzw. der 5. April gefeiert.

[721] Livius XXIX 36, 8.

[722] Livius XL 40, 10. XL 44, 9. XL 42, 5.

dem Marsfeld ein Tempel erbaut.[723] Derselben Fortuna war schon 168 v. Chr. nach der Schlacht bei Pydna ein Heiligtum mit Kunstwerken geschmückt worden.[724] Für die glückliche Heimkehr des Augustus 19 v. Chr. nach langer Abwesenheit im Orient dankte man der Fortuna Redux mit einem Tempelbau nahe der Porta Capena. Offenbar weil die Gottheit in Notfällen des Staates sozusagen bereitwillig zur Verfügung stand, erhielt sie auch den Titel Fortuna Obsequens. Da Fortuna auch das Glück im privaten Bereich verbürgte, besaß sie als Fortuna Privata auf dem Palatin einen Tempel.[725] Als Fortuna Muliebris wurde sie von den Müttern verehrt – vielleicht zunächst als Göttin des Kindersegens –, als Fortuna Virilis sorgte sie für das Glück der Frauen im Verhältnis zur Männerwelt.[726] In der Kaiserzeit sahen die *collegia* der Handwerker und Gewerbetreibenden durch Fortuna den Ertrag ihrer Arbeit gewährleistet. Daß Fortuna, wie es scheint, schon sehr früh der Tyche, jener von den Griechen in hellenistischer Zeit zur Gottheit erhobene Schicksalsmacht,[727] gleichgesetzt wurde, beeinflußte ihren Kult, nach der Auffassung der Forschung selbst dort, wo man einen Fortunakult spezifisch römischer Prägung annehmen möchte, so auch jenen der Fortuna Obsequens und der Fortuna Redux.[728] Dieser Einfluß wird meiner Meinung nach überschätzt.

Mit der Erwähnung des Fortunakultes sind wir in die Erörterung jener Gottheiten eingetreten, die man (nicht unumstritten) üblicherweise Personifikationen von Abstraktionen nennt.[729] Nicht nur die-

---

[723] Plutarch, Mar. 26, 420d. Vgl. Cicero, leg. II 28 und Plinius, n. h. XXXIV 54. 60. Stiftungstag war der Jahrestag der siegreichen Schlacht, der 30. Juli.
[724] Plinius, n. h. XXXIV 54. 60.
[725] Plutarch, Qu. Rom. 74, 281e.
[726] Zu ihr beteten die Frauen am 1. April. – Es scheint aber, daß in früher Zeit jeder Mann seine Fortuna Virilis hatte, welche dadurch eine Funktion ähnlich jener des Genius erhielt. Siehe etwa Plutarch, Fort. Rom. 6, 319b–d, über die Fortuna (Tyche) Caesars.
[727] Siehe dazu S. 186f.
[728] Ähnlich steht es mit der Fortuna Respiciens und der Fortuna Salutaris. Sogar die in Praeneste verehrte Fortuna Primigenia dürfte nach Ciceros Meinung (leg. II 28) griechische Züge getragen haben. Deshalb verbot der römische Senat 241 v. Chr. dem Q. Lutatius Cerco die Befragung des dortigen Losorakels. Siehe dazu Radke, Die Götter Altitaliens, 133f. Siehe auch Kajanto, a. O. 525–532.
[729] Die Abgrenzung gegenüber schon besprochenen Gottheiten ist gelegentlich schwierig. Wie oben erwähnt, sah man im Namen der Venus ein zum Femininum gewordenes ursprüngliches Neutrum in der Bedeutung „Liebreiz". – Nach J. Rufus Fears, The Cult of Virtues and Roman Imperial Ideology,

ser, sondern auch der Kult mehrerer anderer Gottheiten dieser Kategorie geht auf frühe Zeit zurück und kam zu hohem Ansehen. Während ähnliche Gestalten in der griechischen Religion [730] in der Regel dichterischer Intuition oder philosophischer Spekulation entsprungen sind, verdanken solche Gottheiten in der römischen Religion ihre Entstehung unmittelbar einem Kultbedürfnis. Dieses weist in der Mehrzahl der Fälle offensichtlich auf die Sorgen des Volkes hin, dessen Staat sich fast immer im Kriegszustand befand. Es handelt sich entweder um von außen auf den Menschen einwirkend gedachte Mächte wie etwa Fortuna, Victoria, Libertas, Salus, oder um im Menschen selbst vorhandene Kräfte wie Fides, Pietas, Honos, Virtus, Mens, Aequitas, Spes. Da alle hier zu besprechen unmöglich ist, müssen knappe Hinweise genügen. Der älteste mit einer Jahreszahl bezeugte Kult dieser Art ist jener der CONCORDIA, der vergöttlichten Eintracht. Ihr Haupttempel wurde schon 367 v. Chr. nach dem Ende der Auseinandersetzungen zwischen den Patriziern und den Plebejern errichtet und 121 v. Chr. sowie 10 n. Chr. restauriert, diesmal als Heiligtum der Concordia Augusta durch Tiberius. Weitere Tempel waren ihr indessen 304 v. Chr. und 216 v. Chr. erbaut worden. Hochbedeutsam war VICTORIA,[731] die Göttin des Sieges, überhaupt eine der ältesten römischen Nationalgottheiten. Ihr Kult war durch einen

ANRW II, 17, 2, Berlin–New York 1981, 827–948, sei „Personifikation" eine unpassende Bezeichnung und „Abstraktion" stehe im Widerspruch zur römischen Auffassung persönlich wirkender *numina*. Diese Gottheiten unterscheiden sich seiner Meinung nach nicht grundsätzlich von Göttern wie Juppiter oder Mars, hätten wie diese Tempel, Altäre, Feste, Opfer. In diesem Zusammenhang verdient Beachtung, daß Libertas, die Gottheit der politischen Freiheit, welcher 238 v. Chr. auf dem Aventin ein Tempel errichtet wurde und der in der Kaiserzeit nach dem Ausweis von Münzbildern größere Bedeutung zukam, in der Regel als Juppiter Libertas verehrt wurde. Von Victoria sagt Fears in seiner in Anm. 731 zitierten Untersuchung, sie sei keine bloße Personifikation, sondern stehe durch die konkrete Manifestation göttlicher Sicherung der politischen Ordnung gleichberechtigt neben den hohen Gottheiten mit staatlichem Kult.

[730] In Hinsicht auf griechische Gottheiten dürfen wir jedoch infolge einer der hellenischen religiösen Vorstellungswelt entsprechenden Auffassung von einer „Person-Bereich-Einheit" nicht von „Personifikation" sprechen. Diesem Problem ging Walter Pötscher mehrfach nach, besonders im Vortrag ›Person-Bereich-Denken und Personifikation‹, erschienen im Literaturwissenschaftlichen Jahrbuch der Görres-Gesellschaft, N. F. 19 (1978), 217–231.

[731] Siehe Radke, Die Götter Altitaliens, 337; und J. Rufus Fears, The Theology of Victory at Rome: Approaches and Problems, ANRW II, 17, 2, Berlin–New York 1981, 736–826.

politischen Mythos geprägt. Man glaubte nämlich, schon der sagenhafte Euander habe ihr auf dem Palatin einen Hain und Altar geweiht. Dort erhielt sie denn auch ihren ersten Tempel im Zusammenhang mit dem Samniterkrieg im Jahre 294 v. Chr.[732] Gegen Ende der Republik wurde die Göttin, deren Wesensgestalt indessen stark durch die griechische Siegesgöttin Nike beeinflußt worden war, vor allem von Sulla und Caesar ins Rampenlicht gerückt: sie erhielt zahlreiche Statuen, ihr Bild erschien auf Münzen, zu ihren Ehren wurden Spiele eingerichtet. In der Kaiserzeit wurde sie Schirmgottheit der Herrscher und des Reiches. Daher wählte der letzte Widerstand heidnischer Senatoren gegen das siegreiche Christentum in Rom im 4. Jh. n. Chr. den Victoriaaltar in der Curia Julia, dem Senatssitzungssaal, zum Symbol. FIDES,[733] die Göttin der bei den Römern hochgeachteten Tugend der Treue, verbürgte vor allem Eid und Vertrag im privaten und öffentlichen Leben, ihr eifrig gepflegter Kult spielte auch bei der Sicherung der Beziehungen Roms zu anderen Völkern eine Rolle. Diese Tugend diente den Römern, ähnlich wie die *religio*, auch als Rechtfertigung für die imperiale Expansion. Der Fideskult soll von König Numa eingeführt worden sein. Daß die drei *flamines maiores* dabei zu fungieren hatten, beweist sein hohes Alter. Dennoch gewann er erst überraschend spät größere Bedeutung – erst um die Mitte des 3. Jh. v. Chr. wurde auf dem Kapitol ein Fidestempel errichtet –, besonders in spätrepublikanischer und spätaugusteischer Zeit. Mit Fides verwandt ist die von den Römern ebenso als eine ihrer Haupttugenden geschätzte PIETAS, die Göttin der Ehrfurcht, jenes Numen, welches die Beziehungen von Mensch zu Mensch, vor allem innerhalb der Familie und des Geschlechtes, aber auch des Bürgers zum Staat und seinen Göttern, sicherte.[734] Pietas erhielt 181 v. Chr.

---

[732] Der Stiftungstag war der 1. August, zugleich auch der eines während des Ersten Punischen Krieges gelobten Heiligtums der Spes, der göttlich verehrten Hoffnung, welche auch in Ostia, Aricia und Capua Kultstätten besaß, und die man nicht nur als Gottheit der Hoffnung auf einen Sieg im Kriege, sondern besonders seit dem 1. Jh. v. Chr. in allen kritischen Situationen anzurufen pflegte. – Im erwähnten Tempel der Victoria wurde 204 v. Chr. der aus Pessinus nach Rom verbrachte heilige Meteorstein der Kybele verwahrt, bis diese Göttin als Magna Mater 191 v. Chr. ebenso auf dem Palatin einen eigenen Tempel erhielt (Livius XXIX 14, 13 f.).

[733] Siehe Radke, Die Götter Altitaliens, 128; und Giulia Piccaluga, Fides nella religione romana di età imperiale, ANRW II, 17, 2, Berlin–New York 1981, 703–735. Vgl. Anm. 601.

[734] Siehe Anm. 576.

einen 10 Jahre vorher während des Krieges gegen Antiochos III. gelobten Tempel; später wurde ihr aus unbekanntem Anlaß ein zweites Heiligtum errichtet. Gegen Ende der republikanischen Zeit erschien ihr Bild auf Münzen, in der Kaiserzeit verbürgte die Pietas Augusta die *religio* des Kaisers und seine Loyalität seiner Familie gegenüber. SALUS, die Gottheit des Wohlergehens, sowohl politischer als auch körperlicher Art, wurde vor allem als Macht, welche die Erhaltung des Staates sicherte, verehrt. Während des Samniterkrieges wurde dieser Gottheit 311 v. Chr. ein Tempel gelobt und 302 v. Chr. auf dem Quirinal geweiht. 10 v. Chr. errichtete Augustus der Salus populi Romani einen Altar. Dieses Numen wurde auch in den Kaiserkult als Salus Augusta eingebunden.[735] Als Göttin körperlicher Gesundheit wurde Salus nach der Aufnahme des Kultes des Heilgottes Aesculapius ab dem 2. Jh. v. Chr. der Hygieia, nach griechischem Mythos Tochter des Asklepios, gleichgesetzt. Umstritten ist, ob der Kult der Salus in früher Zeit aus Mittelitalien nach Rom übertragen wurde. Daß er jedoch später von Rom aus sich in die weitere Umgebung ausbreitete, ist inschriftlich gesichert. Überraschend ist, daß die Kulte von HONOS und VIRTUS nicht zu höherem Ansehen gelangten. Der Kult für Honos, die Gottheit des kriegerischen Ruhms, und jener für Virtus, das Numen der militärischen Tüchtigkeit, wurde gemeinsam begangen. Honos war 233 v. Chr. erstmals ein Tempel gelobt worden, an den man für Virtus 222 v. Chr. ein Heiligtum anbaute. 101 v. Chr. erhielten beide Gottheiten gemeinsam einen zweiten Tempel. Augustus versuchte insbesondere den Virtuskult zu fördern, jedoch ohne nachhaltigen Erfolg. Der IUVENTAS,[736] der Gottheit der Jugendkraft, wurde im ehrwürdigen Tempel der kapitolinischen Trias in der Cella der Minerva eine *aedicula* errichtet, weil sie angeblich beim Bau dieses Heiligtums aus ihrem dort befindlichen alten Kultplatz hatte weichen müssen. Ihr opferte der junge Mann bei der Übernahme der *toga virilis*. 218 v. Chr. wurde ihr auf Weisung der Sibyllinischen Bücher ein Lectisternium ausgerichtet, zugleich mit einem Ritual für Hercules in dessen Tempel, was beweist, daß Iuventas damals schon der Hebe, der in diesem Buch nicht erörterten hellenischen Göttin der Jugendblüte und Gemahlin der Herakles, gleichgesetzt worden

---

[735] Daß die Christen der Salus populi Romani und der Salus Augusta nicht zu opfern bereit waren, wurde als überzeugendes Zeichen ihrer mangelnden Loyalität dem römischen Staat gegenüber empfunden.

[736] Diese Darstellung hält sich hier besonders eng an Radke, Die Götter Altitaliens, 162 f.

war. Seither meinen römische Autoren, wenn sie Iuventas erwähnen, in der Regel Hebe. Als man der Iuventas 207 v. Chr. in der Schlacht gegen Hasdrubal einen Tempel gelobte, dessen Bau 204 v. Chr. begonnen und der 191 v. Chr. geweiht wurde, dachte man allerdings offensichtlich nur an die altrömische Gottheit. 217 v. Chr. wurde unter dem Eindruck der Niederlage in der Schlacht am Trasimenischen See über Weisung der Sibyllinischen Bücher der MENS, der Gottheit verständiger Einsicht, ein dann 215 v. Chr. auf dem Kapitol geweihter Tempel gelobt. Mens sollte den Römern im weiteren Kampf gegen die Punier die nötige Verstandesklarheit verbürgen. Dieser Kult stagnierte in republikanischer Zeit, er lebte jedoch in der Kaiserzeit vorübergehend auf.[737]

Der oben[738] erfolgten Darstellung des Kaiserkultes sei hier beigefügt, daß damit von Anfang an[739] ein Kult der DEA ROMA als Stadtgöttin Roms,[740] nicht etwa als Schützerin des Imperium Romanum, verbunden war, der, von einem *collegium* der *duodecim viri urbis Romae* betreut, bis in das 4. Jh. n. Chr. lebendig blieb.

Obwohl genuin römische Vorstellungen für die Entstehung des Kaiserkultes maßgeblich waren, sind in ihm neben griechisch-hellenistischen auch orientalische und vor allem ägyptische Elemente nicht

---

[737] Gegen Ende der Republik und in der Kaiserzeit vermehrte sich die Zahl derartiger Numina zusehends: Felicitas, Iustitia, Pax, Providentia, Securitas, u. a. Pax erscheint erstmals auf einer Münze Caesars in dessen Todesjahr. Aufgrund eines Senatsbeschlusses des Jahres 13 v. Chr. (nach der siegreichen Heimkehr des Augustus aus Gallien und Spanien) wurde 9 v. Chr. auf dem Marsfeld die berühmte Ara Pacis Augustae geweiht, womit der Kult dieser Gottheit begann. Kaiser Vespasian errichtete ihr 75 n. Chr. einen Tempel.
[738] S. 211 f.
[739] Zur Zeit des Augustus wurde der Kult der Dea Roma in Verbindung mit dem Kaiserkult vor allem in den östlichen Provinzen des Imperiums gepflegt. Hadrian jedoch errichtete 121 n. Chr. dieser Gottheit in Rom gemeinsam mit Venus als Stammutter des julischen Geschlechtes einen prunkvollen Tempel, als dessen Stiftungstag der 21. April, der angenommene Gründungstag Roms, festgelegt wurde.
[740] Der Tempel hieß daher *fanum urbis*. Man beachte auch den Titel des den Kult betreuenden Collegiums. Ronald Mellor, The Goddess Roma, ANRW II, 17, 2, Berlin-New York 1981, 950-1030, sieht in Roma allerdings nicht die Stadtgöttin, sondern die Personifikation des römischen Volkes. Auf diese weit ausgreifende Untersuchung sei nachdrücklich verwiesen, ebenso auf Ulrich Knoche, Die augusteische Ausprägung der Dea Roma, Gymnasium 59 (1952), 324-349; und C. Fayer, Il culto della Dea Roma, Origine e diffusione nell'impero, Pescara 1976 (Coll. di Saggi e Ricerche, 9).

zu übersehen. Daher seien abschließend die wichtigsten orientalischen Gottheiten erwähnt, deren Kulte in Rom Aufnahme fanden. 204 v. Chr., in der Notzeit des Zweiten Punischen Krieges, wurde auf Weisung der Sibyllinischen Bücher der Kult der phrygischen Göttin Kybele als MAGNA MATER in Form des aus Pessinus überführten heiligen Meteorsteines in Rom aufgenommen und ihr 191 v. Chr. ein Tempel auf dem Palatin errichtet. Zu dem fremdartigen Kult, den aus Phrygien mitgebrachte bzw. später nachgeholte entmannte Priester unter der Aufsicht der *XVviri sacris faciundis* vollzogen, hatten Römer bis zur Kaiserzeit keinen Zugang. Nur am 27. März und am 4. April übten staatliche Organe gewisse Rituale aus.[741] Die Tatsache, daß die eher vernunftbetonte römische *religio* Herz und Gemüt des Menschen nur wenig ansprach, erleichterte das Fußfassen orientalischer Religionen in Rom, da deren geheimnisvolle und erregende Kultgebräuche dem Bedürfnis nach Hinwendung zur Gottheit, ja Vereinigung mit ihr, entgegenkamen und diese Erlösung oder Weiterleben nach dem Tode erhoffen ließ. Verständlicherweise war dieses Bedürfnis in schweren Zeiten und bei sozial Benachteiligten besonders ausgeprägt. So wurde zur Zeit Sullas wahrscheinlich durch immigrierende ägyptische Kaufleute und Handwerker der in Hellas und im Mittelmeerraum schon lange verbreitete Kult der ägyptischen Göttin Isis eingeführt. Schwierigkeiten, mit welchen die Anhänger dieses Kultes die längste Zeit hindurch zu kämpfen hatten – zeitweise kam es sogar zu einer regelrechten Unterdrückung der Isisverehrung aus religiösen Gründen – wurden oben, wenn auch nur anmerkungsweise,[742] erörtert. Erst unter Caligula wurde der Göttin auf dem Marsfeld ein Tempel errichtet. Im römischen Kalender späterer Zeit finden sich mehrere Feste

---

[741] Siehe S. 130 ff., 154 und S. 217, sowie Anm. 592 und 732, weiter Radke, Die Götter Altitaliens, 191 f. und 357; und Garth S. R. Thomas, Magna Mater and Attis, ANRW II, 17, 3, Berlin–New York 1984, 1500–1535. Zum Mysterienkult der Magna Mater und des Attis und zu den im folgenden behandelten Kulten der Isis und des Mithras sowie den anderen hier nicht erörterten orientalischen Kulten in der römischen Welt s. die in Anm. 708 erwähnte Bibliographie von Bruce M. Metzger. Gute einführende Darstellungen geben Franz Cumont, Die orientalischen Religionen im römischen Heidentum, Stuttgart ^{9}1989; und Die orientalischen Religionen im Römerreich, hrsg. v. Maarten J. Vermaseren, Leiden 1981 (Ét. prélim. aux religions orientales dans l'empire romain, XCIII). Der Beitrag über Kybele und Attis wurde von Gabriel Sanders verfaßt (S. 264–297). – Dem Attis wurde im römischen Kult kein Platz eingeräumt.

[742] In Anm. 592.

der Isis. Über das dann in gesammelter Stille vor dem geschmückten Götterbild im Isistempel vollzogene Ritual[743] – auch orgiastische Feste und Prozessionen fanden statt – und die Priesterschaften sind wir verhältnismäßig gut unterrichtet. Anhänger des Isiskultes mußten sich strengen Reinigungsvorschriften und Bußübungen unterwerfen. Denjenigen, die dadurch allmählich zu sittlicher Reinheit und Vollkommenheit gelangten, war ein glückliches Leben nach dem Tode verheißen. Als Sinnbild dafür galt der Mythos von der Tötung und Auferstehung des der Isis eng verbundenen, ursprünglich im Nildelta verehrten Gottes der agrarischen Fruchtbarkeit OSIRIS. Sein Kult war schon früh nach Griechenland und um die Mitte des 1. Jh. v. Chr. nach Rom gelangt. Jeweils im Herbst beging man sein Fest mit der trauervollen Suche nach dem Getöteten und der freudeerfüllten Auffindung und Neubelebung des Gottes. Caligula erhob es in den Rang eines Staatsfestes. Das bewegende Geschehen wurde sogar dramatisch gestaltet. Der Kult florierte bis in das 4. Jh. n. Chr. Mit dem Ausgreifen des römischen Imperiums nach Griechenland und ab der 2. Hälfte des 2. vorchristlichen Jahrhunderts nach Kleinasien gelangte die Verehrung von Gottheiten aus dem asiatischen Osten, die im hellenistischen Griechenland schon lange gepflegt wurden, nach Italien und in die westlichen Reichsprovinzen. Aus dem Osten zurückkehrende Soldaten, Handeltreibende und Sklaven fungierten als Überbringer. Auf diese Weise fand ebenso zu Sullas Zeiten die Verehrung der kappadokischen Göttin MA Eingang in Rom, wo man ihr schon 48 v. Chr. einen Tempel erbaute. Das Amt von Priestern und Priesterinnen übten in Rom *fanatici* genannte Kappadokier aus. Bei den festlichen Begehungen wurden wilde Kulttänze aufgeführt, wobei sich „fanatisierte" Anhänger mit Messern selbst verletzten. Von den in verzückte Raserei versetzten Priestern erbat man auch Weissagungen.[744] Zum am meisten verehrten heidnischen Gott der späteren Antike wurde der in seinen Heimatländern erstmals schon im 14. Jh. v. Chr. faßbare indoiranische Gott MITHRAS.[745] Von Pom-

---

[743] Siehe dazu M. Malaise, La piété personelle dans la religion Isiaque, in: L'experience de la prière dans les grandes religions. Actes du Colloque de Louvain-la-Neuve et Liège 1978, éd. par H. Limet et J. Ries, Louvain-la-Neuve 1980 (Homo religiosus, 5), 83–117.

[744] Die von mehreren Forschern vertretene Gleichsetzung der Göttin Ma mit der römischen Kriegsgöttin Bellona wird neuerdings bezweifelt. Siehe einerseits z. B. Wolfgang Fauth, Der Kleine Pauly 3 (1969), 847, 6–848, 8, andererseits nun Radke, Die Götter Altitaliens, 73.

[745] Nochmals sei auf die in Anm. 708 zitierte Bibliographie von Bruce M.

peius besiegte kleinasiatische Seeräuber sollen gegen Mitte des 1. Jh. v. Chr. seinen Kult nach Italien gebracht haben, von wo er sich fast explosionsartig über das ganze Römische Reich ausbreitete. Erst als die Kaiser das Christentum bevorzugten, für welches der Mithraskult zu einer mit leidenschaftlicher Polemik geführten gefährlichen Konkurrenz geworden war, verlor er seine Attraktivität. Hauptträger des Kultes waren Soldaten, besonders in den Gebieten der Militärgrenze, niedere Beamte der kaiserlichen Verwaltung, die vielfach das hierarchisch gegliederte Kultpersonal stellten, weiters auch hier Kaufleute und aus dem Osten importierte Sklaven. In einer Art Männerbund sozusagen vertraglich zusammengeschlossen, waren die Mithrasanhänger dem Kaiser (und dem Kaiserkult) gegenüber loyal, weshalb sie Förderung durch mehrere Herrscher erfuhren. So erfaßte die Mithrasverehrung weite Kreise. In Rom und überall im Imperium Romanum befanden sich in Privathäusern, in Natur- und künstlich erbauten Grotten die „Mithräen", die Verehrungsstätten des Gottes. Sehr einfach ausgestattet, bestanden diese in der Regel aus einem langgestreckten fensterlosen Saal mit der Darstellung des Mithras als Relief oder Fresko und aus Vorhalle und Nebenräumen. Die Lehre

Metzger verwiesen, wo auf S. 1348–1358 und 1413–1415 die umfangreiche Forschung über Mithras in den Jahren 1924–1977 verzeichnet ist. Grundlegend Franz Cumont, Textes et monuments figurés relatifs aux mystères de Mithra, 2 Bde., Brüssel 1896/1899. Franz Cumont, Die Mysterien des Mithra, Stuttgart ⁵1981. Maarten J. Vermaseren, Mithra, ce dieu mystérieux, Paris 1960. Maarten J. Vermaseren, Mithras, Geschichte eines Kultes, Stuttgart 1965 (Urban-Taschenbuch 83). Vermaseren verfaßte auch den Mithrasbeitrag (Mithras in der Römerzeit) in dem in Anm. 741 erwähnten, vom genannten Vf. herausgegebenen Sammelwerk (1981), S. 96–120. Ugo Bianchi (hrsg.), Mysteria Mithrae. Atti del Seminario internazionale su «La specificità storico-religiosa dei misteri di Mithra, con particolare riferimento alle fonti documentarie di Roma e Ostia», Roma e Ostia Marzo 1978, Leyden 1979. R. Turcan, Mithra et le mithraicisme, Paris 1981 (Coll. Qui sais-je? Nr. 1929). Reinhold Merkelbach, Die römischen Mithrasmysterien, in: Spätantike und frühes Christentum, Ausstellungskatalog, Frankfurt a. M. 1983, 124–137. Reinhold Merkelbach, Mithras, Königstein i. Ts. 1984. Michael Rainer, Die Mithrasverehrung in Ostia, Klio 66, 1984, 104–113: Der Vf. will nach Prüfung des epigraphischen Materials aus Ostia nachweisen, daß die Mithrasverehrung besonders in den Kreisen der gehobenen wohlhabenden Bürger gepflegt worden und das für Ostia Erhobene schlechthin repräsentativ sei. Für ANRW II, 17, 4, sind zwei Untersuchungen über den Mithraskult angekündigt: R. Beck, Mithraism since Franz Cumont (sehr umfangreich) und Ugo Bianchi, La tipologia storica dei misteri di Mithra.

dieses Mysterienkults, der hohe geistige und sittliche Anforderungen stellte, zugleich aber Halt und Erlösung versprach, ist nur teilweise bekannt und widersprüchlich überliefert. Dies geht einerseits auf die streng bewahrte Geheimhaltungspflicht der Eingeweihten zurück, andererseits darauf, daß die Mithrasvorstellung, schon bevor sie nach Italien gelangte, verschiedensten Einflüssen ausgesetzt gewesen war: im Sinne des Dualismus der Lehre des Zoroaster war Mithras zum Verbündeten der Macht des Guten im Kampf gegen das Böse und dadurch zum Beschützer seiner Anhänger vor der Macht des Bösen geworden, ebenso aber auch zum Sonnengott aufgestiegen, den man in Rom dem SOL INVICTUS, dem zeitweise höchsten Reichsgott,[746] gleichsetzte, zu anderen Zeiten allerdings von diesem streng unterschied. Die Legenden, die sich um die Gestalt des Gottes rankten, umfassen verschiedenartige Episoden, die sich kaum zu einer widerspruchslosen Einheit zusammenfügen lassen und wovon einige auf den Bildern der Mithräen dargestellt sind. So am häufigsten die auf Befehl der Sonne von Mithras vollzogene Tötung des heiligen Stieres, welche von manchen als Vernichtung des Bösen, von anderen kosmogonisch gedeutet wird: aus dem Leib und Sperma des Tieres seien alle Pflanzenarten und Tiere entstanden, feindliche Mächte, dargestellt als Skorpion und Schlange, konnten die Schöpfungshandlung nicht verhindern. Es gibt aber auch noch andere Erklärungen dieser Tiertötung. Besonders wichtig war weiter die Lehre, der siegreiche Schöpfergott sei dann im Sonnenwagen zum Himmel gefahren und stehe von dort her seinen Anhängern in ihrem Kampf gegen das Böse bei, bis diese selbst nach einem Leben der Bewährung in das Reich der Seligkeit eingingen. Aber auch eine Rückkehr des Mithras zur Erde am Ende der Zeiten und die Auferstehung der Toten wurde gelehrt, Unsterblichkeit der treuen Mysten und endgültige Vernichtung des Bösen. Nach Vorbereitung und Prüfung erfolgte die Einweihung der Mysten stufenweise in sieben Graden. Mehrere Elemente der Lehre und der Riten (z. B. Taufe, mystisches Mahl) waren jenen des schließlich siegreichen Christentums ähnlich.[747]

[746] Durch den aus Syrien stammenden Elagabal (Kaiser 218–222 n. Chr.), selbst Priester des syrischen Gottes Baal, wurde dieser unter dem Titel Sol Invictus zum Hauptgott des Römischen Reiches erhoben, doch ging seine Verehrung nach der Ermordung des Kaisers unter. Vgl. dazu Anm. 519 u. 593. Kaiser Aurelian (270–275 n. Chr.) erklärte den Sol Invictus abermals zum Schutzgott des Kaisers und höchsten Gott Roms und ließ für ihn, wie schon Elagabal, großartige Kultfeste veranstalten. Siehe G. H. Halsberghe, The Cult of Sol Invictus, Leiden 1972.

[747] Hampl, Römische Religion, 341, sieht den Grund dafür, daß sich die

Die Verehrung von Provinzialgottheiten, die zunächst in Rom keinen Kult besaßen, wurde infolge der grundsätzlichen Großzügigkeit der römischen *religio* ohne Widerstand toleriert, insbesondere nach der Wende, welche die Constitutio Antoniniana mit sich gebracht hatte.[748] Zwei Beispiele mögen genügen: Die Göttin EPONA, wahrscheinlich ursprünglich ein Numen in Stutengestalt, das nach inschriftlichen Zeugnissen von Portugal bis zum Schwarzen Meer verehrt wurde und später als keltische Schutzgöttin der Pferde, Maultiere und Esel vor allem in Ostfrankreich und Deutschland entlang dem Limes Kulte besaß. Ihr Kult fand beim römischen Heer, besonders bei der Reiterei, Eingang und breitete sich auch in Italien aus. Als einzige keltische Gottheit wurde Epona schließlich auch in Rom verehrt. Einzelne Attribute, wie Fruchtkorb und Füllhorn, lassen vermuten, daß sie auch als Fruchtbarkeitsgöttin galt. NOREIA war die Schutzgottheit der Provinz Noricum, in der Kaiserzeit nach inschriftlichen Zeugnissen vor allem von Soldaten verehrt. Auch ihr Kult gelangte nach Rom, wo sie – wie es auch mit einigen anderen Provinzialgottheiten geschah – römischen Göttern gleichgesetzt wurde, so Victoria, aber auch männlichen Göttern wie Mars, Hercules und sogar Juppiter.

5. Die Eschatologie

Die Römer hatten wie die Griechen Vorstellungen von einem Weiterleben des Menschen nach dem Tode. Diesen entsprechend kam den Verstorbenen eine gewisse Fürsorge durch die Hinterbliebenen zu und sie konnten je nach der Art der Erfüllung oder Mißachtung dieses Anspruches helfend oder strafend eingreifen (Vorstellung vom „lebenden Leichnam").[749] Die Ansichten der Römer über ein Jenseits waren viel weniger komplex als jene der Griechen. Die Toten wohnten demnach in den Gräbern. An diesen konnte (und sollte) man mit ihnen Umgang pflegen. Darüber hinausgehende Vorstellungen, soweit in römischer Literatur bezeugt, sind von den Griechen

---

Mithrasreligion dem Christentum gegenüber als schwächer erwies, vornehmlich darin, daß sie die Frauen vernachlässigte und keinen Platz für einen Mutterkult hatte, der im Glauben des Volkes eine große Rolle spielte.

[748] Siehe S. 229 und Anm. 590.

[749] Siehe Franz Bömer, Ahnenkult und Ahnenglaube im alten Rom, Leipzig 1943 (RVV, Beiheft 1).

übernommen. Die genau geregelten Bestattungszeremonien [750] wurden in den alten und begüterten Familien mit großem Aufwand begangen. Der oft tagelangen Aufbahrung des einbalsamierten Leichnams folgte die feierliche Begräbnisprozession *(pompa funebris)* durch Rom bis zur außerhalb der Stadt liegenden Begräbnisstätte. Die Leichenrede *(laudatio funebris)* wurde auf dem Forum Romanum gehalten. In Verbindung mit dem Begräbnis wurden gelegentlich sogar Theateraufführungen, in früherer Zeit häufig Gladiatorenspiele [751] veranstaltet. In historisch heller Zeit diente dies sicherlich vor allem der Zurschaustellung des Reichtums der Familie, ursprünglich lag jedoch die Vorstellung von der weiterwirkenden Macht des Ehrung und Anerkennung fordernden Verstorbenen zugrunde. Am Grab fand ein Totenmahl mit Opfergaben für den Verstorbenen statt, das nach 9 Tagen wiederholt wurde. Das Grab war indessen mit Blumen und Kränzen geschmückt worden. Von den möglichst monumentalen Grabmälern, welche ebenfalls Ansehen und Reichtum der Familie widerspiegeln sollten, sind viele heute noch erhalten. Am Geburtstag des Toten wurde in der Familie noch jahrelang seiner gedacht und ihm am Grabe geopfert. Man verehrte die Verstorbenen als *divi parentum* (seit der Kaiserzeit als *di parentes*), ab dem 1. Jh. v. Chr. auch (und vor allem), wie auf den Grabmälern oft zu lesen ist, als *di manes*. Das neuntägige Fest der *Parentalia* vom 13. bis 21. Februar verbrachte man in pietätvollem Gedenken an die Toten der Familie. Während dieser Zeit waren die Tempel geschlossen, fanden

---

[750] Siehe Franz Cumont, Recherches sur le symbolisme funéraire des Romains, Paris 1942, ²1965.

[751] Ob die Gladiatorenkämpfe aus Campanien oder Samnium nach Rom gelangten oder – was wahrscheinlicher ist – etruskischer Herkunft sind, ist ebenso umstritten wie die Frage, ob sie ursprünglich sozusagen gemilderte Menschenopfer an die Götter waren, indem man die zum Opfer bestimmten Menschen paarweise um Leben und Tod kämpfen ließ. In Rom waren sie – erstmals für 264 v. Chr. bezeugt – als Teil des Rituals privater Begräbnisse ursprünglich jedenfalls Kultbegehungen. Wahrscheinlich lösten sie sich schon im 3. Jh. v. Chr. vom Totenkult und wurden wegen des großen Interesses, das sie beim Publikum fanden, von privater Seite veranstaltet, wenn man sich die Gunst des Volkes sichern wollte. 105 v. Chr. gestattete der Senat den Konsuln erstmals, derartige Spiele offiziell durchzuführen. Augustus übertrug diese willkommene Aufgabe den Prätoren, Kaiser Claudius 47 n. Chr. den Quästoren. So verloren sie mit der Zeit ihren sakralen Charakter. Caesar ließ jedoch noch 65 v. Chr. Gladiatorenspiele zum Gedächtnis seines Vaters und 45 v. Chr. zum Gedenken an den Tod seiner 54 v. Chr. verstorbenen Tochter Julia abhalten.

weder Hochzeiten noch sonstige festliche Begehungen, welche glückbringender Vorzeichen bedurften, statt und legten die staatlichen Amtsträger ihre Insignien ab. Der Kult wurde jedoch nur im familiären Bereich im Hause und am Grabe gepflegt. Nur am letzten Tage, den schon im alten Kultkalender verzeichneten *Feralia* am 21. Februar, wurde der Totenkult öffentlich vollzogen.[752] Angst vor den Toten galt als unbegründet, außer, man verletzte die Pietätspflichten ihnen gegenüber, etwa durch Vernachlässigung der Opfergaben. Rächende Totengeister waren die *lemures*, die man jedoch auch ohne Zusammenhang mit dem Totenglauben als schadenstiftende Dämonen fürchtete, was wohl ihr ursprüngliches Wesen offenlegt. Die Lemuren wurden vor allem am Fest der *Lemuria* am 9., 11. und 13. Mai durch geeignete Rituale besänftigt. An diesen Tagen blieben aus Angst vor den umherschweifenden Gespenstern die Tempel geschlossen, man feierte keine Feste und traf in den Wohnungen Schutzmaßnahmen.

6. Der Kult

Der Vollzug des Götterkultes[753] war Sache der Priester. Bei privaten Kulthandlungen fungierte der *pater familias*, das Familienoberhaupt, als Priester, bei öffentlichen die Mitglieder der *collegia* von *sacerdotes* bzw. der *sodalitates*, sei es einzeln, sei es als Gemeinschaft. Allerdings oblagen auch den Magistraten kultische Pflichten, d. h., Gebete zu sprechen und Opfer darzubringen, doch zogen sie dabei häufig Amtspriester zu Rate.

Zunächst einige Worte über den **häuslichen Kult**.[754] Im Mittelpunkt stand jener für den *Lar familiaris* bzw. in späterer Zeit für die

---

[752] Aus dem vertrauten Umgang mit den Toten ergab sich der Glaube, man könne sie anrufen und befragen. Dafür geeignet hielt man allerdings nicht die Gräber, sondern bestimmte Orte, an denen man einen Zugang zur Unterwelt annahm, so am Avernersee bei Cumae. Diese Vorstellung paßt jedoch nicht zur römischen Auffassung vom Dasein der Toten in den Gräbern und dürfte daher früh übernommenes griechisches Vorstellungsgut sein. Schon bald spielten daher diese Totenorakel bei den Römern keine Rolle mehr. Auch bei den Griechen waren sie selten. Die Griechen vermuteten z. B. einen Zugang zur Totenwelt am Kap Tainaron.

[753] Am besten informiert man sich immer noch bei Georg Wissowa, Religion und Kultus der Römer.

[754] Zu den Laren und Penaten s. Anm. 600, zum Genius S. 212 mit Anm. 563.

zwei Laren der Familie.[755] Hatte die Familie Grundbesitz, trat die Verehrung der *Lares compitales* an den Grundstücksgrenzen hinzu.[756] Weiter hatte der *pater familias* den Kult der *di penates*, seiner besonderen Schutzgötter, zu pflegen, sowie des *genius*, der jeweils am Geburtstag seiner Bezugsperson verehrt wurde. Der Kult des Genius des *pater familias* hatte vorrangige Bedeutung. In einer *aedicula*, einem kapellenartigen kleinen häuslichen Heiligtum, gewöhnlich in einem Seitenflügel des Atriums, waren die Bilder der Penaten, der beiden Laren und des Genius des *pater familias* vereint zur Verehrung aufgestellt. Dieser Altar war bis zum Ende des Heidentums der Mittelpunkt familiärer Kultgepflogenheiten. Vor ihm oder am häuslichen Herd, der sich als Kulteinrichtung auch dann noch im Atrium befand, als nach Erweiterung des römischen Hauses in einer Küche und nicht mehr im Atrium gekocht wurde, brachte man Gebete und Opfer dar. Bei den täglichen Mahlzeiten waren dem *Lar* bzw. den zwei *Lares familiares* und den Penaten Gefäße mit Speisen und Getränken an den Herd zu stellen. In der Regel wurden diese Opfergaben verbrannt. Besonders feierliche Opfer, vor allem vor der *aedicula*, wurden an bestimmten Tagen eines jeden Monats dargebracht, nämlich an den sog. Kalenden, Nonen und Iden. Andere kultische Verpflichtungen waren vor allem apotropäische und kathartische Opfer (*lustrationes*), so die regelmäßige *lustratio agri*, ein präventives Sühneopfer für das Ackerland, aber z. B. auch Reinigungsriten nach einem Todesfall, sowie Versöhnungsopfer (*piacula*) im Falle der befürchteten Kränkung einer Gottheit, z. B. wenn ein traditionell üblicher Kultritus nicht genau beobachtet worden war oder wenn man etwa an einem Feiertag Landarbeit verrichtet hatte. Bei den täglichen Begehungen brachte man vorwiegend unblutige Speiseopfer, vor allem Erstlingsgaben aus Feld und Garten, sowie Wein, Kuchen und Weihrauch dar, seltener blutige Opfer. In diesem Fall verwendete man das Fleisch von Schweinen und Schafböcken. Bei der *lustratio agri* allerdings sollte je nach Vermögen des Grundbesitzers womöglich das sog. Suovetaurilienopfer dargebracht werden, d. h. ein sehr kostspieliges Schlachtopfer von Schwein, Schafbock und Stier.[757] Für die Piacularopfer wurden vielfach Hunde geschlachtet.

Für öffentliche Kulthandlungen waren, wie erwähnt, vor

---

[755] Warum in späterer Zeit zwei Laren an die Stelle des einen *Lar familiaris* traten, ist nicht geklärt.

[756] Der Landbesitz war der ursprüngliche Wirkungsbereich der Laren.

[757] Siehe Anm. 599.

allem *collegia* und *sodalitates* von Priestern zuständig.[758] Sie legten in Zusammenarbeit mit staatlichen Organen, vielfach aber auch selbständig, die Kultformen fest und erfüllten die sich daraus ergebenden Pflichten. Nur freigeborene, nicht vorbestrafte oder mit körperlichen Gebrechen behaftete römische Bürger durften eines dieser Priesterämter auf Lebenszeit erhalten (nur die Vestalinnen wurden für eine Periode von bloß 30 Jahren ernannt), von welchem sie jedoch freiwillig zurücktreten durften. Abgesehen vom *collegium* der *Xviri sacris faciundis*, dem schon seit 367 v. Chr. neben fünf Patriziern auch fünf Plebeier zugehören mußten, waren diese ehrenvollen Funktionen für lange Zeit Patriziern vorbehalten. Ab etwa 300 v. Chr. konnten (und sollten) auch Plebeier Priesterämter übernehmen, sogar jene der *pontifices* und der *augures*. Nur die Würde des *rex sacrorum*, der drei *flamines maiores* und der *Salii* verblieb ausschließlich den Patriziern. Die Funktion der *flamines minores* kam in der Republik in der Regel den Plebeiern, in der Kaiserzeit den Rittern zu. Der *rex sacrorum*, die *flamines maiores* und die *augures*, nicht jedoch die *pontifices*, wurden in einer feierlichen Inaugurationszeremonie in ihr Amt eingeführt. Priester waren in der Regel von Militärdienst und Steuerleistungen befreit, bei Spielen und Festlichkeiten hatten sie Ehrenplätze inne. Bei der Amtsausübung trugen die wichtigsten Priester, wie unter anderem Münzbilder erweisen, Trachten und Insignien. Die strengen Regelungen, welchen einzelne Priester, besonders der *flamen Dialis* (mit seiner Gattin) und die Vestalinnen, unterworfen waren, wurden bereits erwähnt.[759]

Vorrangig waren die vier sog. „großen" Priesterkollegien, die *quattuor amplissima collegia sacerdotum*: jene der *pontifices*, der *augures*, der *XVviri* (früher *IIviri*, dann *Xviri*) *sacris faciundis* (auch *sacerdotes Sibyllini* genannt) und der *IIIviri*, später *VIIviri epulones*; von geringerer Bedeutung hingegen das Kollegium der zwanzig *fetiales*. Schon hier sei erwähnt, daß dem Kollegium der *pontifices* auch der *rex sacrorum*, die drei *flamines maiores* und die in früher Zeit zwölf, später aber zahlreicher werdenden *flamines minores* – Priester für einzelne Gottheiten – sowie die sechs *virgines Vestales* zugehörten, sowie daß unter der Aufsicht der *sacerdotes Sibyllini* für bestimmte in Rom eingeführte fremde Kulte Sonderpriester

---

[758] José Guillén, Los sacerdotes Romanos, Helmantica 24 (1973), 5–76. Die Funktion der *sacerdotes* im staatlichen Leben Roms behandelt besonnen das sonst eher problematische Werk von John Scheid.

[759] Siehe S. 208f.

fungierten, so die aus Phrygien eingeführten Eunuchenpriester der Magna Mater[760]; außerdem sei beispielshalber darauf verwiesen, daß im Cereskult, welchem seit alter Zeit ein *flamen* zugehörte, seit der Identifizierung dieser italischen Gottheit mit der griechischen Göttin Demeter[761] auch griechische Priesterinnen tätig waren, die (im Gegensatz zu den verschnittenen Priestern der Kybele) das römische Bürgerrecht erhielten. Außer den erwähnten *collegia* und den noch aufzuzählenden *sodalitates* traten in Rom noch die *haruspices*, der Mantik dienende etruskische Priester, in Erscheinung, welche, zunächst in großer Zahl als Einzelpriester wirkend, sich seit dem 1. Jh. v. Chr. zu einem *collegium* nach dem Vorbild der genuin römischen Priesterkollegien zusammenschlossen. Einen Sonderfall stellt der *rex Nemorensis* im Dianakult am Nemisee bei Aricia dar.[762]

Den de facto höchsten Rang unter allen Priestern Roms nahm der an der Spitze des Kollegiums der *pontifices*[763] stehende *pontifex maximus* ein. Er war der Hauptverantwortliche für das Funktionieren des Kultwesens.[764] In der Königszeit dürfte der König selbst diese Funktion ausgeübt haben.[765] An der Seite des *pontifex maximus* standen zu seiner Beratung, Unterstützung und fallweisen Vertretung weitere *pontifices*, deren Zahl schließlich auf 15, unter Caesar sogar auf 16, anwuchs. Nach Bedarf entlasteten sie *pontifices minores* und technisches Hilfspersonal. Wie die auf Lebenszeit erfolgte Bestellung des *pontifex maximus* in der frühen Zeit der Republik zustande kam, ist nicht geklärt. Seit ungefähr 250 v. Chr. wurde er von einer Sonderform der Volksversammlung[766] gewählt. Die übrigen *pontifices* wurden zunächst durch den *pontifex maximus* ernannt, später vom Kollegium kooptiert. Ab 103 v. Chr. wurden sie aufgrund einer vom Kollegium erstellten Vorschlagsliste von derselben Volksversammlung

---

[760] Siehe S. 283.
[761] Siehe S. 272 ff.
[762] Siehe S. 269.
[763] Siehe Anm. 595.
[764] Der Ehrenvorrang kam allerdings vor ihm in hierarchischer Folge nach dem *rex sacrorum* dem *flamen Dialis*, *Martialis* und *Quirinalis* zu, welche sakralrechtlich jedoch dem erst nach ihnen rangierenden *pontifex maximus* unterstellt waren.
[765] Im übrigen übernahm jedoch nach der Vertreibung des letzten Königs der *rex sacrorum* dessen kultische Funktionen.
[766] In dieser Sonderform der *comitia tributa* waren nur 17 der 35 Tribus repräsentiert.

gewählt wie der *pontifex maximus*.[767] Caesar und die Kaiser beanspruchten das Amt des *pontifex maximus* selbst,[768] sowohl um der damit verbundenen Ehre willen als auch wegen der selbständigen Entscheidungsmöglichkeit in wichtigen Religionsfragen, und nahmen auf die formell unveränderte Art der Bestellung der übrigen *pontifices* entscheidenden Einfluß. In einer Hinsicht war der *pontifex maximus* den Magistraten gleichgestellt: er durfte die Volksversammlung, und zwar die *comitia curiata*, auf das Forum einberufen, um u. a. die Feste des Monats anzuzeigen, den *rex sacrorum*, die *flamines maiores* und die *augures* in ihre Ämter einzuführen[769] und den in den *comitia centuriata* gewählten hohen Magistraten in einer zu leerer Formalität verblaßten Zeremonie die sakralrechtliche Bestätigung zu verleihen. Den *pontifices* kamen neben im engeren Sinne des Wortes priesterlichen auch juristisch-behördliche Funktionen zu. Die priesterlichen Funktionen teilten sich in solche, die sie als Berater und Helfer der Magistrate ausübten, und in jene, die sie im autonomen Arbeitsbereich vollzogen. Den Beamten hatten sie bei kultischen Aufgaben z. B. die in den meisten Fällen genau festgelegten Gebets-, Gelübde- und Weiheformeln vorzusagen, an ihren rituellen Begehungen hatten sie mitzuwirken,[770] ebenso an Sühneriten zur Besänftigung des offenbar gewordenen Zornes einer Gottheit oder an Begehungen, welche dem Unwillen der Götter und dem damit verbundenen Unheil vorbeugen sollten. Selbständige priesterliche Funktion übten die *pontifices* vor allem für die kapitolinische Trias, also für Juppiter Optimus Maximus, Mars und Quirinus, im römischen Haupteiligtum auf dem

---

[767] Streng juristisch handelte es sich dabei nur um eine Wahlempfehlung, denn das Pontifikalkollegium mußte anschließend eine Kooptierung des neuen Mitgliedes vornehmen, hielt sich jedoch stets an diese Empfehlung.

[768] Auch die ersten christlichen Kaiser führten noch den Titel eines *pontifex maximus*. Gegen Ende des 4. Jh. ging dieser sakrale Titel faktisch, im Laufe des 5. Jh. auch formell auf die Päpste über, die ihn bis heute führen.

[769] Dabei handelt es sich um die früher erwähnte Inaugurationszeremonie.

[770] Es sei nur ein Beispiel genannt: die Mitwirkung der *pontifices* am sog. *Aquaelicium* (*aqua* = Wasser, *elicere* = herauslocken). Bei anhaltender Dürre zog das Volk in einer Prozession mit einem vor der *porta Capena* neben dem dortigen Marstempel gelegenen Stein, dem *lapis manalis* (dem „triefenden Stein"), nach Rom. Außer daß man Wasser auf den Stein in der Erwartung goß, daß es nun zu regnen beginne, sind keine Einzelheiten des von hohen staatlichen Beamten allerdings ohne Mitnahme ihrer Amtsinsignien und unter maßgeblicher Beteiligung der *pontifices* durchzuführenden Rituals bekannt.

Kapitol aus und für solche Götter, die über keine eigenen Priester verfügten, sofern ihr Kult nicht in den Zuständigkeitsbereich der *sacerdotes Sibyllini* fiel.[771] Unabhängig davon, daß die *pontifices* die Oberaufsicht über alle römischen Kulte ausübten, beaufsichtigten sie in besonderer Weise jenen der Vesta und der staatlichen *di penates*. In den staatlich-juristischen Sachbereich erstreckte sich die Entwicklung eines *ius divinum*, des „Pontifikalrechtes", das die Beziehungen der Menschen zu den Göttern im Sinne der Wesensidee der römischen *religio* regelte. Dabei wurden zahlreiche für das staatsrechtlich bedeutsame Sakralwesen relevante Begriffe definiert, die Form der von den Magistraten oder Heerführern durchzuführenden Rituale, Gebetsformen u. a. m. bindend festgelegt, weiter z. B. die Vorsorge bei Todesfällen, so die Begräbnisriten und die kultische Reinigung der betroffenen Familie. Von eminenter Wichtigkeit war die Fixierung des Festkalenders, der *fasti*.[772] In ihnen waren die Tage in Kategorien eingeteilt, nach welchen bestimmte öffentliche Tätigkeitsbereiche erlaubt *(fas)* oder verboten *(nefas)* waren. Diese *fasti* gewannen auch eine hervorragende Bedeutung für die historische Tradition. In ihnen wurden nämlich stichwortartig auffallende Ereignisse, insbesondere böse Vorzeichen, z. B. meteorologische Erscheinungen, Mißbildungen, Überschwemmungen, Hungersnot, Teuerungen, aber auch Opferhandlungen, Triumphe u. a. m. vermerkt. Schon früh wurden diese (sekundären) Aufzeichnungen vom eigentlichen Kalender getrennt auf einer weißen Tafel, dem sog. *album*, im Amtslokal der *pontifices* in der auf dem Forum Romanum gelegenen Regia unter dem Namen der das Jahr bezeichnenden Konsuln notiert. Auf diese Weise entstanden die ›Annales‹, aus welchen sich die Geschichtsschreibung der Römer entwickelte. Seit wann die *pontifices* solche Aufzeichnungen machten, ist ungewiß, jedenfalls waren sie im 4. Jh. v. Chr. schon üblich und wurden mindestens bis 130 v. Chr. fortgeführt. In diesem Jahr oder wenig später wurde das ganze so zustande gekommene historische Material vom *pontifex maximus* P. Mucius Scaevola in den 80 Bände umfassenden ›Annales maximi‹ veröffentlicht. Wahrscheinlich endete damit die Tradition des *album*.[773]

[771] Z. B. waren die *pontifices* für die Durchführung des in Anm. 701 erwähnten Festes der *Fordicidia*, des Hauptfestes der Göttin Tellus, am 15. April zuständig, ebenso für das auf dem Kapitol durchzuführende feierliche Opfer der trächtigen Kühe *(fordae boves)*.
[772] Literatur dazu in Anm. 596.
[773] Siehe Bruce Woodward Frier, Libri annales pontificum maximorum, Rom 1979 (Papers and Monographs of the American Academy in Rome, 27).

Der Kult 295

Die Nachfolge des Königs im Bereich der kultischen Funktionen teilte mit dem *pontifex maximus* der *rex sacrorum*, auch *rex sacrificulus* genannt. Er war, vom *pontifex maximus* auf Lebenszeit ernannt, diesem bei der Erledigung der Geschäfte unterstellt, besaß jedoch vor ihm (und allen anderen Priestern) den Ehrenvorrang. Er mußte Patrizier sein, einer durch einen sakralen Akt, die sog. *confarreatio*, geschlossenen Ehe entstammen und selbst in gleicher Weise verheiratet sein, weil seine Gattin, die *regina sacrorum*, ebenfalls mit kultischen Aufgaben betraut war. Er durfte kein öffentliches Amt bekleiden, wohl um sein Leben gänzlich der sakralen Funktion unterordnen zu können, mehr aber, weil man fürchtete, er könnte mit politischer oder gar militärischer Macht das Königtum wieder errichten.[774] Sein Amtslokal und seine Wohnung war wahrscheinlich die sog. Regia auf dem Forum Romanum.[775] Der *rex sacrorum* mußte grundsätzlich die früher dem König vorbehaltenen *sacra* vollziehen. Dennoch waren seine Verpflichtungen dürftig. Ihm oblag der Januskult, der am Fest des *Agonium* am 9. Januar mit der Opferung eines Widders verbunden war. In den vom *pontifex maximus* einberufenen Volksversammlungen kam ihm der Ehrenvorsitz zu.[776] Die *regina sacrorum* mußte

In diesem Werk werden die 80 Bände der ›Annales maximi‹ des P. Mucius Scaevola in Frage gestellt. Dazu jedoch Gerhard Radke, AAW 39 (1986), 72–74.

[774] Er erhielt seine ehrenvolle Funktion ja nur deshalb, weil man nach der Vertreibung des letzten Königs Tarquinius Superbus nicht wagte, den Göttern die ihnen zustehenden Huldigungen statt durch den König durch eine Person geringeren Ranges zuteil werden zu lassen. Ansonsten war das Königtum den Römern seit der Begründung der Republik äußerst suspekt. Ähnlich wurden nach der Abschaffung des Königtums in Athen das Amt des ἄρχων βασιλεύς und in Ephesos jenes des ἐσσήν, eines Artemispriesters, eingerichtet. Interessant ist in diesem Zusammenhang das am 24. Februar begangene Ritual des *regifugium*: der *rex sacrorum* mußte auf dem *comitium*, dem Beratungsplatz der Volksversammlung auf dem Forum Romanum, ein Opfer darbringen und dann die Flucht ergreifen. Der Sinn dieses Kultaktes ist nicht eindeutig geklärt. Vielleicht handelt es sich um eine kultische Wiederholung der Flucht des Tarquinius Superbus. So stellte etwa Ovid das Ritual aufgrund annalistischer Überlieferung dichterisch dar (Fasti II 685–852).

[775] Die darauf bezüglichen Nachrichten sind widersprüchlich. In späterer Zeit war die Regia Amtslokal des *pontifex maximus*. Vielleicht amtierten dann beide Priester in der Regia, zumal es dem *pontifex maximus* (im Gegensatz zum *rex sacrorum*) nicht erlaubt war, auch in diesem Gebäude zu wohnen.

[776] Die sonstigen kultischen Verpflichtungen des *rex sacrorum*, welche er

u. a. am ersten Tag eines jeden Monats (an welchem ihr Gatte unabhängig davon ebenfalls bestimmte Riten zu vollziehen hatte) der Göttin Iuno ein Schwein oder ein Schaf opfern.

Die vom pontifex *maximus* ernannten *flamines*[777] waren Sonderpriester einzelner Gottheiten. Genauere Kenntnis haben wir nur von den Pflichten der drei *flamines maiores* für Juppiter, Mars und Quirinus, stets Patrizier, welche, obwohl der Aufsicht des *pontifex maximus* unterstellt, im Range über diesem – jedoch unter dem *rex sacrorum* – standen. Einzelinformationen besitzen wir vor allem über den *flamen Dialis* (den Priester des Juppiter), der, aus einer confarreierten Ehe hervorgegangen, selbst mit seiner Gattin, der *flaminica Dialis* oder *coniunx sancta Dialis* in einer solchen sakral geschlossenen Ehe leben mußte, da auch sie kultische Funktionen ausübte. Starb sie, mußte er sein Amt zurücklegen. Wie bereits kurz dargelegt,[778] war er sozusagen die Vergegenwärtigung des Juppiter unter den Römern und führte deshalb ein durch teilweise schon in der Antike nicht mehr verstandene Bestimmungen streng geregeltes, sehr mühevolles, sozusagen „göttliches" Leben. Daher war es ihm ursprünglich auch verboten, ein politisches Amt zu übernehmen, eine Regelung, die allerdings seit etwa 200 v. Chr. gelockert wurde. Neben zahlreichen anderen Aufgaben hatte er vor allem die Pflicht, an den Iden eines jeden Monats Juppiter ein Schaf zu opfern. Seine Frau brachte regelmäßig Widderopfer dar. Die *flamines maiores* vollzogen – wie der *rex sacrorum* – bestimmte Rituale gemeinsam mit anderen Priestern. So oblag allen drei *flamines* zusammen der Opferkult für die *Fides publica*. Die ursprünglich zwölf *flamines minores* vollzogen den Kult für sehr alte römische Gottheiten wie Volcanus, Volturnus, Ceres. In der Kaiserzeit erhielt jeder vergöttlichte Kaiser einen *flamen* und jede vergöttlichte Kaiserin eine *flaminica*.

Die sechs vom *pontifex maximus* ernannten Vestalinnen – allgemein *virgines Vestales*, amtlich jedoch *sacerdotes Vestales* benannt – vollzogen vor allem den Vestadienst im Rundtempel dieser Göttin auf dem Forum Romanum, hatten jedoch, zum Teil gemeinsam mit anderen Priestern, auch am Kult anderer Gottheiten mitzuwirken. Sie wohn-

---

teilweise gemeinsam mit anderen Priestern zu erfüllen hatte, sind von Gerhard Radke, Der Kleine Pauly 4 (1972), 1387, 59–1389, 2, zusammengestellt.

[777] Wie schon in Anm. 595 erwähnt, war die Wortbedeutung schon den Römern unklar. Wahrscheinlich handelt es sich um ein ursprüngliches Neutrum in der Bedeutung „Opferhandlung".

[778] Siehe S. 208.

ten unter der Oberaufsicht des *pontifex maximus* – ihrem *pater familias* – im dem Vestatempel benachbarten Atrium Vestae und standen unter der Leitung der *virgo Vestalis maxima*. Der Eintritt in dieses „Kloster" erfolgte in der Regel schon zwischen dem 6. und 10. Lebensjahr. 10 Jahre nahm die Einführung in den Kultdienst in Anspruch, während des zweiten Jahrzehnts kamen die Vestalinnen den umfangreichen priesterlichen Pflichten nach, dann wurde eine von ihnen zur *virgo Vestalis maxima* erhoben, eine zweite wirkte an der Einführung der zwei neu eingetretenen Jungfrauen mit. Die Aufgaben der Vestalinnen im Vestadienst wurden schon in anderem Zusammenhang dargestellt.[779] Sie waren hochgeehrt und wurden vielfach mit Geschenken und Erbschaften bedacht. Während ihrer dreißigjährigen Amtszeit zu strengster Keuschheit verpflichtet, stand es ihnen nach der Rückkehr ins weltliche Leben frei zu heiraten. Obwohl zeitweise Anwärterinnen nur schwer zu gewinnen waren, überdauerte dieses angesehene Priesteramt den Sieg des Christentums und erlosch erst gegen Ende des 4. Jh. n. Chr.

Das Priesterkollegium der *IIIviri*, später *VIIviri epulones*[780] wurde 196 v. Chr. zur Entlastung der *pontifices* ins Leben gerufen. Sie hatten neben anderen nicht im einzelnen überlieferten sakralen Verpflichtungen vor allem das kultische Festmahl für Juppiter, das *epulum Iovis* (auch *epulae publicae* oder *ludorum epulare sacrificium* genannt), am 13. September und 13. November – während der *ludi Romani* bzw. der *ludi plebei* –, auszurichten. An diesen prunkvollen Bewirtungen nahm der ganze Senat teil.

---

[779] Siehe S. 255 ff. mit Anm. 644 und 645, weiter S. 208 f. mit Anm. 559. Auf die von Franz Hampl vertretene Auffassung, die Vestalinnen seien ursprünglich im Kultdienst eines phallischen Gottes gestanden, der im Herdfeuer in der Regia seinen Sitz hatte, sei nochmals hingewiesen. In der Tat scheint die Form der Bestrafung einer der Keuschheitsverpflichtung untreu gewordenen Vestalin deren Sinn nicht zu entsprechen: die Priesterin wurde in ihrer Kulttracht im Rahmen einer feierlichen Zeremonie lebendig begraben. Dies gleicht eher einer allerdings mit Todesfolge vollzogenen Ehrung einer Gottesbraut. Das Priestertum der Vestalinnen erfuhr – wahrscheinlich durch die Gleichsetzung der Vesta mit der griechischen Göttin Hestia – eine entscheidende Veränderung und erhielt jene Gestalt, in der es uns in historisch heller Zeit entgegentritt.

[780] Caesar erhöhte die Zahl dieser Priester sogar auf 10, doch behielt das *collegium* den Titel der *VIIviri epulones*. 103 v. Chr. wurde die zunächst durch Kooptierung erfolgte Selbstergänzung der Körperschaft durch dieselbe Art von Volkswahl ersetzt, durch welche nunmehr die *pontifices* bestellt wurden.

Das offenbar schon zur Königszeit begründete angesehene *collegium* der *augures*[781] umfaßte ursprünglich 3, später 15, unter Caesar sogar 16 Mitglieder. Ab 103 v. Chr. in gleicher Weise wie die *pontifices* durch mit Volkswahl kombinierte Kooptierung bestellt, wurden sie in der Kaiserzeit jedoch auf Empfehlung des Kaisers durch den Senat ernannt. Sie verfügten über keinen Vorsitzenden, dienten einer weitgehend geheimgehaltenen mantischen Tätigkeit, der „Auguraldisziplin", und hatten das *augurium* durchzuführen, d. h. nach feststehenden Regeln aus Himmelszeichen, besonders Blitz und Donner, dem Vogelflug (*auspicium* im engeren Sinn des Wortes), dem Schreien bestimmter Vögel u. a. m., so auch aus dem (u. U. manipulierten) Appetit heiliger Hühner die Einstellung der Gottheit, vor allem Juppiters, zu aktuellen Angelegenheiten zu ermitteln. Die Auspizien (im weiteren Wortsinn), also die Befragung der Gottheit, stellte ein Magistrat an – bei wichtigen Staatshandlungen durfte er auf dieses Ritual nicht verzichten –, den Auguren oblag jedoch, es (mit ihrem Hilfspersonal) vorzubereiten und vor allem auszulegen. Dadurch gewannen sie großen Einfluß – auch auf die Politik: Sie konnten durch negative Auskunft den Beginn oder die Fortführung einer Handlung verhindern oder sogar staatsrechtliche Akte rückgängig machen.[782] Auch an der Inauguration (daher der Name!) bestimmter Priester und der Errichtung sakraler Anlagen hatten sie mitzuwirken.

Die Mitglieder des ebenfalls angeblich schon gegen Ende der Königszeit erstmals eingesetzten Kollegiums der *II*, seit 367 v. Chr. *X*,

---

[781] Der Name wird den Grammatikern der Antike und vielen modernen Forschern zufolge auf *augere* „mehren" zurückgeführt. Der kultische Vorgang geht demnach auf alte Vermehrungsriten besonders in der Fruchtbarkeit zurück oder (eher unwahrscheinlich) auf das Streben nach Mehrung der Macht. Moreno Morani, Augurium augur augustus: una questione di metodo, Glotta 62 (1984), 65–71, weist jedoch darauf hin, *augere* bedeute auch „stark sein, kräftig sein", die Funktion der Auguren hätte demnach einer „Verstärkung", d. h. Bestätigung angenommener Entscheidungen gedient. Eine andere Erklärung gibt Günter Neumann, Zur Etymologie von lateinisch „augur", Würzburger Jahrbücher, N. F. 2 (1976), 219–230: *augur* = *avi* und *geus, „Beurteiler der Vögel und ihrer Zeichen".

[782] Die Magistrate waren zwar gehalten, vor entscheidenden Aktionen Auspizien einzuholen, aber nicht unbedingt, sie zu beachten. Entscheidungen dieser Art waren jedoch von der gefürchteten *ira deorum* bedroht, weshalb man sich im allgemeinen davor hütete, den geoffenbarten Götterwillen zu mißachten.

später *XVviri sacris faciundis*[783] waren für den Kult in Rom eingeführter fremder, vor allem griechischer Gottheiten, also für den sog. *ritus Graecus*, zuständig, sei es daß sie selbst als Opferpriester fungierten, sei es daß sie die Rituale der etwaigen eigenen Priester dieser Kulte (so der oben erwähnten entmannten phrygischen Kultdiener der Magna Mater und der griechischen Priesterinnen für Ceres) zu beaufsichtigen hatten, entsprechend der Verantwortlichkeit der *pontifices* für die italisch-römischen Kulte. Im Laufe der Zeit übertrug man ihnen im besonderen die Kultpflege für Apollo. Da dieser Gott Hüter der Sibyllinischen Bücher war, wurde ihnen als sog. *sacerdotes Sibyllini* auch die Befragung und Interpretation dieser Bücher auferlegt, was, wie oben[784] dargestellt, auf Geheiß des Senates nach unheilkündenden Vorzeichen und in Notzeiten zu geschehen hatte. Dadurch wurden verschiedene kultische Maßnahmen angeordnet, u. a. auch die Einführung fremder, vor allem griechischer Kulte, bei deren Darstellung wiederholt auf die Bedeutung der Sibyllinischen Bücher bzw. des Kollegiums der *sacerdotes Sibyllini* hingewiesen ist. Die Sibyllinische Mantik behielt auch in der Kaiserzeit ihre Geltung.

Dem Kollegium der 20 *fetiales*, dessen Bestand zwar in die Königszeit zurückreicht, das aber dennoch nicht urtümlich römisch, sondern vom italischen Bergvolk der Aequer übernommen worden sein soll,[785] oblagen alle kultischen Fragen des völkerrechtlichen Verkehrs, worüber es den Behörden Gutachten erstellte. Vor allem wirkte es jedoch an Kriegserklärungen, Waffenstillstandsabkommen und Friedensschlüssen sowie an zwischenstaatlichen Verträgen nach genauen Regeln mit. Zur Durchführung der einzelnen Riten wurden jeweils zwei Fetialen ausgewählt, die sog. *nuntii populi Romani*. Bei

---

[783] Seit Caesar umfaßte das Kollegium 16 Priester, später gelegentlich noch mehr, ohne daß aber sein Name *(XVviri...)* geändert worden wäre. Die ersten Priester sollen von Tarquinius Superbus eingesetzt worden sein. Seit Beginn der republikanischen Zeit wurden sie durch Kooptierung bestellt, seit 103 v. Chr. durch Wahl, und zwar von seiten jener 17 Tribus, die auch die *pontifices* und *augures* wählten. In der Kaiserzeit ging dieses Recht auf den Senat über, der sich in seinen Entscheidungen an die Empfehlungen des Kaisers zu halten pflegte.

[784] Siehe S. 264f. mit Anm. 669–671.

[785] Näheres dazu bei Livius I 32, 5–14, der sich auf annalistische Überlieferung stützt. Siehe auch Livius IX 5, 1. Das Kollegium der lebenslänglich bestellten Fetialen ergänzte sich durch Kooptierung. Eine neuere Untersuchung: Thomas Wiedemann, The "fetiales": A Reconsideration, The Classical Quarterly, N. S. 36 (1986), 478–490.

Kriegserklärungen, die auf Weisungen des Königs bzw. des Senats, später des Kaisers beruhten, begaben sich diese zwei Priester an die Grenze jenes Gebietes, gegen welches der Krieg begonnen werden sollte und sprachen ein in der Regel auf 33 Tage befristetes Ultimatum aus. Wurde diesem nicht entsprochen, galt als Zeichen der Kriegserklärung ein Lanzenwurf in das feindliche Gebiet und das Sprechen einer bestimmten Formel.[786] Bei Friedensschlüssen wurde Juppiter ein Schwein geopfert. Gegen Ende der republikanischen Zeit verloren die Fetialen jede Bedeutung. Augustus bemühte sich aber um eine Wiederbelebung des Kollegiums und seines Kultes. Er trat selbst in diese Priesterschaft ein, ebenso die folgenden Kaiser bis Marcus Aurelius, der als letzter den Krieg gegen die Markomannen als Fetiale erklärte.

Außerordentliche Kulthandlungen für bestimmte Gottheiten führten Priestersodalitäten durch, deren Mitglieder, auf Lebenszeit (mit Rücktrittsmöglichkeit) bestellt, sich durch Kooptierung ergänzten. Schon in ältester historisch faßbarer Zeit gab es die höchst angesehene und lange Zeit den Patriziern vorbehaltene Sodalität von je 12 *Salii*[787] für die latinischen und sabinischen Kriegsgottheiten Mars und Quirinus, nämlich die *Salii Palatini* und die *Salii Collini*.[788] Diese Sodalität genoß dieselben Privilegien wie die vier großen Priesterkollegien. Im März und Oktober, also in jenen Monaten, in welchen Kriege zu beginnen und zu enden pflegten, zogen sie in altertümlicher kriegerischer Ausrüstung in einem kultischen Umzug durch Rom, wobei sie an bestimmten Punkten einen Waffentanz im Dreischritt vollführten und das schon den Römern der republikanischen Zeit nicht mehr verständliche *carmen Saliare* sangen. Gesichert ist, daß darin Mars, Juppiter und Janus und auch andere Gottheiten (von den *Salii Collini* doch wohl Quirinus) angerufen wurden. Beide Gruppen der Sodalität blieben in relativer Selbständigkeit voneinander bis zum Ende des römischen Heidentums bestehen. Salier gab es auch in anderen Städten Mittelitaliens. – Die *luperci*,[789] auch sie in

---

[786] Mit der Zeit, als die Kriegsgebiete weitab von Rom lagen, wurde in Rom selbst ein Stück Land nahe dem Tempel der Kriegsgöttin Bellona zu Feindesland erklärt und die Lanze dorthin geworfen. Mit der Frist des Ultimatums, das die richtige Adresse nicht mehr rechtzeitig erreichen konnte, nahm man es auch nicht mehr genau.

[787] Der Name ist vom Verbum *salire* (tanzen) gebildet. Die Salier waren dem Namen nach Tanzpriester, Springpriester.

[788] Siehe S. 228 mit Anm. 588.

[789] Der Name wird gewöhnlich als „Wolfsabwehrer" *(lupus, arcere)* oder

zwei Gruppen, die *luperci Fabiani* und *Quinctiales,* gegliedert,[790] hatten gemeinsam am 15. Februar, also gegen Ende des ursprünglich am 1. März beginnenden Jahres, das Fest der *Lupercalia* auszurichten, woran auch der *flamen Dialis* mitwirkte. Dabei fand ein Lauf der nur mit einem um die Hüften gebundenen Ziegenfell (der urrömischen Hirtentracht?) bekleideten Männer unter sehr alten und schwer deutbaren, vielfach als „magisch" bezeichneten Riten um den Palatin herum statt, auch wurde einem Gott, wahrscheinlich Faunus, dem alten Gott der Hirten und Herden, ein Opfer dargebracht. Beim Lauf schlugen die *luperci* mit aus dem Fell eines geopferten Bockes geschnittenen Riemen auf ihnen begegnende Frauen ein, was diese

einfach als „Wölfische" (etwa „Wölflinge") gedeutet, doch ist die an sich naheliegende Verbindung des Priesternamens mit *lupus* (Wolf) nicht gesichert. Sie kann auf eine Volksetymologie zurückgehen. Siehe Christoph Ulf, Das römische Lupercalienfest. Ein Modellfall für Methodenprobleme der Altertumswissenschaft, Darmstadt 1982 (Impulse der Forschung, 38), 9–24, sowie Walter Pötscher, Die Lupercalia. Eine Strukturanalyse, Grazer Beiträge 11 (1984), 221–249, und zwar S. 245–247, und A. W. L. Holleman, Lupus, Lupercalia, lupa, Latomus 44 (1985), 609–614. Mit dem Werk von Ulf hatten wir uns schon in anderem Zusammenhang (Anm. 544) auseinanderzusetzen. Der Vf. kommt aufgrund eines Vergleiches mit Ergebnissen der ethnologischen Erforschung von Kulturen und Völkern, bei welchen ähnliche Motive festzustellen sind, zu dem allerdings nicht neuen Ergebnis, daß es sich beim Lupercalienfest um einen Initiationsritus der jungen Burschen handle, der sonst für Rom nicht bezeugt und auch in anderen Hochkulturen kaum zu finden ist. Aber dieses Ergebnis wird von der Kritik nahezu einhellig ebenso bezweifelt wie die Annahme Ulfs, daß die *luperci* gar nicht Priester gewesen seien. Die wohl durch Ulfs Buch angeregte Untersuchung von Pötscher ergibt, daß die *Lupercalia* in den Kult eines Gottes integriert waren und eine kathartische und (im weitesten Sinne des Wortes) schützende, fruchtbar machende und Segen bringende Funktion hatten. Hollemans Aufsatz weist nachdrücklich auf den seiner Überzeugung nach etruskischen Ursprung des Lupercalienfestes hin. Aus früherer Zeit beachtenswert Udo W. Scholz, Zur Erforschung der römischen Opfer (Beispiel: die *Lupercalia*), in: Entretiens sur l'antiquité classique, XXVII: Le sacrifice dans l' antiquité, Vandœuvres-Genf 1981, 289–328, Diskussion: S. 329–340. Dazu Gerhard Radke, AAW 36 (1985), 55, sowie Joachim Gruber, Gymnasium 91 (1986), 198.

[790] Es wird vermutet, daß es sich um Priestersodalitäten zweier alter *gentes* handelt, die am Palatin siedelten; doch ist diese Annahme nicht gesichert, wie überhaupt diese Priestersodalität und das Fest der *Lupercalia* trotz aller Untersuchungen immer noch Probleme offen lassen. 44 v. Chr. wurde zu Ehren des ermordeten Caesar noch eine dritte Gruppe gebildet, die *luperci Juliani.*

gerne über sich ergehen ließen bzw. sogar wünschten, weil dieses Ritual sie vor Unheil zu bewahren und ihre Fruchtbarkeit zu fördern versprach. Es handelt sich also ungeachtet aller Schwierigkeiten der Deutung einzelner Zeremonien beim Fest der *Lupercalia* sicherlich um eine lustrierende, apotropäische und fertilisierende Kultbegehung sowie um ein Fest für einen Gott, wohl Faunus. Die Entstehung des Festes und der Sodalität ist in eine Zeit zu verlegen, da in Rom noch (von Wölfen bedrohtes?) Vieh gehalten wurde. Die Sodalität erlosch gegen Ende der republikanischen Zeit, wurde aber von Augustus erneuert, der sie den Rittern vorbehielt, und blieb – wie auch das Fest der *Lupercalia* – bis in das 5. Jh. n. Chr. hinein lebendig. – Die vornehme Sodalität der 12 *fratres arvales* (Flurbrüder) diente ebenfalls dem Fruchtbarkeitskult. Angeblich schon von Romulus begründet, blühte sie nach vorübergehender Bedeutungslosigkeit in der Kaiserzeit wieder auf und bestand bis in das 3. Jh. n. Chr. Die Kaiser pflegten selbst in diese Sodalität einzutreten, auch wenn dadurch die Zahl 12 überschritten wurde. Sie nahmen maßgeblichen Einfluß auf die Kooptierung neuer *sodales*. Die *fratres arvales* wählten aus ihrer Mitte jeweils für ein Jahr einen *magister* und einen *flamen*. Von ihren Kultbegehungen können wir uns erst für die Kaiserzeit ein deutlicheres Bild machen. Die Sodalität führte nämlich damals in Marmor eingehauene Protokolle (*acta*) über ihre Tätigkeit, die uns fragmentarisch erhalten sind und Auskunft über das komplizierte und sicherlich archaische Ritual geben, in der Form, wie es seit der Erneuerung des Kultes durch Augustus geübt wurde. Dieser galt der Dea Dia, einer sonst nie bezeugten Gottheit, von der wir lediglich wissen, daß sie ein agrarisches Numen war. Ihre Gleichsetzung mit Ceres oder Tellus ist nicht gesichert. Ihr einziges Heiligtum war ein Hain 5 Meilen außerhalb Roms an der Via Campana, in dem sich Altäre, ein Tempel und ein Circus befanden. Die *fratres arvales* hatten dort häufig Kultakte, z. B. für Janus und Mars, zu vollziehen. Das Hauptfest der Dea Dia fand im Mai – vor der Getreidereife? – an drei jährlich festzulegenden Tagen statt, wobei zwischen dem ersten und zweiten Festtag ein profaner Tag einzulegen war.[791] Der erste Festtag wurde im Hause des Magisters mit Fruchtbarkeitsriten und einem Festmahl schon eingebrachter Erstlinge der Ernte begangen, der zweite nach einem symbolischen kurzen Flurumgang zu bestimmten Punkten der Stadtgrenze und dort vollzogenen Gebeten und Opfern im heiligen Hain

---

[791] Die *acta fratrum arvalium* des Jahres 218 n. Chr. bieten bruchstückhafte Information über dieses Fest.

der Göttin.⁷⁹² An die vor den Altären im Freien und im Tempel dargebrachten Tieropfer schloß sich ein Opfermahl. Im Tempel vollführten die Priester einen Tanz im Dreischritt und sangen dabei das in schwer verständlicher archaischer Sprache überlieferte *carmen arvale*, in welchem aber nicht die Dea Dia, sondern die Laren, Mars⁷⁹³ und die Semones, offenbar Gottheiten der Saat,⁷⁹⁴ angerufen wurden. Dann fand im Circus des Hains ein Wagen- und Pferderennen statt. Der dritte Festtag wurde wieder im Hause des Magisters vor allem durch ein Festmahl begangen.⁷⁹⁵ Die *fratres arvales* nahmen auch bei zahlreichen Anlässen am Kaiserkult teil, etwa bei feierlichen Begehungen für das Wohl des Herrschers. – Unklar ist die Funktion der *sodales Titii*. Nach relativ später Tradition⁷⁹⁶ soll diese Sodalität in der ältesten Zeit Roms vom Sabinerkönig Titus Tatius zur Pflege sabinischen Kultes in Rom begründet worden sein und nach dessen Tod seiner eigenen kultischen Verehrung gedient haben. Später kam ihr offenbar keine nennenswerte Bedeutung zu,⁷⁹⁷ bis sie Augustus – nun selbst ihr Mitglied – wiederherstellte. Entsprechend entstand nach dem Tode und der Vergöttlichung des Augustus zum Zwecke seines Kultes die hocharistokratische Bruderschaft der 21 *sodales Augustales*, welcher mehrere Mitglieder des Kaiserhauses, so auch Tiberius, angehörten. Nach dem Tode und der Apotheose des Claudius übernahmen *sodales Augustales Claudiales* dessen Kult, und in analoger Weise wurden später die Bruderschaften der *sodales Flaviales, Hadrianales* und *Antoniniani* errichtet.

Die *haruspices*, nach einer komplizierten Doktrin ausgebildete angesehene etruskische Seher in der Regel aristokratischer Herkunft, deuteten in bedrohlichen Situationen, hauptsächlich aufgrund einer Eingeweideschau, d. h. der Überprüfung der Leber von zu diesem Zweck geopferten Schafen, auf die Zukunft weisende Erscheinungen. Überdies pflegten die *haruspices* bei allen Tieropfern (auch wenn damit keine Mantik verbunden war) die Eingeweide (außer der Leber auch Herz, Lunge usf.) zu überprüfen, um zu erfahren, ob das Opfer der Gottheit genehm war. Diese Eingeweideschau – *haruspi-*

---

⁷⁹² Siehe auch Anm. 599.
⁷⁹³ Zu Mars als agrarischem Numen s. S. 247.
⁷⁹⁴ Siehe Anm. 549.
⁷⁹⁵ Etwa gleichzeitig im Mai feierte der römische Bauer das in Anm. 599 erwähnte Fest der *Ambarvalia*.
⁷⁹⁶ Tacitus, ann. I 54,1.
⁷⁹⁷ Ein Problem stellt die Nachricht bei Varro, l. L. V 85, die Sodalität hätte auch die Mantik der Auguren ausgeübt.

cina – wurde von den Römern auch *disciplina Etrusca* genannt. Die *haruspices* übten ihre Mantik jedoch auch aufgrund anderer Zeichen aus, vor allem von Blitzschlägen.[798] In Rom, wo auf dem Gebiet der Religion der etruskische Einfluß schon in alter Zeit bedeutend war, faßte die Haruspizin vorwiegend als Eingeweideschau schon früh Fuß und gewann nach dem Zweiten Punischen Krieg noch größeren Einfluß. Der römische Senat bekundete daher sein Interesse daran, daß Söhne vornehmer etruskischer Familien in der *disciplina Etrusca* ausgebildet und dann nach Rom entsandt würden. Gegen Ende der republikanischen Zeit faßte man die *haruspices* in ein Kollegium von 60 Priestern zusammen, in den *ordo haruspicium LX*, mit einem *summus haruspex* an der Spitze. Sie erhielten jedoch nie den Charakter staatlicher Priester. Trotzdem und obwohl ihre Tätigkeit in breiten Kreisen starkem Mißtrauen begegnete, wurden die *haruspices* vom Senat und von Beamten bei Vorliegen schwer erklärbarer auffallender Ereignisse, welche als Zeichen des Götterzornes galten, befragt. Die eventuelle Ausführung ihrer Empfehlungen oblag nach Anordnung durch den Senat oder den betreffenden Beamten römischen Staatspriestern. Auch im Gefolge von Feldherren und Provinzstatthaltern befanden sich häufig *haruspices*. Kaiser Claudius bekundete für ihre Tätigkeit ein besonderes Interesse und organisierte 47 n. Chr. ihren *ordo* neu. Später nahm allerdings ihre Bedeutung im öffentlichen Bereich ab, obwohl ihre Tätigkeit den Sieg des Christentums überlebte.[799] Neben den von staatlicher Seite konsultierten *haruspices* gab es etruskische Bettelpropheten, die sich ebenso *haruspices* nannten und Privatleuten Ratschläge gaben, aber als Schwindelpriester beargwöhnt wurden. Allerdings versuchte man insbesondere in der Kaiserzeit, Mißbräuche durch gesetzliche Maßnahmen zu unterbinden.

---

[798] Leberschau und Blitzdeutung standen in enger Beziehung zueinander. Nach der *disciplina Etrusca* war der Himmel in 16 Regionen geteilt, in denen bestimmte Gottheiten ihren Sitz hatten. Ein analoges System sah man in der Maserung des Gewebes der Schafsleber, so daß man bei Abnormitäten meinte feststellen zu können, welche Gottheit oder welche Gruppe von Göttern den Menschen ihren Zorn durch Blitzschlag angezeigt hatte.

[799] Der letzte Fall einer offiziellen Befassung der *haruspices* wird für das Jahr 408 n. Chr. berichtet: Als der Gotenkönig Alarich Rom bedrohte, befragte der *praefectus urbi* angeblich sogar in geheimem Einverständnis mit Papst Innocentius I. die *haruspices,* deren Anweisungen allerdings unbeachtet blieben, da der Senat an heidnischen Opfern hätte beteiligt werden sollen.

Im Sinne dessen, was die Römer unter *religio* verstanden, kam den Opfern eine besondere Bedeutung zu. Der Begriff *sacrificium* besagt, daß durch die Opferhandlung die Gabe dem profanen Bereich entzogen und zu einem *sacrum*, d. h. zum Eigentum der Gottheit, gemacht wurde.[800] Das Opfer diente verschiedenen Zielen. Durch die Opfergabe sollte die Kraft der Gottheit gemehrt werden. Darauf verweisen das Verbum für „opfern" *mactare* („mehren")[801] und andere Beobachtungen. Doch tritt dieses Element einem anderen gegenüber in den Hintergrund: Das Opfer sollte eine Bitte[802] oder einen Dank zum Ausdruck bringen, wenn z. B. im Rahmen eines Gelübdes einer an die Gottheit gerichteten Bitte entsprochen worden war,[803] oder der Versöhnung eines zürnenden Gottes bzw. als Sühne für ein Fehlverhalten einer Gottheit gegenüber dienen. Opfer wurden von Einzelpersonen, von Gruppen (Familien, *gentes*, ständischen *collegia* usf.) oder von der staatlichen Gemeinschaft durch öffentliche Organe (Beamte, Priester) dargebracht. Sie waren im Grunde Bewirtungen der Gottheiten und fanden in der Regel an Opferaltären vor dem Tempel, nicht im Inneren des Heiligtumes statt. Wenn kein Altar vorhanden war oder anderswo – etwa in einem Hain – geopfert wurde, mußte der Platz durch bestimmte Zeremonien für diesen Zweck geweiht werden. Im Zuge der formalen Verrechtlichung des römischen Kultes mußten bestimmte, von den *pontifices* offenbar schon in früher Zeit festgelegte Regeln strikt beachtet werden. Die Opfer bestanden aus Speisen, welche den römischen Bauern der Frühzeit als Nahrung gedient hatten. Man unterschied unblutige und blutige Opfer. Unblutige Opfer, welche im häuslichen Kult überwogen, waren vor allem Erstlinge der Ernte, gesalzener Schrot,[804] Trankopfer (Milch, Wein, Most) und sog. Wohlgerüche (durch Verbrennen

---

[800] Wenn Teile der den Göttern geopferten Speisen im Opfermahl menschlicher Nahrung zugänglich gemacht wurden, sprach man von *pro-fanare*, aus dem Heiligtum *(fanum)* entfernen.

[801] Frequentativum zu einem zu erschließenden Verbum *mago* 3, wozu *magnus, magis* u. a. m. gehören. Von *mago* ist das PPP erhalten, gerade in Gebetsanrufungen an die Gottheit: *mactus hoc ferto, mactus esto*, oder als Vocativ: *macte esto*.

[802] Siehe dazu das bei Cato, agr. 139. 141 überlieferte, das Opfer begleitende Gebet: *ut sies volens propitius mihi (nobis)* ...

[803] Die Funktion des *votum* wurde im Abschnitt über das Wesen der römischen Religion erörtert, s. S. 219.

[804] Die *mola salsa*, welche von den Vestalinnen zubereitet wurde. Davon leitet sich ein weiteres Verbum in der Bedeutung „opfern" ab: *immolare*.

bestimmter Pflanzen). Als Tieropfer,[805] welche im staatlichen Kult vorherrschten, wurden vor allem Schweine, Schafe und Rinder ausgewählt, die bestimmten Bedingungen (Alter, Farbe, Geschlecht, körperliche Fehlerlosigkeit) entsprechen mußten. Männlichen Göttern wurden vor allem männliche Tiere geopfert, weiblichen Göttern

---

[805] Einige Umstände weisen darauf hin, daß es bei den Römern sogar Menschenopfer gab, doch ist darüber Genaueres nicht auszumachen. Die gewichtigste diesbezügliche Aussage bildet ein Hinweis bei Plinius, n. h. XXX 12 auf ein striktes Verbot von Menschenopfern im Jahre 97 v. Chr., das nach christlichen Berichten (Tert., apol. 9. Lact., inst. I 21, 1) später mehrmals erneuert wurde. Plinius schließt daraus, daß in früherer Zeit Menschenopfer üblich gewesen seien, ohne daß er jedoch darüber genauere Mitteilungen geben kann. Wir wissen daher nicht, welchen Gottheiten, aus welchen Anlässen und im Rahmen welcher Feste solche Opfer dargebracht wurden. Doch kann auf sie auch aus Ritualen geschlossen werden, welche als „Ersatzopfer" gedeutet werden. Ein solches fand bei dem am 14. Mai durchgeführten „Argeeropfer" statt. Darüber berichtet Ovid, fasti V 621–662; s. dazu Franz Bömer, P. Ovidius Naso, Die Fasten, Bd. II: Kommentar, Heidelberg 1958, 327–330. Aus früherer Zeit ist zu beachten: P. Ovidius Naso, Fastorum libri sex, with a Translation and Commentary, by Sir James George Frazer, vol. IV, London 1929, Nachdruck Hildesheim–New York 1973, 74–94. In den genannten Kommentaren finden sich auch die übrigen Bezeugungen dieses Rituals in der antiken Literatur. Der Name „Argei" ist wahrscheinlich ein etymologisch nicht gedeuteter alter sakraler Begriff. Antike Autoren (Varro, l. L. VII 44, Ovid und andere) deuten es als „Männer aus Argos"; Bömer, a. O., und viele Gelehrte vor ihm bejahen diese heute wohl überholte Etymologie. Im Zuge einer Prozession wurden von den Vestalinnen 27 menschengestaltige Binsenpuppen in den Tiber geworfen. Während der *Volcanalia* wurden lebende Fische ins Feuer geworfen: Varro, l. L. VI 20 und Festus 307 p. 276 Lindsay, wo sich die Bemerkung findet, dieses *genus pisciculorum vivorum* sei der Gottheit *pro animis humanis* geopfert worden. Ungelöst ist die Frage, warum 228, 216 und vielleicht auch abermals 114 v. Chr. auf dem Forum boarium je ein griechisches und ein gallisches Menschenpaar auf Anordnung der Sibyllinischen Bücher lebendig begraben wurden. In den Berichten wird die Gottheit, welcher dieses Opfer (Livius XXII 57, 6 nennt es ein *minime Romanorum sacrum*) gewidmet war, nicht genannt. Die Forschung äußerte die Vermutung, es handle sich vielmehr um eine „magische" Vernichtung eines Gegners, die man stellvertretend an zwei Repräsentanten der feindlichen Völker vollzog, doch befand sich Rom in den angegebenen Jahren in keinem Kriegszustand mit Griechen oder Kelten. Andere glauben an die Übernahme eines alten etruskischen Rituals, da die Macht der Etrusker in der Tat durch Angriffe der Griechen vom Süden und der Kelten vom Norden her zusammengebrochen sei (so Latte, Römische Religionsgeschichte, 256f.). Der Grund der

weibliche, eine Regel, die nicht strikt beachtet wurde. Dasselbe gilt für den Brauch, himmlischen Göttern Tiere von heller Farbe, unterirdischen solche von dunkler Farbe zu opfern. Die Tiere wurden vor dem Opfer geschmückt und mußten oft sehr archaische Rituale über sich ergehen lassen, die eine Weihe des Tieres an die Gottheit zum Ausdruck brachten. U. a. wurde *mola salsa*, später auch Wein, über den Kopf des Tieres geschüttet, wohl zur Verstärkung seiner Segenskraft. Die Opferung vollzogen bei familiären Opfern der *pater familias*, bei öffentlichen Opfern in der Regel nicht der Beamte oder Priester selbst – dieser machte nur eine symbolisch andeutende Geste –, sondern sog. *victimarii*, dafür ausgebildete Opferdiener. Nachher untersuchten in der Regel *haruspices* die Eingeweide, um zu prüfen, ob das Opfer von der Gottheit angenommen worden war. Bei negativem Ergebnis mußte es so lange wiederholt werden, bis der Erfolg gewährleistet war. Teile des Tieres – vor allem die als von der Gottheit angenommen erkannten Eingeweide – wurden dann gekocht und auf dem Altar verbrannt. Die übrigen Teile – das gut genießbare Fleisch – wurden von den Priestern oder sonstigen Teilnehmern am Opfer verzehrt.[806] Bei besonders feierlichen Zeremonien, so bei den sog. Saecularfeiern, wurde das ganze Opfertier verbrannt (Holokaustopfer). Weihegaben, eine besondere Art des Opfers, brachte man als Dank für erwiesene Gunst vor allem im Rahmen eines Gelübdes (so auch in Heilkulten Nachbildungen des geheilten Körperteiles) dar, oder um von den Göttern etwas zu erreichen bzw. ihren Zorn zu besänftigen. Sie wurden im Tempel verwahrt. Insbesondere bei von offizieller Seite geleisteten Gelübden kam auch die Aufstellung von Götterstatuen, die Errichtung von Altären oder Tempeln oder als „Weihegaben" besonderer Art die Einführung neuer Feste bzw. Durchführung von feierlichen Götterbewirtungen oder Festspielen in Betracht.

Die Opferhandlungen waren von Gebeten, und zwar nach streng vorgegebenen Formeln, begleitet.[807] Dies ist wohl nicht durch eine vermutete Herkunft aus alten magischen Formeln zu erklären, weil das Gebet der Römer, soweit wir es kennen, des magischen Charak-

---

Übernahme bleibt aber unerfindlich. In diesem Zusammenhang ist ein Hinweis auf das sogenannte *ver sacrum* und die Gladiatorenkämpfe angebracht; s. dazu Anm. 615 bzw. 751. Zum Fragenkomplex s. auch Schwenn, Das Menschenopfer bei den Griechen und Römern.

[806] Siehe Anm. 800.
[807] Siehe E. von Severus, Gebet, RAC 8 (1972), 1152–1162.

ters entbehrt. Die Gottheit wird im Gebet angerufen, nicht aber einem „Zwang" ausgesetzt. Eher ist der juristische Formalismus der Römer, der auch für ihren Kult bestimmend war, der Grund dafür. Wollte man nicht die Wirksamkeit des Gebetes gefährden, durfte man im *commercium* mit den Göttern genausowenig wie bei profanen Rechtsgeschäften von bestimmten, teilweise aus archaischer Zeit tradierten Formeln abweichen. Dies hatte zur Folge, daß einzelne Gebete, wie die Lieder der Salier oder teilweise das *carmen arvale*, schon den Römern nicht mehr verständlich waren.

Die öffentlichen Opfer wurden an den durch die *pontifices* in den *fasti* verlautbarten Festtagen an ebenfalls durch sie den Göttern geweihten Orten (*loca sacra*) dargebracht. Die Heiligtümer (*fana*) konnten eingefriedete Haine sein mit einem Altar (*ara*) und bisweilen auch mit einer Quelle (zur kultischen Reinigung der Opfernden), ein kleines Kultgebäude, gewöhnlich ohne Dach (*sacellum*), oder ein Tempel (*templum*, manche davon als *aedes* bezeichnet). Bei weitem nicht alle *sacella* und Tempel befanden sich in einem Hain. Die in einem solchen freistehenden Altäre wurden ursprünglich aus ausgehobenen Rasenstücken aufgeschichtet, später aus Stein auf Stufenbauten errichtet. Monumentale Altäre, wie die Ara Pacis des Augustus (13–9 v. Chr. erbaut), entstanden erst unter hellenistischem Einfluß. Die in Verbindung mit einem *sacellum* oder *templum* bzw. einer *aedes* errichteten Altäre standen vor diesen Baulichkeiten oder auf deren Stufen. Der Bau von Tempeln geht wahrscheinlich auf die Etrusker zurück. Architektonisch sind sie daher das Ergebnis einer italischen bzw. im engeren Sinn römischen und einer etruskischen Synthese, wozu spätestens seit dem 2. Jh. v. Chr. griechische Elemente traten, was die Verschiedenheit der Bautypen erklärt. Auf etruskischen Einfluß ist auch die Aufstellung von Kultbildern in den Tempeln zurückzuführen; dies widersprach, wie oben dargelegt, der genuin römischen Gottesvorstellung. Auf die berühmte Ausnahme der *aedes Vestae*, in oder vor welcher sich der Staatsherd befand, sei nochmals verwiesen.

Größere Feierlichkeiten wie Dankfeste und vor allem Götterbewirtungen entwickelten sich allmählich unter griechischem Einfluß. Öffentliche Spiele, welche, soweit wir sehen, in Rom stets Teil eines Kultes waren, wurden erst innerhalb der Riten neu eingeführter fremder Götter in glanzvoller Festlichkeit ausgestaltet. Es handelt sich um *ludi circenses*, gewöhnlich in einem Circus durchgeführte Wagen- und Pferderennen, und die 364 v. Chr. zur Überwindung einer Seuche eingeführten *ludi scaenici*, in einem Theater vorgeführte ernste oder heitere Schauspiele, zunächst von etruskischen Künstlern dargebotene

Tänze und Pantomimen, wohl auch Stegreifspiele, seit 240 v. Chr. griechische Tragödien und Komödien in römischer Nachdichtung. Diese Spiele nahmen jedoch im Laufe der Zeit immer mehr profanen Charakter an. Sog. amphitheatralische Spiele, vor allem Gladiatorenkämpfe und Tierhetzen, die man auch schon vor der Errichtung von Amphitheatern in einem Circus durchgeführt hatte, standen selten in Beziehung zu einem Kult.[808] Einen besonderen Hinweis verdienen die Saecularspiele, die Roms Wohlfahrt für ein *saeculum*, die längste mögliche Lebenszeit eines Menschen, sichern sollten. Den ursprünglich vorgesehenen Jahrhundertzyklus hielt man nicht genau ein. Vielleicht aus schon in der Königszeit begangenen Sühneriten einer sabinischen *gens*, also aus einem Privatkult, hervorgegangen, wurden sie erstmals 249 v. Chr. während des bedrohlichen Ersten Punischen Krieges als Staatskult auf Weisung der Sibyllinischen Bücher gefeiert, um den Zorn der Götter, den deren Befragung geoffenbart hatte, zu besänftigen. Sie fanden – wie alle späteren *ludi saeculares* – auf einem *Terentum* oder *Tarentum* genannten Ort auf dem Marsfeld als nächtliche Kultfeiern für Dis Pater und Proserpina mit anschließendem Pferderennen statt. Weitere bekannte Daten derartiger Feste sind 149 oder 146 v. Chr. und 17 v. Chr. (unter Augustus); insgesamt sollen sie bis Christi Geburt nach antiker Tradition fünfmal begangen worden sein. Später fanden sie noch in den Jahren 47, 88, 204 und 248 n. Chr. statt. Genauere Nachrichten über den Ablauf der Spiele besitzen wir nur für jene in den Jahren 17 v. Chr. und 204 n. Chr. Seit Augustus dienten sie nicht mehr bloß der Sühne und der Reinigung von begangenen Verfehlungen, sondern mehr noch der Sicherung künftigen Heiles. Um ihnen den Charakter von Hoffnung und Zuversicht zu verleihen, erweiterte man den Kreis der verehrten Gottheiten über Dis Pater und Proserpina hinaus durch Geburts- und Fruchtbarkeitsgottheiten sowie die großen himmlischen Schutzgottheiten des Staates Juppiter und Juno Regina und die von den Kaisern besonders verehrten Götter Apollo und Diana. *Ludi circenses* und *ludi scaenici* sorgten für reiche Unterhaltung des Volkes.

7. Die Religion in der römischen Literatur

Im Vordergrund steht die Frage nach der Stellung der Religion im philosophischen Schrifttum der Römer. Da es sich dabei um die latei-

---

[808] Siehe Anm. 751.

nische Ausformung der in diesem Buch besprochenen philosophischen Systeme der Griechen handelt, kann die Darstellung hier knapp gehalten werden. Im Laufe des 2. Jh. v. Chr.[809] gewann trotz starken Widerstandes konservativer Kreise die griechische Philosophie als eine Art aufklärerische Bewegung, die zu einem starken Substanzverlust der römischen Religion führte, Einfluß auf Teile der gehobenen Gesellschaft Roms. Erst Augustus, der in der Religion eine starke Stütze seiner Herrschaft sah, versuchte, sie durch oben an verschiedenen Stellen erwähnte restaurative Maßnahmen neu zu beleben. Auch spätere Kaiser bis Diokletian bemühten sich im Interesse der Staatsraison um die römischen Kulte. Dabei spielte dann auch der Kaiserkult eine bedeutende Rolle.

Die meisten Anhänger unter den griechischen philosophischen Schulen fand die gegen Ende des 4. Jh. v. Chr. begründete Stoa. Der sog. Scipionenkreis, eine Gruppe von der Nobilität zugehörigen hochgebildeten Männern, welche die griechische Kultur schätzten und das Ideal menschlicher Bildung *(humanitas)* zu verwirklichen strebten, machte sich um ihre Verbreitung hochverdient. Eine führende Rolle spielte dabei Panaitios aus Rhodos (ca. 185–109 v. Chr.), ein Schüler der Stoa in Athen und während der letzten 20 Jahre seines Lebens deren Schulhaupt. Er weilte wiederholt – erstmals 144 v. Chr. – für längere Zeit in Rom und verkehrte dort im Kreis um den sog. Jüngeren Scipio, den Eroberer von Karthago und Numantia, der unter den bildungsbeflissenen Scipionen der griechischen Kultur in Rom am erfolgreichsten zum Durchbruch verhalf. Der sehr selbstbewußte Panaitios reüssierte mit seinen griechisch geschriebenen Wer-

---

[809] Den ersten bedeutenden Schritt setzte der angesehene Schriftsteller Q. Ennius, 239 v. Chr. in Kalabrien geboren, seit 204 v. Chr. in Rom und dort 169 v. Chr. gestorben, in seinem umfassenden vor allem poetischen Werk. Gefördert von für die griechische Kultur aufgeschlossenen Optimaten – schon damals waren dabei die Scipionen führend –, vertrat er geradezu provokant Positionen, welche im Gegensatz zur traditionellen Auffassungsweise der Römer standen. Aus der Reihe der zahlreichen Werke des Ennius sei auf das naturphilosophische Lehrgedicht ›Epicharmus‹ verwiesen, in dem z. B. Juppiter der Luft gleichgesetzt wird, und auf seine Übertragung der ›Heiligen Geschichte‹ des Griechen Euhemeros von Messene, worin der um 300 v. Chr. lebende Autor im Rahmen eines utopischen Reiseromanes die These vertritt, die Götter seien wegen ihrer großen Verdienste nach ihrem Tod göttlich verehrte Menschen, eine Auffassung („Euhemerismus"), welche die Römer später als gottlosen Schwindel brandmarkten oder als philosophische Aufklärung priesen.

ken bei den Gebildeten Roms. Er war auch gegenüber der älteren Sokratik, vor allem Platon und der frühen Akademie sowie Aristoteles, aufgeschlossen, auch milderte er den für die stoische Doktrin kennzeichnenden übertriebenen ethischen Rigorismus. Er sprach den politischen Praktiker an – für Rom ein wesentlicher Aspekt. Während nämlich sonst die Stoa zwar lehrte, der Weise solle sich politisch betätigen, aber Fragen des Aufbaus und der Leitung staatlicher Gemeinschaften kaum je besonderes Interesse widmete, entwickelte Panaitios eine gerade auf den öffentlich tätigen Bürger bezogene Pflichtenlehre, die auch die Ethik des M. Tullius Cicero (106–43 v. Chr.) stark beeinflußte. So wirkte Panaitios zweifach: Auf die Mitglieder des Scipionenkreises in der zweiten Hälfte des 2. Jh. v. Chr. und auf und dann durch Cicero im 1. Jh. v. Chr. Für die Stoiker durchwaltete zwar sinnvolle göttliche Fürsorge und Planung alles, was ist, doch galt ihnen dieser den Kosmos durchdringende Logos als feinste Materie. Für den Anthropomorphismus der griechischen Religion war in dieser Lehre ebensowenig Platz[810] wie für die tradierte römische Gottesvorstellung. Der einflußreichste stoische Philosoph in der späteren hellenistischen Zeit war der aus Apameia in Syrien stammende und auf Rhodos lebende und lehrende Poseidonios (ca. 135–51/50 v. Chr.), ein Schüler des Panaitios. Auch er weilte wiederholt in Rom (so 87 v. Chr. als Abgesandter von Rhodos) und traf unter anderen bedeutenden Männern dort mit Cicero zusammen, welcher dann 78/77 v. Chr. in Rhodos seine Vorträge besuchte. Poseidonios war ein Gelehrter von weitgreifenden Interessen – etwa auch auf dem Gebiet der Geschichtsschreibung und der Geographie –, doch entwickelte er auch die stoische philosophische Spekulation selbständig weiter, so auch die Pflichtenlehre des Panaitios. Er sah den Menschen in eine umfassende Gesetzmäßigkeit hineingestellt, die im Kosmos, den er als lebendes und alle Ursachen zusammenfassendes Wesen deutet, und somit auf alle Einzelwesen wirkt. Zwar kannte Poseidonios Wesen höherer Art – Dämonen oder Götter –, mit welchen die menschliche Seele im Traum und vor allem nach dem Tode des Körpers in Verbindung tritt (die Frage des Schicksals der Seele nach dem Tode bewegte Poseidonios ganz besonders und er entwickelte hier einen Mystizismus besonderer Art). Auch war der Philosoph mit der von ihm weiterentwickelten Kosmoslehre in der Lage, die übliche mantische

---

[810] Kennzeichnend für die religiöse Situation in der hellenistischen Welt ist, daß Panaitios trotzdem längere Zeit Priester des Poseidonkultes in Lindos auf Rhodos sein konnte.

Praxis der Römer zu begründen. Denn nach seiner Auffassung wiesen bestimmte Naturerscheinungen auf andere, größere voraus. Diese Lehre übernahm Cicero weitgehend. Für den traditionellen Götterkult gab Poseidonios jedoch keine Begründung.

Obwohl Cicero nicht alle philosophischen Lehren – keineswegs die epikureische – billigte, interessierte er sich für sämtliche Schulen und Richtungen und begegnete auch bedeutenden Schulhäuptern der Akademie, deren Metaphysik und Erkenntnistheorie er sich zu eigen machte, besonders weil sie frei von Dogmatismus waren. Ihrem Lehrgebäude, hauptsächlich dem Gedankengut ihres damaligen Scholarchen Philon von Larisa, entnahm er einen mit einer Wahrscheinlichkeitstheorie verbundenen fruchtbaren Skeptizismus. Cicero hatte Philon 88 v. Chr. bei dessen Besuch in Rom kennen und als seinen wichtigsten philosophischen Lehrer schätzen gelernt. Nach einem Besuch in der Akademie in Athen im Jahre 78 v. Chr., wo damals als Schulhaupt schon Philons Nachfolger Antiochos von Askalon lehrte, der ethische Aspekte der stoischen Doktrin mit einbezog,[811] huldigte Cicero einem Eklektizismus, der es ihm ermöglichte, neben der akademischen Skepsis auf metaphysisch-erkenntnistheoretischem Gebiet vor allem in Hinsicht auf das Verhältnis des einzelnen zum Staat der stoischen Pflichtenlehre zu folgen.[812] Als Inhaber hoher politischer Ämter vollzog Cicero ohne Zweifel das Ritual der römischen Staatsreligion, die sich damals allerdings, wie erwähnt, in einer ernsten Krise befand. Seine philosophischen Ansichten wiesen jedoch in andere Richtungen. Trotz seiner Skepsis stellt er, Poseidonios folgend, im *somnium Scipionis*, dem ergreifenden Schlußmythos seines Werkes ›De re publica‹, dar, daß die Seelen der bewährten Staatslenker nach ihrem Aufstieg durch die 7 Planetensphären an einem Ort vollkommener Seligkeit im Bereich der Milchstraße wohnen. In einer Trostschrift, die Cicero nach dem Tod seiner Tochter an sich selbst richtete, gibt er seinem Glauben an Lohn und Strafe im Jenseits Ausdruck. In den ›Tusculanae disputationes‹ läßt er hingegen die Frage nach dem Schicksal der Seelen Verstorbener offen. Cicero dürfte die diesbezüglichen Auffassungen einerseits den zugrundegelegten griechischen Vorlagen, andererseits seinen Stimmungen und Bedürfnissen entsprechend vertreten bzw. gewählt haben. Vor allem in den Schriften ›De natura deorum‹, ›De divinatione‹ und ›De fato‹ ge-

---

[811] Dem Besuch der Akademie in Athen folgte unmittelbar eine Reise nach Rhodos, wo Cicero, wie oben erwähnt, Poseidonios hörte.
[812] Vgl. R. J. Goar, Cicero and the State Religion, Amsterdam 1972.

währt er uns jedoch wertvolle Einblicke sowohl in die Gedankenwelt der philosophischen Theologie der hellenistischen Schulen als auch in römisches religiöses Denken.

Ciceros älterer Zeitgenosse, der ihn aber um viele Jahre überlebte, M. Terentius Varro Reatinus (116–27 v. Chr.), galt als der fruchtbarste und gelehrteste Schriftsteller Roms. Konservativ gesinnt, übernahm er hohe politische und militärische Aufgaben, ohne sich jedoch in den Wirren der Zeit einseitig zu exponieren. In seinen Werken vertrat er nationalrömische Ideen, obwohl er modernen philosophischen Bestrebungen gegenüber aufgeschlossen war. L. Aelius Praeconinus, den ersten römischen Grammatiker und Anhänger der Stoa, betrachtete er als seinen Lehrer. Spätestens 82 v. Chr. besuchte er in Athen die Akademie unter dem Scholarchen Antiochos von Askalon. Ohne sich auf eine philosophische Richtung festzulegen, übernahm Varro aus den verschiedenen Systemen ihm für Rom günstig erscheinende Gedanken. In der Ethik und Religionsphilosophie wird stoischer Einfluß deutlich, sonst zeigen sich außer Gedanken der Akademie auch solche kynischer und sogar pythagoreischer Prägung. In seiner 41 Bücher umfassenden Enzyklopädie ›Antiquitates rerum humanarum et divinarum‹ behandelte er auch ausführlich den Staatskult. Durch diese Einstellung und seine von stoischer Interpretation geprägte Materialsammlung wurde er zum bedeutendsten Vordenker und Wegbereiter der sittlichen und religiösen Erneuerungsbestrebungen des Augustus, die ebenso im wesentlichen Teil auf stoischen Ideen fußten.

P. Nigidius Figulus, geb. ca. 100 v. Chr., Freund und Parteigänger des Cicero, starb infolge seiner Verwicklungen in die damaligen politischen Wirren 45 v. Chr. trotz seines hohen Ansehens in der Verbannung. In seinem umfangreichen Werk grammatischen und naturwissenschaftlichen bzw. naturphilosophischen Inhalts befaßte er sich auch mit dem Wesen der Götter, der Frage nach dem Schicksal der Seele nach dem Tode und mit dem Auguralwesen. Erfüllt von wissenschaftlichem Ethos, wollte er durch streng geregelte Lebensweise sich und seine Zeitgenossen an göttliche Vollkommenheit heranführen. Obwohl sich in seinem Werk, soweit wir sehen, keine spezifisch pythagoreischen Lehren finden, wurde er von Zeitgenossen und späteren Verehrern als Pythagoreer betrachtet. Als Senator und im *cursus honorum* bis zur Prätur aufgestiegen, kam er wohl wie die anderen genannten Männer den Anforderungen des staatlichen Kultes nach. Als Philosoph bewahrte er sich jedoch volle Freiheit, auch in Fragen der Religion.

Ein Zeitgenosse der genannten Denker, der, wie die Widmung seines Gedichtes an einen angesehenen, literarisch interessierten Politiker zeigt, mit bedeutenden Persönlichkeiten Umgang pflegte, sich selbst aber vom öffentlichen Leben völlig fern hielt, war T. Lucretius Carus (ca. 97–55 v. Chr.). Er verfaßte das poetisch großartige Lehrgedicht ›De rerum natura‹ in sechs Büchern, in dem er die materialistische Naturphilosophie der epikureischen Schule einschließlich der Seelenlehre behandelt und auch ethische und kulturgeschichtliche Betrachtungen anstellt. Dabei sagt er monomanisch übersteigert der Religion den Kampf an. Da die epikureische Atomlehre grundsätzlich alle Naturerscheinungen erklären könne, sei Angst vor dem Tod und den Göttern unsinnig.[813]

Die Dichter der augusteischen Zeit konnten sich einer Auseinandersetzung mit den politischen und geistigen Bestrebungen des Kaisers und seinen religiösen Reformen nicht entziehen. P. Vergilius Maro (70–19 v. Chr.) gehörte in der Reifezeit seines dichterischen Schaffens dem Kreis um Maecenas an, jenem berühmten Freund und Berater des Augustus, und stand auch mit diesem selbst in engem Kontakt. Seine bedeutendste Dichtung, die ›Aeneis‹, wird in der Regel als das große Nationalepos interpretiert, das in der Gestalt des Aeneas Tugenden und Leistungen des Augustus und damit auch die imperiale Sendung Roms feiern sollte. Mit der Frage, wieweit sich Vergil damit wirklich identifizierte und ob er nicht auch die Problematik rücksichtslosen Machstrebens erkannte und in seine Dichtungen einfließen ließ, wodurch sie den Charakter einer gewissen Zwiespältigkeit erhielten, muß sich philologische Forschung auseinandersetzen.[814] Sicher wollte Vergil mit Grundhaltungen des Aeneas, darunter *pietas* und *iustitia*, deren sich auch Augustus rühmte, das Bild eines Mannes zeichnen, der Rom zu alter Größe und neuem Leben zu führen strebte. Vergil stellte sich somit im Sinne der von Augustus und dessen Kreis geprägten Stimmung der Zeit in den Dienst von *virtus* und *religio*. Man könnte versucht sein, aus der Beschreibung der Unterwelt im sechsten Gesang der ›Aeneis‹ auf die religiösen und philosophischen Auffassungen des Dichters zurückzuschließen; da sich hier aber verschiedene traditionelle Vorstellungen überlagern,

---

[813] Ein illustratives Beispiel für die allegorische Deutung der traditionellen Götter durch die Epikureer bzw. Lukrez erläutert James Jope, Lucretius, Cybele, and Religion, Phoenix 39 (1985) 250–262.

[814] Ich befaßte mich mit dieser Frage in folgendem Aufsatz: Vergil – Glanz und Not, in: Studi Italo-Tedeschi, II, Meran 1984, 73–92. Dort finden sich die nötigen Literaturhinweise.

verspräche dieses Unterfangen keinen Erfolg. Obwohl Vergil mit dem Epikureer Siron, der in Neapel zusammen mit Philodemos einen Kreis von Epikureern leitete, engen Kontakt pflegte und sich als seinen Schüler betrachtete – der Dichter erwarb oder erbte später Sirons bescheidenes Landgut –, bekannte er sich doch nicht zu dessen, sondern zur stoischen Philosophie, vor allem zu deren Ethik, welche den Bestrebungen des Augustus am ehesten entsprach. Vergil zeichnete in seiner Dichtung daher das Bild einer sinnbestimmten, alles weise und gerecht leitenden universellen göttlichen Macht. Daß er trotzdem die Erfordernisse der offiziellen Götterkulte erfüllte, was Augustus beispielhaft von Männern seines Vertrauens erwartete, steht außer Zweifel.

Q. Horatius Flaccus (65–8 v. Chr.), ein Freund Vergils, auch er, obgleich Sohn eines Freigelassenen und zunächst politisch im gegnerischen Lager, dem Kreis um Maecenas zugehörig und von Augustus anerkannt, hatte schon in der Jugend in Athen Philosophenschulen besucht und auch später philosophische Studien betrieben, ohne je philosophischer Systematiker zu werden. Seine Gedichte lassen Vertrautheit mit den Lehren der Akademie und mehr noch der Epikureer erkennen, wobei ihn nicht die ontologisch-naturphilosophischen, sondern die lebensphilosophischen Aspekte interessierten. Dadurch geriet er in Widerspruch zu den gängigen Auffassungen der römischen Gesellschaft und den religiösen Bemühungen des Kaisers. Doch war Horaz, ohnedies starrem Dogmatismus abhold, wendig genug, länger dauernde Verstimmungen zu vermeiden. Er bekannte sich dann besonders in den Römeroden (carm. III 1–6) sogar zu stoischen Auffassungen. Im Epikureismus und in der Stoa, deren ethische Strenge Horaz ablehnte, sah er nun einander ergänzende Möglichkeiten, den Grundbedürfnissen seines Daseins gerecht zu werden. Durch diese Flexibilität konnte sich Horaz von einseitigen Übertreibungen beider Systeme fernhalten. Der Tradition der Väter gemäß beteiligte er sich am Kult, aber nur soweit unbedingt nötig und ohne innere Anteilnahme. Dem Gott Mercurius aber, dem Gott des Berufsstandes seines von ihm verehrten Vaters, des *collegium Mercurialium*, dem dieser als *auctor argentarius* angehört hatte, fühlte sich Horaz besonders verbunden.[815]

Aus wohlhabendem Rittergeschlecht stammend, schlug P. Ovidius Naso (43 v. Chr.–11 n. Chr.) zunächst die politische Laufbahn ein, die

---

[815] Siehe dazu Robert Muth, Horaz – *parcus deorum cultor et infrequens*. Zu carm. I 34, Grazer Beiträge 4 (1975), 171–206, mit Literaturverweisen.

er jedoch abbrach, ohne eine gehobene Position erreicht zu haben, um sich ganz dem Wohlleben und der Dichtkunst zu widmen. Einem anderen Künstlerkreis zugehörig, nämlich jenem um Messalla, kam Ovid mit Vergil nur flüchtig in Berührung, Horaz allerdings trug dem viel Jüngeren seine Dichtungen vor. Ovids Liebesdichtung entsprach nicht den Intentionen des Augustus, eine sittliche und religiöse Erneuerung herbeizuführen und störte den Kaiser um so mehr, als Ovid in den Häusern der Vornehmen Roms ein und aus ging. Ob er in Skandale der sittenlosen Tochter des Augustus, Julia, oder in politisches Ränkespiel verwickelt worden war, ist ungeklärt. Jedenfalls mußte er 8 n. Chr. als Relegierter nach Tomis am Schwarzen Meer in die Verbannung gehen, wo er die letzten Jahre seines Lebens verbrachte. Aus dieser Zeit stammt seine klagende Exildichtung. Noch in Rom hatte Ovid aber auch gehobene Dichtung verfaßt, außer einer uns verlorenen Medeatragödie die berühmten ›Metamorphosen‹ und – für uns interessant – die ›Fasti‹. Nach dem literarischen Vorbild der αἴτια des Kallimachos legte er in sechs Büchern einen aitiologischen Kalenderkommentar der Feste von Januar bis Juni vor. Da ihm in der Verbannung die nötigen Unterlagen, aber auch der innere Antrieb fehlten, blieb das Werk auf die erste Jahreshälfte beschränkt. Die ›Fasti‹, deren Stoff Ovid zu einem bedeutenden Teil aus den ›Antiquitates‹ des Varro übernahm, sind nicht nur poetisch, sondern auch kulturgeschichtlich hochinteressant und eine wertvolle Quelle für die Kenntnis römischer Feste. Mit diesem Werk wollte Ovid in kluger Berechnung die religiösen Bestrebungen des Kaisers unterstützen und dem Volke die zu erneuernden Rituale und Kulteinrichtungen nahebringen.[816] Deutlich ist erkennbar, daß dem Dichter dabei religiöses Fühlen fremd war, was allerdings für die Erfüllung der Pflicht der römischen *religio* nicht Voraussetzung war.

Auch T. Livius (etwa 59 v. Chr. – 17 n. Chr.) war mit Augustus befreundet, übte aber keine öffentliche Tätigkeit aus, sondern widmete sich ganz der Abfassung einer grandiosen Geschichte Roms, beginnend mit den Anfängen der Stadt, an deren Größe und Sendung er glaubte. In der Pax Augusta sah er die Grundlage für die Genesung des Gemeinwesens nach Zeiten schwerer Erschütterungen und der Sittenverderbnis. Mit seinem Werk wollte er erzieherisch wirken. Geschichtsbildende Kräfte waren für Livius einerseits die *virtutes* des Volkes, unter ihnen *fides* und *religio*, durch welche sich die Altvor-

---

[816] Danielle Porte, L'étiologie religieuse dans les "Fastes" d'Ovide, Paris 1985.

deren zum Nutzen des Staates ausgezeichnet hätten,[817] andererseits die Götter, die Livius als moralische Mächte anerkannte. Daher spielte die Religion in seinem Geschichtsbild eine doppelte Rolle: als staatstragende Tugend und als göttliches Wirken. Zeichnete Livius die Vergangenheit auch idealisierend, so ist doch seinem Werk viel über das Wesen der römischen *religio* zu entnehmen. Die Bemühungen des Augustus um eine Erneuerung des Kultes bejahte er, für die Gesinnung der Augustus nahestehenden Kreise Roms ist Livius lebendiger Zeuge.[818]

P. (oder C.) Cornelius Tacitus (etwa 55/56 v. Chr. – 17 n. Chr.), der letzte der großen Historiographen Roms, war mit den Lehren der philosophischen Systeme vertraut, ohne sich tiefer mit ihnen auseinanderzusetzen. Sein Weltbild ist uneinheitlich, es spiegelt die verworrene geistige Situation der Zeit wider. Zur Religion bezieht Tacitus eine widersprüchliche Position.[819] Obwohl die Götter in seinem

[817] Eine moralisierende Tendenz weisen auch die Geschichtswerke des C. Sallustius Crispus (86–34 v. Chr.) auf. Sallust konnte, obwohl ein Feind der Nobilität, zunächst die politische und militärische Laufbahn einschlagen, scheiterte aber darin infolge fachlicher und charakterlicher Schwächen. Nach dem Tod Caesars, dessen treuer Gefolgsmann er gewesen war, zog er sich aus dem öffentlichen Leben zurück. Schon während seiner amtlichen Tätigkeit hatte er politische Schriften verfaßt und als er nach seinem Abschied daraus seine bekannten drei zeitgeschichtlichen Werke schrieb, glaubte er, als Historiker ebenso der *res publica* dienen zu können. Er verstand sich als Chronist des sittlichen Verfalls, besonders innerhalb der Nobilität, welcher den Niedergang staatlicher Ordnung und Macht bewirkt hatte, und stellte seine Zeit jener gegenüber, die von altrömischen *virtutes*, vorweg der *fides*, geprägt gewesen wären. Auf Fragen der Religion geht Sallust nicht ein, doch ist dieser Aspekt in der Wertung altrömischer Tugenden und ihres Verfalles notwendig impliziert.

[818] Pompeius Trogus, ein jüngerer Zeitgenosse des Livius, schrieb mit seinen u.a. in einer Epitome des Justinus (wahrscheinlich Anfang des 3. Jh. n. Chr.) faßbaren ›Historiae Philippicae‹ eine außerrömische Universalgeschichte als Ergänzung zum Werk des Livius. Pompeius Trogus stellte in deutlich antirömischer Tendenz u. a. die Frage, was geschehen wäre, wenn sich Alexander der Große auch gegen Rom gewandt hätte. Seiner Meinung nach wäre Rom dann auch ein Diadochenstaat geworden. Im Gegensatz zu Livius führt der Autor die Erfolge Roms auf eine zwar glückliche, aber mehr zufällige Entwicklung zurück. Die Götter werden dabei nicht bemüht. Augustus und Maecenas waren über diese Auffassung nicht erfreut.

[819] Russell T. Scott, Religion and Philosophy in the Histories of Tacitus, Rom 1968 (Papers and Monographs of the American Academy in Rome, XXII).

Werk vielfach nur als Schmuck der Rede dienen, erkannte Tacitus dennoch die tatsächliche enge Beziehung zwischen Kult und staatlichem Leben und Politik. Zugleich aber beanspruchte er für den Menschen im politischen Bereich größte Freiheit bzw. warf er den Römern vor, diese Freiheit zugunsten einer Unterordnung unter die politisch führenden Persönlichkeiten geopfert zu haben. Er konnte daher die Spannungen zwischen göttlichem Wirken und menschlichem Freiheitsstreben nicht beheben. Für ihn stellten sich deshalb eher Fragen, als daß er Lösungen anbieten konnte: kann der Mensch mit der Huld der Götter oder muß er mit ihrem Zorn rechnen? In seinem Pessimismus neigt Tacitus der zweiten Alternative zu: die *ira deorum* trage Schuld am Niedergang Roms, der Mensch könne nicht mit Sicherheit auf göttliche Hilfe zählen. Fatum und Fortuna hingegen spielen bei Tacitus eine bedeutende Rolle. So gewinnt das Irrationale im historischen Geschehen große Bedeutung. Bleibt aber dann für menschliche Entscheidung überhaupt noch ein Freiraum?

Da Tacitus im Anschluß an Livius besprochen werden sollte, müssen wir nun um einige Jahrzehnte zurückgehen. Der geistvolle stoische Philosoph und Erzieher des Kaisers Nero L. Annaeus Seneca (4 v. Chr. – 65 n. Chr.) war in dessen ersten Regierungsjahren ein einflußreicher Politiker. Er verfaßte zahlreiche philosophische Schriften und Tragödien. Er verstand als Gott die das All durchdringende Weltvernunft, welche die Geschicke der Welt lenke. Obwohl er diese Gottheit angepaßt an die Staatsreligion Juppiter nannte, fühlte sich Seneca über den Staatskult erhaben und hielt die übliche Form der Götterverehrung und insbesondere den Bilderkult für töricht. Man darf annehmen, daß er daraus für sich Konsequenzen zog. Dennoch konnte er, was früher unmöglich gewesen wäre, als Staatsmann tätig sein. Seine Verbannung unter Kaiser Claudius nach Korsika, und daß er später bei Nero in Ungnade fiel und schließlich sogar zum Selbstmord gezwungen wurde, geht auf andere Umstände zurück. Seine stoische Gottesauffassung beeinflußte natürlich seine praktische Philosophie, deren hohe Grundsätze er allerdings selbst nicht kompromißlos befolgte. Durch Tugendstreben und Menschenliebe solle der Mensch sich bewußt werden, selbst Teil der stoischen Allgottheit zu sein. Wer eine so hohe Vollkommenheit erreicht habe, werde über Schicksalsschläge erhaben sein. Unter Senecas Gedanken über das Leben nach dem Tode findet sich die These, der Tod sei der Geburtstag für ein ewiges und seliges Sein, doch sind seine darauf bezüglichen Äußerungen nicht ohne Widerspruch. In mancher Hinsicht berühren sich seine Lehren mit jenen des Christentums, weshalb in späterer Zeit ein Briefwechsel des Philosophen mit dem Apostel Paulus fingiert werden konnte.

Epiktetos (ca. 50 – ca. 135 n. Chr.) aus Hierapolis in Phrygien erteilte als Freigelassener in Rom Philosophieunterricht. Nachdem Kaiser Domitian 92/93 n. Chr. die Philosophen, insbesondere die Stoiker, wegen Mißachtung des von ihm beanspruchten hellenistischen Autokratentitels *dominus et deus* aus Italien ausgewiesen hatte, lehrte Epiktetos in Nikopolis bei Actium. In seinem offenbar besonders leicht verständlichen Unterricht wandte er sich nicht an Fachleute, wie die Lehrer der Philosophie in Athen, sondern an ratsuchende Laien und fand damit lebhaftes Echo. Sein Lieblingsschüler Flavius Arrianos schrieb Gespräche des Philosophen nieder und verfaßte ein schmales Handbüchlein mit seinen wichtigsten Lehren, die sich stark an der alten Stoa orientierten. Der fromme Epiktetos fühlte sich der stoischen Allgottheit nahe und ihr in tiefer Dankbarkeit verbunden. Die höchste Aufgabe des Menschen sei es daher, die Gottheit zu preisen. Epiktetos rief in seiner Ethik (nach Arrianos) die Menschen auf, jeden Schritt ihres Lebens in verantwortlicher Vernunft zu gehen – selbst wenn diese Wege nicht immer leicht seien –, weil er in ihr das Göttliche wirksam sah. Seine Lehre steht wie jene Senecas der christlichen sehr nahe.

Die Gedanken Epiktets übten auf Gesinnung und Lebensführung des feinsinnigen Kaisers Marcus Aurelius, der von 161–180 n. Chr. herrschte, großen Einfluß aus. Er legte seine stoischen Anschauungen in den griechisch verfaßten ›Selbstbetrachtungen‹ nieder. Streng mit sich selbst, bemühte sich Marcus Aurelius um ein möglichst gottgefälliges und vollkommenes Leben und um Gleichmut. Schicksalsschläge und Tod – im Bewußtsein des göttlichen Schutzes – wiesen über die Vergänglichkeit des Irdischen hinaus. Seine Regierung führte er in hohem Pflichtbewußtsein. Trotz der stoischen Allgottlehre hielt er wegen seiner kaiserlichen Stellung am Kult der Staatsgötter fest. Da das Römische Reich in seiner Regierungszeit durch Unglück im Inneren (Erdbeben, Pest, der er schließlich selbst erlag, u. a.) und von außen (Kriege im Westen und Osten) gefährdet war, teilte er im Sinne traditioneller Überzeugungen die Furcht weiter Kreise des Volkes vor dem Zorn der Götter und hielt entsprechend einer weit verbreiteten und von den Opferpriestern geschürten Ansicht die Christen wegen ihrer Verweigerung der heidnischen Staatskulte für die Verursacher des Götterzornes und des damit verbundenen Unglücks. Trotz seiner humanen Grundhaltung ordnete er daher eine Bestrafung der für ihn offensichtlich staatsfeindlichen

Christen an. Diese Christenverfolgung reichte noch in die Regierungszeit seines Nachfolgers Commodus hinein, der sich, obwohl er sich selbst als Hercules Romanus empfand und für sich göttliche Verehrung forderte, später dem Kult fremder Götter und auch den Christen gegenüber als sehr duldsam erwies. Über die Christenverfolgung im Jahre 180 n. Chr., aber schon zur Zeit der Herrschaft des Commodus, geben insbesondere die Acta des Prozesses gegen die Scilitanischen Märtyrer in lebendiger Darstellung erschütternden Aufschluß.

Als letzter großer Denker der heidnischen Antike und bedeutendster Neuplatoniker[820] sei noch Plotinos erwähnt. In Ägypten ungefähr 205 n. Chr. geboren und in Alexandria philosophisch ausgebildet, kam er 244 n. Chr. nach Rom, wo er eine hochfrequentierte Philosophenschule leitete. Er starb 270 n. Chr. in Kampanien. Seine Werke verfaßte er allerdings in griechischer Sprache. Plotinos strebte eine Weiterentwicklung der Philosophie Platons durch Einbeziehung sowohl von Lehren der anderen Hauptrichtungen der griechischen Philosophie als auch religiös-mystischer Gedanken an und appellierte an die Menschen, durch Askese, sittliche Vervollkommnung und Vergeistigung des Materiell-Leiblichen zu einer ekstatischen Schau der Gottheit (des „Ur-Einen") zu gelangen und sich so schon im Leben mit dieser zu vereinigen. Damit war eine Heilsgewißheit für die Zeit nach dem Tode verbunden. Plotinos genoß auch im offiziellen Rom höchstes Ansehen und fand Zutritt zum Hofe des von 253–264 n. Chr. herrschenden Kaisers Gallienus, dessen Religionspolitik er unterstützte. Gallienus war den Mysterienkulten zugetan und beendete deshalb auch die von seinem Vater und Vorgänger Valerianus durchgeführte Christenverfolgung.

Die ältesten Zeugnisse für eine Christenverfolgung sind ein Brief, welchen der bekannte Epistolograph C. Plinius Caecilius Secundus, der Jüngere Plinus (61 – ca. 113 n. Chr.)[821] etwa im Jahre 112 als Statthalter der Provinzen Pontos und Bithynien an Kaiser Trajan mit der Anfrage richtete, wie mit den Christen, welche in seinen Provinzen,

---

[820] Zum Neuplatonismus s. S. 196f.

[821] Da die Darstellung knapp gehalten werden muß, können wir auf die religiösen Vorstellungen des sog. Älteren Plinius (C. Plinius Secundus, 23–79 n. Chr.), des Onkels und Adoptivvaters Plinius' d. J., nicht eingehen. Jener verfaßte eine umfangreiche ›Naturalis historia‹. Nur zwei Literaturverweise: Thomas Köves-Zulauf, Plinius d. Ä. und die römische Religion, in: ANRW II, 16, 1, Berlin–New York 1978, 187–288, und Jean-Paul Dumont, L'idée des dieux chez Pline (HN 2, 15–5, 1–27), Helmantica 37 (1986), 219–237.

besonders in Pontos, kräftig Fuß gefaßt hatten, zu verfahren sei, und der Antwortbrief des Herrschers (Plin. ep. X 96. 97). Es mag überraschen, daß Plinius, ein Mann von hervorragender Humanität, wie z. B. sein Verhalten den Sklaven gegenüber beweist, sich als Christen Bekennnende ohne Bedenken hinrichten ließ. Offenbar lagen bindende kaiserliche Weisungen vor und galten die Christen allgemein als erwiesene oder potentielle Staatsfeinde, die vor allem in gefährdeten Gebieten und gefährlichen Situationen unter Druck gesetzt oder gar beseitigt werden mußten.[822] Bedenken erregte dem gewissenhaften Plinius jedoch, daß gleichermaßen Apostaten bestraft werden sollten, zumal die unter Folter befragten Angeklagten ausdrücklich leugneten, ihnen zur Last gelegte Schandtaten begangen zu haben und Staatsverrat von ihrer Seite nicht mehr drohte. Plinius kam es darauf an, zu verhindern, daß Christen lediglich um ihrer Religion willen bestraft würden, was römischer Einstellung grundsätzlich widersprochen hätte. Die Antwort des Kaisers ließ die entscheidenden Fragen leider in der Schwebe. Die Christenverfolgungen hatten aber schon viel früher begonnen, vielleicht unter Kaiser Claudius, sicherlich aber unter Nero, worüber uns Tacitus (ann. XV 44, verfaßt einige Jahre nach dem Brief des Plinius) in Zusammenhang mit dem verheerenden Brand Roms im Jahre 64 n. Chr. berichtet,[823] welchen der Kaiser den Christen in die Schuhe schob.

Es ist nicht Aufgabe dieses Buches, das Verhältnis zwischen dem römischen Staat und der christlichen Kirche, bzw. römischer Religion und christlichem Glauben oder die Christenverfolgungen darzustellen. Die letzte unter Kaiser Diokletian und den Tetrarchen und die diese beendenden Toleranzedikte, weiter der Aufstieg des Christentums zur Staatsreligion und das Ende der heidnischen Kulte wird im nächsten Kapitel kurz erörtert. Auf apologetische und andere theologische Abhandlungen und kirchengeschichtliche Werke des antiken Christentums soll nicht eingegangen werden. Lediglich auf zwei Schriften ist abschließend hinzuweisen, welche sich um den Vorzug streiten, das erste lateinisch verfaßte Werk eines christlichen Autors zu sein, auf den ›Octavius‹ des M. Minucius Felix und das ›Apologeticum‹ des Q. Septimius Florens Tertullianus, um ca. 200 n. Chr. ent-

---

[822] Siehe Anm. 594.
[823] Siehe nochmals Anm. 594. Dort wird auf die Problematik des Tacitusberichtes über die Christen als angebliche Brandstifter in Rom hingewiesen. Daß unter Nero eine blutige Christenverfolgung stattfand, ist nicht zu bezweifeln.

standen. Der ›Octavius‹ stellt eine in Form eines ciceronischen Dialogs konzipierte Apologie des Christentums dar, die auch einen lebendigen Einblick in die Art der Verunglimpfung der Christen gewährt. Auf der Ebene einer ernsten philosophischen Argumentation will sie die Existenz Gottes und die alleinige Sinnhaftigkeit des Glaubens an den Gott der Christen nachweisen. Nie bezieht sich der Verfasser jedoch auf Schriften des Neuen Testamentes. Das in schwer lesbarem Latein geschriebene hochrhetorische ›Apologeticum‹ des Tertullian verteidigt das verfolgte Christentum in juristischer Argumentation vor Gericht gegen geradezu groteske Vorwürfe. Auch die Anklage der Majestätsbeleidigung und der mangelnden Loyalität dem Staate gegenüber wird entkräftet. Zugleich attackiert Tertullian leidenschaftlich die auf Lug und Trug aufgebaute heidnische Religion. Die Argumentation dieses ersten lateinisch schreibenden christlichen Theologen – 31 seiner zahlreichen Werke sind erhalten – wurde für die Kirche in vieler Hinsicht richtungweisend.[824]

---

[824] Zu Minucius Felix und Tertullian siehe Anm. 581.

IV. DER AUFSTIEG DES CHRISTENTUMS UND DAS ENDE DER HEIDNISCHEN KULTE

Diokletian, um 240 als Sohn einfacher Eltern in Dalmatien geboren, wurde 284 in Nikomedia nach der Ermordung des Kaisers Numerianus von seinem Heer zum Augustus ausgerufen. Die arrogierte Würde mußte er allerdings zunächst gegen Carinus, den Bruder des Ermordeten, der mit diesem die kaiserliche Macht geteilt hatte, verteidigen. Carinus besiegte Diokletian zwar im Kampf, wurde jedoch 285 von seinem Heer verraten und von einem Offizier getötet. Nun war Diokletian unumstrittener Herrscher über das Imperium Romanum und führte gemeinsam mit seinem ebenso niedrigem Milieu entstammenden Jugendfreund Maximian ein „tetrarchisches" Herrschaftssystem ein. 285 verlieh er ihm den Titel eines Caesars, 286 jenen eines Augustus. Maximian war vor allem die Obsorge über die westlichen Reichsgebiete anvertraut. 293 wurden zum Ausbau der Tetrarchie außerdem zwei Caesares bestellt: Galerius, den Diokletian adoptiert und mit seiner Tochter Valeria verheiratet hatte; ihm oblag von Sirmium aus die Verwaltung des Donauraumes vom Inn bis zum Schwarzen Meer. Und Constantius I. Chlorus, Adoptivsohn seines Schwiegervaters Maximian, mit Trier als Residenz. Die umfassende Reform sollte die Regierung des groß gewordenen Reiches erleichtern und eine unruhige Epoche von Revolten und Kaisermorden beenden. Die vier Träger der Tetrarchie, zwei Augusti und zwei Caesares, abgesehen von einer Ausnahme durch Adoption und Heirat miteinander verbunden, erhielten bestimmte Herrschaftsbereiche zugewiesen, doch waren ihre Aufgaben nicht streng gegeneinander abgegrenzt und der jeweils ranghöhere Augustus, zunächst also Diokletian, traf die letzten Entscheidungen. Es handelte sich also keineswegs um eine Reichsteilung.

Das energische Bemühen Diokletians, die Einheit des Reiches auch durch eine Erneuerung der religiösen Traditionen Roms zu festigen, mißlang, doch hatte das aufstrebende Christentum unter der von ihm zur Durchsetzung dieser Absicht 303 angeordneten letzten großen Verfolgung schwer zu leiden. Durch besonders harte Maßnahmen tat sich Galerius hervor, die er, 305 zum Augustus erhoben, noch verstärkte. Die Kraft des Christentums war aber nicht mehr zu brechen.[825]

Bevor dessen Aufstieg und Sieg weiter erörtert werden sollen, ist eine knappe Darstellung von Entwicklung und Ende der Tetrarchie nötig. 305 dankte Diokletian freiwillig ab und zog sich als Senior Augustus auf seinen Ruhesitz in Salona (Split) zurück. Nur widerstrebend gab auch Maximian, von Diokletian nachdrücklich aufgefordert, seine kaiserliche Stellung auf. Die Augustuswürde ging auf die beiden Caesares Galerius und Constantius I. Chlorus über. Zugleich wurden zwei neue Caesares bestellt: der Neffe des Galerius Maximinus Daia, ein niederen Kreisen entstammender Tribun in dessen Heer. Sein Herrschaftsbereich war der Orient südlich des Taurus und Ägypten. Und Severus, ein von Constantius adoptierter Soldat ebenfalls niederer Herkunft, mit dem Herrschaftsbereich Pannonien, Italien und

---

[825] Literatur: Hans Conzelmann, Geschichte des Urchristentums, Göttingen [6]1989 (Grundrisse zum Neuen Testament, 5). Maurice Testard, Observations sur le passage du paganisme au christianisme dans le monde antique, Bulletin de l'Association G. Budé 1988, 140–161. Vorkonstantinisches Christentum: Verhältnis zu römischem Staat und heidnischer Religion, ANRW II, 23, 1, Berlin–New York 1979, und ANRW II, 23, 2, Berlin–New York 1980. Ramsay MacMullen, Christianizing the Roman Empire (A.D. 100–400), New Haven–London 1984. Manfred Jacobs, Das Christentum in der antiken Welt von der frühkatholischen Kirche bis zu Kaiser Konstantin, Göttingen 1987 (Kleine Vandenhoeck-Reihe 1510, Zugänge zur Kirchengeschichte, 2). Das frühe Christentum bis zum Ende der Verfolgungen. Eine Dokumentation, Übersetzung der Texte von Peter Guyot, Auswahl und Kommentierung von Richard Klein. Band 1: Die Christen im heidnischen Staat, Band 2: Die Christen in der heidnischen Gesellschaft, Darmstadt 1993, 1994, ND 1997 (Texte zur Forschung, 60. 62). Heinrich Kraft, Kaiser Konstantins religiöse Entwicklung, Tübingen 1955 (Beiträge zur historischen Forschung, 20). Quellensammlung zur Religionspolitik Konstantins des Großen. Übersetzt und herausgegeben von Volkmar Keil, Darmstadt 1989 (Texte zur Forschung, 54), ein sehr kritisch beurteiltes Werk. Alexander Demandt, Die Spätantike. Römische Geschichte von Diokletian bis Justinian 284–565 n. Chr., München 1989 (HdA III, 6); dort S. 65: Galeriusedikt 311 n. Chr., S. 66–75: Die Religionspolitik Constantins des Großen (306–337 n. Chr.), S. 413–469: Die inneren Verhältnisse, Religion (S. 437–455: Die christliche Reichskirche). Frank R. Trombley, Hellenic Religion and Christianization c. 370–529, 2 Bände, Leiden–New York 1993, 1994 (Religions in the Graeco-Roman World, 155, 1 u. 2). Jean Gaudemet, Legislazione religiosa del IV secolo, in: Index. Quaderni camerti di studi romanistici 24 (1996), 282–391. Richard Klein, Theodosius der Große und die christliche Kirche, Eos 82 (1994), 85–121.

Teilen Afrikas. Doch schon 306 wurde die Tetrarchie erschüttert. In diesem Jahr starb Constantius I. Chlorus. Galerius ernannte den Caesar Severus zu seinem Nachfolger als Augustus. Jedoch wurde Konstantin, später „der Große" genannt, der Sohn des Verstorbenen, von seinem Heer in Eboracum (York) ebenfalls zum Augustus ausgerufen. Im selben Jahr ließ sich auch Maxentius, ein Sohn des Maximian und Schwiegersohn des Galerius, von seinem Heer in Rom zum Augustus ausrufen. Nun gab es also vier Augusti: Galerius und Severus aufgrund legitimer Bestellung und Konstantin und Maxentius durch Usurpation, gestützt aber auf die Macht ihrer Heere. Die Situation wurde noch dadurch kompliziert, daß Maximian nach der Machtergreifung seines Sohnes in Rom in die Politik zurückzukehren versuchte, ein unnützes Abenteuer, das 310 mit seinem Selbstmord endete. Die Herrscherfunktion des Konstantin wurde von Galerius allerdings bestätigt, aber nur im Rang eines Caesars – diese Position war durch die Beförderung des Severus frei geworden. Der Machtanspruch des Maxentius fand aber keinerlei Anerkennung. Trotzdem herrschte er von Rom aus über große Teile Italiens, Afrika und Spanien, über dieses aber nur bis 310, da sich im selben Jahr Konstantin des Landes bemächtigte. 307 hatte indessen Severus versucht, Maxentius, dessen Herrschaftsgebiet rechtens ihm zukam, zu stürzen, doch wurde er von dessen Streitmacht gefangengenommen und getötet. In dieser verwirrenden Situation traten 308 die Kaiser in Carnuntum zu einer Krisenkonferenz zusammen, an der auch die abgetretenen Augusti Diokletian und Maximian teilnahmen. Man bestellte Licinius und nicht etwa Konstantin, der diese Betrauung erwartete, zum Augustus des Westens. Licinius hatte sich als Offizier im Heer des Galerius bewährt. Konstantin wurde als Caesar bestätigt. Dem Maxentius blieb die Anerkennung als Augustus auch jetzt versagt, er blieb Außenseiter. Konstantin hatte durch militärische Erfolge in Britannien, Gallien und Spanien, die Verstärkung seiner Armee und diplomatisches Geschick – so hatte er 307 Fausta, die Tochter des Maximian geheiratet – seine Position so sehr gefestigt, daß er auch im weiteren unangefochten bis zu seinem Tode 337 die Augustuswürde für sich in Anspruch nehmen konnte. Aber auch Maximinus Daia, dessen Funktion als Caesar in Carnuntum ebenfalls bestätigt worden war, setzte schon 309, also ein Jahr später, noch vor dem Tod des Galerius 311 seine Anerkennung als Augustus durch. Es gab also nun fünf Augusti: Galerius, Licinius, Konstantin und Maximinus Daia – und in Rom Maxentius, aber keinen Caesar mehr. Die tetrarchische Ordnung war somit nachhaltig gestört, nach dem Tod des Galerius brach sie zusammen.

Nun aber zur Auseinandersetzung zwischen dem römischen Staat und dem Christentum, dessen Sieg sich ebenfalls 311 abzeichnete. Galerius, der nach dem Rücktritt von Diokletian und Maximian Hauptträger der Christenverfolgung war, hatte indessen im Interesse des Reiches seine Haltung Schritt für Schritt geändert. Am 30. April 311, kurz vor seinem Tod am 3. Mai, veröffentlichte er als ranghöchster Tetrarch ein Toleranzedikt. Formell war es ein im Einvernehmen mit den Mitregenten erlassenes Reichsgesetz.[826] Ähnliche Maßnahmen anderer Augusti folgten. Maximinus Daia, der als einziger Kaiser diesen christenfreundlichen Kurs zunächst strikt ablehnte, wurde aus verschiedenen Gründen bald in schwere Auseinandersetzungen mit den beiden anderen Augusti und 313 in einen offenen Kampf mit Licinius verwickelt, der ihn am 30. April bei Adrianopel besiegte. Kurz vor seiner Niederlage hatte auch er ein Toleranzedikt erlassen, in der vergeblichen Hoffnung, so seine aussichtslos gewordene Stellung behaupten zu können; damit ging die 10 Jahre dauernde Christenverfolgung zu Ende. Bald nach seiner Entmachtung starb er, wahrscheinlich durch Selbstmord. Diokletian erlebte diese Wendung der Dinge noch. Er starb entweder 313 wenige Monate nach Maximinus Daia oder erst 316.

Indessen hatte sich Konstantin, der bisher Hercules, dann Sol Invictus als seinen Schutzgott betrachtet hatte, in entscheidender Stunde dem Christentum zugewandt. Im Einvernehmen mit Licinius hatte er 312, wie fünf Jahre vorher Severus ohne Erfolg, den Kampf gegen Maxentius aufgenommen. Am 28. Oktober kam es an der Milvischen Brücke nahe Rom zur Entscheidungsschlacht. Maxentius fand den Tod, Konstantin siegte. Nach christlichen Berichten veranlaßte ihn eine Kreuzesvision vor der Schlacht zur Änderung seiner religiösen Auffassungen. Ohnehin hatte er, wie schon vorher sein Vater, die Christen auffallend geschont und der Toleranzverfügung des Galerius bereitwillig Folge geleistet. Nun war er aber vollends von der Siegeskraft des Christengottes überzeugt und beeinflußte, obwohl er sich erst auf dem Totenbett taufen ließ, sogar die innerkirchliche Entwicklung, so durch die Einberufung des Konzils von Nicaea 325. Im

---

[826] Lateinischer Originaltext bei Lact., mort. pers. 34, griechische Übersetzung aus Laktanz bei Eus., hist. eccl. VIII 17, 6–10 (nicht Einfügung der griechischen Originalfassung, die Eusebios als Hoftheologen des Konstantin sicherlich erreichbar gewesen wäre), Rückübertragung ins Lateinische durch Rufinus von Aquileia in seiner Übersetzung dieser Kirchengeschichte ohne Kenntnisnahme der ursprünglichen lateinischen Formulierung. Der philologische Vergleich der beiden lateinischen Fassungen ist hochinteressant.

Februar oder März 313 lud er Licinius nach Mailand zu einem klärenden Gespräch ein. Auch dieser hatte sich zwar den Christen gegenüber zunehmend positiv verhalten, vertrat aber nun, da ihm die Pläne Konstantins einseitig erschienen, nachdrücklich die Interessen der römischen Staatsreligion. Als Kompromiß erhielten sämtliche Kulte, heidnische und christliche, gleiche Rechte. Maximinus Daia war an den Verhandlungen nicht beteiligt worden. Wie zu erwarten war, widersetzte er sich dieser Entscheidung zunächst vehement. Kurz darauf erlitt er aber im Kampf, den Licinius gegen ihn aufgenommen hatte, wie erwähnt, eine Niederlage, der sein Tod folgte.[827] Aber auch zwischen Konstantin und Licinius kam es im Laufe der Jahre zu ernsthaften Differenzen, schließlich 324 zu einer bewaffneten Auseinandersetzung. Im Juli siegte Konstantin bei Adrianopel und im September bei Chrysopolis. Er verbannte Licinius nach Thessalonike. Nachdem dieser versucht hatte, auf den Thron zurückzukehren, wurde er hingerichtet.[828] Konstantin war nun Alleinherrscher.

Seine christenfreundliche Politik wurde auch nach seinem Tod fortgeführt, nur kurzfristig unterbrochen unter Kaiser Iulian, dem sog. Apostaten, einem Neffen Konstantins. 355 zum Caesar erhoben, herrschte er 361–363 als Augustus. Er wollte sogar eine heidnische Staatskirche nach dem Vorbild der christlichen errichten. Eine fast bizarre Facette seiner Begeisterung für die heidnischen Götter: In Pessinus verfaßte er eine Rede auf die Göttermutter Kybele, die Quelle

---

[827] Zum Toleranzedikt des Maximinus Daia s. Robert Muth, Spätantike Kaisererlässe aus psychologischer Sicht, Archiv für Religionspsychologie 14 (1980), 153–160. – Am 13. Juni 313 richtete Licinius an die Statthalter der bisher von Maximinus Daia beherrschten Gebiete, die nun ihm unterstanden und in welchen die Christenverfolgungen bis vor kurzem weitergeführt worden waren, einen Brief, in dem er auf die Toleranzedikte der Kaiser den Christen gegenüber verweist sowie besonders auf die mit Konstantin im Spätwinter 313 in Mailand getroffenen Vereinbarungen, deren strikte Befolgung er anordnet und wozu er Instruktionen erteilt. Er konnte sich dabei wahrscheinlich auf ein mit Rücksicht auf die kontroversen Ausgangspositionen der beiden Augusti offenbar notwendig gewesenes nicht für die Öffentlichkeit bestimmtes Beschlußprotokoll stützen. Wegen der Bezugnahme darauf wird dieser Brief häufig als ›Edikt von Mailand‹ bezeichnet, das es in Wirklichkeit nicht gab.

[828] Der gleichnamige aus einer Verbindung des Licinius mit einer Sklavin hervorgegangene und 317 vom Vater in den Rang eines Caesar erhobene Sohn des Kaisers wurde nach dessen Niederlage in den Sklavenstand versetzt und nach Afrika abgeschoben. In Karthago mußte er in einer kaiserlichen Weberei arbeiten. 326 wurde er ermordet.

schöpferischer Liebe. Heftiger Widerstand von seiten der Christen erzwang Gegenmaßnahmen des Kaisers. Nach seinem Tod erwies sich nicht nur die Erfolglosigkeit heidnischer Restaurationsversuche, vielmehr zeigte sich, wie eng der römische Staat und die christliche Kirche schon miteinander verbunden waren. Daran änderte auch die betont liberale Haltung seines zweiten Nachfolgers Valentinian I. (364–375) dem Heidentum gegenüber nichts.

Unter Theodosius I. (379–395) verschlechterte sich die Lage der Heiden, da der fromme Kaiser 381 begann, Maßnahmen auch gesetzlicher Natur gegen sie zu ergreifen, nachdrücklich unterstützt vom Mailänder Bischof Ambrosius. Zugleich verlieh Theodosius den Beschlüssen des Zweiten Ökumenischen Konzils (Konstantinopel 381) Gesetzeskraft. Ein Jahr später erfolgte ein regelrechtes Verbot heidnischer Kulte. Die dankbare Kirche gab auch diesem Kaiser den Beinamen „der Große".

Das Heidentum war allerdings schon zur Zeit des Diokletian trotz dessen Förderung müde geworden. So stammt der letzte Beleg für eine kultische Tätigkeit der *fratres arvales* aus dem Jahr 304. Seit dem Sieg Konstantins über Maxentius wurden dem Juppiter Optimus Maximus im kapitolinischen Tempel keine Opfer mehr dargebracht, Konstantin hatte nach seinem Einzug in Rom demonstrativ den Gang auf das Kapitol unterlassen, die bisher übliche Huldigung des Siegers an den Gott. 390 wurde zum letzten Mal ein Augur bestellt. 394 führte man die Olympischen Spiele zu Ehren des Zeus zwar noch einmal durch, gestattete aber keine weiteren Spiele. Sein Tempel fiel 475 einem Brand zum Opfer, die berühmte Zeusstatue des Phidias war schon vorher nach Konstantinopel gebracht worden. Aus der Werkstatt des Phidias in Olympia wurde schließlich eine christliche Kirche. Die Verbote des Theodosius betrafen auch die Kulte zu Delphi. Im 5. Jh. markierte eine im dortigen heiligen Bezirk des Apollon errichtete christliche Kirche die Zeitenwende. Nicht anders erging es den Mysterien in Eleusis. 395 zerstörte der Westgotenkönig Alarich das Heiligtum. Um 400 fielen auch die Sibyllinischen Bücher der Vernichtung anheim.[829]

---

[829] Noch 408 wurden die *haruspices* – allerdings letztmalig – offiziell befaßt; dies soll in geheimem Einverständnis mit Papst Innocentius I. geschehen sein. Die Anweisungen der Priester wurden aber nicht befolgt. S. Anm. 799. – Das Fest der Lupercalia am 15. Februar, damals wohl nur mehr eine Volksbelustigung, wurde erst 494 von Papst Gelasius I. als „letzter öffentlich geduldeter Überrest des heidnischen Kultes" in das auf den 2. Februar anberaumte Fest „Mariä Reinigung" umgewandelt.

Als letzte und endgültige generelle kaiserliche Verfügung gegen das Heidentum stellte Theodosius II. (408–450) die Durchführung heidnischer Kulte 435 sogar unter die Sanktion der Todesstrafe. In den 438 veröffentlichten ›Codex Theodosianus‹ nahm er die harten Verfolgungsgesetze des Theodosius I. und seine eigenen auf. Da er im selben Jahr den mangelnden Erfolg seiner Maßnahmen beklagte, darf man annehmen, das Heidentum habe auch nach diesen schweren Zeiten noch gewisse Lebenszeichen von sich gegeben.

NACHTRÄGE

I. Die Erforschung der griechischen und römischen Religion und ihre Methoden

Mythos
Eine Begriffsuntersuchung von „Mythos" legt Walter Burkert in seinem Beitrag ›Mythos – Begriff, Struktur, Funktionen‹ in: Fritz Graf (Hrsg.), Mythos in mythenloser Gesellschaft. Das Paradigma Roms, Stuttgart–Leipzig 1993 (Colloquium Rauricum, 3), 9–24, vor. S. 11: „Geblieben sind drei praktikable, auch immer wieder praktizierte Zugänge zum Mythos, der ritualistische, der psychoanalytische und der struktural-semiotische. Sie schließen sich m. E. nicht aus, entsprechen vielmehr den Möglichkeiten einer eher soziologisch-funktionalen, einer verstehend-phänomenologischen und einer logisch-analysierenden Anthropologie." – Der „Anhang" des genannten Werkes ›Definitionen des Mythos‹ (271–323) enthält Beiträge von Meinhard Schuster, Fritz Graf, Lutz Röhrich und Andreas Cesana. – Zu diesem Sammelband siehe S. 356f. – Fritz Graf ist ein Schüler Walter Burkerts.

Methoden der Erforschung der griechischen und römischen Religion
Udo W. Scholz, Methodology in the Investigation of Roman Religion, Acta Classica 33 (1990), 77–90: Entsprechend den besonderen Interessen des Vfs. werden vor allem in bezug auf die römische Religion, grundsätzlich aber auch hinsichtlich der griechischen, die einander folgenden verschiedenen Methoden der Forschung überprüft und Kritik an ihrer jeweiligen Einseitigkeit geübt, welche die Ergebnisse nachteilig beeinflussen. Exemplifiziert wird dies an den unterschiedlichen und unbefriedigenden Interpretationen von Wesen und Funktion des Gottes Mars, dessen Kult der Vf. schon früher untersucht hatte (Studien zum altitalischen und altrömischen Marskult und Marsmythos, Heidelberg 1970). Ergebnis: "In view of the disparity between the background theories it is evident that unanimity will be impossible, and consequently no solution to the question of the Roman Mars can be expected." Daher formuliert Scholz vier Grundsätze der religionsgeschichtlichen Forschung. Sie müssen erstens zwischen "constants" und "variables" differenzieren. Zweitens müssen sie beachten, daß die Konstanten "ritualised patterns of behavior" seien, die sich durch lange Perioden nicht verändern. Dennoch seien drittens Stellungnahmen zu und Interpretationen von Riten zeitbedingte Variable, da sie von Menschen, also von "products of their own time" stammen, und daher sei "the significance of such sources limited to their own period" und könnten viertens Geschichtsquellen nur und hauptsächlich

("only and primarily"!) als "statements relating to the period in which they arose" betrachtet werden. Keine lateinische Geschichtsquelle könne für sich in Anspruch nehmen, für die ganze römische Geschichte Gültigkeit zu haben. In jeder Quelle müßten die zeitbedingten Aspekte und die "constants of the ritual behavior which is described" gewissenhaft voneinander geschieden werden. Über die älteste erkennbare Interpretationsebene könne man wissenschaftlich nicht hinausgehen. Dahinter liege nur das bloße Ritual, das sich einer Interpretation entziehe. Scholz erörtert anschließend als "example and clarification of what I have said" das Opferritual der *suovetaurilia*, worüber er ebenfalls bereits früher eine grundlegende Arbeit vorgelegt hatte (Souvetaurilia und Solitaurilia, Philologus 117 [1973], 3–28). Er gelangt zu erstaunlichen Ergebnissen, über die auf S. 385f. referiert wird.

J. Ries, Un régard sur la méthode historico-comparative en histoire des religions, in: Ἀγαθὴ ἐλπίς. Studi storico-religiosi in Onore di Ugo Bianchi, a cura di Giulia Sfameni Gasparro, Rom 1994, 121–148.

Hendrik Simon Versnel. Inconsistencies in Greek and Roman Religion. I: Ter Unus: Isis, Dionysos, Hermes. Three Studies in Henotheism. II: Transition and Reversal in Myth and Ritual, Leiden–New York–Kopenhagen–Köln 1990 (Bd. I), 1993, ²1994 (Bd. II) (Studies in Greek and Roman Religion, 6 bzw. 6, II): Unter "inconsistencies" versteht der Vf. Zweideutigkeiten in Mythos, Bild und Ritual der griechischen und römischen Religion. In Bd. I werden die Spannungen zwischen der Einheit und Vielheit in Mythos und Kult der Isis, des Dionysos und des Hermes behandelt. Zum wahrscheinlich von dem aus Dessau stammenden Oxforder Professor Max Müller (1823–1900) geprägten Begriff "henotheism" siehe Bd. I, 35–38. In Bd. II werden Widersprüchlichkeiten erörtert, die mit einem bestimmten Ritualtyp zu verbinden sind, was an drei Fest- und Mythenkomplexen dargestellt wird, in welchen sich griechische und römische Elemente gegenseitig kontrastieren und erläutern: Kronos und die attischen Kronia einerseits, Saturnus und die Saturnalia andererseits; Demeter und die Thesmophoria einerseits, Bona Dea und deren in einer Nacht im Dezember begangenes Fest anderseits; Apollon einerseits, Mars andererseits, beide überzeugend als Beschützer männlicher Initiationsriten gesehen. Die Incohärenzen werden nach der gut begründeten Auffassung des Vfs. u. a. auf methodische Verschiedenheiten der religionsgeschichtlichen Forschung zurückgeführt; siehe dazu Bd. I, 1–35, wo auch Grundsätzliches zu den "inconsistencies" dargelegt ist, und Bd. II, 15–88, wo das Problem der Forschungsmethoden von Jane Ellen Harrison bis Walter Burkert ausführlich erörtert wird, also von der soziologisch orientierten Forschung (Schwerpunkt „Pariser Schule"), der Psychoanalyse und Linguistik bis zum Strukturalismus ("Myth and Ritual").

Soziologische und psychologische Forschungsmethode
Sowohl der soziologischen als auch der psychologischen Forschungsmethode verpflichtet ist das Buch von Philip E. Slater, The Glory of Hera. Greek Mythology and the Greek Family, Princeton, N. J. 1992, der psychologisch-

analytischen Jean-Pierre Vernant und Richard Caldwell, The Origin of the Gods. A Psychoanalytic Study of Greek Theogony Myth, New York-Oxford 1989. - Im Rahmen der religionssoziologisch und sozialgeschichtlich orientierten Forschung hat sich nunmehr der neue Forschungszweig der "women's studies" entwickelt. Siehe dazu Henrichs, Die Götter Griechenlands, 21, mit Anm. 60 und 61.

Strukturalismus
Zum Strukturalismus siehe u. a.: Jean Rudhardt, Notions fondamentales de la pensée religieuse et actes constitutifs du culte dans la Grèce classique, Genf 1958, Paris 1992. Jean Rudhardt, Le mythes grecs relatifs à l'instauration des rôles corrélatifs de Prométhée et son fils Deucalion, Mus. Helv. 27 (1979), 1–15. Dazu auch Jean Rudhardt, Comprendre la religion grecque, Kernos 4 (1991), 47–59. P. Vidal-Naquet, Le chasseur noir: Formes de pensée et formes de société dans le monde grec, Paris 1981. Von Walter Burkert siehe auch die im Buch ›Wilder Ursprung‹ (Berlin 1990, ²1991) enthaltenen Aufsätze und Vorträge, weiter: Der Mythos – Begriff, Struktur, Funktionen, in: Fritz Graf (Hrsg.), Mythos in mythenloser Gesellschaft. Das Paradigma Roms, Stuttgart–Leipzig 1993 (Colloquia Raurica, 3), 9–24. Walter Burkerts Forschung würdigt Henrichs, Die Götter der Griechen, bes. S. 29–31. Einleitend stellt er fest, man könne sich keinen größeren Gegensatz vorstellen als jenen der theologisch-normativen Götterdeutung durch Walter F. Otto und Karl Kerényi und der evolutionistisch-funktionalen Analyse Burkerts. Zu Recht betont er, das Opferritual stehe im Mittelpunkt seiner religionsgeschichtlichen Interessen. Damit finde er sich in der Nachfolge von Karl Meuli (1891–1968), dessen Aufsatz ›Griechische Opferbräuche‹ (Gesammelte Schriften, Bd. 2, Basel–Stuttgart 1975, 907–1021) in diesem Zusammenhang zitiert wird. S. 47, Anm. 101 weist Henrichs auf mannigfache Kritik an Burkerts Konzeption hin, vor allem durch Jean-Pierre Vernant aus der Sicht der strukturalistischen Opfertheorie; daran schließen sich Henrichs eigene Bedenken. Jan M. Bremmer, Greek Religion, Oxford 1994 (Greece and Rome, New Surveys in the Classics, 24), nennt W. Burkerts Werk ›Griechische Religion der archaischen und klassischen Epoche‹ (1977) (auf Grund der englischen Übersetzung, Oxford 1985, welche sich von der deutschen Ausgabe nicht wesentlich unterscheidet) "the best recent study of a 'dead' religion". Burkert wolle eine "synthesis of new insights, join in some important debates" bieten und "various extended analyses as possible methodological models".

Einzelne Forscher
Walter F. Otto (S. 2f., Anm. 4). Hubert Cancik übte nicht nur, wie in der Anmerkung angegeben, Kritik am Buch Walter F. Ottos (1874–1958) über die Götter Griechenlands (1929), sondern auch an jenem über Dionysos: „Dionysos 1933. Walter F. Otto, ein Religionswissenschaftler und Theologe am Ende der Weimarer Republik", in: Die Restauration der Götter. Antike

Religion und Neopaganismus, hrsg. von Richard Faber und Renate Schlesier, Würzburg 1986, 105-123. Siehe auch Henrichs, Die Götter Griechenlands, 26-28. Dort in Anm. 85 (S. 45): „Kategorische Absage ans Christentum und Bekenntnis zum griechischen Polytheismus kennzeichnen Ottos von der Konzeption her abwegigstes Buch 'Der Geist der Antike und die christliche Welt', 1923. Distanzierung vom Christentum ist auch ein Leitthema der 'Götter Griechenlands' (z. B. S. 79 u. 233)."

Karl Kerényi (S. 2f., Anm. 4). Dieser (1897-1973) stand mit Walter F. Otto seit einer ersten Begegnung 1929, dem Jahr des Erscheinens von Ottos ›Die Götter Griechenlands‹, bis zu dessen Tod in engem Gedankenaustausch. Siehe dazu Karl Kerényi, Walter Friedrich Otto. Erinnerungen und Rechenschaft, in: Paideuma 7 (1959), 1-10, nachgedruckt in: Walter F. Otto, Die Wirklichkeit der Götter. Von der Unzerstörbarkeit griechischer Weltsicht, Hamburg 1963, 144-154. Weitere hier nicht genannte wichtigere Werke Kerényis sind bei Henrichs, Die Götter Griechenlands, 46, Anm. 92 und 93 verzeichnet. Eine Bibliographie seiner Werke findet sich bei A. Magris, Carlo Kerényi e la ricerca fenomenologica della religione, Mailand 1975, 331-338.

Georges Dumézil (S. 6, Anm. 12, S. 19, Anm. 38). Zu diesem (1898-1986) siehe nun Bruce Lincoln, Mito e storia nello studio del mito: un testo oscuro di Georges Dumézil, Quaderni di Storia 32 (1990), 5-17, Witold Stefánski, Le Panthéon grec à la lumière de la théorie de Dumézil, Eos 81 (1993), 43-46, und Mary Beard, Looking (harder) for Roman Myth: Dumézil, Declamations and the Problems of Definition, in: Fritz Graf (Hrsg.), Mythos in mythenloser Gesellschaft. Das Paradigma Roms, Stuttgart-Leipzig 1993 (Colloquium Rauricum, 3), 44-64.

Jane Ellen Harrison (S. 12, Anm. 21). Zu Harrison (1850-1927) siehe nun auch S. J. Peacock, Jane Ellen Harrison. The Mask and the Self, New Haven 1988; dazu W. M. Calder III, Gnomon 63 (1991), 10-13; Renate Schlesier, Prolegomena zu Jane Harrisons Deutung der griechischen Religion, in: H. G. Kippenberg-B. Lucchesi (Hrsg.), Religionswissenschaft und Kulturkritik, Marburg 1991, 193-235, und Robert Ackerman, The Myth and Ritual School, New York 1991; W. M. Calder III (Ed.), The Cambridge Ritualists Reconsidered, Urbana 1991. Die ›Prolegomena to the Study of Greek Religion‹ erfuhren 1991 in Princeton N. J. einen Neudruck, was die hohe wissenschaftliche Bedeutung des erstmals 1903 erschienenen Werkes beweist.

James George Frazer (S. 12, Anm. 23). Zu diesem (1854-1941) siehe Robert Ackerman, J. G. Frazer. His Life and Work, Cambridge 1987, und William M. Calder III and Dietrich Ehlers, The German Reception of J. G. Frazer: an Unpublished Document, Quaderni di Storia 33 (1991), 135-143.

Émile Durkheim (S. 13, Anm. 26). Zu diesem (1858-1917) siehe nun Heinz Mürmel, Bemerkungen zur Kastenkonzeption in der „Durkheimgruppe", Ethnographisch-archäologische Zeitschrift 30 (1989), 22-35.

Louis Gernet und Jean-Pierre Vernant (S. 15, Anm. 30). Louis Gernet lebte von 1882-1962. - Zu Vernant siehe nun auch Henrichs, Die

Götter Griechenlands, 31 f.: Vernant habe sich in methodischer Hinsicht an Georges Dumézil angeschlossen, sei anderseits ein Gegenpol zu Walter Burkert. Henrichs übt besonnene Kritik an Vernant: siehe S. 48, Anm. 110. – Ergänzungen zur Bibliographie: Zwei Vorlesungsreihen am Collège de France in Paris: La mort dans les yeux. Figures de l'Autre en Grèce ancienne, Paris 1985; Figures, idoles, masques, Paris 1990; Mortals and Immortals. Collected Essays, Princeton N. J. 1991 (Paperback Edition 1992).

Archäologie
Das Wesen der anthropomorphen griechischen Göttergestalten kann man nur dann vollständig erfassen, wenn man sie so leibhaftig vor sich sieht, wie die Hellenen selbst sie zu sehen vermeinten. Dies ermöglicht die Archäologie, welche, repräsentiert durch Johann Joachim Winckelmann (1717–1768) und den Dänen Georg Zoega (1755–1809), mit anderen an der Wiege der griechischen Religionswissenschaft stand. Die Ikonographie liefert die bei weitem ältesten uns erreichbaren Kriterien für religionswissenschaftliche Zusammenhänge. Bebilderte Werke zur Geschichte der Religion der Hellenen sind leider Ausnahmen, obwohl Jane Ellen Harrison mit ihren ›Prolegomena to the Study of Greek Religion‹ (Cambridge 1903, ³1922 [ND 1991]) bahnbrechend gewirkt hatte. In der deutschsprachigen Wissenschaft erschien ein dünnes Büchlein von Karl Schefold, dann bemühte sich die Würzburger Archäologin Erika Simon in Zusammenarbeit mit Max Hirmer erfolgreich, diese Lücke zu füllen.

Siehe dazu Henrichs, Die Götter Griechenlands, 4. Karl Schefold, Griechische Kunst als religiöses Phänomen, Hamburg 1959 (rowohlts deutsche enzykl., 98). Erika Simon und Max Hirmer, Die Götter der Griechen, München 1969, ²1980. Auf eine Einführung, deren Lektüre ebenso lehrreich wie unterhaltend ist, folgen Abhandlungen über 7 männliche und 5 weibliche griechische Gottheiten (Zeus, Hera, Poseidon, Demeter, Apollon, Artemis, Athene, Hephaistos, Aphrodite, Ares, Dionysos, Hermes), reich mit Abbildungen und einem ausgreifenden Anmerkungsapparat versehen. Verschiedene Register beschließen das Werk. Die archäologischen Zeugnisse für Zeus stellte Simon später umfangreich in der RE S 15 (1978), 1411–1414 dar. Der Göttin Eirene (und Pax), den antiken Friedensgöttinnen, widmete sie ein eigenes Buch, Stuttgart–Wiesbaden 1982, ²1988.

Zur Geschichte der griechischen Religion in hellenistischer Zeit und in der Spätantike
Siehe S. 353 f.

Die Erforschung der römischen Religion
Gerhard Radke ließ seinem Buch ›Die Götter Altitaliens‹ (1965, ²1979) ein Werk ›Zur Entwicklung der Gottesvorstellung und Gottesverehrung in Rom‹, Darmstadt 1987 (Impulse der Forschung, 50) folgen. Vor dem Hintergrund der mannigfachen sich aus der Völkervielfalt im gesamtitalischen Raum

ergebenden Einflüsse werden an bestimmten Phänomenen und Vorgängen sowie deren Veränderungen im Rahmen einer geistigen und kulturellen Entwicklung die Eigentümlichkeiten römischer Religiosität verdeutlicht. Seinen Interessen entsprechend befaßt sich der Vf. vor allem mit sprachlichen Aspekten und Untersuchungen von Götternamen. Auf das Kapitel ›Sprache als Wegweiser‹ (287–297) sei besonders verwiesen, ebenso auf die knappe, aber lehrreiche Darstellung der Forschungsgeschichte der römischen Religion im Vorwort (VII–XIV), auf die Erörterung der Problematik der literarischen Zeugnisse (15–31) und die reichhaltige Bibliographie (301–328).

Detailuntersuchungen zu den behandelten Problemen enthalten folgende Aufsätze desselben Vfs.: Nouveaux points de vue sur la mentalité religieuse des Romaines, Kernos 4 (1991), 31–45, und Beobachtungen zu einigen der ältesten in Rom verehrten Gottheiten, Rhein. Mus., NF. 135 (1992), 268–282.

Die Religion der Römer wurde insbesondere im deutschsprachigen Raum vorwiegend von klassischen Philologen und Althistorikern dargestellt, welche archäologische Zeugnisse weniger beachteten. Georg Wissowa standen Bildmaterial und Erkenntnisse der Archäologie nur spärlich zur Verfügung, Kurt Latte hielt inzwischen reichlicher vorhandene Bodenfunde für mehrdeutig, für Gerhard Radke ist etymologische Forschung d e r Wegweiser zu religionswissenschaftlichen Erkenntnissen, an archäologischen Quellen ist er wenig interessiert. Die Forderung, für die Erfassung der Profile römischer Gottheiten und religionswissenschaftlicher Zusammenhänge auch die Ikonographie heranzuziehen, blieb unerfüllt. Eine Ausnahme bilden die Werke von Franz Altheim und vor allem von Karl Schefold (siehe Auswahlbibliographie). Nun hat aber Erika Simon, durch ihre Arbeiten zur griechischen Religion bestens bekannt, mit ihrem mit zahlreichen Abbildungen und Tafeln versehenen Prachtwerk ›Die Götter der Römer‹ (München 1990) diese Lücke geschlossen. Sie bereichert damit die Erforschung der römischen Religion in beeindruckender Weise. Allerdings gilt als Gesichtspunkt für die Auswahl der behandelten Gottheiten der Aussagewert der jeweiligen archäologischen Befunde. Deshalb legt die Vf. nur Untersuchungen 15 männlicher und 11 weiblicher Gottheiten vor, erst während der Kaiserzeit aus dem Osten nach Rom gelangte Kulte läßt sie unberücksichtigt.

II. Die Religion der Griechen

1. Vom Wesen der griechischen Religion

Siehe dazu die Skizze von Jan N. Bremmer, Greek Religion, Oxford 1994, 1–10.

Meine Bemerkung, die Hellenen glaubten an die Existenz von Gottheiten, erscheint in meiner weiteren Darstellung relativiert. Ausführlich wird die Götterkritik durch Dichter und Philosophen behandelt, auch daß die philosophische Aufklärung die Grundlagen der Religion in Frage stellte und daß sich deutliche Ansätze eines partiellen, ja sogar eines umfassenden Skeptizismus entwickelten. Nun widmet Marek Winiarczyk der Frage nach dem Atheismus im Altertum, vor allem bei den Griechen, mehrere Untersuchungen, zunächst in seinem Aufsatz: Wer galt im Altertum als Atheist?, Philologus 128 (1984), 157–183, eine imponierende Liste griechischer und lateinischer (auch orientalischer, besonders arabischer) Testimonia; ausgeschlossen sind Christentum und Judentum. Der Vf. ist sich dabei der Schwierigkeit bewußt, daß die Bezeichnung einer Person als ἄθεος oder ἀσεβής oder etwa die Behauptung, jemand habe seine kultischen Pflichten nicht gemäß dem gültigen νόμος erfüllt, und ähnliche Feststellungen sich auf sehr verschiedene Sachverhalte beziehen können. Daher folgte einer ›Bibliographie zum antiken Atheismus‹ (Elenchus 10 [1989], 103–192) eine Untersuchung ›Methodisches zum antiken Atheismus‹ (Rhein. Mus., NF. 133 [1990], 1–15). Die m. W. letzte Arbeit ist ›Antike Bezeichnungen der Gottlosigkeit und des Atheismus‹ (Rhein. Mus., NF. 135 [1992], 216–225). Mit Euripides beschäftigt sich im selben Sinn Mary R. Lefkowitz: Was Euripides an Atheist? Studi Italiani di Filologia Classica 80, 3ª Ser., 5 (1987), 149–166, sowie: "Impiety" and "Atheism" in Euripides' Dramas, The Classical Quarterly, NS. 39 (1989), 70–82. Schon vorher hatte Wolfgang Kullmann diese Frage einer sehr besonnenen Prüfung unterzogen: Deutung und Bedeutung der Götter bei Euripides, in: Mythos, Deutung und Bedeutung, Innsbruck 1987 (Dies philologici Aenipontani, 5), 7–22. Die Ergebnisse seiner Darstellung faßt er folgendermaßen zusammen: „Sicher hat Euripides weder an die Götter, wie er sie schildert, noch wie sie sich viele seiner handelnden Personen vorstellen, 'geglaubt'. Er wählt nur extreme Deutungspositionen, um auf die Widersprüchlichkeit des Göttlichen aufmerksam zu machen. Es scheint, daß seine Kunst nicht selbst deuten will, sondern den Zuschauer unter schonungslosester Offenlegung der Alternativen selbst deuten lassen möchte". Zur Frömmigkeit der Griechen im Spiegel ihrer Sprache siehe auch Albrecht Dihle, RAC 14 (1988), 1–16. Zusätzlich zu den von Walter Burkert analysierten Begriffen (Anm. 47) werden hier auch θεῖος und δαιμόνιος untersucht. Siehe weiter Mario Vegetti, Der Mensch und die Götter, in: Der Mensch der griechischen Antike, hrsg. von Jean-Pierre Vernant, Frankfurt a. M.–New York 1993, 195–333, insbes. 300–304. Die Originalausgabe dieses Werkes erschien in Rom 1991 unter dem Titel ›L'uomo Greco‹.

2. Der Beginn der Geschichte der Religion der Griechen.
Das Problem der Einwanderung

3. Die Religion der Griechen der Linear B-Texte

Die Religion des kretischen Spätminoikums
Da nur gesicherte Dokumente als die frühesten Zeugnisse für die Religion der Griechen behandelt werden sollen, nämlich die Linear B-Texte, wird auf die Erörterung der Religion Kretas in der spätminoischen Periode trotz der engen Wechselbeziehungen verzichtet, welche damals zwischen der Kultur und Zivilisation der Einwohner Griechenlands und jener der genannten Insel bestanden und sich gegen Ende dieses Zeitabschnittes intensivierten, als die Griechen auch auf Kreta lebten, und die sich auch auf die Religion bezogen; dies obwohl zudem wichtige archäologische Funde aus dem Spätminoikum Kretas auch für die griechische Religion bedeutsam sind. Die minoische Religion ist nun in einem Werk von Walter Pötscher ausführlich behandelt: Aspekte und Probleme der minoischen Religion. Ein Versuch, Hildesheim–Zürich–New York 1990 (Religionswissenschaftliche Texte und Studien, 4). Es wird der „Kult der Minoer und sein religiöser Vorstellungshintergrund" dargestellt und ein umfassendes „Bild der minoischen Religion in ihren Zusammenhängen und ihrer gewissen inneren Einheit" gezeichnet (S. 243 f.). Der Vf. bespricht die Kultobjekte (rituelle „Symbole"), unter denen die Doppelaxt eine herausragende Rolle spielt, dann den ἱερὸς γάμος, welcher in dieser stark vom Gedanken der Fertilität geprägten Religion im Zentrum steht; schließlich geht er auch der Frage der Kontinuität und Diskontinuität der minoischen und der mykenischen Religion nach. Zum Problem allfälliger Mythen in minoischer Zeit betont der Vf., Konkretes könne darüber nicht ausgemacht werden, auch nicht über die Struktur der Mythen (Kurzmythen oder ausgebreitete Mythologeme?), doch sei nicht mit Mythenlosigkeit zu rechnen. Diese Überlegungen lassen Mythen (und entsprechende Dichtung) auch für die Griechen der Linear B-Schrift möglich erscheinen. Siehe auch S. 340 den Nachtrag über Dionysos. Einen dankbaren Hinweis verdient das umfangreiche Literaturverzeichnis (S. 257–269), das die hier gebotene Auswahlbibliographie hinsichtlich der minoischen Religion gut ergänzt.

Nach Pötscher verfaßte Nanno Marinatos ein Werk über die minoische Religion: Minoan Religion: Ritual, Image, and Symbol, Columbia 1993. Siehe dazu die Besprechung von Walter Pötscher, AAW 46 (1993), 129–132. Marinatos hatte zur minoischen Religion schon früher Stellung bezogen: Minoan Sacrificial Ritual. Cult Practice and Symbolism, Stockholm 1986 (Acta Inst. Atheniensis Regni Sueciae, Ser. in 8°, IX).

Linear B-Texte
Einen entscheidenden Beitrag zur Entzifferung der Linear B-Texte hatte seinerzeit John Chadwick, The Decipherment of Linear B, Cambridge 1958 geleistet. Hugo Mühlestein übersetzte dieses Werk ins Deutsche: Linear B.

Die Entzifferung der mykenischen Schrift, Göttingen 1959. Chadwicks Buch erschien 1992 in Cambridge in 2. Auflage.

Auch zur Religion der Griechen der Linear B-Texte nahm John Chadwick Stellung: What do we know about Mycenaean Religion?, in: Linear B. A 1984 Survey. Proceedings of the Mycenaean Colloquium of the VIIIth Congress of the International Federation of the Societies of Classical Studies, Louvain 1985, 191–202. Weitere Beiträge zum Thema: R. Hägg, Mycenaean Religion. The Helladic and Minoan Components, ebd. 203–225. Anna Sacconi, Filologia Micenea, in: Filologia Greca e Latina nel secolo XX, Pisa 1989, 3–23; dort 21–23: La religione. R. Hägg, Mycenaean Religion in Perspective: Cult Practices and Beliefs, Journal of Prehistoric Religion 3/4 (1990), 48f.

Kultpersonal in Linear B-Texten
Siehe James Hooker, Cult-Personal in the Linear B Texts from Pylos, in: Mary Beard and John North (Edd.), Pagan Priests: Religion and Power in the Ancient World, Ithaca, New York 1990, 157–174.

Menschenopfer
Zu Seite 40–42 mit Anm. 61 siehe nun Walter Burkert, Greek Tragedy and Sacrificial Ritual, in: Greek, Roman and Byzantine Studies 7 (1966), 87–121, jetzt in deutscher Sprache: Burkert, Wilder Ursprung, Berlin 1990, ²1991, 13–39, u. zw. 25–29 (mit Anm.); Robert J. Buck, Mycenaean Human Sacrifice, Minos, NS. 24 (1989), 131–137; P. Tierney, The Highest Altar. The Story of Human Sacrifice, New York 1989; H.-E. Giesecke, Menschenopfer, Journal of Prehistoric Religion 3/4 (1990), 45–47; Dennis D. Hughes, Human Sacrifice in Ancient Greece, London–New York 1991; Andrzej Wypustek, The Problem of Human Sacrifice in Roman North Africa, Eos 81 (1993), 263–280; J. Rives, Human Sacrifice among Pagans and Christians, The Journal of Roman Studies 35 (1995), 65–85, und F. T. van Straten, Hierà kalá. Images of Animal Sacrifices in Archaic and Classical Greece, Leiden–New York 1995, 34, 43, 46 u. 113f. Zur Problematik der Kinderopfer nach 1500 v. Chr. siehe auch P. M. Warren, Minoan Religion as Ritual Action, Göteborg 1988, 4–9.

Daß die Skelettfunde in dem um 1700 v. Chr. durch Erdbeben zerstörten Heiligtum von Anemospilia bei Archanes und die um 1450 v. Chr. rituell beigesetzten Kinderknochen mit Messerspuren aus einem Haus unweit des Palastes von Knossos auf Menschenopfer verweisen, bleibt wahrscheinlich, doch sind auch andere Interpretationen möglich. Diese Funde sind natürlich nicht der griechischen, sondern der minoischen Kultur zuzurechnen. Auch die Deutung des vielbehandelten Textes Tn 316 aus Pylos, laut welchem zusammen mit goldenen Gefäßen zwei Männer und acht Frauen Göttern „zugesandt" werden, bleibt offen. Einen sensationellen neuen Fund gibt es beim archäologisch faßbaren Totenkult, nämlich die noch aus dem 10. Jh. v. Chr. stammenden Bestattungen im „Heroon" von Lefkandy. Zur Brandbestattung eines „Fürsten" gehört hier das unverbrannte Skelett einer reichgeschmückten

Frau, deren Tod genausowenig zufällig eingetreten sein dürfte wie jener der daneben bestatteten Pferde.

Die letzten Notizen sind einer Besprechung des oben genannten Werkes von Dennis D. Hughes von seiten Walter Burkerts im Gnomon 66 (1994), 97–100, entnommen, wo sich darüber hinaus wertvolle Hinweise finden.

Brinna Otto nimmt in ihrem Aufsatz: Kultisches und Ikonographisches zum minoisch-mykenischen Dionysos, in: Mitteilungen der Anthropologischen Gesellschaft in Wien (MAGW) 123/124 (1993/94), 363–379 für den Dionysoskult im minoischen Kreta Tier- und Menschenopfer sowie das barbarische Ritual des Zerreißens und Rohverschlingens des Opfers (Omophagie) an. Dieser Kultritus habe nicht nur der Kultgemeinde zum Zwecke der Aufnahme göttlicher Kräfte gegolten, sondern der Gott sei auch und in erster Linie sich selbst geopfert worden, er habe nach seinem eigenen Opferblut verlangt, damit er jenen Teil von sich, der in die Natur und in die Welt der Pflanzen und Lebewesen eingegangen sei, wieder gewinne. Frau Otto verweist in diesem Zusammenhang auch auf die „Bacchae" des Euripides.

Dionysos

Brinna Otto faßt in dem eben zitierten Aufsatz ihre Erkenntnisse zum frühen Dionysoskult so zusammen: „Die Arbeit beschäftigt sich mit Frühformen des ägäischen Dionysos und seines Kultes. Die griechische Dionysosreligion kennt Löwe, Stier und Bock zum einen als Attribut des Dionysos, zum anderen als seine theriomorphe Erscheinung und zum dritten als die von ihm begehrten Opfer. Analog hierzu zeigt die minoische Bildwelt Löwe, Stier, Hirsch und Bock sowohl als die heiligen Tiere par excellence wie auch als die Opfertiere par excellence. Der barbarische Ritus des Zerreißens und Rohverschlingens des Menschen- und Tieropfers war von M. P. Nilsson aus dem thrakischen Dionysoskult hergeleitet worden. Der Aufsatz zeigt, daß dieser Ritus jedoch zu den Ursprüngen des Dionysoskultes gehört und bereits für das minoische Kreta nachweisbar ist." Wie die Ergebnisse dieser Untersuchung bestätigen, war der deutliche Merkmale mediterraner Religion aufweisende Dionysoskult schon in früher Zeit auch in Kreta angesiedelt und wurde dort aus dem vorgriechischen Substrat in die Religion der Hellenen (Linear B-Texte) übernommen. Etwas früher datiert ein knapper diesbezüglicher Hinweis von Giovanni Pugliese Carratelli, Dioniso in Creta PP 46 (1991), 443f. (Dionysos in Linear B-Texten). Zur Auffassung Burkerts über den im Kern mykenischen Ursprung des Dionysoskultes siehe S. 350 (Mysterienkulte).

4. Die „dunklen Jahrhunderte" und die „Homerische Religion"

"Dark Ages"

Marek Winiarczyk merkt in seiner Rezension dieses Buches (in Eos 80, 1992) auf S. 370 an, das wichtige Problem der kulturellen und religiösen Kontinuität während der "Dark Ages" hätte gründlicher dargestellt werden sollen. Dabei verweist er auf Arbeiten von Bernhard C. Dietrich, der nachzuweisen versucht, daß der Übergang von der Bronze- zur Eisenzeit keine Unterbrechung dieser Kontinuität nach sich gezogen habe. Die beiden Werke des genannten Verfassers ›The Origin of Greek Religion‹ (1974) und ›Tradition in Greek Religion‹ (1986) sind in der Bibliographie der 1. Auflage zitiert. Hinzu tritt der Aufsatz desselben Forschers: Die Kontinuität der Religion im 'dunklen Zeitalter' Griechenlands, in: Ägäische Bronzezeit, hrsg. von Hans-Günter Buchholz, Darmstadt 1987, 478–498. – Siehe weiter Walter Burkert, The Formation of Greek Religion at the Close of the Dark Ages, Studi Italiani di Filologia Classica 85, III^a Ser., X/1–2 (1992), 533–549.

Über die „dunklen Jahrhunderte", soweit sie von der Homerischen Dichtung her erhellbar sind, und die „Homerische Religion" finden sich wichtige Beiträge in folgendem Werk: Joachim Latacz (Hrsg.), Zweihundert Jahre Homerforschung. Rückblick und Ausblick, Leipzig–Stuttgart 1991 (Colloquium Rauricum, 2). Zu Homer siehe besonders Fritz Graf, Religion und Mythologie im Zusammenhang mit Homer. Forschung und Ausblick, ebd. 331–362.

„Homerische Religion"
Ein Literaturnachtrag: Wolfgang Kullmann, Gods and Men in the Iliad and the Odyssey, Harvard Studies in Classical Philology 89 (1985), 1–23. Eine ergänzende Bemerkung zu Hartmut Erbse, Untersuchungen zur Funktion der Götter im homerischen Epos (1986): Erbse stellt die Frage, warum die Verfasser der Epen Götter in bestimmten Situationen auftreten lassen oder sich auf ihren Einfluß berufen und mit welchen Mitteln sie dies tun. Primär geht es also nicht um ein religionsgeschichtliches Problem. Der Religionshistoriker kann ja zu Erkenntnissen nur gelangen, indem er feststellt, in welchem Umfang und ob die Dichter die religiöse Tradition verfärbt, verwandelt oder gar neue Elemente geschaffen haben. Der Vf. steht der Annahme, in den homerischen Epen spiegle sich der Glaube ihrer Zeit, grundsätzlich skeptisch gegenüber. Der 1. Teil des Buches handelt „Von den Epikern entdeckte oder umgeschaffene (verwandelte) Gottheiten", worauf im 2. Teil die Besprechung der „Hauptgötter", im 3. Teil „Wortuntersuchungen zum homerischen Schicksalsbegriff" folgen. Ein „Rückblick und Ausblick" beendet die Darstellung.

Weitere Literaturhinweise zum Polytheismus bei Henrichs, Die Götter Griechenlands, 36, Anm. 19. Überdies: Walter Burkert, Herodot über die Namen der Götter: Polytheismus als historisches Problem, Mus. Helv. 42 (1985), 121–131; Burkhard Gladigow, Struktur der Öffentlichkeit und Bekenntnis in polytheistischen Religionen, in: Secrecy and Concealment. Studies in the History of Mediterranean and Near Eastern Religions, ed. by Hans G. Kippenberg and Guy G. Stroumsa, Leiden–New York–Köln 1995, 17–36.

Zu den „Zwölfgöttern" (Anm. 107) siehe nun auch Charlotte R. Long, The Twelve Gods of Greece and Rome, Leiden 1987 (Études préliminaires aux religions orientales dans l'empire romain, 107).

Zum Anthropomorphismus (Anm. 98) siehe auch Walter Burkert, Homer's Anthropomorphism: Narrative and Ritual, in: D. Buitron-Oliver, ed., New

Perspectives in Early Greek Art, Washington, National Gallery of Art, 1991, 81–92.

Zur Götterburleske siehe Robert Muth, Die Götterburleske in der griechischen Literatur, Darmstadt 1992.

Zu EIRENE (S. 65) siehe Erika Simon, Eirene und Pax. Friedensgöttinnen in der Antike, Stuttgart–Wiesbaden 1982, ²1988 (Sitz.-Ber. d. Wissenschaftl. Gesellschaft Frankfurt a. M. 24, 3).

Zur orientalischen Überlieferung bei Hesiod siehe Charles Penglase, Greek Myths and Mesopotamia, Parallels in Influence in the Homeric Hymns and Hesiod, London 1994.

5. Die griechischen Götter der archaischen und klassischen Zeit

ZEUS. Literatur: Karin W. Arafat, Classical Zeus. A Study in Art and Literature, Oxford 1990 (Oxford Monographs on Classical Archaeology), und Vincent. J. Rosivach, The Cult of Zeus Eleutherios at Athens, PP 235 (1987), 262–285.

HERA. Literatur: Christoph Schäublin, RAC 14 (1988), 550–559, und José Carlos Bermejo Barrera, Zeus, Hera y el matrimonio sagrado, Quaderni di Storia 30 (1989), 133–156; vor allem geht es dem Vf., Gedanken Walter Pötschers fortführend, um die Vorstellung vom ἱερὸς γάμος und die Funktion der Gattin des Zeus als Schützerin der Ehe.

APOLLON. Literatur: Bei Versnel II, 289–334 werden im Rahmen eines hauptsächlich in strukturalistischer Hinsicht durchgeführten Vergleichs ihrer Kulte Apollon und Mars überzeugend als Beschützer männlicher Initiationsriten gesehen, siehe S. 332. – Zu Apollon Lykeios siehe das auch viele darüber hinausgehende Fragen behandelnde Werk von Daniel E. Gershenson, Apollo the Wolf-God, McLean,Virg. 1991 (Journal of Indo-European Studies, Monograph 8). Zum Apollon-Heiligtum in Delphi siehe Michael Maaß, Das antike Delphi. Orakel, Schätze und Monumente, Darmstadt 1993, zur kleinasiatischen Orakelstätte in Didyma (zu Anm. 190) Joseph Fontenrose, Didyma. Apollo's Oracle, Cult and Companions, Berkeley–Los Angeles–Leiden 1988.

ARTEMIS. Literatur: Siehe Vernant, Figures, idoles, masques, Paris 1990, 137–207, und ders.: Mortals and Immortals. Collected Papers, Princeton, N.J. 1991, 195–257. Zu den Mädchen im Artemisdienst, welche „Bärinnen" hießen (Anm. 214), siehe Elinor Bevan, The Goddess Artemis, and the Dedication of Bears in Sanctuaries, The Annual of the British School at Athens 82 (1987), 17–21. Zu Artemis als Gottheit des Kampfes: Jean-Pierre Vernant, Artemis et le sacrifice préliminaire au combat, Revue des Études Grecques 101, 1988, 221–239.

Da Artemis auch als Muttergottheit verehrt wurde, sei auf folgendes Werk verwiesen: Matronen und verwandte Gottheiten. Ergebnis eines Kolloquiums veranstaltet von der Göttinger Akademiekommission für Altertumskunde Mittel- und Nordeuropas, Red.: Gerhard Bauchhenss und Günter Neumann, Köln–Bonn 1987 (Beihefte der Bonner Jahrbücher, 44). Die griechischen Muttergottheiten sind in den folgenden Beiträgen behandelt: Erika Simon, Griechische Muttergottheiten, 157–169; Hubert Petersmann, Altgriechischer Mütterkult, 171–199. Simon stützt sich hauptsächlich auf archäologische Zeugnisse, Petersmann erörtert besonders den Götterkreis um Demeter. Die einleitende Bemerkung Simons lautet: „Die kultisch verehrten Muttergottheiten der Griechen lassen sich in zwei Hauptkategorien einteilen: in mütterliche Gottheiten, die selbst keine Kinder geboren haben, und in jungfräuliche Göttinnen, die Geburtshilfe leisten. Die der ersten Kategorie wurden um Fruchtbarkeit angefleht, im menschlichen Bereich und häufig zugleich in dem der Feldfrüchte. Zu den Göttinnen der zweiten Kategorie dagegen riefen die Mütter bei der Geburt und weihten ihnen anschließend Geschenke. Obwohl in Wesen und Funktion auf diese Weise getrennt, sind die Göttinnen beider Bereiche doch durch einen gemeinsamen Beinamen verbunden. Sie heißen bei den Griechen Kourotrophoi, Hüterinnen und Nährerinnen von Kindern." Die Göttin, deren eigentliche Aufgabe man im Beistand bei der Geburt sah, war Eileithyia, doch galt gerade auch Artemis als Lochia oder eben auch als Eileithyia wie auch mehrere andere Göttinnen, etwa sogar Hekate, eine Gottheit sehr widersprüchlichen Wesens, die schon in Hesiods ›Theogonie‹ (v. 450) – allerdings wohl in einem eingeschobenen, immerhin aber sehr alten Hymnos – als Kourotrophos bezeichnet wird. Siehe auch Tanja Scheer, Muttergottheit, in: Kleines Lexikon des Hellenismus, Wiesbaden ²1993, 639f.

APHRODITE. Literatur: Vinciane Pirenne-Delforge, L'Aphrodite grecque. Contribution à l'étude de ses cultes et de sa personalité dans la panthéon archaïque et classique, Athen–Liège 1994 (Kernos, Suppl. 4). Außer der umfassenden Darstellung ist die umfangreiche Bibliographie (S. 437–496) zu beachten. Zur Hierodulie im Aphroditekult siehe Wolfgang Fauth, RAC 15 (1991), 77f.

HERMES. Literatur: Peter Stockmeier, RAC 14 (1988), 727–780, und H. S. Versnel I, 206–251: *Hermes Ter Unus,* Transformations of Henotheism. Zu Martial V 24, 15: *Hermes omnia solus et ter unus.* Zum Werk von Versnel siehe S. 332.

DEMETER. Literatur: Siehe Hubert Petersmann, Altgriechischer Mütterkult, in: Matronen und verwandte Gottheiten (1987, Zitat oben unter „Artemis"), 171–199, und Versnel II, 228–288. Versnel kontrastiert Demeter und die *Thesmophoria* mit der Bona Dea und deren im Dezember gefeiertem nächtlichen Fest. Es handle sich um Frauenfeste, die thematisch um die weibliche Reproduktionsfähigkeit kreisen. Schon kurz vorher hatte Versnel dasselbe Thema dargestellt: The Festival for the Bona Dea and the Thesmophoria, Greece and Rome 39 (1992), 31–55. Siehe S. 379.

DIONYSOS. Seit etwa 20 Jahren wurde unsere Kenntnis des griechischen Dionysoskultes und der bakchischen Mysterien entscheidend erweitert. Die Mysterien sind im Kern mykenischen Ursprungs, der Dionysoskult ist aber mit Sicherheit schon im minoischen, also vorgriechischen Kreta nachweisbar und daher aus dem vorgriechischen Substrat in die Religion der Linear B-Griechen übernommen worden. In minoischer Zeit wurden dem Gott auch Tieropfer (Omophagie), ja sogar Menschenopfer dargebracht.

Einer der Gründe für die Geheimhaltung, zu der man sich auch in den privaten bakchischen Mysterien verpflichtet fühlte, war die Freude der Mysten, mit Gleichgesinnten an streng gehüteten Geheimnissen Anteil zu haben. Diese sicherten offenbar weder eine Immunisierung gegen Katastrophen des Lebens noch vermittelten sie den Glauben an eine Überwindung des Todes – obwohl die Eingeweihten natürlich auch Glück in diesem Leben erhofften, etwa Schutz vor Krankheiten und Befreiung von seelischem Leid, und sich daher auch um psychosomatische Krankenbehandlung kümmerten –, sie bezogen sich vielmehr vorwiegend auf Jenseitshoffnungen, auf die Verheißung eines schönen Lebens nach dem Tode oder einer glücklichen Wiedergeburt. Einiges davon, was bisher aus der griechischen Literatur nicht bekannt war, lehren uns in größerer Zahl in Gräbern gefundene Goldblättchen. Mit dieser geheimen Privatreligion und den seit der späten Klassik in der griechischen Ökumene in beträchtlicher Zahl entstandenen Kultverbänden *(thiasoi),* die ein starkes Gemeinschaftsbewußtsein entwickelten, verfuhr man von staatlicher Seite sehr vorsichtig. So verlangte der hellenistisch-ägyptische König Ptolemaios IV. Philopator (König 221–204 v. Chr.), die Mysterienpriester des Dionysos müßten sich in Alexandrien registrieren lassen und ein versiegeltes Exemplar ihres *hieros logos* bei der Behörde deponieren. Der König respektierte also das Geheimnis, doch war der Zugriff, sofern sich Verdachtsmomente ergeben sollten, möglich.

Die mykenische Herkunft der Dionysosmysterien ist eine der Grundthesen Walter Burkerts. Siehe dazu S. 350. Zum Dionysos im minoischen Kreta siehe S. 340. Zur Geheimhaltung und zu den Jenseitserwartungen siehe ebenfalls Burkert im Nachtrag S. 350. An die Maßnahme des Ptolemaios IV. Philopator erinnert das Vorgehen des römischen Senates gegen die *Bacchanalia* 186 v. Chr., also kurze Zeit später. Man unterstellte damals dem Geheimbund unsittliche Sexualpraktiken – auch homosexuelle „Initiationen" vermutete man – sowie eine Verschwörung gegen den Staat und schritt zu Massenexekutionen. Siehe Anm. 592 und S. 363.

Zusätzliche Literatur: Siehe S. 349–351; weiter: L'Association Dionysiaque dans les sociétés anciennes, Paris 1986 (Coll. de l'École française de Rome, 89), ein Sammelband mit einem Nachwort von Jean-Pierre Vernant; Marcel Detienne, Dionysos à ciel ouvert, Paris 1986; Giovanni Casadio, Dionysos entre histoire et sociologie, in: Dialogues d'histoire ancienne 15 (1989), 285–308; R. J. Hoffman, Ritual License and the Cult of Dionysos, Athenaeum, NS. 77 (1989), 91–115; Jean-Pierre Vernant, Figures, idoles, masques, Paris 1990, 208–247 (über Dionysos als Gott der Masken); H. S. Versnel I (1990), 96–205: Εἷς Διόνυσος. The Tragic Paradox of the "Bacchae"; behandelt werden vor allem die Rezeption des Dionysos in Athen und der dortige Kult sowie die "Bacchae" des Euripides; zum Werk von Versnel siehe auch S. 332.

Ein ähnliches Thema wie Versnel bearbeitet Jaakko Aronen, Notes on Athenian Drama as Ritual Myth-Telling within the Cult of Dionysos, Arctos 26 (1992), 19–37; M. W. Dickie, The Dionysiac Mysteries in Pella, Zeitschrift für Papyrologie und Epigraphik 109 (1995), 81–86; Joël Thomas, Dionysos: L'ambivalence du désir, Euphrosyne, NS. 24 (1996), 32–51; schließlich Albert Henrichs, Loss of Suffering Violence: The Modern View of Dionysos from Nietzsche to Girard, Harvard Studies in Classical Philology 88 (1984), 205–240.

HERAKLES. Literatur: Abraham J. Malherbe, RAC 14 (1988), 559–583.

KRONOS. Literatur: H. S. Versnel, Greek Mythology and Ritual: The Case of Kronos, in: Jan N. Bremmer (Hrsg.), Interpretations of Greek Mythology, London 1987, 121–132. Gegensätzliche Aspekte in Mythos und Ritual als strukturelle Charakteristika des Gottes und seines Kultes werden erläutert. Siehe auch dens. Vf., Inconsistencies II, 89–135; Versnel kontrastiert Kronos und das Fest der *Kronia* mit Saturnus und den *Saturnalia*. Siehe auch S. 332.

LETO (LATONA). Literatur: Alberto Borghini, Costanti simbolico-immaginarie nei racconti su Latona, Studi Classici e Orientali (Pisa) 38 (1988), 391–399.

HELIOS. Literatur: Tanja Scheer, Helios, in: Kleines Lexikon des Hellenismus, Wiesbaden ²1993, 633f.

HEKATE. Literatur: Alois Kehl, RAC 14 (1988), 310–338; Sarah Iles Johnston, Hekate Soteira: A Study of Hekate's Roles in the Chaldaean Oracles and Related Literature, Atlanta 1989 (American Classical Studies, 21); Jean Rudhardt, A propos de l'Hécate hésiodique, Mus. Helv. 50 (1993), 204–213.

PAN. Literatur: Françoise Bader, Pan, Revue de Philologie 63 (1989), 7–46, I: Comparaison morphologique: Etymologie, Wortbildung, verwandte Wörter usf. (8–26), II: Comparaison fonctionelle: Pan und Hermes u. ä. (26–46).

FLUSSGOTTHEITEN. Literatur: C. Weiss, Griechische Flußgottheiten in vorhellenistischer Zeit. Ikonographie und Bedeutung, Würzburg 1984 (Beiträge zur Archäologie, 17).

ACHILLEUS. Auch Achilleus, Hauptheld der homerischen Ilias, genoß als Heros kultische Verehrung. Zu seinem sagenhaften Grab im Süden der Troas entsandten die Thessaler – Phthia, die Heimat des Achilleus, befand sich in Thessalien – jährlich (wenn auch mit Unterbrechungen) Festgesandtschaften. Nach einer anderen Version brachte die Göttin Thetis den Leichnam ihres Sohnes auf die Insel der Seligen, welche man mit der vor der Donaumündung im Schwarzen Meer gelegenen unbewohnten Insel Leuke, der „weißen Insel", identifizierte; so wurde Achilleus zum *Pontarches,* zum „Herrscher über das Schwarze Meer". Auch dort befanden sich ein Grab des Heros und ein Tempel. Bewohner des benachbarten Festlandes und Seefahrer brachten dem Nothelfer Weihegaben dar. Da sein Name sogar in weiter entfernte Gebiete des Pontos übertragen wurde, besaß er auch in der milesischen Kolonie Olbia (Borysthenes) einen Tempel, wohl schon aus der Zeit vor der griechischen Kolonisation. Auch näher bei Troia, in der Gegend des Bosporos, wurde seiner mit einer Kultstätte in einem *Achilleion* genannten Ort gedacht. Selbst im griechischen Mutterland verehrte man ihn vielerorts, u. a. natürlich in Thessalien, von wo aus nicht nur die erwähnten Festgesandtschaften in die Troas auszogen, sondern wo auch Münzen mit seinem Bild im Umlauf waren; in Epeiros, dessen spätere Könige ihre Herkunft auf Achilleus zurückführten; in Lakonien, in Sparta; in Elis trauerten Frauen um ihn vor einem Kenotaph. Sein Kult reichte in die Magna Graecia, nach Tarent, Lokroi, Kroton. Noch im *Heroikos* des Flavius Philostratos (um 200 n. Chr.), einem Dialog zwischen einem Weinbauern auf der thrakischen Chersones und einem phoinikischen Reisenden über die in der Gegend verehrten Heroen, spielt Achilleus eine Rolle. Daß er zu einem Heros erhoben werden konnte, hängt in erster Linie mit seiner göttlichen Mutter zusammen, aber auch mit seiner durch die *Ilias* begründeten Popularität.

Literatur: Hans von Geisau, Der Kleine Pauly 1 (1964), 46, 24–50, 17; Burkert, Griechische Religion, 267; Hildebrecht Hommel, Der Gott Achilleus, Sitzungsberichte der Heidelberger Akad. d. Wiss., phil.-hist. Kl. 1980, 1; J. T. Hooker, The Cults of Achilleus, Rhein. Mus., NF. 131 (1988), 1–7.

KYBELE. Die Übernahme ihres Kultes als „Großer Mutter" in Hellas fand in sehr unterschiedlicher Weise statt. Wahrscheinlich war er zwar schon am Ende der archaischen Zeit in Griechenland eingedrungen, hatte dort aber erst seit dem Ende des 5. Jh. v. Chr. weitere Verbreitung gefunden. Feste Kultzentren bestanden nicht, er wurde fast ausschließlich als nur durch herumziehende Bettelpriester vermittelter Privatkult gepflegt. Ob er da und dort nicht doch auch in den Staatskult Eingang gefunden hatte und besonders wie die Aufstellung einer Statue der Göttin im alten Bouleuterion in Athen – deshalb dann „Metroon" genannt – zu Ende des 5. Jh. v. Chr. zu werten ist, beurteilt die Forschung uneinheitlich. Jedenfalls wurde der Kult weitgehend hellenisiert und die als barbarisch empfundenen Rituale eliminiert. In hellenistischer Zeit erfolgte ein zweiter Rezeptionsschub, lebendige Kultpflege ist aber auch dann nur für Attika und Boiotien nachweisbar. Den fremdartig anmutenden Kultgebräuchen gegenüber war man jetzt weniger empfindlich. Verschnittene Priester wie in Phrygien sind aber nicht bezeugt. Außerdem näherte sich der Kult der Muttergottheit schon früh jenem der eleusinischen Demeter an und setzte man die Anhänger der „Megale Meter" dem ekstatischen Gefolge des Dionysos gleich. Besondere Breitenwirkung hatte der Kult in Griechenland jedenfalls nie.

BENDIS. Über diese thrakische Göttin, welche um 430 v. Chr. in Athen einen Staatskult erhielt, der allerdings schon um etwa 300 v. Chr. erloschen war, liegt nun ein grundlegender Aufsatz von Luigi Beschi vor: Bendis, the Great Goddess of the Thracians in Athens, Orpheus 1990, 29–36.

ISIS, SARAPIS, HARPOKRATES. Zur Einschränkung des Kultes von Isis und Sarapis unter Augustus bei Vermeidung allzu großer Härten siehe Ilse Becher, Augustus und seine Religionspolitik gegenüber orientalischen Kulten, Originalbeitrag (1984), in: Saeculum Augustum II, hrsg. von Gerhard Binder, Darmstadt 1988 (Wege der Forschung, 512), 143–170. Zum Isiskult in der hellenistischen Welt siehe H. S. Versnel I 39–95: *Isis, una quae est omnia.* Tyrants against Tyranny: Isis as a Paradigma of Hellenistic Rulership. Zum Werk von Versnel siehe S. 332. Zum Isis- und Sarapiskult ist nun ein neues grundlegendes Werk von Reinhold Merkelbach erschienen: Isis regina – Zeus Sarapis. Die griechisch-ägyptische Religion nach den Quellen dargestellt, Stuttgart–Leipzig 1995. Die in hellenistischer Zeit in Ägypten einwandernden Griechen übertrugen ihre religiösen Vorstellungen auf ägyptische Gottheiten, vorwiegend auf Isis und Sarapis. Die Götter-Königin Isis *(Isis regina)* wird u. a. mit Aphrodite, Artemis, Demeter und Kore-Persephone in Verbindung gebracht, Sarapis mit Zeus, aber auch mit fast allen anderen griechischen Göttern, besonders mit Plutos und Helios identifiziert, schließlich als „Aion" als Gott der Ewigkeit betrachtet. Ein 2. Teil des umfangreichen Werkes gilt den Isisromanen (Apul. Met. XI ist schon im 1. Teil erörtert), der 3. Teil enthält aufschlußreiche Abbildungen. Ein ausführliches Register beschließt das Buch. – Aus der übrigen indessen erschienenen einschlägigen Literatur sei ein Titel ausgewählt: Johannes Eingartner, Isis und ihre Dienerinnen in der Kunst der römischen Kaiserzeit, Leiden–New York–Kopenhagen–Köln 1991 (Mnemosyne, Suppl. 115).

SOPHOKLES ALS HEROS „DEXION". Literatur: Robert Garland, Introducing New Gods. The Politics of Athenian Religion, London 1992, 125.

ASKLEPIOS. Literatur: Radke, Zur Entwicklung der Gottesvorstellung, 40 f. und Johan Harm Croon, RAC 13 (1986), 1199–1211. – Unter den fast 500 Filialgründungen des Asklepiosheiligtums in Epidauros befand sich auch eine in Athen, wo der Gott 420 v. Chr. aufgenommen wurde, zunächst bis zur Errichtung des Asklepieions im Haus des Sophokles, der Priester eines einheimischen Heilheros namens Halos oder eher Amynos war. Siehe dazu Anm. 374 sowie Sara B. Aleshire, Asklepios at Athens. Epigraphic and Prosopographic Essays on the Athenian Healing Cult, Amsterdam 1991, und Robert Garland in dem oben zu Sophokles genannten Werk, 116–135.

HYGIEIA, Tochter des Asklepios. Die personifizierte „Gesundheit" ist im Mythos Tochter (vereinzelt Gattin) des Gottes Asklepios. Auf Darstellungen ist sie daher häufig sein weibliches Gegenbild. Anfänglich war sie sicher eine selbständige Gottheit, obwohl ihre Herkunft und das Alter ihres Kultes umstritten sind; auch fehlen Nachrichten, seit wann man sie mit Asklepios verband. Sie war volkstümlich, ihr galten zahlreiche Kulte, natürlich zusammen mit Asklepios an dessen Kultstätten wie Epidauros und Pergamon, aber auch an anderen Orten wie Argos, Korinth, Athen (dort auch als Athena Hygieia).

Literatur: Hildegard Sobel, Hygieia: Die Göttin der Gesundheit, Darmstadt 1990. Zu Asklepios und Hygieia siehe Tanja Scheer in: Kleines Lexikon des Hellenismus, Wiesbaden ²1993, 633.

6. Die Eschatologie in archaischer und klassischer Zeit

7. Der Kult in archaischer und klassischer Zeit

Priester und Priesterinnen
Zur Feststellung, daß Priester in Griechenland manchmal über eine Dienstwohnung verfügten, Anteil am Opferfleisch, den Erträgnissen des Tempelbezirkes und an Spenden hatten und gelegentlich sogar gesicherte Zuwendungen von den Gemeinden erhielten, bringt Fritz Graf in seinem Buch ›Nordionische Kulte‹ (Rom 1985 [Bibliotheca Helvetica Romana, 21]), in dem er die Kulte der Städte Chios, Erythrai, Klazomenai und Phokaia sowie der umliegenden Gebiete beschreibt und vergleicht, auf S. 149ff. eine Ergänzung: Manche Priesterämter konnten zu genau festgelegten Preisen gekauft werden; die Bedeutung eines Kultes läßt sich aus deren Höhe ablesen, denn dieser entsprachen die Einnahmen der Priester.

Literatur: Robert Garland, Priests and Power in Classical Athens, in: Mary Beard and John North (Edd.), Pagan Priests: Religion and Power in the Ancient World, Ithaka, New York 1990, 73–91.

Im Gegensatz zu Rom (siehe S. 382f.) standen in Hellas – auch schon zur Zeit der Griechen der Linear B-Texte – Priesterämter auch Frauen in großem Umfang offen. Im allgemeinen war es üblich, daß den Kult für Göttinnen Priesterinnen vollzogen, jenen für Götter Priester, doch gab es viele Ausnahmen. Ausdrücklich ausgeschlossen waren Frauen im wesentlichen nur vom Kultdienst einiger in den Poleis marginaler Kulte. Literatur dazu: Burkert, Griechische Religion, 157–163; Manuel Guerra Gómez, El sacerdocio femenino (en las religiones greco-romanas y en el cristianismo de los primeros siglos), Toledo 1987 (das Buch behandelt auch Priesterinnen in fremden Kulten wie des Sabazios, der Dea Syria, der Ma, des Baal und ägyptischer Gottheiten); Robin Osborne, Women and Sacrifice in Classical Greece, The Classical Quarterly, NS. 43 (1993), 392–405, in Auseinandersetzung mit dem 1979 erschienenen Aufsatz „Violentes 'eugenies'. En pleines Thesmophories des femmes couvertes de sang" von Marcel Detienne (siehe Anm. 33); Claudia Maria Englhofer, Frauen im kultischen Dienst männlicher Gottheiten, Diss. Graz 1993.

Gebete und Opfer
Literatur zum Gebet: Danièle Aubriot-Sévin, Prière et conceptions religieuses en Grèce ancienne jusqu'à la fin du Ve siècle av. J.-C., Lyon–Paris 1992 (Coll. de la Maison de l'Orient méditerranée 22, Sér. litéraire et philosophique, 5). Zur Kraft des Gebetes bei namentlicher Anrufung einer Gottheit: Simon Pulleyn, The Power of Names in Classical Greek Religion, The Classical Quarterly, NS. 44 (1994), 17–25.

Literatur zum Opfer: Walter Burkert, Greek Tragedy and Sacrificial Ritual, in: Greek, Roman and Byzantine Studies 7 (1966), 87–121, deutsch: Griechische Tragödie und Opferritual, in: Burkert, Wilder Ursprung (1990, ²1991),

13–39, u. zw. 20–25 (mit Anm.), sowie Scott Bradbury, Julian's Pagan Revival and the Decline of Blood Sacrifice, Phoenix 49 (1995), 331–336. – Zum Tieropfer im besonderen: Burkert, Homo necans, 1972, Walter Burkert, Killing in Sacrifice. A Reply, Numen 25 (1977), 77–79, Burkert, Wilder Ursprung (1990, ²1991), F. T. van Straten, Hierà kalá. Images of Animal Sacrifice in Archaic and Classical Greece, Leiden–New York 1995 (Religions in the Greco-Roman World, 127); hier S. 335–362 eine ausführliche Bibliographie.

Mantik und Orakel
Literatur: Oracles et mantique en Grèce ancienne, Actes du colloque de Liège (mars 1989), Président du comité de rédaction: André Motte, Liège 1990.

Neben Delphi und Didyma verdient das Apollonorakel in Klaros, einem Küstenort im ionischen Kleinasien nahe Kolophon, Erwähnung. Bedeutend schon im 6. Jh. v. Chr., kam es in der hellenistischen Epoche und in der römischen Kaiserzeit zu hohem Ansehen. Dem dort wirkenden von zahlreichem Kultpersonal unterstützten *Prophetes* wurden auch für Religion und Kult maßgebliche Fragen zur Entscheidung vorgelegt. – Siehe H. W. Parke, The Oracles of Apollo in Asia Minor, London–Sidney 1985; Tanja Scheer, Orakel, in: Kleines Lexikon des Hellenismus, Wiesbaden ²1993, 662.

Zur Pythia in Delphi siehe L. Maurizio, Anthropology and Spirit Possessions: A Reconsideration of the Pythia's Role in Delphi, The Journal of Hellenic Studies 115 (1995), 69–86.

Mysterienkulte
Einige der bei Wolfgang Fauth, Der Kleine Pauly 3 (1969), 1541, 28–1542, 23 zitierten Standardwerke über die Mysterienreligionen der Griechen in archaischer, klassischer und hellenistischer Zeit sowie bei den Römern wurden wegen des großen Interesses, welches die Fachwelt diesen Kulten weiterhin zuwandte, neu aufgelegt. So hat Richard Reitzenstein, Die hellenistischen Mysterienreligionen nach ihren Grundgedanken und Wirkungen (Leipzig ³1927) 1982 einen Neudruck erfahren; von Franz Cumont, Die orientalischen Religionen im römischen Heidentum (Leipzig 1931) ist 1989 in Stuttgart–Leipzig eine 9. Auflage erschienen (Übersetzung der 4. Auflage 1929 des erstmals 1907 in Paris in französischer Sprache veröffentlichten Werkes). Die Mysterien sind auch in folgenden Büchern erörtert: Marie-Laure Freyburger-Galland, Gérard Freyburger und Jean-Christian Tautil, Sectes religieuses en Grèce et à Rome dans l'Antiquité païenne, Paris 1986, und Tanja Scheer, Mysterien, in: Kleines Lexikon des Hellenismus, Wiesbaden ²1993, 660–662. Für Philologen interessant: Richard A. S. Seaford, Sophokles and the Mysteries, Hermes 122 (1994), 275–288. Intensiv hat sich Walter Burkert mit diesen Kulten befaßt, so im Buch Ancient Mystery Cults, Cambridge, Mass.–London 1987. Das durchwegs u. a. von Giovanni Casadio, Quaderni Urbinati di Cultura Classica, NS. 40 (1992), 155–160, positiv beurteilte zu neuen Überlegun-

gen anregende Werk basiert auf 1982 in Harvard gehaltenen Vorlesungen und behält deren Darstellungsstil bei. 1989 folgte eine italienische, 1990, ²1991 in München eine deutsche (Antike Mysterien, Funktionen und Gehalt) und 1992 eine französische Ausgabe. In der deutschen werden inzwischen entdeckte Quellenzeugnisse und die neu erschienene Literatur herangezogen. Berücksichtigt sind die Mysterien der Demeter, des Dionysos, der „Großen Mutter", der Isis (und des Osiris) und des Mithras, nur am Rande die weniger bedeutenden von Samothrake und des phrygischen Sabazios, nicht jene im Kabirion bei Theben und des Zeus von Panamara in Karien und die gelegentlich als Mysterien bezeichneten Phänomene der mesopotamischen und ägyptischen Religion, die Hellas und Rom nicht berührten. Burkert arbeitet unter Zugrundelegung bestimmter Leitgedanken in phänomenologisch-vergleichender Analyse etwa 1000 Jahre umfassende Gemeinsamkeiten und Unterschiede der Mysterien heraus. Einige überraschende, zunächst fast schockierende Gedanken aus diesem Werk seien hier zitiert, da sie ernsthaft überdacht zu werden verdienen: Die Mysterien sind nach Burkert im Kern mykenischen Ursprungs, ihre allgemein angenommene orientalische Herkunft ist ein Vorurteil, was in den Eleusinischen Begehungen und denen des Dionysos deutlich wird. Der Mysteriencharakter der Kulte der phrygischen „Großen Mutter", der später vielfach mit Demeter bzw. Dionysos gleichgesetzten ägyptischen Isis und des indoiranischen Mithras ist nicht aus ihrem fremden Ursprung herleitbar, sondern Eleusinischem, Dionysischem oder beidem nachgebildet, worin das eigentlich Modellhafte der Mysterien zu sehen ist. Sie sind keineswegs Phänomene erst des späten Hellenismus oder gar der Kaiserzeit und dürfen auch nicht als Vorläufer des Christentums angesehen, ebensowenig darf dieses als das erfolgreichste der orientalischen Mysterien gewertet werden. Die zur Geheimhaltung gewisser Lehren und Riten verpflichteten Mysten und Epopten verzichteten nicht auf die Mitwirkung an den sonstigen Kulten der Polis bzw. der römischen *religio*. Außer bei den Mithrasmysterien bestand die Möglichkeit, sich wieder aus den Kultverpflichtungen zu lösen. Soweit Grundgedanken Burkerts. Ebenfalls werden die Hoffnungen der Mysten im Diesseits und die Jenseitserwartungen erörtert, die traditionell-rituellen Praktiken und die Personen und Gruppierungen, die hinter deren Verkündigung standen bzw. sie vollzogen, die Theologie der Mysterien (Mythos, Allegorie, Platonismus), soweit darüber infolge der dürftigen Quellenlage überhaupt Aussagen möglich sind, schließlich die „verwandelnde Erfahrung". Dieses Kapitel des Buches befaßt sich mit der Erwartung des durch die Teilnahme am Mysterienkult verbundenen Erlebens (nach Aristoteles: „Erleidens"), das den Eingeweihten seiner Alltäglichkeit entreißen, seine Existenz verändern und sein Leben mit tieferem Sinn erfüllen sollte. Darüber ist freilich Genaueres nicht auszumachen, nicht nur wegen des Verlustes der nicht geheimgehaltenen „Heiligen Schriften" und deshalb, weil das hinter dem Mythos liegende Geheimnis im allgemeinen strikt bewahrt wurde, sondern vor allem auch, weil „kein Weg von der bloßen Beobachtung zur Erfahrung unmittelbarer Teilhabe" führt. Gerade diesen Fragen geht eine neue Untersuchung Walter Burkerts nach: Der geheime Reiz des Verborgenen: Antike Mysterienkulte, in: Secrecy and Concealment. Studies in the History of mediterranean and Near Eastern Religions, ed. by Hans G. Kippenberg and Guy G. Stroumsa, Leiden–New York–Köln 1995, 79–100. Das Wesen der Esoterik in den Mysterien wird beleuchtet, der tiefere Sinn der Geheimhaltung gewisser Lehren und Praktiken, die Freude, mit anderen streng gehütetes Wissen zu teilen. Die Kapitelüberschriften lauten: Allgemeines. Mysterien: Initiation – Geheimnis und Öffentlichkeit. Mysterienphilosophie. Das unauffindbare Geheimnis. Jenseitserwartung als Privileg. Die weibliche Dimension.

Literatur zu den Demetermysterien in Eleusis; Burkert, Homo necans (1972), 274–326; ders., Griechische Religion (1977), passim (siehe Register ›Eleusis‹: S. 500), bes. 426–432; L. M. Lambiris, The Eleusinian Mysteries, Epistula Zimbabweana 17 (1983), 10–20; Giulia Sfameni Gasparro, Misteri e culti di Demetra, Rom 1986 (Storia delle religioni, 3); Larry J. Alderink, The Eleusinian Mysteries in Roman Imperial Times, ANRW II, 18, 2, Berlin–New York 1989, 1457–1498; Walter Burkert, Antike Mysterien (1990), passim (siehe Register ›Eleusis‹: S. 146); ders., Der geheime Reiz des Verborgenen, siehe oben; Kevin Clinton, Myth and Cult. The Iconography of the Eleusinian Mysteries, Stockholm 1992 (Acta Inst. Atheniensis Regni Sueciae, Ser. in 8°, XI). Besonders die Werke Burkerts enthalten eine Anzahl weiterer Literaturhinweise.

Orphik (Anm. 389)
Für das 5. Jh. v. Chr. bezeugte, aber wahrscheinlich schon im 6. Jh. v. Chr. bestehende orphische Kultgemeinschaften, die sich über den Großteil des griechischen Siedlungsraumes, besonders aber über den griechischen Westen, also Unteritalien (Magna Graecia) und Sizilien, ausbreiteten, sahen in Orpheus, einem angeblich aus Thrakien stammenden Sänger und Dichter, ihren Gründer. Ob sie tatsächlich auf einen Religionsstifter dieses Namens und dieser Herkunft zurückgehen oder ob kultische Gruppen die Gestalt des Orpheus einführten, ist unsicher, wie überhaupt die Orphik den umstrittensten Kapiteln der griechischen Religionsgeschichte angehört. Um Orpheus rankt sich reiches Mythengut, welches allerdings in der römischen und nachantiken Literatur mehr hervortritt als bei den Griechen. Orphische Literatur war vermutlich schon seit dem 6. Jh., sicher aber seit dem 5. Jh. v. Chr. bekannt. U. a. wollte eine *Theogonie* unter seinem Namen jene des Hesiod übertreffen. Diese Werke wurden bis in die römische Kaiserzeit immer wieder umgestaltet und erweitert, fanden aber nie Eingang in die hohe Literatur. Außerdem gab es Gedichte, die Hoffnung auf Wohlergehen in diesem und auf Glück im jenseitigen Leben wecken und Befreiung von Strafen in der Unterwelt für die während des Lebens begangenen Fehler sichern sollten. Voraussetzung war freilich ein beherrschter Lebenswandel, wozu Enthaltsamkeit von Fleischgenuß und wollener Kleidung gehörten. Auch die Seelenwanderung war ein Teil des orphischen Vorstellungskreises. In Verbindung mit

dieser religiösen Strömung erfahren wir zum ersten Mal von heiligen Schriften (ἱεροὶ λόγοι). Durch diese Lehren und Anweisungen nahm die Orphik Mysteriencharakter an. Die Begehungen fanden nicht an festen Kultorten, sondern in privaten Zirkeln, innerhalb der erwähnten Kultgemeinschaften statt. Allerdings gab es orphische Weihepriester, die „Orpheotelesten", Wanderprediger, welche, sich auf die „heiligen Schriften" stützend, die Lehren verkündeten, die Einweihung in die Mysterien, aber auch Orakelsprüche über das Schicksal der Seele anboten.

Die orphischen Zirkel nahmen Verbindung mit anderen Gruppierungen auf, deren Lehren den ihren ähnelten. So schreibt der Mythos die Gründung der eleusinischen Mysterien Orpheus zu, vermutlich, weil in der athenischen Orphik eine vom Eleusiskult beeinflußte Richtung bestand. Anderseits gewann der Philosoph Pythagoras beachtlichen Einfluß in der Orphik. Viele ihrer Anhänger, besonders in ihrem Hauptverbreitungsgebiet in der Magna Graecia, vereinigten sich mit jenen des Pythagoras. Der im 6. Jh. v. Chr. auf Samos geborene Philosoph und Mathematiker war nach Unteritalien ausgewandert, wirkte dort hauptsächlich in Kroton und stiftete eine der Orphik nahe verwandte Sekte mit Mysteriencharakter. Sittenreinheit, Jenseitshoffnung, Seelenwanderungslehre, aber auch eine Zahlenmystik kennzeichneten sie. Fleisch und Bohnen zu essen war den Anhängern verboten. Bis ins 4. Jh. v. Chr. traten sie besonders in Tarent hervor. In hellenistischer Zeit gewannen auch Gruppen orphischer und bakchischer Mysten, die sich zusammengeschlossen hatten, an Bedeutung. So bildeten sich neben der athenisch-eleusinischen Richtung drei Kreise heraus, jener der genuin orphischen, der orphisch-pythagoreischen und der orphisch-dionysischen Mysten, die zwar da und dort ihre eigenen Zentren beibehielten, sich jedoch weitgehend überlagerten.

Literatur zur Orphik: Wieder sei auf die Darstellung Burkerts, Griechische Religion, 440–447, verwiesen, dort sind S. 440, Anm. 1 Quellensammlungen zitiert; das dort genannte Werk von W. K. C. Guthrie, Orpheus and Greek Religion, London 1935, ²1952 ist 1993 in Princeton neuerlich erschienen, versehen mit einem Vorwort von Larry J. Alderink. Auch die übrigen neueren einschlägigen Arbeiten Burkerts sind zu beachten. Die „orphischen Bücher" behandelt Carsten Colpe, RAC 14 (1981), 197f. Zum Orpheusmythos und dessen literarischer Tradition – ohne Behandlung religionsgeschichtlicher Fragen – siehe Charles Segal, Orpheus. The Myth of the Poet, Baltimore–London 1989. – Die „Lebensweise" orphischer Mysten: Platon, legg. IV 782c: Ὀρφικοί τινες λεγόμενοι βίοι; siehe auch Plut., quaest. conv. 635e; vgl. Eur., Hippol. 952–954 (überraschend früh!). – Zur Orphik weiter: Orphisme et Orphée. En l'honneur de Jean Rudhardt. Textes réunis et édités par Philippe Borgeaud, Genf 1991; Leonid Zhmud', Orphism and Graffiti from Olbia, Hermes 120 (1992), 159–168.

Zur „Nike von Samothrake" (Anm. 425)
Den erwähnten Seesieg errangen die mit Rom verbündeten Rhodier vor der Hafenstadt Side im Pamphylien 190 v. Chr. über die von Hannibal befeh-

ligte seleukidische Flotte, wodurch das gefährliche Expansionsstreben des Seleukidenherrschers Antiochos III. beendet wurde, der 188 v. Chr. den für ihn nachteilhaften Frieden von Apameia schließen mußte. Das neueste Buch über das Kunstwerk: Heiner Knell, Die Nike von Samothrake, Darmstadt 1995.

8. Die Religion der Dichter und Philosophen

Literatur: Klaus Döring, Die Stellung der antiken Philosophen zum tradierten Götterglauben, in: Exempla Classica, hrsg. von Peter Neukam, München 1987 (Dialog: Schule – Wissenschaft, Klassische Sprachen und Literaturen, 21), 37–53. Die Darstellung reicht von Xenophon bis Origenes; Lloyd P. Gerson, God and Greek Philosophy. Studies in the Early History of Natural Theology, London–New York 1990, Paperback 1994.

Die ›Chronique de la philosophie religieuse des Grecs‹ im ›Bulletin de l'Association G. Budé‹ von Édouard des Places (Anm. 429) wurde fortgeführt: 1988, 379–393; 1989, 406–426; 1990, 410–427; 1991, 414–429; 1992, 420–435; 1993, 408–423; 1994, 461–476; 1995, 306–318.

Zu Xenophanes: B. Wisniewski, La conception de Dieu chez Xenophanes, Prometheus 20 (1994), 97–103. Zu Parmenides und Anaxagoras: Gerson, a. O., 1–32. Zu Herakleitos: Georgios Fatouros, Heraklits Gott, Eranos 92 (1994), 65–72. Zu Platon: Gerson, a. O., 33–81. Zu Aristoteles: Gerson, a. O., 82–141. Zu den Stoikern: Gerson, a. O., 142–184, und Karlhans Abel, Stoa, in: Kleines Lexikon des Hellenismus, Wiesbaden ²1993, 774–797. Zu Pindar: Emilio Suárez de la Torre, Pindar y la religión griega, Cuadernos de Filología Clasica, NS. 3 (1993), 67–98.

9. Die Religion der Griechen im Zeitalter des Hellenismus und in der römischen Kaiserzeit

Hellenismus: Interessant das Werk von Rudolf Kassel, Die Abgrenzung des Hellenismus in der griechischen Literaturgeschichte, Berlin–New York 1987. Siehe weiter den Artikel „Hellenismus" von Ernst Vogt im Kleinen Lexikon des Hellenismus, Wiesbaden ²1993, 1–9 und den von Tanja Scheer verfaßten Artikel „Religion" ebd., 639–665. Zu Tyche (Anm. 508) siehe bei Scheer 664f.

Die Religion in dem von einer aus makedonischem Adel stammenden Diadochendynastie in Vorderasien errichteten Reich der Seleukiden (312–64 v. Chr., seit 305/304 Königreich) wird beschrieben in: Religion and Religious Practice in the Seleukid Kingdom, ed. by P. Bilde, T. Engberg-Pedersen, L. Hamestad and J. Zahle, Aarhus 1990 (Studies in Hellenistic Civilisation, 1).

Zum griechischen Herrscherkult siehe J. Rufus Fears, RAC 14 (1988), 1048–1056, 1066–1070, und Hatto H. Schmitt, Herrscherkult, in: Kleines Lexikon des Hellenismus, Wiesbaden ²1993, 143–253.

Den Kult des von den Griechen gelegentlich mit Herakles gleichgesetzten semitischen Fruchtbarkeitsgottes Melquart (S. 191) bespricht Corinne Bonnet, Melquart, Cultes et mythes de l'Heraclès tyrien en Mediterrannée, Leuven–Namur 1988 (Bibliothèque de la Fac. de Philos. et Lettres de Namur, 69. Studia Phoenicia, 8). Zur Philosophie der hellenistischen und römischen Zeit siehe Roelof van den Broek, Tijtze Baarda, Jaap Mansfeld (Edd.), Knowledge of God in the Greco-Roman World, Leiden–New York–Kopenhagen–Köln 1988 (Études préliminaires aux religions orientales dans l'Europe romain, 12). Zu den wichtigsten philosophischen Schulen dieser Zeit siehe auch die betreffenden Artikel im Kleinen Lexikon des Hellenismus, Wiesbaden ²1993: Carl Werner Müller, Akademie, S. 21–45; Fritz Wehrli, Peripatos, S. 545–563; Karlhans Abel, Stoa, S. 774–797; zu Plotinos (Neuplatonismus) siehe Gerson, a. O. 185–226.

III. Die Religion der Römer

1. Vom Wesen der römischen Religion

Radke, Zur Entwicklung der Gottesvorstellung, 173–218 („Wirken der Götter") bringt einen entscheidenden Beitrag zum Wesen der römischen Religion, vor allem mit einer Untersuchung von Namen und Beinamen vieler Gottheiten, woraus ihre Funktionen, Leistung, manchmal sogar ihre Herkunft erschlossen werden können. Zudem werden viele weniger bekannte und daher in diesem Buch nicht erwähnte Numina, darunter auch Sondergottheiten, vorgestellt. – Auch Simon, Die Götter der Römer, 9–18, gibt eine treffliche Wesensdarstellung der *religio*, zugleich eine römische Religionsgeschichte samt Quellenkunde in Kurzfassung. Radke betont in seiner ausführlichen Besprechung im Gnomon 64 (1992), 397–402, S. 398 zu Recht: „Die Gegenüberstellung von griechischem Mythos und römischem Kult ist eindeutig: Mythen werden erzählt, Kult wird ausgeübt; Mythen lassen sich variieren, Kulthandlungen müssen unverändert vollzogen werden."

Zu Varro siehe Heinrich Dörrie, Zu Varros Konzeption der *theologia tripartita* in den Antiquitates rerum divinarum, in: Beiträge zur altitalischen Geistesgeschichte, Festschrift Gerhard Radke, hrsg. von Ruth Altheim-Stiehl und Manfred Rosenbach, Münster 1986 (Fontes et comment., Suppl. Bd. 2), 76–82.

Wirken der Numina
Auch nach der Darstellung des Zweiten Punischen Krieges durch Silius Italicus (ca. 35 bis ca. 100 n. Chr., Epos ›Punica‹ in 17 Büchern) greift eine Gottheit, nämlich Fides, die Göttin der Treue, in konkreten Situationen ein. Wie Pietas, die Göttin der Ehrfurcht, ist sie eine der treibenden Kräfte des Geschehens auf der römischen Seite. Das erste Beispiel ihres unmittelbaren Wirkens liefert die Schilderung der Eroberung der Stadt Saguntum durch Hanni-

bal 219 v. Chr. nach achtmonatiger Belagerung. Hercules, der Gründer und göttliche Schützer der Stadt, erbittet von Fides, die dort ebenso besondere Verehrung genoß, Hilfe für die erschöpften Verteidiger. Da nach dem Willen des Fatum der Untergang der Stadt unvermeidlich ist, verspricht Fides, die Saguntiner wenigstens von einer freiwilligen Übergabe der Stadt an die Punier abzuhalten und zum Kampf bis zu ehrenvollem Tod zu bewegen. So erfüllt sie vom „Aether herab" (II 513–525) die Sinne und Herzen nicht nur der Kämpfer, sondern aller Bewohner der Stadt mit ihrem Numen, die Kampfkraft der ermüdeten Verteidiger steigert sich bis zur Todesbereitschaft. Immerhin kann Fides die hungernde Bevölkerung davor bewahren, sich mit der Schuld des Kannibalismus zu beflecken. Tisiphone, eine der drei Erinyen, leitet dann von Juno gerufen den Untergang der Stadt ein. Für den damit verbundenen Massenselbstmord der Saguntiner macht Silius sogar Fides verantwortlich: Hätte sie den Widerstand der Saguntiner nicht gestärkt, wären die übergroßen Opfer beim Rasen von Juno und Tisiphone vermieden worden. An dieses Ereignis erinnert, wenn auch in umgekehrtem Sinn, das Schicksal der mit Rom verbündeten, aber zu den Karthagern übergetretenen Stadt Capua, die 211 v. Chr. nach langer Belagerung von Rom erobert und hart bestraft wurde. In diesem Fall flößt die sacra Fides als Göttin der Vertragstreue den verantwortlichen Führern der abgefallenen Stadt den Mut ein, durch Selbstvernichtung den schweren Kämpfen ein Ende zu setzen. XIII 281 f.: *despectat ab alto sacra Fides agitatque virum fallacia corda.* Hier sind immerhin nur die treulos gewordenen Politiker der Stadt betroffen, nicht alle Bürger, wie im Falle Saguntums. Ein drittes Ereignis ist anzuführen: In einem Rückblick wird von den Heldentaten des M. Attilius Regulus im Ersten Punischen Krieg berichtet, der sich als maßgeblicher Feldherr in Africa besonders bewährt hatte, aber in die Gefangenschaft der Karthager geraten war. 250 v. Chr. nach Rom gesandt, sollte er einen Gefangenenaustausch erwirken, empfahl dem Senat jedoch, das lockende und für ihn selbst vorteilhafte Angebot abzulehnen. Im Wissen, dort den Tod zu finden, kehrte er in die Gefangenschaft zurück. VI 131 f. heißt es in diesem Zusammenhang von Fides: *in egregio (Reguli) sibi pectore sedem ceperat alma Fides mentemque amplexa tenebat.*

Siehe dazu Erich Burck, Fides in den „Punica" des Silius Italicus, in: Munera philologica et historica Mariano Plezia oblata, Wrocław, Akad. Nauk, 1988, 49–60.

Mythos in der römischen Religion
In diesem Buch wird auf die widersprüchlichen Auffassungen der Forscher in der Frage der Bedeutung des Mythos für die römische Religion hingewiesen und betont, eine Diskussion und Dokumentation des als letztlich ungelöst bezeichneten Problems würde eine umfangreiche Abhandlung mit detailliertem Anmerkungsapparat erfordern und den Rahmen des Buches sprengen. Dank verdient daher, daß Marek Winiarczyk in seiner im Vorwort genannten Rezension (Eos 1992, ersch. 1994) auf S. 371, Anm. 8 zu der von mir vertretenen Auffassung von der (relativen) Bedeutungslosigkeit des Mythos für die

römische Religion folgendes notiert: „Viele Forscher teilen diese Ansicht, (z. B. G. Wissowa, L. Deubner, H. J. Rose, K. Latte, H. Le Bonniec, G. Radke). Andere jedoch (G. Dumézil, A. Brelich) behaupten, daß die Römer eine Mythologie besessen hätten, die in Vergessenheit geraten sei. Wieder andere (M. Grant) sind der Meinung, daß ein Teil der Mythen sich entsprechend der Geschichte Roms verändert habe. Nach Ansicht von W. Burkert (Entretiens sur l'Antiquité Classique 26, 1979, 206) zeige K. Koch, Der römische Jupiter, Frankfurt 1937, einen besonderen Weg zur Lösung dieses Problems. Koch behauptet, daß die Staatsreligion der römischen Republik zwar den Mythos im Rahmen des Möglichen ignoriert habe, dieser jedoch die Existenz eines vorhergehenden Stadiums angenommen habe, in welchem die Italer so wie die Etrusker und andere Nachbarn mythologische Darstellungen auch in der Religion gekannt und angewandt hätten." (Übersetzung von Ingeborg Ohnheiser.)

Indessen hat sich die Diskussion des Problems weiter entwickelt. So durch die Untersuchungen von Jan N. Bremmer und N. M. Horsfall in dem von ihnen herausgegebenen Werk: Roman Myth and Mythography, London 1987 (Bulletin of the Institute of Classical Studies of the University of London, Suppl. 52). Das Hauptanliegen des Buches ist, das weit verzweigte Material pragmatisch und knapp vorzulegen. Horsfall weist in seinem Beitrag ›Myth and Mythography at Rome‹ (1–11) zur Frage der Existenz einer römischen Mythologie auf die Schwierigkeit einer klaren Distinktion zwischen "myth" und "legend" hin. Für Rom bestünden "stories" mit Elementen von beidem. Sicher habe es einige echte römische Mythen gegeben (Romulus, Cacus, Caeculus), der größte Teil der „römischen" oder „italischen" Mythen sei jedoch "secundary myth", Produkt einer antiquarischen Gelehrsamkeit oder literarischen Interesses, ausgehend von lokalen Gegebenheiten und angeregt durch Beispiele hellenistischer Mythographen. Bremmer untersucht in seinem Beitrag ›Romulus, Remus and the Foundation of Rome‹ (25–48) den Gründungsmythos Roms, der sich in der ersten Hälfte des 6. Jh. v. Chr. zur Zeit der etruskischen Könige ausgebildet habe. Weitere Beiträge befassen sich u. a. mit der Aeneas-„Legende", mit Caeculus und der Gründung Praenestes.

Nachdem sich im April 1991 Fachleute zur Erörterung der Definition des Mythos getroffen hatten, fand vom 28. bis 30. August 1991 in Augst bei Basel das *Colloquium Rauricum Tertium* zum Thema „Mythos in mythenloser Gesellschaft. Das Paradigma Roms" statt. Dazu gab Fritz Graf 1993 in Stuttgart–Leipzig einen Berichtband unter dem genannten Titel heraus (Colloquium Rauricum, 3), der außer der Einleitung des Herausgebers 17 Vorträge als bestens dokumentierte Abhandlungen enthält.

Für die Frage der Bedeutung oder Bedeutungslosigkeit des Mythos in der römischen Religion ist die wichtigste Untersuchung jene von Fritz Graf selbst ›Der Mythos bei den Römern. Forschungs- und Problemgeschichte‹ (25–43). Der Vf. weist nach einer Darstellung der wissenschaftlichen Diskussion auf die Fülle von *fabulae* hin, welche einen beträchtlichen Teil der römischen Geschichte überwuchern. Entgegen der heute mehrheitlich vertretenen Auffassung gelte dies auch für die römische Religion, man bedenke die vielen Kultaitien und Gründungssagen. Eine genuin römische Göttermythologie sei allerdings kaum festzustellen, obwohl eine solche nicht gänzlich habe fehlen können. Darauf verweise z. B. die Gottesbezeichnung *Mater Larum*. Daß Mythen verloren bzw. nur in geringen Resten greifbar sind, liege nicht am Stil der römischen Staatsreligion oder an bewußter Religionspolitik, sondern eher an fehlenden institutionellen Anlässen für das Erzählen solcher Mythen. Man müsse aber auf den hellenozentrischen Mythenbegriff (nur Götter- und Heroengeschichten) verzichten, diesen vielmehr weiter fassen und dürfe an der späten Bezeugung römischer Kultaitia nicht Anstoß nehmen. Mythos und Ritual hingen eng zusammen. Nach dem heute gängigen synchron-funktionellen Mythenbegriff hätten auch die Römer Mythen. Dabei sei zu beachten, „daß in der 'Myth and ritual'-Frage unter diesem geänderten Mythenbegriff der Aufweis wichtig wird, daß der Mythos die Funktion des Rituals in der Gegenwart erarbeitet, daß mithin funktionierende Aitiologie auch in historischer Zeit noch möglich ist". Die Position der beim Colloquium Rauricum Tertium vertretenen Forscher kann sicher bei künftigen Diskussionen des Problems nicht außer Betracht bleiben. Meine Behauptung, daß im römischen Kult Aitia fehlen (S. 215), kann ich nicht aufrechterhalten. Daß die Verdrängung von Kultmythen in der römischen Religion weder durch deren Stil noch durch bewußte Religionspolitik bedingt sei, ist jedoch fragwürdig. Das von mir gezeichnete Bild vom Wesen der römischen Religion wird durch die Darstellung Grafs und seiner Kollegen nur am Rande berührt. Zum von Fritz Graf erwähnten Problem der *Mater Larum* siehe S. 362.

Einige weitere Beiträge im genannten Werk: Jürgen von Ungern-Sternberg, Romulus-Bilder: Die Begründung der Republik im Mythos (88–108). Die Forschung der letzten Jahrzehnte beschäftigt sich mit Herkunft, Alter und Inhalt der Erzählungen von der Zeugung, Geburt und Rettung der Zwillinge Romulus und Remus und mit dem Ende des Romulus. Demgegenüber hätte man Romulus als Staatsgründer, das Zentrale des Mythos, weniger beachtet, von dem jeder einzelne Zug erst den Sinn erhalte und weshalb er bis zum Ende der Republik in steter Neuinterpretierung lebendig und aktuell geblieben sei. John Scheid, Cultes, mythes et politique au début de l'Empire (109–127). Danielle Porte, Les trois mythologies des 'Fastes' (142–157). Jan N. Bremmer, Three Roman Aitiological Myths (158–174).

In Ergänzung zum Aufsatz von John Scheid siehe ders., Myth, Cult and Reality in Ovid's "Fasti", Proceedings of the Cambridge Philological Society 38 (1992/93), 118–131.

Dionysios von Halikarnassos (seit 30 v. Chr. in Rom lebend) behauptet als erster die Mythenlosigkeit der römischen Religion bzw. die Entmythisierung bei der Übernahme fremder Kulte. Außer auf die S. 217 erwähnte Stelle ist auf eine unmittelbar vorher befindliche (Antiquitates Romanae II 18,3) zu verweisen: Romulus habe bei der Staatsgründung Rom mit Heiligtümern, Kultbezirken, Altären, Götterbildern, Festen, Opfern u. a. m., den Griechen ähnlich, ausgestattet, die Göttermythen wegen ihrer Schmähungen und üblen

Nachreden aber als bösartig, nutzlos, häßlich und nicht zu den Göttern passend aus der Stadt verbannt. Mit diesem Autor befaßt sich im erwähnten Tagungsband Philippe Borgaud, Quelques remarques sur la mythologie divine à Rome, à propos de Dionys d'Halicarnasse (175–187).
Radke, Zur Entwicklung der Gottesvorstellung, 218f. verweist auf die Schwierigkeit, welche die Aufnahme der Dioskuren, Zwillinge und Söhne des Zeus, in den römischen Kult nach sich zog. Nach altem römischen Verständnis war weder die Verwandtschaft der Zwillinge noch ihre Herkunft als „Gotteskinder" denkbar.

Götter des bäuerlichen und familiären Bereiches
Ihnen gehört u. a. SILVANUS zu, ein italischer Waldgott *(silva),* Beschützer der Weiden und Haustiere, auch Hüter der Grenzen des (bäuerlichen) Anwesens, schließlich überhaupt Schutzgott. Der nicht nur auf dem Lande, sondern auch bei den städtischen Unterschichten populäre Gott erhielt keinen Staatskult, daher auch keinen Tempel, doch brachten ihm vor allem Bauern jährlich im Wald Opfer dar, um sich seines Wohlwollens zu versichern. Sein Privatkult war auch in städtischen Familien so allgemein, daß jedes Grundstück über einen *Silvanus domesticus* verfügte, Ausdruck nostalgischer Sehnsucht nach dem Landleben. In der Zeit von Traian bis Antoninus Pius war sein Kult besonders verbreitet, aus der Zeit Hadrians stammen zahlreiche Bilder des Gottes. Daß er auch bösartig sein konnte, überrascht, vor allem Wöchnerinnen schützten sich durch apotropäische Maßnahmen vor seinen Angriffen. Der etruskische Kultgott Selvanus entsprach dem Silvanus namentlich und inhaltlich. Siehe Simon, Die Götter der Römer, 200–205. Die der Autorin (so S. 284) nicht zugängliche Diss. von Peter F. Dorcey ist indessen erschienen: The Cult of Silvanus. A Study in Roman Folk Religion, Leiden–New York–Köln 1992 (Columbia Studies in Classical Tradition, 20).

Zu den Gottheiten des bäuerlichen Lebenskreises im frühen Rom zählt auch ein Sonnengott, gewöhnlich SOL INDIGES genannt (der Beiname konnte bisher nicht erklärt werden). Verehrt wurde er in einem Tempel auf dem Quirinal, wo man ihm am 11. Dezember nach der Winteraussaat für deren Gedeihen opferte, ebenso wurde ihm am 8. August in seinem Tempel, offenbar auch in Verbindung mit dem Landbau, ein *sacrificium publicum* dargebracht. Seit wann Kult und Tempel bestanden, ist unbekannt, daß jener, wie Varro l.L. V 74 und auch spätere Autoren glauben, vom Sabinerkönig Titus Tatius nach Rom gebracht wurde, ist unwahrscheinlich, ebenso die Übertragung eines griechischen Sonnengottes etwa aus Rhodos. Die Verehrung dauerte auch in der Kaiserzeit an. Unter Augustus (27 v. Chr.–14 n. Chr.) wurden in Rom zwei ägyptische Obelisken *Deo Soli,* offenbar eben jenem Gott, geweiht. Nero (54–68 n. Chr.) ließ sich, wahrscheinlich als erster Kaiser, als Sonnengott darstellen. Damit standen Weihungen an Sol in Verbindung, die seit dem 3. Jh. häufig bezeugt sind. Dieser Sitte dürften bereits orientalische Vorstellungen zugrunde liegen und Sol Invictus den Sol Indiges verdrängt haben.

Unter den Sondergöttern des familiären Bereichs waren auch solche, deren

Die Religion der Römer 359

Hilfe man bei Geburten erhoffte. Siehe dazu Thomas Köves-Zulauf, Römische Geburtsriten, München 1990 (Zetemata, 87); dazu Gerhard Radke, AAW 45 (1992), 234–238.

Sonstige Gottheiten
AIUS LOCUTIUS (S. 205f.). Siehe Radke, Zur Entwicklung der Gottesvorstellung, 180f. u. 205f. – GENIUS (S. 212). Radke, ebd., 182–184. – TELLUS (TERRA MATER) (Anm. 566). Siehe Simon, Die Götter der Römer, 206–209. Die Vf. betont, die Göttin stünde nicht nur in Beziehung zur Fruchtbarkeit der Erde, sondern auch zu den Manen der Verstorbenen, welche die Erde aufnimmt. Sie glaubt wohl zu Recht, daß der 268 v. Chr. gelobte Tempel der Göttin, deren Kult wenigstens bis zu diesem Jahr anikonisch gewesen sei, zumindest anfänglich kein Bild der Gottheit enthalten habe. In der Kaiserzeit gab es allerdings bildliche Darstellungen und in deren späterem Verlauf wurde Oceanus, der die Erde umgebende Ringstrom, ihr wichtigster Partner. Zusammen repräsentierten sie die Ausdehnung des Imperium Romanum. – PALES (Anm. 566). Zur Göttin der Weidefluren und Hirten siehe Radke, ebd., 224. Das Fest der *Parilia* (auch *Palilia* genannt) am 21. April galt auch als Geburtstag des Romulus und Gründungstag der Stadt Rom. Siehe dazu auch Fritz Graf, Römische Aitia und ihre Riten. Das Beispiel von Saturnalia und Parilia, Mus. Helv. 49 (1992), 13–25. – ROBIGUS/ROBIGO (Anm. 566). Zum Fest der *Robigalia* siehe Frédéric Blaive, Le rituel romain des „Robigalia" et le sacrifice du chien dans le monde indo-européen, Latomus 54 (1995), 279–289. – NERIO (Anm. 567). Zu dieser Göttin siehe Radke, ebd., 109–111. – FAUNUS/FAUNA, LIBER/LIBERA (Anm. 572). Solche Zweiergruppen erörtert Radke, ebd., 218–226, u. a. Faunus/Fauna S. 222f. und Liber/Libera S. 220–222.

Sprachliches
Zum Problem der Götterbeinamen im Sinne der hier vertretenen Auffassung vom Wesen göttlichen Seins und Wirkens siehe Radke, Zur Entwicklung der Gottesvorstellung, passim, besonders 202–205. Erwähnt werden u. a. Venus Obsequens bzw. Fortuna Obsequens, Fortuna Respiciens (die „fürsorgende Fortuna" ist durch einen Straßennamen bezeugt), Juppiter Tonans (statt Tonator), Fortuna Redux (statt Reductrix). Hier zeige sich eine Beziehung zu historisch einmaligen Ereignissen. Grundsätzlich anders verhalte es sich z. B. bei Mars Ultor (statt Ultus oder Ulciscens). Anschließend (205–209) behandelt R. die Ausdrucksfunktion der *nomina agentis* auf -*tor*, wie Juppiter Victor, Juppiter Stator, Juppiter Imbricitor. Daß Numina wie Vervactor, Reparator Augenblicks- oder Sondergötter seien, bestreitet er (208f.). Diese *nomina agentis* bezeichnen seiner Ansicht nach vielmehr den Bauern bei seiner jeweiligen Tätigkeit, die durch die priesterliche Anrufung beim Opfer zu göttlichen Leistungen erhoben werden soll, so daß der Bauer beim Pflügen usf. zum Vollzug dieser Akte qualifiziert sei, als wäre er selbst ein so wirkendes Numen; eine, wie mir scheint, eher spekulative Interpretation.

Zur Frömmigkeit der Römer im Spiegel ihrer Sprache (Anm. 576 u. 582): Zu *religio* und *superstitio* siehe nun Rosa Ma. Herrera, Conceptos de *religión* y *superstitión* en las *Etimologías* de San Isidoro de Sevilla, Helmantica 44 (1993), 527–534. Zu *pietas* (Anm. 576) nun auch Jacqueline Champeaux, Pietas: piété personelle et piété collective à Rome, Bulletin de l'Association Guillaume Budé 1989, 3, 263–279. Zu *impius* John Scheid, Religion et piété à Rome, Paris 1985, 22–36. Außer einer Untersuchung dieser Begriffe sind zur Kennzeichnung des Wesens der römischen Religion auch Analysen von *sacer/sanctus, fas/nefas* nützlich. Siehe dazu Albrecht Dihle, RAC 14 (1988), 16–26. Zu *fas/nefas* siehe auch S. 294.

Virgines Vestales (Anm. 559)

Radke, Zur Entwicklung der Gottesvorstellung, 263–286, lehnt alle bisherigen Versuche, den ursprünglichen Sinn des Lebendigbegrabens jener Vestalinnen, die gegen das Gebot der Keuschheit verstoßen hatten, zu erklären, ab, auch den Franz Hampls. Seine ausführlich begründete Interpretation faßt er S. 272f. und 286 zusammen: Wenn ein Mädchen außerhalb der Gesetze und Gewohnheiten einer Gemeinschaft und gegen den Willen seiner Eltern eine Bindung mit einem Fremden einging, sollte es getötet werden. Hinzu trat eine davon zunächst unabhängige Vorstellung, wonach man eine drohende Gefahr durch ein Jungfrauenopfer abwehren könnte. Daher hätte man unberührte Mädchen abgesondert, um sie dann bei Gefahr opfern zu können und den ursprünglichen Hauptzweck des Vestadienstes hätten also „Jungfrauenopfer auf Vorrat" gebildet. Daher seien die *virgines Vestales* schon bei der Übernahme des Dienstes sozusagen als „Tote", genauer als „dem Tode Überantwortete" zu betrachten und die aedes Vestae eigentlich ein Grab von Lebenden gewesen. Vor der Gemeinde habe man die Tötung mit einem tatsächlichen oder auch nur angenommenen Verstoß gegen das Keuschheitsgebot gerechtfertigt. Radke bezeichnet die Vestalinnen zwar auch (wie etwa Hampl) als „Gottesbräute", will dadurch aber nur an die Vorgeschichte des Brauches erinnern, mit einer „heiligen Hochzeit" habe dies nichts zu tun. Simon, Die Götter der Römer, 231, lehnt diese Erklärung Radkes ab, m. E. zu Recht.

Triumph (Anm. 560)

H. S. Versnel, Triumphus, An Inquiry into the Origin, Development and Meaning of the Roman Triumph, Leiden 1970, prüft im Rahmen einer umfassenden Untersuchung des Triumphes an Tracht und Ausstattung des Triumphators die Frage, ob dieser sozusagen als König oder als Juppiter Optimus Maximus auftrat. Das Götterbild hatte seinerzeit Kleidung und Ornamente des Königs erhalten und gab sie anläßlich des Triumphes an den Imperator zurück. Unabhängig davon, wie lebendig später die Erinnerung an den Ursprung des Triumphes zur Zeit der unbeliebten letzten Könige etruskischer Herkunft und an deren Insignien war, repräsentierte der Triumphator nun offenkundig den hilfreichen Juppiter Optimus Maximus.

Kaiserkult (Anm. 561)

Das Kapitel I ›Religion und Herrscherkult‹ des von Gerhard Binder herausgegebenen Sammelbandes ›Saeculum Augustum, Band II: Religion und Literatur‹ (Darmstadt 1988 [Wege der Forschung, 512], 21–170) enthält einige Aufsätze, die sich auch mit dem Beginn des Kaiserkultes unter Augustus befassen. Hervorgehoben sei Pierre Lambrechts, Die „apollinische" Politik des Augustus und der Kaiserkult, 88–107, eine von Hansjörg Hausen besorgte Übersetzung aus dem Französischen des Aufsatzes: La politique „apolinienne" d'Auguste et le culte impérial, La Nouvelle Clio 5 (1953), 65–82. Weitere Literatur: J. Rufus Fears, RAC 14 (1988), 1956–1066, 1070–1093 und H. Heinen, Vorstufen und Anfänge des Herrscherkultes im römischen Ägypten, ANRW II, 18, 5, Berlin–New York 1995, 3144–3180.

Zu Polybios (Anm. 578)

Zum Urteil des Historikers Polybios über die Religion der Römer siehe Reinhold Bichler, Politisches Denken im Hellenismus, in: Pipers Handbuch der politischen Ideen, hrsg. von Iring Fetcher und Herfried Münkler, Band 1, München–Zürich 1988, 439–483, u. zwar S. 472: „Der Agnostiker in Polybios kramt im Arsenal sophistischer Religionskritik und entwickelt die Devise, Angstvorstellungen und dunkle Mythen, alles gut erfunden, seien das bewährte Instrument zur Disziplinierung der Masse, die ja von sich aus zur Gesetzwidrigkeit, Begierde und Gewalt neige. Daher solle man jetzt – und d. h. im Erleben einer aufklärerisch wirkenden Assimilation der römischen Nobilität an die griechisch-hellenistische Kultur! – ja nicht dem römischen Volk den Glauben austreiben (VI 56) . . ."

2. Überfremdung oder Selbstbehauptung der römischen Religion im Laufe ihrer Geschichte?

Aneignung fremder Kulte in Rom (Anm. 592)

Radke, Zur Entwicklung der Gottesvorstellung, 52–55, erörtert unter Anführung zahlreicher Geschehnisse die „bekannte römische Eigenart, . . . neben der unumstößlichen Bewahrung althergebrachter und überkommener Einrichtungen und Vorstellungen Neues an sich zu ziehen, dem eigenen Leben und Denken anzupassen und einzufügen, es bei Anerkennung des grundsätzlich anderen so gründlich umzuformen, daß es schließlich nicht mehr als Fremdes galt . . .". Die Feststellung Radkes, dieses Neue sei dann vom ursprünglich Römischen nicht mehr zu unterscheiden gewesen und habe endlich gar als Bestandteil des *mos maiorum* angesehen werden können, kann aber nur mit großen Einschränkungen gelten. Interessant ist Radkes Hinweis, Fremde, woher immer sie kamen, seien schon von Romulus in sein *asylum* aufgenommen und als Römer angesehen worden (Liv. I 8, 5, vgl. Tac. hist. III 71, 10). Zur Frage des *asylum* siehe Jan N. Bremmer, in dem von ihm und N. M. Horsfall herausgegebenen Werk ›Roman Myth and Mythography‹

(London 1987 [Bulletin of the Institute of Classical Studies of the University of London, Suppl. 52], 38–43).

Kulte sabinischer, etruskischer, griechischer und orientalischer Herkunft
Radke, Zur Entwicklung der Gottesvorstellung, 96–137, bespricht die „Beziehungen zu den Sabinern". In den Nachträgen zu den bedeutenderen betroffenen Gottheiten wird darauf verwiesen. Der Vf. bespricht aber auch Numina, die hier nicht behandelt sind. So FERONIA (99–104), eine Göttin des römischen Staatskultes, deren Herkunft und Funktion unklar sind. Am ehesten war sie eine Ackerbau- und Heilgottheit. Maßgebliche Forscher hielten etruskische Herkunft für sicher, doch setzt sich die Überzeugung durch, sie sei, wie Varro, l.L. V 74, behauptet, als sabinische Gottheit nach Rom gekommen. Radke schließt sich dieser Auffassung an. 303 v. Chr. wurde ihr auf dem Marsfeld ein Tempel geweiht. Für FLORA (127–129), eine italische Göttin der Pflanzenblüte, ist trotz Varro a. O., welcher sie allerdings nur zu jenen Gottheiten zählt, deren *arae Sabinum linguam olent,* eher eine gesamtitalische Entwicklung anzunehmen. Als ihr im 3. Jh. v. Chr. auf Weisung der Sibyllinischen Bücher das Fest *Floralia* eingerichtet wurde, bahnte sich eine neue Kultform an. SOL (129–131): Daß in Rom die Sonne schon früh göttliche Verehrung *(Sol Indiges)* genoß, ist sicher. Seine Einführung durch den sabinischen König Titus Tatius ist wohl eine Erfindung Varros. Siehe S. 358. LARUNDA (132–137, auch 190 u. 197) bezeichnet Varro ebenfalls als sabinisch, doch stellen uns Name und Funktion vor schwierige Fragen („Potenz des Bewässerns"?), zumal sie seit dem 1. Jh. v. Chr. auch als Mater Larum galt, die auch Mania hieß. Radke erörtert den schwierigen Fragenkomplex sehr besonnen. Zur Mater Larum siehe auch S. 357.

Radke, a. O., 113–115, befaßt sich mit dem Problem der *di novensides,* die Varro, l.L. V 74 als sabinisch anspricht, deren Kult Piso fr. 45 P. im sabinischen Ort Trebia bezeugt. Radke schenkt angesichts der diversen Unsicherheiten bei den Versuchen, diese Gottheiten zu erklären, den Angaben Glauben. Vermutlich sei der Kult unter Latinisierung der Namensform verhältnismäßig früh in Rom bekannt geworden. Über die *di indigetes* äußert sich Radke nicht.

Titus Tatius, der wiederholt erwähnte König der Sabiner, war nach heftigen Auseinandersetzungen zwischen Römern und Sabinern und deren friedlicher Beendigung zur Doppelherrschaft in Rom gemeinsam mit Romulus bereit. Im Alter wurde er wegen eines Rechtsbruches in Laurentum, einer Stadt in Latium, ermordet. Sein Grab soll er auf dem Aventin gefunden haben. Nun herrschte Romulus allein. Zu der von Titus Tatius eingerichteten Priesterschaft der *sodales Titii* siehe S. 303.

Zum etruskischen Einfluß auf die römische Religion siehe Radke, a. O., 73–95 und 292f. Der Vf. stützt sich vorwiegend auf sprachwissenschaftliche Erkenntnisse. – Aufgrund der jetzigen Deutung des Namens des Gottes SATURNUS wird dessen etruskische Herkunft bezweifelt. Trotzdem ist ein gewisser Einfluß der Etrusker auf seinen Kult seit der späten Königszeit nicht auszuschließen; siehe S. 371. – Die Herleitung des Namens des allgemein als Flußgott angesehenen VOLTURNUS aus dem Etruskischen und die Annahme, er sei als etruskischer Gentilgott nach Rom gekommen, lehnt R. ab. Nicht nur, weil Volturnus schon im ältesten Kultkalender verzeichnet ist (*Volturnalia* am 27. August) und seinen Kult ein *flamen Volturnalis* betreute, sondern auch aus sprachlichen Gründen. Denkbar sei höchstens, daß die Etrusker nach dem Fluß, an dem sie wohnten und als dessen Gott Volturnus verehrt wurde, einen Gentilnamen bildeten. Siehe S. 262. – Übersehen wurde S. 229 ein Hinweis auf die Götter Volcanus und Vortumnus. Zu VOLCANUS siehe S. 371 f. Zwar nehmen einige Forscher an, er sei als etruskischer Gott schon in voretruskischer Zeit nach Rom gekommen, doch setzt sich offenbar die Deutung seines Namens aus indogermanischem Sprachgut durch. – Für VORTUMNUS (VERTUMNUS), einen Gott des Wachstums, ist nach R., a. O. (78–80) die überlieferte Kennzeichnung als *deus Etruriae princeps* gerechtfertigt, doch habe seine Verehrung einem romanisierten Vortumnus gegolten, dessen Kult erst 264 v. Chr. aus Volsinii, einer der mächtigsten und reichsten etruskischen Städte, nach Rom übertragen wurde. Die aedes Vortumni wurde auf dem Aventin errichtet und das Stiftungsfest, die *Vortumnalia,* auf den 13. August festgelegt. Allerdings gehen alle antiken und ein Großteil der modernen Namensdeutungen vom Anklang an das lat. Verbum *vertere* aus. – Der etruskische Einfluß auf die römische Religion kann trotz dieser Unsicherheiten nicht übersehen werden. Siehe dazu Anm. 649 und Radke, a. O.

Zum Kult des griechischen Gottes Dionysos in Rom siehe das grundlegende Werk von Reinhold Merkelbach, Die Hirten des Dionysos. Die Dionysos-Mysterien der römischen Kaiserzeit und der bukolische Roman des Longus, Stuttgart 1988, zu den *Bacchanalia* Jean-Marie Pailler, Bacchanalia. La répression de 186 av. J. Chr. à Rome et en Italie: vestiges, images, tradition, Paris–Rom 1988 (Bibliothèque des Écoles françaises d'Athènes et de Rome, 270), und ders., Bacchus. Figures et pouvoir, Paris 1995. Siehe auch S. 344 und S. 378 f.

Radke, a. O., 57–72, erläutert die Latinisierung griechischer Götternamen.

Die orientalischen Kulte in Rom behandelt Robert Turcan, Les cultes orientaux dans le monde romain, Paris 1989.

Zum syrischen Sonnengott: Schon früh wurde in Rom der Sonnengott *Sol Indiges* als Numen des bäuerlichen Lebens verehrt. Siehe S. 358. Mitte des 2. Jh. n. Chr. drang der Kult eines orientalischen Sonnengottes ein, schon 102 n. Chr. war ihm eine kleine Kapelle geweiht, 158 n. Chr. ist er inschriftlich als SOL INVICTUS bezeugt, zu Ansehen gelangte er aber erst unter Elagabal (218–222 n. Chr.). Als der junge Priester des syrischen Gottes Baal von Emesa am Orontes *Elagabalus* (Gott des Berges, wegen seiner Verehrung als Sonnengott erhielt er volksetymologisch auch den Namen *Heliogabalus*), M. Aurelius Antoninus, der sich ebenfalls Elagabalus nannte, über Betreiben seiner Großmutter Julia Maesa von den syrischen Legionen 218 n. Chr. zum Kaiser ausgerufen wurde, behielt der erst Vierzehnjährige, für den Großmutter und Mutter die Regierung führten, mit Zustimmung des Senates sein Priesteramt bei, offenbar aus religiöser Überzeugung. Er ließ 219 den schwarzen Steinkegel, wohl einen Meteorstein, in dessen Gestalt der syrische Gott in Emesa verehrt wurde, nach Rom bringen und stellte den Gott als *Sol Invictus* an die Spitze des Staatskultes, sogar über Juppiter Optimus Maximus. Auf dem Palatin ließ er ihm neben dem Kaiserpalast einen prunkvollen Tempel errichten, einen weiteren außerhalb der Stadt, wohin man den Fetisch im Sommer brachte. Die Römer sahen in ihm allerdings einen barbarischen Götzen. Nicht nur wegen seiner Unreife, sondern mehr noch wegen seiner anstößigen Lebensweise – auch der Kult war mit Orgien verbunden – wurde der Kaiser am 11. März 222 in Rom von Soldaten erschlagen. Damit war zunächst auch das Ende des Kultes für Sol Invictus gekommen, der Fetisch wurde nach Emesa zurückgebracht. – Allerdings erweckte ihn der 270 von den Donaulegionen zum Kaiser erhobene Aurelianus zu neuem Leben und errichtete ihm auf dem Campus Agrippae einen prächtigen Tempel. Doch dieser Sol Invictus war nicht mehr der Baal von Emesa, sondern der Stadtgott von Palmyra. Diese Stadt und ihr kleines Reich gehörten seit 211 als Kolonie dem römischen Imperium an, hatten sich indessen aber gegen Rom erhoben und wurden von Aurelianus 271–273 siegreich bekämpft. Der Kaiser feierte deshalb 274 in Rom als *restitutor orbis* einen mit großartigen Spielen verbundenen Triumph. Damit dürfte auch die Errichtung des Tempels in Zusammenhang stehen. Ein letztes Mal in der römischen Geschichte wurde der Gott eines besiegten Volkes unter die Staatsgötter aufgenommen. Aurelianus richtete auch ein eigenes Priesterkollegium ein, die *pontifices Solis*. Zur Unterscheidung erhielten die bisherigen Pontifices den Namen *pontifices Vestae*. Da der Kult der alten römischen Götter immer mehr an Verbindlichkeit und Wirksamkeit verloren hatte, wollte der Kaiser dem Volk so eine neue eindrucksvolle und einheitliche Religion geben. Der Plan mißlang ebenso wie wenige Jahre später die religiöse Restitutionspolitik Diokletians (284–305) und die von ihm begonnene Verfolgung der Christen, die schließlich mit deren Sieg über das Heidentum endete. Mit der Ermordung Aurelians 275 n. Chr. war auch das Ende der Verehrung des Sol Invictus gegeben. – Zu Sol Invictus siehe G. H. Halsberghe, The Cult of Sol Invictus à Rome au 3e siècle après J. C., ANRW II, 17,4, Berlin–New York 1984, 2181–2201, Manfred Clauss, Sol Invictus Mithras, Athenaeum, NS. 67 (1989), 423–450, zu Elagabalus Robert Turcan, Heliogabale precourseur de Constantine?, Bulletin de l'Association G. Budé 1988, 38–52, Martin Frey, Untersuchungen zur Religionspolitik des Kaisers Elagabal, Stuttgart 1989 (Historia,Einzelschriften, 62), und Hans Roland Baldus, Zur Aufnahme des Sol Elagabalus-Kultes in Rom, 219 n. Chr., Chiron 21 (1991), 175–187.

In Verbindung mit dem Sonnenkult gab es auch einen staatlich anerkannten für die Mondgottheit LUNA (Etym. zu *lucere*), der aber nie volkstümlich wurde. Man pflegte ihn in einem offenbar alten Tempel auf dem Aventin, der für 182 v. Chr. bezeugt ist; ein anderer befand sich auf dem Palatin; auch dessen Errichtungszeit ist unbekannt. Luna war eine italische Gottheit, zu griechischen Kulten bestand keine Beziehung.

„*Alte Göttertrias*". *Römischer Kalender*
Radke, a. O., 227–232, lehnt die Annahme einer „alten" Göttertrias Juppiter–Mars–Quirinus ab (zu Anm. 587). Das in Anm. 596 zitierte Buch von Howard Hayes Scullard, Festivals and Ceremonies of the Roman Republic (1981) liegt nun in deutscher Übersetzung vor: Vf., Römische Feste. Kalender und Kult. Übersetzt von Maria Buchholz, redigiert und mit einem Vorwort versehen von Hans Günter Buchholz, Mainz 1985 (Kulturgeschichte der antiken Welt, 25). Siehe nun auch Michael York, The Roman Festival Calendar of Numa Pompilius, New York 1986 (American University Studies, Classical Languages and Literature, 2), und Gerhard Radke, Fasti Romani. Betrachtungen zur Frühgeschichte des römischen Kalenders, Münster 1990 (Orbis antiquus, 31).

3. Die römische Frühzeit. Die Quellensituation

4. Die Götter der Römer

Die Gottheiten werden in der Reihenfolge wie in der 1. Auflage, der bisher nicht erwähnte Ve(d)iovis im Anschluß an Juppiter behandelt. Die zahlreichen in den Kapiteln III 1 und 2 genannten Götter werden nicht neuerlich erwähnt, Nachträge zu den in diesem Kapitel beschriebenen Elementen im Kult einzelner Gottheiten um der Einheitlichkeit willen in den Nachtrag zu Kapitel III 6 (Der Kult) eingefügt.

Götter
LARES (Anm. 600). Siehe Radke, Die Götter Altitaliens, 166–171 u. Simon, Die Götter der Römer, 119–125. – Im folgenden Überlegungen Simons: Die *fratres arvales* (siehe S. 302f.) vollzogen mit ihren urtümlichen Riten auch den Kult für die *Mater Larum*. Da es – soweit bekannt – keinen Vater der Laren gab, sei ihr latinisch-römischer Ursprung auszuschließen, dies verweise eher auf matriarchalisch geprägte Vorzeit; ebensowenig sei wegen des Fehlens vergleichbarer Gottheiten griechische Herkunft anzunehmen. Die Zweizahl der Laren in ihren Hauskapellen und vollends die durch Ovid in die literarische Überlieferung gelangte Vorstellung von den Laren als Zwillingen sei ein „reduzierter Plural", bedingt durch die symmetrische Aufstellung in den Lararien (etwa in Pompeji); vielleicht habe auch das Vorbild der Castores (Dioskuren), ebenfalls Schutzgottheiten wie die Laren, eingewirkt. Früher sei die Zahl der Laren nicht fixiert, der *Lar familiaris* allerdings ein „Einzel-Lar" gewesen. – Auch die *Lares compitales* wurden in kleinen Kapellen verehrt wie die häuslichen Laren in den Wohnungen. Diese spielten an den nicht auf einen bestimmten Tag fixierten *Compitalia* eine Rolle, einem Fest, das

Augustus erneuert hatte, indem er Rom in 265 Bezirke *(vici)* einteilen und an deren Wegkreuzungen *(compita)* Lararien errichten ließ. Dort versahen die *vicomagistri* (jedem Bezirk standen vier solche gewöhnlich dem Freigelassenenstand angehörige Funktionäre vor) den Kultdienst, wobei zugleich der Genius Augusti verehrt wurde; diese *Lares compitales* hießen daher auch *Lares Augusti.*

PENATES (Anm. 600). Den Kult der Penaten bespricht Annie Dubourdieu, Les origines et le développement du culte des Penates à Rome, Paris–Rom 1989 (Coll. de l'École Française de Rome, 118); siehe dazu die Rezension von Gerhard Radke, Gnomon 64 (1992), 25–30. Simon, Die Götter der Römer, 37 befaßt sich mit dem nicht in allen Einzelheiten gelösten Problem der Herkunft der *penates populi Romani,* der Schutzgötter Roms. Ihr Ritual war stark an Lavinium gebunden. In die der Sage nach von Aeneas gegründete Stadt in Latium hatte dieser die θεοὶ πάτριοι aus Troia gerettet. So seien sie zu den penates populi Romani geworden. Vielfach identifizierte man sie mit den Dioskuren, deren Kult von Lavinium nach Rom gelangt sein dürfte. Simon lehnt diese Gleichsetzung ab, vor allem weil die genannten Penaten nie von dort nach Rom gebracht wurden, was dadurch bewiesen sei, daß die hohen Magistrate Roms vor ihrem Amtsantritt sich nach Lavinium begeben mußten, um ihnen Opfer darzubringen. Allerdings gab es nahe dem Forum Romanum eine *aedes Penatium,* die dem Kult dieser Schutzgötter der Stadt diente, aber auch mit dem Vestatempel in Zusammenhang stand.

MATER MATUTA (Anm. 602) Simon, Die Götter der Römer, 152–157 (siehe auch S. 62f.) setzt den Deutungen des Wesens dieses altitalischen Numens als Mutter, die Gutes tut (sie war u. a. auch eine Heilgottheit), oder als Göttin des Frühlichts jene als Urmutter entgegen. Von daher komme ihre Funktion als Schutzgottheit der Frauen und besonders der Mütter. Ihre Verehrung führe in die matriarchalisch geprägte mediterrane Bronzezeit zurück. Einwandernde Italiker hätten sie übernommen und mit ihnen handeltreibende Phöniker der Astarte gleichgesetzt, was nicht nur den Anstoß zur Schaffung der frühesten sicheren Bilder der Göttin gegeben, sondern auch ihr Wesen beeinflußt habe. Griechische Seefahrer hätten sie mit Leukothea, der Schützgottheit in Seenot, identifiziert, was ebenso auf ihre Eigenart einwirkte. Durch enge Kultverbindung hätte Mater Matuta mit der Schutzgottheit Fortuna eine „numinose Zweiheit" gebildet. Der Name Mater Matuta enthalte eine ähnliche Aussage wie jener der Fortuna Primigenia von Praeneste, der „uranfänglichen Göttin". In archaischer Zeit seien beide im selben Tempel verehrt worden, später in nebeneinander liegenden Heiligtümern am Forum boarium mit gleichem Stiftungstag. Auch das Fest der *Matralia* am 11. Juni, begangen von verheirateten Patrizierfrauen, habe beiden gegolten. – Zum Namen der Mater Matuta siehe Radke, Zur Entwicklung der Gottesvorstellung, 217, und ders., Beobachtungen zu einigen der ältesten in Rom verehrten Gottheiten, Rhein. Mus., NF. 135 (1992), 280f. Für Radke ist sie die Mutter, welche die Niederkunft zu einem guten Ende bringt.

JUPPITER (S. 243–245). Siehe Radke, Zur Entwicklung der Gottesvorstellung, 233–248, und Simon, Die Götter der Römer, 107–118. Einleitend legt Simon Wert auf die Feststellung, der durch die Einwanderung indogermanischer Stämme sowohl in die Ägäis als auch auf die Apenninenhalbinsel gelangte urgeschichtliche Himmelsgott sei allen Italikern gemeinsam gewesen, allerdings nur bei Römern und Umbrern als „Vater", nämlich Juppiter bzw. Jupater bezeichnet worden. Jedoch galt der römische Gott (anders als der Zeus der Griechen) entsprechend dem Wesen römischer *religio* nicht als leiblicher Vater und Erzeuger von Göttern und Halbgöttern. Entsprechend seien Juno und Minerva, Kultpartnerinnen des Juppiter in der kapitolinischen Trias, nicht Gattin und Tochter, sondern „Attribute". Den Beinamen des kapitolinischen Juppiter als Optimus Maximus habe er in Anlehnung an die „Theologie" Homers erhalten, der Einfluß des griechischen Epos auf das spätarchaische Mittelitalien sei gesichert. Daß Juppiter zu den urgeschichtlichen Göttern zähle, gehe nicht nur aus der Etymologie seines Namens, sondern auch aus „neolithischen" Rudimenten in seinem Kult hervor, wozu auch der ungeklärte Beiname Feretrius gehöre. Zu *pater* im Namen Juppiters (Anm. 605) siehe auch Anm. 576. Das Epitheton Optimus Maximus ist nach Radke schon für die letzten Jahre des 6. Jh. v. Chr. vorauszusetzen und besage – entgegen Simons Meinung –, Juppiter sei an keine bestimmte Aufgabe gebunden; unbeschadet seiner verschiedenen Epitheta wie Feretrius, Latiaris, Stator, Tonans usw. gelte das Wirken des Optimus Maximus der res publica populi Romani schlechthin. Dem Juppiter Feretrius, dessen Kultstätte älter war als jene des Juppiter Optimus Maximus bzw. der kapitolinischen Trias, waren die *ludi Capitolini* am 15. Oktober, dem Gründungstag seines der Sage nach schon von Romulus gestifteten Heiligtums, zu eigen; sie wurden nicht wie die später begründeten Kultspiele von den staatlichen Magistraten ausgerichtet, sondern von einem aus Bewohnern der beiden kapitolinischen Anhöhen gebildeten *collegium Capitolinorum*, das zumindest noch in augusteischer Zeit bestand. Da in diesem Tempel auch der silex, ein heiliger Feuerstein, aufbewahrt wurde, führte der dort verehrte Gott auch den Namen Juppiter Silex. Der Stein dürfte ein Abbild des Donnerkeils sein, über den der in Gewittern waltende Juppiter Caelestis verfügte.

VE(D)IOVIS. Ve(d)iovis ist eine undurchsichtige alte römische Gottheit. Der Name bedeutet „Nichtjuppiter", was zur Vermutung führte, er sei sozusagen der Unterweltsjuppiter gewesen. Seiner Erscheinung nach ähnelt er aber Juppiter nicht, vielmehr könnte er mit Apollo verwechselt werden, mit dem man ihn tatsächlich gelegentlich identifizierte. Dieses überraschende Faktum erlaubt die Erwägung, dem Apollo sei 433 v. Chr. anläßlich einer Seuche nicht als einem Helfer in dieser Not und als Heilgott der dann 431 v. Chr. geweihte Tempel gelobt worden, sondern weil man ihn fürchtete und als den Verursacher der Krankheit ansah, den man durch das Gelöbnis besänftigen wollte; wenn das so ist, wäre ihm seine Abwehr- und Heilfunktion erst sekundär zugekommen und dominant geworden, seine Gleichsetzung mit Ve(d)iovis so erklärbar. Diesem errichtete man 192 v. Chr. auf dem Kapitol dort einen Tempel, wo schon für die archaische Zeit eine Opferstätte für ihn vermutet wird.

Der 7. März als Stiftungstag scheint schon im alten Festkalender auf. Die Statue des Gottes im Heiligtum hielt 74 Pfeile in Händen, worin man die schädigende Absicht erkennen zu müssen glaubte. Allerdings könnte er mit den Pfeilen auch sanftem Sterben, sozusagen einer Sterbehilfe gedient haben. Ein weiterer Tempel soll ihm auf der Tiberinsel erbaut worden sein. Vgl. S. 373 (Apollo). – Zuletzt äußerte sich zum Problem Simon, Die Götter der Römer, 210–212 mit Literaturhinweisen S. 285. Die Mitteilung über die Pfeile des Ve(d)iovis stammt von Gellius V 12,11 f. Die Deutung, Ve(d)iovis töte ohne Schmerz und Krankheit, wenn die Zeit zu sterben gekommen sei, vertritt Simon S. 212.

KAPITOLINISCHE TRIAS (S. 243). Radke, Zur Entwicklung der Gottesvorstellung, 233–261, handelt ausführlich darüber. Der Annahme etruskischen Einflusses auf die Entstehung dieser Trias (wie auch auf den Bau ihres Tempels) steht er skeptisch gegenüber, siehe bes. 234f. u. 249, sowie ders., Beobachtungen zu einigen der ältesten in Rom verehrten Gottheiten, Rhein. Mus., NF. 135 (1992), 269–227.

MARS (S. 245–248). Siehe nun Radke, Zur Entwicklung der Gottesvorstellung, 4f. u. 140f. sowie ders., Beobachtungen zu einigen der ältesten in Rom verehrten Gottheiten, Rhein. Mus., NF. 135 (1992), 272–274, und Simon, Die Götter der Römer, 135–145. Simon verweist auf den Fund einer Inschrift in Satricum, die den Namen des Mars für die Zeit um 500 v. Chr. bezeugt. Da den etruskischen Gottesnamen *Mamarce* schon etruskische Impasto-Keramik aus dem dritten Viertel des 7. Jh. v. Chr. belege, könnte die bekannte reduplizierte Namensform *Mamars* zur Intensivierung der Anrufung des Mars schon für die frühe Königszeit angenommen werden; wahrscheinlich sei sie noch viel älter. – Versnel II, 289–334, sieht Apollo und Mars in überzeugender Weise als Beschützer männlicher Initiationsriten; siehe auch S. 332. – Zu Mars Ultor und Augustus siehe M. Siebler, Studien zum augusteischen Mars Ultor, München 1988 (Münchener Arbeiten zu Kunstgeschichte und Archäologie, 1). Nach Simon, Die Götter der Römer, 140, ist die augusteische Wandlung vom wilden zum friedlichen Mars (im *carmen arvale* wird er als *ferus Mars* angerufen, siehe dazu S. 386) seiner seit dem *lectisternium* von 217 v. Chr. häufig bezeugten kultischen Verbindung mit Venus zu verdanken. Siehe auch S. 303. – Udo W. Scholz, Methodology in the Investigation of Roman Religion, Acta Classica 33 (1990), 77–90, nimmt zweimal auf Mars Bezug. Die verschiedenen methodologischen Ansätze der Forschung hätten in ihrer jeweiligen Einseitigkeit zu einer sehr unterschiedlichen Interpretation von Wesen und Funktion dieses Gottes geführt; um diese mißliche Situation zu ändern, müsse die Forschung gewissen Forderungen nachkommen. Siehe dazu S. 331f. Als Beispiel, wie vorzugehen sei, untersucht Scholz das Opferritual der *suovetaurilia*. Siehe S. 385f.

ROMULUS UND QUIRINUS (S. 249f.). Der 293 v. Chr. auf dem Quirinal errichtete Tempel des Quirinus-Romulus fiel 49 v. Chr. einem Brand zum Opfer; 16 v. Chr. ließ ihn Augustus, der sich als zweiter Romulus, also als Gründer eines erneuerten Rom fühlte, in besonderer Pracht wiedererrichten. Der

Kult fand beim Volk aber wenig Anklang. Die Einweihung erfolgte am 29. Juni des genannten Jahres. Dieses Datum übernahmen später die Christen: An diesem Tag wurden künftig die Apostelfürsten Petrus und Paulus, die in Rom den Tod als Märtyrer fanden, als Patrone und Beschützer der „Heiligen Stadt" gefeiert. – Zum Namen Romulus siehe Radke, Zur Entwicklung der Gottesvorstellung, 150f. Demnach ist er eine Ableitung vom Stamm *Remus* (nach der Gründungssage Roms Zwillingsbruder des Romulus, von diesem während des Gründungsvorganges im Zorn erschlagen): Romulus also der „zu Remus Gehörige", unter denselben sprachlichen Gegebenheiten Roma die „Stadt des Remus". Die lange vertretene Herleitung dieser Namen aus dem Etruskischen gelte als widerlegt. Ein Zusammentreffen von "aborigines" und Italikern auf dem Boden Roms während des 8. Jh. v. Chr. könne man erschließen. Die primäre Stellung des Remus gegenüber Romulus werde durch eine Reihe alter Gelände- und Ortsnamen in Rom und Umgebung bestätigt; *Remus* sei am Tiberufer beheimatet gewesen. – Zu Romulus siehe auch S. 211–213. – Zu Remus siehe T. P. Wiseman, Remus, A Roman Myth, Cambridge 1995. – Zu Quirinus siehe Radke, a. O., 138–156. Quirinus, nach Radke eine Schutzgottheit im Krieg, hatte auch Beziehungen zum agrarischen Bereich, besonders zum Pflügen. „Da der mit Quirinus identifizierte Romulus den *primigenius sulcus* bei der Gründung Roms gezogen hat, also der erste Furchenzieher oder Pflüger ist, eröffnet sich ein neues Verständnis für die Aussage des Gottesnamens wie für die Gleichsetzung des Gottes mit dem Stadtgründer: Was Romulus tat, ist die Funktion des Quirinus" (Radke, S. 149).

JUNO (S. 250–252). Siehe Radke, Zur Entwicklung der Gottesvorstellung, 251–261, und Simon, Die Götter der Römer, 94–106. Die Vf. verweist darauf, daß sich auf den 1964 in Pyrgi gefundenen aus der Zeit um 500 v. Chr. stammenden Goldtafeln mit phönikischem und etruskischem Ritualtext eine Gleichsetzung der phönikischen *Astarte* mit der etruskischen *Uni* findet, die ihren Namen von der römischen Juno erhalten habe; der umgekehrte Vorgang widerspräche dem Lautgesetz. Tatsächlich besaß Juno zu dieser Zeit schon einen bedeutenden Kult. Sie sei mediterraner Herkunft, also nicht von den Italikern „geschaffen", sondern als multinuminose Gottheit vorgefunden worden. Diese Herkunft scheine in den von Simon besprochenen Bildern und Bräuchen immer wieder durch, die ursprüngliche Wesensform hätte sich „stärker" erwiesen als alle späteren orientalischen und griechischen Einflüsse; italisch, lateinisch, römisch sei an Juno außer ihrem Namen eben „diese Bewahrung des Allerältesten sowohl im privaten als auch im staatlichen Kult". Die Hypothese von G. Dumézil und seiner Schule, die drei Beinamen der Juno von Lavinium *Seispes, Mater, Regina* könne man als indogermanische Dreiteilung der Aspekte des Numens als Kriegs-, Mutter- und Gemeindegöttin deuten, lehnt Simon zu Recht ab.

MINERVA (S. 252–254). Radke, Zur Entwicklung der Gottesvorstellung, 104–112, erhärtet mit sprachwissenschaftlichen Argumenten die Behauptung Varros, l.L. V 74, Minerva sei sabinischen Ursprungs. Nach Simon, Die

Götter der Römer, 168–181, bestätigen dies umbro-sabellische Kleinbronzen, unter welchen sich häufig Minervastatuetten fänden. Ihr Kult habe vielleicht jenen der alten in historischer Zeit fast vergessenen Göttin Nerio überlagert. (Zu Nerio siehe Anm. 567 und Radke, a. O., 109–111.) Der italische Name der Minerva sei auch nach Etrurien gewandert, was die Theorie seiner etruskischen Herkunft erkläre, und die mit Helm, Schild und Lanze gewappnete Göttin (so wohl ihr Kultbild im Kapitolinischen Tempel) – wie auch Nerio – ursprünglich Kultgenossin des Mars gewesen; das Paar Mars–Nerio bzw. Mars–Minerva entspreche dem griechischen Paar Ares–Athene. Die Identifizierung mit Athene müsse schon in archaischer Zeit erfolgt sein. Der Tempel auf dem Aventin, wo sich schließlich die wichtigste und von Augustus renovierte, vielleicht sogar neu errichtete Kultstätte befand, stammte sicher schon aus der etruskischen Königszeit. Aus dem Fest der *Quinquatrus* (19. März bzw. später 19. bis 23. März) – wann es erstmals begangen wurde, ist unbekannt – habe Minerva nachweislich Mars verdrängt.

VESTA (S. 255–257). Siehe Radke, Zur Entwicklung der Gottesvorstellung, 263–286, und Simon, Die Götter der Römer, 229–239. – Radke 284f. sucht die Erklärung des Namens Vesta über jenen der *virgines Vestales* und findet in ihm einen Stamm in der Bedeutung „benetzen, befruchten, zeugen". Die Göttin sei demnach entweder das Ebenbild ihrer Priesterinnen oder die „Befruchtete" als Attribut für die Erde, *terra*. – Nach Simon garantiert der Vestakult ebenso wie jener des Juppiter Capitolinus, die beide komplementär aufeinander bezogen waren, das Staatswohl, ihr Hauptzweck sei spätestens seit der mittleren Republik die Erhaltung der *salus publica,* der *salus populi Romani Quiritium* gewesen: wenn sie vernachlässigt wurden, drohte Gefahr. Unter Augustus habe die Verehrung der Vesta als *Salus publica* und vor allem als *Salus Augusta* beträchtlichen Aufschwung genommen. Die Darstellungen der Vesta und der Salus erscheinen aber gelegentlich als zwei Gestalten. Augustus habe am 28. April 12 v. Chr. der Göttin in seinem Hause auf dem Palatin deshalb eine Kapelle und einen Altar geweiht, weil er damals das Amt des pontifex maximus übernahm; da er nicht, wie es seine Pflicht gewesen wäre, im Amtslokal dieses hohen Kultfunktionärs, der regia auf dem Forum Romanum neben dem Heiligtum der Vesta, sondern weiterhin auf dem Palatin residieren wollte (u. a. auch aus Sicherheitsgründen), habe er so die vom Kult geforderte traditionelle Nachbarschaft zu Vesta hergestellt. – Zu Anm. 645 siehe S. 360.

JANUS (S. 257f.). Siehe Simon, Die Götter der Römer, 88–93, und Klaus Thraede, RAC 16 (1994), 1259–1271 (Lit. 1281f.). Simon verweist auf zweigesichtige Wächter in der altmesopotamischen und ägyptischen Kunst. Argos, der sprichwörtliche Phylax des hellenischen Mythos, habe nach altgriechischen Quellen mit 4 Augen nach allen Seiten blicken können. Man schrieb ihm allerdings auch 3 oder gar 100 bzw. unzählige Augen zu, gelegentlich wurde er auch doppelköpfig dargestellt. Der italische Janus habe als schützendes Numen verschließbarer Türen und Tore seine bildliche Gestalt durch doppelköpfige Dämonen gefunden, die im 7. Jh. v. Chr. durch orientalischen

Die Religion der Römer 371

Export nach Mittelitalien gelangt waren. Von einer Parallele zum doppelköpfigen Janus, dem etruskischen Türgott *Culsans*, gebe es seit dem 3. Jh. v. Chr. sichere Bilder. Archaische Darstellungen des Janus könne man in Rom nicht nachweisen, die Bronzestatue des Janus Geminus auf dem Forum Romanum stamme von etruskischen Künstlern. Die frühere Hypothese von Janus als ursprünglichem Gott der Wasserläufe und Brücken lehnt Simon zu Recht ab.

SATURNUS (S. 260f.). Die etruskische Herkunft des Saturnus wird auch in der neueren Forschungsliteratur in Frage gestellt. Radke unterstreicht, Zur Entwicklung der Gottesvorstellung (Saturnus, S. 84–92), auf S. 85f. die von ihm erschlossene Etymologie: Der Namensstamm erkläre sich aus einem kausativen Verbum „säen lassen, zum Säen bringen". Die Nennung des Gottes in den Salierliedern und die schon im alten „numanischen" Kalender vermerkten *Saturnalia* verweisen auf die frühe Königszeit vor Beginn des etruskischen Einflusses auf Rom. Demnach sei der Saturnkult in seinen Anfängen rein römisch gewesen. Daß die letzten etruskischen Könige den Kult besonders gefördert haben, ist wahrscheinlich, aber nicht zu beweisen. So kann die Errichtung des nach antiker Tradition 497 v. Chr., also in der Frühzeit der Republik, geweihten Saturntempels am Fuße des Kapitols, dort, wo schon in der Königszeit ein Altar für den Gott gewesen war, auf eine Initiative des Tarquinius Superbus zurückgehen. Auch Simon, Die Götter der Römer, 193–199, erteilt der Auffassung von Saturnus als ursprünglichem etruskischen Gentilgott eine Absage, sie lehnt aber auch die Ableitung des Namens von *serere* ab. Wie für die mythische Existenz des Kronos, dem Saturnus gleichgesetzt wurde, aus der *Theogonie* Hesiods orientalische Herkunft erwiesen sei, so bestünden für die kultische Existenz des Saturnus in Rom ebenfalls orientalische Voraussetzungen; die erwähnte ara Saturni am Rande des Forum Romanum dürfte demnach eine phönizische Gründung in der Frühzeit Roms gewesen sein. Saturnus habe einen bemerkenswerten Wandel von einem damals unheimlichen zu einem populären Gott durchgemacht. Die verwirrende Unklarheit über die Entstehung des römischen Saturnkultes dürfte durch diese Annahme nicht behoben sein. Die Situation ist ähnlich wie bei Volcanus (siehe S. 371f). Zur archäologischen Entdeckung einer Beziehung des erwähnten Altares zum *Volcanal* und *mundus Cereris* siehe S. 387f. Zu den *Saturnalia* Fritz Graf, Römische Aitia und ihre Riten, Mus. Helv. 49 (1992), 13–25, und Radke, Beobachtungen zu einigen der ältesten in Rom verehrten Gottheiten, Rhein. Mus., NF. 135 (1992), 281f. Versnel II 136–227 erläutert Kronos und die *Kronia* kontrastierend mit Saturnus und den *Saturnalia*; siehe S. 332.

VOLCANUS (S. 261f.). Etymologie des Namens und Ursprung des Kultes sind unklar. Etruskische Herkunft von beidem ist heftig umstritten: Der apodiktischen Behauptung, die Entstehung aus dem Etruskischen sei nicht zu bezweifeln, steht die absolute Ablehnung etruskischer Vermittlung gegenüber. Radke beschäftigt sich mehrmals mit dem Problem, u. a., Die Götter Altitaliens, 343–347, Zur Entwicklung der Gottesvorstellung, 92–94, Beobachtungen zur „Religion" der Etrusker, WJA 14 (1988), 93–107 (siehe bes. S. 98) und im Gnomon 64 (1992), 402. Er sieht mit Helmut Rix in sprachlichen

Beziehungen zum Altindischen ein Zeichen hohen Alters des Kultes, was die Funktion eines *flamen Vocanalis* und der Aufweis der *Volcanalia* schon im „numanischen" Kalender bestätigen. Offenbar setzt sich die Deutung des Gottesnamens aus indogermanischem Sprachgut durch. Die Bemerkung, der Name Volcanus sei wahrscheinlich nicht lateinisch (Anm. 652), kann nicht aufrechterhalten werden. Simon, Die Götter der Römer, 248–255, hält hingegen die etruskische Hypothese für am besten begründet. Sie konzediert zwar, Volcanus sei schon im voretruskischen Rom verehrt worden, der Kult könne aber trotzdem etruskischer Herkunft sein, weil der religiöse Austausch zwischen Etrurien und Latium im wesentlichen schon vor der Zeit der Tarquinier erfolgt sei. Die dafür ins Treffen geführten Argumente, von Simon S. 248, aber auch von Radke, Zur Entwicklung der Gottesvorstellung, 92f., zusammengefaßt, sind nach Radkes Urteil dürftig. Die in Anm. 568 erwähnte Sage einer Zeugung durch Volcanus in Gestalt eines im Feuer sichtbar gewordenen Phallos stützt allerdings die Auffassung, daß zumindest etruskischer Einfluß vorliegt. Allerdings könnte Volcanus in späterer Zeit an die Stelle des *Lar familiaris* gesetzt worden sein. Bestehen bleibt aber jedenfalls die Rolle etruskischer Frauen in diesen Sagen. Eine neue Untersuchung: Gérard Capdeville, Volcanus. Recherches comparatistes sur les origines du culte de Vulcain, Rom 1995 (Bibliothèque des Écoles Françaises d'Athènes et de Rome, 288). – Zu Maia (Anm. 659) siehe Radke, Zur Entwicklung der Gottesvorstellung, 94f. u. 187–189.

Castores (S. 262f.). Die Übernahme der Castores in den römischen Kult war wegen ihrer fremden Herkunft und ihrer unrömischen Namen mit Schwierigkeiten verbunden, aber auch deshalb, weil sie Geschwister waren und von Zeus abstammten (zumindest einer von ihnen), da ja Götterverwandtschaft oder Herkunft als Gotteskinder altem römischen Verständnis widersprach. Dennoch nahmen die Römer sie in hohem Maß in ihr religiöses Denken auf. Dies kann dadurch erklärt werden, daß man ihren Kult als Erfüllung des Gelöbnisses nach dem Sieg des römischen Patrizierheeres über die Latiner am See Regillus zu Anfang des 5. Jh. v. Chr. einführte und das Römertum der griechischen Götter dadurch sozusagen sicherte. In dieser Schlacht sollen sie als kräftige junge Männer auf weißen Rössern den Römern entscheidend geholfen haben. Möglicherweise wurde der Kult der Brüder als Heilgötter auf dem Forum Romanum schon vor diesem Gelöbnis und der Errichtung der *aedes Castoris* gepflegt, und zwar an der Quelle Juturna, einer Quellgottheit bei Lavinium, deren Namen man auf die erwähnte Quelle auf dem Forum übertragen hatte. Als sie nach der Sage am Abend der Schlacht ihre Rosse an der Quelle tränkten, dürften sie dort also keine Fremden mehr gewesen sein. Die Hilfe der Dioskuren in der Schlacht am See Regillus ist ihrem sagenhaften Eingreifen zugunsten der Lokrer gegen die zahlenmäßig überlegenen Truppen Krotons in der Schlacht an der Sagra (oder: am Sagra, genus des Flußnamens unbestimmt) zwischen 560 u. 530 v. Chr. nachgebildet. – Die mit der Aufnahme der Dioskuren in den römischen Kult zusammenhängenden Probleme und die Namensformen erörtert Radke, Zur Entwicklung der Gottesvorstellung, 42–51, 177–180 und 218f. Siehe auch Simon, Die Götter der Römer, 35–42. Daß der Kult der Castores aus Tarent über Tusculum oder Ardea nach Rom gekommen sein könnte, lehnt Simon wegen einer Inschrift auf einem in der Zone der archaischen Altäre von Lavinium ausgegrabenen in das 6. Jh. v. Chr. datierbaren Bronzestreifen ab. Die dort bezeugte ionische Namensform *Kouroi* könne nicht aus dem lakonischen Tarent stammen, wenngleich die Verehrung dieser Götter in der Tochterstadt Spartas im Mittelpunkt stand. Der Kult sei vielmehr durch Vermittlung der von Chalkis auf Euboia gegründeten Stadt Kyme (Cumae) im Golf von Neapel nach Lavinium und Rom gelangt. Eine Verehrung der Castores auch in Tusculum und Ardea ist jedoch nicht zu bezweifeln. – Zu den Castores als Heilgöttern siehe auch Johan Harm Croon, RAC 13 (1986), 1211–1215.

APOLLO (S. 263f.). Siehe Radke, Zur Entwicklung der Gottesvorstellung, 31–36, 54–57, und Simon, Die Götter der Römer, 27–34, zu Simon Radke, Gnomon 64 (1992) 389. Zu Apollo als Heilgott siehe auch Johan Harm Croon, RAC 13 (1986) 1211–1215. Radke bezweifelt die Übernahme des griechischen Apollonkultes auf dem Umweg über Cumae oder Südetrurien. Eher hätten ihn griechische Seefahrer nach Rom gebracht. Aus sprachlichen Gründen nimmt er als sicher an, Apollo sei über Rom nach Etrurien gekommen. Wie Radke glaubt Simon, das alte Apollinar und den 431 v. Chr. an derselben Stelle geweihten Apollotempel habe man nicht deshalb außerhalb des Pomeriums im Gebiet der *prata Flaminia* errichtet, weil der Gott aus der Fremde kam, wie vielfach vermutet wird, sondern weil ihm die Heilung von Krankheit und die rituelle Reinigung von Blutschuld zugekommen sei, was *extra pomerium* geschehen mußte, bevor Ankömmlinge die Stadt betreten durften. Die Vf. schließt dies aus Verhandlungen der von Kriegen heimkehrenden Konsuln mit dem Senat wegen der Ehre des Triumphes, die nach Livius III 63,7 449 v. Chr. beim Apollinar stattfanden. – Gemäß Radke war Apollo in Italien ursprünglich ein finsterer, tödlicher Gott, der von seinem unheilvollen Wirken nach Erfüllung eines kultischen Anspruches ablassen konnte. Siehe dazu S. 371f.: Ve(d)iovis.

LATONA (S. 267). Siehe Radke, Zur Entwicklung der Gottesvorstellung, 33–35. Wie es zur Verbindung von Latona mit Apollo kam, hält Radke für ungeklärt. Unwahrscheinlich sei, daß sich die Auffassung der griechischen Mythologie von Leto (= Latona) als Mutter des Gottes in Rom schon durchgesetzt hatte, als man 431 v. Chr. den ersten Apollotempel weihte, in dem eben auch Latona verehrt wurde. Radke vermutet, Latona habe in Rom schon im 5. Jh. v. Chr. jene Rolle für die Frauen gespielt, die der Apollos für die Männer entsprach, so daß man die beiden Kulte vereinigte. Dies ist m. E. jedoch keine einleuchtende Lösung des Problems. Die Verbindung Apollos mit Diana ist erst seit dem Lectisternium von 217 v. Chr. feststellbar, wo sie als Paar auf demselben lectus gelagert wurden; bei den früheren Lectisternien ab 399 v. Chr. war Apollo noch mit Latona vereinigt gewesen.

HERCULES (S. 267f.). Siehe Radke, Zur Entwicklung der Gottesvorstellung 115–122 u. 289f. und Simon, Die Götter der Römer, 72–87; dort auf S. 269

weitere Literaturhinweise. Nicht erwähnt ist A. J. Malherbe, Herakles (samt Hercules), RAC 14 (1988), 559–583. Das Zitat der unten erwähnten Untersuchung von Denis Van Berchem findet sich bei Simon, Anm. 5 (S. 269f.), dort weitere Literatur zu Melquart. Ausführlich erörtert Radke, a. O. die Behauptung Varros, l.L. V 74, Hercules sei das römische Gegenstück zu einem (von Varro) nicht genannten sabinischen Gott. Auf seine vorwiegend linguistischen Überlegungen kann hier nicht eingegangen werden. Obwohl man Hercules als Gottheit griechischer Herkunft nach allgemeiner Überzeugung in Italien schon sehr früh kultisch verehrte, erscheint Radke Varros Behauptung verwunderlich. Dennoch bemüht er sich, den sabinischen Gottesnamen zu finden: mit größter Wahrscheinlichkeit handle es sich um jenen des bei den Sabinern seit Titus Tatius verehrten *Sancus*. Aus sprachlichen Gründen nimmt Radke zwei zeitlich voneinander getrennte Vorgänge einer römischen Übernahme an, deren erster mit der Aufnahme der gens Claudia, die um 500 v. Chr. aus der Sabinerstadt Regillum in Rom einwanderte und sofort in den Kreis der Patrizier aufgenommen worden war, zusammengefallen sein dürfte, während die zweite vermutlich „in die Zeit der Einverleibung der gesammten Sabina in die *civitas Romana* gehöre" (3. Jh. v. Chr.). Nach der ersten Aufnahme in Rom wurde demnach 466 v. Chr. die sog. *aedes Sancus* auf dem Quirinal errichtet, ein Tempel mit offener Decke, zugleich der Verehrung des DIUS FIDIUS dienend, einer alten römischen Gottheit, die sich sehr früh aus der umfassenden Machtsphäre des Juppiter (des Juppiter als Schützers der fides) losgelöst hatte und welche dem Sancus gleichgesetzt wurde. Der 5. Juni als Stiftungstag des Tempels, der auch *aedes Dii Fidii in colle* hieß, behielt die schon im alten Kalender vermerkte Bezeichnung Dius Fidius. Nach Radke brachten die beiden Götter mit den verschiedenen Namen, die sie von zwei benachbarten Völkern erhalten hatten, den gleichen Glaubensinhalt zum Ausdruck. Daß sie schließlich mit dem fremden Hercules in Verbindung gesetzt, ja identifiziert wurden, dürfte sowohl inhaltlichen Ähnlichkeiten der Kulte als auch der irrigen von einer – den Römern grundsätzlich fremden – Mythologie beeinflußten Namensgebung des Dius Fidius als *Diovis filius* (Herakles war Sohn des Zeus) zu verdanken sein. Zu Dius Fidius siehe Anm. 601, sowie Radke, Zur Entwicklung der Gottesvorstellung, 120–122, 289–291 u. ders., Beobachtungen zu einigen der ältesten in Rom verehrten Gottheiten, Rhein. Mus., NF. 135 (1992), 274–277. – Nach Simon rechtfertigen neuere archäologische Erkenntnisse den Vorschlag Denis Van Berchems, der in die frühe Königszeit zurückreichende Gentilkult des Hercules an der *ara maxima* habe dem phönikischen Gott *Melquart* gegolten, den man später dem Hercules gleichsetzte. Daher seien Einzelheiten des auch bei den Italikern und Etruskern gepflegten Ritus weder griechischen noch mittelitalischen Ursprungs, sondern auf phönikische Praktiken zurückzuführen. Als der Staat 312 v. Chr. die Pflege des Kultes übernahm, habe man die Erinnerung an Melquart getilgt. Anderseits meint Simon, der Kult sei anderswo sicher nicht phönikischen, sondern – entsprechend der traditionellen Auffassung der Forschung – griechischen Ursprungs gewesen, worauf u. a. die Herculesdarstellungen auf vielen von Hellas nach Italien importierten Vasen hinweisen. In beiden Fällen hätten ihn Händler nach Rom bzw. Mittelitalien gebracht. In dieser Frage ist m. E. noch kein sicheres Urteil zu fällen. Dennoch ist der Hinweis Simons interessant, die allenfalls phönikische Gründung der *ara maxima* könnte mit dem Weihrauchhandel der Phöniker zu tun haben, der unter dem Schutz Melquarts stand. Ein bei Alba Fucens an der Via Tiburtina gefundener sitzender Hercules aus dem frühen 1. Jh. v. Chr. hält nämlich in der Linken ein kleines Gefäß, das zum Streuen von Weihrauch gedient haben kann; daneben sei ein Weihrauchständer anzunehmen.

DIANA (S. 268 f.). Radke, Zur Entwicklung der Gottesvorstellung, 160–172 (siehe auch ders., Beobachtungen zu einigen der ältesten in Rom verehrten Gottheiten, Rhein. Mus., NF. 135 (1992), 277–279) stellt u. a. fest, daß der Name Diana auf das Himmelslicht hinweise, sie also ursprünglich eine Göttin des Lichtes gewesen sei. Auch zum Namen des VIRBIUS stellt er Überlegungen an (siehe auch S. 195 f.). Die Frage einer möglichen Beteiligung der Sabiner an der Entstehung des Dianakultes in Rom läßt er offen. Das hohe Alter des Kultes in Aricia lehnt er ab und daher wie auch andere Gelehrte die Übertragung des Kultes von Aricia nach Rom. Vielmehr sei der Name Diana von Rom nach Aricia gebracht worden; wie die Göttin dort ursprünglich hieß, sei unbekannt, vielleicht Virbia. Die Ursache dieses „erstaunlichen" Vorganges liege in der Gleichsetzung sowohl der Diana vom Aventin als auch der Kultgenossin des Virbius in Aricia mit der griechischen Artemis. Simon, Die Götter der Römer, 51–58, erörtert den Kult im Hain von Aricia am Nemisee. Die Sklaven, die dort Asyl suchten und fanden, nannte man *cervi* (Hirsche). (Siehe dazu B. Domagalski, RAC 15 [1991], 556f.) Daß Pferde in diesem heiligen Bezirk nicht zugelassen waren, spricht nach Simon für ein hohes Alter des Kultes vor Einführung der Pferdezucht in Mittelitalien. In Rom fand er nicht nur erst nach der Festlegung des ältesten Kultkalenders Eingang, sondern auch erst nachdem die Ämter der *flamines* eingeführt worden waren und keine neuen mehr geschaffen wurden, also gegen Ende der Königszeit. Entgegen neueren Auffassungen, auch im Widerspruch zu Radke, nimmt Simon also die Herkunft des römischen Kultes aus Aricia an, weil die mit ihr zusammen verehrte Quellnymphe Egeria aus Aricia nach Rom gekommen sei, wo sie eine Kultstätte vor der Porta Capena unterhalb des Aventin erhielt. Die Übertragung des Kultes sei aus politischen Gründen erfolgt. Daß sich im römischen Dianatempel eine Nachbildung der Ephesischen Artemis befunden habe, wie Radke annimmt, und nicht des Kultbildes von Aricia, stellt Simon in Frage.

MERCURIUS (S. 269 f.). Siehe dazu Simon, Die Götter der Römer, 158–167. Nicht nur der 495 v. Chr. errichtete Tempel des Mercurius, sondern auch jener der Ceres (dazu S. 272–274) befand sich in der Nähe des Circus maximus. Das Heiligtum der Ceres war 496 v. Chr. anläßlich einer Hungersnot gelobt und 493 v. Chr. geweiht worden. Die Planung beider Tempel, also der Gottheiten des Getreidebaues bzw. der Getreideversorgung und des Getreideverkaufes, dürfte nicht unabhängig voneinander erfolgt, der Bau des Mercuriustempels, weil kleiner, vor dem benachbarten Ceresheiligtum beendet worden sein. Daß beide Gottheiten als zusammengehörig empfunden wurden, ergibt sich aus der Tatsache, daß man nach einer 217 v. Chr. erfolgten Neuordnung der Lectisternien ihre Bilder auf demselben lectus vereinte, vorher jedoch die des Mercurius und Neptunus. Neptunus paarte man seit 217 v. Chr. mit Minerva. (Siehe S. 265–267 mit Anm. 620.)

NEPTUNUS (S. 270f.). Simon, Die Götter der Römer, 182–192, bemüht sich in ihrer reich dokumentierten Darstellung, an der Gestalt des früh dem griechischen Poseidon angeglichenen „Vater"-Gottes Neptunus und seinem schon für das 6. Jh. v. Chr. bezeugten Kult das Einheimische und die später hinzugetretenen griechischen Elemente auseinanderzuhalten. Das frühe Zentrum des Kultes war ein Altar in der Region des Circus Flaminius; die *Neptunalia*, bis in die Spätantike eines der populärsten römischen Feste, wurden aber auf dem *ager Tarquiniorum*, wie das Marsfeld früher hieß, gefeiert, wo man dem Gott ebenfalls einen Altar und 25 v. Chr. einen Tempel errichtet hatte. Mars und Neptunus, die Hauptgottheiten auf dem Marsfeld, standen zueinander in einem „nachbarlichen Verhältnis". Simon kann auch eine Verbindung des Neptunus mit der Salzgewinnung wahrscheinlich machen. In diesem Wirkungsbereich sei die Göttin SALACIA seine Kultpartnerin gewesen, deren Name sich von *sal* (Salz) und *salum* (Meer) herleite, was in der Antike ebenso vertreten wurde wie Erklärung des Namens von *salax* (geil, springig; Salacia als *dea meretricum:* Serv. Aen. I 720, eher aber als Springkraft des Quellwassers). *Salacia Neptuni* findet sich bei Gell. XIII 23.

AESCULAPIUS (S. 271). Literatur: Karl Jax, Antike Seuchenberichte, in: Forschungen und Forscher der Tiroler Ärzteschule 3 (1957), 27–49, Ilse Becher, Antike Heilgötter und römische Staatsreligion, Philologus 114 (1970), 211–225, Radke, Zur Entwicklung der Gottesvorstellung, 38–41, Johan Harm Croon, RAC 13 (1986), 1211–1215, Simon, Die Götter der Römer, 19–26, weitere Literatur ebd., 262, und Radke, Beobachtungen zu einigen der ältesten in Rom verehrten Gottheiten, Rhein. Mus., NF. 135 (1992), 268–282, u. zw. 280. Einige Forscher, unter ihnen auch Radke, nehmen aufgrund der Namensform *Aesculapius* an, man habe den Gott in Rom schon im 5. Jh. v. Chr. oder sogar schon gegen Ende des 6. Jh. verehrt oder zumindest gekannt; die Notiz bei Liv. X 47, 6f. über die Befragung der Sibyllinischen Bücher, die Einweihung des Tempels und der Behandlungsstätte 293 bzw. 291 v. Chr. auf der Tiberinsel, wo vermutlich die an Pest Erkrankten isoliert wurden, sowie über die Einholung des Gottes aus Epidauros in der Gestalt der heiligen Schlange weise daher nur auf eine neue Form des schon üblichen Kultes hin. Ich kann mich dem nicht anschließen.

VENUS (S. 271f.). Simon, Die Götter der Römer, 213–228, weist auf die auffallende Tatsache hin, daß der Stiftungstag des 295 v. Chr. errichteten Venustempels auf dasselbe Datum fiel wie die *Vinalia rustica*, ein außerhalb der Stadt in den Weinbergen begangenes Weinfest, nämlich auf den 19. August. Neben Venus hatte Juppiter an diesem Fest Anteil, nicht aber Bacchus. Allerdings kann es anfangs Juppiter allein gegolten haben, weil es schon im ältesten römischen Kalender, der Venus noch nicht kennt, verzeichnet ist. Jene

Venus, deren Tempel 295 v. Chr. errichtet wurde, hatte den Beinamen *Obsequens* (Serv. Aen. I 720). Die Erklärung dafür ist schwierig. Dazu Radke, Die Entwicklung der Gottesvorstellung, 202: „Im Samniterkrieg des Jahres 295 v. Chr. rief Fabius Gurges die Hilfe einer *Venus Obsequens* an, was nur im Sinne von *obsequens esto* verstanden werden kann; er erwartete von der Göttin ein Verhalten, das seiner Forderung um Hilfe entspricht, 'folgt'. Eine *Fortuna Obsequens* ist durch einen spätantiken Straßennamen bezeugt." Siehe auch Radke 210. – Trotz ihres italischen Namens war die auf dem Berge Eryx in Sizilien verehrte Venus eine hellenisierte ursprünglich phönikische Gottheit. Ihr dortiger Kult hatte orientalisches Gepräge, was sich besonders in der Tempelprostitution der Hierodulen zeigte. Als man ihr in Rom 215 v. Chr. als Venus Erucina einen Tempel weihte, wurden dem Wesen der römischen Religion entsprechend die orientalischen Kultelemente eliminiert. Obwohl es sich um eine fremde Gottheit handelte, lag diese Kultstätte nicht nur innerhalb des Pomeriums, sondern sogar auf dem Kapitol nahe dem Staatstempel für Juppiter, was die Bedeutung der Göttin und ihres Kultes erkennen läßt. Die vergöttlichte Vernunft (Mens) war dort ihre Kultpartnerin. Beim Lectisternium 217 v. Chr. und den späteren Götterbewirtungen wurde Venus, gepaart mit Mars, Teilnahme gewährt. Siehe S. 266. Alle diese Maßnahmen wurden in der Not des Zweiten Punischen Krieges durch die auf behördliche Weisung befragten Sibyllinischen Bücher angeordnet. Die aus dem früher karthagischen Sizilien nach Rom geholte Venus Erucina, die Göttin Mens und die beim Lectisternium bewirteten 12 Gottheiten sollten den Römern im weiteren Kampf gegen die Punier beistehen. Siehe u. a. Liv. XXII 9,7–10, 10. Zu Mens siehe S. 282. Der Venus Erucina wurde 184 v. Chr. neuerlich ein 181 geweihter Tempel gelobt, der sich *extra portam Collinam* befand. Dazu liegen verwirrende Angaben vor; gesichert ist, daß er das Hauptheiligtum der römischen *meretrices* war, ein eigenartiger Gegensatz zur Betreuung des 114 v. Chr. erbauten Tempels der Venus Verticordia durch *matronae*. Die Einweihung des Tempels der Venus Erucina erfolgte wiederum an einem Weinfest, den *Vinalia priora* am 23. April. Auch dabei brachte man dem Juppiter eine Trankspende dar. Siehe dazu außer Simon auch Radke, Zur Entwicklung der Gottesvorstellung, 157f. – Zur Venus Victrix siehe Michael Speidel, Venus Victrix – Roman and Oriental, ANRW II, 17, 4, Berlin–New York 1984, 2225–2238, und Lucienne Deschamps, Venus Victrix: Varron et la cosmologie empédocléenne, Beiträge zur altitalischen Geistesgeschichte, Festschrift Gerhard Radke, hrsg. von Ruth Altheim-Stiehl und Manfred Rosenbach, Münster 1986 (Fontes et comment., Suppl. Bd. 2), 51–72. – Den Namen *Venus Genetrix* führte die Gottheit als Stammutter der gens Julia in Rom. Erstmals ist damit ein Name mit mythologischem Hintergrund für eine römische Gottheit überliefert. „Weil das Geschlecht derer, die einst Rom gegründet hatten, aus der Ferne, aus dem homerischen Troja stammte, duldete die konservative römische Religion diese Abweichung" (Simon 225, siehe dazu meine Darstellung des Wesens der römischen Religion). Siehe weiter James Rives, Venus Genetrix outside Rome, Phoenix 48 (1994), 294–306.

TELLUS (Terra Mater) (S. 272 f.). Siehe S. 359.

CERES (S. 272–274). Siehe Radke, Zur Entwicklung der Gottesvorstellung, 261–263, und Simon, Die Götter der Römer, 43–50, bes. 44–47. In der römischen Urgemeinde wachte Ceres über die Rechte der Ehefrauen. Ein Mann, der sich ohne rechtliche Gründe von seiner Frau scheiden ließ, mußte ihr und Ceres einen Teil seines Vermögens überlassen. Ceres waren 12 männliche Sondergötter zugeordnet (siehe Anm. 549). Der 493 v. Chr. errichtete Monumentaltempel der „plebeischen" Trias Ceres, Liber Pater und Libera wurde zwar im tradierten etruskischen Stil erbaut, jedoch – erstmals für Rom – von zwei westionischen Künstlern ausgestaltet. Einerseits bestanden für die Zusammenfassung der drei altitalischen Gottheiten zu einer Trias einheimische Voraussetzungen, anderseits hatte das Sibyllinische Orakel in seiner griechisch verfaßten Anordnung sicher die Namen Demeter, Dionysos und Kore genannt. Beim hellenischen Einfluß auf den Cereskult handelt es sich um jenen der westgriechischen Demeterreligion, die gegenüber der mutterländischen infolge von Einwirkungen autochthoner Kulte der vorgriechischen Bevölkerung Unteritaliens und Siziliens ein eigenständiges Profil besaß, was gerade der archäologische Befund erweist. Daß im Cereskult seit dem späten 3. Jh. v. Chr. neben dem flamen Cerialis aus der Magna Graecia und Sizilien (nicht aus Griechenland) stammende Priesterinnen fungierten, ist durch Cicero, Pro Balbo 55 gesichert. Als Mittelpunkt der plebeischen Gemeinde Roms war der alte Tempel der „plebeischen" Göttertrias, der auch der Amtssitz der Volkstribunen war und die Amtskasse der Plebs beherbergte, ein Pendant zum kapitolinischen Tempel von Juppiter, Juno und Minerva, dem Haupteiligtum der Patrizier. Allerdings standen wie die Patrizier so auch die Plebeier samt den Volkstribunen auch unter dem Schutz des kapitolinischen Juppiter (so Liv. III 55,8). Der Cerestempel brannte 31 v. Chr. ab, wurde von Augustus aber erneuert. – Zu Liber Pater und Libera siehe Radke, a. O. 220–222 (im Rahmen einer Darstellung von „Göttergruppen").

LIBER/BACCHUS (S. 274 f.). Siehe Simon, Die Götter der Römer, 126–134. Der Kult des Liber wurde trotz der frühen Gleichsetzung dieses wahrscheinlich voritalischen Gottes mit italischem Namen mit dem griechischen Dionysos/Bakchos durch lange Zeit nicht überfremdet. Dies führt Simon mit Recht darauf zurück, daß das Wesen des griechischen Gottes der römischen *religio* widersprach, weil in seinem Kult das Element der Verwandlung eine entscheidende Rolle spielte und das Rasen seines Thiasos und besonders der Bakchen seine Eigenart spiegelte. Es war also eine Konsequenz der Selbstbehauptungsfähigkeit der römischen *religio*. Aus demselben Grund fand der Kult, nachdem er gegen Ende des 3. Jh. v. Chr. vor allem in sozial benachteiligten Schichten starken Anklang gefunden hatte, in konservativen und amtlichen Kreisen Widerstand, den er aber überlebte; in spätrepublikanischer Zeit blühte er wieder auf. Das gleiche Schicksal hatte ja auch den aus der Fremde nach Hellas gekommenen Dionysos ereilt, weil viele Griechen die schwärmerischen Begehungen seines Kultes zunächst ablehnten und daher seine Riten zu zähmen versuchten (siehe S. 114). Zum Namen *Liber Pater* siehe Anm. 576.

Zum Fest der *Liberalia* am 17. März siehe Simon 126f. u. 129f. An diesem Fest der römischen Jugend empfingen die vierzehn- bis siebzehnjährigen Bürger die *toga virilis,* auch *toga libera* genannt, und wurden damit in die Welt der Erwachsenen aufgenommen. Die bei dem Fest fungierenden von Varro, l.L. VI 14 bezeugten Greisinnen *(sacerdotes Liberi anus)* stellen die Forschung vor ein noch nicht gelöstes Problem.

BONA DEA (S. 275f.). Versnel II, 228–288, stellt einen kontrastierenden Vergleich zwischen der Bona Dea und ihrem nächtlichen Fest mit Demeter und den *Thesmophorien* an. Siehe auch S. 342. Die von Frauen begangene dem staatlichen Kult zugehörige Geheimfeier der Bona Dea fand in einer jedes Jahr neu zu bestimmenden Nacht zu Anfang Dezember im Hause eines hohen Magistraten statt, z. B. 63 v. Chr. in der Nacht vom 4. zum 5. Dezember im Hause des Konsuls Cicero.

FORTUNA (S. 276–278). Siehe Simon, Die Götter der Römer, 59–71, und Radke, Zur Entwicklung der Gottesvorstellung, 202–205 (bes. auch zur Fortuna Obsequens und Fortuna Redux), und ders., Beobachtungen zu einigen der ältesten in Rom verehrten Gottheiten, Rhein. Mus., NF. 135 (1992), 268–282f. u. zw. 280f. Zu dem in Anm. 714 genannten Werk von Jacqueline Champeaux ist ein 2. Band erschienen: II. Les transformations de Fortuna sous la République, Paris–Rom 1987 (Coll. Éc. Franç. de Rome, LXIV, 2). – Das durch inschriftliche Quellen bezeugte angeblich zur Zeit des Servius Tullius errichtete Heiligtum der Fortuna auf dem Forum boarium, das auch der Verehrung der Mater Matuta diente, entdeckte man bei Grabungen im Bereich der Kirche Sant' Omobono. Diese differenzierten Göttergestalten bildeten eine „numinose Zweiheit". Der Tempel war um 530 v. Chr. erneuert worden. Bemerkenswert ist die Interpretation des Kultes in den beiden jenseits des Tiber an der Via Campana offenbar im Einverständnis mit den Etruskern errichteten Heiligtümern der Fors Fortuna als Verehrungsstätten jener Göttin, die den Salztransport von den Salinen an der Tibermündung nach Rom schützte. *Ferre* (davon der Name der Göttin) bedeutet nicht nur „bringen", sondern auch „tragen". Fors Fortuna war also sozusagen eine „Transportgöttin". Die Deutung des Namens der Fortuna Primigenia von Praeneste als „Uranfängliche", nicht „Erstgeborene", überzeugt. Eine entsprechende Aussage enthalte auch der Name der Mater Matuta.

VICTORIA (S. 279f.). Siehe Simon, Die Götter der Römer, 240–247. – In römischen Kalenderaufzeichnungen sind zum 1. August, dem Stiftungstag des Victoriatempels auf dem Palatin, Feste für zwei Victoriae verzeichnet, für Victoria in Palatio und Victoria Virgo in Palatio. Dieser wurde am 1. August 193 v. Chr. unmittelbar neben dem alten 194 anläßlich des Samniterkrieges gebauten Victoriatempel eine aedicula geweiht, wodurch ein Doppelheiligtum entstand. Schon 195 war ebenfalls anläßlich des Samniterkrieges eine *aedes Jovis Victoris* geweiht worden (Liv. X 29, 14), wahrscheinlich auf dem Quirinal. Die von Caesar zu Ehren seiner Victoria eingerichteten Spiele, die *ludi Victoriae Caesaris,* fanden unmittelbar vor dem Stiftungstag des palatinischen Tempels der beiden Victoriae statt, nämlich vom 20.–30. Juli. In frühaugusteischer Zeit wurde das Heiligtum erneuert. 29 v. Chr. weihte Augustus in der Curia Julia jenen Victoriaaltar – die Statue war eine aus Tarent stammende Nikefigur –, auf dem die Senatoren vor den Sitzungen Opfer darzubringen pflegten und der dann zum Symbol des Widerstandes heidnischer Senatoren gegen das Christentum wurde.

FIDES (S. 280). Siehe Gerhard Freyburger, Fides. Étude sémantique et religieuse depuis les origines jusqu'à l'époque augustéenne, Paris 1986, und S. 355.

SALUS (S. 281). Radke, Zur Entwicklung der Gottesvorstellung, 124–126, erinnert daran, daß Varro, l.L. V 74, die Göttin Salus mit den Sabinern in Verbindung bringt. Radke glaubt, den Namen der entsprechenden Gottheit entdeckt zu haben: *Strenua*. Siehe auch L. Winkler, Salus. Vom Staatskult zur politischen Idee. Eine archäologische Untersuchung, Heidelberg 1995 (Archäologie und Geschichte, 4).

PAX (Anm. 737). Siehe Erika Simon, Eirene und Pax, Friedensgöttinnen in der Antike, Stuttgart–Wiesbaden 1982, ²1988 (Sitz.-Ber. d. Wissenschaftlichen Gesellschaft Frankfurt a. M. 24, 3).

MAGNA MATER DEUM (CYBELE) (Anm. 592 u. S. 283). Die 204 v. Chr. in Form des heiligen Meteorsteines in Rom als Magna Mater Deum aufgenommene phrygische Göttin Kybele erhielt vor der erst 191 v. Chr. erfolgten Errichtung ihres Heiligtums auf dem Palatin zunächst ihren Kult in dem dortigen Tempel der Victoria. 194 v. Chr. wurden die vom 4. bis zum 10. April dauernden *ludi Megale(n)ses* eingeführt (benannt nach dem griechischen Namen der Göttin *Megale Meter*). Abgesehen von der Teilnahme daran war römischen Bürgern, wie erwähnt, bis zum Beginn der Kaiserzeit der Zutritt zum staatlich anerkannten, aber als fremd empfundenen, von den Sibyllinischen Büchern sozusagen aufgezwungenen Kult nicht gestattet. Im Tempel auf dem Palatin vollzogen die aus Kleinasien geholten Kastratenpriester hinter verschlossenen Türen das aus Pessinus übernommene Ritual. Von diesem ortsfesten neuen Zentrum aus konnte der Kult, seit er in der Kaiserzeit der Öffentlichkeit zugänglich war, in den Westen des Reiches ausstrahlen. Schon in der augusteischen Zeit trat nämlich ein Wandel ein. Man sah in Cybele nun die Schutzgottheit der troianischen Vorfahren des Princeps und erinnerte sich, daß die *gens Julia*, aus der seine Gattin Livia stammte, seinerzeit an der Einführung des Kultes nach Rom mitgewirkt hatte. Die Teilnahme des Volkes nahm rasch zu, seine Blütezeit erlebte er allerdings erst in der späteren Antike. Den Feiern am 27. März und 4. April, an welchen staatliche Organe den Opferdienst versahen, den *Megale(n)sia* vom 4. bis 10. April und dem noch zu erwähnenden *dies sanguinis* am 24. März wurden für die Frühlingszeit ab Mitte März weitere Cybelefeste hinzugefügt. Die Kastration war Römern schon seit dem 1. Jh. n. Chr., wenn auch nur in Einzelfällen, gestattet worden. Seit der Mitte des 2. Jh. wurde sie häufiger geduldet, sodaß Römer, allerdings vorwiegend aus dem Freigelassenenstand, nun auch Kultpriester der Magna Mater werden konnten. Am *dies sanguinis*, dem 24. März, fügten sich die Mitglieder des inneren Kreises der Kultgenossen im Tempel mit Beilen und Messern in Ekstase blutende Wunden zu, manche entmannten sich. Hatten sie sich dazu entschlossen, waren sie als Eunuchen lebenslang an die Kultgemeinschaft gebunden. Der Begriff „Fanatiker" ging von solchen radikalen Anhängern der Magna Mater aus, *fanatici* waren die Männer aus dem *fanum* (Heiligtum) der Göttin. Ab wann die Riten der blutigen Ekstase und auch der Entmannung nur mehr symbolisch vollzogen wurden, ist unbekannt, man verletzte sich nur mehr am Arm und verspritzte sein Blut. Kaiser Julianus Apostata (361–363) war einer der letzten bekannten Verehrer der Cybele. – Als *fanatici* bezeichnete man nicht nur die „zum *fanum* gehörigen", d. h. „von der Gottheit ergriffenen, rasenden" Priester der Magna Mater, sondern auch solche anderer fremder, speziell orientalischer Gottheiten, z. B. die aus Kappadokien stammenden Priester und Priesterinnen der Göttin Ma; siehe S. 284. – Siehe die auf S. 349–351 genannten Werke von Walter Burkert sowie Simon, Die Götter der Römer, 146–151, Jan N. Bremmer, Slow Cybele's Arrival, in dem von ihm und N. M. Horsfall herausgegebenen Werk: Roman Myth and Mythography, London 1987 (Bulletin of the Institute of Classical Studies of the University of London, Suppl. 52), 105–111, Ilse Becher, Augustus und seine Religionspolitik gegenüber orientalischen Kulten, Originalbeitrag 1984, in: Saeculum Augustum II, hrsg. von Gerhard Binder, Darmstadt 1988 (Wege der Forschung, 512), 145–169, und dies., Der Kult der Magna Mater in augusteischer Zeit, Klio 73 (1991), 157–170.

MITHRAS (S. 284–286). Die beiden am Ende der Anm. 745 angekündigten Untersuchungen sind indessen erschienen: Roger Beck, Mithraism since Franz Cumont, ANRW II, 17, 4, Berlin–New York 1984, 2002–2115, und Ugo Bianchi, La tipologia storica dei misteri di Mithra, ebd., 2116–2134. In den letzten Jahren wurde über den Mithraskult relativ umfangreiche Literatur vorgelegt. Genannt seien folgende Bücher und Aufsätze: Manfred Clauss, Sol Invictus Mithras, Athenaeum, NS. 67 (1989), 423–450. David Ulansey, The Origin of Mithras Mysteries. Cosmology and Salvation in the Ancient World, New York–Oxford 1989 (Paperback 1991). Walter Burkert, Antike Mysterien. Funktion und Gehalt, München 1990, ²1991. Manfred Clauss, Mithras. Kult und Mysterien, München 1990. Ders., Die sieben Grade des Mithras-Kultes, Zeitschrift für Papyrologie und Epigraphik 82 (1990), 118–125. Auf dieses Thema nimmt Bezug Reinhold Merkelbach, Priestergrade in den Mithras-Mysterien?, ebenso in der Zeitschrift für Papyrologie und Epigraphik 82 (1990), 195–197. Seinem ersten Buch ließ Manfred Clauss ein zweites folgen: Cultores Mithrae. Die Anhängerschaft des Mithras-Kultes, Stuttgart 1992 (Heidelberger althistorische Beiträge und epigraphische Studien, 10); diese Frage hatte der Vf. schon in seinem ersten Mithrasbuch S. 42–50 knapp behandelt. John R. Hinnels (Ed.), Studies in Mithraism: Papers Associated with the Mithraic Panel Organised on the Occasion of the XVIth Congress of the International Association for the History of Religions, Rom 1990, erschienen in Rom 1994.

Auf zwei Aspekte des Mithraskultes ist noch hinzuweisen, so auf die strikte Hierarchie. Die Einweihung erfolgte in sieben Stufen, die in den einzelnen

Zirkeln der Anhänger bei deren regelmäßigen Zusammenkünften in ihren „Höhlen", den Mithraeen, vollzogen wurde. Die Grade 1 bis 4 galten als niedere, 5 bis 7 als höhere Weihen. Ihre Namen waren durchwegs griechisch, obwohl sie sich viel häufiger in lateinisch geschriebenen Dokumenten finden, da Rom das ausstrahlende Zentrum war. Der erste Grad hieß *Korax* (Rabe), der höchste *Pater*. Interessant ist der Name des 6. Grades *Heliodromus* (Sonnenläufer); die Mysten dieses Grades standen unter dem besonderen Schutz des Sonnengottes, was u. a. die Beziehung des Kultes zu jenem des *Sol Invictus* zeigt. Die „Väter" hatten über die korrekte Einhaltung des Rituals zu wachen und die Einweihungen in die hohen Grade zu leiten. So war der *sanctissimus ordo* des Kultes gesichert. Eine andere Besonderheit, die sich in den übrigen Mysterien nicht findet, ist der Einfluß der Astrologie, eines Ablegers der hellenistischen Wissenschaft. Allerdings geht zu weit, wer alle uns bekannten Einzelheiten des Rituals aus ihr ableiten will.

5. Die Eschatologie

6. Der Kult

Priester im öffentlichen Kult
Siehe nun auch Danielle Porte, Les donneurs de sacré. Le prêtre à Rome, Paris 1989, Mary Beard, Priesthood in the Roman Republic, in: Mary Beard and John North (Edd.), Pagan Priests: Religion and Power in the Ancient World, Ithaca, N. Y. 1990, 17–48, und Richard Gordon, From Republic to Principate: Priesthood, Religion and Ideology, ebd., 177–198.

Priesterämter für Plebeier
Nach Liv. X 6–9,2 setzte Q. Ogulnius, der berühmteste Angehörige der *gens Ogulnia,* als Volkstribun 300 v. Chr. durch, daß Plebeier auch zu den ihnen bis dahin verschlossenen Priesterämtern der *pontifices* und *augures* zugelassen wurden. Siehe dazu Karl-Joachim Hölkeskamp, Das *plebiscitum Ogulnium de sacerdotibus.* Überlegungen zu Authentizität und Interpretation der Livianischen Überlieferung, Rhein. Mus., NF. 131 (1988), 51–67.

Priesterinnen im römischen Kult
Im Gegensatz zu Hellas (S. 348) vollzogen mit Ausnahme der 6 *virgines Vestales,* die deshalb auch *sacerdotes Vestales* genannt wurden, in Rom nur männliche Priester öffentliche Kulthandlungen. Siehe dazu die Bemerkung bei Festus p. 72 Lindsay: *Exesto, extra esto. Sic enim lictor in quibusdam sacris clamitabat: hostis, vinctus, mulier, virgo exesto, scilicet interesse prohibebatur.* Allerdings unterstützte den *rex sacrificulus* dessen Gattin, die *regina,* bei den Kultobliegenheiten, ebenso den *flamen Dialis* dessen Ehefrau, die *flaminica Dialis,* auch *coniunx sancta Dialis* genannt. Diese unterlag daher wie der *flamen Dialis* strengen Bekleidungsvorschriften, auch sie trug eine kranzartige

Kopfbedeckung, den *tutulus*, welche dem *apex*, wegen seiner weißen Farbe auch *albus galerus* genannt, ihres Gatten entsprach, der aus Filz oder dem Fell eines Opfertieres angefertigten Priestermütze. Diese Frauen besaßen jedoch nicht den Rang einer Priesterin. Ebensowenig kam den *Saliae virgines*, die von den *Salii* zur Mithilfe bei ihren Kultverpflichtungen gedungen wurden, priesterliche Würde zu. Überraschend ist, daß weiblichen Gottheiten wie Flora, Furrina, Pomona und Carmenta männliche *flamines* zugeordnet waren. Wohl aber fungierten im Cereskult seit dem zweiten Hellenisierungsschub gegen Ende des 3. Jh. v. Chr. neben dem *flamen Cerialis* aus der Magna Graecia und aus Sizilien stammende Priesterinnen, also Griechinnen, was, wie eingangs angedeutet, im griechischen Kult keine Seltenheit war; siehe dazu Cicero, Pro Balbo 55. Ein besonderes Problem stellen die von Varro, l.L. VI 14 bezeugten alten Priesterinnen des Liber *(sacerdotes Liberi anus)* dar. – Während zur Frage der Priesterinnen im griechischen Kult reichlich wissenschaftliche Literatur vorliegt, ist eine solche für den römischen, entsprechend der Sachlage, nur spärlich vorhanden. Am ehesten ist folgendes Werk zu nennen, das aber trotz seines Untertitels viel mehr Informationen über das weibliche Priestertum bei griechischen (und orientalischen) Gottheiten bietet als über die wenigen römischen Priesterinnen: Manuel Guerra Gómez, El sacerdocio femenino (en las religiones greco-romanas y en el cristianismo de los primeros siglos), Toledo 1987. – Zum erwähnten Zitat des Festus siehe Olivier de Cazanove, Exesto. L'incapacité sacrificielle des femmes à Rome, Phoenix 41 (1987), 159–173. Zur Kopfbedeckung der *flaminica* siehe Nicole Boëls-Janssen, Flaminica cincta, à propos de la couronne rituelle de l'épouse du Flamine de Jupiter, Revue des Études Grecques 69 (1991), 32–50.

Pontifices
Zu den *annales maximi* (S. 294, Anm. 773) siehe Robert Drews, Pontiffs, Prodigies, and the Disappearance of the "Annales maximi", Classical Philology 83 (1988), 289–299. Nach Drews war Valerius Antias der letzte Historiker, der um etwa 90 v. Chr. von dieser Quelle Gebrauch machte.

Flamines (S. 296)
Siehe Jens H. Vangaard, The Flamen. A Study in the History and Sociology of Roman Religion, Kopenhagen 1988.

Augures (S. 298)
Siehe John North, Diviners and Divination at Rome, in: Mary Beard and John North (Edd.), Pagan Priests: Religion and Power in the Ancient World, Ithaca, N. Y. 1990, 49–71.

Sacerdotes Sibyllini (S. 264f. u. 298f.)
Die *libri Sibyllini* erörtert Radke, Die Götter Altitaliens, 39–50, ders., Zur Entwicklung der Gottesvorstellung, 58–66; dort S. 58, Anm. 1 ein Hinweis auf weitere Abhandlungen des Vf. über diese Bücher, deren Herkunft er nicht

für etruskisch, sondern für griechisch hält. Interessant ist die Aufzählung jener Jahre zwischen 496 und 207 v. Chr., in welchen sie eingesehen und ihre Anordnungen befolgt wurden. Siehe weiter Carsten Colpe, RAC 14 (1981), 199–201, und Arnaldo Momigliano, Dalla Sibilla pagana alla Sibilla cristiana: Profezia con storia della religione, Annali della Scuola Normale Superiore di Pisa, Classe di Lettere e Filosofia, Ser. III, Vol. 17,2, Pisa 1987, 407–428.

Fetiales (S. 299f.)
Siehe T. R. S. Broughton, Mistreatment of Foreign Legates and the Fetial Priests: Three Roman Cases, Phoenix 41 (1987), 50–62, und Romano Sgarbi, A proposito del lessema latino "fetiales", Aevum 66 (1992), 71–78.

Luperci und *lupercalia* (S. 300–302)
Das Fest der *lupercalia* ist höchstwahrscheinlich mit dem *lupercal* in Zusammenhang zu bringen, jener Höhle am Fuße das Palatins (wahrscheinlich am nordwestlichen Abhang), in welcher der Sage nach die Wölfin Romulus und Remus nährte. Dort habe Euandros, ein arkadischer Heros, der (als Verbannter?) seine Heimat verließ, als er die erste Siedlung im Gebiet des späteren Rom gründete, jenem Gott Faunus ein Heiligtum gestiftet, dem die *luperci* bei den *lupercalia* einen Bock (und einen Hund?) opferten. (Einige Berichte nennen in diesem Zusammenhang einen Gott der Herden namens *Inuus,* der dann mit Pan oder Faunus identifiziert wurde.) Das *lupercal* dürfte demnach der Ausgangs- und Endpunkt des Laufes der *luperci* und der Ort jener alten magischen Riten gewesen sein, von welchen man Schutz, Fruchtbarkeit und überhaupt Segen erhoffte. – Zu ergänzen ist weiter, daß, nachdem Augustus die vorher kaum mehr von Bedeutung gewesene Priestersodalität der *luperci* zu neuem Leben erweckt und den Rittern zugewiesen hatte, diese zur Zeit der Severer sogar dem Senatorenstand vorbehalten wurde. – Interessanterweise konnte sich dieses eher unbedeutende Fest, das wohl schon zu Ende der Republik zu einer bloßen Volksbelustigung abgesunken war, bis 494 n. Chr. halten. – Nach Christoph Ulf, Walter Pötscher und A. W. L. Holleman setzten sich mit den *lupercalia* auch Jan N. Bremmer, Romulus, Remus and the foundation of Rome, in: J. N. Bremmer and N. M. Horsfall (Edd.), Roman Myth and Mythography, Bulletin of the Institute of Classical Studies of the University of London, Suppl. 52 (1987), 25–48, P. M. W. Tennant, The Lupercalia and the Romulus and Remus Legends, Acta Classica 31 (1988), 81–93, und T. P. Wiseman, The God of the Lupercal, The Journal of Roman Studies 35 (1995), 1–22, auseinander. Befremdlicherweise nimmt Tennant auf die hier genannten Untersuchungen nicht Bezug.

Fratres arvales (S. 302f.)
Siehe Ida Paladino, Fratres arvales. Storia di un collegio sacerdotale Romano, Rom 1988 (Problemi e ricerche di storia antica, 11), dazu die kenntnisreiche Rezension von Gerhard Radke, AAW 45 (1992), 230–234, und John Scheid, Romulus et ses frères. Le collège des *Frères arvales,* modèle du culte

public dans la Rome des empereurs, Paris 1990 (Bibliothèque de l'École Française d'Athènes et de Rome, 275), und ders., Le collège des *Frères arvales*. Étude prosopographique du recrutement, Rom 1990 (Saggi di Storia antica, 1).

Haruspices (S. 303f.)

Siehe Johannes ter Vrengt-Lentz, RAC 13 (1986), 651–662, Dominique Briquel, Divination étrusque et mantique grecque: La recherche d'une origine hellénique de *l'Etrusca disciplina,* Latomus 49 (1990), 321–342, und John North, Diviners and Divination at Rome, in: Mary Beard and John North (Edd.), Pagan Priests: Religion and Power in the Ancient World, Ithaca, N. Y. 1990, 49–71.

Opfer

Souvetaurilia (Anm. 599 auf S. 239f. und S. 290): Siehe Udo W. Scholz, Methodology in the Investigation of Roman Religion, Acta Classica 33 (1990), 77–90 (siehe dazu S. 331f.). Nach der gängigen Auffassung wurden die *suovetaurilia,* das Opfer von Schwein, Schaf und Stier, im Rahmen der privat und staatlich begangenen *ambarvalia* dem „Vater" Mars als agrarischem Numen dargebracht. Dies sei unrichtig. Die Fehleinschätzung sei auf methodische Fehler der Forschung zurückzuführen. Dieses Opfer sei zweifellos schon seit frührepublikanischer Zeit das bedeutendste unter den Reinigungs- und Sühneopfern der staatlichen Kultpflege Roms und z. B. auch beim *lustrum* und anläßlich einer *devotio* üblich gewesen. Bei anderen weniger bedeutenden Anlässen, etwa bei Opfern an die Laren, an Ceres, an Bacchus, hätte man hingegen nur (billigere) Lämmer *(agni sacri, agni pingues, agna opima)* geschlachtet. Wenn die besonders festlichen *suovetaurilia* gerade dem Mars galten, weise dies auf seinen hohen Rang im staatlichen Kult der republikanischen Zeit hin, nicht aber seien sie ihm als einem "lustral god" oder als einem agrarischen Numen dargebracht worden. Seit augusteischer Zeit habe dieses Opfer dem göttlichen Augustus, dann der Trias Juppiter–Juno–Minerva, später anderen hohen Gottheiten gegolten, so seit ungefähr 200 n. Chr. dem Mithras, der Dea Roma, in Moesien dem Juppiter Dolichenus, schließlich seit etwa 300 n. Chr. dem Sol Invictus, offensichtlich weil man ihnen im staatlichen Kult jeweils einen besonderen Rang einräumte oder sie eine spezielle Stellung in einem örtlich begrenzten Kult eingenommen hätten. Mars habe aber in dieser späten Zeit nicht mehr jenes Ansehen genossen wie in der republikanischen Epoche. Da seit der späten Republik bei wichtigen Anlässen 50, 100 oder gar 300 Tiere geschlachtet wurden, müsse man – was a priori evident ist – die Entstehung des Opfers in früher Zeit annehmen, als die drei genannten Tiere noch eine teure, daher wertvolle Gabe an die Götter darstellten. Ob es ursprünglich Sühne- oder Reinigungscharakter hatte oder nur die Gottheit günstig stimmen sollte, könne nicht ausgemacht werden. Scholz nimmt in vorrepublikanischer Zeit ein Opfer von Schwein, Schaf und Rind ohne Festlegung des Geschlechtes der Tiere an, als es später einem männlichen Gott galt, wahrscheinlich zunächst tatsächlich Mars, ein solches von männlichen Tieren, was die Bezeichnung *suovetaurilia* allerdings nur für den Stier ausdrücke. Scholz postuliert also folgende Sukzession im Opferritual: Der ursprünglich privat-bäuerliche Kult verlangte *sus, ovis, bos* (ohne geschlechtliche Festlegung). Als der hochrangige Mars Empfänger sowohl des privaten als auch des indessen in den staatlichen Kult übernommenen Opfers geworden war, wurden trotz der beibehaltenen Benennung *suovetaurilia (sus, ovis, taurus)* ein *verres, aries* und *taurus* als Schlachtopfer gefordert. So blieb es auch, als der Ritus dem vergöttlichten Augustus und anderen ranghohen Gottheiten – bis zum Sol Invictus – galt; aus Tradition hielt man daran sogar dann fest, als zwischendurch weiblichen Gottheiten, der Dea Dia und der Dea Roma, geopfert wurde. Das bäuerliche Opfer für die Dea Dia, das aufgrund von Mitteilungen in den Arvalakten anzunehmen ist, dürfte jedoch aus einer *porca, agna* und *vacca* bestanden haben. Eine gewagte Konstruktion? – Nach Simon, Die Götter der Römer, 119, stammt das *carmen arvale*, das Gebet beim Opfer der *suovetaurilia,* aus dem 5. Jh. v. Chr., also aus republikanischer Zeit, die Kulte der angerufenen Götter seien jedoch älter und reichen wohl in die Zeit vor der Einwanderung der Italiker zurück. Anders R. Piva, Neue Wege zur Interpretation des *Carmen arvale,* in: Gregor Vogt-Spira (Hrsg.), Beiträge zur mündlichen Kultur der Römer, Tübingen 1993, 59–85. Der Vf. bezweifelt das hohe Alter des Liedes und glaubt, Elagabal habe 218 n. Chr. auf die Textgestaltung des Gebetes, das in den in Stein gehauenen Akten dieses Jahres überliefert ist, Einfluß genommen, um durch Archaisierung und Buchstabenspiele Mündlichkeit und hohes Alter vorzutäuschen und durch Einfügung unverständlicher aus den Zauberpapyri bekannter Wörter religiöse Spannung zu wecken; eine überraschende Wendung in der Forschung? Zu den Arvalakten siehe Carsten Colpe, RAC 14 (1981), 198f. und S. 302f., zur Dea Dia überdies Anm. 703 (S. 273).

Taurobolium (Anm. 592 u. S. 380f.): Im Zusammenhang mit dem Cybelekult in Rom ist ein Ritual orientalischer Herkunft zu erwähnen, das *Taurobolium.* Der griechische Begriff („Stier-Erlegen") und andere damit in Zusammenhang stehende Wörter bezeugen die Üblichkeit dieses Stieropfers auch in Hellas, das man dort als τελετή, eine Einweihung in einen Mysterienkult, bezeichnete. Wer sich dem Ritual unterzog, war ein μυστοπόλος, einer, der an Mysterien teilnimmt, und wurde so zum συμμύστης, zum „Miteingeweihten". Die Zeugnisse für diesen Opferbrauch in Griechenland sind allerdings spärlich. Anfänglich dürfte er nicht im Kult der Großen Mutter ausgeübt worden sein, sondern im Rahmen eines anderen Mysterienkultes, am ehesten im Einweihungsritual in die Dionysosmysterien. In Rom fand er um die Mitte des 2. Jh. n. Chr. Eingang, und zwar sofort in den gerade aufblühenden Kult der Magna Mater, wo er ausgestaltet und in einem der Göttin indessen errichteten zweiten Tempel auf dem Vatikanischen Hügel, dem „Phrygianum", vollzogen wurde, nicht etwa im palatinischen Zentralheiligtum. Von dort verbreitete er sich weitum im Reichsgebiet. Bei dem theatralischen Ritus der „Stier-Erlegung" stieg der Einzuweihende in eine mit durchlöcherten Brettern überdeckte Grube, über welcher man den Stier schlachtete, so daß dessen Blut – etwa 50 Liter – über den Betenden strömte, eine mystische Bluttaufe im wahren Sinne des Wortes; sie reinigte den nun Eingeweihten, der sich befreit fühlte, zu einem neuen, ja ewigen Leben geboren *(in aeternum renatus)*. Da er im Kult einen höheren Status erreicht hatte, wurde er beim Verlassen der Grube von den Teilnehmern am Ritual „angebetet". Einem Bericht zufolge weihte er (jeder?) eine Statue, aber nicht etwa der Magna Mater, sondern dem Dionysos/Bakchos – ein Hinweis auf die Verbindung der Kulte in Hellas. Die für die Taurobolien festgelegten Tage stimmten mit den kalendarisch bezeugten Frühlingsfesten der Magna Mater nicht überein. Um wirksam zu bleiben, mußte die Bluttaufe nach 20 Jahren wiederholt werden, ein auffallender Widerspruch zu der dem Getauften erteilten Zusage ewigen Lebens.

Lectisternien: Bei den wiederholt erwähnten Lectisternien (siehe bes. S. 265–267) wurden Bilder oder Symbole der Gottheiten, die wie Menschen geschmückt und zugerichtet waren, paarweise auf *lecti* (gewöhnlich mit „Speisesofas" übersetzt) bewirtet. Während früher diese Kultbegehungen acht Tage dauerten, währten das Lectisternium von 217 v. Chr. wie auch die späteren nur drei. Livius berichtet V 13,7, man habe diese Tage auch im privaten Leben durch betonte Gastlichkeit geheiligt. Vielleicht liegt seiner Mitteilung die Tatsache zugrunde, daß die Lectisternien seit 217 v. Chr. in der Regel im Rahmen des Saturnalienfestes (siehe dazu bes. S. 261) durchgeführt wurden, während dessen Friedfertigkeit besonders geboten war. Radke, Zur Entwicklung der Gottesvorstellung, 36f. und 66f. betont, bei der Zusammenstellung der sechs Götterpaare dürften weniger kultische als griechisch-mythologische Gesichtspunkte maßgeblich gewesen sein. Daß auch Vesta bewirtet wurde, sei ein Problem, weil ihr Kult in der *aedes Vestae* bildlos war. – Zu den *sellisternia* der späteren Zeit siehe u. a. Val. Max. II 1,2. Dies war eine Konzession an römische Sitten; früher lagen auch die weiblichen Gottheiten auf *lecti*.

Kaiserzeit

Zu neuen Gewohnheiten der Kultpflege (Tempelbesuch, Verehrung der Götterbilder) in der Kaiserzeit siehe Paul Veyne, La nouvelle piété sous l'empire: s'asseoir auprès des dieux, fréquenter les temples, Revue de Philologie 63 (1989), 175–194.

Volcanal – Niger lapis – mundus Cereris

Simon, Die Götter der Römer, 12, 43, 193 u. 249–251: Die Vf. verweist auf F. Coarelli, Il Foro Romano. Periodo arcaico, Rom 1983, und ders., Il Foro Romano. Periodo repubblicano e augusteo, Rom 1985. – Musterbeispiel eines Beitrages der Archäologie zur religionsgeschichtlichen Forschung ist die Erkenntnis, daß das *Volcanal,* auf dem Forum Romanum unter dem *Niger lapis* gelegen, der *mundus Cereris,* eine Opfergrube als die „sakrale Konzentration" der in allen Bauernhöfen verehrten Ceres – Volcanus und Ceres waren vor allem Gottheiten der Plebeier –, und ein schon in der Königszeit errichteter Altar des ebenso populären Saturnus mit dem *comitium,* der Versammlungsstätte des Volkes, ein topographisches Ganzes bildeten. Zwischen Volcanus und Ceres bestanden auch kalendarische Beziehungen, denn nur am Tag nach den *Volcanalia* (23. August) war der *mundus Cereris* geöffnet und konnten in dieser Grube Opfer dargebracht werden. Der gemeinsame Nenner der beiden von breiten Volksschichten verehrten und über das *comitium* wachenden Gottheiten waren Metallgewerbe und Ackerbau.

7. Die Religion in der römischen Literatur

Cicero (S. 312f.)

Siehe François Guillaumont, Cicéron et le sacré dans la religion des philosophes, Bulletin de l'Association Guillaume Budé 1989, 57–71, Michèle Ducos, Les fondements sacrés du droit et la tradition Cicéronienne, ebd., 1990, 262–274, und Christoph Schäublin, Philosophie und Rhetorik in der Auseinandersetzung um die Religion, Mus. Helv. 47 (1990), 87–101.

Varro (S. 313)

Siehe Ives Lehmann, Religion et politique. Autour des "Antiquités divines" de Varron, Revue des Études Latines 64 (1986), 92–103, und Lucienne Deschamps, Varron et le sacré, Bulletin de l'Association Guillaume Budé 1990, 289–296.

Livius (S. 316f.)

Siehe Robert Muth, *Numen* bei Livius, in: Livius, Werk und Rezeption. Festschrift für Erich Burck, hrsg. von Eckard Lefèvre und Eckart Olshausen, München 1983, 217–224, und D. S. Levene, Religion in Livy, Leiden–New York–Köln 1993 (Mnemosyne, Bibliotheca Classica Batava, Suppl. 127).

Seneca d. J. (S. 318f.)

Siehe Anne-Marie Ozanam, Le mystère et le sacré dans le stoïcisme à l'époque Néronienne, Bulletin de l'Association Guillaume Budé 1990, 275–288.

Plotinos (S. 320)

Siehe Plotinos amid Gnostics and Christians. Papers presented at the Symposium held at Free University, Amsterdam, on 25 January 1984, ed. by Runia D. T., Amsterdam 1984, und Lloyd P. Gerson, God and Greek Philosophy. Studies in the Early History of Natural Theology, London–New York 1990, Paperback 1994, 185–226, und ders., Plotinus, Leiden–New York 1994.

QUELLEN ZUR GESCHICHTE DER ANTIKEN RELIGION

Griechische Religion: Siehe I. Weiler, Griechische Geschichte. Einführung, Quellenkunde, Bibliographie, Darmstadt 1976, 140–145: Literarische, Epigraphische, numismatische und archäologische Zeugnisse.

Römische Religion: Siehe K. Latte, Römische Religionsgeschichte, München 1960 (HdA V, 4), 1–8: Kalender, Inschriften, literarische Quellen.

AUSWAHLBIBLIOGRAPHIE
ZUR ANTIKEN RELIGION

Die hier erwähnten Werke werden im Text nur ausnahmsweise und dann nur mit Verfassernamen und, wenn nötig, verkürzter Titelangabe genannt. Wenn nicht anders vermerkt ist, beziehen sich die Verweise auf die neueste Auflage. Lediglich in der Darstellung der Forschungsgeschichte finden sich vollständige Zitate. Werke von geringerer Bedeutung und Untersuchungen zu Einzelproblemen werden nur, soweit erforderlich, in den Anmerkungen genannt.

Ein auf internationaler Zusammenarbeit aufbauendes großes Unternehmen ist das Projekt Mentor in Lüttich, das die Veröffentlichungen zur griechischen Religion mit Hilfe der Informatik erfaßt. Direkte elektronische Abfragen sind noch nicht möglich, doch wurde einstweilen ein Buch traditioneller Art veröffentlicht: Mentor. Guide bibliographique de la religion grecque. Biographical Survey of Greek Religion. Sous la direction scientifique de André Motte, Vinciane Pirenne-Delforge et Paul Wathelet, traitement informatique par Gerald Purnelle et Joseph Denooz, Université de Liège, Centre d'Histoire des Religions, 1992 (Kernos, Suppl. 2). Diesbezügliche Information einschließlich dringender Änderungsvorschläge bietet Walter Burkert im Mus. Helv. 51 (1994), 226–228. Eine erschöpfende altertumswissenschaftliche Bibliographie findet sich mit gesonderter Angabe der Literatur zur Religion in L'Année philologique, hrsg. von J. Marouzeau und J. Ernst (Paris ab 1928, enthaltend die Literatur ab 1924). Die Bibliographien über die Literatur bis 1924 sind bei G. Jäger, Einführung in die Klassische Philologie, München 1975, 185, übersichtlich zusammengestellt. Einen besonderen Hinweis verdienen das umfassende altertumswissenschaftliche Nachschlagewerk Paulys Real-Encyclopädie der classischen Altertumswissenschaft (RE), hrsg. von G. Wissowa, später W. Kroll, K. Mittelhaus, K. Ziegler und H. Gärtner, 84 Bände (Stuttgart, später München 1894–1980), sowie Der Kleine Pauly, Lexikon der Antike, hrsg. von K. Ziegler, W. Sontheimer und H. Gärtner, 5 Bde. (Stuttgart 1964–1975), weiter das ›Reallexikon für Antike und Christentum‹ (RAC), hrsg. von Th. Klauser (Stuttgart ab 1950, noch nicht abgeschlossen, bis 1994 erschienen 16 Bde. bis „Janus") und in Verbindung damit das ›Jahrbuch für Antike und Christentum‹ (Münster ab 1958, letzter erschienener Band 37, 1994, dazu Ergänzungsbände, letzter erschienener Band 23, 1996). Über sonstige Bibliographien und Forschungsberichte, Nachschlagewerke und Zeitschriften sowie für die Religionsgeschichte wichtige Gesamtdarstellungen der griechischen Geschichte informiert I. Weiler, a. O. 261–267. Zur römischen Geschichte finden sich die nötigen Informationen bei K. Christ,

Römische Geschichte. Eine Bibliographie, Darmstadt 1976, 55–60, und ders., Römische Geschichte. Einführung, Quellenkunde. Bibliographie, Darmstadt ⁵1994, 23f. 1978 erschien in New York–London, von Walter Donlan zusammengestellt, The Classical World Bibliography of Philosophy, Religion and Rhetoric (Garland Reference Library of the Humanities, 95), wo sich 227–242 als Abdruck aus The Classical World 48 (1954/55), 25–35, 41–45 eine Bibliographie von Agnes Kirsopp Michels findet: Early Roman Religion 1945–1952. Von 1985 bis 1993 veröffentlichte Bruno Zannini Quirini in den ›Studi Romani‹ eine Rassegna: Religione Romana, u. zw. Bd. 33 (1985), 109–117; 34 (1986), 128–137; 35 (1987), 110–116; 36 (1988), 97–107; 37 (1989), 123–130; 38 (1990), 125–134; 39 (1991), 111–118; 40 (1992), 109–112; 41 (1993), 106–113. Im Band 42 (1994) fehlt diese Rassegna. Ab Bd. 43 (1995), 135–143, wird sie von Ugo Bianchi betreut. Eine Bibliographie besonderer Art: Alden Smith, Books for Teaching Classics in English: 1995 Full Survey, XIX: Religion and Mythology, The Classical World 88 (1995), 339–346.

Literatur zur Religion der Griechen und Römer

Allgemeine Literatur

Bömer, F.: Untersuchungen über die Religion der Sklaven in Griechenland und Rom, 4 Bde., Wiesbaden 1958–1964 (Abh. d. geistes- und sozialwiss. Kl. d. Akad. d. Wiss. u. d. Lit. in Mainz 1957, 7; 1960, 1; 1961, 4; 1963, 10).

Burkert, W.: „Vergeltung" zwischen Ethologie und Ethik, München 1994 (Carl Friedrich Siemens Stiftung, Themen, 55).

Cumont, F.: Astrology and Religion among the Greeks and Romans, London 1912 (ND 1960).

Dieterich, A.: Mutter Erde. Ein Versuch über Volksreligion, Leipzig 1905, später Neudrucke mit Nachträgen der Herausgeber, 3. erw. Aufl. 1925, besorgt von E. Fehrle, davon ND Darmstadt 1967.

Ferguson, J.: Greek and Roman Religion. A Source Book, Park Ridge, N. J., 1980.

Frazer, J. G.: The Golden Bough. A Study in Comparative Religion. 2 Bde., London–New York 1890, 3. Aufl. 12 Bde. 1911–1915, Suppl. 1936, 9. Aufl. 1949. Dt. (gekürzt): Der goldene Zweig. Das Geheimnis von Glauben und Sitten der Völker, Leipzig 1928, ND: Der goldene Zweig. Eine Studie über Magie und Religion, Köln–Berlin 1968. Vgl. Th. H. Gaster, The New Golden Bough. A New Abridgement of the Classical Work, ed. with Notes and Foreword, New York 1950.

Freyburger-Galland, M.-L., G. Freyburger und J.-Ch. Tautil: Sectes religieuses en Grèce et à Rome, Paris 1986.

Geffcken, J.: Der Ausgang des griechisch-römischen Heidentums, Heidelberg 1920, ²1929 (Religionswissenschaftliche Bibliothek, 6).

Hus, A.: Les religions grecque et romaine, Paris 1961.
Kerényi, K.: Die antike Religion. Eine Grundlegung, Amsterdam–Leipzig 1940 (unv. Neudruck 1942; völlige Neubearbeitungen: Die Religion der Griechen und Römer, München–Zürich 1963. Antike Religion, Wien–München 1971 = VII der ›Werke in Einzelausgaben‹).
Nilsson, M. P.: Geschichte der griechischen Religion, Bd. 1: Die Religion Griechenlands bis auf die Weltherrschaft, München 1941, ³1967, Bd. 2: Die hellenistische und römische Zeit, München 1950, ²1961 (HdA V, 2, 1 u. 2).
Nock, A. D.: Essays on Religion and the Ancient World, Oxford 1972.
Norden, E.: Agnostos Theos. Untersuchungen zur Formgeschichte religiöser Rede, Leipzig 1915 (ND Stuttgart–Leipzig 1995).
Pfister, F.: Die Religion der Griechen und Römer, mit einer Einführung in die vergleichende Religionswissenschaft, Darstellung und Literaturbericht: 1918–1929/30, Leipzig 1930 (Bursians Jahresberichte, Suppl. Bd. 229).
Prümm, K.: Religionsgeschichtliches Handbuch für den Raum der altchristlichen Umwelt. Hellenistisch-römische Geistesströmungen und Kulte mit Beachtung des Eigenlebens der Provinzen, Freiburg i. B. 1943 (ND 1954).
Speyer, W.: Religionsgeschichtliche Studien, Hildesheim–Zürich–New York 1995 (Collectanea, 15).
Taeger, F.: Charisma, Studien zur Geschichte des antiken Herrscherkultes, 2 Bde., Stuttgart 1957/60.
Versnel, H. S.: Inconsistencies in Greek and Roman Religion, I: Ter Unus: Isis, Dionysos, Hermes: Three Studies in Henotheism, Leiden–New York–Kopenhagen–Köln 1990 (Studies in Greek and Roman Religion, 6, I).
–: Inconsistencies in Greek and Roman Religion, II: Transition and Reversal – Myth and Ritual, Leiden–New York–Kopenhagen–Köln 1993, ²1994 (Studies in Greek and Roman Religion, 6, II).

Literatur zur Mythologie

Ackerman, R.: The Myth and Ritual School: J. G. Frazer and the Cambridge Ritualists, New York–London 1991.
Beyer, O. (Hrsg.): Mythos und Religion, Interdisziplinäre Aspekte, Stuttgart 1990.
Binder, G., und B. Effe (Hrsg.): Mythos. Erzählende Weltdeutung im Spannungsfeld von Ritual, Geschichte und Rationalität, Trier 1990.
Bremmer, J. N. and N. W. Horsfall: Roman Myth and Mythography, London 1987 (Bulletin of the Institute of Classical Studies of the University of London, Suppl. 52).
Bremmer, J. N. (Hrsg.): Interpretations of Greek Mythology, London ²1987 (Paperback 1982).
–: Greek Religion, Oxford 1994 (Greece and Rome, New Surveys in the Classics, 24), 55–68.

Burkert, W.: Structure and History in Greek Mythology and Ritual, Berkeley–Los Angeles–London 1979 (Sather Classical Lectures, 47).
–: Weibliche und männliche Gottheiten in antiken Kulturen. Mythische Geschlechterrollen zwischen Biologie, Phantasie und Arbeitswelt, in: J. Martin und R. Zoepffel (Hrsg.), Aufgaben, Rollen und Räume von Frau und Mann, Freiburg–München 1989, 157–179.
–: Wilder Ursprung. Opferritual und Mythos bei den Griechen. Mit einem Vorwort von Glenn W. Most, Berlin 1990, ²1991 (Kleine kulturwissenschaftliche Bibliothek, 22).
–: Mythos – Begriff, Struktur, Funktionen, in: F. Graf (Hrsg.): Mythos in mythenloser Gesellschaft. Das Paradigma Roms, Stuttgart–Leipzig 1993 (Colloquia Raurica, 3), 9–24.
Buxton, R.: Imagery Greece. The Contexts of Mythology. Cambridge 1994.
Calame, C. (Hrsg.): Métamorphoses du mythe en Grèce antique, Genf 1988 (Religions en perspectives, 4).
–: «Mythe» et «rite» en Grèce: Des catégories indigènes?, in: Kernos 4 (1991), 179–204.
Calder III, W. M. (Hrsg.): The Cambridge Ritualists Reconsidered, Urbana 1991.
Caldwell, R.: The Origin of the Gods. A Psychoanalytic Study of Greek Theogonic Myth, New York–Oxford 1989.
Carnoy, A.: Dictionnaire étymologique de la mythologie gréco-romaine, Löwen 1957.
Desantels, J.: Dieux et Mythes de la Grèce ancienne. La mythologie gréco-romaine, Québec 1988.
Detienne, M.: L'invention de la mythologie, Paris 1981.
Duchemin, J. (Hrsg.): Mythe et personification. Actes du Colloque du Grand Palais (Paris), 7–8 Mai 1977, Paris 1980.
Edmunds, L. (Hrsg.): Approaches to Greek Myth, Baltimore 1990.
Forbes Irving, P. M. C.: Metamorphosis in Greek Myths, Oxford 1990.
Gantz, T.: Early Greek Myth. A Guide to Literary and Artistic Sources, Baltimore–London 1993 (Paperback 1996).
Gordon, R. L. (Hrsg.): Myth, Religion and Society. Structuralist Essays by M. Detienne, L. Gernet, J. P. Vernant and P. Vidal-Naquet, Cambridge–Paris 1982.
Graf, F.: Griechische Mythologie, Zürich–München 1985, ³1991.
Graf, F. (Hrsg.): Mythos in mythenloser Gesellschaft. Das Paradigma Roms, Stuttgart–Leipzig 1993 (Colloquia Raurica, 3).
Grant, M., und J. Hazel: Who's Who in Classical Mythology, London 1994.
Grimal, P.: Dictionnaire de la mythologie grecque et romaine, Paris 1951, ⁴1969.
Gruppe, O.: Die griechischen Culte und Mythen in ihren Beziehungen zu den orientalischen Religionen, I. Bd.: Einleitung, Leipzig 1887 (ND Hildesheim–New York 1973). Weitere Bände dieses Werkes sind nicht erschienen.
Hübner, K.: Die Wahrheit des Mythos. München 1981.

Hunger, H.: Lexikon der griechischen und römischen Mythologie mit Hinweisen auf das Fortwirken antiker Stoffe und Motive in der bildenden Kunst, Literatur und Musik des Abendlandes bis zur Gegenwart, Wien 1953, ⁸1988.
Kerényi, K.: Einführung in das Wesen der Mythologie. Das göttliche Kind. Das göttliche Mädchen. Amsterdam–Leipzig 1941, Zürich ²1951.
–: Die Mythologie der Griechen. Götter- und Menschheitsgeschichten, Zürich 1951.
Kirk, G. S.: Myth. Its Meaning and Functions in Ancient and Other Cultures, Cambridge, Mass., 1970 (Sather Classical Lectures, 40).
–: The Nature of Myth, Harmondsworth 1974.
Lévi-Strauss, C., und J. P. Vernant: Mythos ohne Illusionen, Frankfurt a. M. 1984.
Neschke-Hentschke, A.: Griechische Mythen und strukturale Anthropologie, in: Poetica 10 (1978), 135–153.
–: Griechischer Mythos. Versuch einer idealtypischen Beschreibung, in: Zeitschrift für philosophische Forschung 37 (1983), 119–138.
–: Mythe et traitement littéraire du mythe en Grèce ancienne, in: Studi Classici e Orientali 37 (1987), 29–60.
Nilsson, M. P.: The Mycenaean Origin of Greek Mythology, Berkeley 1932 (Sather Classical Lectures, 8) (ND Berkeley 1972 mit Einleitung und Bibliographie von E. Vermeule).
Parry, H.: Thelxis. Magic and Imagination in Greek Myth and Poetry, Lanham–New York–London 1992.
Penglase, Ch.: Greek Myths and Mesopotamia. Parallels in Influence in the Homeric Hymns and Hesiod, London 1994.
Pfister, F.: Götter- und Heldensagen der Griechen, Heidelberg 1956.
Preller, L.: Griechische Mythologie, Bd. I: Theogonien und Götter, Leipzig 1854, Berlin–Zürich ⁵1964, bearb. von C. Robert.
–: Römische Mythologie, Berlin 1858, 3. Aufl. von H. Jordan, 2 Bde., Berlin 1881/1883.
Radermacher, L.: Mythos und Sage bei den Griechen, Brünn–München–Wien 1938, ²1943.
Ranke-Graves, R. V.: Griechische Mythologie. Quellen und Deutung, 2 Bde., Hamburg 1960 (rowohlts deutsche enzykl., 113/114).
Roscher, W. H. (Hrsg.): Ausführliches Lexikon der griechischen und römischen Mythologie, 6 Bde., Leipzig 1884–1937 (ND Hildesheim 1965).
Rose, H. J.: A Handbook of Greek Mythology Including Its Extension to Rome, London 1928, ⁵1953. Dt.: Griechische Mythologie. Ein Handbuch, München 1955, ⁴1974.
Sabatucci, D.: Il mito, il rito e la storia, Rom 1978.
Schlesier, R. (Hrsg.): Faszination des Mythos. Studien zu antiken und modernen Interpretationen, Frankfurt a. M. 1985.
Segal, R. A.: In Defence of Mythology. The History of Modern Theories of Myth, in: Annales of Scholarship 1 (1980), 3–49.

Slater, Ph. E.: The Glory of Hera. Greek Mythology and the Greek Family, Princeton, N. J. 1992.
Tripp, E.: Crowell's Handbook of Classical Mythology, New York 1950. Dt. Übersetzung von R. Rauthe: Reclams Lexikon der antiken Mythologie, Stuttgart 1974.
Vernant, J.-P.: Mythe et pensée chez les Grecs. Études de psychologie historique, Paris 1965, ²1985.
–: Mythe et socíeté en Grèce ancienne, Paris 1974.
Wiesner, J.: Olympos. Götter, Mythen und Stätten von Hellas. Topographisch-mythologischer Führer durch das klassische Griechenland, Darmstadt 1960.
Wiseman, T. P.: Remus. A Roman Myth, Cambridge 1995.

Literatur zum griechischen und römischen Kult

Le Sacrifice dans l' antiquité. Entretiens sur l' Antiquité Classique, Tome XXVII, Vandœuvres-Genf. Fondation Hardt pour l' étude de l' Antiquité Classique, 1981.
Beard, M., and J. North (Edd.): Pagan Priests: Religion and Power in the Ancient World, Ithaka, N. Y. 1990. Die Beiträge dieses Bandes sind im Nachtrag an passender Stelle genannt. Hier müssen noch zitiert werden die Beiträge von Richard Gordon: The Veil of Power: Emperors, Sacrificers and Benefactors (199–231); Religion in the Roman Empire: the Civic Compromise and its Limits (233–255).
Eitrem, S.: Opferritus und Voropfer der Griechen und Römer, Kristiania 1915.
Fehrle, E.: Die kultische Keuschheit im Altertum, Gießen 1910 (RVV, 6). (ND Berlin 1966).
Pfister, E.: Der Reliquienkult im Altertum, Gießen 1909/12 (RVV, 5, 1 u. 2.) (ND Berlin–New York 1974).
Samter, E.: Familienfeste der Griechen und Römer, Berlin 1901.
–: Geburt, Hochzeit und Tod. Beiträge zur vergleichenden Volkskunde, Leipzig–Berlin 1911.
Schwenn, F.: Die Menschenopfer bei den Griechen und Römern, Gießen 1915 (RVV, 15, 3) (ND Berlin 1966).
–: Menschenopfer, RE 15, 1931, 948, 60–956, 31.

Kunsthistorisch-archäologische Literatur

Bianchi, U.: The Greek Mysteries, Leiden 1976 (Iconography of Religions, Section XVII: Greece and Rome, Fasc. 3).
Castriota, D.: Myth, Ethos, and Actuality. Official Art in Fifth Century BC Athens, Madison, Wisconsin, 1993.

Clinton, K.: Myth and Cult. The Iconography of the Eleusinian Mysteries, Stockholm 1992 (Acta Inst. Atheniensis Regni Sueciae, Ser. in 8⁰, XI).
Ferguson, J.: Among the Gods: an Archaeological Exploration of Ancient Greek Religion, London–New York 1989.
Hawkes, J.: Dawn of the Gods. Minoan and Mycenaean Origin of Greece, New York 1968. Dt.: Geburt der Götter. An den Quellen griechischer Kultur, Bern–Stuttgart 1972 (in beiden Ausgaben Farbaufnahmen von D. Harissiadis).
Loeb, E. H.: Die Geburt der Götter in der griechischen Kunst der klassischen Zeit, Jerusalem 1979.
Marinatos, Sp., und M. Hirmer: Kreta, Thera und das mykenische Hellas, München ⁴1986.
Schefold, K.: Griechische Kunst als religiöses Phänomen, Hamburg 1959 (rowohlts deutsche enzykl., 98).
–: Römische Kunst als religiöses Phänomen, Hamburg 1964 (rowohlts deutsche enzykl., 200).
Simon, E., und M. Hirmer: Die Götter der Griechen, München 1969, ²1980.
–: Eirene und Pax. Friedensgöttinnen in der Antike, Stuttgart–Wiesbaden 1982, ²1988 (Sitzungsberichte der Wissenschaftl. Gesellschaft Frankfurt a. M. 24,3).
–: Festivals of Attica. An Archaeological Commentary, Madison, Wisconsin 1983.
–: Die Götter der Römer, München 1990.
Walter, H.: Griechische Götter. Ihr Gestaltwandel aus den Bewußtseinsstufen der Menschen, dargestellt an den Bildwerken, München 1971.
Weiss, C.: Griechische Flußgottheiten in vorhellenistischer Zeit. Ikonographie und Bedeutung, Würzburg 1984 (Beiträge zur Archäologie, 17).
Lexicon Iconographicum Mythologiae Classicae (LIMC), noch nicht abgeschlossen, bisher erschienen I 1 bis VII 2 (bis Theseus), Zürich–München 1981 bis 1994.

Literatur zur Religion der Griechen

Allgemeine Literatur

La notion du divin depuis Homère jusqu' à Platon, Entretiens sur l' Antiquité Classique, Tome I, Vandœuvres-Genf, Fondation Hardt pour l' étude de l' Antiquité Classique, 1952.
Matronen und verwandte Gottheiten. Ergebnisse eines Kolloquiums veranstaltet von der Göttinger Akademiekommission für die Altertumskunde Mittel- und Nordeuropas, Red.: G. Bauchhenss und G. Neumann, Köln–Bonn 1987 (Beihefte der Bonner Jahrbücher, 44).
Adkins, A. W. H.: Greek Religion, in: Historia Religionum. Handbook for the History of Religions, hrsg. von C. J. Bleeker und G. Widengren, Bd. I, Leiden 1969, 377–441.

Alsina, J.: La religion griéga: Estado de la cuestion, Emerita 50, 1982, 51–73.
Armstrong, A. H.: Hellenic and Christian Studies, Aldershot 1990 (Collected Studies Series, 324).
Bianchi, U.: La religione greca, Turin 1975.
Bremmer, J. N.: Greek Religion, Oxford 1994 (Greece and Rome, New Surveys in the Classics, 24).
Burkert, W.: Griechische Religion der archaischen und klassischen Epoche, Stuttgart–Berlin–Köln–Mainz 1977 (Die Religionen der Menschheit, 15).
–: Die orientalisierende Epoche in der griechischen Religion und Literatur, Heidelberg 1984 (Heidelberger Akad. d. Wiss., Phil.-hist. Kl., Sitz.-Ber. 1984. 1). Übersetzung ins Englische: Near Eastern Influence on Greek Culture in the Early Archaic Age. Translated by Margaret E. Binder and Walter Burkert, Cambridge, Mass.–London 1992, ²1995.
–: Ancient Mystery Cults, Cambridge, Mass.–London 1987. Erweiterte Übersetzung ins Deutsche: Antike Mysterien, Funktionen und Gehalt, München 1990, ³1994.
–: Der geheime Reiz des Verborgenen: Antike Mysterienkulte, in: Secrecy and Concealment. Studies in the History of Mediterranean and Near Eastern Religions, ed. by Hans G. Kippenberg and Guy G. Stroumsa, Leiden–New York–Köln 1995, 79–100.
Cilento, V.: Comprensione della religione antica, Neapel 1967.
Cook, A. B.: Zeus. A Study in Ancient Religion, 3 Bde., Cambridge 1914–1940 (ND New York 1964/65).
Cornford, F. M.: The Religious Thought from Homer to the Age of Alexander, New York 1923 (ND New York 1969).
Crahay, R.: La religion des Grecs, Brüssel 1966 (Coll. Problèmes, 7).
Detienne, M., et G. Lissa: La vie quotidienne des Dieux grecs, Paris 1989.
Dietrich, B. C.: The Origins of Greek Religion, Berlin–New York 1974.
–: Death, Fate and the Gods. The Development of a Religious Idea in Greek Popular Belief and in Homer, London 1965.
–: Tradition in the Greek Religion, Berlin–New York 1986.
Dodds, E. R.: The Greeks and the Irrational, Berkeley 1951, ⁵1966 (Sather Classical Lectures, 25). Dt.: Die Griechen und das Irrationale, Darmstadt 1970.
–: The Ancient Concept of Progress, and other Essays on Greek Literature and Belief, Oxford 1973.
Dover, K. J.: Religiöse und moralische Haltungen der Griechen, in: Propyläen-Geschichte der Literatur, Literatur und Gesellschaft der westlichen Welt, I. Bd.: Die Welt der Antike; 1200 v. Chr.–600 n. Chr., Berlin 1981, 68–84.
Easterling, P. E., und J. V. Muir (Hrsg.): Greek Religion and Society, Cambridge 1985.
Faraone, Ch. A., and D. Obbink (Edd.): Magika Hiera: Ancient Greek Magic and Religion, New York–Oxford 1991.
Farnell, L. R.: Greek Hero Cults and Ideas of Immortality, Oxford 1921.

Festugière, A. J.: Études de religion grecque et hellénistique, Paris 1972.
Garland, R.: Religion and the Greeks, London 1994.
Gernet, L., und A. Boulanger: Le génie grec dans la religion, Paris 1932 (ND Paris 1970 mit Bibliographie complémentaire).
Gerson, L. P.: God and Greek Philosophy. Studies in the Early History of Natural Theology, London–New York 1990 (Paperback 1994).
Gigon, O.: Griechische Religion, LAW 1965, 2580–2593.
–: Die antike Kultur und das Christentum, Gütersloh 1966.
Guthrie, W. K. C.: The Greeks and their Gods, London 1950 (als Taschenbuch 1968).
Harrisson, J. E.: Prolegomena to the Study of Greek Religion, London 1903, ³1922 (ND New York 1955 und London 1961).
–: Themis, A Study of the Social Origins of Greek Religion, Cambridge 1912, ⁹1927 (ND London 1957 und New York 1963).
–: Epilegomena to the Study of Greek Religion, Cambridge 1921 (ND New York 1962).
Hawkes, J.: Dawn of the Gods. Minoan and Mycenaean Origins of Greece, New York 1968. Dt.: Geburt der Götter. An den Quellen griechischer Kultur, Bern–Stuttgart 1972 (in beiden Ausgaben Farbaufnahmen von D. Harissiadis).
Henrichs, A.: Die Götter Griechenlands. Ihr Bild im Wandel der Religionswissenschaft, Bamberg 1987 (Thyssen-Vorträge. Auseinandersetzungen mit der Antike, 5).
Kern, O.: Die Religion der Griechen, 3 Bde., Berlin 1926–1938.
Knight, W. F. J.: Elysion. On Ancient Greek and Roman Beliefs Concerning a Life After Death, New York–London 1970.
Kullmann, W.: Gods and Men in the Iliad and the Odyssey, Harvard Studies in Classical Philology 89 (1985), 1–23.
Lloyd-Jones, H.: The Justice of Zeus, Berkeley 1971 (Sather Classical Lectures, 41).
Lonis, R.: Guerre et religion en Grèce à l'époque classique. Recherches sur les rites, les dieux, l' idéologie de la victoire, Paris 1979 (Ann. litt. Univ. de Besançon No. 238, Hist. anc. XXXIII).
Luchterhandt, J.: Griechentum und Urreligion, Bonn–Berlin 1992 (fertiggestellt 1966).
McGinty, P.: Interpretation and Dionysos. Method in the Study of a God, The Hague–Paris–New York 1978 (Religion and Reason, 16).
Malkin, I.: Religion and Colonization in Ancient Greece, Leiden–New York–Kopenhagen–Köln 1987 (Studies in Greek and Roman Religion, 3).
Martin, L. H.: Hellenistic Religion. An Introduction, New York–Oxford 1987.
Martin, R., et H. Metzger: La religion grecque, Paris 1976.
Murray, G.: Five Stages of Greek Religion, Oxford 1925, Boston ³1952.
Muth, R.: Die Götterburleske in der griechischen Literatur, Darmstadt 1992.
Nestle, W.: Die griechische Religiosität in ihren Grundzügen und Hauptvertretern von Homer bis Proklos, 3 Bde., Berlin 1930–1934 (Sammlung Göschen).

Nilsson, M. P.: Die Griechen, in: Chantepie de la Saussaye, Lehrbuch der Religionsgeschichte, 4. Aufl., hrsg. von A. Bertholet und E. Lehmann, Bd. II, Göttingen 1925, 281–417.

–: Greek Popular Religion, New York 1940.

–: Greek Piety, Oxford 1948. Dt.: Griechischer Glaube, Bern 1950 (Sammlung Dalp, 64).

Nola, A. M. di: Religione della Grecia, in: Enciclopedia delle religioni, III, Florenz 1971, 514–668.

Otto, W. F.: Die Götter Griechenlands. Das Bild des Göttlichen im Spiegel des griechischen Geistes, Bonn 1929, Frankfurt a. M. ^{6}1970.

–: Dionysos. Mythos und Kultus, Frankfurt a. M. 1933, Darmstadt ^{4}1980.

Peterich, E.: Die Theologie der Griechen, Leipzig 1938.

Pettazzoni, R.: La religione nella Grecia antica fino ad Alessandro, Turin 1921, ^{2}1953.

Picard, Ch.: Les origines du polythéisme hellénique, 2 Bde., Paris 1930/1932.

Places, É. des: Les Religions de la Grèce antique, in: M. Brillant, R. Aigrain (Hrsg.), Histoire des Religions, III, Paris 1955, 159–291.

–: La religion Grecque. Dieux, cultes, rites et sentiment religieux dans la Grèce antique, Paris 1969.

Pritchett, W. Kendrick: The Greek State at War, Part III: Religion, Berkeley–Los Angeles–London 1980.

Prümm, K.: Die Religion der Griechen, in: Christus und die Religionen der Erde, Bd. II, Wien–Freiburg i. Br. 1951, ^{2}1956, 3–140.

–: Die Religion des Hellenismus, in: Christus und die Religionen der Erde, Bd. II, Wien–Freiburg i. Br. 1951, ^{2}1956, 169–244.

Reitzenstein, R.: Die hellenistischen Mysterienreligionen nach ihren Grundgedanken und Wirkungen, Leipzig ^{3}1927 (ND 1982).

Rohde, E.: Psyche. Seelencult und Unsterblichkeitsglaube der Griechen, 2 Bde., Freiburg i. Br. 1890–93, 9./10. Aufl. Tübingen 1925 (ND Darmstadt 1961 u. 1974).

Rose, H. J.: Ancient Greek Religion, London 1948.

Schmitt, H. H., und E. Vogt (Hrsg.): Kleines Lexikon des Hellenismus, Wiesbaden ^{2}1993.

Séchan, L., und P. Lévêque: Les grandes divinités de la Grèce, Paris 1966.

Vernant, J.-P.: Figures, idoles, masques. Conférences, essais et leçons du Collège de France, Paris 1990.

Wide, S.: Griechische Religion, in: A. Gercke–E. Norden, Einleitung in die Altertumswissenschaft, Bd. II 4, Leipzig–Berlin 1910, 191–255, ^{4}1931 (bearb. v. M. P. Nilsson), 1–69.

Wilamowitz-Moellendorff, U. von: Der Glaube der Hellenen, 2 Bde., Berlin 1931/1932, ^{3}1959 (ND der 2. Aufl. 1955, Darmstadt 1994).

Zielinsky, Th.: The Religion of Ancient Greece, an Outline, Oxford 1926.

Literatur zum griechischen Kult

Aubriot-Sévin, D.: Prière et conceptions religieuses en Grèce ancienne jusqu'à la fin du Ve siècle av. J. C., Lyon–Paris 1992 (Coll. de la Maison de l'Orient méditerranée 22, Sér. littéraire et philosophique, 5).

Bremmer, J. N.: Greek Religion, Oxford 1994 (Greece and Rome, New Surveys in the Classics, 24), 27–54, 69–83.

Bruit Zaidman, L., und P. Schmitt Pantel, Die Religion der Griechen. Kult und Mythos. Aus dem Französischen (La religion grecque, Paris ²1991) übertragen von A. Wittenburg, München 1994.

Burkert, W.: Homo necans. Interpretationen altgriechischer Opferriten und Mythen, Berlin–New York 1972 (RVV. 32). Engl. Übersetzung mit zusätzlichen Anmerkungen von Peter Bing, Berkeley–Los Angeles–London 1983.

–: Structure and History in Greek Mythology and Ritual, Berkeley–Los Angeles–London 1979 (Sather Classical Lectures, 47).

–: Wilder Ursprung. Opferritual und Mythos bei den Griechen. Mit einem Vorwort von Glen W. Most, Berlin 1990, ²1991 (Kleine kulturwissenschaftliche Bibliothek, 22).

Deubner, L.: Attische Feste. Berlin 1932, Wien ²1966 (ND der 1. Aufl. Berlin 1956, Hildesheim 1959 und Darmstadt 1966, d. 2. Aufl. Hildesheim 1969 und New York 1969).

Farnell, L. R.: The Cults of the Greek States, 5 Bde., Oxford, 1896–1909.

Gigon, O.: Griechische Religion, LAW 1965, 2593–2598.

Gruppe, O.: Die griechischen Culte und Mythen in ihren Beziehungen zu den orientalischen Religionen, I. Bd.: Einleitung, Leipzig 1887 (ND Hildesheim–New York 1973). Weitere Bände dieses Werkes sind nicht erschienen.

Hägg, R., N. Marinatos and C. C. Nordquist (Edd.): Early Greek Cult Practice. Proceedings of the Fifth International Symposium at the Swedish Institute at Athens, 26–29 June 1986, Stockholm 1988 (Acta Inst. Atheniensis Regni Sueciae, Series in 4°, 38).

Kurtz, D. C., und J. Boardman: Greek Burial Customs. Aspects of Greek and Roman Life, Ithaca, N. Y., 1971.

Larson, J. L.: Greek Heroine Cults, Madison, Wisconsin, 1995.

Lonsdale, St. H.: Dance and Ritual Play in Greek Religion, Baltimore–London 1993, ²1996.

Marinatos, N.: Minoan Sacrificial Ritual, Cult Practice and Symbolism. Stockholm 1986 (Acta Inst. Atheniensis Regni Sueciae, Ser. in 8°, IX).

Meuli, K.: Griechische Opferbräuche, in: Phyllobolia für Peter von der Mühl, Basel 1946, 185–288.

Nilsson, M. P.: Griechische Feste von religiöser Bedeutung mit Ausschluß der attischen. Berlin 1906 (ND Stuttgart–Leipzig 1995, mit einem Vorwort von Fritz Graf).

–: Cults, Myths, Oracles, and Politics in Ancient Greece. With two Appendices: The Ionian Phylae, the Phratries, Lund 1951 (Acta Instituti Atheniensis

Regni Sueciae, Ser. in 8°, I), ND Göteborg 1986 (Studies in Mediterranean Archaelogy, Pocket-book, 44).
Parke, H. W.: Festivals of the Athenians, London 1977.
Parker, R.: Miasma: Pollution and Purification in Early Greek Religion, Oxford 1983 (Paperback 1996).
Rosivach, V. J.: The System of Public Sacrifice in Fourth-Century Athens, Atlanta, Georgia, 1994 (American Classical Studies, 34).
Rouse, W. H. D.: Greek Votive Offerings. An Essay in the History of Greek Religion, Leiden 1902 (ND Hildesheim–New York 1976).
Schnaufer, A.: Frühgriechischer Totenglaube. Untersuchungen zum Totenglauben der mykenischen und homerischen Zeit, Hildesheim 1970 (Spudasmata, 20).
Stengel, P.: Die griechischen Kultusaltertümer, München 1890, ³1920 (HdA V, 3).
–: Opferbräuche der Griechen, Leipzig 1910 (ND Darmstadt 1972).
Wächter, Th.: Reinheitsvorschriften im griechischen Kult, Gießen 1910 (RVV, 9).

Spezialliteratur zum Orakelwesen

Delcourt, Marie: L'Oracle de Delphes, Paris 1955 (ND Paris 1981).
Fontenrose, J.: The Delphic Oracle. Its Responses and Operations with a Catalogue of Responses, Berkeley–Los Angeles–London 1978.
Gasparro Sfameni, G.: Misteri e culti mitici di Demetra. Rom 1986 (Storia delle religioni, 3).
Parke, H. W., und D. E. W. Wormell: The Delphic Oracle, I: The History, II: The Oracular Responses, Oxford 1956.
Parke, H. W.: Greek Oracles, London 1967.
–: The Oracles of Zeus. Dodona, Olympia, Ammon, Oxford 1976.
–: The Oracles of Apollo in Asia Minor, London–Sidney 1985.

Literatur zur Religion der Römer

Allgemeine Literatur

Le délit religieux dans la cité antique (Table ronde, Rome, 6–7 avril 1978). Textes de M. Torelli, Ch. Guitard, G. Piccaluga, T. Cornell, B. Santalucia, A. Fraschetti, J. Scheid, D. Sabbatucci, G. Crifò, Rom–Paris 1981 (Coll. de l'École Franç. de Rome, 48).
Altheim, F.: Griechische Götter im alten Rom, Gießen 1930 (RVV, 22, 1).
–: Römische Religionsgeschichte, 3 Bde., Berlin–Leipzig 1931–1933 (Sammlung Göschen), 2., umgearb. Aufl. in 2 Bden., Berlin 1956.
–: Terra Mater. Untersuchungen zur altitalischen Religionsgeschichte, Gießen 1931 (RVV, 22, 2).

–: Römische Religionsgeschichte, 2 Bde., Baden-Baden 1951/1953 (mit dem erstmals 1931–1933 erschienenen Werk nicht identisch).
Bailey, C.: Religion of Ancient Rome, London 1907.
–: Phases in the Religion of Ancient Rome, Berkeley–London 1932 (Sather Classical Lectures, 10) (ND Berkeley 1972).
Bayet, J.: Histoire politique et psychologique de la religion romaine, Paris 1957, ²1969.
–: Croyances et rites dans la Rome antique, Paris 1971.
Boyancé, P.: Études sur la religion romaine, Rom 1972 (Coll. de l'École Française de Rome, 11).
Brelich, A.: Die geheime Schutzgottheit von Rom, Zürich 1949 (Albae Vigiliae, N.F., 6).
Carter, J. B.: The Religious Life of Ancient Rome, London–New York 1912.
Cumont, F.: Les religions orientales dans le paganisme romain, Paris 1907, ⁴1929. Neueste deutsche Übers. d. 4. Aufl.: Die orientalischen Religionen im römischen Heidentum, Stuttgart–Leipzig ⁹1989.
Deubner, L.: Die Römer, in: Chantepie de la Saussaye, Lehrbuch der Religionsgeschichte, 4. Aufl., hrsg. von A. Bertholet und E. Lehmann, Bd. II, Tübingen 1925, 418–505.
–: Zur Entwicklungsgeschichte der altrömischen Religion, in: Kleine Schriften zur Klassischen Altertumskunde, Königstein/Ts. 1982 (Beiträge zur Klassischen Philologie, 140), 113–137. Ursprünglich 1911.
Fabre, P.: La religion romaine, Paris 1955 (Histoire des religions, 3).
Ferguson, J.: The Religions of the Roman Empire, London 1970.
Fowler, W. W.: The Religious Experience of the Roman People, London 1911, ²1922.
–: Roman Ideas of Deity in the Last Century before the Christian Era, London 1914.
–: Roman Essays and Interpretations, Oxford 1920.
Grant, M.: Ancient Roman Religion, New York 1957.
Grenier, L.: Les religions étrusque et romaine, Paris 1948.
Guterman, S. L.: Religious Toleration and Persecution in Ancient Rome, London 1951.
Halliday, W. R.: Lectures on the History of Roman Religion, Liverpool 1922 (ND New York 1950).
Hampl, F.: Römische Religion, in: Propyläen-Geschichte der Literatur, Literatur und Gesellschaft der westlichen Welt, I. Bd.: Die Welt der Antike: 1200 v. Chr.–600 n. Chr., Berlin 1981, 321–342 (Literaturverzeichnis S. 551).
Koch, C.: Der römische Jupiter, Frankfurt a. M. 1937 (Frankfurter Studien, 14), Darmstadt ²1968.
–: Religio. Studien zu Kult und Glauben der Römer. Hrsg. von Otto Seel, Nürnberg 1960 (Erlanger Beiträge zur Sprach- und Kunstwissenschaft, 7).
Latte, K.: Die Religion der Römer und der Synkretismus der Kaiserzeit,

Religionsgeschichtliches Lesebuch, Tübingen 1927 (Religionsgeschichtliches Lesebuch, hrsg. von A. Bertholet, 2. Aufl., Heft 5).
–: Römische Religionsgeschichte, München 1960 (HdA V, 4).
Le Bonniec, H.: Römische Religion, LAW 1965, 2598–2605.
Le Gall, J.: La religion romaine de l'époque de Caton l' Ancien au règne de l'empereur Commode, Paris 1975.
Leglay, M.: La religion romaine, Paris 1971.
Liebeschütz, J. H. W. G.: Continuity and Change in Roman Religion, Oxford 1979.
MacMullen, R.: Paganism in the Roman Empire, New Haven–London 1981.
Muth, R.: Vom Wesen römischer „religio", in: ANRW, Bd. II, 16, 1, Berlin–New York 1978, 290–354.
Nock, A. D.: Essays on Religion and the Ancient World, Oxford 1972.
Ogilvie, R. M.: The Romans and their Gods in the Age of Augustus, London 1969.
Pastorino, A.: La religione Romana, Mailand 1973 (Problemi di storia, 21).
Pighi, G. B.: La religione romana, Turin 1967.
Radke, G.: Die Götter Altitaliens, Münster o. J. (1965, ²1979) (Fontes et Commentationes, 3).
–: Zur Entwicklung der Gottesvorstellung und der Gottesverehrung in Rom, Darmstadt 1987 (Impulse der Forschung, 50).
Rose, H. J.: Ancient Roman Religion, London 1949.
Scheid, J.: La religione a Roma, Rom–Bari 1983, bzw. Religion et piété à Rome, Paris 1985.
Schilling, R.: Rites, cultes, dieux de Rome, Paris 1979 (Études et commentaires, 92).
Ternes, Ch.-M. (Ed.): La religion romaine en milieu provincial, Luxembourg 1985 (Bulletin des Antiquités Luxembourgoises, 15).
Turcan, R.: Religion romaine, I: Les dieux, II: Le culte, Leiden 1988 (Iconography of Religions, 17).
–: Les cultes orientaux dans le monde romain, Paris 1989.
Turchi, N.: La religione di Roma antica, Bologna 1939.
Wagenvoort, H.: Varia Vita, Schets van de geestelijke stroomingen in Rome en Italie van omstreeks 200 voor to 200 naar Chr., Groningen 1927, ⁵1952.
–: Imperium. Studien over het mana-begrip en zede en taal der Romeinen, Amsterdam 1941. Engl. Übersetzung: The Roman Dynamism, Oxford 1947.
–: Studies in Roman Literature, Culture and Religion, Leiden 1956.
–: Wesenszüge altrömischer Religion, in: ANRW, Bd. I, 2, Berlin–New York 1972, 348–362 (= 2. Fassung von ders., Die Wesenszüge altrömischer Religion, in: Historia Mundi, Bd. III, Bern 1954, 485–500, 518).
Wardman, A.: Religion and Statecraft among the Romans, London 1982.
Wide, S.: Römische Religion, in: A. Gercke–E. Norden, Einleitung in die Altertumswissenschaft, Bd. II/4, Leipzig–Berlin 1910, 256–278, ⁴1931 (bearb. von M. P. Nilsson), 69–101.

Wissowa, G.: Religion und Kultus der Römer, München 1902, ²1912 (HdA V, 4) (ND München 1971).

Wlosok, A.: Römischer Religions- und Gottesbegriff in heidnischer und christlicher Zeit, in: Antike und Abendland 16 (1970), 39–53.

Literatur zum römischen Kult

Bayet, J.: Croyances et rites dans la Rome antique, Paris 1971.

Fishwick, D.: The Imperial Cult in the Latin West. Studies in the Ruler Cult in the Western Provinces of the Roman Empire, Bd. I 1 u. I 2, Leiden–New York–Kopenhagen–Köln 1987, Bd. II 1, 1991, Bd. II 2, 1992 (Études préliminaires aux religions orientales dans l'empire romain, 108, 1 u. 2), Bd. III noch nicht erschienen.

Fowler, W. W.: The Roman Festivals of the Period of the Republic, London 1900.

Le Bonniec, H.: Römische Religion, LAW 1965, 2605–2607.

MacBain, B.: Prodigy and Expiation: A Study in Religion and Politics in Republican Rome, Brüssel 1982 (Coll. Latomus, 177).

Norden, E.: Aus römischen Priesterbüchern, Lund–Leipzig 1939 (Acta reg. acad. hum. litt. Lundensis, 29) (ND Stuttgart–Leipzig 1995, mit einem Vorwort von John Scheid).

Porte, D.: Les donneurs de sacré. Le prêtre à Rome, Paris 1989.

Rohde, E.: Die Kultsatzungen der römischen Pontifices, Berlin 1936.

Scullard, H. H.: Festivals and Ceremonies of the Roman Republic, Ithaca, N. Y.–London 1981.

Szemler, G. J.: Religio. Priesthoods and Magistracies in the Roman Republic, Numen 18 (1971), 103–131.

–: The Priests of the Roman Republic. A Study of Interactions between Priesthoods and Magistracies, Brüssel 1972 (Coll. Latomus, 127).

Toutain, J.: Les cultes païens dans l'empire romain, Ire partie, 3 Bde., Paris 1907–1920 (ND Rom 1967).

Vaccai, G.: Le feste di Roma antica, Turin 1902, ²1927.

NACHTRÄGE ZUR AUSWAHLBIBLIOGRAPHIE

Ab 1996 erscheint in Stuttgart und Weimar ein neues Nachschlagewerk: Der Neue Pauly. Enzyklopädie der Antike, hrsg. von H. Cancik und H. Schneider, unter Mitarbeit von 700 Wissenschaftlern aus 25 Ländern. Es soll von der „ägäischen Koine" über die "Dark ages" bis zur Entstehung des mittelalterlichen Europa und zur karolingischen „Renaissance", also bis etwa 800 n. Chr., reichen, in 16 Bänden (in zwei selbständigen Teilen: 12 Bände Altertum, 3 Bände Rezeption, dazu ein Registerband) ungefähr 24000 Stichwörter umfassen und im Jahre 2002 abgeschlossen sein. Band I (A–Ari) enthält u. a. folgende Stichwörter: Acca Larentia (46f., F. Graf), Adonis (119–122, G. Baudy), Aisa (346, F. Graf), Aius Locutius (379f., D. Briquel), Afrika, Religion (220–222, J. Scheid), Agnostos Theos (264f., Ch. Harrauer), Akademeia (381–386, Th. A. Szlezák), Annales maximi (710, W. Kierdorf), Anthropomorphismus (744f., F. Graf), Apollon (863–868, F. Graf), Ares (1047–1050, A. Schachter), Aristoteles (1134–1145, P. Rhodes), Aristotelismus (1147–1152, H. Gottschalk).

Literatur zur Religion der Griechen und Römer

Allgemeine Literatur

Bricault, L.: Myrionymi. Les épiclèses grecques et latines d'Isis, de Sarapis et d'Anubis, Stuttgart–Leipzig 1996 (Beiträge zur Altertumskunde, 82).
Brisson, L.: Orphée et l'orphisme dans l'Antiquité gréco-romaine, Aldershot, 1995.
Burkert, W.: Creation of the Sacred. Tracks of Biology in Early Religions, Cambridge, Mass. 1996.
Dillon, M. (Ed.): Religion in the Ancient World: New Themes and Approaches, Amsterdam 1996.
Fauth, W.: Helios Magister. Zur synkretistischen Theologie der Spätantike, Leiden–New York–Köln 1995 (Religions in the Graeco-Roman World, 125).
Griffiths, J. G.: Triads and Trinity, Cardiff 1996.
Gilhus, I. S.: Laughter in the History of Religion, London 1997.
Masaracchia, A.: Orpheo et l'orphismo. Atti del Seminario Nazionale (Roma–Perugia 1985–1991), a cura die A. M. Rom 1993 (Quaderni Urbinati di Cultura Classica, Atti di Convegni, 4).
Mueller-Goldingen, Ch.: Zur Behandlung der Gebetsproblematik in der griechisch-römischen Antike, Hyperboreus, Studia Classica 2 (1996), 2, 21–37.

Literatur zur Mythologie

Bremmer, J. N.: Götter, Mythen und Heiligtümer im antiken Griechenland. Aus dem Englischen von K. Brodersen, Darmstadt 1996.
Calame, C.: Myth et histoire dans l'antiquité grecque. La création symbolique d'une colonie, Lausanne 1996.
Duchemin, J.: Mythes grecs et sources orientales. Textes réunis par B. Deforge, Paris 1995 (Vérité des mythes, 10).
Dumézil, G.: Mythes et dieux des Indo-Européens. Textes réunis et présentés par H. Coutau-Bégarie, Paris 1996 (Champs-l'Essentiel, 232).
Fox, M.: Roman Historical Myths. The Regal Period in Augustan Literature, Oxford 1996.
Gallardo López, Mª. D.: Manual de Mitología, Madrid 1995.
Gardner, J. F.: Römische Mythen. Aus dem Englischen übersetzt von I. Rein, Stuttgart 1994.
Graf, F.: Greek Mythology. An Introduction, Translated by Th. Marier, Baltimore, MD 1996 (Paperback).
Henrichs, A.: Der rasende Gott: Zur Psychologie des Dionysos und des Dionysischen in Mythos und Literatur, Antike und Abendland 40, 1994, 31–58.
Kerenyi, K. (Hrsg.): Die Eröffnung des Zugangs zum Mythos, Darmstadt ^{5}1996.

Kunsthistorisch-archäologische Literatur

Hausmann, U.: Aphrodite und Adonis, Eirene 31 (1995), 88–97.
Marinatos, N. and R. Hägg (Edd.): Greek Sanctuaries. New Approaches, London 1995.
Polito, E.: Luoghi del mito a Roma, Ambietazione urbana in alcuni rilievi paesistici. Rivista dell'Istituto Nazionale d'Archeologia e Storia dell'Arte, IIIª Ser., Anno XVII, 1994, 65–100.
Simon, E.: Doppelgöttinnen in Anatolien, Griechenland und Rom, Eirene 31, 1995, 69–87.
Straten, F. T.: Hierà kalá. Images of Sacrifice in Archaic and Classical Greece, Leiden–New York–Köln 1995 (Religions in the Graeco-Roman World, 127).
Winkler, L.: Salus: Vom Staatskult zur politischen Idee. Eine archäologische Untersuchung, Heidelberg 1995 (Archäologie und Gesellschaft, 4).

Literatur zur Religion der Griechen

Allgemeine Literatur

Bowden, E.: Cybele the Axe-goddess. Alliterative Verse, Linear B Relationship and Cult Ritual of the Phaistos Disc, Amsterdam 1992.

Blundell, S. and M. Williamson: The Sacred and the Feminine in Ancient Greece, London 1997.
Borgeaud, Ph.: La mère des dieux. De Cybele à la Vierge Marie, Paris 1996.
Bremmer, J. N.: Götter, Mythen und Heiligtümer im antiken Griechenland, übers. von K. Brodersen, Darmstadt 1996.
Hellström, P., and B. Alroth (Edd.): Religion and Power in the Ancient Greek World, Proceedings of the Uppsala Symposium 1993, Uppsala 1996 (Acta Universitatis Uppsaliensis, Boreas Uppsala Studies in Ancient Mediterranean and New Eastern Civilisation, 24).
Jay-Robert, G.: Les ὅσιοι de Delphes, Euphrosyne, NS. 25 (1997), 25–45.
Parker, R.: Athenian Religion. A History, Oxford 1996.
Ruud, I. M.: Minoan Religion. A Bibliography, Jonsered 1996 (Studies in Mediterranean Archaeology and Literature, Pocket-Books 1996).

Literatur zum griechischen Kult

Bonnechère, P.: Le sacrifice humain en Grèce ancienne, Athen–Liège 1994 (Kernos, Suppl. 3).
Camps Gaset, M.: L'année des Grecs. La fête et le mythe, Paris 1994 (Centre des Recherches d'Histoire Ancienne, 131).
Graf, F. (Hrsg.): Ansichten griechischer Rituale. Geburtstags-Symposium für Walter Burkert, Castelen bei Basel, 15.–18. Mai 1996, Stuttgart–Leipzig 1996.
Hägg, R. (Ed.): Ancient Greek Cult Practice from the Epigraphical Evidence: Proceedings of the Second International Seminar on Ancient Greek Cult, Stockholm 1994 (Acta Instituti Atheniensis Regni Sueciae, Ser. in 8^0, XIII).
Larson, J. J. L.: Greek Heroine Cults, Madison, Wisc. 1995.

Spezialliteratur zum Orakelwesen

Maaß, M.: Das antike Delphi. Orakel, Schätze, Monumente, Darmstadt 1993.

Literatur zur Religion der Römer

Allgemeine Literatur

Adkins, L., and R. A. Adkins: A Dictionary of Roman Religion, New York 1996.
Bauza, H. F.: Dioniso y dionisísmo. Mystica vannus Iacchi, Euphrosyne, NS. 25 (1997), 227–236.
Böels-Janssen, N.: La vie religieuse des matrones dans la Rome archaïque, Rom 1993 (Coll. de l'École Française de Rome, 176).
Capdeville, G.: Volcanus. Recherches comparatistes sur les origines de culte

de Vulcain, Rom 1995 (Bibliothèque des Écoles Françaises d'Athènes et de Rome, 288).

Chassignat, M.: L'annalistique ancienne et moyenne et la religion romaine archaïque, Euphrosyne, NS. 25 (1997), 85–98.

Dumézil, G.: Archaic Roman Religion, Vols. 1 and 2, translated by Ph. Krapp, Baltimore, MD. 1966 (Paperback).

Häußler, R.: Hera und Juno. Wandlungen und Beharren einer Göttin, Stuttgart 1995 (Schriften der Wissenschaftlichen Gesellschaft der Univ. Frankfurt a. M., Geisteswiss. Reihe, 10).

Lane, E. N. (Ed.): Cybele, Attis and Related Cults. Essays in Memory of M. J. Vermaseren, Leiden–New York–Köln 1996.

Manetti, G.: Language of the Sibyls, Euphrosyne, NS. 25 (1997), 237–250.

Meid, W.: Mars Latobius, in: Studia Onomastica et Indogermanica. Festschrift für Fritz Lochner von Hüttenbach, hrsg. von M. Ofitsch und Ch. Zinko, Graz 1995, 125–127.

Schmeja, H.: Zur griechischen Wortbildung und Lexik, in: Studia Onomastica et Indogermanica. Festschrift für Fritz Lochner von Hüttenbach, hrsg. von M. Ofitsch und Ch. Zinko, Graz 1995, 229–237.
Betrifft u. a. die Namen der beiden Begleiter des Mithras, Cautes und Cautopates.

Sommerstein, A. H. (Ed.): Religion and Superstition in Latin Literature, Bari 1996.

Spaeth, B. L.: The Roman Goddess Ceres, Austin, Texas 1996.

Takács Sarolta, A.: Isis and Sarapis in the Roman World, Leiden 1995 (Religions in the Graeco-Roman World, 124).

Staples, A.: From Good Goddess to Vestal Virgins. Sex and Category in Roman Religion, London 1997.

Literatur zum römischen Kult

Dohrmann, H.: Die Anerkennung und Bekämpfung von Menschenopfern im römischen Strafrecht der Kaiserzeit, Frankfurt a. M. 1995 (Europäische Hochschulschriften, Reihe II, Rechtswissenschaft, Bd. 1850).

Magini, L.: Le feste di Venere. Fertilità femminile e configurazioni astrali nel calendario di Roma antica, Rom 1996.

Literatur des frühen Christentums

Botermann, H.: Das Judenedikt des Kaisers Claudius. Römischer Staat und Christiani im 1. Jahrhundert, Stuttgart 1996 (Hermes, Einzelschriften, 71).

Dihle, A.: Von der fremden Sekte zur Staatsreligion. – Das Christentum in der Spätantike, in: Die Griechen und die Fremden, München 1994, 122–131 (Anm.: S. 161–163).

Gottlieb, G.: Christentum und Kirche in den ersten drei Jahrhunderten, Heidelberg 1991.

Sawyer, D. F.: Women and Religion in the first Christian Centuries, London–New York 1996.

Smith, R.: Religion and Philosophy in the Thought and Action of Julian the Apostate, London–New York 1996.

Vittinghoff, F.: „Christianus sum". Das „Verbrechen" von Außenseitern der römischen Gesellschaft, Historia 33 (1984), 331–357.
Nach V. gab es kein gesetzliches Verbot des christlichen Glaubens. Die einzige Begründung dafür, das öffentliche Geständnis „Christianus sum" seit neronischer Zeit als ein todeswürdiges Verbrechen zu verurteilen, habe darin gelegen, daß das Christentum durch die Person seines Stifters als eines hingerichteten politischen Aufrührers und die Christen als Anhänger und Träger seines Namens von Anfang an kriminalisiert waren.

Den ›Mitteilungen 48‹ (Dezember 1996) der Mommsen-Gesellschaft, des Verbandes der Deutschen Forscher auf dem Gebiete des Griechisch-Römischen Altertums, ist eine *Übersicht über laufende oder jüngst abgeschlossene Dissertationsprojekte* im Bereiche der Klassischen Philologie an deutschsprachigen Universitäten beigefügt, die u. a. folgende Titel enthält:

Barbara Breitenberger, Eros in griechischer Literatur und Religion (Heidelberg); Ulrike Egelhaaf-Gaiser, Die Organisation von Religion an römischen Kultanlagen, ausgehend vom Isis-Buch des Apuleius (Tübingen); Mareile Haase, Kult- und Opferdarstellungen auf kampanischen Vasen und anderen Gefäßen (Tübingen); Johannes Hecker, Die Götter und ihre Rolle im römischen Lustspiel (Heidelberg); Ulrike Kaliwoda-Bauer, Die persönliche Religiosität des Livius (Graz); Thorsten Krüger, Die Liebesverhältnisse zwischen Göttern und sterblichen Frauen (FU Berlin); Antonia Luethi-Haerter, Ino-Leukothea (Zürich); Christian Oesterheld, Pragmatik und Orientierungsleistung griechischer Orakelkulte (Basel); Katharina Waldner, Geschlechterrollentausch und männliche Initiation in griechischen Ritualen und Mythen (München/Zürich); Antja Wessels, Formenlehre des Geistes. Die Schule Useners und die griechische Religionsgeschichte (Heidelberg).

NAMEN- UND SACHREGISTER

(Die Ziffern beziehen sich auf die Buchseiten einschließlich der dazugehörigen Anmerkungen, die Ziffern mit vorangestelltem A auf Anmerkungen. Ziffern in Kursivdruck bezeichnen besonders wichtige Stellen.)

1. Namen der modernen Autoren, welche im Hauptabschnitt I (Forschungsgeschichte) genannt sind

Ackerman, Robert 334
Alföldi, Andreas A 12
Alpert, Harry A 26
Altheim, Franz 21. A 44. 336
Aly, Wolfgang A 44

Bayet, Jean A 41
Beard, Mary 334
Beaujeu, Jean A 41
Bianchi, Ugo A 1. A 12
Birley, Eric A 41
Boeckh, August 4f.
Bömer, Franz A 27. A 41
Bopp, Franz A 10
Brelich, Angelo A 19. A 43
Bremmer, Jan M. 333
Burkert, Walter A 2. A 19. A 25. A 29. A 32. A 33. 331. 333. 335

Calabi, Francesca A 30
Calder III, William M. 334
Caldwell, Richard 333
Callmer, Christian A 17
Cancik, Hubert A 4. 333
Chirassi Colombo, Ileana A 19
Comte, Auguste A 27
Cook, A. B. A 21
Cornford, Francis MacDonald A 19
Creuzer, Georg Friedrich A 2. A 8
Cumont, Franz 18

Delcourt, Marie 16
Desbords, F. A 12
Detienne, Marcel A 30. A 33
Deubner, Ludwig A 17
Diel, P. 15f.
Diels, Hermann 8f.
Dieterich, Albrecht 8f.
Dimitrova-Milčeva, Alexandra A 41
Dodds, Eric Robertson 15f. A 35
Dumézil, Georges 6. A 12. A 33. 19. 334f.
Durand, Jean-Louis A 33
Durkheim, Émile 13. 334

Ehlers, Dietrich 334
Engels, Friedrich A 27

Faber, Richard 334
Farnell, L. R. A 19
Ferrari, Franco A 30
Festugière, André-Jean 18
Fischer, Wolfram A 27
Fontenrose, J. A 19
Fowler, W. W. A 44
Frazer, James George 12f. 21. 334
Freud, Sigmund 13–15
Fritz, Kurt von A 4

Gaster, Theodor H. A 19. A 23
Gernet, Louis 15. A 33. 334f.
Gnoli, Gherardo A 30

Gourdon, R.-L. A 33
Graf, Fritz 331. 333. 334
Grimm, Jacob u. Wilhelm 7
Gruppe, Otto A 1. A 18
Güntert, Hermann A 12
Guthrie, W. K. A 35

Haider, Peter A 20
Hampl, Franz A 12. A 41
Hanslik, Rudolf A 44
Harmon, Daniel P. A 41
Harrison, Jane E. A 21. 15. A 35. 332. 334. 335
Hartog, François A 33
Hegel, Georg Wilhelm Friedrich A 27
Helgeland, John A 41
Henrichs, Albert A 7. 333–335
Hermanns, Gottfried 5
Hooke, S. H. A 19
Howald, Ernst A 3

Jacobi, Jolande A 28
James, E. O. A 19
Jeanmaire, H. A 19
Jordan, H. A 37
Jung, Carl Gustav A 4. 14 f.

Kerenyi, Karl A 4. 3. 333. 334
Kern, Otto A 1. A 7. A 14. A 15
Kirk, G. S. A 19
Kluckhohn, Clyde K. M. A 19
Kobbert, M. A 44
Koch, Carl A 43
Kuhn, Adalbert 6

Latte, Kurt A 36. 21 f. A 43. 336
Leeuw, G. van der A 13
Lévi-Strauss, Claude A 33
Lincoln, Bruce 334
Lobeck, Christian August 5
Lorenz, Günther A 10. A 20. A 26
Lorenz, Konrad A 33

Magris, Aldo 334

Mangani, Giorgio A 31
Mannhardt, Wilhelm 7 f. 12. 21
Marhold, Wolfgang A 27
Marx, Karl A 27
Matthiessen, Kjeld A 33
McGinty, Park A 35
Meid, Wolfgang A 12
Meier, Christine A 33
Meuli, Karl 15 f. A 33. 333
Mörth, Ingo A 27
Momigliano, Arnaldo A 5
Mommsen, Theodor 20 f.
Müller, Friedrich Max A 11
Müller, Heinrich Dieter A 6
Müller, Karl Otfried A 3. 3 f. A 6. A 15
Mürmel, Heinz 334
Murray, Gilbert A 19. A 21
Muth, Robert A 44

Nilsson, Martin P. A 13. 10. 18. A 34. A 35
Norden, Eduard A 13

Orr, David G. A 13
Otto, Walter F. A 4. A 35. A 44. 333 f.

Peacock, S. J. 334
Parke, H. W. A 17
Pauly, August A 39
Pfeiffer, Rudolf A 1
Pfister, Friedrich A 15. A 38
Pöschl, Viktor A 4
Pötscher, Walter A 43
Preller, Ludwig 5. 19
Prümm, Karl 18

Radermacher, Ludwig A 1. 8 f.
Radin, Paul A 4
Radke, Gerhard 22. A 43. A 44. 335 f.
Reinhardt, Karl A 4
Reitzenstein, Richard 18
Reverdin, Olivier A 30
Richardson, Nicholas J. A 24

Robert, Carl 5
Rohde, Erwin 9. A35
Roscher, Wilhelm Heinrich 6f. 19.
  20
Rose, Herbert Jennings A2. A24.
  A43
Rudhardt, Jean A30. 333

Samter, Ernst A14
Sandys, Edwin A1
Schefold, Karl 335f.
Schleiermacher, Friedrich A27
Schlerath, Bernfried A12
Schlesier, Renate 334
Schneider, Carl 18
Scholz, Udo W. 331
Schwartz, Wilhelm F. J. A10
Simon, Erika 335f.
Slater, Philip E. 332
Speidel, Michael P. A41
Spencer, Herbert A27
Stefánski, Witold 334
Svenbro, Jesper A33

Thomson, George A29
Trencsényi-Waldapfel, Imre A29

Troeltsch, Ernst A27
Tylor, Edward Burnett 11f. 21

Usener, Hermann 8. 21

Vernant, Jean-Pierre 15f. A30. A31.
  A33. 333. 334f.
Versnel, Hendrik Simon 332
Vidal-Naquet, Pierre A33. 333
Vries, Jan de A2

Wagenvoort, Hendrik A44
Waszink, J. H. A42
Weber, Max A27
Weiler, Ingomar A33
Weinreich, Otto A15
Welcker, Friedrich Gottfried A6
Wiegels, Rainer A41
Wilamowitz-Moellendorff, Ulrich
  von A1. 4f. 8. A15
Winckelmann, Johann Joachim
  335
Wissowa, Georg 20. 22. 336
Wlosok, Antonie A44

Zoega, Georg 335

2. Namen griechischer und römischer Autoren sowie philosophischer Systeme

Aelius Praeconinus 313
Aischylos 161ff.
Akademie 179. 196f. 312. 354.
  388
Alkaios 160
Anaxagoras 170. 346
Anaximandros 166f.
Anaximenes 166
Antiochos von Askalon 312f.
Antisthenes 175
Apuleius 347
Archilochos 160
Aristophanes A433. *163*
Aristoteles 171. A476. *178f.* 196.
  197. 353

Arrianos 319
Atomistik 171f.
Augustinus A594

Bakchylides 161

Cicero A574. A575. A576. 220.
  A580. 311. *312f.* A852. 378. 383.
  388

Demokritos 171f.
Diogenes von Apollonia 171
Diogenes von Sinope A480
Dionysios von Halikarnassos 217.
  357f.

Namen- und Sachregister

Empedokles 169f.
Ennius A 809
Epiktetos *198*. 319
Epikureer 179f. 197f. 314. 315
Epikuros 179f.
Epiphanios A 489
Euhemeros *A 507*. A 809
Euripides 157. *159f*. 337. 340. 344. 352
Eusebios A 826

Festus A 805. 382

Gellius 368. 376

Herakleitos A 463. 168. 353
Herodotos 164. 341
Hesiodos A 33. *A 97. 62–64*. A 134. 157ff. A 463. 342. 343. 345. 371
Hieronymos A 594
Homeros A 53. 54. A 90. *56–72*. 80. 82. *155–158*. 171. 341f.
Horatius A 581. 315f.

Isidorus von Sevilla 360
Isokrates A 476

Kleanthes 180
Kritias A 437
Kynismus 175

Lactantius A 594. A 805. A 826
Leukippos 171f.
Livius A 582. A 592. A 805. *316f*. 361. 373. 376f. 378f. 382. 387. *388*
Lucretius 314

Marcus Aurelius 198. *319f*.
Martialis 343
Menandros 163f.
Mimnermos 160
Minucius Felix 321f. A 581

Neuplatonismus 27. *196f*. 198. 199. 200. *320*

Neupythagoreismus 198f.
Nigidius Figulus 199. *313*
Numenios aus Apameia 199

Orphik *A 389. 154*. 169. 187. *351f*.
Ovidius 315f. A 805. 357

Panaitios von Rhodos 310f.
Parmenides 167f. 346
Peripatos 179. 197. 354
Philodemos 315
Philon von Alexandreia A 511
Philon von Larisa 312
Philostratos 346
Pindaros 156. *159*. 353
Piso 362
Platon 157. 166. 171. A 476. *175–178*. 196. 353
Plinius d. J. 320f. A 549. A 805
Plotinos 196. *320*. 354. *388*
Polybios A 578. 361
Poseidonios A 578. *311f*.
Proklos 197
Protagoras 173f.
Pythagoras *168f*. 179. 352
Pythagoreer 169. A 482. *198f. 313*

Rufinus von Aquileia A 826

Sallustius 220. A 580. *A 817*
Seneca d. J. 318f. A 594
Servius 376. 377. 388
Silius Italicus 354f.
Siron 315
Sokrates 174f.
Solon 156. *158f*. A 467
Sophistik *171–174*. 182
Sophokles A 374. *162f*. 193
Stoa 171. *180*. 192. 197. *198*. 204f. 310f. 313. 315. *318–320*. 353f. 388
Suetonius A 594

Tacitus *A 594. 317f*. 321. 361
Terpandros A 452

3. Namen griechischer und römischer Götter und Heroen

Tertullianus A 581. A 594. A 805.
321 f.
Thales A 463. *166*
Theagenes von Rhegion A 473
Theognis 160
Theophrastos A 485
Thukydides A 462
Trogus A 818

Valerius Antias 383
Valerius Maximus A 581. 387

Varro Reatinus 202 f. 204. A 586.
313. 316. A 805. 354. 358. 362. 369.
374. 377. 379 f. 383. *388*
Vergilius A 581. *314 f.* 316

Xenophanes *61*. 156. A 463. *167*.
168. 353
Xenophon 171

Zenon von Kition 180

3. Namen griechischer und römischer Götter und Heroen

Achilleus *345 f.*
Adonis A 230. *132 f.* 191
Aequitas 279
Agdistis A 522
Aidos 66
Aion 347
Aius Locutius 205 f. 359
Alke 64
Amazonen 103
Amphitrite A 161
Anubis A 522
Aphrodite 52. 60. 63. 77. 80. *97–101*.
  A 236. A 246. 118. 133. 272. *343*.
  347
Apollon – Apollo 27. 48. 52. 63. 71.
  72. 76. *88–93*. A 214. A 242. 137 f.
  149 f. A 483. A 592. *263 f.* A 669.
  A 673. 266 f. 299. 309. 332. *342*.
  367 f. *373*
Ares A 51. 46. 60. 63. 76. A 230.
  102–104. A 239. A 242. 118. 248.
  370
Arihagne (= Ariadne) A 65. 47. 113
Artemis A 51. 39. A 61. 46. 48. A 77.
  63. 76. 88. A 200. A 214. *94–97*.
  126 f. 132. 192. 268 f. *342 f.* 347.
  375
Asklepios – Aesculapius A 201.
  A 374. 135. *137 f.* 150. 186. 266.
  271. 281. 347. *376*

Astarte (Ištar) 98 f. A 226. A 367.
  191. 366. 369
Ate 64
Athene A 51. 39. 46. A 76. 63. 72.
  77. 80. *84–88*. A 224. A 237.
  A 246. A 292. 119. A 312. A 401.
  254. 347. 370
Attis *131*. 189
Augustus 385 f.
Averruncus A 600

Bakchos – Bacchus *s.* Dionysos
Bellona A 557. A 744. A 786
Bendis 132. 189. *346*
Bona Dea 275 f. 332. 343. *379*

Camenae 256
Carmenta 383
Castor *s.* Dioskuren
Ceres A 566. *272 f.* 274. 292. 299.
  302. 375. *378*. 383. 385. 387 f.
Charis A 230. 118
Chariten 64. 100. 128
Concordia 279
Conditor A 549
Consus A 549. 249
Convector A 549

Daidalos 43
Dea Dia A 599. A 703. 302 f. 386

Namen- und Sachregister

Dea Roma 385f.
Dea Syria – Atargatis 191. 348
Demeter 48. A80. 52. 63. 77. 83.
  109–112. 114. 120. A311. 124. 144.
  187. A566. 273f. 292. 332. *343*.
  347. 350f. 378f.
di indigetes, di novensides, di consentes A589. 362
di parentes, divi parentum, di manes 211. 288
Diana 267. *268f*. 309. *375*
Diespiter A135
Dike 65
Dione 46. 77. 79. A160. 97
Dionysos/Bakchos – Bacchus 46f.
  48. 63. A145. 77. A246. 109. *112–116*. 117. 144. 187. A592. 274f.
  340. *343–345*. 350. 352. 363. 376.
  378f. 385–387
Dioskuren 77. 135. *137*. 185. *262f*.
  A673. 358. 365f. *372f*.
Dis pater 275. 309
Dius Fidius A601. 374
Diva Angerona A602
Diwija (Dia) 46. 50
Drimios 48. 52

Eirene 65. 342. 380
Elagabalus 363f.
Eleuthyia/Eileithyia A62. 43. 48.
  A213. 127. 343
Enesidaon 48
Enyalios 48. 86. A232. 127
Epona 287
Erinyen/Eumeniden 51. 64. A329.
  128. 355
Eris 64
Eros A223. A226. A230. A292
Eunomie 65

Falacer A576. A602
Fata/Parcae A600. 250
Fatum 355
Faunus/Fauna A572. 301f. 359. 384
Febris A600

Felicitas A737
Feronia 382
Fides A601. 280. 354f. 380
Flora 362. 383
Fontanus/Fontana A572
Fornax A549
Fortuna A553. *276–279*. 318. 359.
  366. 377. *379*
Furrina 383

Gaia/Ge 64. A141. A166. 89. 97.
  124f. A337. *127*
Genius *212*. A600. A633. A726.
  290. 359. 366
Giganten A134. A329
Gorgonen A175. 128. A349

Hades/Pluton/Plutos 52. 64. A161.
  111. 119. *121–123*. 124. 139. 275.
  347
Harpokrates 190. *346f*.
Hebe 64. 281f.
Hekate *127*. 132. 343. 345
Helena 77. A374. 137
Heliogabalus s. Elagabalus
Helios 64. 72. 89. A292. *128*. A483.
  345. 347
Hephaistos 46. 60. 63. 76. A182.
  A230. 114. *116–119*. 261
Hera 39. 46. 48. 52. 60f. 63. A145.
  76. *77–80*. 82. A214. A224. 102.
  A236. A246. 113. 116f. 119. A317.
  124. 126. A376. 136. A600. 251f.
  332. *342*
Herakles – Hercules A108. 67. 77.
  A166. A236. *121*. A318. *135–137*.
  185. 191. 193. *267f*. A690. 281.
  287. 345. 354f. *373–375*
Hermes 46. 63. 77. A237. *104–109*.
  111. 127. A433. 270. *343*. 345
Hermes trismegistos A499
Hestia A108. *119–121*. 124. A559.
  A601. 256
Himeros A223. A230
Honos 279. *281*

3. Namen griechischer und römischer Götter und Heroen

Horen (Eunomie, Dike, Eirene) 64.
  65f. A348
Horos A516
Hygieia 281. *347*
Hypnos 64

Iasion/Iasios 110
Imporcitor A549
Incubus/Incubo A600
Insitor A549
Inuus 384
Iphigeneia 39. A61
Isis 134. A389. *189*. A592. A593.
  283f. *346f*. 350
Iustitia A737
Iuventas A677. A682. *281f*.

Janus A557. A576. A601. *257f*. 295.
  300. 302. 370f.
Juno A487. A592. A600. 243. *250–252*. 253. A649. 296. 309. 355.
  367. *369*. 378. 385
Juppiter 29. A135. 207. 210. A565.
  A566. 216f. A576. 227f. A589.
  A593. A600. A601. *242–245*.
  A615. 251. 253. A673. A729. 287.
  296. 298. 300. 309. 318. 328. 359.
  360. 364f. *366f*. 370. 374. 376f.
  378f. 385
Juturna A601. 372

Kabeiren A349. A389. *153f*. 185f.
Kastor – Castor *s.* Dioskuren
Keren 64
Kore s. Persephone
Korybanten 128
Kotyto 132. *190f*.
Kronos 64. A134. 79. 80. A161. 109.
  120. *123–126*. A652. 261. A654.
  332. *345*. 371
Kureten A62. 128. A19
Kybele – Magna Mater A226. A230.
  130–132. 188f. 192. 217. 230.
  A592. A732. *283*. 292. 327f. *346*.
  350. *380f*. 386f.

Kyklopen A349
Kyknos A236

Lares A568. A599. *A600*. 289f. 303.
  357. 362. *365*. 372. 385
Larunda 362
Lemures A600. 289
Leto – Latona 64. 77. 88. A200. 94.
  A214. *126f*. 266. 267. 345. *373*
Leukothea 366
Liber, Libera A572. A576. 257.
  273–275. 359. *378f*. 383
Libertas A729. 279
Litai 64
Luna 364f.

Ma 284. 348. 381
Magna Mater *s.* Kybele
Maia 77. 104. A659. 372
Mars A567. A576. 227f. A599. 242.
  245–248. 253. A703. 287. 300.
  302f. 331. 332. 359. 365. *368*. 370.
  376f. 385f.
Mater Matuta A602. 366. 379
Melquart A376. *191*. 193. 354. 374
Men 191
Mens 279. 282. 377
Mercurius *269f*. 315. *375f*.
Messor A549
Metis 77. A172
Minerva A587. A600. 243. *252–254*. 281. 367. *369f*. 376. 378.
  385
Mithras A389. *190*. 201. *284–286*.
  350. 364. *381f*. 385
Moira 64. 65. *68f*. A348
Musen 64. 128. A684

Nemesis 66
Neptunus A576. 270f. *376*
Nereiden 64. 117. 128
Nergal 92
Nerio A567. 359. 370
Nike A180. 280. 380
Noreia 287

418 Namen- und Sachregister

Nymphen 64. A246. 108. 113. 115. A329. *126–128*

Okeanos – Oceanus 64. 359
Ops 217
Orthia A61
Osiris 134. A389. *189*. 284

Paieon 47f. 86. 91. A313
Palatua A601
Pales A566. 359
Pan 108. *127*. 128. 345. 384
Pax A737. 380
Penates A581. *A600*. 290. 294. 366
Persephone/Kore – Proserpina 77. A230. A247. 109. *111f*. 114. 123. A319. 127. 132. 133. 274f. 309. 347. 378
Pietas 279f. 354
Pilumnus A549
Pluton/Plutos *s*. Hades
Polydeukes – Pollux *s*. Dioskuren
Pomona 383
Poseidon A51. A61. 46f. 48. 50f. 63. 73. *80–84*. 86. A183. 118. 119. 122. A313. 124. 376
Potnia A61. A77. 50f. 52. 95. 97. 130
Providentia A737

Quirinus A562. A576. 228. A601. 242. *249f*. 253. 300. 365. 368f.

Rediculus A552
Reparator A549. 359
Rescheph 92
Rheia A134. 79. 80. 82. 109. 120. 122. 124f. 131. A361. 192
Robigus/Robigo *A566*. A600. A617. 359
Roma 272. 282
Romulus *211–213*. A568. A587. 244. 249f. 302. 356–358. 359. 362. 367. *368f*.

Sabazios 116. *132*. 189. 348
Salacia 376
Salus 279. *281*. 370. *380*
Sancus 374
Sarapis 134. A389. *189f*. 193. 346f.
Sarritor A549
Saturnus 229. *259–261*. 333. 345. 362f. *371*. 387f.
Securitas A737
Segetia A549
Seirenes 64
Selene 51
Semones A549. A599. 303
Śeϑlans A652
Silvanus (etr. Selvanus) 358
Skamandros A123
Sol Indiges/Sol Invictus 190. 201. A593. 358. 362. 363f. 382. 385f.
Sophokles A374. 347
Spes 279. A732
Subruncinator A549

Tartaros A134
Teisiphone – Tisiphone 355
Telchines A349
Tellumo A572
Tellurus A572
Tellus A566. A572. A598. *272f*. 302. 359. 378
Terra Mater A566. A572. A701. 359. 378
Themis 51. *64–66*
Theseus 185
Thetis 60f. 64. 80. 127
Tiberinus 262
Tinia A598
Titanen 64. A134. 125f. 126. 128. A456
Trisheros 48f. 52
Trophonios 150
Tutanus A552
Tutilina A549
Tyche 186f. 278. 353
Typhoeus A134

Uni 369
Uranos A 99. 64. A 134. 97. 124 f.
   A 337

Ve(d)iovis 367 f.
Venus A 230. A 553. A 569. *271 f.*
   A 739. 359. 368. *376 f.*
Verticordia 272. A 696
Vervactor A 549. 359
Vesta A 559. A 566. A 600. A 601.
   255–257. A 656. A 657. 294. 364.
   366. *370.* 387
Victoria A 729. *279 f.* 287. *379 f.*
Virbius A 685. 269. 375

Virtus 279. *281*
Volcanus A 568. 259. *261 f.* 363.
   371 f. 387 f.
Volturnus 229. 259. 262. 363
Vortumnus/Vertumnus 363

Zeus A 51. A 61. A 62. 43. 46. 48. 52.
   A 99. 59. 60 f. 62. 63. 64 f. 68 f. 71.
   72. *73–77.* A 151. 78–80. 81 f. 85.
   88. 94. 97. A 225. 102. A 235. 104.
   112. 116 f. A 292. 119. A 309. 122.
   124–126. 136. 137. 138. 149. *157–
   164.* A 463. 168. A 539. A 601. 243.
   328. 342. 358

4. Sonstige Stichwörter

(Nicht angeführt sind Stichwörter, welche sich aus der Gliederung des Buches
bzw. den Untertiteln ergeben.)

Actia A 668
Agonium 257. 295
Ambarvalia *A 599.* 273. A 795. 385 f.
Animismus 11 f.
Anthesterien A 247. 116. A 401
Apaturia 119
Aquaelicium A 770
Archäologie 335 f. 387 f.
Archetypenlehre A 4
Astrologie 199 f. 382
asylum 361 f. 375
Atheismus 337
Augenblicks- und Sondergötter
   A 13. A 77. 51. *205–207.* A 566.
   A 598. A 630. 277. 359. 378
augures 291. 293. *298.* 328. 382 f.
augurium 255. *298.* 313
auspicium 298

Bacchanalia *A 592.* 275. 344. 363
Bakchen *s.* Mainaden

carmen arvale A 599. 303. 368.
   386
carmen Saliare 300

Cerialia A 566. 273 f.
Chalkeia 119
Christentum 2. 17 f. 19. 23. 201. 213.
   A 581. A 582. 280. 285 f. A 747.
   297. 304. 318 f. A 594. *323–328.*
   350. 380
Christenverfolgung A 581. A 592.
   A 594. A 735. *319–322. 323–326.*
   364
Chthonische Mächte und Kulte, Totenkulte A 6. A 61. 52 f. 68. 72.
   A 175. A 247. 110 f. 121–123. 134.
   140–143. 144 f. 148. A 645. 288 f.
   294
Codex Theodosianus 329
collegia sacerdotum 289. 292. *297–
   299.* 304 f.
Compitalia 365 f.
Constitutio Antoniniana 229. A 590.
   A 594
Consualia 249

Daduchen 153
Daimon A 45. 114. A 328. *128 f.* 199.
   337

*decemviri sacris faciundis s. quinde-
cimviri s. f.*
Delos 88f. 92. 190f.
Delphi 89f. 92. A203. 150. A483.
263. A669. 328. 349.
deus A45. *204f.*
*di indigetes, novensides, patrii, con-
sentes, selecti, certi, incerti* A595.
A598
Dionysien, Dionysoskult 114. 116.
144. 153f.
duodecimviri urbis Romae 282

„Edikt von Mailand" A827
Eid 72. 75. 139. A601. 245. 280
Elagabal A539. 363f. 386
Eleusinia 112. A396. 144. *152*
Eleusis 112. 141. A396. *152f.* 187.
350f. 352
Elysion 139. *s. auch* 67 u. 126
Etrusker 214. *258–262.* 292. *303f.*
A798. 356. 362f. 368f. 370–374.
378f. 384f.
Eunuchen A208. 131. 217. A592.
283. 292. 381
evocatio A592. 251f.

fanatici 284. 381
fas/nefas 294. 360
feriae Latinae 244
Ferialia 289
Festkalender 20. 27. 39. 43. 75.
145f. 227. 229. *237.* 294. 308. 316.
365. 371. 372. 374. 375. 376. 379.
387f.
fetiales A612. 291. *299f.* 384
Feuer- und Herdkult A559
flamines 208f. 228. A587. A595.
A601. A602. 242. A603. 247. 249.
259. A659. 273. 280. 291. 292.
A764. 293. *296.* 301. 363. 372.
375. 378. 382f.
Floralia 362
Flußgottheiten A123. 127. 345
Fordicidia A566. A701. A771

Fornacalia A625
fratres arvales A599. 247. *302f.* 328.
365. *384f.*
Fruchtbarkeitskult A51. 89. A214.
115. 133. 150. 151. 302

Galloi – Galli 131. A592. 292. 299
Gebet 70f. A577. A592. 237. A599.
257. 290. 293. 294. 302. A801.
A802. *307f.* 348
Gelübde *s. votum*
Gladiatoren(kämpfe) A649. 288.
A805. 309
Götteranthropomorphismus 25. *59–
63.* 65. 155. 204. A566. 311. 335
Götterbilder 214
Götterburlesken 60f. 66. *118.* 156
Götterstaat 59f.
Göttersynkretismus, Kultsynkretis-
mus 17. 183. 188. *191–193*
Göttertrias 88. A349. A578. A600.
A603. 243. 250. 273f. 365. 367f.
378. 385

Hades (Ort) 67. 139
haruspices – haruspicina A649. 261.
292. *303f.* A798. A799. 307.
A829. *385*
Heilkulte 27. 47f. 137f. 150. 186.
263. 271. 276. 366f. 372f. 376
Hellenismus 17f. *181f.*
Henotheismus 332. 343
Hephaistia 119
Heroenkult 48. A211. 103. 121. *134–
138.* A390. A395. 144. 185
Herrscherkult 183. *193–196. 211–
213.* 230. A594. 281. 282. 303. 310.
353f. 361. 385f.
Hierodulen 100. A582. 343. 377
Hierophanten 153
hieros gamos 51. 78. 80. 83. A230.
110. 133. 153f. 338. 342. 660

Initiationsriten 90. A214. 137. 151f.
A789. 332. 342. 344. 351

4. Sonstige Stichwörter 421

interpretatio Graeca 188. *191f.* 194
interpretatio Romana 270
ius divinum 294

Jenseitsvorstellungen 66–68. 107.
A247. 122f. 133. *138–143*
Jungfräulichkeit A51. 85. 95f. 121.
A559

Kaiserkult s. Herrscherkult
Kallynteria A401
Kronia A61. A653. 332. 345. 371
Kultkalender s. Festkalender
Kultstätten 42f. 70. 79. A153. *144f.*
308

Labyrinth 49
Lebender Leichnam 68. 140. A392.
287
lebendig begraben A61. *A559.*
A645. A805
Lechestroterion 51
Lectisternium A408. 248. 254.
A644. 261. A657. *265–267.* 268–
271. A707. 281. 307. 368. 373.
376f. 386
Lemuria A600
Lenäen 116
Liberalia A704. 379
Linear B-Texte 31–33. 38f. *passim.*
338–340
ludi Apollinares 263
ludi Capitolini 367
ludi circenses 308f.
ludi Megale(n)ses 380
ludi plebei A673. 297.
ludio Romani A673. 297
ludi scaenici 308f.
Lupercalia A564. 301f. A829. 384
luperci 300–302. 384
lustrationes 290. 385

Magie 72. *200.* A566. 301. A805
Mainaden (Bakchen) 115. 378
Mantik 71. 72. A141. 89f. 93. *149–*
151. 199. 219. A577. A582. A649.
264f. 292. 299. 303f. 311f. 349
Matralia 366
Meditrinalia A606
Menschenopfer *40.* A214. A215.
A236. A328. A615. A751. *A805.*
339f. 344
Mercuriales *(mercatores)* 270
Minoische Religion 35–37. 338f.
340. 343f.
mundus Cereris 371. *387f.*
Muttergottheiten A51. 49f. 95ff.
342f. s. auch Kybele – Magna Mater
Mysterien 26f. 67. 112. 116. 139.
144. 148. *151–154.* 185f. 189f. 274.
320. 328. 343–345. *349–352.*
381f. 386f.
Mythen, Mythenforschung, Mytheninterpretation 1–7. 19. 331f. 338.
341. *355–358*
Mythos und Religion 25–27. 215–
218

Naturmythologie, Natursymbolik
5–8. 19
Neptunalia 271. 376
Niger lapis 387f.
Nike von Samothrake A425. 352f.
Nonae Caprotinae – *ancillarum feriae* A627. *A632*
numen A544. *204f.* A557. A729.
388. *passim*

Olympische Spiele 328
Olympos, Olympier 74. 81. A161.
A230. A292. A307. 121. A313.
136f.
Omophagie A284. 340. 344
Opfer *39–42.* 51. 52. *70–72.* 120.
147f. A485. A615. 290. *305–309*
passim. 340. 344. *348f. 385f.*
Orakel 27. 75. 89f. 93. 114. 147.
149–151. A428. 164. A669. 276.
A728. 284. A752. 349. 352

Paian 91
Panathenäen 39. 88. 145. A401
Panhellenische Feste 89. 145
πάντες θεοί, Pantheion 45. A301.
192
Parentalia 288
Parilia A566. 359
pater familias 208. A563. 212. A599.
A600. 289f. 307
pater patratus A612
Phalloskult A73. 113. 115. A559.
A779. 372
Pharmakos A61
pietas A576. A577. A581. 314. 360
Polytheismus 58. 61-63. 73. 341
pontifices, pontifex maximus A542.
A595. A596. 274f. A632. 255.
291-297. 299. 305. 364. 370. 382f.
Poplifugia A632
Präanimismus 12
Priester(innen) 20. 27. 44f. 70f.
146f. 149f. 208f. 219. 245. 284.
289-309 passim. 339. *348.* 378f.
381-385
prodigia s. Mantik
Prometheia 119
prophetes 349
Prozession 44. 115. 265. 284. A805
Psychoanalyse A2. *13-16.* 21
Pyanopsia A401

quindecimviri sacris faciundis (sacerdotes Sibyllini) A635. *264f.* 271.
283. 291f. *298f.*
Quinquatrus 254. 370
Quirinalia 249

regifugium A774
religio 218. 222f. (*bes.* A582). 360
Religion, griechische Bezeichnungen 25f.
Remus 356f. 369. 384
rex Nemorensis 269. 292
rex sacrorum, regina sacrorum 208.
255. 257. 291. 293. *295f.* 382

ritus Graecus 248. A635. 260. *264f.*
266-268. 271. 274
Robigalia A566. A600. A617. 249.
359

sacer/sanctus 360. 385
sacerdotes 208. 289. 291
sacerdotes Lanuvini 252
sacerdotes Sibyllini s. quindecimviri sacris faciundis
Saecularfeste A649. A668. A705.
275. A712. 307. 309
Salii 228. 242f. 247. 249. 259. 291.
300. 371. 383
Saturnalia 259. A653. *261.* 267. 332.
345. 371. 387
Seelenwanderung 169
Sellisternium A673. 387
septemviri epulones 291. 297
Sibyllen A413. *264*
Sibyllinische Bücher A566. 217.
A577. A592. A615. A649. *264f.*
268. 271-273. A705. 281f. 283.
299. A805. 309. 328. 362. 376f.
378. 380. *383f.*
Siebenzahl A195
sodales Augustales, Claudiales, Flaviales, Hadrianales, Antoniniani
303
sodales Titii 303. 362
sodalitates 289. 291f. *300-303*
Sondergötter *s.* Augenblicksgötter
Strukturalismus *16.* 331. 332. *333.*
342
Suovetaurilia A599. *290.* 332. 368.
385f.
superstitio A582. 360

Tartaros (Ort) 67. 126. 139
Taurobolium 368f.
Tetrarchie 323-325
Thalysien 112
Theodizee 27. 69. 75. A324. 158f.
161-163. 164. 177
Theologia tripertita A542. A543

θεός A 45
Theoxenien A 408. A 673. 266
Thesmophoria 111. 332. 343. 348. 379
Thiasos 115f. 128. A 349. 145. 186
Titus Tatius A 586. 303. 358. 362. 374
Totenkult s. Chthonische Mächte
tresviri epulones s. *septemviri epulones*
Triumph *210*. A 649. 360. 364

Urmonotheismus A 6. 9
Urreligion, Indogermanische 6f. 19

Vatergottheiten 74f. *A 576*. A 587. A 599. A 602. A 605. 246f. 249. 257
ver sacrum *A 615*. A 805
Vestalia 255f.
Vestalinnen s. *virgines Vestales*

victimarii 307
Vinalia priora, Vinalia rustica A 606. 376
virgines Vestales 208f. 255f. 276. 291. *296f*. A 805. 360. 370. 382
Vitulatio A 632
Volcanal 371. *387f*.
Volcanalia 259. 261. A 805. 372. 388
Volturnalia 259. 262. 363
Vortumnalia 363
votum 148. 207. 219. A 592. 252. 293. 305. 307

wanaks 44. A 77. 52
Windgottheiten 44. 50. 64. 127

‚Zeusmonotheismus' A 6. 157–163
Zwölfzahl der Götter 63. A 108. 73. A 307. A 598. 341